人民法院审判程序指引丛书

人民法院办理执行案件程序指引

内蒙古自治区高级人民法院 ◎ 编

Procedural Guidelines For
Enforcement Cases Handled By People's Courts

人民法院出版社

图书在版编目（CIP）数据

人民法院办理执行案件程序指引 / 内蒙古自治区高级人民法院编. -- 北京：人民法院出版社，2023.4
ISBN 978-7-5109-3332-5

Ⅰ．①人… Ⅱ．①内… Ⅲ．①法院－执行（法律）－中国 Ⅳ．①D926.2

中国版本图书馆CIP数据核字（2021）第220784号

人民法院办理执行案件程序指引
内蒙古自治区高级人民法院　编

责任编辑	丁塞峨
出版发行	人民法院出版社
地　　址	北京市东城区东交民巷27号（100745）
电　　话	（010）67550656（责任编辑）　67550558（发行部查询）
	65223677（读者服务部）
客 服 QQ	2092078039
网　　址	http://www.courtbook.com.cn
E — mail	courtpress@sohu.com
印　　刷	三河市国英印务有限公司
经　　销	新华书店
开　　本	787毫米×1092毫米　1/16
字　　数	987千字
印　　张	60.25
版　　次	2023年4月第1版　2023年4月第1次印刷
书　　号	ISBN 978－7－5109－3332－5
定　　价	208.00元

版权所有　侵权必究

《人民法院审判程序指引丛书》编委会

主　　任　杨宗仁
副 主 任　王旭军　蒲伟刚　鲍裕国　杨文忠　李建平
　　　　　刘英杰　那　澜　张秀丽
委　　员　郝　力　王彦凯　梁建武　孙志军　王学雷
特邀专家　刘余敏

《人民法院办理执行案件程序指引》

主　　编　蒲伟刚
副 主 编　王学雷
撰 稿 人　杨国锋　任晓杰　邹慧敏　刘　敏　赵　保
　　　　　张艳东　高　玲　金　航　路俊青　李学文
　　　　　刘会青　张　艳　郑　楠

目 录

第一章 执行立案 …………………………………………………… 1
- 第一节 申请执行 ………………………………………………… 1
- 第二节 移送执行 ………………………………………………… 11
- 第三节 指定执行和提级执行 …………………………………… 13
- 第四节 其他法院移送执行 ……………………………………… 16
- 第五节 执行依据 ………………………………………………… 17
- 第六节 执行管辖 ………………………………………………… 23
- 第七节 立案审查 ………………………………………………… 34

第二章 执行前的准备 ……………………………………………… 56
- 第一节 接收案件 ………………………………………………… 56
- 第二节 执行通知书 ……………………………………………… 60
- 第三节 执行人员及其回避 ……………………………………… 64

第三章 财产调查 …………………………………………………… 71
- 第一节 核实财产线索 …………………………………………… 71
- 第二节 网络查询 ………………………………………………… 72
- 第三节 传统查询 ………………………………………………… 81

第四章 普通执行措施 ……………………………………………… 96
- 第一节 财产控制 ………………………………………………… 96
- 第二节 财产变价 ………………………………………………… 146
- 第三节 协助执行 ………………………………………………… 215

第五章 常见几种类型财产的执行 ………………………………… 230
- 第一节 银行账户存款的执行 …………………………………… 230
- 第二节 车辆的执行 ……………………………………………… 233

第三节　不动产的执行 …………………………………………… 237
　　第四节　生产设备、产品的执行 ………………………………… 243
　　第五节　共有财产的执行 ………………………………………… 246
　　第六节　非上市公司股权、投资收益的执行 …………………… 249
　　第七节　唯一住房的执行 ………………………………………… 253
　　第八节　住房公积金的执行 ……………………………………… 255
　　第九节　微信、支付宝账户的执行 ……………………………… 257
　　第十节　养老保险的执行 ………………………………………… 258
　　第十一节　分红型理财保险的执行 ……………………………… 260
　　第十二节　到期债权的执行 ……………………………………… 261
　　第十三节　禁牧补贴款的执行 …………………………………… 266
　　第十四节　牲畜的执行 …………………………………………… 268
第六章　对物的交付和行为的执行 …………………………………… 269
　　第一节　交付动产的执行 ………………………………………… 269
　　第二节　交付不动产的执行 ……………………………………… 271
　　第三节　探视权、抚养权的执行 ………………………………… 274
　　第四节　其他行为的执行 ………………………………………… 276
第七章　财产保全与先予执行案件的执行 …………………………… 279
　　第一节　财产保全案件的执行 …………………………………… 279
　　第二节　先予执行案件的执行 …………………………………… 320
第八章　特殊案件的执行 ……………………………………………… 326
　　第一节　仲裁裁决的执行 ………………………………………… 326
　　第二节　公证债权文书的执行 …………………………………… 338
　　第三节　刑事裁判涉财产部分的执行 …………………………… 349
　　第四节　行政案件的执行 ………………………………………… 364
第九章　参与分配 ……………………………………………………… 377
第十章　执行程序与破产程序的衔接 ………………………………… 387
第十一章　执行费款的收发与管理 …………………………………… 403
　　第一节　迟延履行利息和迟延履行金 …………………………… 403
　　第二节　执行费用 ………………………………………………… 410

| 第三节 | 案款收发 | 414 |

第十二章　执行结案与归档　436
- 第一节　执行完毕　436
- 第二节　终结本次执行程序　438
- 第三节　终结执行　448
- 第四节　销案、不予执行和驳回申请　453
- 第五节　归档　471

第十三章　强制措施、间接执行措施及刑事处罚　483
- 第一节　拘传　483
- 第二节　罚款和拘留　486
- 第三节　限制出境与扣留护照　500
- 第四节　信用惩戒　505
- 第五节　限制消费　522
- 第六节　追究刑事责任　532

第十四章　执行流程中的特殊事项　542
- 第一节　执行和解　542
- 第二节　执行担保　551
- 第三节　暂缓执行　557
- 第四节　中止执行　563
- 第五节　执行回转　567
- 第六节　执行公开　573

第十五章　执行异议　581
- 第一节　执行行为异议　581
- 第二节　几种类型的执行行为异议　594
- 第三节　案外人异议　610
- 第四节　几种类型的案外人异议　620
- 第五节　执行主体变更、追加的一般规定　641
- 第六节　申请执行人的变更、追加　649
- 第七节　被执行人的变更、追加　655
- 第八节　不予执行仲裁裁决　666

第九节　不予执行公证债权文书 …………………………………… 678
第十六章　执行复议 ……………………………………………………… 685
　　第一节　执行行为复议的一般规定 …………………………………… 685
　　第二节　执行行为异议的复议案件审查 ……………………………… 695
　　第三节　不服强制措施决定的复议 …………………………………… 698
第十七章　执行监督 ……………………………………………………… 709
　　第一节　执行监督的一般规定 ………………………………………… 709
　　第二节　督促执行案件 ………………………………………………… 713
　　第三节　执行申诉案件 ………………………………………………… 716
　　第四节　检察监督案件 ………………………………………………… 719
第十八章　执行协调机制 ………………………………………………… 724
第十九章　执行指挥中心实体化运行 …………………………………… 733
第二十章　执行办案文书样式 …………………………………………… 762

第一章 执行立案

执行案件包括执行实施类案件与执行审查类案件,其中,执行实施类案件由立案庭根据当事人的申请或审判机构的移送办理立案登记手续。当事人、案外人在执行过程中直接向执行人员或执行局提出异议的,执行局的相关人员作初步审查后,由立案庭登记立案。执行案件统一由人民法院立案机构进行审查立案,人民法庭经授权执行自审案件的,可以自行审查立案,法律、司法解释规定可以移送执行的,相关审判机构可以移送立案机构办理立案登记手续。

第一节 申请执行

生效法律文书的执行,一般应当由当事人向人民法院提出申请。

【工作内容】

一、提出主体:生效法律文书确定的权利人

(一)申请执行人的范围

(1)执行申请受理时的权利人;(2)经另案裁判确认的共同权利人或连带权利人;(3)经执行程序依法变更的申请执行人;(4)法律、司法解释规定的其他主体。

(二)被执行人的范围

(1)执行申请受理时确定的义务人;(2)经另案裁判确认的共同义务人

或连带义务人；（3）经执行程序依法追加或变更的被执行人；（4）法律、司法解释规定的其他主体。

二、执行依据

发生法律效力的判决、裁定、调解书以及其他应当由人民法院执行的生效法律文书（详见第一章第五节执行依据）。

三、一般应提交的材料

（1）申请执行书。申请执行书中应当写明双方当事人的基本情况、申请执行的理由、事项、执行标的、送达地址、联系方式，以及申请执行人所了解的被执行人的财产状况。申请执行人书写确有困难的，可以口头提出申请。人民法院立案部门对口头申请应当制作笔录，由申请执行人签字或盖章。外籍当事人申请执行的，应当提交中文申请执行书。当事人所在国与中华人民共和国缔结或共同参加的司法协助条约有特别规定的，按照条约规定办理。（2）生效法律文书副本。（3）申请执行人的身份证明。自然人申请的，应当出示公民身份证、护照、港澳通行证、军官证等身份证明；法人申请的，应当提交法人营业执照（或统一社会信用代码证书）副本、法定代表人身份证明；非法人组织申请的，应当提交营业执照（或统一社会信用代码证书）副本、主要负责人身份证明。（4）继承人或权利承受人代为申请执行的，应当提交继承或承受权利证明。（5）委托代理人代为申请执行的，应当提交法律规定的委托代理手续等材料。（6）向被执行的财产所在地人民法院申请执行的，应当提交该人民法院辖区内有可供执行财产的证明材料。（7）已申请财产保全的，应提交相关财产保全材料。（8）其他应当提交的文件或证件。

四、特殊要求

（1）申请执行仲裁裁决：应提交有仲裁条款的合同书或仲裁协议书以及仲裁裁决书。（2）申请执行公证债权文书：应当提交公证债权文书及执行证书。公证债权文书应当包括公证证词、被证明的债权文书等内容。权利义务主体、给付内容应当在公证证词中列明。（3）申请执行农村土地承包仲裁委员会作出的先行裁定：应当提交申请执行人提供担保的证明材料。（4）申执行香港特别行政区法院判决，应当提交：①作出终审判决的法院出具的证明香港特别行政区法院相互认可和执行当事人协议管辖书，证明该判决属于《关于内地与香港特别行政区法院相互认可和执行民商事案件判决的安排》（2008年8月1日施行 法释〔2008〕9号）第二条所指的终审判决，在判决作出地可以申请执行。②向内地法院提交的文件没有中文文本的，应当提交证明无误的中文译本。（5）申请执行澳门特别行政区法院作出的判决，应当提交如下材料：第一，作出生效判决的法院或者有权限机构出具的证明下列事项的相关文件，包括：①传唤属依法作出，但判决书已经证明的除外；②无诉讼行为能力人依法得到代理，但判决书已经证明的除外；③根据判决作出地的法律，判决已经送达当事人，并已生效；④申请人为法人的，应当提供法人营业执照副本或者法人登记证明书；⑤判决作出地法院发出的执行情况证明。如被请求方法院认为已充分了解有关事项时，可以免除提交相关文件。被请求方法院对当事人提供的判决书的真实性有疑问时，可以请求作出生效判决的法院予以确认。第二，申请书应当用中文制作。所附司法文书及其相关文件未用中文制作的，应当提供中文译本。其中法院判决书未用中文制作的，应当提供由法院出具的中文译本。（6）申请执行香港特别行政区、澳门特别行政区仲裁裁决，应当提交裁决书或者仲裁协议正式证明的中文译本。（7）申请执行我国台湾地区仲裁裁决，应提交法院认可仲裁裁决的裁定。（8）申请执行国外仲裁机构的仲裁裁决，应当提交经我国驻外使领馆认证或我国公证机关公证的仲裁裁决书中文文本。

【常用法律、司法解释及相关规定】

《中华人民共和国民事诉讼法》（2021年修正）

第二百四十三条 发生法律效力的民事判决、裁定，当事人必须履行。一方拒绝履行的，对方当事人可以向人民法院申请执行，也可以由审判员移送执行员执行。

调解书和其他应当由人民法院执行的法律文书，当事人必须履行。一方拒绝履行的，对方当事人可以向人民法院申请执行。

《最高人民法院关于适用〈中华人民共和国民事诉讼法〉的解释》（2022年修正）

第四百六十一条 当事人申请人民法院执行的生效法律文书应当具备下列条件：

（一）权利义务主体明确；

（二）给付内容明确。

法律文书确定继续履行合同的，应当明确继续履行的具体内容。

《最高人民法院关于人民法院执行工作若干问题的规定（试行）》（2020年修正）

第十七条 生效法律文书的执行，一般应当由当事人依法提出申请。

发生法律效力的具有给付赡养费、扶养费、抚育费内容的法律文书、民事制裁决定书，以及刑事附带民事判决、裁定、调解书，由审判庭移送执行机构执行。

第十八条 申请执行，应向人民法院提交下列文件和证件：

（1）申请执行书。申请执行书中应当写明申请执行的理由、事项、执行标的，以及申请执行人所了解的被执行人的财产状况。

申请执行人书写申请执行书确有困难的，可以口头提出申请。人民法院接待人员对口头申请应当制作笔录，由申请执行人签字或盖章。

外国一方当事人申请执行的，应当提交中文申请执行书。当事人所在国与我国缔结或共同参加的司法协助条约有特别规定的，按照条约规定办理。

（2）生效法律文书副本。

（3）申请执行人的身份证明。自然人申请的，应当出示居民身份证；法人申请的，应当提交法人营业执照副本和法定代表人身份证明；非法人组织申请的，应当提交营业执照副本和主要负责人身份证明。

（4）继承人或权利承受人申请执行的，应当提交继承或承受权利的证明文件。

（5）其他应当提交的文件或证件。

第十九条 申请执行仲裁机构的仲裁裁决，应当向人民法院提交有仲裁条款的合同书或仲裁协议书。

申请执行国外仲裁机构的仲裁裁决的，应当提交经我国驻外使领馆认证或我国公证机关公证的仲裁裁决书中文本。

第二十条 申请执行人可以委托代理人代为申请执行。委托代理的,应当向人民法院提交经委托人签字或盖章的授权委托书,写明代理人的姓名或者名称、代理事项、权限和期限。

委托代理人代为放弃、变更民事权利,或代为进行执行和解,或代为收取执行款项的,应当有委托人的特别授权。

《中华人民共和国行政诉讼法》(2017年修正)

第九十四条 当事人必须履行人民法院发生法律效力的判决、裁定、调解书。

第九十五条 公民、法人或者其他组织拒绝履行判决、裁定、调解书的,行政机关或者第三人可以向第一审人民法院申请强制执行,或者由行政机关依法强制执行。

《最高人民法院关于内地与香港特别行政区法院相互认可和执行当事人协议管辖的民商事案件判决的安排》(2008年8月1日施行 法释〔2008〕9号)

第六条 申请人向有关法院申请认可和执行判决的,应当提交以下文件:

(一)请求认可和执行的申请书;

(二)经作出终审判决的法院盖章的判决书副本;

(三)作出终审判决的法院出具的证明书,证明该判决属于本安排第二条所指的终审判决,在判决作出地可以执行;

(四)身份证明材料:

1. 申请人为自然人的,应当提交身份证或者经公证的身份证复印件;

2. 申请人为法人或者其他组织的,应当提交经公证的法人或者其他组织注册登记证书的复印件;

3. 申请人是外国籍法人或者其他组织的,应当提交相应的公证和认证材料。

向内地人民法院提交的文件没有中文文本的,申请人应当提交证明无误的中文译本。

执行地法院对于本条所规定的法院出具的证明书,无需另行要求公证。

第七条 请求认可和执行申请书应当载明下列事项:

（一）当事人为自然人的，其姓名、住所；当事人为法人或者其他组织的，法人或者其他组织的名称、住所以及法定代表人或者主要负责人的姓名、职务和住所；

（二）申请执行的理由与请求的内容，被申请人的财产所在地以及财产状况；

（三）判决是否在原审法院地申请执行以及已执行的情况。

《最高人民法院关于内地与澳门特别行政区相互认可和执行民商事判决的安排》（2006年4月1日施行　法释〔2006〕2号）

第六条　请求认可和执行判决的申请书，应当载明下列事项：

（一）申请人或者被申请人为自然人的，应当载明其姓名及住所；为法人或者其他组织的，应当载明其名称及住所，以及其法定代表人或者主要负责人的姓名、职务和住所；

（二）请求认可和执行的判决的案号和判决日期；

（三）请求认可和执行判决的理由、标的，以及该判决在判决作出地法院的执行情况。

第七条　申请书应当附生效判决书副本，或者经作出生效判决的法院盖章的证明书，同时应当附作出生效判决的法院或者有权限机构出具的证明下列事项的相关文件：

（一）传唤属依法作出，但判决书已经证明的除外；

（二）无诉讼行为能力人依法得到代理，但判决书已经证明的除外；

（三）根据判决作出地的法律，判决已经送达当事人，并已生效；

（四）申请人为法人的，应当提供法人营业执照副本或者法人登记证明书；

（五）判决作出地法院发出的执行情况证明。

如被请求方法院认为已充分了解有关事项时，可以免除提交相关文件。

被请求方法院对当事人提供的判决书的真实性有疑问时，可以请求作出生效判决的法院予以确认。

第八条　申请书应当用中文制作。所附司法文书及其相关文件未用中文制作的，应当提供中文译本。其中法院判决书未用中文制作的，应当提供由法院出具的中文译本。

《最高人民法院关于认可和执行台湾地区法院民事判决的规定》（2015年7月1日施行 法释〔2015〕13号）

第一条 台湾地区法院民事判决的当事人可以根据本规定，作为申请人向人民法院申请认可和执行台湾地区有关法院民事判决。

第二条 本规定所称台湾地区法院民事判决，包括台湾地区法院作出的生效民事判决、裁定、和解笔录、调解笔录、支付命令等。

申请认可台湾地区法院在刑事案件中作出的有关民事损害赔偿的生效判决、裁定、和解笔录的，适用本规定。

申请认可由台湾地区乡镇市调解委员会等出具并经台湾地区法院核定，与台湾地区法院生效民事判决具有同等效力的调解文书的，参照适用本规定。

第四条 申请认可台湾地区法院民事判决的案件，由申请人住所地、经常居住地或者被申请人住所地、经常居住地、财产所在地中级人民法院或者专门人民法院受理。

申请人向两个以上有管辖权的人民法院申请认可的，由最先立案的人民法院管辖。

申请人向被申请人财产所在地人民法院申请认可的，应当提供财产存在的相关证据。

第六条 申请人委托他人代理申请认可台湾地区法院民事判决的，应当向人民法院提交由委托人签名或者盖章的授权委托书。

台湾地区、香港特别行政区、澳门特别行政区或者外国当事人签名或者盖章的授权委托书应当履行相关的公证、认证或者其他证明手续，但授权委托书在人民法院法官的见证下签署或者经中国大陆公证机关公证证明是在中国大陆签署的除外。

第七条 申请人申请认可台湾地区法院民事判决，应当提交申请书，并附有台湾地区有关法院民事判决文书和民事判决确定证明书的正本或者经证明无误的副本。台湾地区法院民事判决为缺席判决的，申请人应当同时提交台湾地区法院已经合法传唤当事人的证明文件，但判决已经对此予以明确说明的除外。

申请书应当记明以下事项：

（一）申请人和被申请人姓名、性别、年龄、职业、身份证件号码、住址

(申请人或者被申请人为法人或者其他组织的，应当记明法人或者其他组织的名称、地址、法定代表人或者主要负责人姓名、职务）和通讯方式；

（二）请求和理由；

（三）申请认可的判决的执行情况；

（四）其他需要说明的情况。

《最高人民法院关于内地与香港特别行政区相互执行仲裁裁决的安排》
（2000年2月1日施行　法释〔2000〕3号）

第三条　申请人向有关法院申请执行在内地或者香港特区作出的仲裁裁决的，应当提交以下文书：

（一）执行申请书；

（二）仲裁裁决书；

（三）仲裁协议。

第四条　执行申请书的内容应当载明下列事项：

（一）申请人为自然人的情况下，该人的姓名、地址；申请人为法人或者其他组织的情况下，该法人或其他组织的名称、地址及法定代表人姓名；

（二）被申请人为自然人的情况下，该人的姓名、地址；被申请人为法人或者其他组织的情况下，该法人或其他组织的名称、地址及法定代表人姓名；

（三）申请人为法人或者其他组织的，应当提交企业注册登记的副本。申请人是外国籍法人或者其他组织的，应当提交相应的公证和认证材料；

（四）申请执行的理由与请求的内容，被申请人的财产所在地及财产状况；

执行申请书应当以中文文本提出，裁决书或者仲裁协议没有中文文本的，申请人应当提交正式证明的中文译本。

《最高人民法院关于内地与澳门特别行政区相互认可和执行仲裁裁决的安排》
（2008年1月1日施行　法释〔2007〕17号）

第四条　申请人向有关法院申请认可和执行仲裁裁决的，应当提交以下文件或者经公证的副本：

（一）申请书；（二）申请人身份证明；（三）仲裁协议；（四）仲裁裁决书或者仲裁调解书。

上述文件没有中文文本的，申请人应当提交经正式证明的中文译本。

第五条 申请书应当包括下列内容：

（一）申请人或者被申请人为自然人的，应当载明其姓名及住所；为法人或者其他组织的，应当载明其名称及住所，以及其法定代表人或者主要负责人的姓名、职务和住所；申请人是外国籍法人或者其他组织的，应当提交相应的公证和认证材料；

（二）请求认可和执行的仲裁裁决书或者仲裁调解书的案号或识别资料和生效日期；

（三）申请认可和执行仲裁裁决的理由及具体请求，以及被申请人财产所在地、财产状况及该仲裁裁决的执行情况。

《最高人民法院关于认可和执行台湾地区仲裁裁决的规定》（2015年7月1日施行　法释〔2015〕14号）

第三条 申请人同时提出认可和执行台湾地区仲裁裁决申请的，人民法院先按照认可程序进行审查，裁定认可后，由人民法院执行机构执行。

第七条 申请人申请认可台湾地区仲裁裁决，应当提交以下文件或者经证明无误的副本：

（一）申请书；

（二）仲裁协议；

（三）仲裁判断书、仲裁和解书或者仲裁调解书。

申请书应当记明以下事项：

（一）申请人和被申请人姓名、性别、年龄、职业、身份证件号码、住址（申请人或者被申请人为法人或者其他组织的，应当记明法人或者其他组织的名称、地址、法定代表人或者主要负责人姓名、职务）和通讯方式；

（二）申请认可的仲裁判断书、仲裁和解书或者仲裁调解书的案号或者识别资料和生效日期；

（三）请求和理由；

（四）被申请人财产所在地、财产状况及申请认可的仲裁裁决的执行情况；

（五）其他需要说明的情况。

第九条 申请人申请认可台湾地区仲裁裁决，应当提供相关证明文件，以证明该仲裁裁决的真实性。

申请人可以申请人民法院通过海峡两岸调查取证司法互助途径查明台湾地区仲裁裁决的真实性；人民法院认为必要时，也可以就有关事项依职权通过海峡两岸司法互助途径向台湾地区请求调查取证。

《最高人民法院关于审理涉及农村土地承包经营纠纷调解仲裁案件适用法律若干问题的解释》（2020年修正）

第九条 农村土地承包仲裁委员会作出先行裁定后，一方当事人依法向被执行人住所地或者被执行的财产所在地基层人民法院申请执行的，人民法院应予受理和执行。申请执行先行裁定的，应当提供以下材料：（一）申请执行书；（二）农村土地承包仲裁委员会作出的先行裁定书；（三）申请执行人的身份证明；（四）申请执行人提供的担保情况；（五）其他应当提交的文件或证件。

《最高人民法院关于执行案件立案、结案若干问题的意见的通知》（2015年1月1日施行 法发〔2014〕26号）

第二条 执行案件统一由人民法院立案机构进行审查立案，人民法庭经授权执行自审案件的，可以自行审查立案，法律、司法解释规定可以移送执行的，相关审判机构可以移送立案机构办理立案登记手续。

立案机构立案后，应当依照法律、司法解释的规定向申请人发出执行案件受理通知书。

【重点提示】

当事人在二审期间达成诉讼外和解协议后撤回上诉，一方当事人不履行或不完全履行和解协议的，另一方当事人可申请执行一审判决。

[参照最高人民法院指导案例2号吴某诉四川省眉山西城纸业有限公司买卖合同纠纷案]

生效法律文书已确认担保人承担担保责任后可以向主债务人行使追偿权，担保人承担担保责任后直接向人民法院申请执行主债务人的，人民法院应当受理。

[依据《最高人民法院关于判决主文已经判明担保人承担担保责任后有权向被担保人追偿，该追偿权是否须另行诉讼问题请示的答复》（〔2009〕执他字第4号）]

生效法律文书确认的权利人在进入执行程序前合法转让债权的，债权受让人即权利承受人可以作为申请执行人直接申请执行，无需执行法院作出变更申请执行人的裁定。

[参照最高人民法院指导案例 34 号李晓玲、李鹏裕申请执行厦门海洋实业（集团）股份有限公司、厦门海洋实业总公司执行复议案]

生效法律文书已确认连带责任人有权追偿的数额，连带责任人承担连带责任后直接向人民法院申请执行其他连带责任人的，人民法院应当受理。

[依据《最高人民法院关于判决中已经确定承担连带责任的一方向其他连带责任人追偿数额的可直接执行问题的复函》（经他〔1996〕4 号）]

第二节　移送执行

发生法律效力的具有给付赡养费、扶养费、抚育费内容的法律文书的执行，刑事裁判涉财产部分的执行，以及财产保全、证据保全、先予执行裁定的执行，由作出该文书的立案、审判部门移送立案执行；当事人申请承认和执行外国法院作出的发生法律效力的判决、裁定或者外国仲裁裁决，审判部门裁定予以承认和执行的，由审判部门直接移送立案执行。

【工作内容】

一、主体

审判部门、立案部门。

二、执行依据

（1）发生法律效力的具有给付赡养费、扶养费、抚育费内容的法律文书、民事制裁决定书，以及刑事附带民事判决、裁定、调解书；（2）财产保全、证据保全、先予执行裁定；（3）审判部门裁定予以承认、认可和执行的外国法院、香港特别行政区法院、澳门特别行政区法院、我国台湾地区法院的判决、裁定，外国仲裁裁决，以及香港特别行政区、澳门特别行政区和我国台湾地区的仲裁裁决；(4) 刑事裁判涉财产部分的判决书、裁定书。

【常用法律、司法解释及相关规定】

《中华人民共和国民事诉讼法》(2021年修正)

第二百四十三条　发生法律效力的民事判决、裁定，当事人必须履行。一方拒绝履行的，对方当事人可以向人民法院申请执行，也可以由审判员移送执行员执行。

调解书和其他应当由人民法院执行的法律文书，当事人必须履行。一方拒绝履行的，对方当事人可以向人民法院申请执行。

《最高人民法院关于人民法院执行工作若干问题的规定（试行）》(2020年修正)

第17条　生效法律文书的执行，一般应当由当事人依法提出申请。

发生法律效力的具有给付赡养费、扶养费、抚育费内容的法律文书、民事制裁决定书，以及刑事附带民事判决、裁定、调解书，由审判庭移送执行机构执行。

《最高人民法院关于刑事裁判涉财产部分执行的若干规定》(2014年11月6日施行　法释〔2014〕13号)

第七条　由人民法院执行机构负责执行的刑事裁判涉财产部分，刑事审判部门应当及时移送立案部门审查立案。

移送立案应当提交生效裁判文书及其附件和其他相关材料，并填写《移送执行表》。《移送执行表》应当载明以下内容：

（一）被执行人、被害人的基本信息；

（二）已查明的财产状况或者财产线索；

（三）随案移送的财产和已经处置财产的情况；

（四）查封、扣押、冻结财产的情况；

（五）移送执行的时间；

（六）其他需要说明的情况。

人民法院立案部门经审查，认为属于移送范围且移送材料齐全的，应当在七日内立案，并移送执行机构。

《最高人民法院关于执行权合理配置和科学运行的若干意见》（2011年10月19日施行　法发〔2011〕15号）

第二十七条　对符合法定移送执行条件的法律文书，审判机构应当在法律文书生效后及时移送执行局执行。

【重点提示】

刑事裁判涉财产部分的执行，是指发生法律效力的刑事裁判主文确定的下列事项的执行：（1）罚金、没收财产；（2）责令退赔；（3）处置随案移送的赃款赃物；（4）没收随案移送的供犯罪所用本人财物；（5）其他应当由人民法院执行的相关事项。

刑事附带民事裁判的执行，适用民事执行的有关规定。

立案部门在对刑事裁判涉财产部分移送执行立案审查时，重点审查《移送执行表》载明的以下内容：（1）被执行人、被害人的基本信息；（2）已查明的财产状况或者财产线索；（3）随案移送的财产和已经处置财产的情况；（4）查封、扣押、冻结财产的情况；（5）移送执行的时间；（6）其他需要说明的情况。

《移送执行表》信息存在缺漏的，应要求刑事审判部门及时补充完整。

第三节　指定执行和提级执行

上级人民法院对下级人民法院的执行案件，认为需要提级执行、指定执行的，可以裁定提级执行、指定执行。高级人民法院、中级人民法院对本院的执行案件，认为需要指定执行的，可以指定执行。基层人民法院和中级人民法院管辖的执行案件，因特殊情况需要由上级人民法院执行的，可以报请上级人民法院执行。

【工作内容】

一、指定执行

高级人民法院对本院及下级人民法院的执行案件，认为需要指定执行的，可以裁定指定执行。

高级人民法院对最高人民法院函示指定执行的案件，应当裁定指定执行。

符合下列条件的仲裁裁决或调解书，经上级人民法院批准，中级人民法院可以指定基层人民法院管辖：（1）执行标的额符合基层人民法院一审民商事案件级别管辖受理范围；（2）被执行人住所地或者被执行的财产所在地在被指定的基层人民法院辖区内。

二、提级执行

高级人民法院指令下级人民法院限期执结，逾期未执结需要提级执行的。下级人民法院报请高级人民法院提级执行，高级人民法院认为应当提级执行的。疑难、重大和复杂的案件，高级人民法院认为应当提级执行的。高级人民法院对最高人民法院函示提级执行的案件，应当裁定提级执行。基层人民法院和中级人民法院管辖的执行案件，因特殊情况需要由上级人民法院执行的，可以报请上级人民法院提级执行。

【常用法律、司法解释及相关规定】

《最高人民法院关于高级人民法院统一管理执行工作若干问题的规定》
（2000年1月14日施行　法发〔2000〕3号）

第八条　高级人民法院对本院及下级人民法院的执行案件，认为需要指定执行的，可以裁定指定执行。

高级人民法院对最高人民法院函示指定执行的案件，应当裁定指定执行。

第九条　高级人民法院对下级人民法院的下列案件可以裁定提级执行：

1. 高级人民法院指令下级人民法院限期执结，逾期未执结需要提级执行的；

2. 下级人民法院报请高级人民法院提级执行，高级人民法院认为应当提级执行的；

3. 疑难、重大和复杂的案件，高级人民法院认为应当提级执行的。

高级人民法院对最高人民法院函示提级执行的案件，应当裁定提级执行。

《最高人民法院关于人民法院执行工作若干问题的规定（试行）》（2020年修正）

第15条　基层人民法院和中级人民法院管辖的执行案件，因特殊情况需要由上级人民法院执行的，可以报请上级人民法院执行。

《最高人民法院关于人民法院办理仲裁裁决执行案件若干问题的规定》（2018年3月1日施行　法释〔2018〕5号）

第二条　当事人对仲裁机构作出的仲裁裁决或者仲裁调解书申请执行的，由被执行人住所地或者被执行的财产所在地的中级人民法院管辖。

符合下列条件的，经上级人民法院批准，中级人民法院可以参照民事诉讼法第三十八条的规定指定基层人民法院管辖：

（一）执行标的额符合基层人民法院一审民商事案件级别管辖受理范围；

（二）被执行人住所地或者被执行的财产所在地在被指定的基层人民法院辖区内。

被执行人、案外人对仲裁裁决执行案件申请不予执行的，负责执行的中级人民法院应当另行立案审查处理；执行案件已指定基层人民法院管辖的，应当于收到不予执行申请后三日内移送原执行法院另行立案审查处理。

《最高人民法院关于适用〈中华人民共和国民事诉讼法〉执行程序若干问题的解释》（2020年修正）

第九条　依照民事诉讼法第二百二十六条的规定，有下列情形之一的，上一级人民法院可以根据申请执行人的申请，责令执行法院限期执行或者变更执行法院：

（一）债权人申请执行时被执行人有可供执行的财产，执行法院自收到申请执行书之日起超过六个月对该财产未执行完结的；

（二）执行过程中发现被执行人可供执行的财产，执行法院自发现财产之日起超过六个月对该财产未执行完结的；

（三）对法律文书确定的行为义务的执行，执行法院自收到申请执行书之日起超过六个月未依法采取相应执行措施的；

（四）其他有条件执行超过六个月未执行的。

第十条　上一级人民法院依照民事诉讼法第二百二十六条规定责令执行法院限期执行的，应当向其发出督促执行令，并将有关情况书面通知申请执行人。

上一级人民法院决定由本院执行或者指令本辖区其他人民法院执行的，应当作出裁定，送达当事人并通知有关人民法院。

院执行或者指令本辖区其他人民法院执行。

第四节　其他法院移送执行

其他法院认为其对案件无管辖权而将案件移送本院执行的，立案部门经审查，属于本院管辖的，应予立案。不属于本院管辖的，应当报请上级法院指定管辖，不得再自行移送。

【工作内容】

其他法院移送执行的条件：（1）移送法院已经依法受理了该案件；（2）移送法院对案件没有管辖权，或是其他有管辖权的法院已经在先立案了；（3）移送法院认为接受案件移送的法院有管辖权。

接受移送后的处理：（1）属于本院管辖的，应予立案；（2）不属于本院管辖的，应当报请上级法院指定管辖，不得再自行移送。

【常用法律、司法解释及相关规定】

《中华人民共和国民事诉讼法》（2021年修正）

第三十七条　人民法院发现受理的案件不属于本院管辖的，应当移送有管辖权的人民法院，受移送的人民法院应当受理。受移送的人民法院认为受移送的案件依照规定不属于本院管辖的，应当报请上级人民法院指定管辖，不得再自行移送。

第五节 执行依据

【工作内容】

根据法律、司法解释的相关规定,执行依据类型主要有以下几类:

第一,人民法院作出的执行依据:(1)判决书;(2)裁定书;(3)调解书;(4)决定书;(5)支付令。

第二,仲裁机构作出的执行依据:(1)商事仲裁机构作出的仲裁裁决书、调解书、裁定书;(2)劳动仲裁机构作出的仲裁裁决书、调解书;(3)农村土地承包仲裁委员会作出的先行裁定。

第三,行政机关作出的执行依据:(1)行政处罚决定书;(2)行政处理决定书;(3)行政裁决书。

第四,公证机关作出的执行依据:赋予强制执行效力的公证债权文书。

第五,经人民法院裁定认可的我国台湾地区、香港特别行政区、澳门特别行政区的判决、仲裁裁决:(1)我国台湾地区的判决,包括法院作出的生效民事判决、裁定、和解笔录、调解笔录、支付命令,以及刑事案件中作出的有关民事损害赔偿的生效判决、裁定、和解笔录;我国台湾地区各级调解委员会作出的调解文书;(2)香港特别行政区的判决,包括民商事案件的判决书、命令和诉讼费评定证明;(3)澳门特别行政区的判决,包括民商事案件的裁判、判决、确认和解的裁定、法官的决定或批示,刑事案件中有关民事损害赔偿的判决、裁定;(4)我国台湾地区的仲裁裁决,包括仲裁判断、仲裁和解、仲裁调解;(5)香港特别行政区的仲裁裁决,是指在香港特区按香港特区《仲裁条例》所作出的裁决;(6)澳门特别行政区的仲裁裁决,是指澳门特别行政区仲裁机构及仲裁员按照澳门特别行政区仲裁法规在澳门作出的民商事仲裁裁决。

第六,经人民法院裁定承认的外国法院作出的判决、裁定,以及国外仲裁机构作出的仲裁裁决。

第七,法律规定由人民法院执行的其他法律文书。

【常用法律、司法解释及相关规定】

《中华人民共和国民事诉讼法》（2021年修正）

第二百三十一条 发生法律效力的民事判决、裁定，以及刑事判决、裁定中的财产部分，由第一审人民法院或者与第一审人民法院同级的被执行的财产所在地人民法院执行。

法律规定由人民法院执行的其他法律文书，由被执行人住所地或者被执行的财产所在地人民法院执行。

第二百四十一条 人民法院制作的调解书的执行，适用本编的规定。

第二百四十四条第一款 对依法设立的仲裁机构的裁决，一方当事人不履行的，对方当事人可以向有管辖权的人民法院申请执行。受申请的人民法院应当执行。

《中华人民共和国行政诉讼法》（2017年修正）

第五十七条 人民法院对起诉行政机关没有依法支付抚恤金、最低生活保障金和工伤、医疗社会保险金的案件，权利义务关系明确、不先予执行将严重影响原告生活的，可以根据原告的申请，裁定先予执行。

当事人对先予执行裁定不服的，可以申请复议一次。复议期间不停止裁定的执行。

第九十五条 公民、法人或者其他组织拒绝履行判决、裁定、调解书的，行政机关或者第三人可以向第一审人民法院申请强制执行，或者由行政机关依法强制执行。

第九十七条 公民、法人或者其他组织对行政行为在法定期限内不提起诉讼又不履行的，行政机关可以申请人民法院强制执行，或者依法强制执行。

《中华人民共和国行政强制法》（2012年1月1日施行）

第五十三条 当事人在法定期限内不申请行政复议或者提起行政诉讼，又不履行行政决定的，没有行政强制执行权的行政机关可以自期限届满之日起三个月内，依照本章规定申请人民法院强制执行。

《中华人民共和国行政复议法》（2017年修订）

第三十三条 申请人逾期不起诉又不履行行政复议决定的，或者不履行最终裁决的行政复议决定的，按照下列规定分别处理：

（一）维持具体行政行为的行政复议决定，由作出具体行政行为的行政机关依法强制执行，或者申请人民法院强制执行；

（二）变更具体行政行为的行政复议决定，由行政复议机关依法强制执行，或者申请人民法院强制执行。

《中华人民共和国行政处罚法》（2017年修正）

第五十一条　当事人逾期不履行行政处罚决定的，作出行政处罚决定的行政机关可以采取下列措施：

（一）到期不缴纳罚款的，每日按罚款数额的百分之三加处罚款；

（二）根据法律规定，将查封、扣押的财物拍卖或者将冻结的存款划拨抵缴罚款；

（三）申请人民法院强制执行。

《中华人民共和国人民调解法》（2011年11月1日施行）

第三十三条　人民法院依法确认调解协议有效，一方当事人拒绝履行或者未全部履行的，对方当事人可以向人民法院申请强制执行。

《中华人民共和国刑事诉讼法》（2012年第二次修正）

第二百六十条　被判处罚金的罪犯，期满不缴纳的，人民法院应当强制缴纳；如果由于遭遇不能抗拒的灾祸缴纳确实有困难的，可以裁定减少或者免除。

第二百六十一条　没收财产的判决，无论附加适用或者独立适用，都由人民法院执行；在必要的时候，可以会同公安机关执行。

《最高人民法院关于适用〈中华人民共和国民事诉讼法〉的解释》（2022年修正）

第四百六十一条　当事人申请人民法院执行的生效法律文书应当具备下列条件：

（一）权利义务主体明确；

（二）给付内容明确。

法律文书确定继续履行合同的，应当明确继续履行的具体内容。

《最高人民法院关于人民法院执行工作若干问题的规定（试行）》（2020年修正）

第二条　执行机构负责执行下列生效法律文书：

（1）人民法院民事、行政判决、裁定、调解书，民事制裁决定、支付令，以及刑事附带民事判决、裁定、调解书，刑事裁判涉财产部分；

（2）依法应由人民法院执行的行政处罚决定、行政处理决定；

（3）我国仲裁机构作出的仲裁裁决和调解书；人民法院依据《中华人民共和国仲裁法》有关规定作出的财产保全和证据保全裁定；

（4）公证机关依法赋予强制执行效力的债权文书；

（5）经人民法院裁定承认其效力的外国法院作出的判决、裁定，以及国外仲裁机构作出的仲裁裁决；

（6）法律规定由人民法院执行的其他法律文书。

《最高人民法院关于刑事裁判涉财产部分执行的若干规定》（2014年11月6日施行　法释〔2014〕13号）

第一条 本规定所称刑事裁判涉财产部分的执行，是指发生法律效力的刑事裁判主文确定的下列事项的执行：

（一）罚金、没收财产；

（二）责令退赔；

（三）处置随案移送的赃款赃物；

（四）没收随案移送的供犯罪所用本人财物；

（五）其他应当由人民法院执行的相关事项。

刑事附带民事裁判的执行，适用民事执行的有关规定。

《最高人民法院、司法部关于公证机关赋予强制执行效力的债权文书执行有关问题的联合通知》（2000年9月1日施行　司发通〔2000〕107号）

第一条 公证机关赋予强制执行效力的债权文书应当具备以下条件：

（一）债权文书具有给付货币、物品、有价证券的内容；

（二）债权债务关系明确，债权人和债务人对债权文书有关给付内容无疑义；

（三）债权文书中载明债务人不履行义务或不完全履行义务时，债务人愿意接受依法强制执行的承诺。

第二条 公证机关赋予强制执行效力的债权文书的范围：

（一）借款合同、借用合同、无财产担保的租赁合同；

（二）赊欠货物的债权文书；

（三）各种借据、欠单；

（四）还款（物）协议；

（五）以给付赡养费、扶养费、抚育费、学费、赔（补）偿金为内容的协议；

（六）符合赋予强制执行效力条件的其他债权文书。

第四条 债务人不履行或不完全履行公证机关赋予强制执行效力的债权文书的，债权人可以向原公证机关申请执行证书。

第五条 债权人凭原公证书及执行证书可以向有管辖权的人民法院申请执行。

《中华人民共和国公证法》（2017年修正）

第二条 公证是公证机构根据自然人、法人或者其他组织的申请，依照法定程序对民事法律行为、有法律意义的事实和文书的真实性、合法性予以证明的活动。

《最高人民法院关于内地与香港特别行政区法院相互认可和执行当事人协议管辖的民商事案件判决的安排》（2000年8月1日生效　法释〔2008〕9号）

第一条 内地人民法院和香港特别行政区法院在具有书面管辖协议的民商事案件中作出的须支付款项的具有执行力的终审判决，当事人可以根据本安排向内地人民法院或者香港特别行政区法院申请认可和执行。

第二条 本安排所称"具有执行力的终审判决"：

（一）在内地是指：

1. 最高人民法院的判决；

2. 高级人民法院、中级人民法院以及经授权管辖第一审涉外、涉港澳台民商事案件的基层人民法院（名单附后）依法不准上诉或者已经超过法定期限没有上诉的第一审判决，第二审判决和依照审判监督程序由上一级人民法院提审后作出的生效判决。

（二）在香港特别行政区是指：终审法院、高等法院上诉法庭及原讼法庭和区域法院作出的生效判决。

本安排所称判决，在内地包括判决书、裁定书、调解书、支付令；在香港特别行政区包括判决书、命令和诉讼费评定证明书。

当事人向香港特别行政区法院申请认可和执行判决后，内地人民法院对该案件依法再审的，由作出生效判决的上一级人民法院提审。

《最高人民法院关于内地与澳门特别行政区相互认可和执行民商事判决的安排》（2006年4月1日施行　法释〔2006〕2号）

第一条　内地与澳门特别行政区民商事案件（在内地包括劳动争议案件，在澳门特别行政区包括劳动民事案件）判决的相互认可和执行，适用本安排。

本安排亦适用于刑事案件中有关民事损害赔偿的判决、裁定。

本安排不适用于行政案件。

第二条　本安排所称"判决"，在内地包括：判决、裁定、决定、调解书、支付令；在澳门特别行政区包括：裁判、判决、确认和解的裁定、法官的决定或者批示。

《最高人民法院关于认可和执行台湾地区法院民事判决的规定》（2015年7月1日施行　法释〔2015〕13号）

第一条　台湾地区法院民事判决的当事人可以根据本规定，作为申请人向人民法院申请认可和执行台湾地区有关法院民事判决。

第二条　本规定所称台湾地区法院民事判决，包括台湾地区法院作出的生效民事判决、裁定、和解笔录、调解笔录、支付命令等。

申请认可台湾地区法院在刑事案件中作出的有关民事损害赔偿的生效判决、裁定、和解笔录的，适用本规定。

申请认可由台湾地区乡镇市调解委员会等出具并经台湾地区法院核定，与台湾地区法院生效民事判决具有同等效力的调解文书的，参照适用本规定。

《最高人民法院关于认可和执行台湾地区仲裁裁决的规定》（2015年7月1日施行　法释〔2015〕14号）

第一条　台湾地区仲裁裁决的当事人可以根据本规定，作为申请人向人民法院申请认可和执行台湾地区仲裁裁决。

第二条　本规定所称台湾地区仲裁裁决是指，有关常设仲裁机构及临时仲裁庭在台湾地区按照台湾地区仲裁规定就有关民商事争议作出的仲裁裁决，包括仲裁判断、仲裁和解和仲裁调解。

【重点提示】

在执行过程中发现执行依据确实没有发生法律效力的，应经合议庭合议

后，以执行依据不合法为由裁定驳回当事人的强制执行申请

在执行过程中发现执行依据有错别字、主文语法错误、主文数据错误或某些特定事项错误，可能影响案件执行的，应当通知裁判法官进行核实，并裁定予以补正。

对执行依据的解释如下：（1）执行依据的内容不清晰、不明确，当事人有争议的，由当事人进行协商，确定执行方案；当事人无法达成一致意见的，执行法院可以根据《中华人民共和国民事诉讼法》第二百六十三条第五项裁定中止执行，同时向执行依据作出机构致函要求其对执行内容进一步明确。（2）执行依据有多项执行内容的，对于部分内容不明确、不清晰的，参照上述情形处理，对于明确、清晰的内容应予以执行。

再审后执行依据的确定：（1）再审维持原判的，执行依据为原判决、裁定，原执行程序恢复执行；（2）再审改判的，执行依据为再审后作出的新判决、裁定；（3）再审发回重审的，发回重审的裁定不是执行依据，重审期间原执行程序仍中止，重审后作出的新判决、裁定，为本案新的执行依据，原执行程序恢复执行。

涉外执行依据的执行，应当依据法律规定，先经认可或者承认后才能执行

第六节　执行管辖

【工作内容】

一、一般规定

发生法律效力的民事判决、裁定，由第一审人民法院或者与第一审人民法院同级的被执行的财产所在地人民法院执行。

刑事裁判涉财产部分，由第一审人民法院执行。第一审人民法院可以委托财产所在地的同级人民法院执行。

知识产权法院审理的第一审案件，生效判决、裁定、调解书需要强制执

行的，知识产权法院所在地的高级人民法院可指定辖区内其他中级人民法院执行。

发生法律效力的实现担保物权裁定、确认调解协议裁定、支付令，由作出裁定、支付令的人民法院或者与其同级的被执行财产所在地的人民法院执行。

认定财产无主的判决，由作出判决的人民法院将无主财产收归国家或集体所有。

国内仲裁当事人申请的财产保全，由被申请人住所地或被申请保全的财产所在地的基层人民法院执行。

国内仲裁当事人申请的证据保全，由证据所在地的基层人民法院执行。

专利管理机关作出的处理决定和处罚决定，由被执行人住所地或财产所在地的省、自治区、直辖市有权受理专利纠纷案件的中级人民法院执行。

国务院有关部门、省、自治区、直辖市人民政府和海关依法作出的处理决定和处罚决定，由被执行人住所地或财产所在地的中级人民法院执行。

国内商事仲裁裁决及调解书由被申请人住所地或被执行财产所在地的中级人民法院执行，符合下列条件：（1）执行标的额符合基层人民法院一审民商事案件级别管辖受理范围；（2）被执行人住所地或者被执行的财产所在地在被指定的基层人民法院辖区内；经上级人民法院批准，中级人民法院可以参照《中华人民共和国民事诉讼法》第三十八条的规定指定基层人民法院管辖。

劳动争议仲裁、劳动人事争议仲裁裁决及调解书、由被执行人住所地或被执行的财产所在地基层人民法院执行。

公证债权文书的执行，按照级别管辖的原则由被执行人住所地或被执行的财产所在地的人民法院执行。

二、涉港、澳、台执行

香港、澳门特别行政区作出的仲裁裁决、民商事判决、刑事案件中有关民事损害赔偿的判决裁定，由被申请人住所地、经常居住地或财产所在地中级人民法院认可和执行。

我国台湾地区作出的仲裁裁决、民商事判决、刑事案件中有关民事损害赔偿的判决裁定，由申请人住所地、经常居住地或者被申请人住所地、经常居住地、财产所在地中级人民法院或者专门人民法院认可和执行。

三、涉外执行

涉外仲裁过程中，当事人申请财产保全的，由被申请人住所地或被申请保全的财产所在地的中级人民法院执行。

涉外仲裁过程中，当事人申请证据保全的，由证据所在地的中级人民法院执行。

涉外仲裁机构的裁决，由被申请人住所地或者财产所在地中级人民法院执行。

国外仲裁机构的裁决，由被执行人住所地或者财产所在地中级人民法院执行。

外国法院作出的发生法律效力的判决、裁定，由中级人民法院执行。

四、请求外国法院承认与执行

人民法院作出的发生法律效力的判决、裁定，被执行人或者其财产不在中华人民共和国领域内，当事人请求执行的，可以由当事人直接向有管辖权的外国法院申请承认和执行，也可以由人民法院依照中华人民共和国缔结或者参加的国际条约的规定，或者按照互惠原则，请求外国法院承认和执行。

中华人民共和国涉外仲裁机构作出的发生法律效力的仲裁裁决，当事人请求执行的，如果被执行人或者其财产不在中华人民共和国领域内，应当由当事人直接向有管辖权的外国法院申请承认和执行。

五、管辖冲突及争议解决

两个以上人民法院都有管辖权的，当事人可以向其中一个人民法院申请执行；当事人向两个以上人民法院申请执行的，由最先立案的人民法院管辖。

对两个以上人民法院都有管辖权的执行案件，人民法院在立案前发现其他有管辖权的人民法院已经立案的，不得重复立案。

立案后发现其他有管辖权的人民法院已经立案的，应当撤销案件；已经采取执行措施的，应当将控制的财产交先立案的执行法院处理。

人民法院之间因执行管辖权发生争议的，由双方协商解决，协商不成的，报请双方共同的上级人民法院指定管辖。

六、管辖异议

人民法院受理执行申请后，当事人自收到执行通知书之日起十日内对管辖权提出异议的，由执行审查机构审查处理。管辖异议审查和复议期间，不停止执行。

七、执行程序中发现无权管辖的处理

执行程序中，执行法院发现本院确无管辖权的，应当撤销案件，并告知申请执行人向有管辖权的法院申请执行。

已经控制财产的，经征询申请执行人意见，执行法院也可以将案件移送有管辖权的法院执行，并撤销案件。受移送的人民法院应当受理。受移送的人民法院如果认为依照规定不属于本院管辖的，应当报请上级人民法院指定管辖，不得再自行移送。

无管辖权的人民法院依照前款规定将案件移送有管辖权的人民法院执行的，移送人民法院对被执行的财产采取的查封、扣押、冻结措施，视为受移送法院采取的查封、扣押、冻结措施，查封期限届满后受移送法院可凭移送法院的移送执行函直接办理续行查封、扣押、冻结手续。但移送执行时查封、扣押、冻结措施的有效期限不足一个月的，移送法院应当首先办理续行查封、扣押、冻结手续，再行移送。

【常用法律、司法解释及相关规定】

《中华人民共和国民事诉讼法》（2021年修正）

第三十七条　人民法院发现受理的案件不属于本院管辖的，应当移送有管辖权的人民法院，受移送的人民法院应当受理。受移送的人民法院认为受移送的案件依照规定不属于本院管辖的，应当报请上级人民法院指定管辖，不得再自行移送。

第三十八条　有管辖权的人民法院由于特殊原因，不能行使管辖权的，由上级人民法院指定管辖。

人民法院之间因管辖权发生争议，由争议双方协商解决；协商解决不了的，报请它们的共同上级人民法院指定管辖。

第二百三十一条 发生法律效力的民事判决、裁定，以及刑事判决、裁定中的财产部分，由第一审人民法院或者与第一审人民法院同级的被执行的财产所在地人民法院执行。

法律规定由人民法院执行的其他法律文书，由被执行人住所地或者被执行的财产所在地人民法院执行。

第二百四十一条 人民法院制作的调解书的执行，适用本编的规定。

《最高人民法院关于适用〈中华人民共和国民事诉讼法〉的解释》（2022年修正）

第四百六十条 发生法律效力的实现担保物权裁定、确认调解协议裁定、支付令，由作出裁定、支付令的人民法院或者与其同级的被执行财产所在地的人民法院执行。

认定财产无主的判决，由作出判决的人民法院将无主财产收归国家或者集体所有。

《最高人民法院关于适用〈中华人民共和国民事诉讼法〉执行程序若干问题的解释》（2020年修正）

第二条 对两个以上人民法院都有管辖权的执行案件，人民法院在立案前发现其他有管辖权的人民法院已经立案的，不得重复立案。

立案后发现其他有管辖权的人民法院已经立案的，应当撤销案件；已经采取执行措施的，应当将控制的财产交先立案的执行法院处理。

第三条 人民法院受理执行申请后，当事人对管辖权有异议的，应当自收到执行通知书之日起十日内提出。人民法院对当事人提出的异议，应当审查。异议成立的，应当撤销执行案件，并告知当事人向有管辖权的人民法院申请执行；异议不成立的，裁定驳回。当事人对裁定不服的，可以向上一级人民法院申请复议。

管辖权异议审查和复议期间，不停止执行。

第四条 对人民法院采取财产保全措施的案件，申请执行人向采取保全措施的人民法院以外的其他有管辖权的人民法院申请执行的，采取保全措施的人民法院应当将保全的财产交执行法院处理。

《最高人民法院关于执行案件立案、结案若干问题的意见》(2015 年 1 月 1 日施行　法发〔2014〕26 号)

第十八条　执行实施案件立案后,有下列情形之一的,可以以"销案"方式结案:

(一)被执行人提出管辖异议,经审查异议成立,将案件移送有管辖权的法院或申请执行人撤回申请的;

(二)发现其他有管辖权的人民法院已经立案在先的;

(三)受托法院报经高级人民法院同意退回委托的。

《最高人民法院关于人民法院执行工作若干问题的规定(试行)》(2020 年修正)

第四条　人民法庭审结的案件,由人民法庭负责执行。其中复杂、疑难或被执行人不在本法院辖区的案件,由执行机构负责执行。

第五条　执行程序中重大事项的办理,应由三名以上执行员讨论,并报经院长批准。

第十三条　两个以上人民法院都有管辖权的,当事人可以向其中一个人民法院申请执行;当事人向两个以上人民法院申请执行的,由最先立案的人民法院管辖。

第十四条　人民法院之间因执行管辖权发生争议的,由双方协商解决;协商不成的,报请双方共同的上级人民法院指定管辖。

第十五条　基层人民法院和中级人民法院管辖的执行案件,因特殊情况需要由上级人民法院执行的,可以报请上级人民法院执行。

《最高人民法院关于刑事裁判涉财产部分执行的若干规定》(2014 年 11 月 6 日施行　法释〔2014〕13 号)

第二条　刑事裁判涉财产部分,由第一审人民法院执行。第一审人民法院可以委托财产所在地的同级人民法院执行。

《最高人民法院关于知识产权法院案件管辖等有关问题的通知》(2015 年 1 月 1 日施行　法〔2014〕338 号)

第六条　知识产权法院审理的第一审案件,生效判决、裁定、调解书需要强制执行的,知识产权法院所在地的高级人民法院可指定辖区内其他中级人民法院执行。

《最高院关于人民法院办理仲裁裁决执行案件若干问题的规定》（2018年3月1日施行　法释〔2018〕5号）

第二条　当事人对仲裁机构作出的仲裁裁决或者仲裁调解书申请执行的，由被执行人住所地或者被执行的财产所在地的中级人民法院管辖。

符合下列条件的，经上级人民法院批准，中级人民法院可以参照《中华人民共和国民事诉讼法》第三十八条的规定指定基层人民法院管辖：

（一）执行标的额符合基层人民法院一审民商事案件级别管辖受理范围；

（二）被执行人住所地或者被执行的财产所在地在被指定的基层人民法院辖区内；

被执行人、案外人对仲裁裁决执行案件申请不予执行的，负责执行的中级人民法院应当另行立案审查处理；执行案件已指定基层人民法院管辖的，应当于收到不予执行申请后三日内移送原执行法院另行立案审查处理。

《最高人民法院关于公证债权文书执行若干问题的规定》（2018年10月1日施行　法释〔2018〕18号）

第二条　公证债权文书执行案件，由被执行人住所地或者被执行的财产所在地人民法院管辖。

前款规定案件的级别管辖，参照人民法院受理第一审民商事案件级别管辖的规定确定。

《最高人民法院关于内地与香港特别行政区法院相互认可和执行当事人协议管辖的民商事案件判决的安排》（2008年8月1日施行　法释〔2008〕9号）

第四条　申请认可和执行符合本安排规定的民商事判决，在内地向被申请人住所地、经常居住地或者财产所在地的中级人民法院提出，在香港特别行政区向香港特别行政区高等法院提出。

《最高人民法院关于内地与澳门特别行政区相互认可和执行民商事判决的安排》（2006年4月1日施行　法释〔2006〕2号）

第四条　内地有权受理认可和执行判决申请的法院为被申请人住所地、经常居住地或者财产所在地的中级人民法院。两个或者两个以上中级人民法院均有管辖权的，申请人应当选择向其中一个中级人民法院提出申请。

澳门特别行政区有权受理认可判决申请的法院为中级法院，有权执行的法院为初级法院。

第五条 被申请人在内地和澳门特别行政区均有可供执行财产的,申请人可以向一地法院提出执行申请。

申请人向一地法院提出执行申请的同时,可以向另一地法院申请查封、扣押或者冻结被执行人的财产。待一地法院执行完毕后,可以根据该地法院出具的执行情况证明,就不足部分向另一地法院申请采取处分财产的执行措施。

两地法院执行财产的总额,不得超过依据判决和法律规定所确定的数额。

《最高人民法院关于认可和执行台湾地区法院民事判决的规定》(2015年7月1日施行 法释〔2015〕13号）

第三条 申请人同时提出认可和执行台湾地区法院民事判决申请的,人民法院先按照认可程序进行审查,裁定认可后,由人民法院执行机构执行。

申请人直接申请执行的,人民法院应当告知其一并提交认可申请;坚持不申请认可的,裁定驳回其申请。

第四条 申请认可台湾地区法院民事判决的案件,由申请人住所地、经常居住地或者被申请人住所地、经常居住地、财产所在地中级人民法院或者专门人民法院受理。

申请人向两个以上有管辖权的人民法院申请认可的,由最先立案的人民法院管辖。

申请人向被申请人财产所在地人民法院申请认可的,应当提供财产存在的相关证据。

《最高人民法院关于内地与香港特别行政区相互执行仲裁裁决的安排》（2000年2月1日施行 法释〔2000〕3号）

第一条 在内地或者香港特区作出的仲裁裁决,一方当事人不履行仲裁裁决的,另一方当事人可以向被申请人住所地或者财产所在地的有关法院申请执行。

第二条 上条所述的有关法院,在内地指被申请人住所地或者财产所在地的中级人民法院,在香港特区指香港特区高等法院。

被申请人住所地或者财产所在地在内地不同的中级人民法院辖区内的,申请人可以选择其中一个人民法院申请执行裁决,不得分别向两个或者两个以上人民法院提出申请。

被申请人的住所地或者财产所在地，既在内地又在香港特区的，申请人不得同时分别向两地有关法院提出申请。只有一地法院执行不足以偿还其债务时，才可就不足部分向另一地法院申请执行。两地法院先后执行仲裁裁决的总额，不得超过裁决数额。

《最高人民法院关于内地与澳门特别行政区相互认可和执行仲裁裁决的安排》（2008年1月1日施行　法释〔2007〕17号）

第二条　在内地或者澳门特别行政区作出的仲裁裁决，一方当事人不履行的，另一方当事人可以向被申请人住所地、经常居住地或者财产所在地的有关法院申请认可和执行。

内地有权受理认可和执行仲裁裁决申请的法院为中级人民法院。两个或者两个以上中级人民法院均有管辖权的，当事人应当选择向其中一个中级人民法院提出申请。

澳门特别行政区有权受理认可仲裁裁决申请的法院为中级法院，有权执行的法院为初级法院。

第三条　被申请人的住所地、经常居住地或者财产所在地分别在内地和澳门特别行政区的，申请人可以向一地法院提出认可和执行申请，也可以分别向两地法院提出申请。

当事人分别向两地法院提出申请的，两地法院都应当依法进行审查。予以认可的，采取查封、扣押或者冻结被执行人财产等执行措施。仲裁地法院应当先进行执行清偿；另一地法院在收到仲裁地法院关于经执行债权未获清偿情况的证明后，可以对申请人未获清偿的部分进行执行清偿。两地法院执行财产的总额，不得超过依据裁决和法律规定所确定的数额。

《最高人民法院关于认可和执行台湾地区仲裁裁决的规定》（2015年7月1日施行　法释〔2015〕14号）

第三条　申请人同时提出认可和执行台湾地区仲裁裁决申请的，人民法院先按照认可程序进行审查，裁定认可后，由人民法院执行机构执行。

申请人直接申请执行的，人民法院应当告知其一并提交认可申请；坚持不申请认可的，裁定驳回其申请。

第四条　申请认可台湾地区仲裁裁决的案件，由申请人住所地、经常居住地或者被申请人住所地、经常居住地、财产所在地中级人民法院或者专门人民法院受理。

申请人向两个以上有管辖权的人民法院申请认可的,由最先立案的人民法院管辖。

申请人向被申请人财产所在地人民法院申请认可的,应当提供财产存在的相关证据。

《最高人民法院关于高级人民法院统一管理执行工作若干问题的规定》
(2000年1月14日执行 法发〔2000〕3号)

第八条 高级人民法院对本院及下级人民法院的执行案件,认为需要指定执行的,可以裁定指定执行。

高级人民法院对最高人民法院函示指定执行的案件,应当裁定指定执行。

第九条 高级人民法院对下级人民法院的下列案件可以裁定提级执行:

(一)高级人民法院指令下级人民法院限期执结,逾期未执结需要提级执行的;

(二)下级人民法院报请高级人民法院提级执行,高级人民法院认为应当提级执行的;

(三)疑难、重大和复杂的案件,高级人民法院认为应当提级执行的。

高级人民法院对最高人民法院函示提级执行的案件,应当裁定提级执行。

【重点提示】

《中华人民共和国民事诉讼法》并未在执行管辖中规定协议管辖,故在执行程序中不允许当事人用协议的方式变更执行法院。

在执行管辖权异议审查和复议期间,不停止执行。

根据《最高人民法院关于适用〈中华人民共和国民事诉讼法〉执行程序若干问题的解释》第一条之规定,申请执行人向被执行的财产所在地人民法院申请执行的,应当提供该人民法院辖区有可供执行财产的证明材料。

"被执行的财产所在地"可以从以下几方面加以判断,债权人可据此内容,提交被执行人财产的相关材料,选择被执行人财产所在地的法院申请执行:(1)可供执行的财产是房屋、土地等不动产的,已登记的不动产,以该不动产权属证明上的登记地为被执行财产所在地。未登记的不动产,以该不动产的所在地为被执行财产所在地。（2）可供执行的财产是动产的，以动产实际存放地为被执行财产所在地。（3）可供执行的财产为车辆、船舶、航空器等特定动产的，以登记簿记载的所在地为财产所在地，由实际存放地、停泊地法院执行更为方便的，也可以实际存放地、停泊地为财产所在地。（4）可供执行的财产为金融机构存款及利息的，以开户行所在地为被执行的财产所在地。（5）可供执行的财产是股权、股份、投资红利的，以股权、股份、投资权益所涉及的法人、其他组织的住所地、主要办事机构所在地为财产所在地。（6）可供执行的财产是上市公司流通股的，以上市公司的住所地、主要营业地、主要办事机构所在地为财产所在地，由托管证券公司的营业部所在地法院执行更为方便的，也可以托管证券公司的营业部所在地为财产所在地。不得以证券登记结算机构所在地或证券交易所所在地为被执行财产所在地。（7）可供执行的财产为非流通股的，以非流通股所涉及的法人、其他组织的住所地、主要营业地、主要办事机构所在地为财产所在地。（8）可供执行的财产为商标权、专利权、著作权等知识产权的，以知识产权人的住所地为被执行的财产所在地。（9）可供执行的财产为收入和到期债权的，以发放该收入的民事主体所在地、到期债权所涉及的债权人所在地为被执行财产所在地。

债权人向被执行的财产所在地申请执行时，需要证明据以执行的文书已发生法律效力。实践中最常见的做法是，作出法律文书的机构给债权人提供一份《生效证明》，由申请人向执行法院提交，收录于执行法院卷宗。

被执行人财产所在地法院的级别问题。如果债权人选择向财产所在地法院申请执行的，应当根据作出生效法律文书的第一审法院的级别确定对应的法院为执行管辖法院，该法院不应因当地级别管辖的规则（如执行案件标的金额）与第一审法院级别管辖不同，认为级别不对应而不受理当事人的申请。

中级人民法院拟将生效的仲裁裁决或仲裁调解书指定辖区基层人民法院执行的，应报请高级人民法院批准。

【常用文书样式】

函（报请上级人民法院执行用）

执行决定书（指定执行管辖用）

执行裁定书（提级执行用）

执行裁定书（指定执行用）

执行决定书（决定与下级法院共同执行案件用）

执行令（执行外国法院判决用）

第七节 立案审查

【工作内容】

一、受理

（一）申请材料的收取

1. 申请执行应提交的材料：（1）生效法律文书副本（申请执行仲裁裁决须同时提交仲裁协议）；（2）申请人、委托代理人的身份证件及授权委托书；（3）申请执行书（应写明请求事项、理由、财产线索、是否有诉讼保全及保全情况等）；（4）申请人的送达地址确认书。

2. 移送执行应提交的材料：（1）移送函件；（2）生效法律文书副本；（3）其他有关的材料（双方当事人的身份信息材料、掌握的财产线索、是否有诉讼保全等）。

（二）材料的审查

（1）当事人提交的申请材料不符合要求的，如可以当场补正的，要求当事人当场补正。（2）不能当场补正的，应一次性书面告知当事人在指定期限内予以补正。当事人也可将材料全部撤回并补正后，重新申请立案。（3）当事人在指定期限内未补正的，退回材料，并记录在册；坚持申请立案的，裁定不予受理。（4）经补正仍不符合要求的，裁定不予受理。

(三) 发放执行风险提示书

发放执行风险提示书，应告知申请执行人向人民法院提供财产线索的义务，以及无财产可供执行导致执行不能的风险。

(四) 信息采集

立案部门在立案时与执行机构共享信息，做好以下信息的采集工作：(1) 提交材料时间；(2) 当事人姓名、性别、民族、出生日期、身份证件号码、电话及其他联系方式、送达地址；(3) 当事人名称、法定代表人或者主要负责人、统一社会信用代码或者组织机构代码、电话及其他联系方式、送达地址；(4) 保全信息及其他应当采集的信息。

二、立案审查

首先，当事人申请执行应当符合下列条件：(1) 申请或移送执行的法律文书已经生效；(2) 申请执行人是生效法律文书确定的权利人或其继承人、权利承受人；(3) 申请执行的法律文书有给付内容，且执行标的和被执行人明确；(4) 义务人在生效法律文书确定的期限内未履行义务。

其次，执行依据应当具备的条件：(1) 法律文书已经生效；(2) 履行期限届满；(3) 权利义务主体明确；(4) 给付内容明确。

最后，公证机关赋予强制执行效力的债权文书应当具备以下条件：(1) 债权文书具有给付货币、物品、有价证券的内容；(2) 债权债务关系明确，债权人和债务人对债权文书有关给付内容无疑义；(3) 债权文书中载明债务人不履行义务或不完全履行义务时，债务人愿意接受依法强制执行的承诺。

属于受申请执行的人民法院管辖，内容详见第一章第六节执行管辖。

三、审查后处理

可以当场确定符合立案条件的，应当场予以立案；不能当场确定可以立案的，应当自收到材料后七日内决定是否立案。对符合条件的申请，应当在七日内予以立案；不符合条件的，应当在七日内裁定不予受理。当场决定不予立案的，裁定不予受理前应当先予以释明。当事人经释明后，坚持提出申请的，裁定不予受理。裁定应当载明不予受理的理由，并在裁定中告知不服裁定的救济途径。

四、立案及相应处理

（一）收集信息

1. 要求申请执行人填写、提交财产调查表，记录其提供的被执行人的财产线索。财产线索应当具体、明确。
2. 要求申请执行人提供执行款收款账号、选择司法拍卖网络服务提供者等应完成的事项。
3. 记录其他需要申请执行人提交或者确认的信息。

（二）送达文书

向申请执行人送达案件受理通知书、权利义务告知书、廉政监督卡等应送达申请执行人的书面材料。

（三）录入系统

将无法通过计算机系统自动采集的立案信息，按要求手动录入执行案件流程信息管理系统。立案部门在系统中录入的立案信息与卷宗材料应当一致，特别是当事人身份信息、执行依据、执行标的等案件基本信息的录入应准确无误。其他需要及时录入执行案件流程信息管理系统的信息（如联系方式），应一并予以录入。

（四）整理移交立案材料

将案件材料按照规范要求整理，并在立案之日起三个工作日内移交执行实施机构，保全类案件应及时移交。同时，在执行案件流程信息管理系统中进行相应移转操作。执行实施机构收案人员接收案件时应逐件查点，发现存在材料欠缺、编号错误、分案错误等情形的，应退回立案部门补正。

另外，执行审查类案件的立案审查要求详见第十五章执行异议。

【系统操作】

1. 收案登记。点击"案件管理"→"收案登记",打开"收案登记"界面,如图1-1所示。

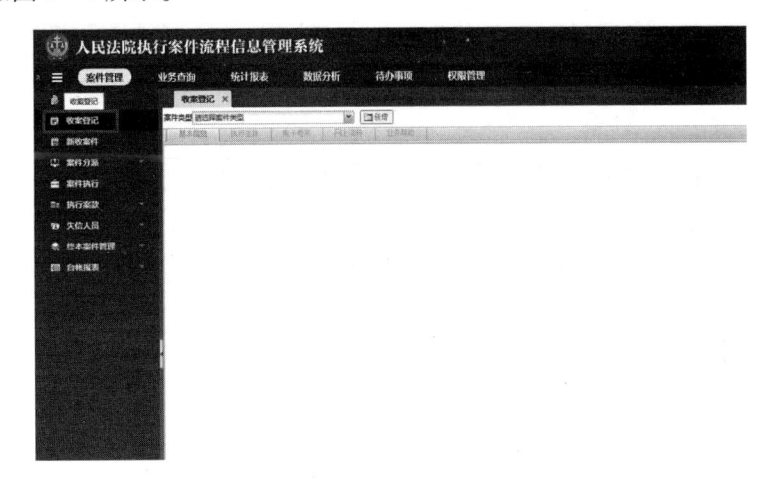

图1-1 收案登记

2. 新增案件。在"案件类型"下拉框中选择"首次执行案件［执］"选项,点击"新增"按钮,或者双击实施类案件或审查类案件选项,即可显示案件登记界面,如图1-2所示。

图1-2 新增案件

3. 案件登记。登记信息主要分为"收案材料""基本信息""执行依据""执行标的""其他信息""原案信息""当事人详细信息""审查信息""审批信息",后面将分别介绍这几部分信息的录入。新增案件还提供了"保存""收案""呈批"的功能入口,如图1-3所示。

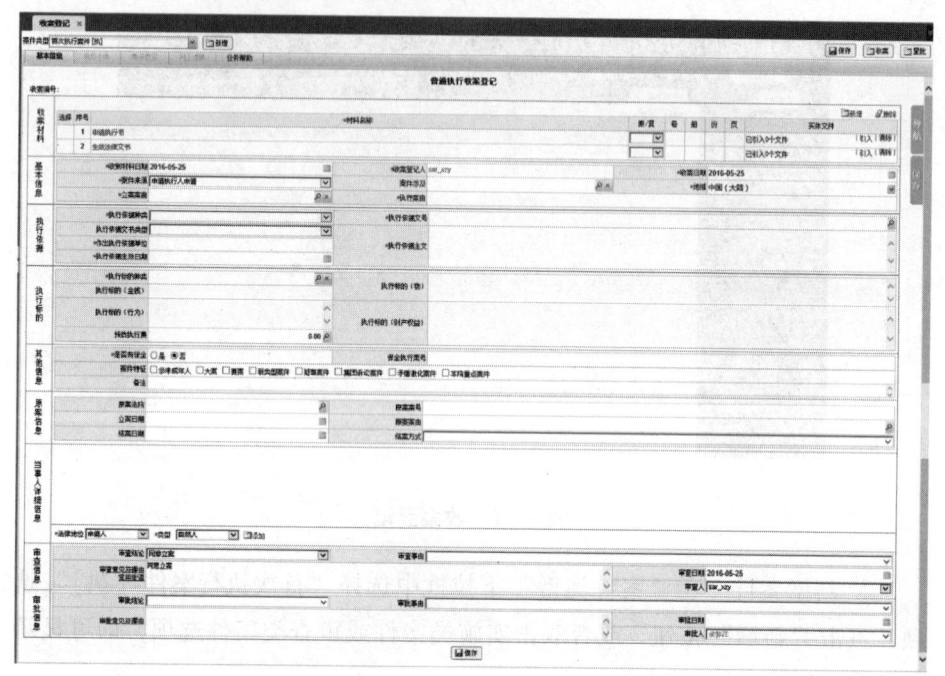

图1-3 案件登记

4. 收案材料。收案材料为案件添加相关法律文书。现有列表已经提供了"申请执行书""生效法律文书",如图1-4所示。

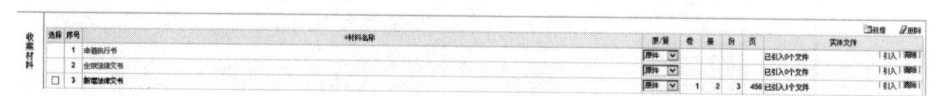

图1-4 收案材料

新增:点击列表右上方"新增"链接,列表中将添加一条文书录入。

编辑:直接在列表中录入文书信息,包括"材料名称""原件/复印件""卷""册""份""页"。

删除:对新增的文件进行删除,勾选要删除的文书点击列表右上方"删除"链接即可。

引入文书：点击"实体文件"列中的"引入"链接，打开本机的目录，选择要引入的电子文件（支持多选）即可。

清除文书：点击"实体文件"列中的"清除"链接，即可清除引入文书。

5. 基本信息。基本信息主要是录入收案相关信息，以及案件来源等。标注红色＊的录入项为必填项，如图 1－5 所示。

图 1－5　基本信息一

其中，"收到材料日期""收案登记人""收案日期""案件来源""地域"为默认获取。"立案案由""案件涉及"提供相应的代码项供选择，如图 1－6 所示。

图 1－6　基本信息二

6. 执行依据及执行标的。这里主要录入的是执行依据相关信息，以及不同执行标的的信息，标注红色＊的录入项为必填项，如图 1－7 所示。

图 1－7　执行依据及执行标的

其中，"执行依据文号"如果案件类型为首执可以手工录入，如果案件类型为执恢，支持查询以往文号，如图 1－8 所示。

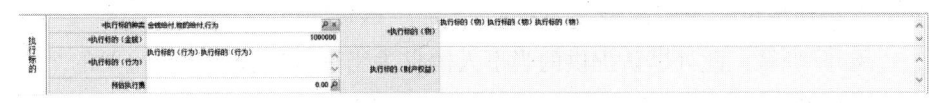

图 1－8　执行依据文号

执行标的种类包括：金钱给付、物的给付、行为、财产性权益。勾选不同种类，必须填写不同种类对应的信息，如图1-9所示。

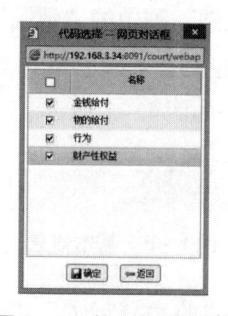

图1-9 执行标的种类

7. 其他信息及原案信息。其他信息提供财产是否保全、案件特征等信息的录入，如果该案件有原案，可支持录入原案信息，如图1-10所示。

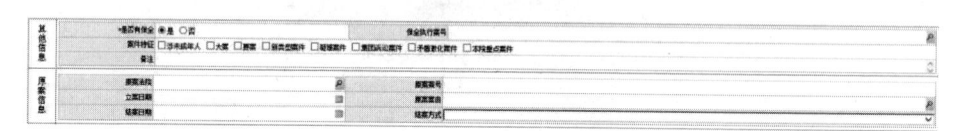

图1-10 其他信息及原案信息

8. 当事人详细信息。这里主要录入的是与案件有关的申请人、被执行人、异议人等当事人信息，标注红色*的录入项为必填项，如图1-11所示。

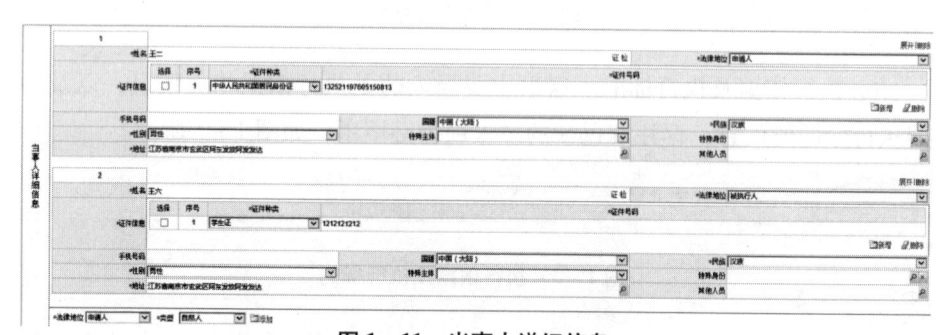

图1-11 当事人详细信息

新增当事人：在"当事人详细信息"区域的左下角，选择要添加的当事人的"法律地位"及"类型"，点击"添加"链接即可。

展开/隐藏：此处默认提供的当事人信息为当事人比较常用、重要的个人信息，当事人的详细信息可通过点击右侧"展开"，此时页面会自动向下展开,显示该当事人的全部信息,用户即可登记当事人的详细信息,详细的信息登记完毕后,用户可点击右侧的"隐藏",将该当事人恢复到页面初始的状态,只显示当事人的基本信息。

删除当事人:点击"删除"链接,即可删除当前当事人。

新增证件信息:在证件信息表格中,可以编辑当事人的"证件种类"和"证件号码",如有需要,可以录入多种证件。点击"新增",列表中增加一条可编辑证件。

删除证件信息:在证件信息表格中勾选上要删除的证件,点击"删除"即可。

在案件保存完成后,还可以继续通过编辑"执行主体"标签页上的信息补充当事人信息。

9. 立案审查。用户若具有立案审查人角色即可登记审查信息,如图 1 - 12 所示。

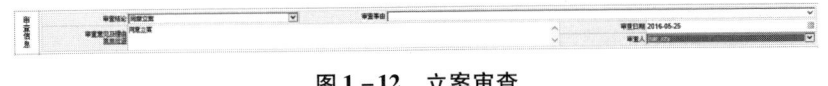

图 1 - 12 立案审查

审查结论主要为"同意立案""不予受理""转交有关单位处理""退回""销案"。除了"同意立案"外,不同的结论有相应的"审查事由"供选择。点击"常用批语",可以快速填写"审查意见及理由"。

10. 保存。点击编辑区域右上角的"保存"按钮,保存成功后,"基本信息"标签页后面的"执行主体""电子卷宗""任务流转"变成可编辑状态,新增"删除"按钮,如图 1 - 13 所示。

图 1 - 13 保存

11. 案件导航。由于该基本信息标签页包括了当事人信息,部分案件的当事人较多,此时会导致该页面较高,为便于用户精确定位该页面上的信息,避免上下拖动滑动条带来的烦琐,系统提供"导航"功能,将鼠标移动至页面右侧的"导航"处,导航页面会自动向左侧展开,点击导航页面中的"基本案情",则"基本信息标签页"会自动滚动至"基本信息"处,点击导航页面中的"审查情况",则"基本信息标签页"会自动滚动至"审查信息"

处，点击导航页面中的某当事人，则"基本信息标签页"会自动滚动至"当事人信息"处对应的当事人，"保存"导航等同于"保存"按钮，如图1-14所示。

12. 执行主体。如需要对"基本信息"标签页中，当事人信息进行补充，可以在"执行主体"中完成，如图1-15所示。

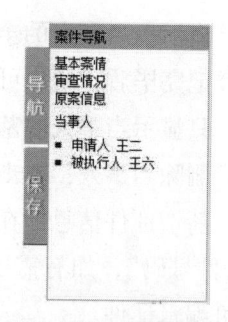

图1-14 案件导航

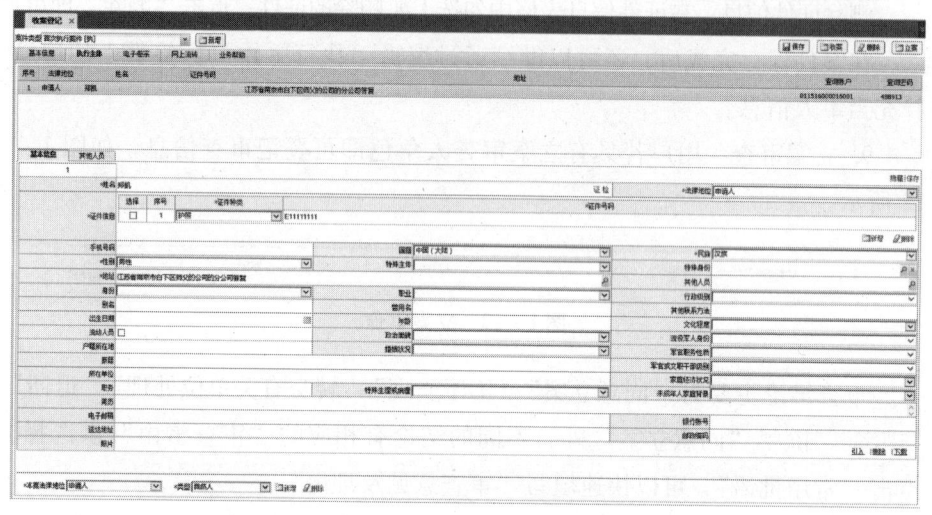

图1-15 执行主体中补充当事人信息

在界面左下角 处，可以继续添加当事人。

执行主体的"基本信息"按照规则依次录入即可。

如若当事人为多人时，可以在"其他人员"中录入其他相关人员，如图1-16所示。

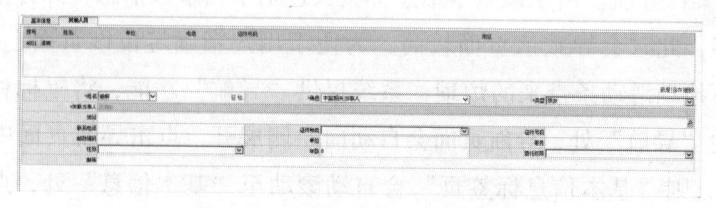

图1-16 其他相关人员的录入

13. 收案。新收案件保存成功后，点击界面右上角的"收案"按钮，弹出"收案处理"窗口，如图 1-17 所示。

图 1-17　收案处理

如若材料不齐全，提供材料的"补正日期"，以及所需的"补正材料"，如图 1-18 所示。

图 1-18　收案处理中的补正

点击"收案"按钮，收案成功，窗口自动加载相关法律文书，如图 1-

19 所示。

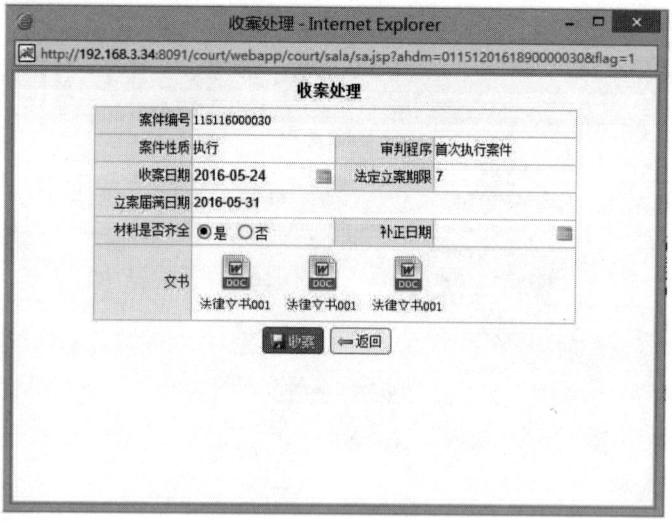

图 1-19 收案成功

"返回"后,主界面右上角按钮组将被更新为 [保存] [删除] [呈批] [打印]。

14. 呈批。在界面右上角点击"呈批"按钮,对已审查通过的案件呈报审批,弹出"呈报"窗口,如图 1-20 所示。

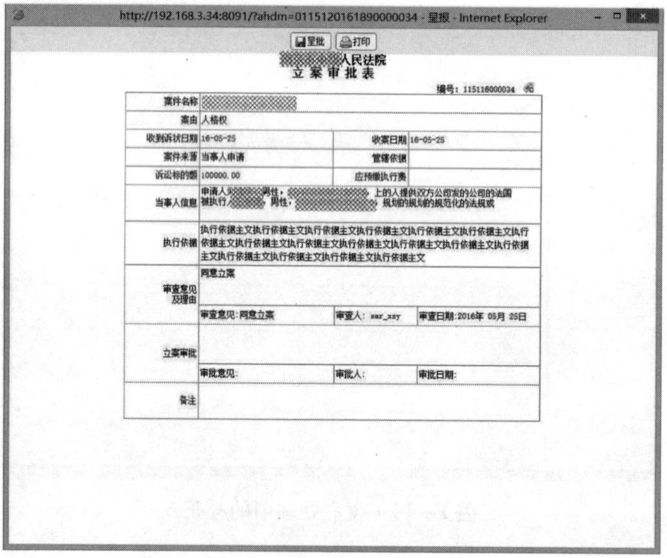

图 1-20 呈批一

点击"呈批"按钮,选择立案审批的处理人,"确定"后提示"参与者设置成功",案件将流转到该处理人待办事宜中等待审批,如图 1-21 所示。

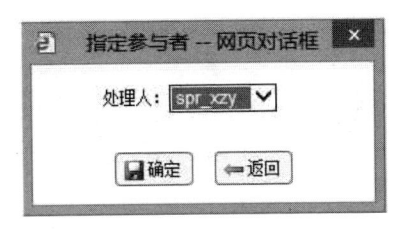

图 1-21　呈批二

在呈批窗口右上角,点击如图 编号：115116000034 的小图标,还可以切换到其他待呈批的案件。

注意,如果不"收案"直接"呈批",系统会提示"案件需收案后方能发起呈批流程",如图 1-22 所示。

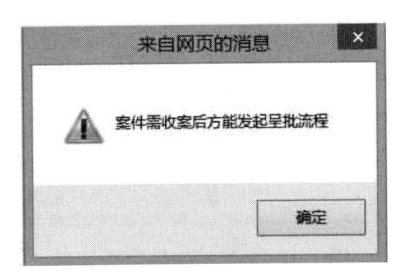

图 1-22　呈批三

"呈批"操作完成后,该案件将进入案件流程中,在"网上流转"标签页中可以查看到该案件。"我的主办"查看当前登录用户收案登记的案件,"案件流程"可以查看其他案件,界面如图 1-23 所示。

图 1-23　呈批中的网上流转

点击案件的"流程名称",弹出该案件的呈批窗口,只可浏览,不可编辑。窗口上包含"业务信息""流程信息""流程图",如图 1-24、图 1-25 所示。

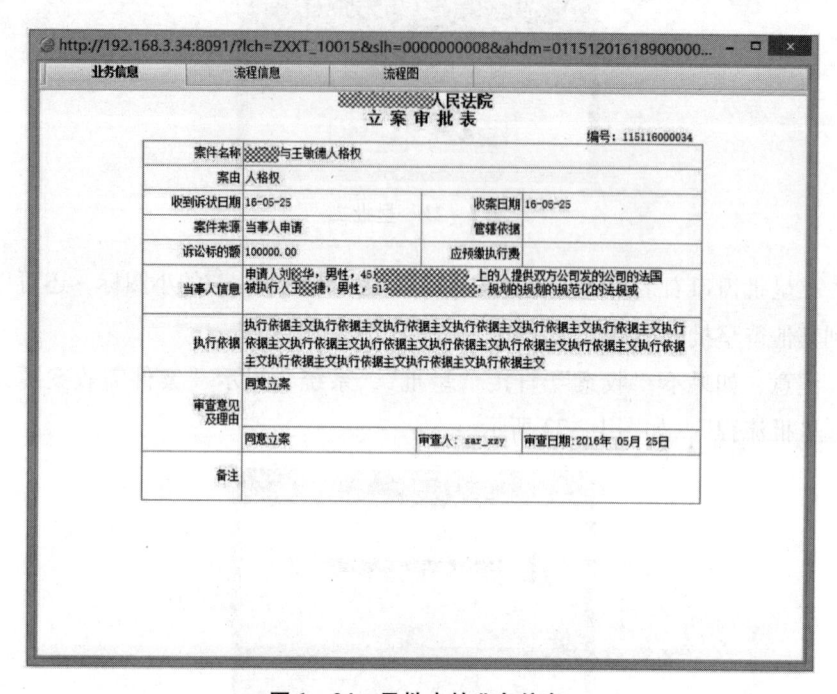

图 1-24 呈批中的业务信息

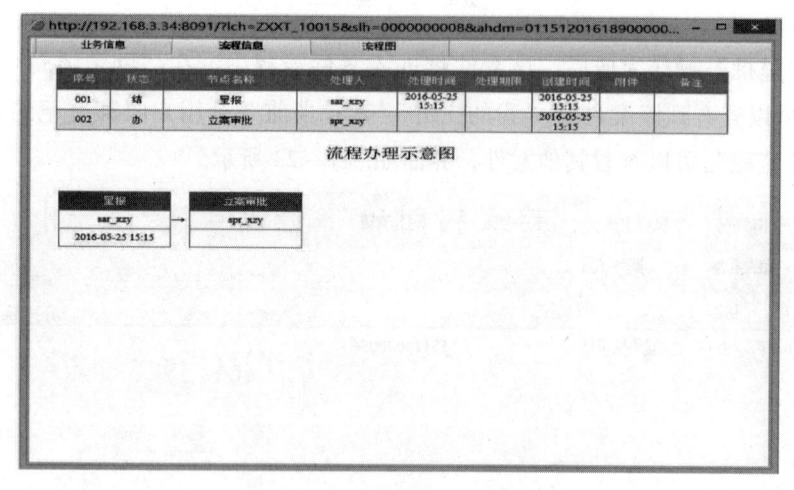

图 1-25 呈批流程示意图

15. 收案列表。收案列表主要汇总展示当前登录账号登记状态、收案状态、呈批状态、立案状态和移送状态的案件信息，通过输入年度、勾选案件状态、输入执行主体信息和代字，可进行案件的条件查询。如图1-26所示：

图1-26 收案列表

16. 收案信息。点击收案列表的案件，可进入收案信息的详细页面，点击收案节点即可打开案件收案登记页面，可查看录入的案件基本信息、执行主体信息等。如果该案件还在收案登记状态，可对收案页面信息进行编辑，如图1-27所示。

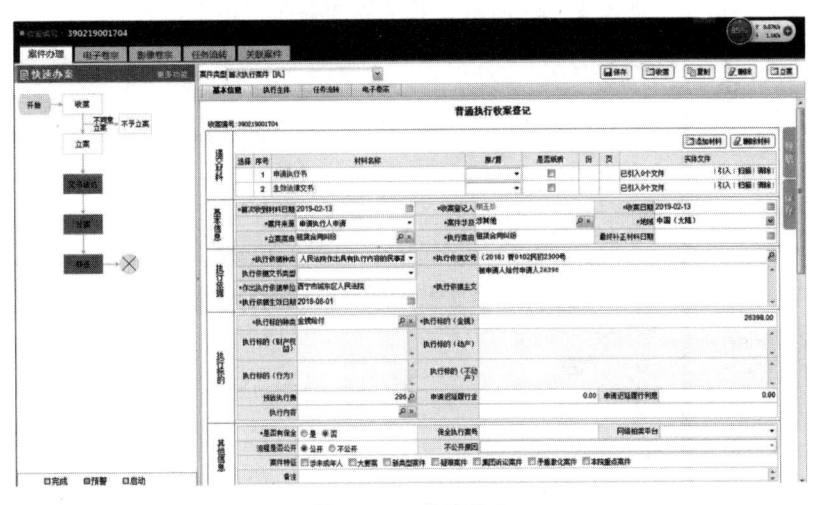

图1-27 收案信息

17. 立案审批。可实现通过网上审批立案流程。立案审批必须由案件的收案人呈报，系统自动确定审查人或审批人，并自动流转。不能直接立案的案件，必须经领导审批同意后，才能立案。该功能需要有"立案审批人"权限的用户操作。

18. 主界面由具有"立案审批人"权限的用户登录后，点击左侧"待办事宜"功能，打开"待办事宜"列表，显示新收案件信息，如图1-28所示。

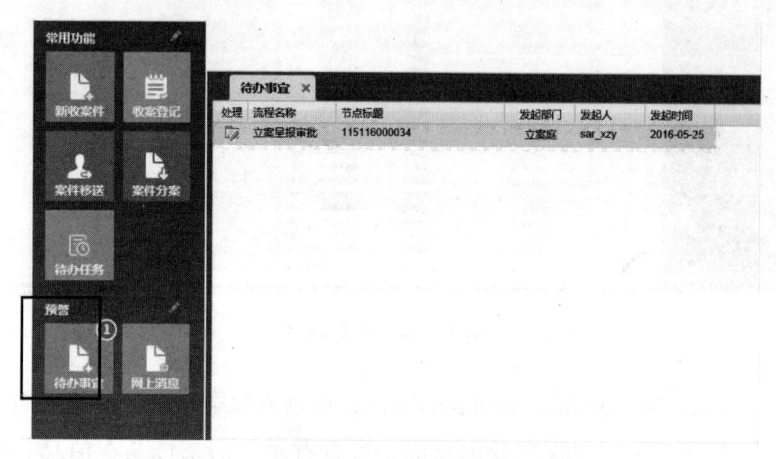

图1-28 立案审批人的新收案件权限

19. 查看案件信息。点击列表中"节点标题"查看该案件的立案审批信息以及流程信息，如图1-29所示，其他界面参照"网上流转"。

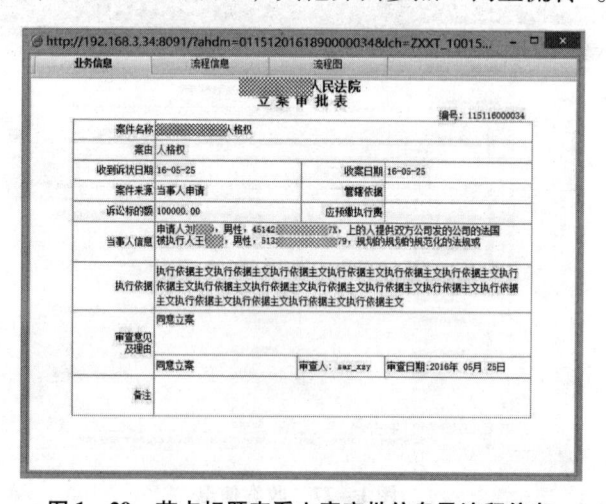

图1-29 节点标题查看立案审批信息及流程信息

20. 立案处理。点击列表中"处理"列的 ![按钮] 按钮，弹出审批窗口，如图 1 – 30 所示。

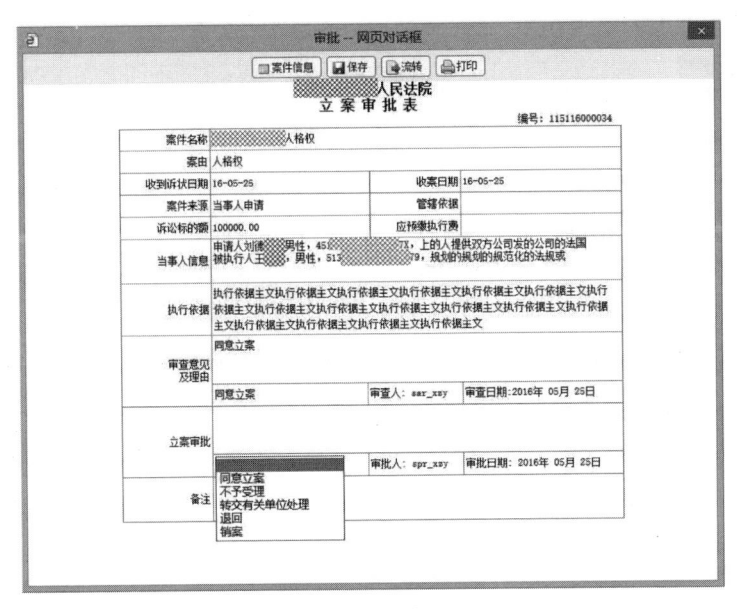

图 1 – 30　立案处理

查看"案件信息"，通过点击"案件信息"按钮，可以查看要立案审批的案件完整信息，如图 1 – 31 所示。

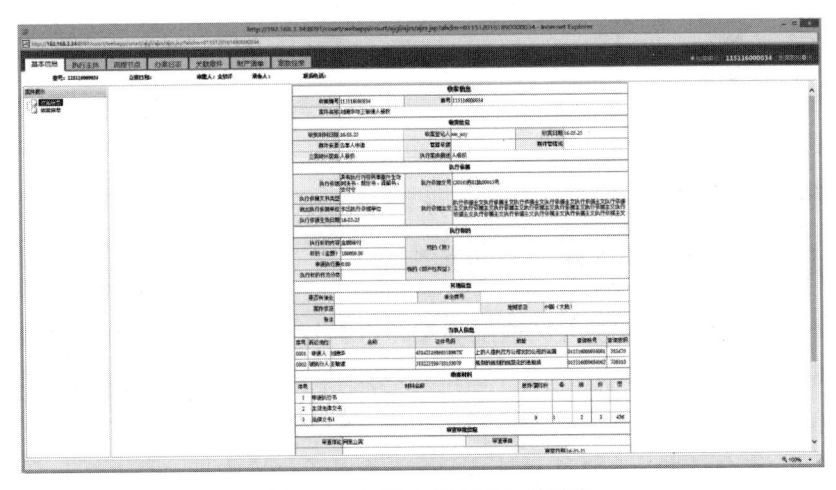

图 1 – 31　查看立案审批完整信息

立案审批之后，案件自动流转。系统支持在收案阶段的案号自动生成功能，对案件生成正式立案编号，并保证案号连续。经过立案编号后，案件被确定为正式案件，如图 1-32 所示。

图 1-32 正式立案

21. 不予受理，对于法院决定不予受理、驳回起诉等不立案的案件，在收案登记或立案审批时，直接填写审批为"不予受理""驳回起诉"等审批意见，点击保存后，获取立案编号，立案编号获取成功后，该案件系统会自动标记为"执行"状态，若需要分案，可以将该案件分给其他承办法官办理，若不需要分案，可直接由立案人办理，可直接打开"结案登记"页面，将该案件结案。

【常用法律、司法解释及相关规定】

《最高人民法院关于人民法院立案、审判与执行工作协调运行的意见》
(2018 年 5 月 28 日施行　法发〔2018〕9 号)

第一条　立案工作

1. 立案部门在收取起诉材料时，应当发放诉讼风险提示书，告知当事人诉讼风险，就申请财产保全作必要的说明，告知当事人申请财产保全的具体流程、担保方式及风险承担等信息，引导当事人及时向人民法院申请保全。

立案部门在收取申请执行材料时，应发放执行风险提示书，告知申请执行人向人民法院提供财产线索的义务，以及无财产可供执行导致执行不能的风险。

2. 立案部门在立案时与执行机构共享信息，做好以下信息的采集工作：

（1）立案时间；

（2）当事人姓名、性别、民族、出生日期、身份证件号码；

（3）当事人名称、法定代表人或者主要负责人、统一社会信用代码或者组织机构代码；

（4）送达地址；

（5）保全信息；

（6）当事人电话及其他联系方式；

（7）其他应当采集的信息。

立案部门在立案时应充分采集原告或者申请执行人的前款信息，提示原告或者申请执行人尽可能提供被告或者被执行人的前款信息。

3. 在执行案件立案时，有字号的个体工商户为被执行人的，立案部门应当将生效法律文书注明的该字号个体工商户经营者一并列为被执行人。

4. 立案部门在对刑事裁判涉财产部分移送执行立案审查时，重点审查《移送执行表》载明的以下内容：

（1）被执行人、被害人的基本信息；

（2）已查明的财产状况或者财产线索；

（3）随案移送的财产和已经处置财产的情况；

（4）查封、扣押、冻结财产的情况；

（5）移送执行的时间；

（6）其他需要说明的情况。

《移送执行表》信息存在缺漏的，应要求刑事审判部门及时补充完整。

5. 立案部门在受理申请撤销仲裁裁决、执行异议之诉、变更追加执行当事人异议之诉、参与分配异议之诉、履行执行和解协议之诉等涉及执行的案件后，应提示当事人及时向执行法院或者本院执行机构告知有关情况。

6. 人民法院在判决生效后退还当事人预交但不应负担的诉讼费用时，不得以立执行案件的方式退还。

《最高人民法院关于人民法院推行立案登记制改革的意见》（2015 年 5 月 1 日施行 法发〔2015〕6 号）

第二条 登记立案范围，有下列情形之一的，应当登记立案：

（四）生效法律文书有给付内容且执行标的和被执行人明确，权利人或其继承人、权利承受人在法定期限内提出申请，属于受申请人民法院管辖的；

《最高人民法院关于人民法院执行工作若干问题的规定（试行）》（2020 年修正）

第 16 条 人民法院受理执行案件应当符合下列条件：

（1）申请或移送执行的法律文书已经生效；

（2）申请执行人是生效法律文书确定的权利人或其继承人、权利承受人；

（3）申请执行的法律文书有给付内容，且执行标的和被执行人明确；

（4）义务人在生效法律文书确定的期限内未履行义务；

（5）属于受申请执行的人民法院管辖。

人民法院对符合上述条件的申请，应当在七日内予以立案；不符合上述条件之一的，应当在七日内裁定不予受理。

第 18 条 申请执行，应向人民法院提交下列文件和证件：

（1）申请执行书。申请执行书中应当写明申请执行的理由、事项、执行标的，以及申请执行人所了解的被执行人的财产状况。

申请执行人书写申请执行书确有困难的，可以口头提出申请。人民法院接待人员对口头申请应当制作笔录，由申请执行人签字或盖章。

外国一方当事人申请执行的，应当提交中文申请执行书。当事人所在国与我国缔结或共同参加的司法协助条约有特别规定的，按照条约规定办理。

（2）生效法律文书副本。

（3）申请执行人的身份证明。自然人申请的，应当出示居民身份证；法人申请的，应当提交法人营业执照副本和法定代表人身份证明；非法人组织申请的，应当提交营业执照副本和主要负责人身份证明。

（4）继承人或权利承受人申请执行的，应当提交继承或承受权利的证明文件。

（5）其他应当提交的文件或证件。

第 19 条 申请执行仲裁机构的仲裁裁决，应当向人民法院提交有仲裁条款的合同书或仲裁协议书。

申请执行国外仲裁机构的仲裁裁决的，应当提交经我国驻外使领馆认证或我国公证机关公证的仲裁裁决书中文本。

第 20 条 申请执行人可以委托代理人代为申请执行。委托代理的，应当向人民法院提交经委托人签字或盖章的授权委托书，写明写明代理人的姓名或者名称、代理事项、权限和期限。

委托代理人代为放弃、变更民事权利，或代为进行执行和解，或代为收取执行款项的，应当有委托人的特别授权。

《最高人民法院关于公证债权文书执行若干问题的规定》（2018 年 10 月 1 日施行　法释〔2018〕18 号）

第三条 债权人申请执行公证债权文书，除应当提交作为执行依据的公证债权文书等申请执行所需的材料外，还应当提交证明履行情况等内容的执行证书。

第四条 债权人申请执行的公证债权文书应当包括公证证词、被证明的债权文书等内容。权利义务主体、给付内容应当在公证证词中列明。

第五条 债权人申请执行公证债权文书，有下列情形之一的，人民法院应当裁定不予受理；已经受理的，裁定驳回执行申请：

（一）债权文书属于不得经公证赋予强制执行效力的文书；

（二）公证债权文书未载明债务人接受强制执行的承诺；

（三）公证证词载明的权利义务主体或者给付内容不明确；

（四）债权人未提交执行证书；

（五）其他不符合受理条件的情形。

第六条 公证债权文书赋予强制执行效力的范围同时包含主债务和担保债务的，人民法院应当依法予以执行；仅包含主债务的，对担保债务部分的执行申请不予受理；仅包含担保债务的，对主债务部分的执行申请不予受理。

第七条 债权人对不予受理、驳回执行申请裁定不服的，可以自裁定送达之日起十日内向上一级人民法院申请复议。

申请复议期满未申请复议，或者复议申请被驳回的，当事人可以就公证债权文书涉及的民事权利义务争议向人民法院提起诉讼。

第八条 公证机构决定不予出具执行证书的，当事人可以就公证债权文书涉及的民事权利义务争议直接向人民法院提起诉讼。

《最高人民法院关于刑事裁判涉财产部分执行的若干规定》（2014年11月6日施行 法释〔2014〕13号）

第七条 由人民法院执行机构负责执行的刑事裁判涉财产部分，刑事审判部门应当及时移送立案部门审查立案。移送立案应当提交生效裁判文书及其附件和其他相关材料，并填写《移送执行表》。《移送执行表》应当载明以下内容：

（一）被执行人、被害人的基本信息；

（二）已查明的财产状况或者财产线索；

（三）随案移送的财产和已经处置财产的情况；

（四）查封、扣押、冻结财产的情况；

（五）移送执行的时间；

（六）其他需要说明的情况。

人民法院立案部门经审查，认为属于移送范围且移送材料齐全的，应当在七日内立案，并移送执行机构。

《最高人民法院关于执行案件立案、结案若干问题的意见》（2015年1月1日施行 法发〔2014〕26号）

第三条 人民法院对符合法律、司法解释规定的立案标准的执行案件，应当予以立案，并纳入审判和执行案件统一管理体系。

人民法院不得有审判和执行案件统一管理体系之外的执行案件。

任何案件不得以任何理由未经立案即进入执行程序。

第四条 立案机构在审查立案时，应当按照本意见确定执行案件的类型代字和案件编号，不得违反本意见创设案件类型代字。

【重点提示】

在执行案件立案时，有字号的个体工商户为被执行人的，立案部门应当将生效法律文书注明的该字号个体工商户经营者一并列为被执行人。

审理阶段如有诉讼保全的，申请人在申请执行时应当一并提交诉讼保全的相关材料，包括民事裁定书、协助执行通知书、查封冻结扣押财产结果通知书等；如有被执行人其他相关财产线索，包括被执行人身份证复印件或营业执照复印件，也应一并提交。

立案由审查制转向登记制后，立案阶段和执行阶段不再主动审查申请执行人是否在法定期限内提出执行申请，如被执行人在执行过程中提出执行时效抗辩的，执行审查部门应当依法审查。经审查，理由成立的，应当裁定不予执行。

债权人申请执行公证债权文书，有下列情形之一的，人民法院应当裁定不予受理；已经受理的，裁定驳回执行申请：

（1）债权文书属于不得经公证赋予强制执行效力的文书；（2）公证债权文书未载明债务人接受强制执行的承诺；（3）公证证词载明的权利义务主体或者给付内容不明确；（4）债权人未提交执行证书；（5）其他不符合受理条件的情形。

公证债权文书赋予强制执行效力的范围同时包含主债务和担保债务的，人民法院应当依法予以执行；仅包含主债务的，对担保债务部分的执行申请不予受理；仅包含担保债务的，对主债务部分的执行申请不予受理。

债权人对不予受理、驳回执行申请裁定不服的，可以自裁定送达之日起十日内向上一级人民法院申请复议。申请复议期满未申请复议，或者复议申请被驳回的，当事人可以就公证债权文书涉及的民事权利义务争议向人民法院提起诉讼。

违法建筑拆除决定的不予受理。对行政机关涉及违反城乡规划法的违法建筑物、构筑物、设施等的强制拆除决定，人民法院不予受理行政机关对其提出非诉行政执行申请。

【常用文书样式】

受理案件通知书（执行实施用）
受理案件通知书（执行审查用）
不予受理裁定书

第二章　执行前的准备

第一节　接收案件

【工作内容】

收到执行卷宗后，承办人应先行阅卷，重点核对当事人身份信息、执行依据、执行标的等案件基本信息。如发现卷宗材料有误的，应当及时通知立案部门或者告知申请执行人补齐、补正，需要调取原卷宗核实的，应调取原卷宗进行核实；发现执行案件流程信息管理系统中的立案信息与卷宗材料不一致的，应当及时予以纠正；对立案部门遗漏录入的案件信息，应一并予以录入。

被执行人为自然人的，承办人应重点核对系统中录入的被执行人名称、身份证号码与执行依据确定的信息以及证件登记的信息是否一致；如不一致，应退回立案庭重新修改当事人信息。如历史案件未录入被执行人身份证号码或被执行人网络查控时校验不一致的，承办人应利用"身份证密钥"进行核验或者前往户籍所在地公安局进行身份信息核对。

被执行人为企业法人的，承办人应重点核对系统中录入的被执行人名称、统一社会信用代码、组织机构代与执行依据确定的信息以及工商登记信息是否一致，如不一致，应退回立案庭重新修改确定当事人信息；如核对被执行人最新的法定代表人信息与生效法律文书确定的法定代表人信息不一致的，承办人应通过全国组织机构代码共享平台查询密钥核验，如查不到，登录"国家企业信息公示系统"进行查询或者前往被执行人注册地工商部门进行身份信息核实。

【系统操作】

一、案件接收

新收案件在移送之后，由被指派的承办人负责接收，继续该案件的相关执行。该功能需要有"承办人"权限的用户操作。点击"案件管理"→"案件分派"→"接收"，打开"案件接收"界面，如图 2-1 所示。

图 2-1　案件接收

用户可以根据"承办部门"、"承办人"等条件，对案件进行检索查询。

二、查看案件

在列表中选择要查看的案件，点击"案号"，打开该案件的全部信息，包括"基本信息""执行主体""流程节点""办案日志""关联案件""财产清单""案款往来"，如图 2-2 所示。

图 2-2　查看案件

三、案件接收/退回

用户可以对案件进行单个案件接收和批量接收。单个案件接收在要接收的案件列表中点击"接收"的图片按钮,弹出"案件移送表"窗口,直接"接收"即可。如需要退案,必须选择"退案原因"并"退回",如图 2-3 所示。

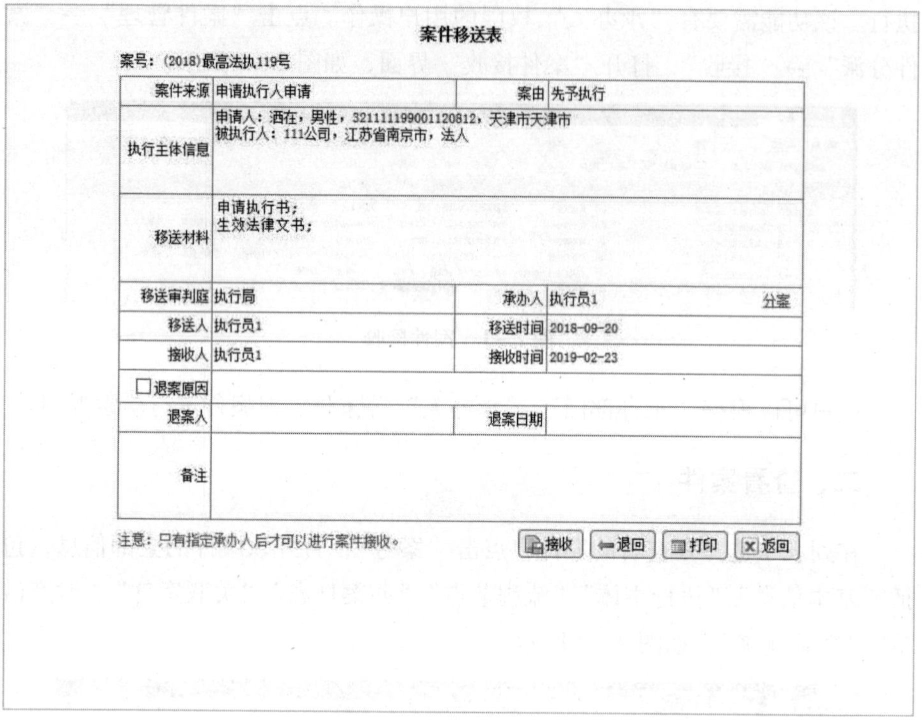

案件移送表			
案号:(2018)最高法执119号			
案件来源	申请执行人申请	案由	先予执行
执行主体信息	申请人:酒在,男性,321111199001120812,天津市天津市 被执行人:111公司,江苏省南京市,法人		
移送材料	申请执行书; 生效法律文书;		
移送审判庭	执行局	承办人	执行员1 分室
移送人	执行员1	移送时间	2018-09-20
接收人	执行员1	接收时间	2019-02-23
□退案原因			
退案人		退案日期	
备注			

注意:只有指定承办人后才可以进行案件接收。   接收 退回 打印 返回

图 2-3 案件接收/退回

四、批量接收

批量接收,是通过在列表中勾选多条要接收的案件,在界面右上角点击"接收"按钮,弹出"接收案件清单"窗口,"保存并接收"即可,如图 2-4 所示。

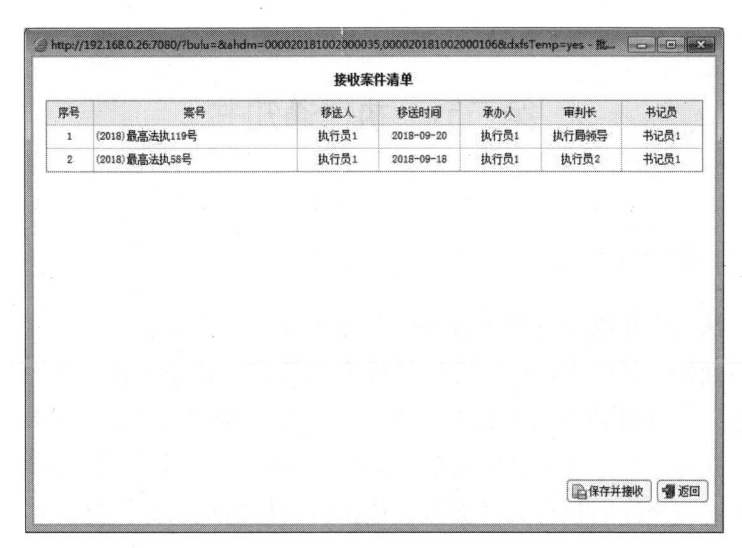

图 2-4　批量接收

五、批量退回

案件批量退回，可以勾选要退回的案件，在界面的右上角点击"退回"按钮，在弹出的"批量退回"窗口上选择"退回原因"，"保存并退回"即可，如图 2-5 所示。

图 2-5　批量退回

第二节 执行通知书

【工作内容】

执行法院应在收到申请执行书或移送执行书之日起十日内，向被执行人发出执行通知。具体应在执行案件流程节点管理系统中完成"执行通知书"节点操作，并向被执行人发出执行通知书、报告财产令，告知其履行期限、人民法院执行款专户（包括案款专户子账号）的开户银行名称、账号、户名，以及交款时应当注明执行案件案号、被执行人姓名或名称、交款人姓名或名称、交款用途等信息。执行通知书还应当载明逾期不履行义务，法院将依法采取拘留、罚款、限制消费、纳入失信被执行人名单措施以及追究刑事责任等风险提示内容。如需要限制消费的，发出执行通知时可一并向其发出限制消费令。

承办人接收案件后，在待执案件列表中点击要执行的案件的"案号"链接，进入该案件办理流程界面。包括"案件办理""电子卷宗""网上流转""关联案件""流转节点"几个标签页。案件执行主要以流程图中各节点为主，每完成一个流程节点操作，该节点将会变成绿色，如有需要流程图以外的节点操作，可以在"快速办案"右边的"…"点开查找。

在流程图中，点击"执行通知"节点，右侧编辑区将显示"执行通知"信息。"执行依据文号""执行依据主文""执行依据生效日期""财产报告期限"默认获取收案时录入数据，主要是确认"财产初查结果"以及"初查日期"，生成执行需要的文书，以及对被执行人进行身份验证，如图2-6所示。

"执行文书"的"文书生成"需要在保存之后操作，如需要再次确认信息，可以点击"保存"按钮，进行后续更改，如录入无误也可以直接"保存并流转"，如图2-7所示。

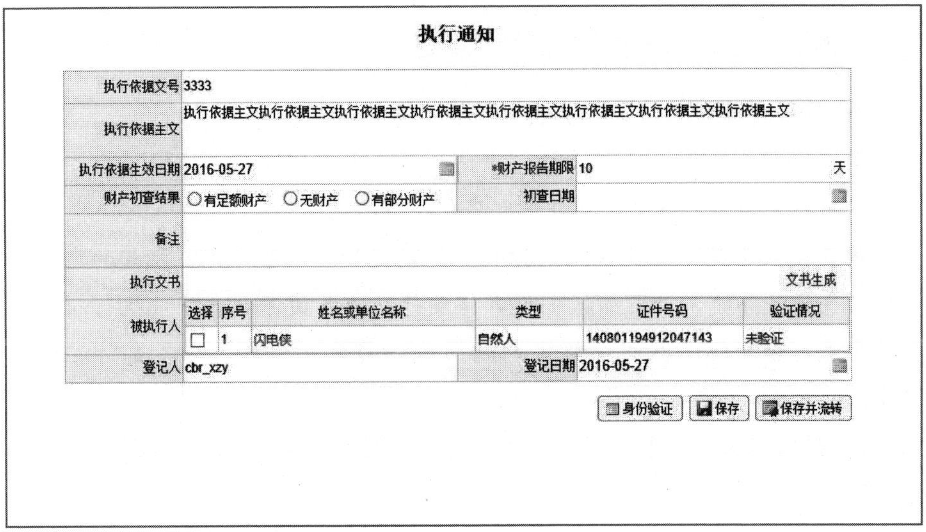

图 2 - 6　执行通知一

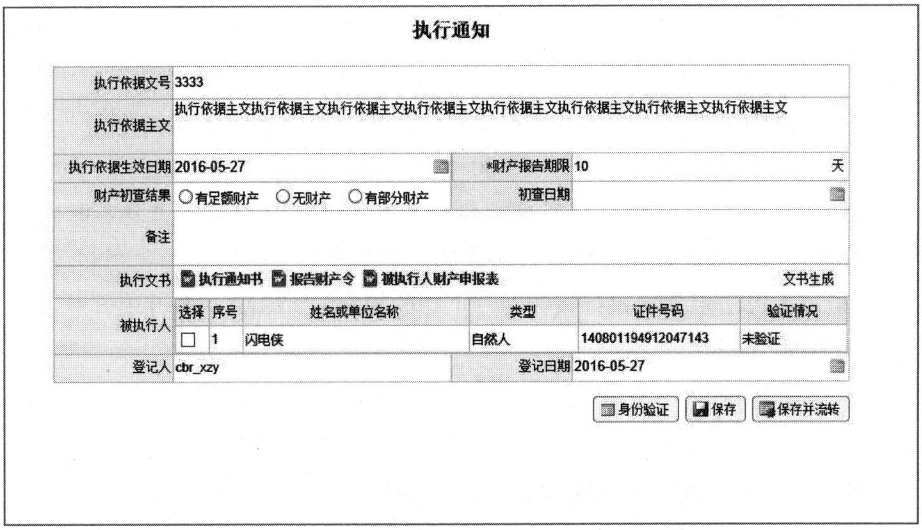

图 2 - 7　执行通知二

　　实行执行指挥中心实体化运行的法院可以将上述工作交由执行指挥中心办理。

【常用法律、司法解释及相关规定】

《中华人民共和国民事诉讼法》（2021年修正）

第二百四十七条　执行员接到申请执行书或者移交执行书，应当向被执行人发出执行通知，并可以立即采取强制执行措施。

第二百六十条　被执行人未按判决、裁定和其他法律文书指定的期间履行给付金钱义务的，应当加倍支付迟延履行期间的债务利息。被执行人未按判决、裁定和其他法律文书指定的期间履行其他义务的，应当支付迟延履行金。

《最高人民法院关于适用〈中华人民共和国民事诉讼法〉的解释》（2022年修正）

第四百八十条　人民法院应当在收到申请执行书或者移交执行书后十日内发出执行通知。

执行通知中除应责令被执行人履行法律文书确定的义务外，还应通知其承担民事诉讼法第二百五十三条规定的迟延履行利息或者迟延履行金。

《最高人民法院关于公布失信被执行人名单信息的若干规定》（2017年修正　法释〔2017〕7号）

第五条　各级人民法院应当将失信被执行人名单信息录入最高人民法院失信被执行人名单库，并通过该名单库统一向社会公布。

《最高人民法院关于执行款物管理工作的规定》（2017年5月1日施行　法发〔2017〕6号）

第五条　执行人员应当在执行通知书或有关法律文书中告知人民法院执行款专户或案款专户的开户银行名称、账号、户名，以及交款时应当注明执行案件案号、被执行人姓名或名称、交款人姓名或名称、交款用途等信息。

《最高人民法院关于人民法院执行工作若干问题的规定（试行）》（2020年修正）

第二十二条　人民法院应当在收到申请执行书或者移交执行书后十日内发出执行通知。执行通知中除应责令被执行人履行法律文书确定的义务外，还应通知其承担民事诉讼法第二百五十三条规定的迟延履行利息或者迟延履行金。

第二十三条　执行通知书的送达，适用民事诉讼法关于送达的规定。

《最高人民法院关于执行权合理配置和科学运行的若干意见》（2011 年 10 月 19 日施行　法发〔2011〕15 号）

第七条　执行中因情况紧急必须及时采取执行措施的，执行人员经执行指挥中心指令，可依法采取查封、扣押、冻结等财产保全和其他控制性措施，事后两个工作日内应当及时补办审批手续。

《最高人民法院关于民事执行中财产调查若干问题的规定》（2020 年修正）

第三条　人民法院依申请执行人的申请或依职权责令被执行人报告财产情况的，应当向其发出报告财产令。金钱债权执行中，报告财产令应当与执行通知同时发出。人民法院根据案件需要再次责令被执行人报告财产情况的，应当重新向其发出报告财产令。

【重点提示】

发出执行通知书时，应在执行案件流程节点管理系统中核验被执行人身份信息是否一致；不一致的，应按照系统要求进行甄别处理。

针对被执行人为企业法人的，应特别注意被执行人在法院执行过程中为规避执行法院对其采取限制消费、列入失信被执行人名单等信用惩戒措施而采取更换法定代表人的行为，针对此种情况建议执行法官进行调查，将符合条件的被执行人的主要负责人、实际控制人等四类人员进行信用惩戒。

针对进入执行程序后，企业法人作为被执行人的案件更换法定代表人导致无法确定法定代表人姓名与身份证号的，进而无法完成列入失信名单、限制消费的情况，执行法官可以通过网络查控系统查询被执行人的法定代表人身份证号信息，通过"国家企业信息公示系统"查询法定代表人名字，使用"身份证密钥"核验其名字与身份证号是否一致。

18 位的统一社会信用代码从第 9 位到第 17 位为该企业的组织机构代码。

执行案件录入到执行流程管理系统后，十日内向被执行人发出执行通知书和财产报告令。执行案件流程节点管理系统中的"执行通知书"节点必须在十日内进行节点流转，该节点为《执行单独考核》中"关键节点超期率"的一项重要考核节点。

执行通知中除应责令被执行人履行生效法律文书确定的义务外，还应通知其承担执行费用以及《中华人民共和国民事诉讼法》第二百五十三条规定的迟延履行期间的债务利息或者迟延履行金并明确告知履行期限。

填写送达地址确认书时应建议当事人同意接受电子送达，通过微信送达、彩信送达、单兵推送等送达方式，缓解"送达难"问题。

【常用文书样式】

执行通知书

第三节　执行人员及其回避

【工作内容】

一、执行人员

执行人员包括法官、执行员以及其他依法参与执行的司法警察、法官助理、书记员等司法辅助人员。人民陪审员可以依照相关规定参与执行活动。人民陪审员参与执行活动时属于前款规定的执行人员，与执行人员有同等的权利义务。

执行人员执行公务时，应向有关人员出示有效工作证件，按规定着装。执行人员执行公务时应严格遵守法律、行政法规以及司法解释的规定，严格遵守最高人民法院"五个严禁"等纪律规范，严格遵守法官职业道德，依法、公正、廉洁执行。执行人员依法履行法定职责受法律保护。

二、执行回避

执行人员有下列情形之一的，应当自行回避，当事人有权申请其回避：（1）是本案当事人或者当事人近亲属的；（2）本人或者其近亲属与本案有利害关系的；（3）担任过本案的证人、鉴定人、辩护人、诉讼代理人、翻译人员的；（4）是本案诉讼、执行程序代理人近亲属的；（5）本人或者其近亲属持有本案非上市公司当事人的股份或者股权的；（6）与本案当事人或者诉讼、执行程序代理人有其他利害关系，可能影响公正执行的。

执行人员有下列情形之一的，当事人有权申请其回避：（1）接受本案当事人及其受托人宴请，或者参加由其支付费用的活动的；（2）索取、接受本案当事人及其受托人财物或者其他利益的；（3）违反规定会见本案当事人、诉讼或执行程序代理人的；（4）为本案当事人推荐、介绍诉讼或执行程序代理人，或者为律师、其他人员介绍代理本案的；（5）向本案当事人及其受托人借用款物的；（6）有其他不正当行为，可能影响公正执行的。

执行回避的程序。当事人对执行人员有申请回避的权利。当事人提出回避申请的，应当说明理由，并在案件进入执行程序后至执行程序终结前提出。被申请回避的人员在人民法院作出是否回避的决定前应当暂停参与本案的工作，但案件需要采取紧急措施的除外。审判人员、执行员、书记员的回避由院长决定。其他人员的回避由审判长、执行局长决定。审判人员、执行员、书记员有应当自行回避的情形，但没有自行回避，当事人也没有申请其回避的，由院长或者审判委员会决定其回避。人民法院对当事人提出的回避申请，应当在申请提出的三日内，以口头或书面形式作出决定。申请人对决定不服的，可以在接到决定时申请复议一次。复议期间，被申请回避的人员，不停止参与本案的工作。人民法院对复议申请，应当在三日内作出复议决定，并通知复议申请人。

【常用法律、司法解释及相关规定】

《中华人民共和国民事诉讼法》（2021年修正）

第四十七条 审判人员有下列情形之一的，应当自行回避，当事人有权用口头或者书面方式申请他们回避：

（一）是本案当事人或者当事人、诉讼代理人近亲属的；

（二）与本案有利害关系的；

（三）与本案当事人、诉讼代理人有其他关系，可能影响对案件公正审理的。

审判人员接受当事人、诉讼代理人请客送礼，或者违反规定会见当事人、诉讼代理人的，当事人有权要求他们回避。

审判人员有前款规定的行为的,应当依法追究法律责任。

前三款规定,适用于书记员、翻译人员、鉴定人、勘验人。

第四十八条 当事人提出回避申请,应当说明理由,在案件开始审理时提出;回避事由在案件开庭审理后知道的,也可以在法庭辩论终结前提出。

被申请回避的人员在人民法院作出是否回避的决定前,应当暂停参与本案的工作,但案件需要采取紧急措施的除外。

第四十九条 院长担任审判长或者独任审判员时的回避,由审判委员会决定;审判人员的回避,由院长决定;其他人员的回避,由审判长或者独任审判员决定。

第五十条 人民法院对当事人提出的回避申请,应当在申请提出的三日内,以口头或者书面形式作出决定。申请人对决定不服的,可以在接到决定时申请复议一次。复议期间,被申请回避的人员,不停止参与本案的工作。人民法院对复议申请,应当在三日内作出复议决定,并通知复议申请人。

第六十七条 当事人对自己提出的主张,有责任提供证据。

当事人及其诉讼代理人因客观原因不能自行收集的证据,或者人民法院认为审理案件需要的证据,人民法院应当调查收集。

人民法院应当按照法定程序,全面地、客观地审查核实证据。

《最高人民法院关于适用〈中华人民共和国民事诉讼法〉的解释》(2022年修正)

第四十三条 审判人员有下列情形之一的,应当自行回避,当事人有权申请其回避:

(一)是本案当事人或者当事人近亲属的;

(二)本人或者其近亲属与本案有利害关系的;

(三)担任过本案的证人、鉴定人、辩护人、诉讼代理人、翻译人员的;

(四)是本案诉讼代理人近亲属的;

(五)本人或者其近亲属持有本案非上市公司当事人的股份或者股权的;

(六)与本案当事人或者诉讼代理人有其他利害关系,可能影响公正审理的。

第四十四条 审判人员有下列情形之一的,当事人有权申请其回避:

(一)接受本案当事人及其受托人宴请,或者参加由其支付费用的活动的；

（二）索取、接受本案当事人及其受托人财物或者其他利益的；

（三）违反规定会见本案当事人、诉讼代理人的；

（四）为本案当事人推荐、介绍诉讼代理人，或者为律师、其他人员介绍代理本案的；

（五）向本案当事人及其受托人借用款物的；

（六）有其他不正当行为，可能影响公正审理的。

第四十五条 在一个审判程序中参与过本案审判工作的审判人员，不得再参与该案其他程序的审判。

发回重审的案件，在一审法院作出裁判后又进入第二审程序的，原第二审程序中合议庭组成人员不受前款规定的限制。

第四十六条 审判人员有应当回避的情形，没有自行回避，当事人也没有申请其回避的，由院长或者审判委员会决定其回避。

第四十七条 人民法院应当依法告知当事人对合议庭组成人员、独任审判员和书记员等人员有申请回避的权利。

第四十八条 民事诉讼法第四十四条所称的审判人员，包括参与本案审理的人民法院院长、副院长、审判委员会委员、庭长、副庭长、审判员、助理审判员和人民陪审员。

第四十九条 书记员和执行员适用审判人员回避的有关规定。

第九十六条 民事诉讼法第六十四条第二款规定的人民法院认为审理案件需要的证据包括：

（一）涉及可能损害国家利益、社会公共利益的；

（二）涉及身份关系的；

（三）涉及民事诉讼法第五十五条规定诉讼的；

（四）当事人有恶意串通损害他人合法权益可能的；

（五）涉及依职权追加当事人、中止诉讼、终结诉讼、回避等程序性事项的。

除前款规定外，人民法院调查收集证据，应当依照当事人的申请进行。

第二百六十八条 对没有委托律师、基层法律服务工作者代理诉讼的当事人，人民法院在庭审过程中可以对回避、自认、举证证明责任等相关内容向其作必要的解释或者说明，并在庭审过程中适当提示当事人正确行使诉讼权利、履行诉讼义务。

《最高人民法院关于审判人员在诉讼活动中执行回避制度若干问题的规定》（2011年6月13日施行 法释〔2011〕12号）

为进一步规范审判人员的诉讼回避行为，维护司法公正，根据《中华人民共和国人民法院组织法》、《中华人民共和国法官法》、《中华人民共和国民事诉讼法》、《中华人民共和国刑事诉讼法》、《中华人民共和国行政诉讼法》等法律规定，结合人民法院审判工作实际，制定本规定。

第一条 审判人员具有下列情形之一的，应当自行回避，当事人及其法定代理人有权以口头或者书面形式申请其回避：

（一）是本案的当事人或者与当事人有近亲属关系的；

（二）本人或者其近亲属与本案有利害关系的；

（三）担任过本案的证人、翻译人员、鉴定人、勘验人、诉讼代理人、辩护人的；

（四）与本案的诉讼代理人、辩护人有夫妻、父母、子女或者兄弟姐妹关系的；

（五）与本案当事人之间存在其他利害关系，可能影响案件公正审理的。

本规定所称近亲属，包括与审判人员有夫妻、直系血亲、三代以内旁系血亲及近姻亲关系的亲属。

第二条 当事人及其法定代理人发现审判人员违反规定，具有下列情形之一的，有权申请其回避：

（一）私下会见本案一方当事人及其诉讼代理人、辩护人的；

（二）为本案当事人推荐、介绍诉讼代理人、辩护人，或者为律师、其他人员介绍办理该案件的；

（三）索取、接受本案当事人及其受托人的财物、其他利益，或者要求当事人及其受托人报销费用的；

（四）接受本案当事人及其受托人的宴请，或者参加由其支付费用的各项活动的；

（五）向本案当事人及其受托人借款，借用交通工具、通讯工具或者其他物品，或者索取、接受当事人及其受托人在购买商品、装修住房以及其他方面给予的好处的；

（六）有其他不正当行为，可能影响案件公正审理的。

第三条 凡在一个审判程序中参与过本案审判工作的审判人员，不得再参与该案其他程序的审判。但是，经过第二审程序发回重审的案件，在一审法院作出裁判后又进入第二审程序的，原第二审程序中合议庭组成人员不受本条规定的限制。

第四条 审判人员应当回避，本人没有自行回避，当事人及其法定代理人也没有申请其回避的，院长或者审判委员会应当决定其回避。

第五条 人民法院应当依法告知当事人及其法定代理人有申请回避的权利，以及合议庭组成人员、书记员的姓名、职务等相关信息。

第六条 人民法院依法调解案件，应当告知当事人及其法定代理人有申请回避的权利，以及主持调解工作的审判人员及其他参与调解工作的人员的姓名、职务等相关信息。

第七条 第二审人民法院认为第一审人民法院的审理有违反本规定第一条至第三条规定的，应当裁定撤销原判，发回原审人民法院重新审判。

第八条 审判人员及法院其他工作人员从人民法院离任后二年内，不得以律师身份担任诉讼代理人或者辩护人。

审判人员及法院其他工作人员从人民法院离任后，不得担任原任职法院所审理案件的诉讼代理人或者辩护人，但是作为当事人的监护人或者近亲属代理诉讼或者进行辩护的除外。

本条所规定的离任，包括退休、调离、解聘、辞职、辞退、开除等离开法院工作岗位的情形。

本条所规定的原任职法院，包括审判人员及法院其他工作人员曾任职的所有法院。

第九条 审判人员及法院其他工作人员的配偶、子女或者父母不得担任其所任职法院审理案件的诉讼代理人或者辩护人。

第十条 人民法院发现诉讼代理人或者辩护人违反本规定第八条、第九条的规定的，应当责令其停止相关诉讼代理或者辩护行为。

第十一条 当事人及其法定代理人、诉讼代理人、辩护人认为审判人员有违反本规定行为的，可以向法院纪检、监察部门或者其他有关部门举报。

受理举报的人民法院应当及时处理,并将相关意见反馈给举报人。

第十二条 对明知具有本规定第一条至第三条规定情形不依法自行回避的审判人员,依照《人民法院工作人员处分条例》的规定予以处分。

对明知诉讼代理人、辩护人具有本规定第八条、第九条规定情形之一,未责令其停止相关诉讼代理或者辩护行为的审判人员,依照《人民法院工作人员处分条例》的规定予以处分。

第十三条 本规定所称审判人员,包括各级人民法院院长、副院长、审判委员会委员、庭长、副庭长、审判员和助理审判员。

本规定所称法院其他工作人员,是指审判人员以外的在编工作人员。

第十四条 人民陪审员、书记员和执行员适用审判人员回避的有关规定,但不属于本规定第十三条所规定人员的,不适用本规定第八条、第九条的规定。

第十五条 自本规定施行之日起,《最高人民法院关于审判人员严格执行回避制度的若干规定》(法发〔2000〕5号)即行废止;本规定施行前本院发布的司法解释与本规定不一致的,以本规定为准。

【重点提示】

当事人申请执行人员回避可以提交书面申请,也可以口头提出。当事人以口头形式提出的,执行人员应当将当事人的意见以及申请回避需要符合法律规定的情形告知当事人,并形成笔录。经法定程序决定后亦应形成笔录,由当事人和执行人员签字。

第三章　财产调查

第一节　核实财产线索

【工作内容】

执行过程中，申请执行人提供被执行人财产线索，人民法院应当在七日内调查核实；情况紧急的，应当在三日内调查核实。

【常用法律、司法解释及相关规定】

《最高人民法院关于民事执行中财产调查若干问题的规定》（2020年修正）

第二条　申请执行人提供被执行人财产线索，应当填写财产调查表。财产线索明确、具体的，人民法院应当在七日内调查核实；情况紧急的，应当在三日内调查核实。财产线索确实的，人民法院应当及时采取相应的执行措施。

申请执行人确因客观原因无法自行查明财产的，可以申请人民法院调查。

【重点提示】

立案后，告知申请执行人有向人民法院提供被执行人财产线索的义务，配合人民法院开展对被执行人财产调查工作。执行人员接收执行案件后，对于申请人提供的财产线索应予以核实，主动联系申请执行人书面告知其财产线索核实结果及其提供的财产能否处置等事项。

第二节 网络查询

【工作内容】

执行过程中,人民法院应通过"总对总"网络执行查控系统对被执行人名下的工商登记、婚姻登记、证券、车辆、不动产、银行存款、网络资金等25类财产或相关信息进行在线查询;也可以通过各地法院的"点对点"系统在线对"总对总"系统未涉及的财产进行补充查询。

通过密钥查询被执行人身份信息或组织机构代码信息。

【系统操作】

使用网络查控系统线上查询被执行人财产时,执行人员必须对被执行人的身份进行验证,只有验证一致后方可进行线上查询。

点击"网络查控",进入"总对总"系统,如图3-1所示。

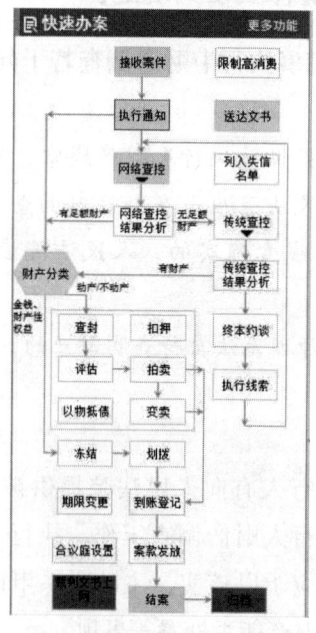

图3-1 "总对总"系统

进入"总对总"界面，点击"新增查询"进行"总对总"查询，如图3-2所示。

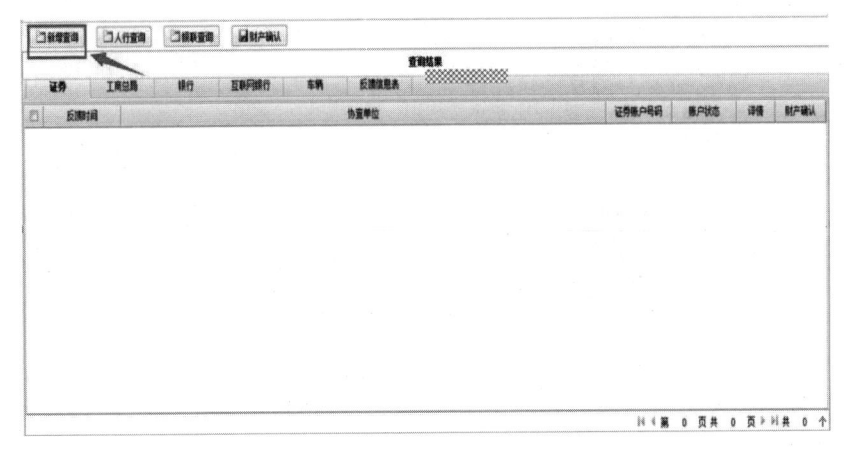

图3-2 "总对总"查询

打开查询申请界面，选择被查询人和协执单位，点击"保存"按钮，如图3-3所示。

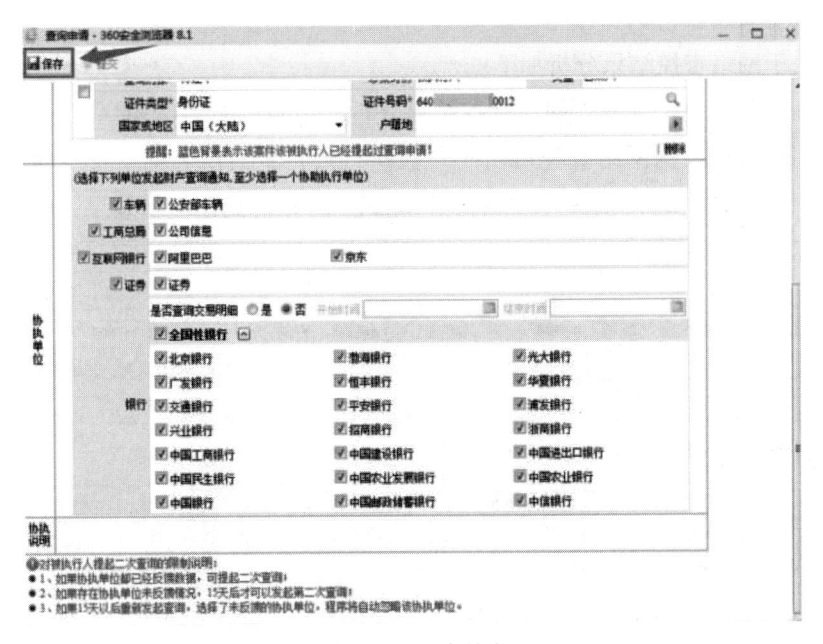

图3-3 保存信息

"提交"银行,如图3-4所示。

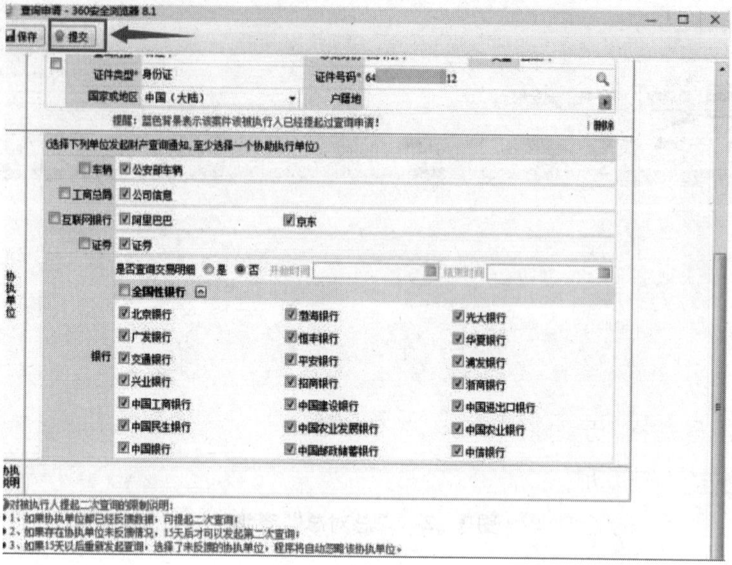

图3-4 提交

银行反馈后,状态为"已反馈",网络查询工作完成。

关于网络查控结果分析如下。

在流程图中,点击"网络查控结果分析"节点,右侧编辑区显示分析列表。用户可以根据网络查控得出的"被执行人""财产名称""查明方式""查明日期""是否可执行""不可执行原因"等信息给出分析结果,如图3-5所示。

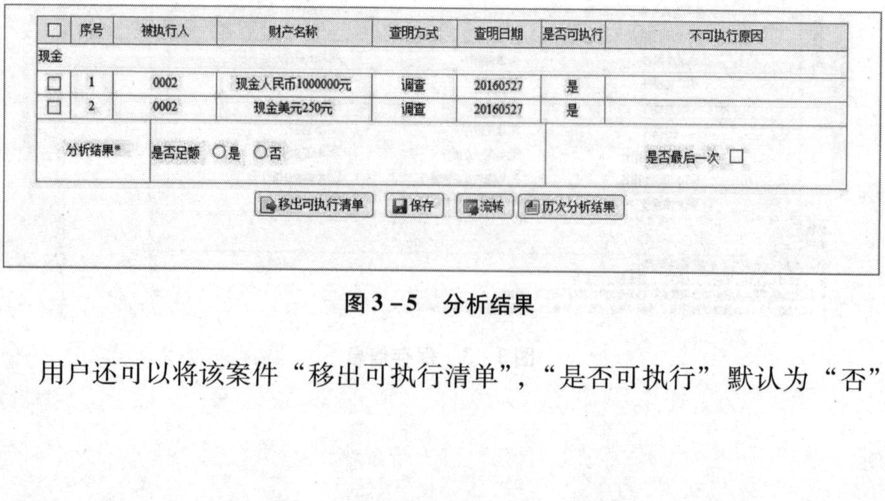

图3-5 分析结果

用户还可以将该案件"移出可执行清单","是否可执行"默认为"否",

说明"不可执行原因"即可移出清单，如图3-6所示。

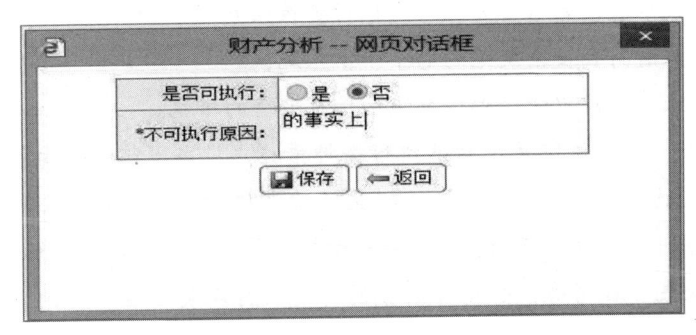

图3-6 财产分析

如果该案件有历次网络查控结果分析，还可以通过点击"历次分析结果"按钮，查看以往分析信息，如图3-7所示。

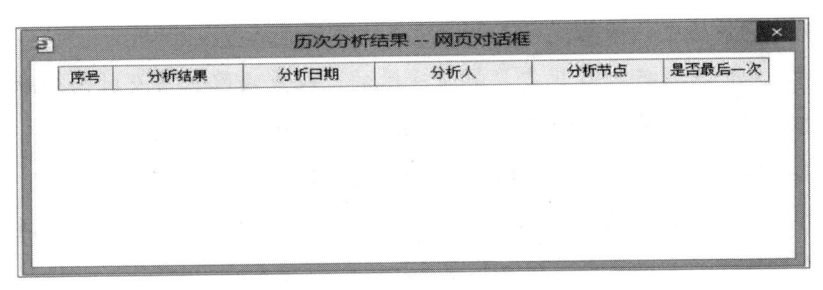

图3-7 历次分析结果

【常用法律、司法解释及相关规定】

《最高人民法院关于网络查询、冻结被执行人存款的规定》（2013年9月2日施行　法释〔2013〕20号）

为规范人民法院办理执行案件过程中通过网络查询、冻结被执行人存款及其他财产的行为，进一步提高执行效率，根据《中华人民共和国民事诉讼法》的规定，结合人民法院工作实际，制定本规定。

第一条　人民法院与金融机构已建立网络执行查控机制的，可以通过网络实施查询、冻结被执行人存款等措施。

网络执行查控机制的建立和运行应当具备以下条件：

（一）已建立网络执行查控系统，具有通过网络执行查控系统发送、传

输、反馈查控信息的功能;

（二）授权特定的人员办理网络执行查控业务;

（三）具有符合安全规范的电子印章系统;

（四）已采取足以保障查控系统和信息安全的措施。

第二条 人民法院实施网络执行查控措施,应当事前统一向相应金融机构报备有权通过网络采取执行查控措施的特定执行人员的相关公务证件。办理具体业务时,不再另行向相应金融机构提供执行人员的相关公务证件。

人民法院办理网络执行查控业务的特定执行人员发生变更的,应当及时向相应金融机构报备人员变更信息及相关公务证件。

第三条 人民法院通过网络查询被执行人存款时,应当向金融机构传输电子协助查询存款通知书。多案集中查询的,可以附汇总的案件查询清单。

对查询到的被执行人存款需要冻结或者续行冻结的,人民法院应当及时向金融机构传输电子冻结裁定书和协助冻结存款通知书。

对冻结的被执行人存款需要解除冻结的,人民法院应当及时向金融机构传输电子解除冻结裁定书和协助解除冻结存款通知书。

第四条 人民法院向金融机构传输的法律文书,应当加盖电子印章。

作为协助执行人的金融机构完成查询、冻结等事项后,应当及时通过网络向人民法院回复加盖电子印章的查询、冻结等结果。

人民法院出具的电子法律文书、金融机构出具的电子查询、冻结等结果,与纸质法律文书及反馈结果具有同等效力。

第五条 人民法院通过网络查询、冻结、续冻、解冻被执行人存款,与执行人员赴金融机构营业场所查询、冻结、续冻、解冻被执行人存款具有同等效力。

第六条 金融机构认为人民法院通过网络执行查控系统采取的查控措施违反相关法律、行政法规规定的,应当向人民法院书面提出异议。人民法院应当在15日内审查完毕并书面回复。

第七条 人民法院应当依据法律、行政法规规定及相应操作规范使用网络执行查控系统和查控信息,确保信息安全。

人民法院办理执行案件过程中,不得泄露通过网络执行查控系统取得的查控信息,也不得用于执行案件以外的目的。

人民法院办理执行案件过程中，不得对被执行人以外的非执行义务主体采取网络查控措施。

第八条 人民法院工作人员违反第七条规定的，应当按照《人民法院工作人员处分条例》给予纪律处分；情节严重构成犯罪的，应当依法追究刑事责任。

第九条 人民法院具备相应网络扣划技术条件，并与金融机构协商一致的，可以通过网络执行查控系统采取扣划被执行人存款措施。

第十条 人民法院与工商行政管理、证券监管、土地房产管理等协助执行单位已建立网络执行查控机制，通过网络执行查控系统对被执行人股权、股票、证券账户资金、房地产等其他财产采取查控措施的，参照本规定执行。

《最高人民法院、中国银行业监督管理委员会关于联合下发〈人民法院、银行业金融机构网络执行查控工作规范〉的通知》（2015年11月13日施行 法〔2015〕321号）

（一）已与最高人民法院建立"总对总"网络执行查控系统的，应当在2016年2月底前完善网络查控功能；未建立的，各银行业金融机构总行应当在2015年12月底前通过最高人民法院与中国银行业监督管理委员会之间的专线完成本单位与最高人民法院的网络对接工作；2016年2月底前网络查控功能上线。

（二）各省、自治区、直辖市高级人民法院执行局，新疆维吾尔自治区高级人民法院生产建设兵团分院执行局，负责督促、落实总行设在本辖区的银行业金融机构与最高人民法院"总对总"网络执行查控系统建设的工作，并向最高人民法院报告进展情况。

《最高人民法院关于民事执行中财产调查若干问题的规定》（2020年修正）

第十二条 被执行人未按执行通知履行生效法律文书确定的义务，人民法院有权通过网络执行查控系统、现场调查等方式向被执行人、有关单位或个人调查被执行人的身份信息和财产信息，有关单位和个人应当依法协助办理。

人民法院对调查所需资料可以复制、打印、抄录、拍照或以其他方式进行提取、留存。

申请执行人申请查询人民法院调查的财产信息的，人民法院可以根据案件需要决定是否准许。申请执行人及其代理人对查询过程中知悉的信息应当保密。

《最高人民法院、中国银行业监督管理委员会关于进一步推进网络执行查控工作的通知》(2018年3月12日施行　法〔2018〕64号)

各省、自治区、直辖市高级人民法院，解放军军事法院，新疆维吾尔自治区高级人民法院生产建设兵团分院；各银监局，各政策性银行、大型银行、股份银行，中国邮政储蓄银行，各省级农村信用联社：

为全面落实中共中央办公厅、国务院办公厅《关于加快推进失信被执行人信用监督、警示和惩戒机制建设的意见》(中办发〔2016〕64号)、《最高人民法院、中国银行业监督管理委员会关于人民法院与银行业金融机构开展网络执行查控和联合信用惩戒工作的意见》(法〔2014〕266号)、《最高人民法院、中国银行业监督管理委员会关于联合下发〈人民法院、银行业金融机构网络执行查控工作规范〉的通知》(法〔2015〕321号)，维护司法权威，防范金融风险，推动社会信用体系建设，最高人民法院、中国银行业监督管理委员会决定进一步推进人民法院和银行业金融机构的网络执行查控及联合信用惩戒作，现将有关事项通知如下：

（一）21家银行（中国工商银行、中国农业银行、中国银行、中国建设银行、交通银行、中国光大银行、中国民生银行、华夏银行、招商银行、广发银行、浦发银行、中国农业发展银行、中信银行、平安银行、渤海银行、浙商银行、兴业银行、恒丰银行、中国邮政储蓄银行、中国进出口银行、北京银行）在2018年3月31日前上线银行存款网络冻结功能和网络扣划功能。

（二）有金融理财产品业务的19家银行（中国工商银行、中国农业银行、中国银行、中国建设银行、交通银行、中国光大银行、中国民生银行、华夏银行、招商银行、广发银行、浦发银行、中信银行、平安银行、渤海银行、浙商银行、兴业银行、恒丰银行、中国邮政储蓄银行、北京银行）在2018年3月31日前上线金融理财产品网络冻结功能。

（三）21家银行以外的地方性银行业金融机构在2018年4月30日前上线银行存款网络冻结功能和网络扣划功能。

（四）21家银行以外的地方性银行业金融机构在2018年3月28日前完成

与最高人民法院的金融理财产品查控功能测试（有无金融理财产品业务都需进行测试）；有金融理财产品业务的地方性银行业金融机构，在2018年5月31日前上线金融理财产品网络查询功能，在2018年6月30日前上线金融理财产品网络冻结功能。

（五）银行业金融机构应当支持银行存款在网络冻结状态下的全额扣划和部分扣划。网络扣划功能上线后，网络冻结的款项，原则上应进行网络扣划。

（六）人民法院网络扣划被执行人银行存款时，应当提供相关《执行裁定书》《协助执行通知书》、执行人员工作证件及联系方式；现场扣划的，参照执行。

（七）人民法院网络扣划被执行人银行存款的，应先采取网络冻结措施；网络扣划款项应当划至人民法院执行款专户或案款专户；人民法院在网络冻结被执行人款项后，应当及时通知被执行人。

（八）因人民法院网络扣划失败、资金滞留在银行内部账户的，由银行联系执行法院执行人员携带《执行裁定书》《协助执行通知书》、工作证件到现场办理扣划。

异地执行法院委托当地法院代为办理的，委托法院应当提供：《执行裁定书》《协助执行通知书》《委托执行函》《送达回证》（或《回执》）及执行人员工作证件扫描件，以上法律文书应加盖委托法院电子签章，或是将盖章后的法律文书转换成彩色扫描件；受托法院应当携带以上材料的彩色打印件和受托法院执行人员工作证；银行应当协助办理。

异地执行法院通过司法专邮邮寄《执行裁定书》《协助执行通知书》原件及执行人员工作证件复印件的，银行应当协助办理。

（九）银行业金融机构应研究完善银行端、网络查控数据库，确保网络查控系统反馈的数据和线下柜台查询的数据保持一致；应提升银行端网络查控数据库性能，提高反馈速度和反馈率，解决查控数据积压问题；自收到全国法院网络执行查控系统发起的网络查控请求24小时之内，应予以有效反馈。

（十）各省（市、区）高级人民法院，新疆维吾尔自治区高级人民法院生产建设兵团分院，各省（市、区）银监局，负责督促、落实本辖区地方性银行业金融机构，按时上线银行存款网络冻结功能和网络扣划功能、按时上线金融理财产品网络查询功能和网络冻结功能；负责跟踪、督促本辖区地方性银行业金融机构切实履行好协助执行的法定义务，提高网络查控反馈信息的准确性和反馈率；并向最高人民法院和中国银行业监督管理委员会报告进展情况。

（十一）银行业金融机构要切实履行好协助执行的法定义务，严禁违法向被执行人透露案件相关信息、为被执行人逃避规避执行提供帮助。人民法院和银行业金融机构工作人员违反以上规定、造成不良影响的，将追究相关责任。

（十二）人民法院与银行业金融机构关于协助执行的有关规范性文件与本通知不一致的，以本通知为准。

【重点提示】

执行人员在进行网络查询时，必须先确定自然人身份证号属于哪个省份，选择外省银行时，有针对性选择银行，防止遗漏财产线索。针对被执行人为外省的，进行二次网络查询时，建议将该外省银行进行全覆盖查询。

一、针对现阶段网络查询不完善的解决建议

1. 无法将线上扣划的案款直接转至"一案一账号"的子账号。

"一案一账号"运行后，每个案件均产生一个对应的案款子账号，案款收付均通过该子账号进行。但目前系统缺少收款账号的录入编辑功能，通过线上扣划的款项不能直接进入该案件子账号，只能进入执行案款主账号，到账款项仍需办案人员在案款主账号中人工认领至具体案件，而且部分金融机构在完成协助义务时不备注案号、原所有人等信息，又给甄别工作带来不少负担，导致认领到账案款费时费力。

建议：在线上扣划时，允许编辑录入或自动抓取案款系统中对应的案件子账号，扣划案件款直接进入"一案一账户"，提高案款识别度和发放效率。

2. 系统中虽有金融机构账户交易明细的查询选项，但查询页面保存后该项自动选"否"无法上传操作，无法判断被执行人是否转移财产。

建议：向金融机构发出协助执行通知书，要求一并查询被执行人在该行开户及账户近一年交易明细时，协调金融机构一并反馈。

3. 人民银行协助查询反馈不及时，执行法院无法及时全面掌握被执行人银行开户信息。

建议：最高人民法院沟通人民银行及时反馈被执行人备案账户信息。

4. 被执行人名下互联网银行账户无法按照申请标的进行额度冻结，导致执行法院冻结被执行人在互联网银行的现有存款后，被执行人对其新存入的资金仍能正常地自由支配。

建议：协调互联网银行运营商按协助执行通知书载明的执行标的金额进行冻结。

5. 无法查询被执行人户籍信息，机动车无法线上查封，无法向公安机关线上发送协助查封扣押车辆并有效控制。

建议：加强与公安机关合作，开通公安户籍信息查询、机动车线上查封端口，由公安机关协助执行法院实现对被执行人名下机动车的查封、扣押，有效解决执行法院对被执行人车辆实际控制难的问题。

6. 系统无法对终本案件在结案后发现的财产进行网络查询、控制。

建议：改进终本案件发现财产执行方式，实现对终本案件新发现财产线索的及时核实、查控。

二、地方"点对点"查询机制建设

各地法院可根据本辖区执行联动机制建设实际情况，联合工商、住房公积金、不动产、公安机关等部门开展"点对点"查询机制建设，以弥补"总对总"网络查询的不足。

第三节　传统查询

【工作内容】

执行过程中，人民法院根据案件需要采取其传统查询方式查找被执行人财产，例如现场调查、现场搜查、审计调查、公告悬赏、律师调查令等方式。

传统调查系统操作，相对于"网络查询"，传统调查主要是通过人工的

"调查""传唤""搜查""悬赏执行""司法审计"的方式进行当事人的财产等查控操作。该功能包含调查处理的登记、修改、删除以及展示已经登记的调查信息。

1. 财产调查：在流程图中，点击"传统查控"→"调查"节点，右侧编辑区显示财产调查信息。包括调查人信息、调查内容、执行线索，并且可以生成执行通知书，"保存"后可以继续"添加调查结果"，如图 3-8 所示。

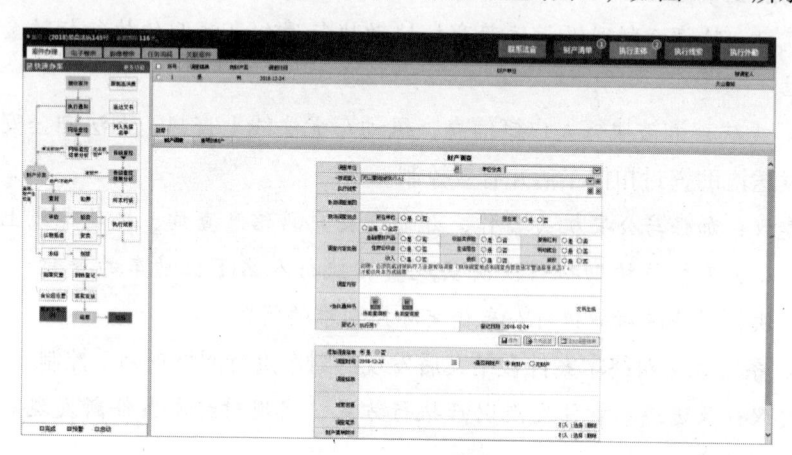

图 3-8　财产调查

"调查单位""单位分类""被调查人"通过下拉选择的方式获取。"执行线索"可以调用已有内容，也可以通过点击"+"来新增。在打开的"执行线索"窗口上完成"线索来源""线索提供人""线索内容""线索载体""回复内容"等信息，保存既可获得，如图 3-9 所示。

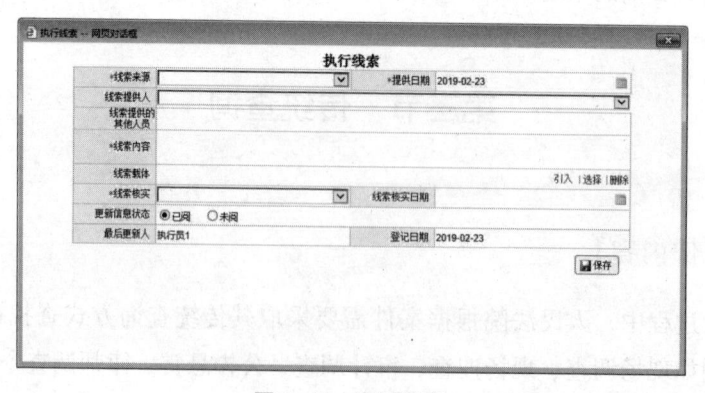

图 3-9　执行线索

用户完成财产调查信息录入并保存成功后，可以自动生成文书操作，"文书送签""添加调查结果"按钮置灰状态（可不用关注），如图3-10所示。

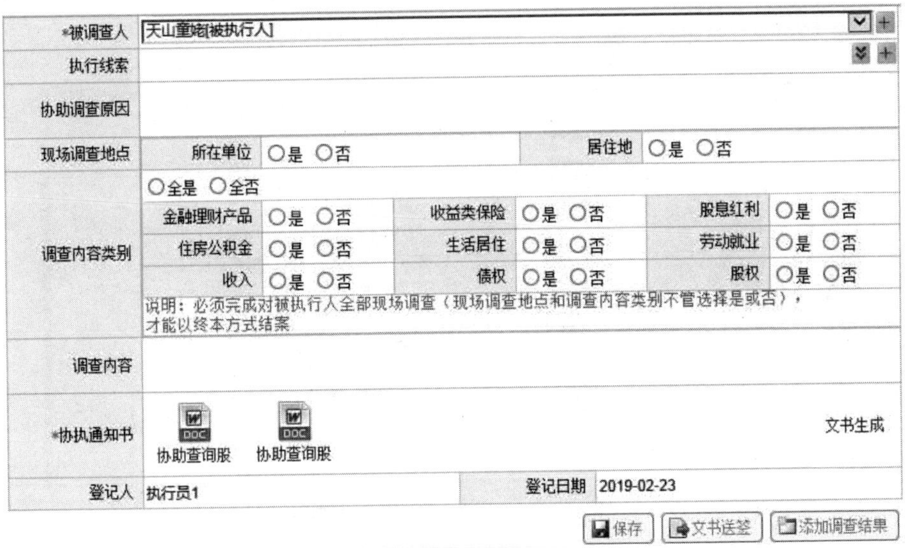

图3-10 财产信息录入成功

2. 添加调查结果："添加调查结果"默认为"是"，"调查时间"为必填项，录入"调查结果""线索回复""引入"或"选择"添加"财产清单附件"保存既可，如图3-11所示。

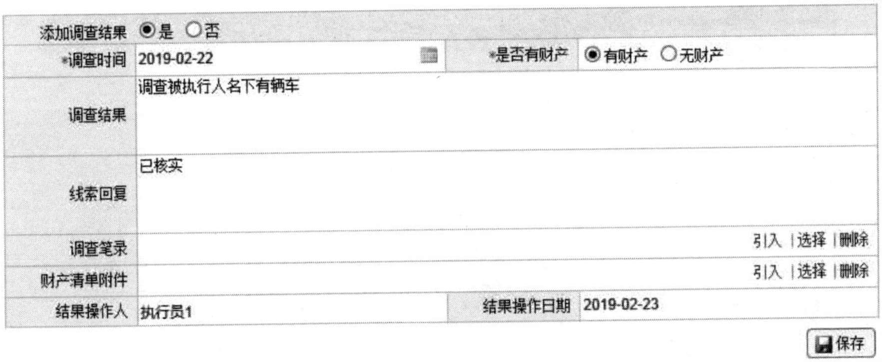

图3-11 添加调查结果

3. 添加财产详细信息：在"查明的财产"标签页上，添加财产详细信息，根据"财产类型"的不同，录入不同的详细信息。如选择"现金"，点击"新增"按钮，可以添加现金的数额、币种等，然后"保存"即可，如图3-12所示。

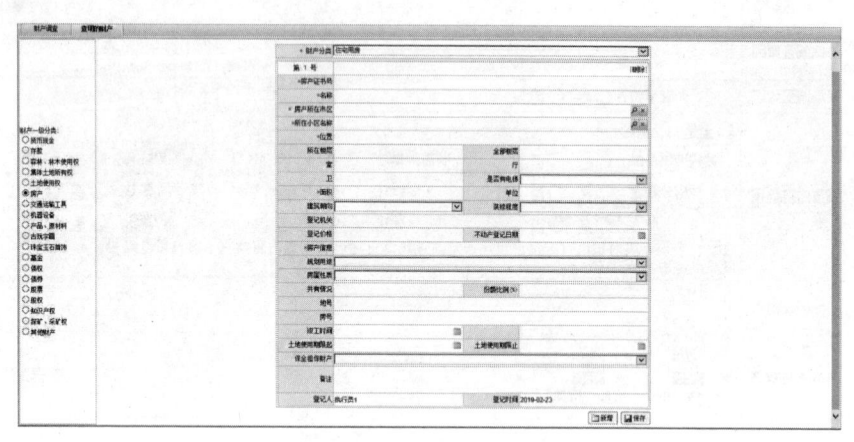

图3-12 添加财产详细信息

4. 传唤（谈话）：该功能包含传唤处理的登记、修改、删除以及展示已经登记的传唤信息。在流程图中，点击"传统查控"→"传唤"节点，右侧编辑区显示传唤（谈话）信息。包括被传唤人的相关信息、传唤事由、传唤时间，并且可以生成传唤文书，"保存"后可以继续"文书送签""添加传唤结果"，如图3-13所示。

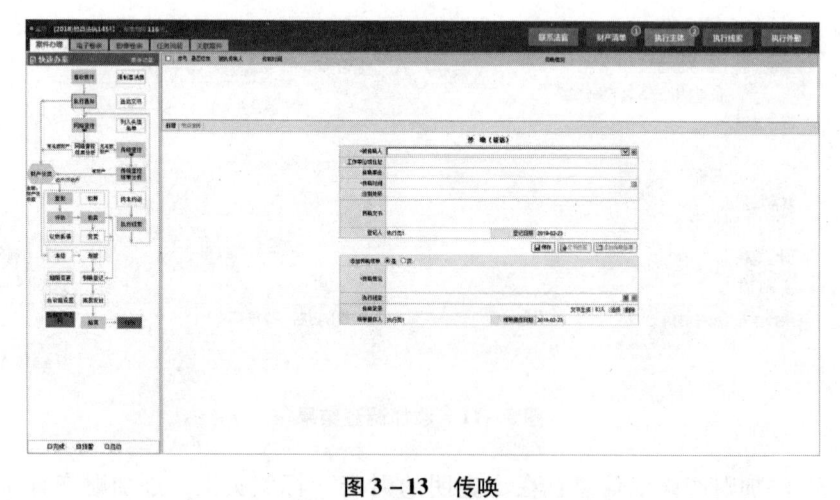

图3-13 传唤

用户完成传唤（谈话）信息录入并保存成功后，可以自动生成文书操作，"文书送签""添加调查结果"按钮置灰状态（可不用关注），如图3-14所示。

图3-14 传唤信息录入成功

5. 添加传唤结果：具体操作请参照"传统查控-调查"的"添加调查结果"功能，如图3-15所示。

图3-15 添加传唤结果

6. 搜查：该功能包含搜查处理的登记、修改、删除以及展示已经登记的搜查信息。在流程图中，点击"传统查控"→"搜查"节点，右侧编辑区显示搜查信息。包括被搜查人相关信息、被搜查标的物、执行人员，并且可以生成搜查文书，"保存"后可以继续"文书送签""添加搜查结果"，具体操作请参照"传统查控-调查"，如图3-16、图3-17所示。

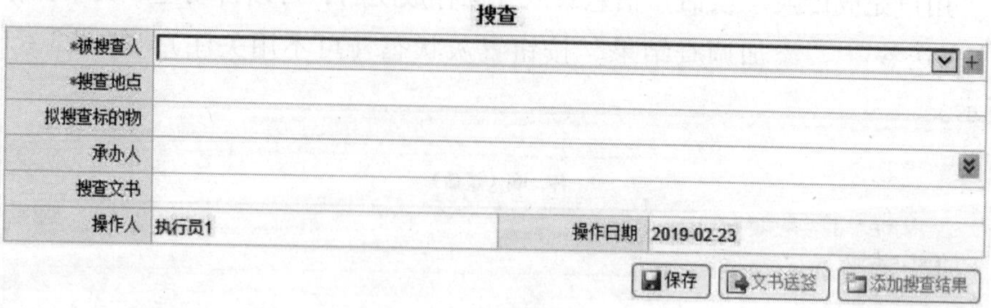

图 3-16 搜查

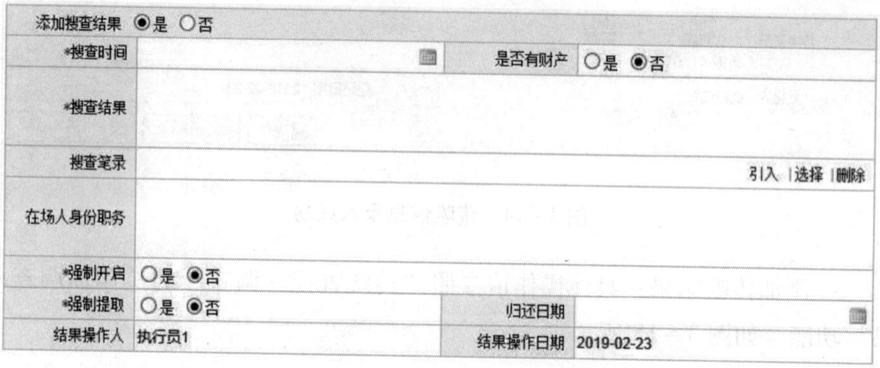

图 3-17 添加搜查结果

7. 添加查明财产：该项操作方法同调查的查明财产操作。

8. 悬赏执行：该功能包含悬赏执行处理的登记、修改、删除以及展示已经登记的悬赏执行信息。在流程图中，点击"传统查控"→"悬赏执行"节点，右侧编辑区显示悬赏执行信息。包括被执行人、发布方式、公告相关内容、发布日期、结束日期、悬赏执行金额，并且可以生成裁判文书，"保存"后可以继续"文书送签""添加搜查结果"，具体操作请参照"调查"，如图3-18、图3-19所示。

图 3–18　悬赏执行

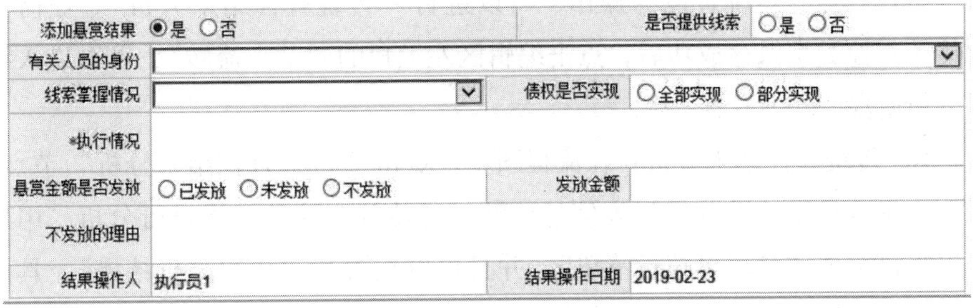

图 3–19　添加悬赏结果

9. 司法审计：该功能包含司法审计处理的登记、修改、删除以及展示已经登记的司法审计信息。在流程图中，点击"传统查控"→"司法审计"节点，右侧编辑区显示司法审计信息。包括被审计人、审计原因、审计机构，并且可以生成审计文书，"保存"后可以继续"文书送签""添加搜查结果"，具体操作请参照"调查"，如图 3–20 所示。

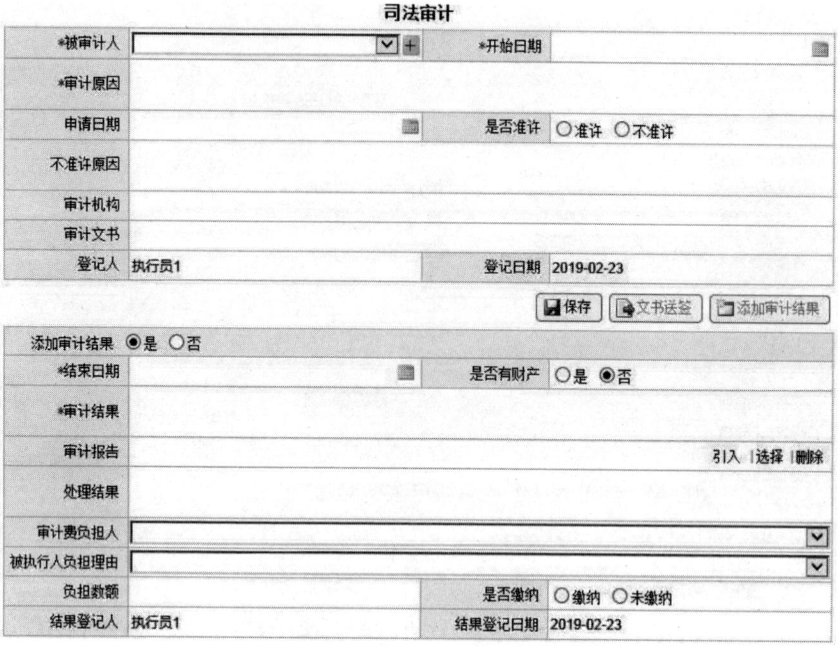

图 3-20 司法审计

一旦产生"传统查控"操作,可以进行"传统查控结果分析"。任何一个传统查控类型保存成功后,点击编辑区左上角的"节点流转",可以进入结果分析阶段。

10. 传统查控结果分析:在流程图中,点击"传统查控结果分析"节点,右侧编辑区显示结果分析列表信息。针对各传统查控的结果进行分析,用户可以将该案件"移出可执行清单",并且可以查看其"历次分析结果",具体操作请参照"网络查控结果分析",如图 3-21 所示。

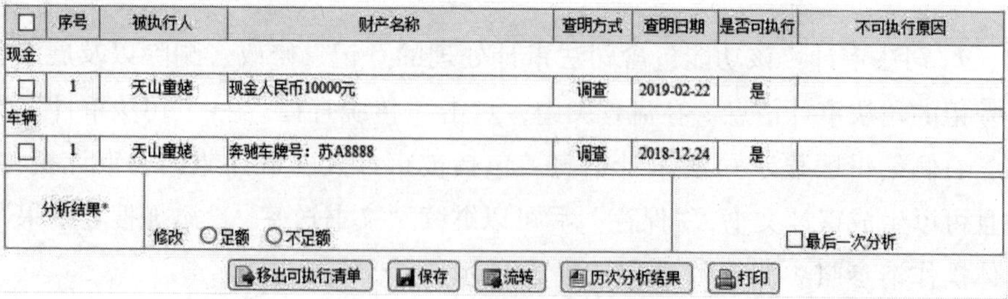

图 3-21 传统查控结果分析

查控工作完成后，流程将进入"财产分类"部分。"财产分类"包括"查封""扣押""评估""拍卖""变卖""以物抵债"等方式，后续将一一讲解。

【常用法律、司法解释及相关规定】

《中华人民共和国民事诉讼法》（2021年修正）

第二百五十五条 被执行人不履行法律文书确定的义务，并隐匿财产的，人民法院有权发出搜查令，对被执行人及其住所或者财产隐匿地进行搜查。

采取前款措施，由院长签发搜查令。

《最高人民法院关于适用〈中华人民共和国民事诉讼法〉的解释》（2022年修正）

第四百九十四条 在执行中，被执行人隐匿财产、会计账簿等资料的，人民法院除可依照民事诉讼法第一百一十一条第一款第六项规定对其处理外，还应责令被执行人交出隐匿的财产、会计账簿等资料。被执行人拒不交出的，人民法院可以采取搜查措施。

第四百九十五条 搜查人员应当按规定着装并出示搜查令和工作证件。

第四百九十六条 人民法院搜查时禁止无关人员进入搜查现场；搜查对象是公民的，应当通知被执行人或者他的成年家属以及基层组织派员到场；搜查对象是法人或者其他组织的，应当通知法定代表人或者主要负责人到场。拒不到场的，不影响搜查。

搜查妇女身体，应当由女执行人员进行。

第四百九十七条 搜查中发现应当依法采取查封、扣押措施的财产，依照民事诉讼法第二百五十二条第二款和第二百五十四条规定办理。

第四百九十八条 搜查应当制作搜查笔录，由搜查人员、被搜查人及其他在场人签名、捺印或者盖章。拒绝签名、捺印或者盖章的，应当记入搜查笔录。

《最高人民法院关于民事执行中财产调查若干问题的规定》（2020年修正）

第一条 执行过程中，申请执行人应当提供被执行人的财产线索；被执行人应当如实报告财产；人民法院应当通过网络执行查控系统进行调查，根据案件需要应当通过其他方式进行调查的，同时采取其他调查方式。

第十四条 被执行人隐匿财产、会计账簿等资料拒不交出的，人民法院可以依法采取搜查措施。

人民法院依法搜查时，对被执行人可能隐匿财产或者资料的处所、箱柜等，经责令被执行人开启而拒不配合的，可以强制开启。

第十五条 为查明被执行人的财产情况和履行义务的能力，可以传唤被执行人或被执行人的法定代表人、负责人、实际控制人、直接责任人员到人民法院接受调查询问。

对必须接受调查询问的被执行人、被执行人的法定代表人、负责人或者实际控制人，经依法传唤无正当理由拒不到场的，人民法院可以拘传其到场；上述人员下落不明的，人民法院可以依照相关规定通知有关单位协助查找。

第十六条 人民法院对已经办理查封登记手续的被执行人机动车、船舶、航空器等特定动产未能实际扣押的，可以依照相关规定通知有关单位协助查找。

第十七条 作为被执行人的法人或非法人组织不履行生效法律文书确定的义务，申请执行人认为其有拒绝报告、虚假报告财产情况，隐匿、转移财产等逃避债务情形或者其股东、出资人有出资不实、抽逃出资等情形的，可以书面申请人民法院委托审计机构对该被执行人进行审计。人民法院应当自收到书面申请之日起十日内决定是否准许。

第十八条 人民法院决定审计的，应当随机确定具备资格的审计机构，并责令被执行人提交会计凭证、会计账簿、财务会计报告等与审计事项有关的资料。

被执行人隐匿审计资料的，人民法院可以依法采取搜查措施。

第十九条 被执行人拒不提供、转移、隐匿、伪造、篡改、毁弃审计资料，阻挠审计人员查看业务现场或者有其他妨碍审计调查行为的，人民法院可以根据情节轻重对被执行人或其主要负责人、直接责任人员予以罚款、拘留；构成犯罪的，依法追究刑事责任。

第二十条 审计费用由提出审计申请的申请执行人预交。被执行人存在拒绝报告或虚假报告财产情况，隐匿、转移财产或者其他逃避债务情形的，审计费用由被执行人承担；未发现被执行人存在上述情形的，审计费用由申请执行人承担。

第二十一条 被执行人不履行生效法律文书确定的义务，申请执行人可以向人民法院书面申请发布悬赏公告查找可供执行的财产。申请书应当载明下列事项：

（一）悬赏金的数额或计算方法；

（二）有关人员提供人民法院尚未掌握的财产线索，使该申请执行人的债权得以全部或部分实现时，自愿支付悬赏金的承诺；

（三）悬赏公告的发布方式；

（四）其他需要载明的事项。

人民法院应当自收到书面申请之日起十日内决定是否准许。

第二十二条 人民法院决定悬赏查找财产的，应当制作悬赏公告。悬赏公告应当载明悬赏金的数额或计算方法、领取条件等内容。

悬赏公告应当在全国法院执行悬赏公告平台、法院微博或微信等媒体平台发布，也可以在执行法院公告栏或被执行人住所地、经常居住地等处张贴。申请执行人申请在其他媒体平台发布，并自愿承担发布费用的，人民法院应当准许。

第二十三条 悬赏公告发布后，有关人员向人民法院提供财产线索的，人民法院应当对有关人员的身份信息和财产线索进行登记；两人以上提供相同财产线索的，应当按照提供线索的先后顺序登记。

人民法院对有关人员的身份信息和财产线索应当保密，但为发放悬赏金需要告知申请执行人的除外。

第二十四条 有关人员提供人民法院尚未掌握的财产线索，使申请发布悬赏公告的申请执行人的债权得以全部或部分实现的，人民法院应当按照悬赏公告发放悬赏金。

悬赏金从前款规定的申请执行人应得的执行款中予以扣减。特定物交付执行或者存在其他无法扣减情形的，悬赏金由该申请执行人另行支付。

有关人员为申请执行人的代理人、有义务向人民法院提供财产线索的人员或者存在其他不应发放悬赏金情形的，不予发放。

第二十五条 执行人员不得调查与执行案件无关的信息，对调查过程中知悉的国家秘密、商业秘密和个人隐私应当保密。

《最高人民法院关于人民法院办理执行案件若干期限的规定》（2007年1月1日施行　法发〔2006〕35号）

第六条　申请执行人提供了明确、具体的财产状况或财产线索的，承办人应当在申请执行人提供财产状况或财产线索后5日内进行查证、核实。情况紧急的，应当立即予以核查。

申请执行人无法提供被执行人财产状况或财产线索，或者提供财产状况或财产线索确有困难，需人民法院进行调查的，承办人应当在申请执行人提出调查申请后10日内启动调查程序。

根据案件具体情况，承办人一般应当在1个月内完成对被执行人收入、银行存款、有价证券、不动产、车辆、机器设备、知识产权、对外投资权益及收益、到期债权等资产状况的调查。

《最高人民法院印发〈关于依法制裁规避执行行为的若干意见〉的通知》（2011年5月27日施行　法〔2011〕195号）

第二条　强化申请执行人提供财产线索的责任。各地法院可以根据案件的实际情况，要求申请执行人提供被执行人的财产状况或者财产线索，并告知不能提供的风险。各地法院也可根据本地的实际情况，探索尝试以调查令、委托调查函等方式赋予代理律师法律规定范围内的财产调查权。

第三条　加强人民法院依职权调查财产的力度。各地法院要充分发挥执行联动机制的作用，完善与金融、房地产管理、国土资源、车辆管理、工商管理等各有关单位的财产查控网络，细化协助配合措施，进一步拓宽财产调查渠道，简化财产调查手续，提高财产调查效率。

第四条　适当运用审计方法调查被执行人财产。被执行人未履行法律文书确定的义务，且有转移隐匿处分财产、投资开设分支机构、入股其他企业或者抽逃注册资金等情形的，执行法院可以根据申请执行人的申请委托中介机构对被执行人进行审计。审计费用由申请执行人垫付，被执行人确有转移隐匿处分财产等情形的，实际执行到位后由被执行人承担。

第五条　建立财产举报机制。执行法院可以依据申请执行人的悬赏执行申请，向社会发布举报被执行人财产线索的悬赏公告。举报人提供的财产线索经查证属实并实际执行到位的，可按申请执行人承诺的标准或者比例奖励举报人。奖励资金由申请执行人承担。

《中华人民共和国公司法》（2018 年修正）

第二百一十六条 本法下列用语的含义：

（一）高级管理人员，是指公司的经理、副经理、财务负责人，上市公司董事会秘书和公司章程规定的其他人员。

（二）控股股东，是指其出资额占有限责任公司资本总额百分之五十以上或者其持有的股份占股份有限公司股本总额百分之五十以上的股东；出资额或者持有股份的比例虽然不足百分之五十，但依其出资额或者持有的股份所享有的表决权已足以对股东会、股东大会的决议产生重大影响的股东。

（三）实际控制人，是指虽不是公司的股东，但通过投资关系、协议或者其他安排，能够实际支配公司行为的人。

（四）关联关系，是指公司控股股东、实际控制人、董事、监事、高级管理人员与其直接或者间接控制的企业之间的关系，以及可能导致公司利益转移的其他关系。但是，国家控股的企业之间不仅因为同受国家控股而具有关联关系。

【重点提示】

执行人员进行现场调查时，注意下列事项：（1）出示证件，按规定送达法律文书，制作调查笔录；（2）调查结果要详实准确，以便后续执行措施的顺利推进；（3）注意协助义务人向被执行人通风报信，协助被执行人转移财产，协助义务人拒不履行协助义务的，要及时固定相关证据，为后期运用惩戒措施做好证据收集；（4）进行现场调查，应使用执法记录仪或单兵设备全程记录。

各中院可根据本辖区案件特点制作统一制式的现场调查表或者现场调查笔录，提高现场调查的工作效率。

现场调查、搜查结果应及时录入办案系统，并将现场调查、搜查情况告知申请执行人。

如发现被执行人转移、隐匿、变卖、毁损财产的，执行人员应当立即采取执行措施。

被执行人怠于行使债权、放弃债权、无偿转让财产或者以明显不合理的低价转让财产，对申请执行人造成损害的，申请执行人可向有管辖权的人民法院提起代位权诉讼或撤销权诉讼。

被执行人住所地或者财产在外地的，执行法院进行财产调查时，可以通过办案系统向财产所在地法院发起委托调查的事项委托请求，由受托法院依法协助办理。

执行法院一般应在一个月内完成对被执行人的财产状况的调查。

各地法院可以根据本地的执行工作实际情况，尝试采取律师调查令查询被执行人财产线索，各级法院使用律师调查令应制定相应的规范性实施意见，为律师申请法院签发律师调查令提供依据。

针对工商部门"三证合一"制度实施前的企业法人，执行法官应在系统中增加组织机构代码证的录入工作，通过社会统一信用代码和组织机构代码进行银行账户存款的查控工作。执行法官应根据"社会统一信用代码"识别"组织机构代码"，组织机构代码为社会统一信用代码的第9位至第17位，识别完毕后录入系统，应进行身份验证，对于识别有误的，身份校验系统将给出正确的组织机构代码。

部分财产传统调查的实践操作方式：（1）金钱的查找。给付金钱是金钱给付案件首先考虑的执行方法。金钱查找主要指查找被执行人的银行存款、债权、在有关单位尚未支取的收入，在股份公司持有的股票，在有关企业应得的股息、红利等收入和投资权益、股权等。根据具体案件情况，金钱的查找方式：第一，由当事人提供信息，可以由申请执行人提供结算资料、签订的合同、往来的信函、邮件等，从中查找账户、账号等信息；第二，到银行查询被执行人的账户、账号信息。需要注意的是，个别案件目前网络查控反馈信息有遗漏，必要时需要人工到相关银行查询；第三，从"总对总"互联网银行反馈的被执行人财产信息中，可以查询部分被执行人绑定在微信和支付宝上的银行卡信息，及注册微信和支付宝的电话信息。（2）查询和执行被执行人股权。被执行人的股权常规表现在两方面，一是有限责任公司的股权和投资权益，二是股份有限公司的股份（股票）。在实际操作中，针对有限责任公司和股份有限公司的不同特点应采取不同的查询和执行措施。执行法院可以登录"国家企业信用信息公示系统"进行股权信息查询。

采取悬赏公告方式查询被执行人财产线索的，各级法院应制定相应的悬赏公告实施规范性意见，并开展与保险公司的合作，为悬赏金提供保险支持。

同时执行法院应对提供财产线索的自然人身份进行保密。

搜查令应由院长签发，搜查时必须着装，搜查妇女的，应由女性工作人员进行。

审计费用由申请执行人预交。被执行人存在拒绝报告、虚假报告、隐匿、转移财产或者其他逃避债务情形的，审计费用由被执行人承担；未发现被执行人存在上述情形的，审计费用由申请执行人承担。

【常用文书样式】

协助查询通知书（用于查询股权和其他投资收益）

协助查询存款通知书（用于银行）

搜查令（搜查令应由执行人员当场宣布，搜查情况另行制作笔录）

现场调查表

第四章　普通执行措施

第一节　财产控制

【工作内容】

查封、扣押、冻结是限制被执行人对其特定财产处分权的执行措施，其目的为限制被执行人对执行标的物的处分权，也是实施拍卖、变卖、强制管理等处分性措施的先决条件。

一、一般规定

在执行过程中，执行法院发现被执行人财产后，执行法院应当根据财产种类、性质，及时采取查封、扣押、扣留、冻结、提取、划拨等措施。采取上述措施的，执行法院应当作出裁定，并送达被执行人和申请执行人。

执行程序中，人民法院有权查封、扣押、冻结被执行人应当履行义务部分的财产，但应当保留被执行人及其所扶养家属的生活必需品。

对于超过被执行人及其所扶养家属生活所必需的房屋和生活用品，人民法院根据申请执行人的申请，在保障被执行人及其所扶养家属最低生活标准所必需的居住房屋和普通生活必需品后，可予以执行。

二、查封程序

人民法院查封、扣押、冻结被执行人的动产、不动产及其他财产权，应当作出裁定，并送达被执行人和申请执行人。

采取查封、扣押、冻结措施需要有关单位或者个人协助的，人民法院应当制作协助执行通知书，连同裁定书副本一并送达协助执行人。查封、扣押、冻结裁定书和协助执行通知书送达时发生法律效力。

三、财产权属判断

人民法院可以查封、扣押、冻结被执行人占有的动产、登记在被执行人名下的不动产、特定动产及其他财产权，以及数据、网络虚拟财产等非以占有或登记作为权利外观但依据法律、司法解释的规定属于被执行人的财产。

未登记的建筑物和土地使用权，依据土地使用权的审批文件和其他相关证据确定权属。

对于第三人占有的动产或者登记在第三人名下的不动产、特定动产及其他财产权，第三人书面确认该财产属于被执行人的，人民法院可以查封、扣押、冻结，书面确认中的"书面"，包括书面证明、法院谈话笔录、音视频、数据电文等可以有形地表现所载内容的形式。

根据《中华人民共和国民法典》第二百二十九条、第二百三十条规定判断属于被执行人的财产，人民法院可以查封、扣押、冻结。

执行查控时对财产的权属，人民法院按照下列标准进行判断：

（1）已登记的不动产，按照不动产登记簿判断；未登记的建筑物、构筑物及其附属设施，按照土地使用权登记簿、建设工程规划许可、施工许可等相关证据判断；

（2）已登记的船舶、航空器等特定动产和机动车，按照相关管理部门的登记判断；未登记的特定动产和其他动产，按照实际占有情况判断；

（3）银行存款和存管在金融机构的有价证券，按照金融机构和登记结算机构登记的账户名称判断；有价证券由具备合法经营资质的托管机构名义持有的，按照该机构登记的实际投资人账户名称判断；

（4）机器设备，按照实际占有情况或合同、仓单等证据判断；

（5）货物、产品、原材料，按照实际占有情况或合同、仓单等证据判断；

（6）专利权、商标权、著作权等知识产权，按照有关管理部门的登记判断；

（7）采矿权、探矿权等，按照有关管理部门的登记判断。

四、不得查封的财产

人民法院对被执行人下列财产不得查封、扣押、冻结：

（1）被执行人及其所扶养家属生活所必需的衣服、家具、炊具、餐具及其他家庭生活必需的物品；

（2）被执行人及其所扶养家属所必需的生活费用。当地有最低生活保障标准的，必需的生活费用依照该标准确定；

（3）被执行人及其所扶养家属完成义务教育所必需的物品；

（4）未公开的发明或者未发表的著作；

（5）被执行人及其所扶养家属用于身体缺陷所必需的辅助工具、医疗物品；

（6）被执行人所得的勋章及其他荣誉表彰的物品；

（7）根据《中华人民共和国缔结条约程序法》，以中华人民共和国、中华人民共和国政府或者中华人民共和国政府部门名义同外国、国际组织缔结的条约、协定和其他具有条约、协定性质的文件中规定免于查封、扣押、冻结的财产；

（8）法律及司法解释规定的其他不得查封、扣押、冻结的财产。

五、最低生活标准的保障

对于超过被执行人及其所扶养家属生活所必需的房屋和生活用品，人民法院根据申请执行人的申请，在保障被执行人及其所扶养家属最低生活标准所必需的居住房屋和普通生活必需品后，可予以执行。

六、动产查封

查封、扣押动产的，人民法院可以直接控制该项财产。人民法院将查封、扣押的动产交付其他人控制的，应当在该动产上加贴封条或者采取其他足以公示查封、扣押的适当方式。

七、不动产查封

查封不动产的，人民法院应当张贴封条或者公告，并可以提取保存有关财产权证照。

查封、扣押、冻结已登记的不动产、特定动产及其他财产权，应当通知有关登记机关办理登记手续。未办理登记手续的，不得对抗其他已经办理登记手续的查封、扣押、冻结行为。

八、未进行权属登记财产的查封

查封尚未进行权属登记的建筑物时，人民法院应当通知其管理人或者该建筑物的实际占有人，并在显著位置张贴公告。符合办理预查封登记条件的，应当同时在有关登记部门办理预查封登记。

扣押尚未进行权属登记的机动车辆时，人民法院应当在扣押清单上记载该机动车辆的发动机编号。该车辆在扣押期间权利人要求办理权属登记手续的，人民法院应当准许并及时办理相应的扣押登记手续。

九、因继承、判决或者强制执行取得的房地产，案外人挂名房地产的查封

对被执行人因继承、判决或者强制执行取得，但尚未办理过户登记的土地使用权、房屋所有权的查封，人民法院应当向不动产登记管理部门提交被执行人取得财产所依据的继承证明、生效判决书或者执行裁定书及协助执行通知书。查封自不动产登记管理部门在送达回证上签收之日起生效。

对登记在案外人名下的土地使用权、房屋所有权，案外人书面认可实际属于被执行人的，人民法院可以采取查封措施，查封时应当提交案外人书面认可材料的复印件。案外人否认该土地、房屋属于被执行人的，而当事人认为登记为虚假的，须经当事人另行提起诉讼或者通过其他程序，撤销该登记并在登记于被执行人名下时，才可以采取查封措施。

十、共有财产的查封

对被执行人与其他人共有的财产，人民法院可以查封、扣押、冻结，并及时通知共有人。

共有人协议分割共有财产，并经债权人认可的，人民法院可以认定有效。查封、扣押、冻结的效力及于协议分割后被执行人享有份额内的财产；对其

他共有人享有份额内的财产的查封、扣押、冻结,人民法院应当裁定予以解除。

共有人提起析产诉讼或者申请执行人代位提起析产诉讼的,人民法院应当准许。诉讼期间中止对该财产的执行。

十一、第三人占有的被执行人财产的查封

对第三人为被执行人的利益占有的被执行人的财产,人民法院可以查封、扣押、冻结;该财产被指定给第三人继续保管的,第三人不得将其交付给被执行人。

对第三人为自己的利益依法占有的被执行人的财产,人民法院可以查封、扣押、冻结,第三人可以继续占有和使用该财产,但不得将其交付给被执行人。

第三人无偿借用被执行人的财产的,不受前款规定的限制。

十二、被执行人保留所有权财产的查封

被执行人将其财产出卖给第三人,第三人已经支付部分价款并实际占有该财产,但根据合同约定被执行人保留所有权的,人民法院可以查封、扣押、冻结;第三人要求继续履行合同的,应当由第三人在合理期限内向人民法院交付全部余款后,裁定解除查封、扣押、冻结。

十三、被执行人出卖需办理过户登记的财产的查封

被执行人将其所有的需要办理过户登记的财产出卖给第三人,第三人已经支付部分或者全部价款并实际占有该财产,但尚未办理产权过户登记手续的,人民法院可以查封、扣押、冻结;第三人已经支付全部价款并实际占有,但未办理过户登记手续的,如果第三人对此没有过错,人民法院不得查封、扣押、冻结。

十四、被执行人购买的第三人保留所有权或需要办理过户登记的财产的查封

被执行人购买第三人的财产,已经支付部分价款并实际占有该财产,但

第三人依合同约定保留所有权,申请执行人已向第三人支付剩余价款或者第三人书面同意剩余价款从该财产变价款中优先支付的,人民法院可以查封、扣押、冻结。

第三人依法解除合同的,人民法院应当准许,已经采取的查封、扣押、冻结措施应当解除,但人民法院可以依据申请执行人的申请,执行被执行人因支付价款而形成的对该第三人的债权。

被执行人购买需要办理过户登记的第三人的财产,已经支付部分或者全部价款并实际占有该财产,虽未办理产权过户登记手续,但申请执行人已向第三人支付剩余价款或者第三人同意剩余价款从该财产变价款中优先支付的,人民法院可以查封、扣押、冻结。

十五、最高额抵押财产的查封

人民法院查封、扣押被执行人设定最高额抵押权的抵押物的,应当通知抵押权人。抵押权人受抵押担保的债权数额自收到人民法院通知时起不再增加。

人民法院虽然没有通知抵押权人,但有证据证明抵押权人知道查封、扣押事实的,受抵押担保的债权数额从其知道该事实时起不再增加。

【系统操作——查封】

1. 该功能实现了财产的查封、续封、部分解封、解封以及展示已经登记的查封信息。(1) 列表:上方列表为查封列表,下方为查封、续封、部分解封、解封、查封财产标签页,续封、部分解封、解封仅在查封信息保存可见。(2) 编辑:点击列表记录时,在下面页面中显示当前记录的详细查封信息。(3) 新增:在下面页面新增记录,点击"新增"按钮即可。(4) 删除:删除列表中选中一条或多条记录,如图 4-1 所示。

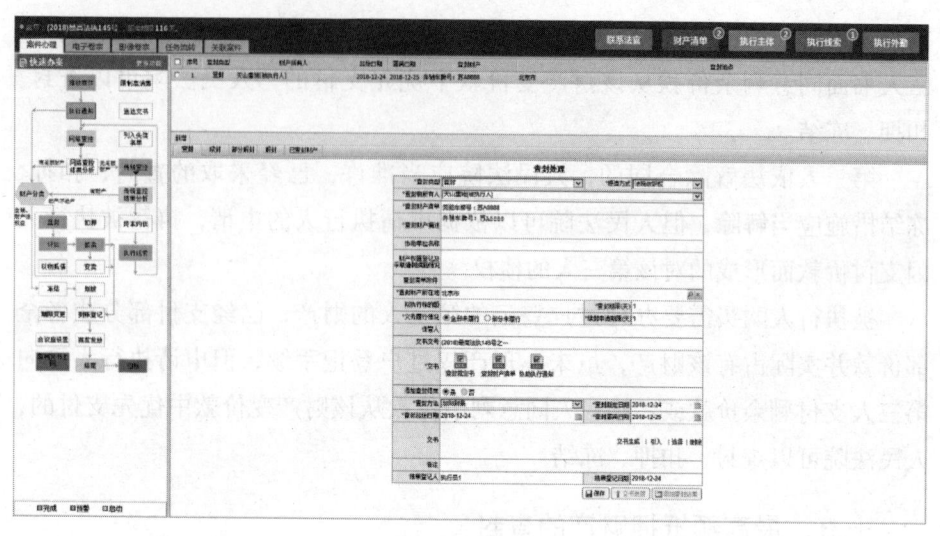

102 / 人民法院办理执行案件程序指引

图 4-1 查封

2. 新增查封处理：点击"新增"按钮，显示"查封"界面，如图 4-2 所示。

图 4-2 新增查封处理

(1) 查封物所有人：单选下拉框选项，列出本案的除申请人外的当事人及其他人员名称+法律地位。(2) 查封财产清单：点击图标复选，不允许编辑，点击此处打开本案查封物所有人的财产。(3) 查封财产描述：多行文本框，查封财产清单选择后，自动将查封财产清单文本框中文字描述预置到此处，供用户编辑。(4) 查封清单附件：可以引入或者选择的方式添加，并且可以删除。(5) 拟执行标的额：默认自动预置为申请标的额。(6) 义务履行情况：默认未履行。(7) 文书文号：默认为本案案号。(8) 标记＊的信息为必填项，不填写将无法保存。(9) "文书生成"功能在保存成功后操作，也可以引入已有文书，支持删除文书操作。

3. "添加查封结果"默认为"是"，"查封方法"通过下拉框选择实现，"查封裁定日期""查封生效日期""查封届满日期"必须录入，如图 4-3 所示。

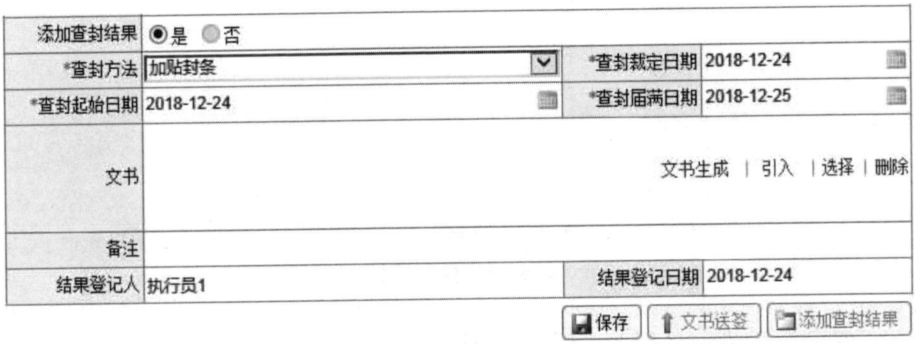

图 4-3 添加查封结果

4. 续封、部分解封、解封："续封""部分解封"功能通过点击编辑区左下角的"新增"实现添加操作，"解封"功能通过点击"解封"标签页实现添加操作，如图 4-4 所示。

图 4-4 续封

一次查封允许有多次续封,如图 4-5 所示:列表上方根据续封原因自动适应屏幕分辨率。列表根据序号升序排列。点击"浏览"列,打开"续封处理"信息浏览页面。

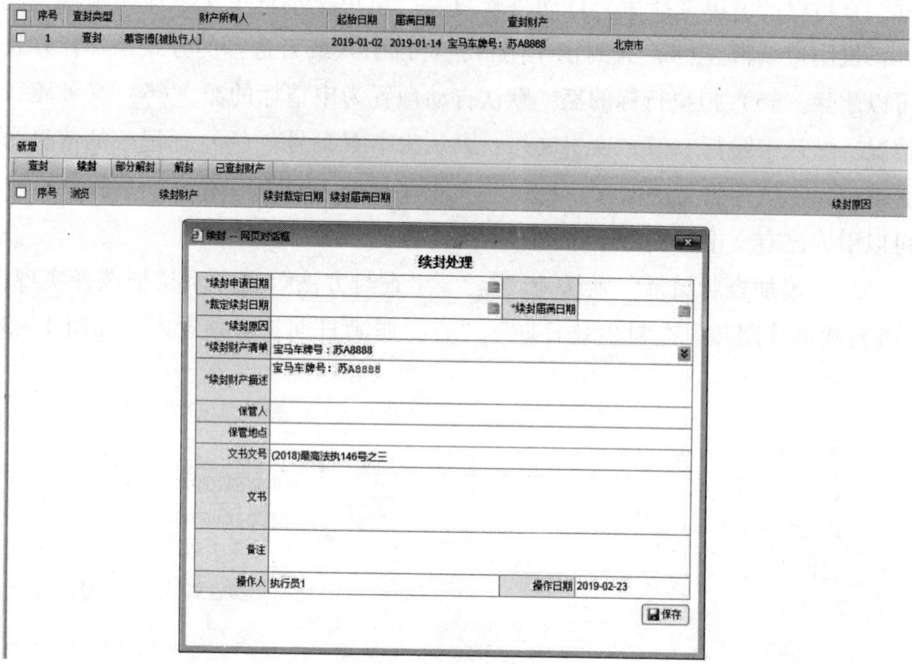

图 4-5 多次续封

"续封"处理信息如下:(1)文书文号默认为当前案号。(2)续封财产清单:默认同查封财产清单相同。(3)保存:保存表单信息,保存前检查必填项,不满足不允许保存。(4)删除上方列表中选中记录,非本人登记的记录不允许删除,系统将给出提示。(5)"文书生成"功能在保存成功后操作,也可以引入已有文书,支持删除文书操作。

一次查封允许有多次部分解封,具体操作参照"续封"功能,如图 4-6、图 4-7 所示。

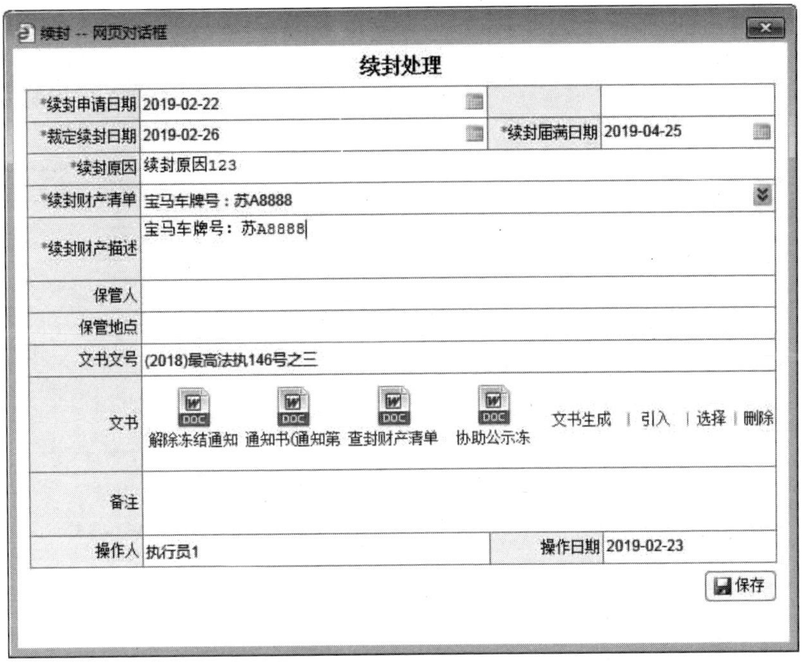

图 4−6　续封处理

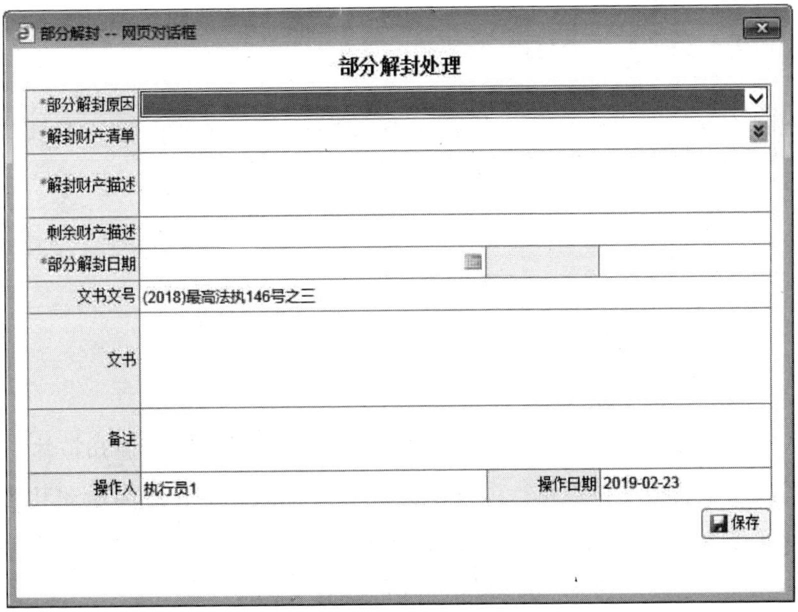

图 4−7　部分解封处理

一次查封允许有一次解封,具体操作参照"续封"功能,如图4-8所示。

图4-8 解封处理

点击"查明财产",可以查看所查明的该案件的财产信息,如图4-9所示。点击财产信息列表的"执行过程"图标按钮,可以在列表右侧查看该财产信息的曾经做过哪些查封操作。

图4-9 查明财产

十六、现场查封、制作笔录

人民法院查封、扣押财产时,被执行人是公民的,应当通知被执行人或者他的成年家属到场;被执行人是法人或者其他组织的,应当通知其法定代表人或者主要负责人到场。拒不到场的,不影响执行。被执行人是公民的,其工作单位或者财产所在地的基层组织应当派人参加。

对被查封、扣押的财产,执行人员必须造具清单,由在场人签名或者盖章后,交被执行人一份。被执行人是公民的,也可以交他的成年家属一份。在场人拒绝签名或盖章的,记明情况。

查封、扣押、冻结被执行人的财产时,执行人员应当制作笔录,载明下列内容:

(1) 执行措施开始及完成的时间;
(2) 财产的所在地、种类、数量;
(3) 财产的保管人;
(4) 其他应当记明的事项。

执行人员及保管人应当在笔录上签名,有民事诉讼法第二百五十二条规定的人员到场的,到场人员也应当在笔录上签名。

十七、查封财产的保管和使用

查封、扣押的财产不宜由人民法院保管的,人民法院可以指定被执行人负责保管;不宜由被执行人保管的,可以委托第三人或者申请执行人保管。

由人民法院指定被执行人保管的财产,如果继续使用对该财产的价值无重大影响,可以允许被执行人继续使用;由人民法院保管或者委托第三人、申请执行人保管的,保管人不得使用。

查封、扣押、冻结担保物权人占有的担保财产,一般应当指定该担保物权人作为保管人;该财产由人民法院或指定第三人保管的,质权、留置权不因转移占有而消灭。

查封、扣押至人民法院或被执行人、担保人等直接向人民法院交付的物品,执行人员应当立即通知保管部门对物品进行清点、登记,有价证券、金银珠宝、古董等贵重物品应当封存,并办理交接。保管部门接收物品后,应当出具收取凭证。

对于在异地查封、扣押,且不便运输或容易毁损的物品,人民法院可以委托物品所在地人民法院代为保管,代为保管的人民法院应当按照前款规定办理。

人民法院应当确定专门场所存放上述规定的物品。

对季节性商品、鲜活、易腐烂变质以及其他不宜长期保存的物品,人民法院可以责令当事人及时处理,将价款交付人民法院;必要时,执行人员可予以变卖。

人民法院查封、扣押或被执行人交付，且属于执行依据确定交付、返还的物品，执行人员应当自查封、扣押或被执行人交付之日起三十日内，完成执行费用的结算、通知申请执行人领取和发放物品等工作。不属于执行依据确定交付、返还的物品，符合处置条件的，执行人员应当依法启动财产处置程序。

十八、查封的期限

人民法院冻结被执行人的银行存款的期限不得超过一年，查封、扣押动产的期限不得超过两年，查封不动产、冻结其他财产权的期限不得超过三年。

申请执行人申请延长期限的，人民法院应当在查封、扣押、冻结期限届满前办理续行查封、扣押、冻结手续，续行期限不得超过前款规定的期限。

人民法院也可以依职权办理续行查封、扣押、冻结手续。

续行查封、扣押、冻结无需上级人民法院批准。

十九、明显超标的查封的禁止

查封、扣押、冻结被执行人的财产，以其价额足以清偿法律文书确定的债权额及执行费用为限，不得明显超标的额查封、扣押、冻结。

发现超标的额查封、扣押、冻结的，人民法院应当根据被执行人的申请或者依职权，及时解除对超标的额部分财产的查封、扣押、冻结，但该财产为不可分物且被执行人无其他可供执行的财产或者其他财产不足以清偿债务的除外。

二十、查封对从物和孳息的效力

查封、扣押的效力及于查封、扣押物的从物和天然孳息。

查封财产法定孳息的，人民法院应当在执行文书中予以载明，但法律、司法解释规定查封效力及于法定孳息的除外。

二十一、查封财产灭失后的效力及于替代物、赔偿款

查封、扣押、冻结的财产灭失或者毁损的，查封、扣押、冻结的效力及

于该财产的替代物、赔偿款。人民法院应当及时作出查封、扣押、冻结该替代物、赔偿款的裁定。

二十二、查封与过户登记冲突的处理

查封、扣押、冻结协助执行通知书在送达登记机关时，登记机关已经受理被执行人转让不动产、特定动产及其他财产的过户登记申请，尚未核准登记的，应当协助人民法院执行。人民法院不得对登记机关已经核准登记的被执行人已转让的财产实施查封、扣押、冻结措施。

查封、扣押、冻结协助执行通知书在送达登记机关时，其他人民法院已向该登记机关送达了过户登记协助执行通知书的，应当优先办理过户登记。

二十三、查封的效力

被执行人就已经查封、扣押、冻结的财产所作的移转、设定权利负担或者其他有碍执行的行为，不得对抗申请执行人。

第三人未经人民法院准许占有查封、扣押、冻结的财产或者实施其他有碍执行的行为的，人民法院可以依据申请执行人的申请或者依职权解除其占有或者排除其妨害。

人民法院的查封、扣押、冻结没有公示的，其效力不得对抗善意第三人。

二十四、查封效力的消灭

查封、扣押、冻结期限届满，人民法院未办理延期手续的，查封、扣押、冻结的效力消灭。

查封、扣押、冻结的财产已经被执行拍卖、变卖或者抵债的，查封、扣押、冻结的效力消灭。

二十五、续行查封的提起

申请执行人申请续行查封、扣押、冻结财产的，应当在查封、扣押、冻结期限届满七日前向人民法院提出；逾期申请或者不申请的，自行承担不能续行查封、扣押、冻结的法律后果。

人民法院进行查封、扣押、冻结财产后，应当书面告知申请执行人明确

的期限届满日以及前款有关申请续行查封、扣押、冻结的事项。

二十六、查封的解除

有下列情形之一的，人民法院应当作出解除查封、扣押、冻结裁定，并送达申请执行人、被执行人或者案外人：

（1）查封、扣押、冻结案外人财产的；

（2）申请执行人撤回执行申请或者放弃债权的；

（3）查封、扣押、冻结的财产流拍或者变卖不成，申请执行人和其他执行债权人又不同意接受抵债的；

（4）债务已经清偿的；

（5）被执行人提供担保且申请执行人同意解除查封、扣押、冻结的；

（6）人民法院认为应当解除查封、扣押、冻结的其他情形。

解除以登记方式实施的查封、扣押、冻结的，应当向登记机关发出协助执行通知书。

人民法院解除对物品的查封、扣押措施的，除指定由被执行人保管的外，应当自解除查封、扣押措施之日起十日内将物品发还给所有人或交付人。

物品在人民法院查封、扣押期间，因自然损耗、折旧所造成的损失，由物品所有人或交付人自行负担，但法律另有规定的除外。

在执行中，被执行人通过仲裁程序将人民法院查封、扣押、冻结的财产确权或者分割给案外人的，不影响人民法院执行程序的进行。

案外人不服的，可以根据民事诉讼法第二百三十四条规定提出异议。

二十七、首封处分权与债权人行使优先受偿债权冲突问题的解决

执行过程中，应当由首先查封、扣押、冻结（以下统称查封）法院负责处分查封财产。但已进入其他法院执行程序的债权对查封财产有顺位在先的担保物权、优先权（该债权以下简称优先债权），自首先查封之日起已超过六十日，且首先查封法院就该查封财产尚未发布拍卖公告或者进入变卖程序的，优先债权执行法院可以要求将该查封财产移送执行。

优先债权执行法院要求首先查封法院将查封财产移送执行的，应当出具商请移送执行函，并附确认优先债权的生效法律文书及案件情况说明。首先

查封法院应当在收到优先债权执行法院商请移送执行函之日起十五日内出具移送执行函，将查封财产移送优先债权执行法院执行，并告知当事人。移送执行函应当载明将查封财产移送执行及首先查封债权的相关情况等内容。

财产移送执行后，优先债权执行法院在处分或继续查封该财产时，可以持首先查封法院移送执行函办理相关手续。优先债权执行法院对移送的财产变价后，应当按照法律规定的清偿顺序分配，并将相关情况告知首先查封法院。首先查封债权尚未经生效法律文书确认的，应当按照首先查封债权的清偿顺位，预留相应份额。

首先查封法院与优先债权执行法院就移送查封财产发生争议的，可以逐级报请双方共同的上级法院指定该财产的执行法院。共同的上级法院根据首先查封债权所处的诉讼阶段、查封财产的种类及所在地、各债权数额与查封财产价值之间的关系等案件具体情况，认为由首先查封法院执行更为妥当的，也可以决定由首先查封法院继续执行，但应当督促其在指定期限内处分查封财产。

二十八、网络查询、冻结、划拨被执行人存款

人民法院实施网络执行查控措施，应当事前统一向相应金融机构报备有权通过网络采取执行查控措施的特定执行人员的相关公务证件。办理具体业务时，不再另行向相应金融机构提供执行人员的相关公务证件。人民法院办理网络执行查控业务的特定执行人员发生变更的，应当及时向相应金融机构报备人员变更信息及相关公务证件。

人民法院通过网络查询被执行人存款时，应当向金融机构传输电子协助查询存款通知书。多案集中查询的，可以附汇总的案件查询清单。查询到的被执行人存款需要冻结或者续行冻结的，人民法院应当及时向金融机构传输电子冻结裁定书和协助冻结存款通知书。

【系统操作——冻结】

执行人员在系统中进行冻结操作时，应按下列步骤进行操作：

登录人民法院执行案件流程信息管理系统，在待执案件的网查反馈结果中选择将要进行冻结的财产，点击"提起冻结"，弹出对话框，确认"控制措

施"之后进行"保存",如图 4-10 所示。

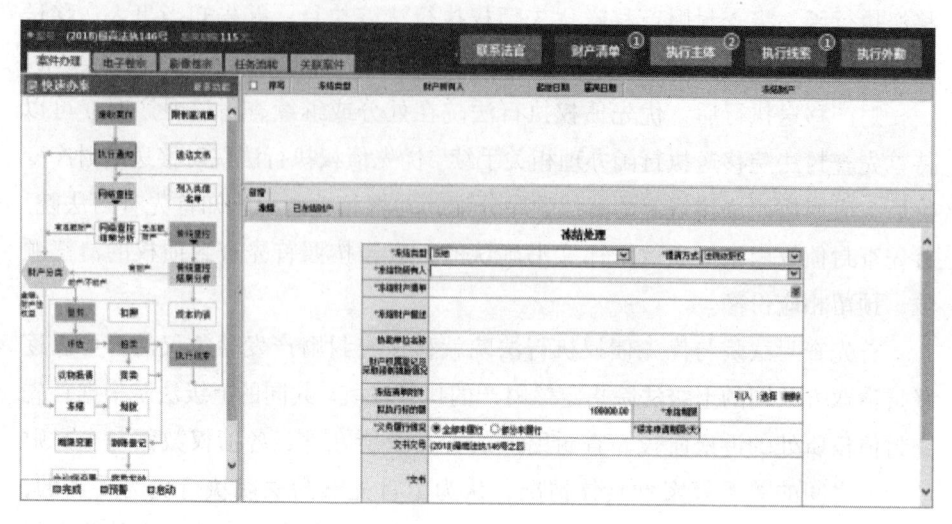

图 4-10 冻结

点击"生成文书"按钮,如图 4-11 所示。

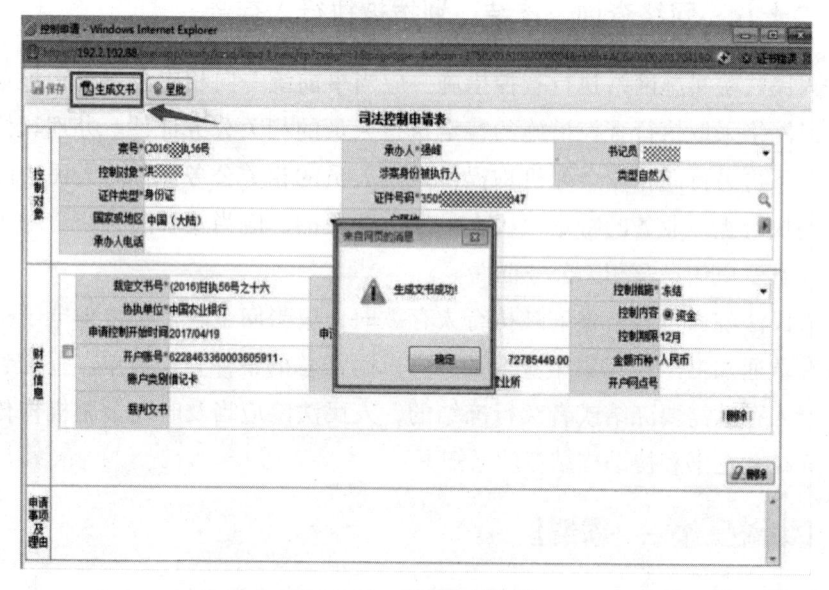

图 4-11 生成冻结文书

打开"裁定书"进行文书"保存"操作,如下图 4-12 所示。

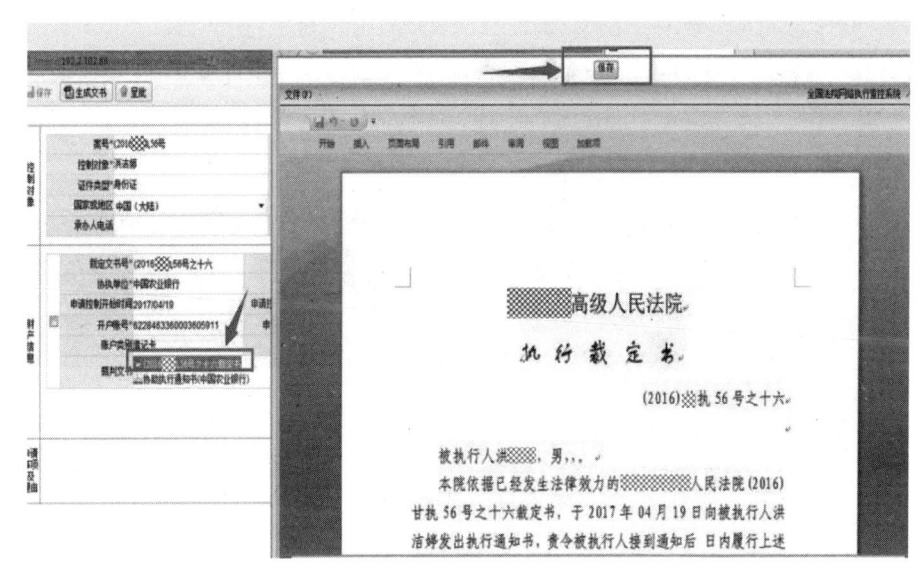

图 4-12 保存文书

点击"呈批"按钮进行呈批操作，如图 4-13 所示

图 4-13 呈批

通过"待办事宜"→"查控待办",点击"处理",如图 4-14 所示。

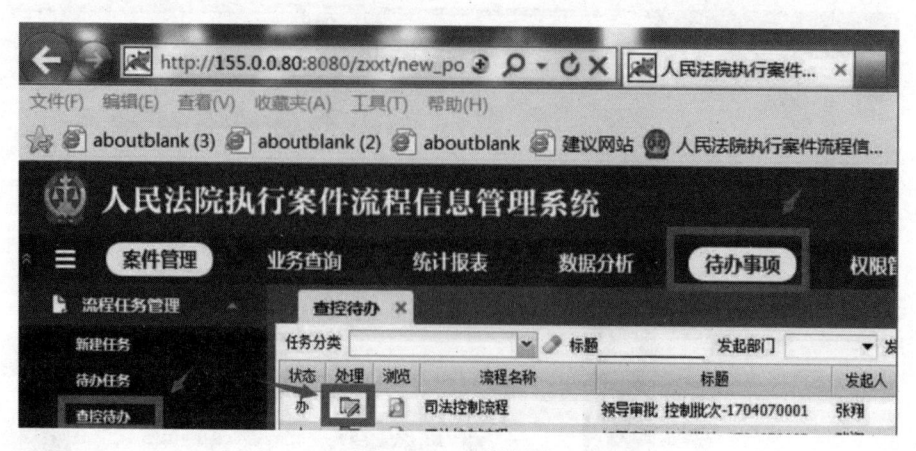

图 4-14 查控待办

选择"同意",点击"同意",如图 4-15 所示。

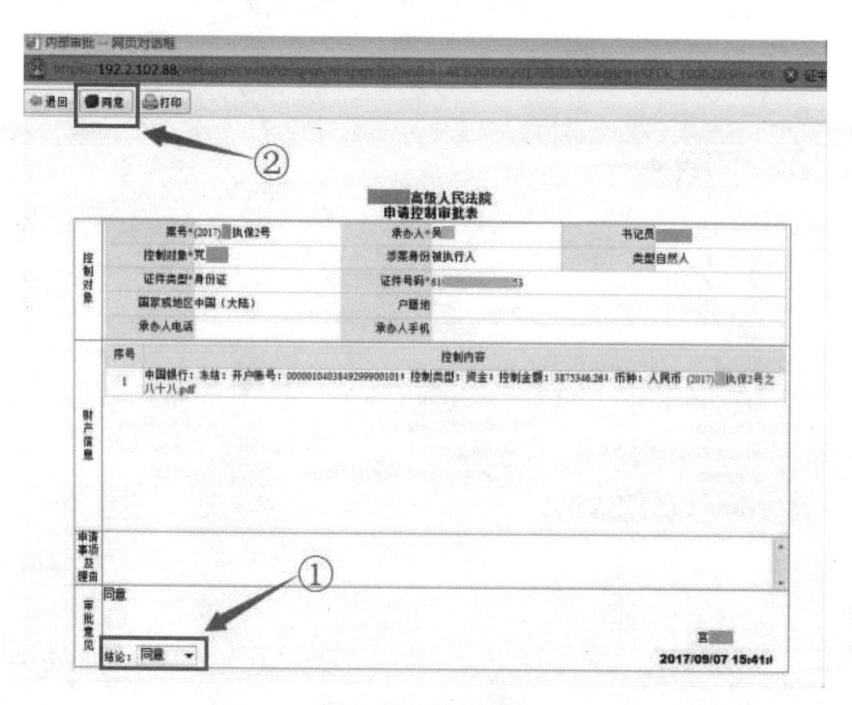

图 4-15 同意处理

登录电子签章管理员账户,通过"待办事宜"→"查控待办",点击

"处理",如图 4-16 所示。

图 4-16　电子签章管理员查控代办

选择"序号",进行"批量盖章",点击"流转",如图 4-17 所示。

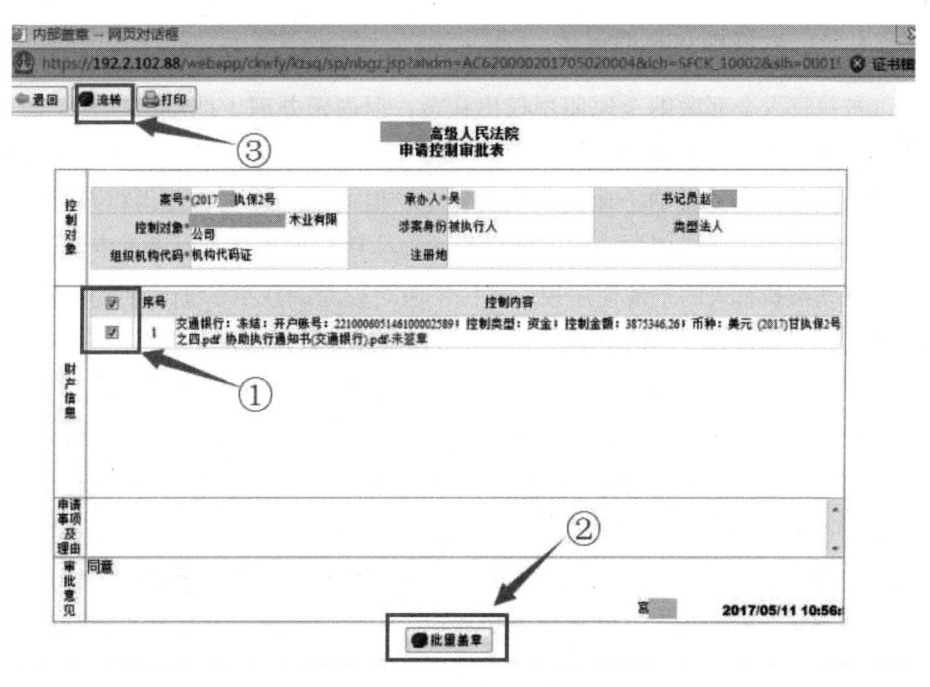

图 4-17　批量盖章

通过以上操作完成网络冻结。

对冻结的被执行人存款需要解除冻结的，人民法院应当及时向金融机构传输电子解除冻结裁定书和协助解除冻结存款通知书。

人民法院向金融机构传输的法律文书，应当加盖电子印章。作为协助执行人的金融机构完成查询、冻结等事项后，应当及时通过网络向人民法院回复加盖电子印章的查询、冻结等结果。

人民法院出具的电子法律文书、金融机构出具的电子查询、冻结等结果，与纸质法律文书及反馈结果具有同等效力。

人民法院通过网络查询、冻结、续冻、解冻被执行人存款，与执行人员赴金融机构营业场所查询、冻结、续冻、解冻被执行人存款具有同等效力。

人民法院具备相应网络扣划技术条件，并与金融机构协商一致的，可以通过网络执行查控系统采取扣划被执行人存款措施。

二十九、预查封与轮候查封、扣押、冻结

（一）进行预查封的情形

被执行人全部缴纳土地使用权出让金，但尚未办理土地使用权登记的，人民法院可以对该土地使用权进行预查封。

被执行人部分缴纳土地使用权出让金，但尚未办理土地使用权登记的，对可以分割的土地使用权，按已缴付的土地使用权出让金，由国土资源管理部门确认被执行人的土地使用权，人民法院可以对确认后的土地使用权裁定预查封。对不可以分割的土地使用权，可以全部进行预查封。

下列房屋虽未进行房屋所有权登记，人民法院也可以进行预查封：（1）作为被执行人的房地产开发企业，已办理了商品房预售许可证且尚未出售的房屋；（2）被执行人购买的已由房地产开发企业办理了房屋权属初始登记的房屋；（3）被执行人购买的办理了商品房预售合同登记备案手续或者商品房预告登记的房屋；（4）国土资源、房地产管理部门应当依据人民法院的协助执行通知书和所附的裁定书办理预查封登记。土地、房屋权属在预查封期间登记在被执行人名下的，预查封登记自动转为查封登记，预查封转为正式查封后，查封期限从预查封之日起开始计算。

预查封的解除与效力消灭：（1）被执行人在规定的期限内仍未全部缴纳

土地出让金的，在人民政府收回土地使用权的同时，应当将被执行人缴纳的按照有关规定应当退还的土地出让金交由人民法院处理，预查封自动解除。(2) 预查封的效力等同于正式查封。预查封期限届满之日，人民法院未办理预查封续封手续的，预查封的效力消灭。

（二）轮候查封、扣押、冻结

1. 基本规定

设立轮候查封、扣押、冻结制度，目的是解决多个债权对同一执行标的物受偿的先后顺序问题。只要不是同一债权，不论是不是同一债权人，受理案件的法院是不是同一个法院，都应当允许对已被查封、扣押、冻结的财产进行轮候查封、扣押、冻结；同一法院在不同案件中也可以对同一财产采取轮候查封、扣押、冻结措施。

轮候查封、扣押、冻结不产生正式查封、扣押、冻结的效力，不需要续行轮候查封、扣押、冻结。

轮候查封、扣押、冻结自转为正式查封、扣押、冻结之日起开始计算查封、扣押、冻结期限。

人民法院在办理轮候查封、扣押、冻结措施时，可以在协助执行通知书中载明轮候查封、扣押、冻结转为正式查封、扣押、冻结后的查封、扣押、冻结期限。

对已被人民法院查封、扣押、冻结的财产，其他人民法院可以进行轮候查封、扣押、冻结。查封、扣押、冻结解除的，登记在先的轮候查封、扣押、冻结即自动生效。

其他人民法院对已登记的财产进行轮候查封、扣押、冻结的，应当通知有关登记机关协助进行轮候登记，实施查封、扣押、冻结的人民法院应当允许其他人民法院查阅有关文书和记录。

其他人民法院对没有登记的财产进行轮候查封、扣押、冻结的，应当制作笔录，并经实施查封、扣押、冻结的人民法院执行人员及被执行人签字，或者书面通知实施查封、扣押、冻结的人民法院。

2. 特殊规定

两个以上人民法院对同一宗土地使用权、房屋所有权进行查封的，国土资源、房地产管理部门为首先送达协助执行通知书的人民法院办理查封登记手续后，对后来办理查封登记的人民法院作轮候查封登记，并书面告知该土地使用权、房屋所有权已被其他人民法院查封的事实及查封的有关情况。

轮候查封登记的顺序按照人民法院送达协助执行通知书的时间先后进行排列。查封法院依法解除查封的，排列在先的轮候查封自动转为查封；查封法院对查封的土地使用权、房屋全部处理的，排列在后的轮候查封自动失效；查封法院对查封的土地使用权、房屋部分处理的，对剩余部分，排列在后的轮候查封自动转为查封。

预查封的轮候登记参照上述规定。

3. 其他部门的协作

银行业监管部门应当监督银行业金融机构积极协助人民法院查询被执行人的开户、存款情况，依法及时办理存款的冻结、轮候冻结和扣划等事宜。对金融机构拒不履行生效法律文书、拒不协助人民法院执行的行为，依法追究有关人员的责任。

已被人民法院、人民检察院、公安机关冻结的证券或者证券交易结算资金，其他人民法院、人民检察院、公安机关或者同一机关因不同案件可以进行轮候冻结。冻结解除的，登记在先的轮候冻结自动生效。

轮候冻结生效后，协助冻结的证券登记结算机构或者证券公司应当书面通知做出该轮候冻结的机关。

三十、证券、资金的冻结

人民法院、人民检察院、公安机关按照法定权限冻结、扣划相关证券、资金时，应当明确拟冻结、扣划证券、资金所在的账户名称、账户号码、冻结期限，所冻结、扣划证券的名称、数量或者资金的数额。扣划时，还应当明确拟划入的账户名称、账号。冻结证券和交易结算资金时，应当明确冻结的范围是否及于孳息。以证券登记结算机构名义建立的各类专门清算交收账户不得整体冻结。

证券登记结算机构依法按照业务规则收取并存放于专门清算交收账户内的下列证券，不得冻结、扣划：

（1）证券登记结算机构设立的证券集中交收账户、专用清偿账户、专用处置账户内的证券。

（2）证券公司在证券登记结算机构开设的客户证券交收账户、自营证券交收账户和证券处置账户内的证券。

（3）证券登记结算机构依法按照业务规则收取并存放于专门清算交收账户内的下列资金，不得冻结、扣划：①证券登记结算机构设立的资金集中交收账户、专用清偿账户内的资金；②证券登记结算机构依法收取的证券结算风险基金和结算互保金；③证券登记结算机构在银行开设的结算备付金专用存款账户和新股发行验资专户内的资金，以及证券登记结算机构为新股发行网下申购配售对象开立的网下申购资金账户内的资金；④证券公司在证券登记结算机构开设的客户资金交收账户内的资金；⑤证券公司在证券登记结算机构开设的自营资金交收账户内最低限额自营结算备付金及根据成交结果确定的应付资金。

（4）证券登记结算机构依法按照业务规则要求证券公司等结算参与人、投资者或者发行人提供的回购质押券、价差担保物、行权担保物、履约担保物等担保物，在交收完成之前，不得冻结、扣划。

（5）证券公司在银行开立的自营资金账户内的资金可以冻结、扣划。

（6）在证券公司托管的证券的冻结、扣划，既可以在托管的证券公司办理，也可以在证券登记结算机构办理。不同的执法机关同一交易日分别在证券公司、证券登记结算机构对同一笔证券办理冻结、扣划手续的，证券公司协助办理的为在先冻结、扣划。冻结、扣划未在证券公司或者其他托管机构托管的证券或者证券公司自营证券的，由证券登记结算机构协助办理。

（7）证券登记结算机构受理冻结、扣划要求后，应当在受理日对应的交收日交收程序完成后根据交收结果协助冻结、扣划。证券公司受理冻结、扣划要求后，应当立即停止证券交易，冻结时已经下单但尚未撮合成功的应当采取撤单措施。冻结后，根据成交结果确定的用于交收的应付证券和应付资金可以进行正常交收。在交收程序完成后，对于剩余部分可以扣划。同时，证券公司应当根据成交结果计算出同等数额的应收资金或者应收证券交由执法机关冻结或者扣划。

（8）已被人民法院、人民检察院、公安机关冻结的证券或证券交易结算资金，其他人民法院、人民检察院、公安机关或者同一机关因不同案件可以进行轮候冻结。冻结解除的，登记在先的轮候冻结自动生效。轮候冻结生效后，协助冻结的证券登记结算机构或者证券公司应当书面通知做出该轮候冻结的机关。

（9）冻结证券的期限不得超过二年（现已被《最高人民法院关于适用〈中华人民共和国民事诉讼法〉的解释》第四百八十七条更改为三年），冻结交易结算资金的期限不得超过一年。需要延长冻结期限的，应当在冻结期限届满前办理续行冻结手续，每次续行冻结的期限不得超过前款规定的期限。

（10）不同的人民法院、人民检察院、公安机关对同一笔证券或者交易结算资金要求冻结、扣划或者轮候冻结时，证券登记结算机构或者证券公司应当按照送达协助冻结、扣划通知书的先后顺序办理协助事项。

（11）要求冻结、扣划的人民法院、人民检察院、公安机关之间，因冻结、扣划事项发生争议的，要求冻结、扣划的机关应当自行协商解决。协商不成的，由其共同上级机关决定；没有共同上级机关的，由其各自的上级机关协商解决。在争议解决之前，协助冻结的证券登记结算机构或者证券公司应当按照争议机关所送达法律文书载明的最大标的范围对争议标的进行控制。

（12）依法应当予以协助而拒绝协助，或者向当事人通风报信，或者与当事人通谋转移、隐匿财产的，对有关的证券登记结算机构或者证券公司和直接责任人应当依法进行制裁。

【系统操作——扣押】

该功能实现了财产的扣押、续扣、部分解扣、解扣以及展示已经登记的扣押信息。列表：上方列表为扣押列表，下方为扣押、续扣、部分解扣、解扣、扣押财产标签页，续扣、部分解扣、解扣仅在保存后可见。编辑：点击列表记录时，在下面页面中显示当前记录的详细扣押信息。新增：在下面页面新增记录，点击"新增"按钮即可。删除：删除列表中选中一条或多条记录，如图4-18所示。

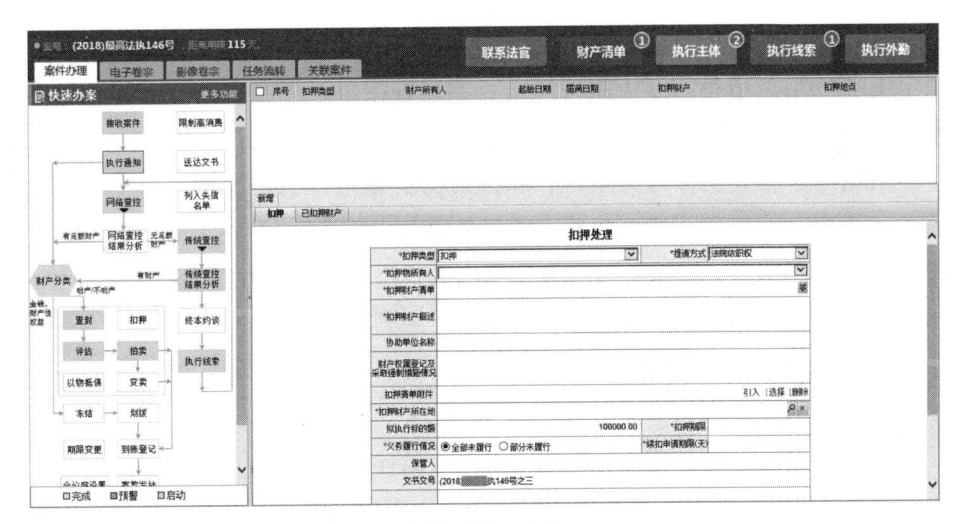

图 4-18　扣押

新增扣押处理：点击"新增"按钮，显示"扣押"界面，如图 4-19 所示。

图 4-19　新增扣押处理

扣押物所有人：单选下拉框选项，列出本案的除申请人外的当事人及其他人员名称+法律地位，例如，张三（被执行人）、青海××有限公司（被执行人)、张三(法定代表人)。

扣押物财产清单:点击图标复选,不允许编辑,点击此处打开同查封物财产清单相同页面。

扣押财产描述:多行文本框,扣押财产清单选择后,自动将扣押财产清单文本框中文字描述预置到此处,供用户编辑。

扣押清单附件:可以引入或者选择的方式添加,并且可以删除。

拟执行标的额:默认自动预置为申请标的额。

义务履行情况:默认未履行。

文书文号:默认为本案案号。

标记*的信息为必填项,不填写将无法保存。

"文书生成"功能在保存成功后操作,也可以引入已有文书,支持删除文书操作。

保存成功后,"文书送签""添加查封结果"按钮可用。

"续扣""部分解扣""解扣"功能可参照对应的"续封""部分解封""解封"操作。

点击"扣押财产",可以查看所扣押的财产信息。点击财产信息列表的"执行过程"图标按钮,可以在列表右侧查看该财产信息曾经做过哪些扣押操作,如图4-20所示。

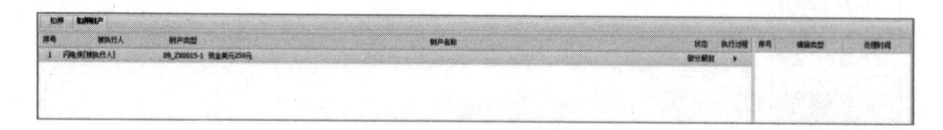

图 4-20 查看扣押信息

三十一、工商冻结

2014年10月10日,《最高人民法院、国家工商总局关于加强信息合作规范执行与协助执行的通知》公布,在此之前,执行法院冻结非上市公司的股权,只需向企业送达有关文书,即为有效冻结,并不需要向工商行政管理部门办理协助冻结手续,且其首封法院的顺位不受后续登记在先法院冻结行为的影响。

2014年10月10日后，执行法院冻结非上市公司的股权，首先向工商行政管理部门送达冻结手续的执行法院为生效冻结。人民法院冻结非上市公司股权时，应当向被执行人及其股权所在市场主体送达冻结裁定，并要求工商行政管理机关协助公示。多家法院对非上市公司同一股权裁定冻结时，首先向工商行政管理机关送达协助公示通知书的执行法院为生效冻结，送达在后的为轮候冻结，或者使用工商管理部门提供的权限自行登录"政府协同监管平台"进行股权冻结。

【常用法律、司法解释及相关规定】

《中华人民共和国民法典》（2021年1月1日施行）

第二百二十五条　船舶、航空器和机动车等物权的设立、变更、转让和消灭，未经登记，不得对抗善意第三人。

第二百二十九条　因人民法院、仲裁机构的法律文书或者人民政府的征收决定等，导致物权设立、变更、转让或者消灭的，自法律文书或者人民政府的征收决定等生效时发生效力。

第二百三十条　因继承取得物权的，自继承开始时发生效力。

《最高人民法院关于适用〈中华人民共和国民法典〉物权编的解释（一）》（2021年1月1日施行　法释〔2020〕24号）

第六条　转让人转让船舶、航空器和机动车等所有权，受让人已经支付合理价款并取得占有，虽未经登记，但转让人的债权人主张其为民法典第二百二十五条所称的"善意第三人"的，不予支持，法律另有规定的除外。

《中华人民共和国民事诉讼法》（2021年修正）

第一百一十七条　有义务协助调查、执行的单位有下列行为之一的，人民法院除责令其履行协助义务外，并可以予以罚款：

（一）有关单位拒绝或者妨碍人民法院调查取证的；

（二）有关单位接到人民法院协助执行通知书后，拒不协助查询、扣押、冻结、划拨、变价财产的；

（三）有关单位接到人民法院协助执行通知书后，拒不协助扣留被执行人的收入、办理有关财产权证照转移手续、转交有关票证、证照或者其他财产的；

（四）其他拒绝协助执行的。

人民法院对有前款规定的行为之一的单位，可以对其主要负责人或者直接责任人员予以罚款；对仍不履行协助义务的，可以予以拘留；并可以向监察机关或者有关机关提出予以纪律处分的司法建议。

第二百五十条　被执行人未按执行通知履行法律文书确定的义务，人民法院有权扣留、提取被执行人应当履行义务部分的收入。但应当保留被执行人及其所扶养家属的生活必需费用。

人民法院扣留、提取收入时，应当作出裁定，并发出协助执行通知书，被执行人所在单位、银行、信用合作社和其他有储蓄业务的单位必须办理。

第二百五十一条　被执行人未按执行通知履行法律文书确定的义务，人民法院有权查封、扣押、冻结、拍卖、变卖被执行人应当履行义务部分的财产。但应当保留被执行人及其所扶养家属的生活必需品。

采取前款措施，人民法院应当作出裁定。

第二百五十二条　人民法院查封、扣押财产时，被执行人是公民的，应当通知被执行人或者他的成年家属到场；被执行人是法人或者其他组织的，应当通知其法定代表人或者主要负责人到场。拒不到场的，不影响执行。被执行人是公民的，其工作单位或者财产所在地的基层组织应当派人参加。

对被查封、扣押的财产，执行员必须造具清单，由在场人签名或者盖章后，交被执行人一份。被执行人是公民的，也可以交他的成年家属一份。

《最高人民法院关于适用〈中华人民共和国民事诉讼法〉的解释》（2022年修正）

第四百七十七条　在执行中，被执行人通过仲裁程序将人民法院查封、扣押、冻结的财产确权或者分割给案外人的，不影响人民法院执行程序的进行。

案外人不服的，可以根据民事诉讼法第二百二十七条规定提出异议。

第四百八十五条　人民法院冻结被执行人的银行存款的期限不得超过一年，查封、扣押动产的期限不得超过两年，查封不动产、冻结其他财产权的期限不得超过三年。

申请执行人申请延长期限的，人民法院应当在查封、扣押、冻结期限届满前办理续行查封、扣押、冻结手续，续行期限不得超过前款规定的期限。

人民法院也可以依职权办理续行查封、扣押、冻结手续。

第四百九十九条 人民法院执行被执行人对他人的到期债权，可以作出冻结债权的裁定，并通知该他人向申请执行人履行。

该他人对到期债权有异议，申请执行人请求对异议部分强制执行的，人民法院不予支持。利害关系人对到期债权有异议的，人民法院应当按照民事诉讼法第二百二十七条规定处理。

对生效法律文书确定的到期债权，该他人予以否认的，人民法院不予支持。

《最高人民法院关于人民法院民事执行中查封、扣押、冻结财产的规定》
（2020年修正）

第一条 人民法院查封、扣押、冻结被执行人的动产、不动产及其他财产权，应当作出裁定，并送达被执行人和申请执行人。

采取查封、扣押、冻结措施需要有关单位或者个人协助的，人民法院应当制作协助执行通知书，连同裁定书副本一并送达协助执行人。查封、扣押、冻结裁定书和协助执行通知书送达时发生法律效力。

第二条 人民法院可以查封、扣押、冻结被执行人占有的动产、登记在被执行人名下的不动产、特定动产及其他财产权。

未登记的建筑物和土地使用权，依据土地使用权的审批文件和其他相关证据确定权属。

对于第三人占有的动产或者登记在第三人名下的不动产、特定动产及其他财产权，第三人书面确认该财产属于被执行人的，人民法院可以查封、扣押、冻结。

第三条 人民法院对被执行人下列的财产不得查封、扣押、冻结：

（一）被执行人及其所扶养家属生活所必需的衣服、家具、炊具、餐具及其他家庭生活必需的物品；

（二）被执行人及其所扶养家属所必需的生活费用。当地有最低生活保障标准的，必需的生活费用依照该标准确定；

（三）被执行人及其所扶养家属完成义务教育所必需的物品；

（四）未公开的发明或者未发表的著作；

（五）被执行人及其所扶养家属用于身体缺陷所必需的辅助工具、医疗物品；

（六）被执行人所得的勋章及其他荣誉表彰的物品；

（七）根据《中华人民共和国缔结条约程序法》，以中华人民共和国、中华人民共和国政府或者中华人民共和国政府部门名义同外国、国际组织缔结的条约、协定和其他具有条约、协定性质的文件中规定免于查封、扣押、冻结的财产；

（八）法律或者司法解释规定的其他不得查封、扣押、冻结的财产。

第四条 对被执行人及其所扶养家属生活所必需的居住房屋，人民法院可以查封，但不得拍卖、变卖或者抵债。

第五条 对于超过被执行人及其所扶养家属生活所必需的房屋和生活用品，人民法院根据申请执行人的申请，在保障被执行人及其所扶养家属最低生活标准所必需的居住房屋和普通生活必需品后，可予以执行。

第六条 查封、扣押动产的，人民法院可以直接控制该项财产。人民法院将查封、扣押的动产交付其他人控制的，应当在该动产上加贴封条或者采取其他足以公示查封、扣押的适当方式。

第七条 查封不动产的，人民法院应当张贴封条或者公告，并可以提取保存有关财产权证照。

查封、扣押、冻结已登记的不动产、特定动产及其他财产权，应当通知有关登记机关办理登记手续。未办理登记手续的，不得对抗其他已经办理了登记手续的查封、扣押、冻结行为。

第八条 查封尚未进行权属登记的建筑物时，人民法院应当通知其管理人或者该建筑物的实际占有人，并在显著位置张贴公告。

第九条 扣押尚未进行权属登记的机动车辆时，人民法院应当在扣押清单上记载该机动车辆的发动机编号。该车辆在扣押期间权利人要求办理权属登记手续的，人民法院应当准许并及时办理相应的扣押登记手续。

第十条 查封、扣押的财产不宜由人民法院保管的，人民法院可以指定被执行人负责保管；不宜由被执行人保管的，可以委托第三人或者申请执行人保管。

由人民法院指定被执行人保管的财产，如果继续使用对该财产的价值无重大影响，可以允许被执行人继续使用；由人民法院保管或者委托第三人、申请执行人保管的，保管人不得使用。

第十一条 查封、扣押、冻结担保物权人占有的担保财产，一般应当指定该担保物权人作为保管人；该财产由人民法院保管的，质权、留置权不因转移占有而消灭。

第十二条 对被执行人与其他人共有的财产，人民法院可以查封、扣押、冻结，并及时通知共有人。

共有人协议分割共有财产，并经债权人认可的，人民法院可以认定有效。查封、扣押、冻结的效力及于协议分割后被执行人享有份额内的财产；对其他共有人享有份额内的财产的查封、扣押、冻结，人民法院应当裁定予以解除。

共有人提起析产诉讼或者申请执行人代位提起析产诉讼的，人民法院应当准许。诉讼期间中止对该财产的执行。

第十三条 对第三人为被执行人的利益占有的被执行人的财产，人民法院可以查封、扣押、冻结；该财产被指定给第三人继续保管的，第三人不得将其交付给被执行人。

对第三人为自己的利益依法占有的被执行人的财产，人民法院可以查封、扣押、冻结，第三人可以继续占有和使用该财产，但不得将其交付给被执行人。

第三人无偿借用被执行人的财产的，不受前款规定的限制。

第十四条 被执行人将其财产出卖给第三人，第三人已经支付部分价款并实际占有该财产，但根据合同约定被执行人保留所有权的，人民法院可以查封、扣押、冻结；第三人要求继续履行合同的，向人民法院交付全部余款后，裁定解除查封、扣押、冻结。

第十五条 被执行人将其所有的需要办理过户登记的财产出卖给第三人，第三人已经支付部分或者全部价款并实际占有该财产，但尚未办理产权过户登记手续的，人民法院可以查封、扣押、冻结；第三人已经支付全部价款并实际占有，但未办理过户登记手续的，如果第三人对此没有过错，人民法院不得查封、扣押、冻结。

第十六条 被执行人购买第三人的财产，已经支付部分价款并实际占有该财产，第三人依合同约定保留所有权的，人民法院可以查封、扣押、冻结。

保留所有权已办理登记的，第三人的剩余价款从该财产变价款中优先支付；第三人主张取回该财产的，可以依据民事诉讼法第二百二十七条规定提出异议。

第十七条　被执行人购买需要办理过户登记的第三人的财产，已经支付部分或者全部价款并实际占有该财产，虽未办理产权过户登记手续，但申请执行人已向第三人支付剩余价款或者第三人同意剩余价款从该财产变价款中优先支付的，人民法院可以查封、扣押、冻结。

第十八条　查封、扣押、冻结被执行人的财产时，执行人员应当制作笔录，载明下列内容：

（一）执行措施开始及完成的时间；

（二）财产的所在地、种类、数量；

（三）财产的保管人；

（四）其他应当记明的事项。

执行人员及保管人应当在笔录上签名，有民事诉讼法第二百四十五条规定的人员到场的，到场人员也应当在笔录上签名。

第十九条　查封、扣押、冻结被执行人的财产，以其价额足以清偿法律文书确定的债权额及执行费用为限，不得明显超标的额查封、扣押、冻结。

发现超标的额查封、扣押、冻结的，人民法院应当根据被执行人的申请或者依职权，及时解除对超标的额部分财产的查封、扣押、冻结，但该财产为不可分物且被执行人无其他可供执行的财产或者其他财产不足以清偿债务的除外。

第二十条　查封、扣押的效力及于查封、扣押物的从物和天然孳息。

第二十一条　查封地上建筑物的效力及于该地上建筑物使用范围内的土地使用权，查封土地使用权的效力及于地上建筑物，但土地使用权与地上建筑物的所有权分属被执行人与他人的除外。

地上建筑物和土地使用权的登记机关不是同一机关的，应当分别办理查封登记。

第二十二条　查封、扣押、冻结的财产灭失或者毁损的，查封、扣押、冻结的效力及于该财产的替代物、赔偿款。人民法院应当及时作出查封、扣押、冻结该替代物、赔偿款的裁定。

第二十三条　查封、扣押、冻结协助执行通知书在送达登记机关时，登记机关已经受理被执行人转让不动产、特定动产及其他财产的过户登记申请，尚未完成登记的，应当协助人民法院执行。人民法院不得对登记机关已经完成登记的被执行人已转让的财产实施查封、扣押、冻结措施。

查封、扣押、冻结协助执行通知书在送达登记机关时，其他人民法院已向该登记机关送达了过户登记协助执行通知书的，应当优先办理过户登记。

第二十四条　被执行人就已经查封、扣押、冻结的财产所作的移转、设定权利负担或者其他有碍执行的行为，不得对抗申请执行人。

第三人未经人民法院准许占有查封、扣押、冻结的财产或者实施其他有碍执行的行为的，人民法院可以依据申请执行人的申请或者依职权解除其占有或者排除其妨害。

人民法院的查封、扣押、冻结没有公示的，其效力不得对抗善意第三人。

第二十五条　人民法院查封、扣押被执行人设定最高额抵押权的抵押物的，应当通知抵押权人。抵押权人受抵押担保的债权数额自收到人民法院通知时起不再增加。

人民法院虽然没有通知抵押权人，但有证据证明抵押权人知道查封、扣押事实的，受抵押担保的债权数额从其知道或者应当知道该事实时起不再增加。

第二十六条　对已被人民法院查封、扣押、冻结的财产，其他人民法院可以进行轮候查封、扣押、冻结。查封、扣押、冻结解除的，登记在先的轮候查封、扣押、冻结即自动生效。

其他人民法院对已登记的财产进行轮候查封、扣押、冻结的，应当通知有关登记机关协助进行轮候登记，实施查封、扣押、冻结的人民法院应当允许其他人民法院查阅有关文书和记录。

其他人民法院对没有登记的财产进行轮候查封、扣押、冻结的，应当制作笔录，并经实施查封、扣押、冻结的人民法院执行人员及被执行人签字，或者书面通知实施查封、扣押、冻结的人民法院。

第二十七条　查封、扣押、冻结期限届满，人民法院未办理延期手续的，查封、扣押、冻结的效力消灭。

查封、扣押、冻结的财产已经被执行拍卖、变卖或者抵债的，查封、扣押、冻结的效力消灭。

第二十八条 有下列情形之一的，人民法院应当作出解除查封、扣押、冻结裁定，并送达申请执行人、被执行人或者案外人：

（一）查封、扣押、冻结案外人财产的；

（二）申请执行人撤回执行申请或者放弃债权的；

（三）查封、扣押、冻结的财产流拍或者变卖不成，申请执行人和其他执行债权人又不同意接受抵债的，且对该财产又无法采取其他执行措施；

（四）债务已经清偿的；

（五）被执行人提供担保且申请执行人同意解除查封、扣押、冻结的；

（六）人民法院认为应当解除查封、扣押、冻结的其他情形。

解除以登记方式实施的查封、扣押、冻结的，应当向登记机关发出协助执行通知书。

《最高人民法院关于人民法院执行工作若干问题的规定（试行）》（2020年修正）

7. 执行人员执行公务时，应向有关人员出示工作证件，并按规定着装。必要时应由司法警察参加。

26. 金融机构擅自解冻被人民法院冻结的款项，致冻结款项被转移的，人民法院有权责令其限期追回已转移的款项。在限期内未能追回的，应当裁定该金融机构在转移的款项范围内以自己的财产向申请执行人承担责任。

30. 有关单位收到人民法院协助执行被执行人收入的通知后，擅自向被执行人或其他人支付的，人民法院有权责令其限期追回；逾期未追回的，应当裁定其在支付的数额内向申请执行人承担责任。

32. 被执行人或其他人擅自处分已被查封、扣押、冻结财产的，人民法院有权责令责任人限期追回财产或承担相应的赔偿责任。

35. 被执行人不履行生效法律文书确定的义务，人民法院有权裁定禁止被执行人转让其专利权、注册商标专用权、著作权（财产权部分）等知识产权。上述权利有登记主管部门的，应当同时向有关部门发出协助执行通知书，要求其不得办理财产权转移手续，必要时可以责令被执行人将产权或使用权证照交人民法院保存。

对前款财产权，可以采取拍卖、变卖等执行措施。

36. 对被执行人从有关企业中应得的已到期的股息或红利等收益，人民法院有权裁定禁止被执行人提取和有关企业向被执行人支付，并要求有关企业直接向申请执行人支付。

对被执行人预期从有关企业中应得的股息或红利等收益，人民法院可以采取冻结措施，禁止到期后被执行人提取和有关企业向被执行人支付。到期后人民法院可从有关企业中提取，并出具提取收据。

38. 对被执行人在有限责任公司、其他法人企业中的投资权益或股权，人民法院可以采取冻结措施。

冻结投资权益或股权的，应当通知有关企业不得办理被冻结投资权益或股权的转移手续，不得向被执行人支付股息或红利。被冻结的投资权益或股权，被执行人不得自行转让。

40. 有关企业收到人民法院发出的协助冻结通知后，擅自向被执行人支付股息或红利，或擅自为被执行人办理已冻结股权的转移手续，造成已转移的财产无法追回的，应当在所支付的股息或红利或转移的股权价值范围内向申请执行人承担责任。

45. 被执行人不能清偿债务，但对本案以外的第三人享有到期债权的，人民法院可以依申请执行人或被执行人的申请，向第三人发出履行到期债务的通知（以下简称履行通知）。履行通知必须直接送达第三人。

履行通知应当包含下列内容：

（1）第三人直接向申请执行人履行其对被执行人所负的债务，不得向被执行人清偿；

（2）第三人应当在收到履行通知后的十五日内向申请执行人履行债务；

（3）第三人对履行到期债权有异议的，应当在收到履行通知后的十五日内向执行法院提出；

（4）第三人违背上述义务的法律后果。

46. 第三人对履行通知的异议一般应当以书面形式提出，口头提出的，执行人员应记入笔录，并由第三人签字或盖章。

47. 第三人在履行通知指定的期间内提出异议的，人民法院不得对第三人强制执行，对提出的异议不进行审查。

48. 第三人提出自己无履行能力或其与申请执行人无直接法律关系，不属于本规定所指的异议。

第三人对债务部分承认、部分有异议的，可以对其承认的部分强制执行。

49. 第三人在履行通知指定的期限内没有提出异议，而又不履行的，执行法院有权裁定对其强制执行。此裁定同时送达第三人和被执行人。

50. 被执行人收到人民法院履行通知后，放弃其对第三人的债权或延缓第三人履行期限的行为无效，人民法院仍可在第三人无异议又不履行的情况下予以强制执行。

51. 第三人收到人民法院要求其履行到期债务的通知后，擅自向被执行人履行，造成已向被执行人履行的财产不能追回的，除在已履行的财产范围内与被执行人承担连带清偿责任外，可以追究其妨害执行的责任。

52. 在对第三人作出强制执行裁定后，第三人确无财产可供执行的，不得就第三人对他人享有的到期债权强制执行。

53. 第三人按照人民法院履行通知向申请执行人履行了债务或已被强制执行后，人民法院应当出具有关证明。

《最高人民法院关于民事执行中财产调查若干问题的规定》（2020年修正）

第十六条　人民法院对已经办理查封登记手续的被执行人机动车、船舶、航空器等特定动产未能实际扣押的，可以依照相关规定通知有关单位协助查找。

第二十五条　执行人员不得调查与执行案件无关的信息，对调查过程中知悉的国家秘密、商业秘密和个人隐私应当保密。

《人民法院、银行业金融机构网络执行查控工作规范》（2015年11月13日施行　法〔2015〕321号）

12. 有权机关、金融机构或第三人对被执行人银行账户中的存款及其他金融资产享有质押权、保证金等优先受偿权的，金融机构应当将所登记的优先受偿权信息在查询结果中载明。执行法院可以采取冻结措施，金融机构反馈查询结果中载明优先受偿权人的，人民法院应在办理后五个工作日内，将采取冻结措施的情况通知优先受偿权人。优先受偿权人可向执行法院主张权利，执行法院应当依法审查处理。审查处理期间，执行法院不得强制扣划。

存款或金融资产的优先受偿权消灭前，其价值不计算在实际冻结总金额内；优先受偿权消灭后，执行法院可以依法采取扣划、强制变价等执行措施。

被执行人与案外人开设联名账户等共有账户，案外人对账户中的存款及其他金融资产享有共有权的，参照前两款规定处理。

14. 执行法院扣划被执行人已经被冻结的存款，无需先行解除原冻结措施。

《最高人民法院、中国人民银行关于依法规范人民法院执行和金融机构协助执行的通知》（2000年9月4日施行　法发〔2000〕21号）

第一条第二款　人民法院对查询到的被执行人在金融机构的存款，需要冻结的，执行人员应当出示本人工作证和执行公务证，并出具法院冻结裁定书和协助冻结存款通知书。金融机构应当立即协助执行。对协助执行手续完备拒不协助冻结的，按照《中华人民共和国民事诉讼法》第一百零二条规定处理。

《最高人民法院、国家工商总局关于加强信息合作规范执行与协助执行的通知》（2014年10月10日施行　法〔2014〕251号）

第十条　人民法院对从工商行政管理机关业务系统、企业信用信息公示系统以及公司章程中查明属于被执行人名下的股权、其他投资权益，可以冻结。

第十一条　人民法院冻结股权、其他投资权益时，应当向被执行人及其股权、其他投资权益所在市场主体送达冻结裁定，并要求工商行政管理机关协助公示。

人民法院要求协助公示冻结股权、其他投资权益时，执行人员应当出示工作证或者执行公务证，向被冻结股权、其他投资权益所在市场主体登记的工商行政管理机关送达执行裁定书、协助公示通知书和协助公示执行信息需求书。

协助公示通知书应当载明被执行人姓名（名称），执行依据，被冻结的股权、其他投资权益所在市场主体的姓名（名称），股权、其他投资权益数额，冻结期限，人民法院经办人员的姓名和电话等内容。

工商行政管理机关应当在收到通知后三个工作日内通过企业信用信息公示系统公示。

《最高人民法院关于执行款物管理工作的规定》（2017年5月1日施行 法发〔2017〕6号）

第二十三条第一款 人民法院解除对物品的查封、扣押措施的，除指定由被执行人保管的外，应当自解除查封、扣押措施之日起十日内将物品发还给所有人或交付人。

《最高人民法院关于对注册商标专用权进行财产保全和执行等问题的复函》（2002年1月9日施行 〔2001〕民三函字第3号）

第四条 关于法院裁决将注册商标作为标的执行时应否适用商标法实施细则第二十一条规定的问题

根据商标法实施细则第二十一条的规定，转让注册商标的，商标注册人对其在同一种或者类似商品上注册的相同或者近似的商标，必须一并办理。法院在执行注册商标专用权的过程中，应当根据上述规定的原则，对注册商标及相同或者类似商品上相同和近似的商标一并进行评估、拍卖、变卖等，并在采取执行措施时，裁定将相同或近似注册商标一并予以执行。商标局在接到法院有关部门转让注册商标的裁定时，如发现无上述内容，可以告知执行法院，由执行法院补充裁定后再协助执行。

《最高人民法院关于网络查询、冻结被执行人存款的规定》（2013年9月2日施行 法释〔2013〕20号）

第二条 人民法院实施网络执行查控措施，应当事前统一向相应金融机构报备有权通过网络采取执行查控措施的特定执行人员的相关公务证件。办理具体业务时，不再另行向相应金融机构提供执行人员的相关公务证件。

人民法院办理网络执行查控业务的特定执行人员发生变更的，应当及时向相应金融机构报备人员变更信息及相关公务证件。

第三条 人民法院通过网络查询被执行人存款时，应当向金融机构传输电子协助查询存款通知书。多案集中查询的，可以附汇总的案件查询清单。

对查询到的被执行人存款需要冻结或者续行冻结的，人民法院应当及时向金融机构传输电子冻结裁定书和协助冻结存款通知书。

对冻结的被执行人存款需要解除冻结的，人民法院应当及时向金融机构传输电子解除冻结裁定书和协助解除冻结存款通知书。

第四条 人民法院向金融机构传输的法律文书，应当加盖电子印章。

作为协助执行人的金融机构完成查询、冻结等事项后，应当及时通过网络向人民法院回复加盖电子印章的查询、冻结等结果。

人民法院出具的电子法律文书、金融机构出具的电子查询、冻结等结果，与纸质法律文书及反馈结果具有同等效力。

第五条 人民法院通过网络查询、冻结、续冻、解冻被执行人存款，与执行人员赴金融机构营业场所查询、冻结、续冻、解冻被执行人存款具有同等效力。

第六条 金融机构认为人民法院通过网络执行查控系统采取的查控措施违反相关法律、行政法规规定的，应当向人民法院书面提出异议。人民法院应当在15日内审查完毕并书面回复。

《最高人民法院、国土资源部、建设部关于依法规范人民法院执行和国土资源房地产管理部门协助执行若干问题的通知》（2004年3月1日施行 法发〔2004〕5号）

十三、被执行人全部缴纳土地使用权出让金但尚未办理土地使用权登记的，人民法院可以对该土地使用权进行预查封。

十四、被执行人部分缴纳土地使用权出让金但尚未办理土地使用权登记的，对可以分割的土地使用权，按已缴付的土地使用权出让金，由国土资源管理部门确认被执行人的土地使用权，人民法院可以对确认后的土地使用权裁定预查封。对不可以分割的土地使用权，可以全部进行预查封。

被执行人在规定的期限内仍未全部缴纳土地出让金的，在人民政府收回土地使用权的同时，应当将被执行人缴纳的按照有关规定应当退还的土地出让金交由人民法院处理，预查封自动解除。

十五、下列房屋虽未进行房屋所有权登记，人民法院也可以进行预查封：

（一）作为被执行人的房地产开发企业，已办理了商品房预售许可证且尚未出售的房屋；

（二）被执行人购买的已由房地产开发企业办理了房屋权属初始登记的房屋；

（三）被执行人购买的办理了商品房预售合同登记备案手续或者商品房预告登记的房屋。

十六、国土资源、房地产管理部门应当依据人民法院的协助执行通知书和所附的裁定书办理预查封登记。土地、房屋权属在预查封期间登记在被执行人名下的，预查封登记自动转为查封登记，预查封转为正式查封后，查封期限从预查封之日起开始计算。

十七、预查封的期限为二年。期限届满可以续封一次，续封时应当重新制作预查封裁定书和协助执行通知书，预查封的续封期限为一年。确有特殊情况需要再续封的，应当经过所属高级人民法院批准，且每次再续封的期限不得超过一年。（该条已被新司法解释替代）

十八、预查封的效力等同于正式查封。预查封期限届满之日，人民法院未办理预查封续封手续的，预查封的效力消灭。

十九、两个以上人民法院对同一宗土地使用权、房屋进行查封的，国土资源、房地产管理部门为首先送达协助执行通知书的人民法院办理查封登记手续后，对后来办理查封登记的人民法院作轮候查封登记，并书面告知该土地使用权、房屋已被其他人民法院查封的事实及查封的有关情况。

二十、轮候查封登记的顺序按照人民法院送达协助执行通知书的时间先后进行排列。查封法院依法解除查封的，排列在先的轮候查封自动转为查封；查封法院对查封的土地使用权、房屋全部处理的，排列在后的轮候查封自动失效；查封法院对查封的土地使用权、房屋部分处理的，对剩余部分，排列在后的轮候查封自动转为查封。

预查封的轮候登记参照第十九条和本条第一款的规定办理。

《最高人民法院、最高人民检察院、公安部、中国证券监督管理委员会关于查询、冻结、扣划证券和证券交易结算资金有关问题的通知》（2008年3月1日施行　法发〔2008〕4号）

四、人民法院、人民检察院、公安机关按照法定权限冻结、扣划相关证券、资金时，应当明确拟冻结、扣划证券、资金所在的账户名称、账户号码、冻结期限，所冻结、扣划证券的名称、数量或者资金的数额。扣划时，还应当明确拟划入的账户名称、账号。

冻结证券和交易结算资金时，应当明确冻结的范围是否及于孳息。

本通知规定的以证券登记结算机构名义建立的各类专门清算交收账户不得整体冻结。

五、证券登记结算机构依法按照业务规则收取并存放于专门清算交收账户内的下列证券，不得冻结、扣划：

（一）证券登记结算机构设立的证券集中交收账户、专用清偿账户、专用处置账户内的证券；

（二）证券公司在证券登记结算机构开设的客户证券交收账户、自营证券交收账户和证券处置账户内的证券。

六、证券登记结算机构依法按照业务规则收取并存放于专门清算交收账户内的下列资金，不得冻结、扣划：

（一）证券登记结算机构设立的资金集中交收账户、专用清偿账户内的资金；

（二）证券登记结算机构依法收取的证券结算风险基金和结算互保金；

（三）证券登记结算机构在银行开设的结算备付金专用存款账户和新股发行验资专户内的资金，以及证券登记结算机构为新股发行网下申购配售对象开立的网下申购资金账户内的资金；

（四）证券公司在证券登记结算机构开设的客户资金交收账户内的资金；

（五）证券公司在证券登记结算机构开设的自营资金交收账户内最低限额自营结算备付金及根据成交结果确定的应付资金。

七、证券登记结算机构依法按照业务规则要求证券公司等结算参与人、投资者或者发行人提供的回购质押券、价差担保物、行权担保物、履约担保物等担保物，在交收完成之前，不得冻结、扣划。

八、证券公司在银行开立的自营资金账户内的资金可以冻结、扣划。

九、在证券公司托管的证券的冻结、扣划，既可以在托管的证券公司办理，也可以在证券登记结算机构办理。不同的执法机关同一交易日分别在证券公司、证券登记结算机构对同一笔证券办理冻结、扣划手续的，证券公司协助办理的为在先冻结、扣划。

冻结、扣划未在证券公司或者其他托管机构托管的证券或者证券公司自营证券的，由证券登记结算机构协助办理。

十、证券登记结算机构受理冻结、扣划要求后，应当在受理日对应的交收日交收程序完成后根据交收结果协助冻结、扣划。

证券公司受理冻结、扣划要求后，应当立即停止证券交易，冻结时已经下单但尚未撮合成功的应当采取撤单措施。冻结后，根据成交结果确定的用于交收的应付证券和应付资金可以进行正常交收。在交收程序完成后，对于剩余部分可以扣划。同时，证券公司应当根据成交结果计算出同等数额的应收资金或者应收证券交由执法机关冻结或者扣划。

十一、已被人民法院、人民检察院、公安机关冻结的证券或证券交易结算资金，其他人民法院、人民检察院、公安机关或者同一机关因不同案件可以进行轮候冻结。冻结解除的，登记在先的轮候冻结自动生效。

轮候冻结生效后，协助冻结的证券登记结算机构或者证券公司应当书面通知做出该轮候冻结的机关。

十二、冻结证券的期限不得超过二年（现已被《最高人民法院关于适用〈中华人民法共和国民事诉讼法〉的解释》第四百八十七条更改为三年），冻结交易结算资金的期限不得超过六个月（现已改为一年）。

需要延长冻结期限的，应当在冻结期限届满前办理续行冻结手续，每次续行冻结的期限不得超过前款规定的期限。

十三、不同的人民法院、人民检察院、公安机关对同一笔证券或者交易结算资金要求冻结、扣划或者轮候冻结时，证券登记结算机构或者证券公司应当按照送达协助冻结、扣划通知书的先后顺序办理协助事项。

十四、要求冻结、扣划的人民法院、人民检察院、公安机关之间，因冻结、扣划事项发生争议的，要求冻结、扣划的机关应当自行协商解决。协商不成的，由其共同上级机关决定；没有共同上级机关的，由其各自的上级机关协商解决。

在争议解决之前，协助冻结的证券登记结算机构或者证券公司应当按照争议机关所送达法律文书载明的最大标的范围对争议标的进行控制。

十五、依法应当予以协助而拒绝协助，或者向当事人通风报信，或者与当事人通谋转移、隐匿财产的，对有关的证券登记结算机构或者证券公司和直接责任人应当依法进行制裁。

《最高人民法院关于冻结、扣划证券交易结算资金有关问题的通知》
(2004年11月9日施行　法〔2004〕239号)

第五条　人民法院对被执行人证券帐户内的流通证券采取执行措施时，应当查明该流通证券确属被执行人所有。

人民法院执行流通证券，可以指令被执行人所在的证券公司营业部在30

个交易日内通过证券交易将该证券卖出,并将变卖所得价款直接划付到人民法院指定的帐户。

《最高人民法院关于依法制裁规避执行行为的若干意见》(2011年5月27日施行 法〔2011〕195号)

第十四条 引导申请执行人依法诉讼。被执行人怠于行使债权对申请执行人造成损害的,执行法院可以告知申请执行人依照《中华人民共和国合同法》第七十三条的规定,向有管辖权的人民法院提起代位权诉讼。

被执行人放弃债权、无偿转让财产或者以明显不合理的低价转让财产,对申请执行人造成损害的,执行法院可以告知申请执行人依照《中华人民共和国合同法》第七十四条的规定向有管辖权的人民法院提起撤销权诉讼。

《最高人民法院关于首先查封法院与优先债权执行法院处分查封财产有关问题的批复》(2016年4月14日施行 法释〔2016〕6号)

一、执行过程中,应当由首先查封、扣押、冻结(以下简称查封)法院负责处分查封财产。但已进入其他法院执行程序的债权对查封财产有顺位在先的担保物权、优先权(该债权以下简称优先债权),自首先查封之日起已超过60日,且首先查封法院就该查封财产尚未发布拍卖公告或者进入变卖程序的,优先债权执行法院可以要求将该查封财产移送执行。

二、优先债权执行法院要求首先查封法院将查封财产移送执行的,应当出具商请移送执行函,并附确认优先债权的生效法律文书及案件情况说明。

首先查封法院应当在收到优先债权执行法院商请移送执行函之日起15日内出具移送执行函,将查封财产移送优先债权执行法院执行,并告知当事人。

移送执行函应当载明将查封财产移送执行及首先查封债权的相关情况等内容。

三、财产移送执行后,优先债权执行法院在处分或继续查封该财产时,可以持首先查封法院移送执行函办理相关手续。

优先债权执行法院对移送的财产变价后,应当按照法律规定的清偿顺序分配,并将相关情况告知首先查封法院。

首先查封债权尚未经生效法律文书确认的,应当按照首先查封债权的清偿顺位,预留相应份额。

四、首先查封法院与优先债权执行法院就移送查封财产发生争议的,可以逐级报请双方共同的上级法院指定该财产的执行法院。

共同的上级法院根据首先查封债权所处的诉讼阶段、查封财产的种类及所在地、各债权数额与查封财产价值之间的关系等案件具体情况，认为由首先查封法院执行更为妥当的，也可以决定由首先查封法院继续执行，但应当督促其在指定期限内处分查封财产。

《最高人民法院关于同一法院在不同案件中是否可以对同一财产采取轮候查封、扣押、冻结保全措施问题的答复》（2006年1月10日答复 〔2005〕执他字第24号）

答复主要内容："江苏省高级人民法院：你院关于同一法院在不同案件中是否可以对同一财产采取轮候查封、扣押、冻结保全措施的请示收悉。经研究，答复如下：设立轮候查封、扣押、冻结制度，目的是为了解决多个债权对同一执行标的物受偿的先后顺序问题。因此，根据最高人民法院《关于人民法院民事执行中查封、扣押、冻结财产的规定》第二十八条规定的精神，只要不是同一债权，不论是不是同一个债权人，受理案件的法院是不是同一个法院，都应当允许对已被查封、扣押、冻结的财产进行轮候查封、扣押、冻结；同一法院在不同案件中也可以对同一财产采取轮候查封、扣押、冻结保全措施。"

《最高人民法院关于查封法院全部处分标的物后轮候查封的效力问题的批复》（2007年9月11日批复 法函〔2007〕100号）

批复主要内容："北京市高级人民法院：你院《关于查封法院全部处分标的物后，轮候查封的效力问题的请示》（京高法〔2007〕208号）收悉。经研究，答复如下：根据《最高人民法院关于人民法院民事执行中查封、扣押、冻结财产的规定》（法释〔2004〕15号）第二十八条第一款的规定，轮候查封、扣押、冻结自在先的查封、扣押、冻结解除时自动生效，故人民法院对已查封、扣押、冻结的全部财产进行处分后，该财产上的轮候查封自始未产生查封、扣押、冻结的效力。同时，根据上述司法解释第三十条的规定，人民法院对已查封、扣押、冻结的财产进行拍卖、变卖或抵债的，原查封、扣押、冻结的效力消灭，人民法院无需先行解除该财产上的查封、扣押、冻结，可直接进行处分，有关单位应当协助办理有关财产权证照转移手续。"

《最高人民法院关于民事执行中查封、扣押、冻结财产有关期限问题的答复》（2006年7月11日答复　法函〔2006〕第76号）

上海市高级人民法院：

你院《关于民事执行续行查封、扣押、冻结财产问题的请示》（沪高法〔2006〕12号）收悉。经研究，答复如下：

同意你院倾向性意见，即《最高人民法院关于人民法院民事执行中查封、扣押、冻结财产的规定》施行前采取的查封、扣押、冻结措施，除了当时法律、司法解释及有关通知对期限问题有专门规定的以外，没有期限限制。但人民法院应当对有关案件尽快处理。

《最高人民法院关于人民法院查封的财产被转卖是否保护善意取得人利益问题的复函》（1999年11月17日函复　〔1999〕执他字第21号）

复函主要内容："河北省高级人民法院：你院《关于被执行人转卖法院查封财产第三人善意取得是否应予保护的请示》收悉。经研究，答复如下：人民法院依法查封的财产被转卖的，对买受人原则上不适用善意取得制度。但鉴于所请示的案件中，有关法院在执行本案时，对液化气铁路罐车的查封手续不够完备，因此在处理时对申请执行人和买受人的利益均应给予照顾，具体可对罐车或其他变价款在申请执行人和买受人之间进行公平合理分配。"

【重点提示】

轮候查封在性质上不属于正式查封，并不产生正式查封的效力。轮候查封、扣押、冻结自在先的查封、扣押、冻结解除时产生查封、扣押、冻结的效力。在此之前，案外人对轮候查封、扣押、冻结标的物主张实体权利，向轮候查封法院提出执行异议的，不予受理，须向对涉案标的物进行正式查封的法院提出异议。

房产的租金收益不属于《最高人民法院关于人民法院民事执行中查封、扣押、冻结财产的规定》第二十条规定的查封房产的效力所及范围。若首封法院在查封房产时未对租金予以冻结，则其他执行法院可将涉案房屋的应收租金作为执行标的物予以执行。

对被执行人所有的且实际居住的，已经依法设定抵押的房屋，可以查封并根据抵押权人的申请依法处置。但在拍卖成交确认或以物抵债后，给予被执行人六个月的宽限期，用于被执行人自行腾退房屋。

企业缴纳的社会保险费用直接关系企业职工生存、生活的基本权利保障，对被执行人专用于缴交职工社会保险等税费专用的账户存款，不得执行用于清偿被执行人的普通金钱债务。

同一被执行人的地上建筑物和土地使用权，登记机关不是同一机关的，向任一机关办理首查封即为首封，且产生房地一体查封的效力。

人民法院依法查封的财产被转卖的，对买受人原则上不适用善意取得制度。

人民法院依法可以对信用证开证保证金采取冻结措施，但不得扣划；可以对银行承兑汇票保证金采取冻结措施，但不得扣划；对信用卡账户不宜冻结、扣划；对法院已受理破产申请企业的存款不得冻结、扣划。

人民法院对被执行人的财产采取查封措施后，发现该财产设立抵押时，应当及时通知抵押权人。

其他涉及到不得查封、扣押、冻结财产的规定如下。

1. 《最高人民法院关于强制执行中不应将企业党组织的党费作为企业财产予以冻结或划拨的通知》规定："企业党组织的党费是企业每个党员按月工资比例向党组织交纳的用于党组织活动的经费。党费由党委组织部门代党委统一管理，单立账户，专款专用，不属于企业的责任财产。因此，在企业作为被执行人时，人民法院不得冻结或划拨该企业党组织的党费，不得用党费偿还该企业的债务。执行中，如果申请执行人提供证据证明企业的资金存入党费账户，并申请人民法院对该项资金予以执行的，人民法院可以对该项资金先行冻结；被执行人提供充分证据证明该项资金属于党费的，人民法院应当解除冻结。"

2. 《最高人民法院关于产业工会、基层工会是否具备社会团体法人资格和工会经费集中户可否冻结划拨的批复》第三条规定："根据工会法的规定，工会经费包括工会会员缴纳的会费，建立工会组织的企业事业单位、机关按每月全部职工工资总额的百分之二的比例向工会拨交的经费，以及工会所属的企业、事业单位上缴的收入和人民政府的补助等。工会经费要按比例逐月向地方各级总工会和全国总工会拨交。工会的经费一经拨交，所有权随之转移。在银行独立开列的'工会经费集中户'，与企业经营资金无关，专门用于工会经费的集中与分配，不能在此帐户开支费用或挪用、转移资金。因此，人民法院在审理案件中，不应将工会经费视为所在企业的财产，在企业欠债的情况下，不应冻结、划拨工会经费及'工会经费集中户'的款项。"

3.《最高人民法院关于严禁冻结或划拨国有企业下岗职工基本生活保障资金的通知》规定："国有企业下岗职工基本生活保障资金是采取企业、社会、财政各承担三分之一的办法筹集的，由企业再就业服务中心设立专户管理，专项用于保障下岗职工基本生活，具有专项资金的性质，不得挪作他用，不能与企业的其他财产等同对待。各地人民法院在审理和执行经济纠纷案件时，不得将该项存于企业再就业服务中心的专项资金作为企业财产处置，不得冻结或划拨该项资金用以抵偿企业债务。"

4.《最高人民法院关于在审理和执行民事、经济纠纷案件时不得查封、冻结和扣划社会保险基金的通知》规定："……各地人民法院在审理和执行民事、经济纠纷案件时，不得查封、冻结或扣划社会保险基金；不得用社会保险基金偿还社会保险机构及其原下属企业的债务。"

5.《最高人民法院关于对粮棉油政策性收购资金形成的粮棉油不宜采取财产保全措施和执行措施的通知》规定："……对中国农业发展银行提供的粮棉油收购资金及由该项资金形成的库存的粮棉油不宜采取财产保全措施和执行措施。"

6.《最高人民法院关于审理军队、武警部队、政法机关移交、撤销企业和与党政机关脱钩企业相关纠纷案件若干问题的规定》第十条规定："人民法院在审理有关移交、撤销、脱钩的企业的案件时，认定开办单位应当承担民事责任的，不得对开办单位的国库款、军费、财政经费账户、办公用房、车辆等其他办公必需品采取查封、扣押、冻结、拍卖等保全和执行措施。"

7.《最高人民法院关于不得对中国人民银行及其分支机构的办公楼、运钞车、营业场所等进行查封的通知》规定："……对确应由中国人民银行及其分支机构承担民事责任的案件，人民法院亦不宜采取查封其办公楼、运钞车、营业场所的措施。"

8.《最高人民法院关于人民法院执行工作若干问题的规定（试行）》规定："被执行人为金融机构的，对其交存在人民银行的存款准备金和备付金不得冻结和扣划，但对其在本机构、其他金融机构的存款，及其在人民银行的其他存款可以冻结、划拨，并可对被执行人的其他财产采取执行措施，但不得查封其营业场所。"

9.《中华人民共和国信托法》第十七条第一款规定："除因下列情形之一外，对信托财产不得强制执行：（一）设立信托前债权人已对该信托财产享有优先受偿的权利，并依法行使该权利的；（二）受托人处理信托事务所产生债务，债权人要求清偿该债务的；（三）信托财产本身应担负的税款；（四）法律规定的其他情形。"

10.《最高人民法院关于执行旅行社质量保证金问题的通知》规定："人民法院在执行涉及旅行社的案件时，遇有下列情形而旅行社不承担或无力承担赔偿责任的，可以执行旅行社质量保证金：（1）旅行社因自身过错未达到合同约定的服务质量标准而造成旅游者的经济权益损失；（2）旅行社的服务未达到国家或行业规定的标准而造成旅游者的经济权益损失；（3）旅行社破产后造成旅游者预交旅行费损失；（4）人民法院判决、裁定及其他生效法律文书认定的旅行社损害旅游者合法权益的情形。除上述情形之外，不得执行旅行社质量保证金。同时，执行涉及旅行社的经济赔偿案件时，不得从旅游行政管理部门行政经费帐户上划转行政经费资金。"

11.《最高人民法院、最高人民检察院、公安部、中国证券监督管理委员会关于查询冻结扣划证券和证券交易结算资金问题通知》第五条、第六条规定的证券登记结算机构依法按照业务规则收取并存放于专门清算交收账户内的证券、资金（条文略），以及第七条："证券登记结算机构依法按照业务规则要求证券公司等结算参与人、投资者或者发行人提供的回购质押券、价差担保物、行权担保物、履约担保物等担保物，在交收完成之前，不得冻结、扣划。"

12.《中华人民共和国证券投资基金法》第一百零一条规定："基金销售结算资金、基金份额独立于基金销售机构、基金销售支付机构或者基金份额登记机构的自有财产。基金销售机构、基金销售支付机构或者基金份额登记机构破产或者清算时，基金销售结算资金、基金份额不属于其破产财产或者清算财产。非因投资人本身的债务或者法律规定的其他情形，不得查封、冻结、扣划或者强制执行基金销售结算资金、基金份额。"

13.《期货交易所管理办法》（2007年4月15日起施行 中国证券监督管理

委员会令第 42 号）第六十九条第一款规定："期货交易所向会员收取的保证金，只能用于担保期货合约的履行，不得查封、冻结、扣划或者强制执行。"

14.《最高人民法院关于审理期货纠纷案件若干问题的规定》第五十九条、第六十条，《最高人民法院关于审理期货纠纷案件若干问题的规定（二）》第四条、第五条规定的资金或有价证券（条文略）。

15.《最高人民法院关于人民法院在执行中能否查封药品批准文号的答复》规定："药品批准文号系国家药品监督管理部门准许企业生产的合法标志，该批准文号受行政许可法的调整，本身不具有财产价值。因此，人民法院在执行中对药品批准文号不应进行查封。"

16.《最高人民法院关于空难死亡赔偿金能否作为遗产处理的复函》规定："空难死亡赔偿金是基于死者死亡对死者近亲属所支付的赔偿。获得空难死亡赔偿金的权利人是死者近亲属，而非死者。故空难死亡赔偿金不宜认定为遗产。"

17.《最高人民法院〈关于银行贷款账户能否冻结的请示报告〉的批复》规定："……因此，在执行以银行为协助执行人的案件时，不能冻结户名为被执行人的银行贷款账户。"

对抵押权人享有抵押权的财产，其处分权仍由首先查封的机关取得，抵押权人仅仅是在抵押财产变现价值的受偿顺位上优先，在处分权上并不具有优先地位。

【常用文书样式】

查封裁定书
查封财产清单
协助执行通知书
解除冻结通知书
协助查询存款通知书
协助冻结存款通知书
协助划拨存款通知书
协助查询股权、其他投资权益通知书
协助公示冻结、续行冻结通知书

第二节 财产变价

【工作内容】

人民法院查封、扣押、冻结财产后,应当及时进行拍卖和变卖或者采取其他执行措施。对需要拍卖、变卖的财产,应当在三十日内启动确定财产处置参考价程序。

拍卖、变卖都是将查封、扣押、冻结的财产进行变现的方式,在执行中,应当坚持拍卖优先的原则。即在法律没有特别规定的情况下,首先选择拍卖的方式进行变现。只有在法律有明确规定或无法拍卖、不适宜拍卖、双方当事人同意不需要拍卖的情况下,才可以不经拍卖程序即予以变卖。

一、处置权

对被执行的财产,人民法院非经查封、扣押、冻结不得处分。

执行过程中,原则上应当由首先查封、扣押、冻结(以下简称"首封")法院负责处分查封财产。

已进入其他法院执行程序的债权对查封财产有顺位在先的担保物权、优先权(该债权以下简称"优先债权"),自首先查封之日起已超过六十日,且首先查封法院就该查封财产尚未发布拍卖公告或者进入变卖程序的,优先债权执行法院可以要求将该查封财产移送执行。

优先债权执行法院要求首先查封法院将查封财产移送执行的,应当出具商请移送执行函,并附确认优先债权的生效法律文书及案件情况说明。首先查封法院应当在收到优先债权执行法院商请移送执行函之日起十五日内出具移送执行函,将查封财产移送优先债权执行法院执行,并告知当事人。移送执行函应当载明将查封财产移送执行及首先查封债权的相关情况(一般应当包括查封有效的起止日期,且移送时一般应附最后一次查封或者续封手续的复印件)等内容。

查封财产移送执行后,继续查封由受移送法院负责。但距查封期限届满不足一个月的,首先查封法院应先行办理继续查封手续后再予移送。优先债权执行法院在处分或继续查封该财产时,可以持首先查封法院移送执行函办理相关手续,相关协助单位应当予以配合。

优先债权执行法院对移送的财产变价后,应当按照法律规定的清偿顺序分配,并将相关情况告知首先查封法院。在分配程序中,首先查封债权受偿顺位不因财产移送执行而改变。首先查封债权尚未经生效法律文书确认的,应当按照首先查封债权的清偿顺位,预留相应份额。

首先查封法院与优先债权执行法院就移送查封财产发生争议的,可以逐级报请双方共同的上级法院指定该财产的执行法院。共同的上级法院根据首先查封债权所处的诉讼阶段、查封财产的种类及所在地、各债权数额与查封财产价值之间的关系等案件具体情况,认为由首先查封法院执行更为妥当的,也可以决定由首先查封法院继续执行,但应当督促其在指定期限内处分查封财产。

保全法院在首先采取查封、扣押、冻结措施后超过一年未对被保全财产进行处分的,除被保全财产系争议标的外,在先轮候查封、扣押、冻结的执行法院可以商请保全法院将被保全财产移送执行。但司法解释另有特别规定的,适用其规定。保全法院与在先轮候查封、扣押、冻结的执行法院就移送被保全财产发生争议的,可以逐级报请共同的上级法院指定该财产的执行法院。共同的上级法院应当根据被保全财产的种类及所在地、各债权数额与被保全财产价值之间的关系等案件具体情况指定执行法院,并督促其在指定期限内处分被保全财产。

二、当事人议价、定向询价、网络询价

人民法院确定财产处置参考价,可以采取当事人议价、定向询价、网络询价等方式。

人民法院确定参考价前,应当查明财产的权属、权利负担、占有使用、欠缴税费、质量瑕疵等事项。

(一) 当事人议价

1. 采取当事人议价方式确定参考价的,除一方当事人拒绝议价或者下落

不明外，人民法院应当以适当的方式通知或者组织当事人进行协商，当事人应当在指定期限内提交议价结果。双方当事人提交的议价结果一致，且不损害他人合法权益的，议价结果为参考价。

2. 当事人议价的，可以自行协商确定议价结果的有效期，但不得超过一年。人民法院在议价有效期内发布一拍拍卖公告或者直接进入变卖程序，拍卖、变卖时未超过有效期六个月的，无需重新确定参考价，但法律、行政法规、司法解释另有规定的除外。

3. 当事人、利害关系人对议价提出异议的，人民法院不予受理。

（二）定向询价

1. 当事人议价不能或者不成，且财产有计税基准价、政府定价或者政府指导价的，人民法院应当向确定参考价时财产所在地的有关机构进行定向询价。双方当事人一致要求直接进行定向询价，且财产有计税基准价、政府定价或者政府指导价的，人民法院应当准许。

2. 采取定向询价方式确定参考价的，人民法院应当向有关机构出具询价函，询价函应当载明询价要求、完成期限等内容。接受定向询价的机构在指定期限内出具的询价结果为参考价。

3. 人民法院收到定向询价报告后，应当在三日内发送给当事人及利害关系人。当事人、利害关系人已提供有效送达地址的，人民法院应当将报告以直接送达、留置送达、委托送达、邮寄送达或者电子送达的方式送达；当事人、利害关系人下落不明或者无法获取其有效送达地址，人民法院无法按照前述规定送达的，应当在中国执行信息公开网上予以公示，公示满十五日即视为收到。

4. 定向询价结果的有效期，参照网络询价或者委托评估结果的有效期的相关规定确定。人民法院在询价有效期内发布一拍拍卖公告或者直接进入变卖程序，拍卖、变卖时未超过有效期六个月的，无需重新确定参考价，但法律、行政法规、司法解释另有规定的除外。

5. 当事人、利害关系人对定向询价提出异议的，人民法院不予受理。

（三）网络询价

1. 定向询价不能或者不成，财产无须由专业人员现场勘验或者鉴定，且具备网络询价条件的，人民法院应当通过司法网络询价平台进行网络询价。双方当事人一致要求或者同意直接进行网络询价，财产无需由专业人员现场勘验或者鉴定，且具备网络询价条件的，人民法院应当准许。

2. 采取网络询价方式确定参考价的，人民法院应当同时向名单库中的全部司法网络询价平台发出网络询价委托书。网络询价委托书应当载明财产名称、物理特征、规格数量、目的要求、完成期限以及其他需要明确的内容等。司法网络询价平台应当在收到人民法院网络询价委托书之日起三日内出具网络询价报告。网络询价报告应当载明财产的基本情况、参照样本、计算方法、询价结果及有效期等内容。

3. 司法网络询价平台不能在期限内完成询价的，应当在期限届满前申请延长期限。全部司法网络询价平台均未能在期限内出具询价结果的，人民法院应当根据各司法网络询价平台的延期申请延期三日；部分司法网络询价平台在期限内出具网络询价结果的，人民法院对其他司法网络询价平台的延期申请不予准许。全部司法网络询价平台均未在期限内出具或者补正网络询价报告，且未按照规定申请延长期限的，人民法院应当委托评估机构进行评估。人民法院未在网络询价结果有效期内发布一拍拍卖公告或者直接进入变卖程序的，应当通知司法网络询价平台在三日内重新出具网络询价报告。

4. 人民法院应当对网络询价报告进行审查。网络询价报告均存在财产基本信息错误、超出财产范围或者遗漏财产等情形的，应当通知司法网络询价平台在三日内予以补正；部分网络询价报告不存在上述情形的，无需通知其他司法网络询价平台补正。全部司法网络询价平台均在期限内出具询价结果或者补正结果的，人民法院应当以全部司法网络询价平台出具结果的平均值为参考价；部分司法网络询价平台在期限内出具询价结果或者补正结果的，人民法院应当以该部分司法网络询价平台出具结果的平均值为参考价。

5. 人民法院收到网络询价、说明补正等报告后，应当在三日内发送给当事人及利害关系人。当事人、利害关系人已提供有效送达地址的，人民法院应当将报告以直接送达、留置送达、委托送达、邮寄送达或者电子送达的方式送达；当事人、利害关系人下落不明或者无法获取其有效送达地址，人民法院无法按照前述规定送达的，应当在中国执行信息公开网上予以公示，公示满十五日即视为收到。

6. 当事人、利害关系人认为网络询价报告具有下列情形之一的，可以在收到报告后五日内提出书面异议：（1）财产基本信息错误；（2）超出财产范围或者遗漏财产；（3）评估机构或者评估人员不具备相应评估资质；（4）评估程序严重违法。对当事人、利害关系人依据前款规定提出的书面异议，人民法院应当参照民事诉讼法第二百二十五条的规定处理。当事人、利害关系人依照上述规定对全部网络询价报告均提出异议，且所提异议被驳回或者司法网络询价平台已作出补正的，人民法院应当以异议被驳回或者已作出补正的各司法网络询价平台出具结果的平均值为参考价；对部分网络询价报告提出异议的，人民法院应当以网络询价报告未被提出异议的各司法网络询价平台出具结果的平均值为参考价。

7. 司法网络询价平台应当确定网络询价结果的有效期，有效期最长不得超过一年。人民法院在询价有效期内发布一拍拍卖公告或者直接进入变卖程序，拍卖、变卖时未超过有效期六个月的，无需重新确定参考价，但法律、行政法规、司法解释另有规定的除外。

8. 当事人、利害关系人未对网络询价平台按照上述第6项规定所作的补正说明提出异议的，人民法院不予受理。

9. 具有下列情形之一的，人民法院应当决定暂缓网络询价：（1）案件暂缓执行或者中止执行；（2）评估材料与事实严重不符，可能影响评估结果，需要重新调查核实；（3）人民法院认为应当暂缓的其他情形。

10. 具有下列情形之一的，人民法院应当撤回网络询价：（1）申请执行人撤回执行申请；（2）生效法律文书确定的义务已全部执行完毕；（3）据以执行的生效法律文书被撤销或者被裁定不予执行；（4）人民法院认为应当撤回的其他情形。人民法院决定网络询价后，双方当事人议价确定参考价或者协商不再对财产进行变价处理的，人民法院可以撤回网络询价。

11. 网络询价平台应当确定网络询价的有效期，有效期最长不得超过一年。人民法院在询价有效期内发布一拍拍卖公告或者直接进入变卖程序，拍卖、变卖时未超过有效期六个月的，无需重新确定参考价。

12. 人民法院委托司法网络询价平台进行网络询价的，网络询价费用应当按次计付给出具网络询价结果与财产处置成交价最接近的司法网络询价平台；多家司法网络询价平台出具的网络询价结果相同或者与财产处置成交价差距相同的，网络询价费用平均分配。因全部司法网络询价平台均未在期限内出具或者补正网络询价报告，且未按照规定申请延长期限的，则人民法院委托评估机构进行评估或者依照上述第10项规定撤回网络询价的，对司法网络询价平台不计付费用。

13. 网络询价费由申请执行人先行垫付，由被执行人负担。申请执行人通过签订保险合同的方式垫付网络询价费的，保险人应当向人民法院出具担保书。担保书应当载明因申请执行人未垫付网络询价费由保险人支付等内容，并附相关证据材料。

14. 最高人民法院建立全国性司法网络询价平台名单库。司法网络询价平台应当同时符合下列条件：（1）具备能够依法开展互联网信息服务工作的资质；（2）能够合法获取并整合全国各地区同种类财产一定时期的既往成交价、政府定价、政府指导价或者市场公开交易价等不少于三类价格数据，并保证数据真实、准确；（3）能够根据数据化财产特征，运用一定的运算规则对市场既往交易价格、交易趋势予以分析；（4）程序运行规范、系统安全高效、服务质优价廉；（5）能够全程记载数据的分析过程，将形成的电子数据完整保存不少于十年，但法律、行政法规、司法解释另有规定的除外。

最高人民法院组成专门的评审委员会，负责司法网络询价平台的选定、评审和除名。每年引入权威第三方对已纳入和新申请纳入名单库的司法网络询价平台予以评审并公布结果。司法网络询价平台具有下列情形之一的，应当将其从名单库中除名：（1）无正当理由拒绝进行网络询价；（2）无正当理由一年内累计五次未按期完成网络询价；（3）存在恶意串通、弄虚作假、泄露保密信息等行为；（4）经权威第三方评审认定不符合提供网络询价服务条件；（5）存在其他违反询价规则以及法律、行政法规、司法解释规定的情形。

司法网络询价平台被除名后，五年内不得被纳入名单库。

三、委托评估

法律、行政法规规定必须委托评估、双方当事人要求委托评估或者网络询价不能或不成的，人民法院应当委托评估机构进行评估。

执行法院在委托评估之前应当对评估标的的权属状况、占有使用情况（一般指标的物的所有权情况，共有、权属争议情况，已设立担保物权等权利负担情况，占有租赁使用情况，附属物品情况等）等进行必要的调查，制作拍卖财产现状的调查笔录或者收集其他有关资料。被执行人应当提供相关财产品质的有关资料和说明。评估所需的相关资料应当由当事人或相关第三人提供的，人民法院可以通过当事人或第三人提交，当事人或第三人不予提交的，可以强制提取。对被执行人的股权进行评估时，人民法院可以责令有关企业提供会计报表等资料；有关企业拒不提供的，可以强制提取。

采取委托评估方式确定参考价的，人民法院应当通知双方当事人在指定期限内从名单分库中协商确定三家评估机构以及顺序；双方当事人在指定期限内协商不成或者一方当事人下落不明的，采取摇号方式在名单分库或者财产所在地的名单子库中随机确定三家评估机构以及顺序。双方当事人一致要求在同一名单子库中随机确定的，人民法院应当准许。人民法院应当向顺序在先的评估机构出具评估委托书，评估委托书应当载明财产名称、物理特征、规格数量、目的要求、完成期限以及其他需要明确的内容等，同时应当将查明的财产情况及相关材料一并移交给评估机构。

评估需要进行现场勘验的，人民法院应当通知当事人到场；当事人不到场的，不影响勘验的进行，但应当有见证人见证。现场勘验需要当事人、协助义务人配合的，人民法院依法责令其配合；不予配合的，可以依法强制进行。

评估机构应当出具评估报告，评估报告应当载明评估财产的基本情况、评估方法、评估标准、评估结果及有效期等内容。评估机构应当在三十日内出具评估报告。人民法院决定暂缓或者裁定中止执行的期间，应当从前述期限中扣除。评估机构不能在期限内出具评估报告的，应当在期限届满五日前书面向人民法院申请延长期限。人民法院决定延长期限的，延期次数不超过两次，每次不超过十五日。评估机构未在期限内出具评估报告、补正说明，且未按照规定申请延长期限的，人民法院应当通知该评估机构三日内将人民法院委托评估时移交的材料退回，另行委托下一顺序的评估机构重新进行评估。人民法院未在评估结果有效期内发布一拍拍卖公告或者直接进入变卖程序的，应当通知原评估机构在十五日内重新出具评估报告。

人民法院应当对评估报告进行审查。具有下列情形之一的，应当责令评估机构在三日内予以书面说明或者补正：（1）财产基本信息错误；（2）超出财产范围或者遗漏财产；（3）选定的评估机构与评估报告上签章的评估机构不符；（4）评估人员执业资格证明与评估报告上署名的人员不符；（5）具有其他应当书面说明或者补正的情形。人民法院收到委托评估、说明补正等报告后，应当在三日内发送给当事人及利害关系人。当事人、利害关系人已提供有效送达地址的，人民法院应当将报告以直接送达、留置送达、委托送达、邮寄送达或者电子送达的方式送达；当事人、利害关系人下落不明或者无法获取其有效送达地址，人民法院无法按照前述规定送达的，应当在中国执行信息公开网上予以公示，公示满十五日即视为收到。

当事人、利害关系人认为评估报告具有下列情形之一的，可以在收到报告后五日内提出书面异议：（1）财产基本信息错误；（2）超出财产范围或者遗漏财产；（3）评估机构或者评估人员不具备相应评估资质；（4）评估程序严重违法。对当事人、利害关系人依据前款规定提出的书面异议，人民法院应当参照民事诉讼法第二百三十二条的规定处理。

当事人、利害关系人收到评估报告后五日内对评估报告的参照标准、计算方法或者评估结果等提出书面异议的，人民法院应当在三日内交评估机构予以书面说明。评估机构在五日内未作说明或者当事人、利害关系人对作出的说明仍有异议的，人民法院应当交由相关行业协会在指定期限内组织专业技术评审，并根据专业技术评审出具的结论认定评估结果或者责令原评估机构予以补正。当事人、利害关系人提出前款异议，同时涉及财产基本信息错误，超出财产范围、遗漏财产情形的，按照前款规定处理；同时涉及评估机构、评估人员不具备相应评估资质，评估程序严重违法情形的，参照民事诉讼法第二百三十二条的规定先对涉及评估机构、评估人员不具备相应评估资质、评估程序严重违法的情形审查，异议成立的，应当通知评估机构三日内将人民法院委托评估时移交的材料退回，另行委托下一顺序的评估机构重新进行评估；异议不成立的，按照前款规定处理。

当事人、利害关系人未在上述第七项、第八项规定的期限内提出异议或者对评估机构、行业协会按照上述第七项、第八项规定所作的补正说明、专业技术评审结论提出异议的，人民法院不予受理。当事人、利害关系人对评估报告未提出异议、所提异议被驳回或者评估机构已作出补正的，人民法院应当以评估结果或者补正结果为参考价；当事人、利害关系人对评估报告提出的异议成立的，人民法院应当以评估机构作出的补正结果或者重新作出的评估结果为参考价。专业技术评审对评估报告未作出否定结论的，人民法院应当以该评估结果为参考价。

当事人、利害关系人有证据证明具有下列情形之一，且在发布一拍拍卖公告或者直接进入变卖程序之前提出异议的，人民法院应当按照执行监督程序进行审查处理：（1）议价中存在欺诈、胁迫情形；（2）恶意串通损害第三人利益；（3）有关机构出具虚假定向询价结果；（4）依照上述第七项、第八项作出的处理结果确有错误。

具有下列情形之一的，人民法院应当决定暂缓委托评估：（1）案件暂缓执行或者中止执行；（2）评估材料与事实严重不符，可能影响评估结果，需要重新调查核实；（3）人民法院认为应当暂缓的其他情形。

具有下列情形之一的，人民法院应当撤回委托评估：（1）申请执行人撤回执行申请；（2）生效法律文书确定的义务已全部执行完毕；（3）据以执行的生效法律文书被撤销或者被裁定不予执行；（4）人民法院认为应当撤回的其他情形。人民法院决定委托评估后，双方当事人议价确定参考价或者协商不再对财产进行变价处理的，人民法院可以撤回委托评估。

评估机构应当确定委托评估结果的有效期，有效期最长不得超过一年。人民法院在评估结果有效期内发布一拍拍卖公告或者直接进入变卖程序，拍卖、变卖时未超过有效期六个月的，无需重新确定参考价，但法律、行政法规、司法解释另有规定的除外。

人民法院委托评估机构进行评估，财产处置未成交的，按照评估机构合理的实际支出计付费用；财产处置成交价高于评估价的，以评估价为基准计付费用；财产处置成交价低于评估价的，以财产处置成交价为基准计付费用。人民法院依照上述第十二项规定撤回委托评估的，按照评估机构合理的实际支出计付费用；人民法院通知原评估机构重新出具评估报告的，按照前款规定的百分之三十计付费用。人民法院另行委托评估机构重新进行评估的，对原评估机构不计付费用。

委托评估费由申请执行人先行垫付，由被执行人负担。申请执行人通过签订保险合同的方式垫付委托评估费的，保险人应当向人民法院出具担保书。担保书应当载明因申请执行人未垫付委托评估费由保险人支付等内容，并附相关证据材料。

【系统操作】

按照最高人民法院要求，评估节点目前都必须进行线上评估，提交最高人民法院的询价评估系统，如图4-21所示。

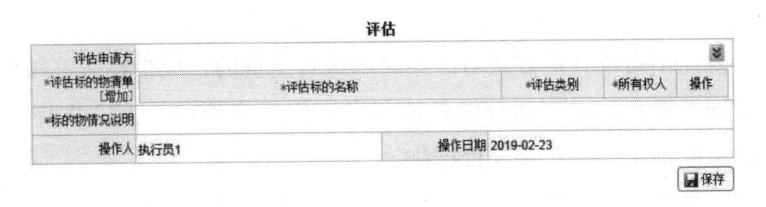

图4-21　线上评估

增加评估标的物清单的财产，需先校验提交网评财产必填项；点保存后出现"提交询价评估"按钮。提交询价评估后无法撤销和修改。

点击流程图上的"评估"节点，如图4-22所示。

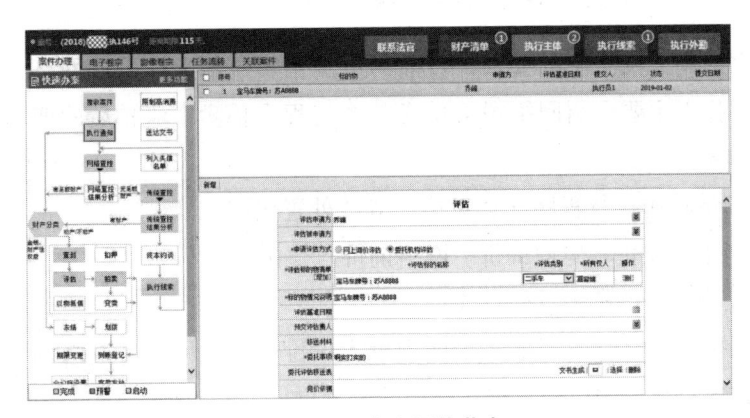

图4-22　点击评估节点

1. 列表：上方列表为评估列表，下面为评估的详细信息。
2. 编辑：点击列表记录时，在页面下方中显示当前记录的详细评估信息。
3. 新增：在页面下方新增记录，页面详见下文中的"新增"部分。

四、财产拍卖及流拍后的变卖

人民法院应当在参考价确定后十日内启动财产变价程序。拍卖的，参照参考价确定起拍价；直接变卖的，参照参考价确定变卖价。

人民法院对查封、扣押、冻结的财产进行变价处理时，应当首先采取拍卖的方式，但法律、司法解释另有规定的除外。

人民法院以拍卖方式处置财产的，应当采取网络司法拍卖方式，但法律、行政法规和司法解释规定必须通过其他途径处置，或者不宜采用网络拍卖方式处置的除外。

采用委托拍卖或其他方式对涉案财产进行变价的，应报经法院领导审批。

关于刑事裁判涉财产部分的被执行财产需要变价的，人民法院执行机构应当依法采取拍卖、变卖等变价措施。

涉案财物最后一次拍卖未能成交，需要上缴国库的，人民法院应当通知有关财政机关以该次拍卖保留价予以接收；有关财政机关要求继续变价的，可以进行无保留价拍卖。需要退赔被害人的，以该次拍卖保留价以物退赔；被害人不同意以物退赔的，可以进行无保留价拍卖。

（一）网络司法拍卖、变卖、以物抵债

根据最高人民法院的要求，目前的司法拍卖原则上应采取网络拍卖的形式，故本指引主要介绍网络司法拍卖整个流程中拍卖、流拍后的变卖和以物抵债等程序。

1. 商请移送执行程序（详见第二节"处置权"）
2. 当事人议价、定向询价、网络询价、委托评估

（1）确定财产参考价的方式

强制拍卖的财产应当依次采取当事人议价、定向询价、网络询价、委托评估的方式进行，用以确定拍卖财产的参考价。

采取当事人议价方式确定参考价的，除一方当事人拒绝议价或者下落不明外，人民法院应当以适当的方式通知或者组织当事人进行协商，当事人应当在指定期限内提交议价结果。当事人提交的议价结果一致，且不损害他人合法权益的，议价结果为参考价。

当事人议价不能或者不成，且财产有计税基准价、政府定价或者政府指导价的，人民法院应当向确定参考价时财产所在地的有关机构进行定向询价。双方当事人一致要求直接进行定向询价，且财产有计税基准价、政府定价或

者政府指导价的，人民法院应当准许。接受定向询价的机构在指定期限内出具的询价结果为参考价。

定向询价不能或者不成，财产无须由专业人员现场勘察或者鉴定，且具备网络询价条件的，人民法院应当通过司法网络询价平台进行网络询价。双方当事人一致要求或者同意直接进行网络询价，财产无需由专业人员现场勘察或者鉴定，且具备网络询价条件的，人民法院应当准许。网络询价的结果为参考价（目前只有住宅用房、商业用房和车辆可以网络询价）。

通过上述方式仍不能确定财产参考价的，人民法院应当依法委托评估机构进行评估。选定评估机构时，评估机构可由当事人协商一致后经本院审查确定。协商不成的，承办人应当制作评估呈批表，交由本院司法事务室通过摇号选定评估机构。摇号前，承办人应向当事人送达参加摇号选定评估机构的通知，送达不到的应当依法公告，公告期应不超过十五日。

确定评估机构后，人民法院应当出具评估委托书，要求评估公司对评估标的进行评估，并要求其提供相应份数的评估报告，以及将评估报告的电子版、评估对象的照片不少于8张、刻录视频成光盘（如有需要），一并交本院。

（2）评估费

评估费用由被执行人负担，但原则上应先由申请执行人垫付。申请执行人明确表示拒绝垫付评估费或在人民法院指定期间内不予承担评估费的，人民法院可以终止评估工作。

（3）送达评估报告

承办人收到评估报告后，应当在三日内向当事人及其他利害关系人送达，送达时应告知其若对评估报告有异议，可在收到后五日内以书面形式向执行法院提出。

评估报告送达不到的，人民法院可以采取邮寄至生效法律文书载明的被执行人住所地、张贴在被执行人所在地的自然村或小区公共活动场所等方式送达。

（4）对评估报告的异议处理

当事人或者其他利害关系人有证据证明评估机构、评估人员不具备相应的评估资质或者评估程序严重违法而申请重新评估的，执行法院应当准许；

若仅对评估报告的评估方法或价格提出异议,承办人可直接交由评估机构进行解释答复,而对于当事人提出的异议,人民法院不予支持。

3. 制作与送达拍卖裁定书

承办人认为需要拍卖的,应提出意见交合议庭评议,起拍价、保证金数额、竞价增加幅度由承办人根据具体情况提出意见,提请合议庭评议确定。

合议庭评议确定需要拍卖后,应制作拍卖裁定书。

拍卖裁定由承办人提请合议庭评议确定后作出并送达当事人。

4. 交付拍卖

(1) 确定拍卖平台

承办人应当要求申请执行人从下列名单库中选择网络拍卖平台,未选择或者多个申请执行人的选择不一致的,由人民法院指定。

最高人民法院公布的网络拍卖平台名单库如下:

①淘宝网,网址为 www.taobao.com;

②京东网,网址为 www.jd.com;

③人民法院诉讼资产网,网址为 www.rmfysszc.gov.cn;

④公拍网,网址为 www.gpai.net;

⑤中国拍卖行业协会网,网址为 www.caa123.org.cn。

确定起拍价、保证金、竞价增加幅度。

起拍价应以财产参考价确定。起拍价不得低于评估价或者市价的百分之七十。

保证金数额在起拍价的百分之五至百分之二十范围内确定。

(2) 发布拍卖信息

承办人应制作网络司法拍卖(变卖)移送表、标的物的调查情况表、拍卖公告、拍卖须知等法律文书,经审批完成后,在网络司法拍卖平台发布拍卖公告、拍卖须知、标的物的调查情况表、拍卖裁定、评估报告、拍卖财产照片不少于八张以及视频等网络司法拍卖所要求的材料。

拍卖动产的,应当在拍卖十五日前公告;拍卖不动产或者其他财产权的,应当在拍卖三十日前公告。

拍卖公告应当包括拍卖财产、价格、保证金、竞买人条件、拍卖财产已知瑕疵、相关权利义务、法律责任、拍卖时间、网络平台和拍卖法院等信息。

承办人应通过"人民法院执行案件流程信息管理系统"在网络司法拍卖平台发布相关信息，发布前必须先进行"财产登记"，再完整录入"查封""评估"节点，方可进行发布。

（3）公示内容

实施网络司法拍卖的，承办人应当在拍卖公告发布当日通过网络司法拍卖平台公示下列信息：

①拍卖公告；

②执行所依据的法律文书，但法律规定不得公开的除外；

③评估报告副本，或者未经评估的定价依据；

④拍卖时间、起拍价以及竞价规则；

⑤拍卖财产权属、占有使用、附随义务等现状的文字说明、视频或者照片等；

⑥优先购买权主体以及权利性质；

⑦通知或者无法通知当事人、已知优先购买权人的情况；

⑧拍卖保证金、拍卖款项支付方式和账户；

⑨拍卖财产产权转移可能产生的税费及承担方式；

⑩执行法院名称、联系、监督方式等；

⑪其他应当公示的信息。

（4）发布特别提示

实施网络司法拍卖的，承办人应当在拍卖公告发布当日通过网络司法拍卖平台对下列事项予以特别提示：

①竞买人应当具备完全民事行为能力，法律、行政法规和司法解释对买受人资格或者条件有特殊规定的，竞买人应当具备规定的资格或者条件；

②委托他人代为竞买的，应当在竞价程序开始前经本院确认，并通知网络服务提供者；

③拍卖财产已知瑕疵和权利负担；

④拍卖财产以实物现状为准，竞买人可以申请实地看样；

⑤竞买人决定参与竞买的，视为对拍卖财产完全了解，并接受拍卖财产一切已知和未知瑕疵；

⑥载明买受人真实身份的拍卖成交确认书将在网络司法拍卖平台上公示；

⑦买受人悔拍后保证金不予退还。

（5）确定竞买资格

竞买人应当在参加拍卖前以实名交纳保证金，未交纳的，不得参加竞买。申请执行人参加竞买的，可以不交保证金；但债权数额小于保证金数额的按差额部分交纳。

竞买人在拍卖竞价程序结束前交纳保证金经本院或者网络服务提供者确认后，取得竞买资格。网络服务提供者应当向取得资格的竞买人赋予竞买代码、参拍密码；竞买人以该代码参与竞买。

拍卖限购财产的，竞买人应符合购买资格。

下列机构和人员不得竞买并不得委托他人代为竞买与其行为相关的拍卖财产：①负责执行的人民法院；②网络服务提供者；③承担拍卖辅助工作的社会机构或者组织；④第①项至第③项规定主体的工作人员及其配偶、子女、父母、兄弟姐妹。

（6）拍卖财产展示

对于需要实地查看拍卖财产的竞买人，承办人应组织其在拍卖开始前统一或分批查看拍卖财产及有关资料。

（7）优先权的保护

承办人应当在拍卖公告发布三日前以书面或者其他能够确认收悉的合理方式，通知当事人、已知优先购买权人（对于有优先购买权的其他股东应当至少提前二十天通知）。权利人书面明确放弃权利的，可以不通知。无法通知的，应当在网络司法拍卖平台公示并说明无法通知的理由，公示满五日视为已经通知。

优先购买权人经通知未参与竞买的，视为放弃优先购买权。

优先购买权人经本院确认后，取得优先竞买资格以及优先竞买代码、参拍密码，并以优先竞买代码参与竞买；未经确认的，不得以优先购买权人身份参与竞买。

顺序不同的优先购买权人申请参与竞买的，承办人应当提请合议庭评议确定，并逐级报执行局负责人审批同意后，赋予不同顺序的优先竞买代码。

（8）拍卖通知

承办人应当在拍卖公告发布时制作拍卖通知、优先购买权人申报权利通知,在发布拍卖公告后两个工作日内,通知当事人、已知的优先购买权人、共有人参加拍卖,告知其拍卖开始的时间、网址等。

承办人还应当在发布拍卖公告后两个工作日内,在拍卖财产所在地、存放地张贴拍卖公告、拍卖须知、拍卖通知、优先购买权人申报权利通知。

(9)拍卖程序的暂缓、中止、撤回与撤销

暂缓、中止。发布拍卖信息后,遇到依法应当暂缓执行或者中止执行情形的,应当决定暂缓执行或者裁定中止拍卖,本院可自行或者通知网络服务提供者停止拍卖。暂缓或者中止拍卖的,应当及时在网络司法拍卖平台公告原因或者理由。暂缓拍卖期限届满或者中止拍卖的事由消失后,需要继续拍卖的,应当在五日内恢复拍卖。

撤回。在拍卖开始前,有下列情形之一的,应当撤回拍卖:据以执行的生效法律文书被撤销的;申请执行人及其他执行债权人撤回执行申请的;被执行人全部履行了法律文书确定的金钱债务的;当事人达成了执行和解协议,不需要拍卖财产的;案外人对拍卖财产提出确有理由的异议的;竞买人之间,竞买人与网络司法拍卖服务提供者之间恶意串通,损害当事人或者其他竞买人利益的;其他应当撤回拍卖委托的情形。撤回拍卖后,如有需要,可另行拍卖的。

撤销。当事人、利害关系人提出异议请求撤销网络司法拍卖,符合下列情形之一的,应当支持:由于拍卖财产的文字说明、视频或者照片展示以及瑕疵说明严重失实,致使买受人产生重大误解,购买目的无法实现的,但拍卖时的技术水平不能发现或者已经就相关瑕疵以及责任承担予以公示说明的除外;由于系统故障、病毒入侵、黑客攻击、数据错误等原因致使拍卖结果错误,严重损害当事人或者其他竞买人利益的;竞买人之间,竞买人与网络司法拍卖服务提供者之间恶意串通,损害当事人或者其他竞买人利益的;买受人不具备法律、行政法规和司法解释规定的竞买资格的;违法限制竞买人参加竞买或者对享有同等权利的竞买人规定不同竞买条件的;其他严重违反网络司法拍卖程序且损害当事人或者竞买人利益的情形。

5.竞价、成交

网络司法拍卖通过竞价,以最高出价成交,但出价不得低于起拍价。

网络司法拍卖不限制竞买人数量。一人参与竞拍,出价不低于起拍价的,拍卖成交。

网络司法拍卖成交后，承办人应当及时导出成交确认书、竞价过程等资料，打印附卷。

6. 再次拍卖

流拍后，承办人应当在发布再次拍卖公告前询问申请执行人和其他执行债权人是否愿意抵债；均不同意抵债的，承办人应当在流拍后三十日内在同一网络司法拍卖平台再次拍卖，拍卖动产的应当在拍卖七日前公告；拍卖不动产或者其他财产权的应当在拍卖十五日前公告。

第一次拍卖流拍的财产抵债后，接受抵债物的债权人逾期未补交差价而使抵债的目的难以实现的，承办人可以制作裁定再次拍卖。

再次拍卖的起拍价降价幅度不得超过前次起拍价的百分之二十，具体幅度由承办人提请合议庭评议确定，并逐级报执行局负责人审批同意。

7. 重新拍卖

拍卖成交后，买受人明确表示悔拍或者逾期未支付价款而使拍卖的目的难以实现的，承办人可以制作裁定重新拍卖。重新拍卖时，原买受人不得参加竞买，交纳的保证金不予退还，依次用于支付拍卖产生的费用损失、弥补重新拍卖价款低于原拍卖价款的差价、冲抵本案被执行人的债务以及与拍卖财产相关的被执行人的债务。

8. 流拍后的变卖

（1）询问申请执行人或者其他执行债权人是否愿意抵债

再次拍卖流拍的，承办人应当在流拍后两个工作日内询问申请执行人或者其他执行债权人是否愿意抵债，均不同意抵债的，可以依法在同一网络司法平台以最后一次起拍价进行变卖。

（2）发布变卖公告

变卖公告应包括以下内容：①变卖财产的信息；②变卖价格；③其他应当说明的情况。

变卖公告期限为六十日。

（3）变卖过程

变卖期内有人出价的，则成交；多人出价的，价高者得；期满无人应买的，变卖程序终止，申请执行人和其他执行债权人仍不同意抵债的，承办人应当解除对该财产的查封、扣押、冻结,并将该财产退还被执行人。

(4) 变卖裁定的制作和送达

变卖成交的,应当制作变卖裁定,变卖裁定由承办人提请合议庭评议确定。

变卖裁定应当送达给买受人。需要办理过户手续的,详见下文"过户"。

【系统操作——变卖】

该功能包含变卖处理的登记、修改、删除以及展示变卖结果信息。

点击流程图上的"变卖"节点,界面如图 4-23 所示。

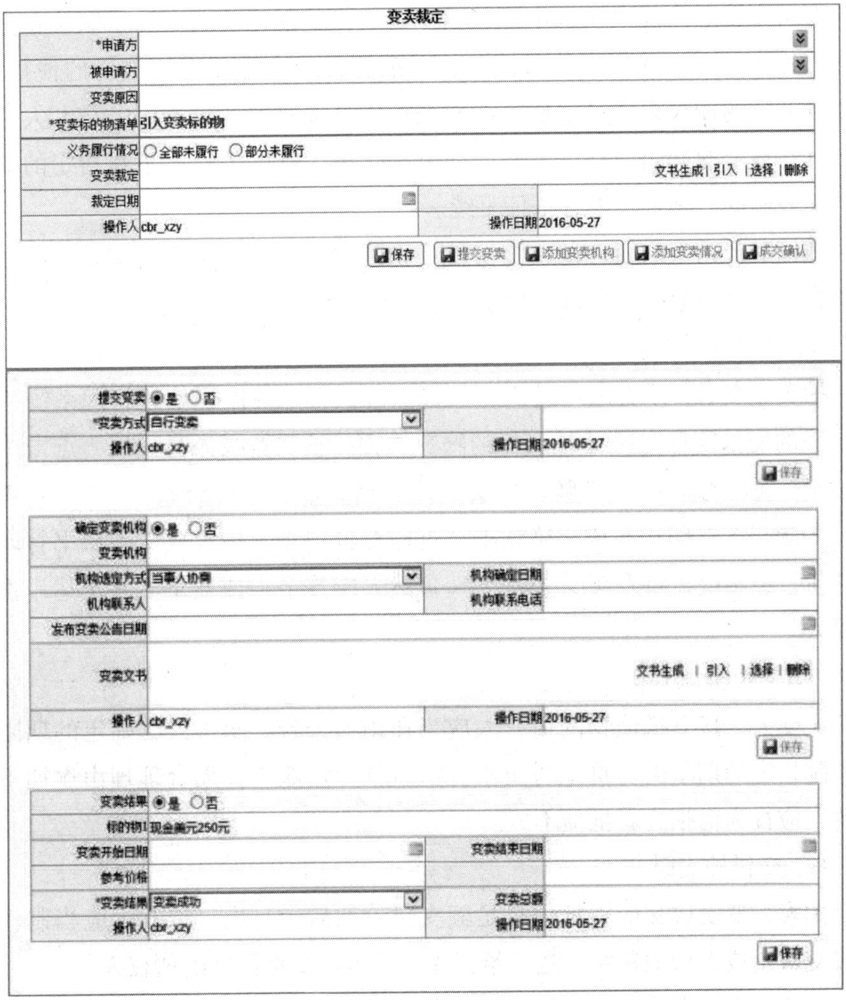

图 4-23 变卖

列表：上方列表为变卖列表，下面为变卖的详细信息。

编辑：点击列表记录时，在下面页面中显示当前记录的详细变卖信息。

新增：在下面页面新增记录，点击"新增"按钮即可。

删除：删除列表中选中一条或多条记录。

9. 抵债

流拍后以及变卖结束前，申请执行人或者其他执行债权人申请或者同意抵债的，承办人应当制作裁定将该财产交其抵债。抵债裁定由承办人提请合议庭评议确定。

有两个以上执行债权人申请以拍卖财产抵债的，由法定受偿顺位在先的债权人优先承受；受偿顺位相同的，以抽签方式决定接受抵债物的债权人。接受抵债物的债权人应受清偿的债权额低于抵债财产的价额的，承办人应当责令其在指定的期间内补交差额。如果接受抵债物的债权人不在指定的期间内补交差额的，则不予办理抵债手续。

抵债财产系限购财产的，接受抵债物的债权人如不符合购买资格，则在其符合购买资格前不予办理过户手续。

10. 确认拍卖

拍卖成交后，承办人应进入"人民法院执行案件流程信息管理系统"中的"我的网拍信息"→"拍卖标的物"页面，核实竞买人身份后，点击"确认拍卖"（注意：点击"确认拍卖"后，相关信息不得修改），在"拍卖结果"中导出、打印拍卖成交确认书、打印竞价记录。拍卖成交确认书打印一式两份，经本院盖章及买受人签字（自然人应签字）或盖章后，送达一份给买受人。

11. 支付价款

买受人、接受抵债物的债权人应当在拍卖公告、变卖公告确定的期限或者本院指定的期限内将价款付至本院执行款专用账户；无合理理由逾期不支付的，应视为悔拍或者抵债不成。

12. 交付拍卖财产

拍卖、变卖成交或者抵债且足额支付价款后十日内，承办人应当制作拍卖成交裁定或者抵债裁定，送达给买受人或者接受抵债物的债权人。

拍卖成交或者依法定程序裁定以物抵债的，标的物所有权自拍卖成交裁定或者抵债裁定送达买受人或者接受抵债物的债权人时转移。

承办人在裁定拍卖成交或者抵债后，除有依法不能移交的情形外，应当于裁定送达后十五日内，将拍卖的财产移交买受人或者接受抵债物的债权人，被执行人或者第三人占有拍卖财产应当移交而拒不移交的，强制执行。

交付拍卖财产时，承办人应制作交付笔录或财产清单，由买受人、接受抵债物的债权人签字确认。

【系统操作——以物抵债】

该功能包含以物抵债处理的登记、修改、删除以及展示已经登记的以物抵债信息。

点击流程图上的"以物抵债"节点，界面如图4-24所示。

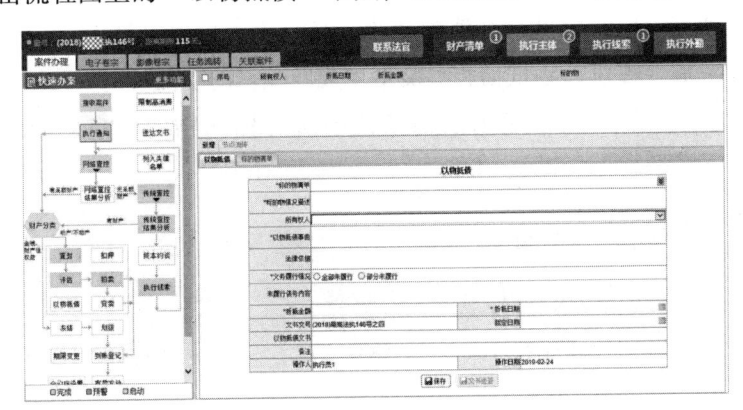

图4-24 以物抵债

列表：上方列表为以物抵债列表，下面为以物抵债的详细信息。编辑：点击列表记录时，在下面页面中显示当前记录的详细以物抵债信息。新增：在下面页面新增记录，页面详见下文中的"新增"部分。删除：删除列表中选中一条或多条记录，且只能删除当前登录用户自己登记的记录。

新增以物抵债：点击"新增"按钮，如图4-25所示。

自动在"操作人"中写入当前登录人的姓名，自动在"操作日期"中写入当前日期，"申请人""被执行人""所有权人"列表中自动加载该案件已经登记的人员姓名，必须先选择"被执行人"，才能编辑标的物清单，"标的物清单"需弹出界面可多选该所有权人名下可以以物抵债的财产列表，其他

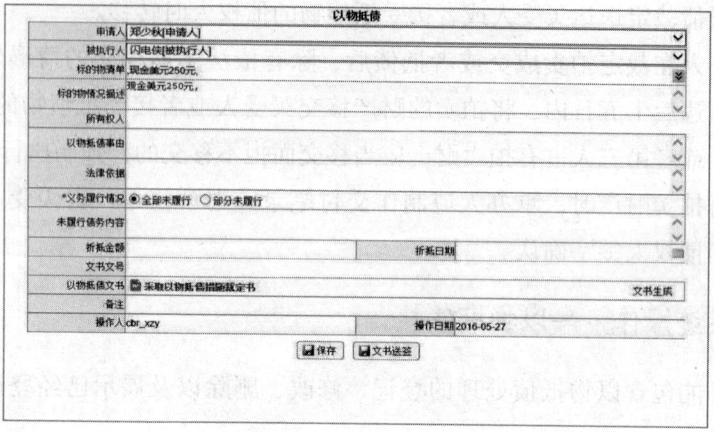

图 4-25 新增以物抵债

信息手工填写。保存应进行必填项效验，必填项为界面设计中 * 标识的数据项。文书生成：提供以物抵债相关文书生成及编辑的功能。

"标的物清单"用来显示以物抵债中所有标的物的信息，如图 4-26 所示。

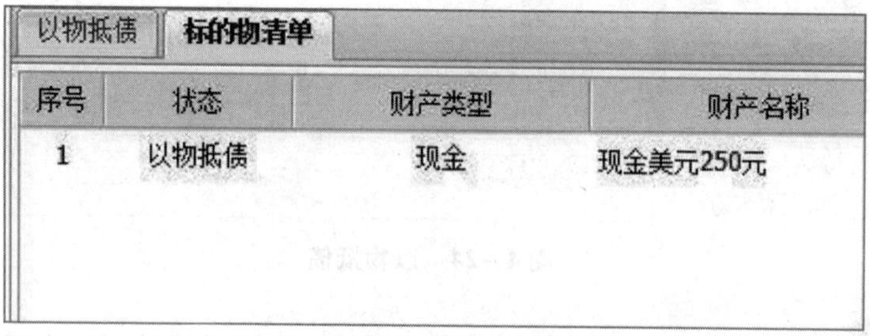

图 4-26 标的物清单

13. 过户

需要办理产权登记变更的财产，承办人在送达拍卖成交裁定或者抵债裁定给买受人或者接受抵债物的债权人的同时，还应当向相关产权登记部门送达上述裁定和过户的协助执行通知。

根据实际情况，过户的协助执行通知书可写明"原产权证作废""强制注销抵押登记"等相关内容。

承办人应当告知买受人或者接受抵债物的债权人应自过户法律文书送达

之日起三十日内到相关主管部门径行办理产权过户手续。

14. 拍卖财产上原权利的处理

拍卖财产上原有的担保物权以及其他优先受偿权，因拍卖而消灭，拍卖所得价款，应当优先清偿担保物权人以及其他优先受偿权人的债权，但当事人另有约定的除外。拍卖财产上原有的租赁权以及其他用益物权，不因拍卖而消灭，但该权利继续存在于拍卖财产上，对在先的担保物权或者其他优先受偿权的实现有影响的，承办人应当依法将其解除后进行拍卖。

（二）网络司法拍卖

1. 财产登记

在传统查控调查、搜查、司法审计中登记查控结果后，在已查明财产中登记财产信息，如图4-27所示。

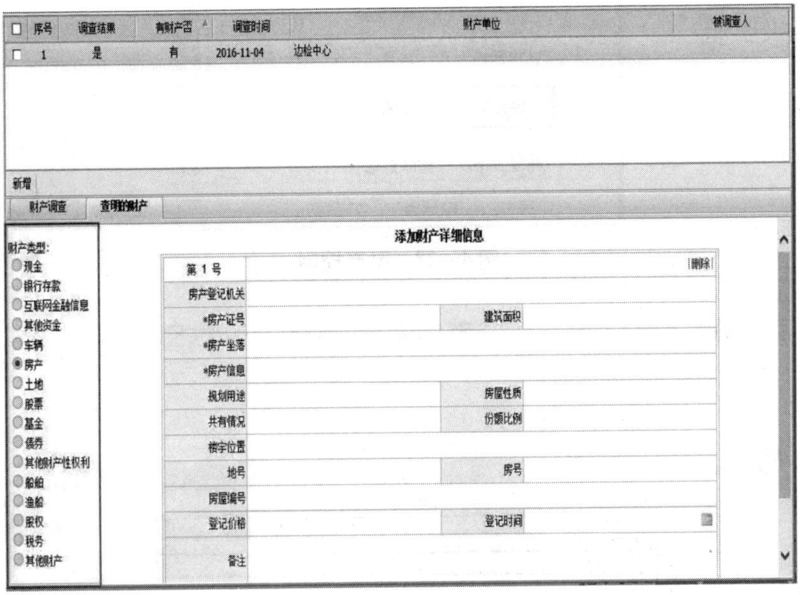

图4-27 财产登记

选择财产类型后登记财产详细信息（红色为必填项），输入完成后保存。

2. 财产控制

财产登记完成后需要对财产强制控制登记，控制类型为查封、冻结、扣押,可以通过个案功能中流程图中选择对应措施操作,如图4-28所示。

选择好强制措施后,填写相关信息(红色为必填项),选择"财产清单",财产清单页面中默认只显示财物所有人的财产,如图4-29所示。

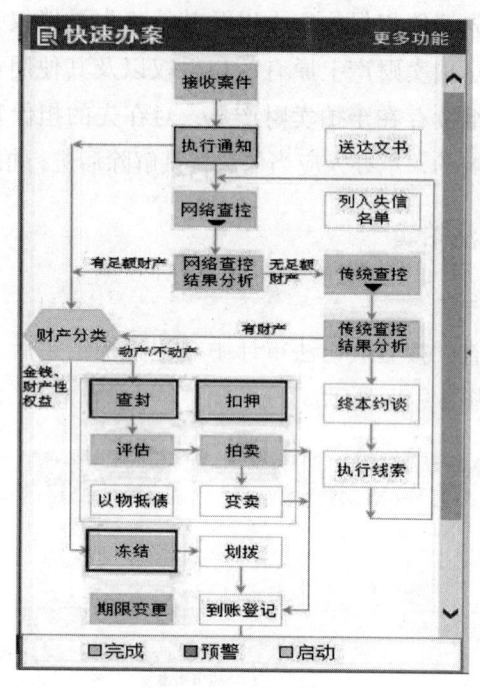

图4-28 财产控制

图4-29 财产清单

登记完成后需要"添加查封结果"。

3. 登记评估

在个案流程图中选择评估,打开评估信息,如图 4－30 所示。

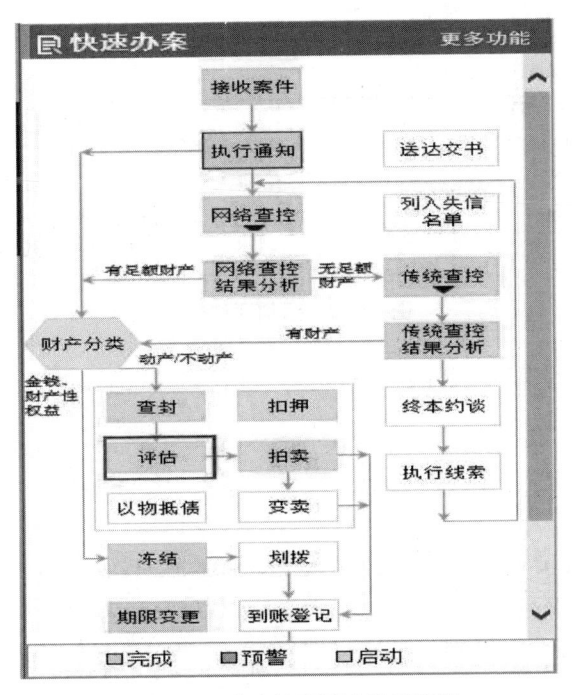

图 4－30　个案流程图中选择评估

填写相关信息(红色*为必填项),选择"评估标的物清单"(可选择多个标的物),如图 4－31 所示。

图 4－31　评估标的物清单

添加评估机构,如图4-32所示。

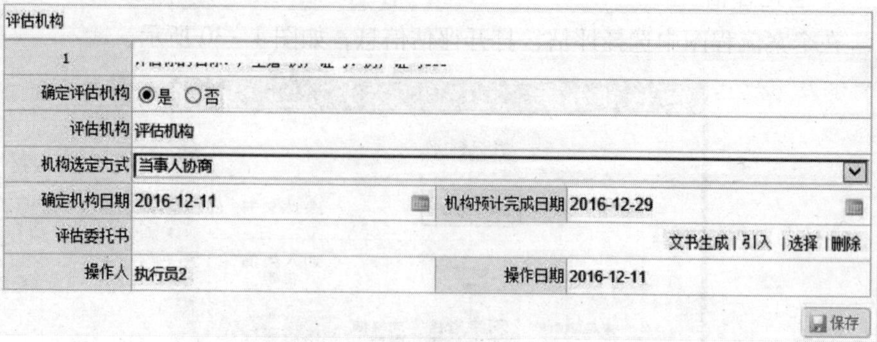

图4-32 添加评估机构

评估结束后需要"添加评估结果",如图4-33所示。

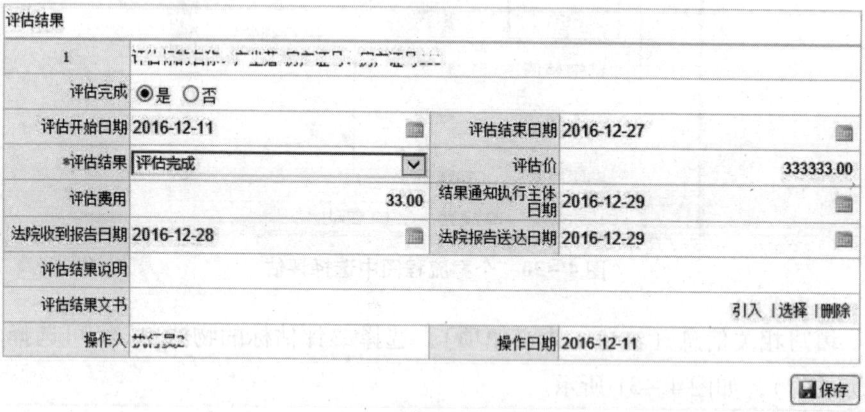

图4-33 添加评估结果

4. 提交网拍

评估完成后,需要申请拍卖,在个案功能流程图中选择拍卖,打开拍卖登记页面,如图4-34所示。

填写相关信息项(红色*为必填项),点击引入拍卖标的物,选择需要拍卖的标的物,如图4-35所示。

填写完成后保存,点击"提交拍卖,拍卖方式选择网上拍卖",如图4-36所示。

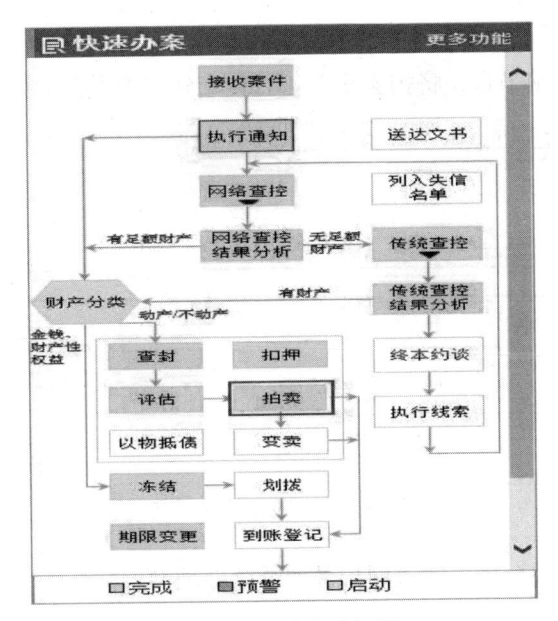

图4-34　拍卖登记页

图4-35　拍卖标的物

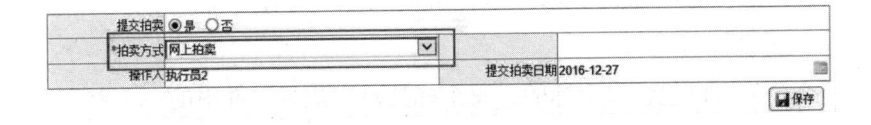

图4-36　提交拍卖

提交拍卖填写完成后，点击拍卖机构，选择拍卖机构和其他信息后保存后，点击提交网拍平台，将拍卖相关信息提交到网拍平台，如图 4-37 所示。

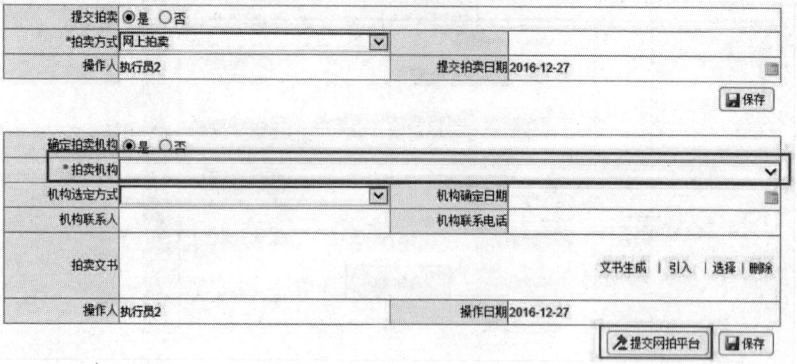

图 4-37　提交至网拍平台

提交到网拍平台后，通过网拍平台继续办理网拍信息。

5. 登记公告

（1）选择"拍卖网站"（即网络服务提供者）

执行系统中如果已经确定了"拍卖网站"，在本系统中不能进行修改；

执行系统中如果没有确定"拍卖网站"，需要先选定拍卖网站再进行其他拍卖信息的登记。

（2）公告标题

格式为"×××法院 关于×××（标的名称）的公告"，系统自动填充法院名称。

（3）公告附件

格式：txt、doc、docx、xls、xlsx、pdf，大小不超过 3M。

（4）包含标的

一个公告可以包含多个标的，每个标的对应执行案件中的一个财产。

6. 添加标的

点击"添加标的"来添加新拍卖，可以在此页面多次点击添加多个标的，如图 4-38 所示。

图 4-38　添加新拍卖

在拍卖的登记过程中，所登记内容需要符合《最高人民法院关于人民法院网络司法拍卖若干问题的规定》，相关注意事项如表 4-1 所示。

表 4-1　拍卖登记注意事项

内容	注意事项
网络拍卖的阶段	网络司法拍卖只能进行一拍和二拍，二拍流拍后的财产进入"变卖"或"以物抵债"阶段，不能再提起网拍
拍卖开始时间	拍卖开始时间需预留公告时长，动产预留十五天以上的公告时长；不动产预留三十天以上的公告时长
拍卖周期	默认二十四小时，如果自定义，建议不小于二十四小时
保留价	网络拍卖过程中，保留价即起拍价，无特殊情况两者需保持一致

续表

内容	注意事项
起拍价	起拍价不低于评估价的百分之七十； 再次拍卖的起拍价降价幅度不得超过前次起拍价的百分之二十
竞拍规则	不限制报名数量； 一人参与竞拍，出价不低于起拍价的，拍卖成交
保证金	范围是起拍价的百分之五至百分之二十

7. 选择财产

从执行案件的涉案财产列表中选择需要拍卖的财产，点击"制作标的"，如图 4-39 所示。

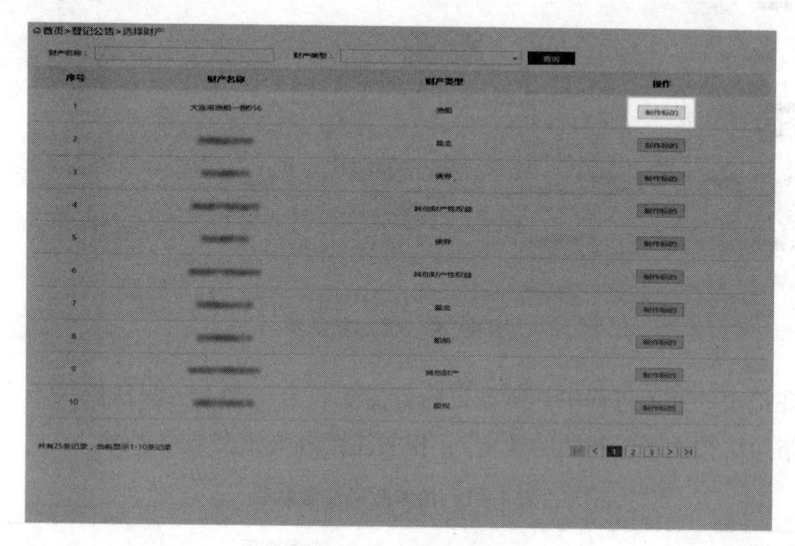

图 4-39 选择财产

8. 制作标的

制作标的的过程包括两步，第一步是"补充标的信息"，第二步是"设置竞拍"。

（1）补充标的

执行账户信息：如果执行系统中已经有完善的执行账户信息或者法院账户信息，系统会自动获取，用户可以根据需要进行调整。

标的信息：标的对应的财产信息由系统从执行系统中自动获取，辅助用户补充标的信息。用户需选择标的二级分类。

补充标的信息：登记标的的所在地、描述信息，上传标的的图片和视频信息，如图4-40所示。

图4-40 补充标的

（2）设置竞拍

拍卖地址、处置阶段、拍卖阶段由系统自动生成，不可编辑；

如果在拍卖公告中需要添加"拍卖地址"，可从此处复制；

在填写竞拍内容的时候注意页面中的提示内容，保证设置的参数满足相关法律法规的要求，填写不符合规范的内容会在"人民法院网络司法拍卖监管平台"记录，如图 4 – 41 所示。

图 4 – 41　设置竞拍

9. 发布公告

（1）发布条件

拍卖公告包含的标的数量不小于 1；

公告所含标的的拍卖信息均已完善,即"补充标的信息"与"竞拍设置信息"均已登记完善。

(2) 注意事项

公告发布后,拍卖状态变更为"正在发布",拍卖信息从"法院专网"发送至"互联网",期间该拍卖不可操作。待发送完成后,刷新页面,拍卖状态变更为"已发布"。

对于"已发布"的拍卖,其"公告信息"和"拍卖信息"均不能再进行修改,如确实存在需要更正的内容,通过"撤回"(拍卖开始前十分钟)、"暂缓"(拍卖开始后)或者"中止"(拍卖开始后)将该拍卖停止后重新发起拍卖,如图4-42所示。

图4-42 发布公告

10. 竞买人管理

(1) 查看竞买人

列表中的竞买人包括两部分,一部分是线下交纳保证金(即竞买人到法院交纳)的竞买人,另一部分是通过拍卖网站交纳保证金的竞买人。通过拍卖网站交纳保证金的竞买人由网拍平台自动获取过来,但是承办人不能查看此类竞买人的姓名、联系方式、证件类型和证件号码,如图4-43所示。

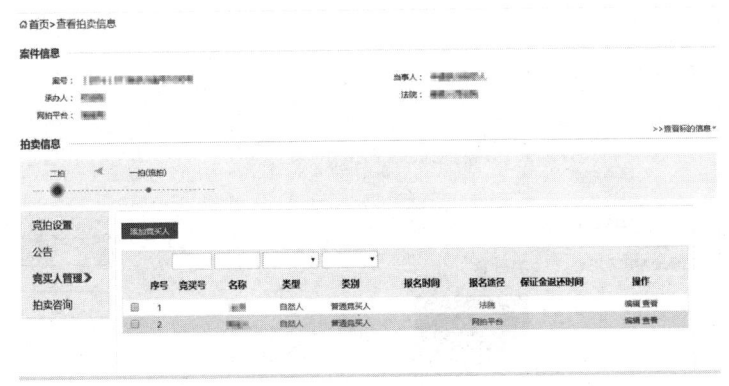

图4-43 查看竞买人

(2) 新增竞买人

"公告中"和"拍卖中"的拍卖可以新增竞买人,且本系统中只登记线下已经交纳保证金的竞买人。

登记过程中务必确保竞买人的"名称""证件类型""证件号码"及其已经在拍卖网站注册的账号都准确无误。

注意事项:账号必须是竞买人在拍卖网站的注册账号,账号及其实名认证信息不正确或不对应会导致无法参与竞拍;

如果使用他人的账户,则只能通过委托参与竞拍。

如果没有特殊情况的话建议竞买人到拍卖网站中进行线上报名,如图4-44所示。

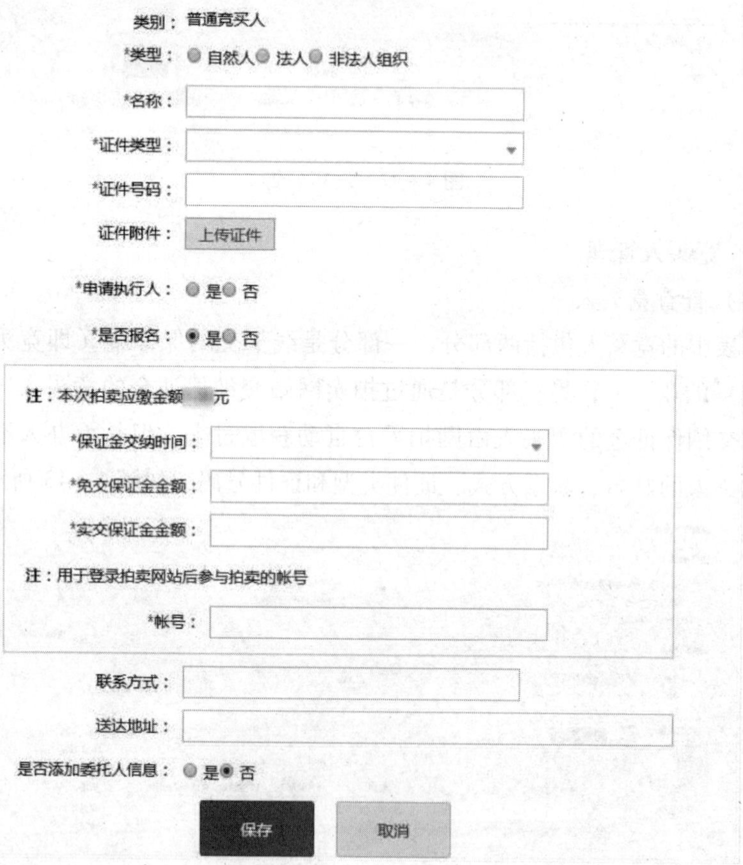

图4-44 新增竞买人

11. 确认拍成（或流拍）

拍卖成功后，拍卖网站向本系统发送竞拍结果，承办人核实拍卖结果和买受人信息无误后点击"确定"进行拍成确认。该操作完成后不可修改，谨慎操作。

确认"流拍"后，承办人才可以在"首页 – 标的列表"中对拍卖进行"继续处置"，且流拍后承办人应当在三十日内在同一网络司法拍卖平台再次发布拍卖，逾期会被"人民法院网络司法拍卖监管平台"记录，如图 4 – 45 所示。

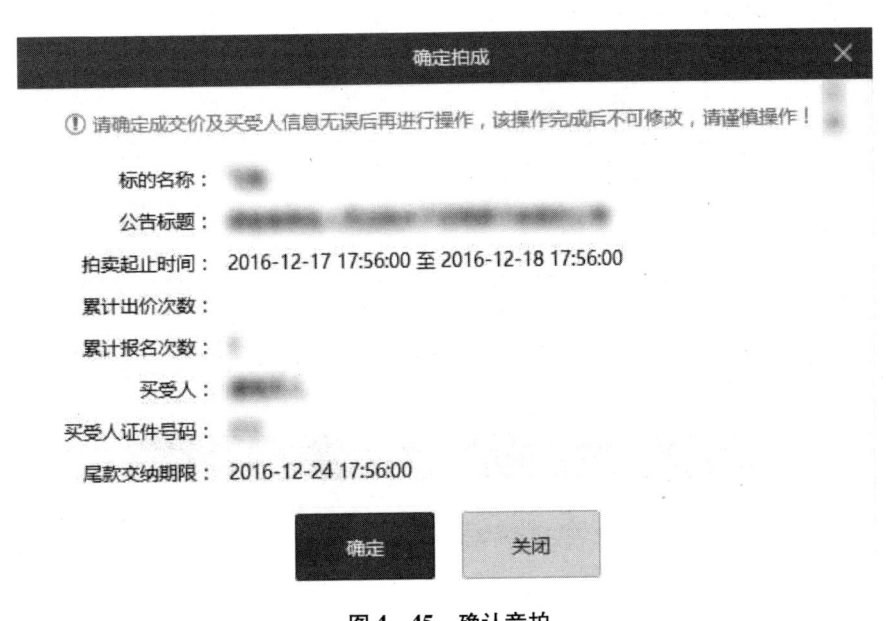

图 4 – 45　确认竞拍

12. 尾款交纳

目前，网络司法拍卖的尾款交纳依然使用线下交纳的方式。承办人根据实际交纳情况在网拍平台中进行登记。

已经"确认拍成"的拍卖，如果买受人正常交纳尾款，承办人需要在"尾款交纳期限"内登记尾款交纳情况，逾期会被"人民法院网络司法拍卖监管平台"记录。

如果买受人未按时交纳尾款，承办人需要点击"确认悔拍"记录悔拍，如图 4 – 46 至图 4 – 48 所示。

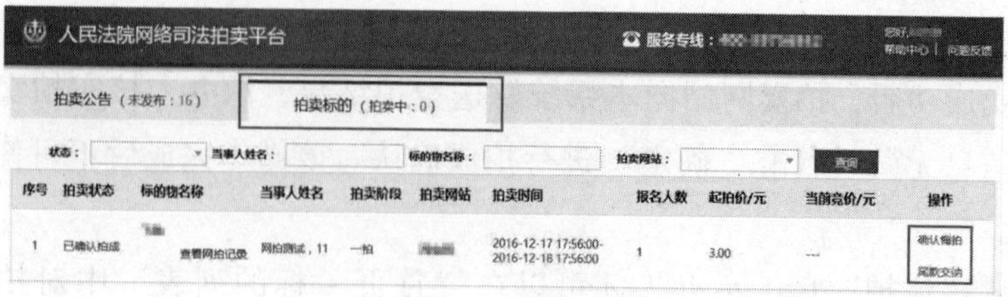

图 4 - 46　尾款交纳界面

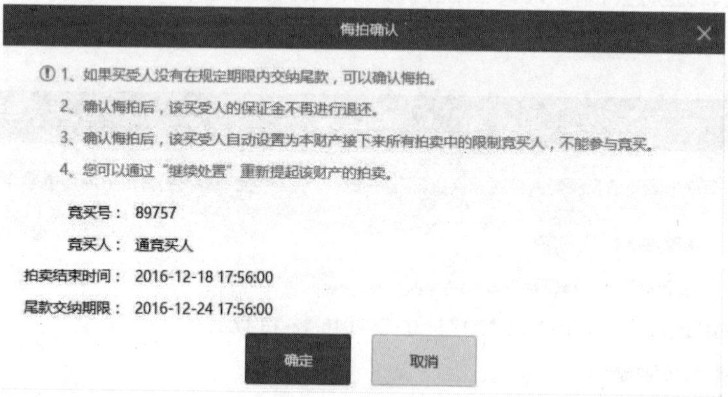

图 4 - 47　悔拍确认

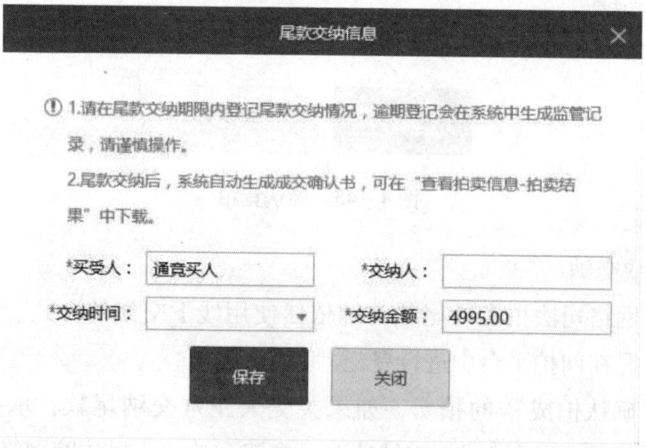

图 4 - 48　尾款交纳

尾款交纳后，系统自动生成成交确认书，用户可在"查看拍卖信息 - 拍卖结果"中进行下载，如图 4 - 49 所示。

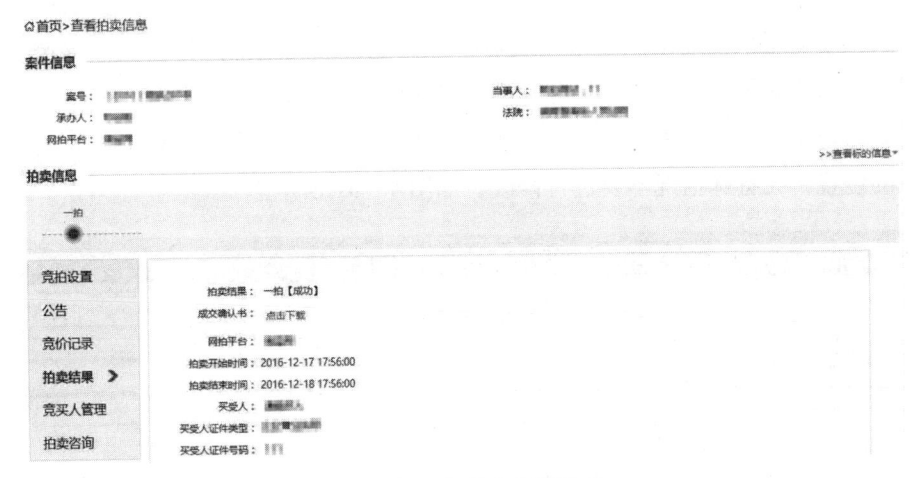

图 4-49 生成成交确认书

13. 继续处置

"已撤回""已暂缓""已中止"和"一拍流拍"的财产在进行"继续处置"时可以选择"发起拍卖""变卖"或"以物抵债"中的任一种；

"二拍流拍"的财产在进行"继续处置"的时候只能选择"变卖"或"以物抵债"中的任一种。

选择处置方式为"变卖"或者"以物抵债"的财产在网拍平台中不能再重新提起拍卖，请慎重操作，如图 4-50 所示。

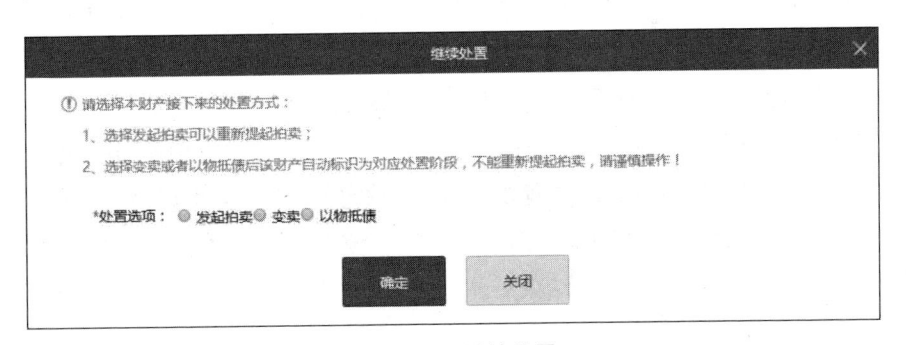

图 4-50 继续处置

悔拍：买受人悔拍后，在再次提起的拍卖中，该买受人自动置为"限制竞买人"，用户不能进行修改，请慎重操作。

14. 财产交接

拍卖的尾款交纳信息登记完成后,可登记财产交接信息,在保存财产交接信息前务必核实财产接收人与标的买受人为同一人。

为防止人为填写引起的错误,系统会自动将买受人信息填充至接收人信息的位置,无特殊情况不要进行修改,如图 4-51 所示。

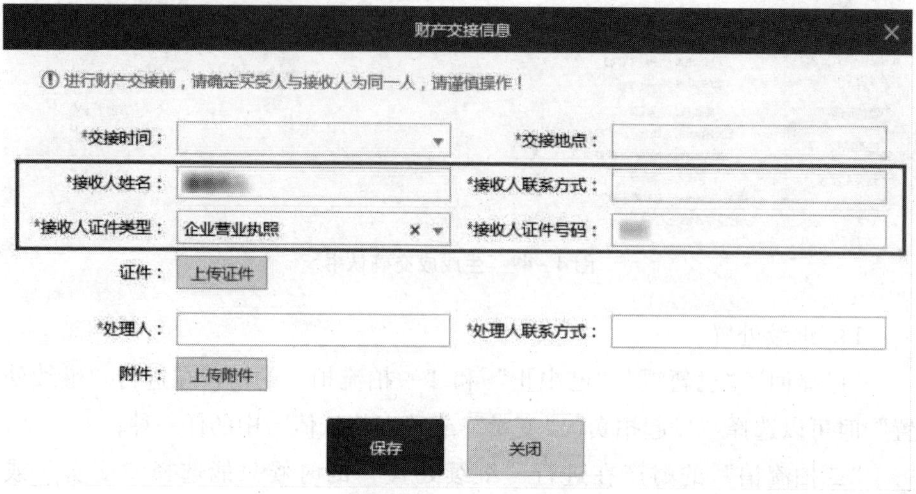

图 4-51 财产交接

15. 查看网拍记录

在"首页-拍卖标的"列表中,点击"查看网拍记录"。页面分为三部分:"财产所属案件的信息""执行账户信息""标的信息"和"拍卖信息"。

点击页面右侧的"查看标的信息"可以展开或合并标的信息。

"拍卖信息"中点击"时间轴"上的节点可以查看对应拍卖阶段的拍卖信息。拍卖信息包括 6 部分:"竞拍设置""拍卖公告""竞价记录""拍卖结果""竞买人管理"和"拍卖咨询"。其中,"竞价记录"在拍卖开始以后才能查看,"拍卖结果"在拍卖结束后才能查看,如图 4-52 所示。

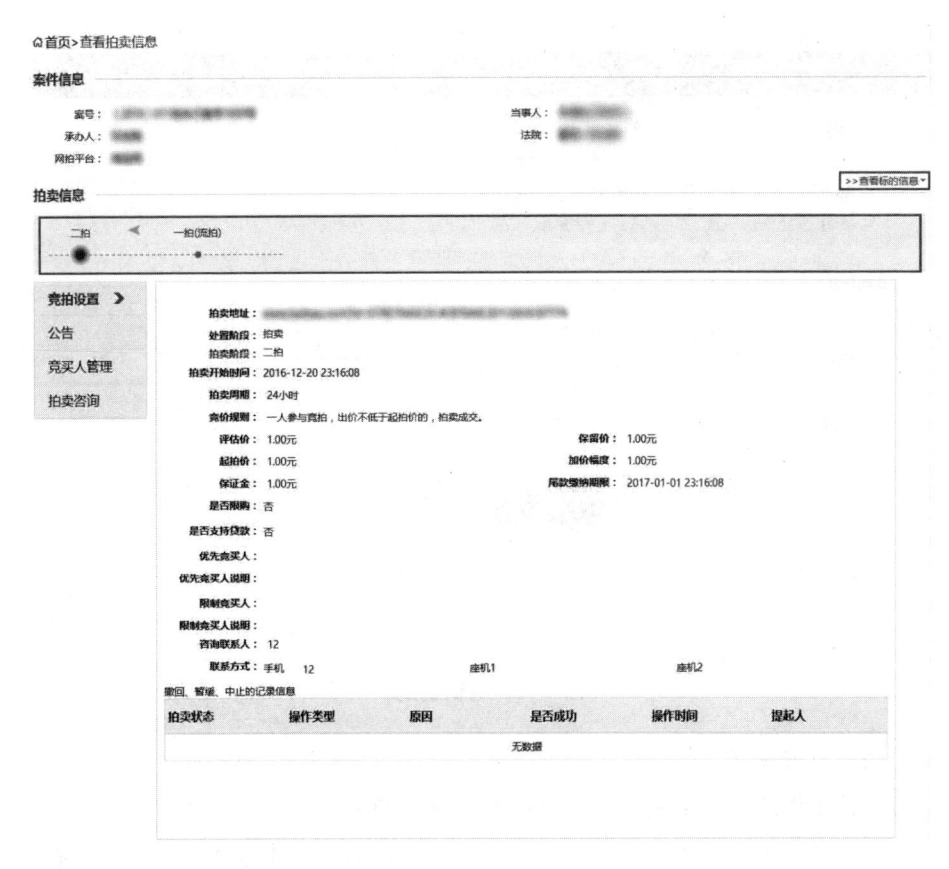

图 4-52　查看网拍记录

16. 拍卖的撤回、暂缓和中止

（1）操作条件

①撤回。拍卖开始前 10 分钟以前可以撤回拍卖。如：A 拍卖在 15:00 开拍，那么 14:50 以前可以对 A 拍卖进行撤回。对拍卖进行撤回时，登记"撤回原因"，建议上传决定撤回拍卖的相关文书资料，如图 4-53 所示。

②暂缓。对拍卖进行暂缓时，登记"暂缓原因"，建议上传决定暂缓拍卖的相关文书资料。另外，由于服务器故障或其他技术原因，拍卖网站会对该网站上正在进行的拍卖进行暂缓，这些被暂缓的拍卖需要用户重新提起拍卖。

③中止。对拍卖进行中止时，登记"中止原因"，建议上传裁定中止拍卖的相关文书资料。三种操作的界面相同。

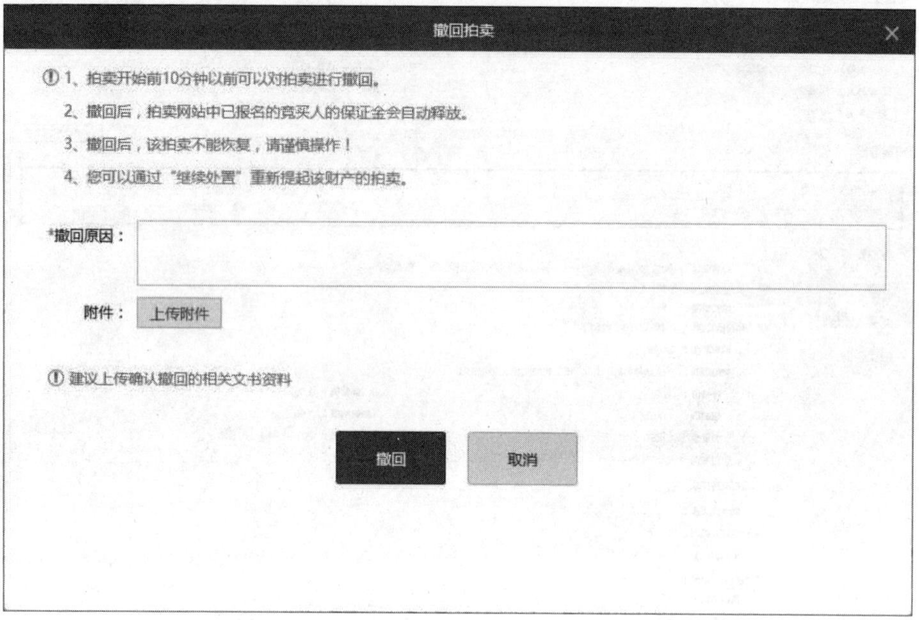

图4-53　撤回拍卖

（2）注意事项

三种操作的注意事项相同，以撤回为例，如下：

点击"撤回"后，拍卖状态变更为"正在撤回"，拍卖信息从"法院专网"发送至"互联网"，期间该拍卖不可操作。待发送完成后，刷新页面，拍卖状态变更为"已撤回"；

撤回后，在拍卖网站报名的竞买人的保证金由拍卖网站在24小时内释放。竞买人线下交纳的保证金的退还情况需要承办人进行登记；

拍卖撤回以后如果需要继续拍卖，可以通过"首页－拍卖列表"中的"继续处置"重新提起拍卖；

在重新提起的拍卖中，系统会自动将上次拍卖的相关内容代入，用户可以根据需要自行调整。

（3）其他规则和注意事项

①保证金交纳：竞买人每参加一次拍卖需要重新交纳一次保证金。网拍平台不会自动将上次拍卖中交纳保证金的竞买人信息代入"继续处置"提起的网络拍卖。

②保证金退还：买受人悔拍后其保证金不予退还；线下交纳的保证金需要承办人进行手动登记，其他的由拍卖网站自行退还或解冻；拍卖成交后，买受人交纳的保证金可以充抵价款，其他竞买人交纳的保证金应当在竞拍结束后 24 小时内退还或解冻；拍卖未成交的，竞买人交纳的保证金应当在竞价程序结束后 24 小时内退还或者解冻；

③时间延迟：由于数据在"互联网"和"法院内网"间进行传递有时间延迟，使用过程中法官可以通过"刷新"更新拍卖信息，主要发生在以下几种情形中：拍卖开始时，拍卖状态的更新；撤回操作时，撤回结果的反馈；暂缓操作时，暂缓结果的反馈；中止操作时，中止结果的反馈；竞拍过程中，竞拍记录的反馈。在延迟期间，不能对拍卖进行操作的，如已到拍卖开始时间，但是拍卖状态仍为"公告中"且不能进行"暂缓"或"中止"操作。

（三）变卖

对查封、扣押、冻结的财产，当事人双方及有关权利人同意变卖的，可以变卖。金银及其制品、当地市场有公开交易价格的动产、易腐烂变质的物品、季节性商品、保管困难或者保管费用过高的物品，人民法院可以决定变卖。

人民法院应当在参考价确定后十日内启动财产变价程序。直接变卖的，参照参考价确定变卖价。

人民法院在执行中需要变卖被执行人财产的，可以交有关单位变卖，也可以由人民法院直接变卖。对变卖的财产，人民法院或者其他工作人员不得买受。

变卖的财产无人应买的，适用前述委托拍卖中流拍处理的规定将该财产交申请执行人或者其他执行债权人抵债；申请执行人或者其他执行债权人拒绝接受或者依法不能交付其抵债的，人民法院应当解除查封、扣押，并将该财产退还被执行人。

被执行人申请对人民法院查封的财产自行变卖的，人民法院可以准许，但应当监督其按照合理价格在指定的期限内进行，并控制变卖的价款。

当事人、利害关系人请求撤销变卖的，参照撤销拍卖的规定处理。

人民法院通过互联网平台以变卖方式处置财产的，参照《最高人民法院关于人民法院网络司法拍卖若干问题的规定》（以下简称《网拍规定》）执行。（1）网络司法拍卖二拍流拍后，人民法院采取网络司法变卖方式处置财产的，应当在最高人民法院确定的网络服务提供者名单库中的平台上实施。原则上沿用网拍程序使用的平台，但申请执行人在网拍二拍流拍后十日内书面要求更换到名单库中的其他平台上实施的，执行法院应当准许。（2）网拍二拍流拍后，人民法院应当于十日内询问申请执行人或其他执行债权人是否接受以物抵债。不接受以物抵债的，人民法院应当于网拍二拍流拍之日起十五日内发布网络司法变卖公告。（3）网络司法变卖期为六十天，人民法院应当在公告中确定变卖期的开始时间。变卖动产的，应当在变卖期开始七日前公告；变卖不动产或者其他财产权的，应当在变卖期开始十五日前公告。变卖公告应当包括但不限于变卖财产、变卖价、变卖期、变卖期开始时间、变卖流程、保证金数额、加价幅度等内容，应当特别提示变卖成交后不交纳尾款，保证金不予退还。（4）网络司法变卖的变卖价为网络司法拍卖二拍流拍价。各级人民法院应当认真领会《网拍规定》关于确定一拍、二拍起拍价的精神，在评估价（或市场价）基础上按《网拍规定》进行降价拍卖。（5）竞买人交齐变卖价全款后，取得竞买资格。竞买人可以向法院指定的账户交纳，也可以在变卖平台上在线报名并交纳。竞买人向法院指定账户交纳的，人民法院应当及时通过操作系统录入并推送给确定的变卖平台。（6）变卖期开始后，取得竞买资格的竞买人即可以出价。自第一次出价开始进入二十四小时竞价程序，其他取得竞买资格的竞买人可在竞价程序内以递增出价方式参与竞买。竞价程序参照《网拍规定》第二十条规定进行，加价幅度参照最高人民法院发出的法明传（2017）第253号通知要求进行设置。竞价程序内无其他人出价的，变卖财产由第一次出价的竞买人竞得；竞价程序内有其他人出价的，变卖财产由竞价程序结束时最高出价者竞得。变卖成交的，竞价程序结束时变卖期结束。（7）变卖成交的，由平台以买受人的真实身份自动生成确认书并公示；变卖期内无人出价的，变卖期结束时变卖程序结束，相关财产按相关司法解释和规范性文件依法处置。（8）经过竞价变卖成交后，买受人反悔不交纳尾款的，从所交纳变卖价款中扣留变卖公告中所确定的保证金不予退还，扣留的保证金参照《网拍规定》第二十四条处理，买受人反悔不交纳尾款导致人民法院重新变卖的，原买受人不得再次参与竞买。（9）

关于未经拍卖直接变卖财产如何处置的问题。未经拍卖直接变卖的财产，按照《最高人民法院关于人民法院民事执行中拍卖、变卖财产的规定》进行变卖。

（四）以物抵债

经申请执行人和被执行人同意，且不损害其他债权人合法权益和社会公共利益的，人民法院可以不经拍卖、变卖，直接将被执行人的财产作价交申请执行人抵偿债务。对剩余债务，被执行人应当继续清偿。

被执行人的财产无法拍卖或者变卖的，经申请执行人同意，且不损害其他债权人合法权益和社会公共利益的，人民法院可以将该项财产作价后交付申请执行人抵偿债务，或者交付申请执行人管理；申请执行人拒绝接收或者管理的，退回被执行人。

（五）所有权转移及交付

拍卖、变卖成交或者以流拍的财产抵债的，人民法院应当作出裁定，并于价款或者需要补交的差价全额交付后十日内，送达买受人或者承受人。拍卖、变卖成交或者依法定程序裁定以物抵债的，标的物所有权自拍卖、变卖成交裁定或者抵债裁定送达买受人或者接受抵债物的债权人时转移。

人民法院裁定拍卖、变卖成交或者以流拍的财产抵债后，除有依法不能移交的情形外，应当于裁定送达后十五日内，将拍卖的财产移交买受人或者承受人。被执行人或者第三人占有拍卖财产应当移交而拒不移交的，强制执行。强制执行的，可参照本规范物的交付请求权中的相关规定办理。

需要办理有关财产权证照转移手续的，人民法院可以向有关单位发出协助执行通知书，有关单位必须办理。人民法院在执行中需要办理房产证、土地证、林权证、专利证书、商标证书、车船执照等有关财产权证照转移手续的，可以依照上述规定办理。

（六）强制管理

具有下列情形之一的，经申请执行人申请或同意，且不损害其他债权人合法权益和社会公共利益，人民法院可以将适宜管理的被执行人财产交付申请执行人管理，以所得收益清偿债务；被执行人的财产不能或者不宜拍卖、变卖的；被执行人的财产经法定程序拍卖、变卖未成交，申请执行人不接受抵债或者依法不能交付其抵债的；人民法院认为可以交付申请执行人管理的其他情形。

【常用法律、司法解释及相关规定】

《中华人民共和国民事诉讼法》（2021年修正）

第二百五十四条　财产被查封、扣押后，执行员应当责令被执行人在指定期间履行法律文书确定的义务。被执行人逾期不履行的，人民法院应当拍卖被查封、扣押的财产；不适于拍卖或者当事人双方同意不进行拍卖的，人民法院可以委托有关单位变卖或者自行变卖。国家禁止自由买卖的物品，交有关单位按照国家规定的价格收购。

第二百五十一条　在执行中，需要办理有关财产权证照转移手续的，人民法院可以向有关单位发出协助执行通知书，有关单位必须办理。

《最高人民法院关于适用〈中华人民共和国民事诉讼法〉的解释》（2022年修正）

第四百八十四条　对被执行的财产，人民法院非经查封、扣押、冻结不得处分。对银行存款等各类可以直接扣划的财产，人民法院的扣划裁定同时具有冻结的法律效力。

第四百八十七条　拍卖评估需要对现场进行检查、勘验的，人民法院应当责令被执行人、协助义务人予以配合。被执行人、协助义务人不予配合的，人民法院可以强制进行。

第四百八十八条　人民法院在执行中需要变卖被执行人财产的，可以交有关单位变卖，也可以由人民法院直接变卖。

对变卖的财产，人民法院或者其工作人员不得买受。

第四百八十九条　经申请执行人和被执行人同意，且不损害其他债权人合法权益和社会公共利益的，人民法院可以不经拍卖、变卖，直接将被执行人的财产作价交申请执行人抵偿债务。对剩余债务，被执行人应当继续清偿。

第四百九十条　被执行人的财产无法拍卖或者变卖的，经申请执行人同意，且不损害其他债权人合法权益和社会公共利益的，人民法院可以将该项财产作价后交付申请执行人抵偿债务，或者交付申请执行人管理；申请执行人拒绝接收或者管理的，退回被执行人。

第四百九十一条 拍卖成交或者依法定程序裁定以物抵债的，标的物所有权自拍卖成交裁定或者抵债裁定送达买受人或者接受抵债物的债权人时转移。

《最高人民法院关于首先查封法院与优先债权执行法院处分查封财产有关问题的批复》（2016年4月14日施行　法释〔2016〕6号）

福建省高级人民法院：

你院《关于解决法院首封处分权与债权人行使优先受偿债权冲突问题的请示》（闽高法〔2015〕261号）收悉。经研究，批复如下：

一、执行过程中，应当由首先查封、扣押、冻结（以下简称查封）法院负责处分查封财产。但已进入其他法院执行程序的债权对查封财产有顺位在先的担保物权、优先权（该债权以下简称优先债权），自首先查封之日起已超过60日，且首先查封法院就该查封财产尚未发布拍卖公告或者进入变卖程序的，优先债权执行法院可以要求将该查封财产移送执行。

二、优先债权执行法院要求首先查封法院将查封财产移送执行的，应当出具商请移送执行函，并附确认优先债权的生效法律文书及案件情况说明。

首先查封法院应当在收到优先债权执行法院商请移送执行函之日起15日内出具移送执行函，将查封财产移送优先债权执行法院执行，并告知当事人。

移送执行函应当载明将查封财产移送执行及首先查封债权的相关情况等内容。

三、财产移送执行后，优先债权执行法院在处分或继续查封该财产时，可以持首先查封法院移送执行函办理相关手续。

优先债权执行法院对移送的财产变价后，应当按照法律规定的清偿顺序分配，并将相关情况告知首先查封法院。

首先查封债权尚未经生效法律文书确认的，应当按照首先查封债权的清偿顺位，预留相应份额。

四、首先查封法院与优先债权执行法院就移送查封财产发生争议的，可以逐级报请双方共同的上级法院指定该财产的执行法院。

共同的上级法院根据首先查封债权所处的诉讼阶段、查封财产的种类及所在地、各债权数额与查封财产价值之间的关系等案件具体情况，认为由首先查封法院执行更为妥当的，也可以决定由首先查封法院继续执行，但应当督促其在指定期限内处分查封财产。

《最高人民法院关于人民法院确定财产处置参考价若干问题的规定》

（2018年9月1日施行　法释〔2018〕15号）

第一条　人民法院查封、扣押、冻结财产后，对需要拍卖、变卖的财产，应当在三十日内启动确定财产处置参考价程序。

第二条　人民法院确定财产处置参考价，可以采取当事人议价、定向询价、网络询价、委托评估等方式。

第三条　人民法院确定参考价前，应当查明财产的权属、权利负担、占有使用、欠缴税费、质量瑕疵等事项。

人民法院查明前款规定事项需要当事人、有关单位或者个人提供相关资料的，可以通知其提交；拒不提交的，可以强制提取；对妨碍强制提取的，参照民事诉讼法第一百一十一条、第一百一十四条的规定处理。

查明本条第一款规定事项需要审计、鉴定的，人民法院可以先行审计、鉴定。

第四条　采取当事人议价方式确定参考价的，除一方当事人拒绝议价或者下落不明外，人民法院应当以适当的方式通知或者组织当事人进行协商，当事人应当在指定期限内提交议价结果。

双方当事人提交的议价结果一致，且不损害他人合法权益的，议价结果为参考价。

第五条　当事人议价不能或者不成，且财产有计税基准价、政府定价或者政府指导价的，人民法院应当向确定参考价时财产所在地的有关机构进行定向询价。

双方当事人一致要求直接进行定向询价，且财产有计税基准价、政府定价或者政府指导价的，人民法院应当准许。

第六条　采取定向询价方式确定参考价的，人民法院应当向有关机构出具询价函，询价函应当载明询价要求、完成期限等内容。

接受定向询价的机构在指定期限内出具的询价结果为参考价。

第七条　定向询价不能或者不成，财产无需由专业人员现场勘验或者鉴定，且具备网络询价条件的，人民法院应当通过司法网络询价平台进行网络询价。

双方当事人一致要求或者同意直接进行网络询价，财产无需由专业人员现场勘验或者鉴定，且具备网络询价条件的，人民法院应当准许。

第八条 最高人民法院建立全国性司法网络询价平台名单库。

司法网络询价平台应当同时符合下列条件：

（一）具备能够依法开展互联网信息服务工作的资质；

（二）能够合法获取并整合全国各地区同种类财产一定时期的既往成交价、政府定价、政府指导价或者市场公开交易价等不少于三类价格数据，并保证数据真实、准确；

（三）能够根据数据化财产特征，运用一定的运算规则对市场既往交易价格、交易趋势予以分析；

（四）程序运行规范、系统安全高效、服务质优价廉；

（五）能够全程记载数据的分析过程，将形成的电子数据完整保存不少于十年，但法律、行政法规、司法解释另有规定的除外。

第九条 最高人民法院组成专门的评审委员会，负责司法网络询价平台的选定、评审和除名。每年引入权威第三方对已纳入和新申请纳入名单库的司法网络询价平台予以评审并公布结果。

司法网络询价平台具有下列情形之一的，应当将其从名单库中除名：

（一）无正当理由拒绝进行网络询价；

（二）无正当理由一年内累计五次未按期完成网络询价；

（三）存在恶意串通、弄虚作假、泄露保密信息等行为；

（四）经权威第三方评审认定不符合提供网络询价服务条件；

（五）存在其他违反询价规则以及法律、行政法规、司法解释规定的情形。

司法网络询价平台被除名后，五年内不得被纳入名单库。

第十条 采取网络询价方式确定参考价的，人民法院应当同时向名单库中的全部司法网络询价平台发出网络询价委托书。网络询价委托书应当载明财产名称、物理特征、规格数量、目的要求、完成期限以及其他需要明确的内容等。

第十一条　司法网络询价平台应当在收到人民法院网络询价委托书之日起三日内出具网络询价报告。网络询价报告应当载明财产的基本情况、参照样本、计算方法、询价结果及有效期等内容。

司法网络询价平台不能在期限内完成询价的，应当在期限届满前申请延长期限。全部司法网络询价平台均未能在期限内出具询价结果的，人民法院应当根据各司法网络询价平台的延期申请延期三日；部分司法网络询价平台在期限内出具网络询价结果的，人民法院对其他司法网络询价平台的延期申请不予准许。

全部司法网络询价平台均未在期限内出具或者补正网络询价报告，且未按照规定申请延长期限的，人民法院应当委托评估机构进行评估。

人民法院未在网络询价结果有效期内发布一拍拍卖公告或者直接进入变卖程序的，应当通知司法网络询价平台在三日内重新出具网络询价报告。

第十二条　人民法院应当对网络询价报告进行审查。网络询价报告均存在财产基本信息错误、超出财产范围或者遗漏财产等情形的，应当通知司法网络询价平台在三日内予以补正；部分网络询价报告不存在上述情形的，无需通知其他司法网络询价平台补正。

第十三条　全部司法网络询价平台均在期限内出具询价结果或者补正结果的，人民法院应当以全部司法网络询价平台出具结果的平均值为参考价；部分司法网络询价平台在期限内出具询价结果或者补正结果的，人民法院应当以该部分司法网络询价平台出具结果的平均值为参考价。

当事人、利害关系人依据本规定第二十二条的规定对全部网络询价报告均提出异议，且所提异议被驳回或者司法网络询价平台已作出补正的，人民法院应当以异议被驳回或者已作出补正的各司法网络询价平台出具结果的平均值为参考价；对部分网络询价报告提出异议的，人民法院应当以网络询价报告未被提出异议的各司法网络询价平台出具结果的平均值为参考价。

第十四条　法律、行政法规规定必须委托评估、双方当事人要求委托评估或者网络询价不能或不成的，人民法院应当委托评估机构进行评估。

第十五条　最高人民法院根据全国性评估行业协会推荐的评估机构名单建立人民法院司法评估机构名单库。按评估专业领域和评估机构的执业范围建立名单分库，在分库下根据行政区划设省、市两级名单子库。

评估机构无正当理由拒绝进行司法评估或者存在弄虚作假等情形的，最高人民法院可以商全国性评估行业协会将其从名单库中除名；除名后五年内不得被纳入名单库。

第十六条 采取委托评估方式确定参考价的，人民法院应当通知双方当事人在指定期限内从名单分库中协商确定三家评估机构以及顺序；双方当事人在指定期限内协商不成或者一方当事人下落不明的，采取摇号方式在名单分库或者财产所在地的名单子库中随机确定三家评估机构以及顺序。双方当事人一致要求在同一名单子库中随机确定的，人民法院应当准许。

第十七条 人民法院应当向顺序在先的评估机构出具评估委托书，评估委托书应当载明财产名称、物理特征、规格数量、目的要求、完成期限以及其他需要明确的内容等，同时应当将查明的财产情况及相关材料一并移交给评估机构。

评估机构应当出具评估报告，评估报告应当载明评估财产的基本情况、评估方法、评估标准、评估结果及有效期等内容。

第十八条 评估需要进行现场勘验的，人民法院应当通知当事人到场；当事人不到场的，不影响勘验的进行，但应当有见证人见证。现场勘验需要当事人、协助义务人配合的，人民法院依法责令其配合；不予配合的，可以依法强制进行。

第十九条 评估机构应当在三十日内出具评估报告。人民法院决定暂缓或者裁定中止执行的期间，应当从前述期限中扣除。

评估机构不能在期限内出具评估报告的，应当在期限届满五日前书面向人民法院申请延长期限。人民法院决定延长期限的，延期次数不超过两次，每次不超过十五日。

评估机构未在期限内出具评估报告、补正说明，且未按照规定申请延长期限的，人民法院应当通知该评估机构三日内将人民法院委托评估时移交的材料退回，另行委托下一顺序的评估机构重新进行评估。

人民法院未在评估结果有效期内发布一拍拍卖公告或者直接进入变卖程序的，应当通知原评估机构在十五日内重新出具评估报告。

第二十条 人民法院应当对评估报告进行审查。具有下列情形之一的，应当责令评估机构在三日内予以书面说明或者补正：

(一) 财产基本信息错误；

(二) 超出财产范围或者遗漏财产；

(三) 选定的评估机构与评估报告上签章的评估机构不符；

(四) 评估人员执业资格证明与评估报告上署名的人员不符；

(五) 具有其他应当书面说明或者补正的情形。

第二十一条 人民法院收到定向询价、网络询价、委托评估、说明补正等报告后，应当在三日内发送给当事人及利害关系人。

当事人、利害关系人已提供有效送达地址的，人民法院应当将报告以直接送达、留置送达、委托送达、邮寄送达或者电子送达的方式送达；当事人、利害关系人下落不明或者无法获取其有效送达地址，人民法院无法按照前述规定送达的，应当在中国执行信息公开网上予以公示，公示满十五日即视为收到。

第二十二条 当事人、利害关系人认为网络询价报告或者评估报告具有下列情形之一的，可以在收到报告后五日内提出书面异议：

(一) 财产基本信息错误；

(二) 超出财产范围或者遗漏财产；

(三) 评估机构或者评估人员不具备相应评估资质；

(四) 评估程序严重违法。

对当事人、利害关系人依据前款规定提出的书面异议，人民法院应当参照民事诉讼法第二百二十五条的规定处理。

第二十三条 当事人、利害关系人收到评估报告后五日内对评估报告的参照标准、计算方法或者评估结果等提出书面异议的，人民法院应当在三日内交评估机构予以书面说明。评估机构在五日内未作说明或者当事人、利害关系人对作出的说明仍有异议的，人民法院应当交由相关行业协会在指定期限内组织专业技术评审，并根据专业技术评审出具的结论认定评估结果或者责令原评估机构予以补正。

当事人、利害关系人提出前款异议，同时涉及本规定第二十二条第一款第一、二项情形的，按照前款规定处理；同时涉及本规定第二十二条第一款第三、四项情形的，按照本规定第二十二条第二款先对第三、四项情形审查，异议成立的，应当通知评估机构三日内将人民法院委托评估时移交的材料退回，另行委托下一顺序的评估机构重新进行评估；异议不成立的，按照前款规定处理。

第二十四条 当事人、利害关系人未在本规定第二十二条、第二十三条规定的期限内提出异议或者对网络询价平台、评估机构、行业协会按照本规定第二十二条、第二十三条所作的补正说明、专业技术评审结论提出异议的，人民法院不予受理。

当事人、利害关系人对议价或者定向询价提出异议的，人民法院不予受理。

第二十五条 当事人、利害关系人有证据证明具有下列情形之一，且在发布一拍拍卖公告或者直接进入变卖程序之前提出异议的，人民法院应当按照执行监督程序进行审查处理：

（一）议价中存在欺诈、胁迫情形；

（二）恶意串通损害第三人利益；

（三）有关机构出具虚假定向询价结果；

（四）依照本规定第二十二条、第二十三条作出的处理结果确有错误。

第二十六条 当事人、利害关系人对评估报告未提出异议、所提异议被驳回或者评估机构已作出补正的，人民法院应当以评估结果或者补正结果为参考价；当事人、利害关系人对评估报告提出的异议成立的，人民法院应当以评估机构作出的补正结果或者重新作出的评估结果为参考价。专业技术评审对评估报告未作出否定结论的，人民法院应当以该评估结果为参考价。

第二十七条 司法网络询价平台、评估机构应当确定网络询价或者委托评估结果的有效期，有效期最长不得超过一年。

当事人议价的，可以自行协商确定议价结果的有效期，但不得超过前款规定的期限；定向询价结果的有效期，参照前款规定确定。

人民法院在议价、询价、评估结果有效期内发布一拍拍卖公告或者直接进入变卖程序，拍卖、变卖时未超过有效期六个月的，无需重新确定参考价，但法律、行政法规、司法解释另有规定的除外。

第二十八条 具有下列情形之一的，人民法院应当决定暂缓网络询价或者委托评估：

（一）案件暂缓执行或者中止执行；

（二）评估材料与事实严重不符，可能影响评估结果，需要重新调查核实；

（三）人民法院认为应当暂缓的其他情形。

第二十九条 具有下列情形之一的，人民法院应当撤回网络询价或者委托评估：

（一）申请执行人撤回执行申请；

（二）生效法律文书确定的义务已全部执行完毕；

（三）据以执行的生效法律文书被撤销或者被裁定不予执行；

（四）人民法院认为应当撤回的其他情形。

人民法院决定网络询价或者委托评估后，双方当事人议价确定参考价或者协商不再对财产进行变价处理的，人民法院可以撤回网络询价或者委托评估。

第三十条 人民法院应当在参考价确定后十日内启动财产变价程序。拍卖的，参照参考价确定起拍价；直接变卖的，参照参考价确定变卖价。

第三十一条 人民法院委托司法网络询价平台进行网络询价的，网络询价费用应当按次计付给出具网络询价结果与财产处置成交价最接近的司法网络询价平台；多家司法网络询价平台出具的网络询价结果相同或者与财产处置成交价差距相同的，网络询价费用平均分配。

人民法院依照本规定第十一条第三款规定委托评估机构进行评估或者依照本规定第二十九条规定撤回网络询价的，对司法网络询价平台不计付费用。

第三十二条 人民法院委托评估机构进行评估，财产处置未成交的，按照评估机构合理的实际支出计付费用；财产处置成交价高于评估价的，以评估价为基准计付费用；财产处置成交价低于评估价的，以财产处置成交价为基准计付费用。

人民法院依照本规定第二十九条规定撤回委托评估的，按照评估机构合理的实际支出计付费用；人民法院依照本规定通知原评估机构重新出具评估报告的，按照前款规定的百分之三十计付费用。

人民法院依照本规定另行委托评估机构重新进行评估的，对原评估机构不计付费用。

第三十三条 网络询价费及委托评估费由申请执行人先行垫付，由被执行人负担。

申请执行人通过签订保险合同的方式垫付网络询价费或者委托评估费的，保险人应当向人民法院出具担保书。担保书应当载明因申请执行人未垫付网络询价费或者委托评估费由保险人支付等内容，并附相关证据材料。

第三十四条　最高人民法院建设全国法院询价评估系统。询价评估系统与定向询价机构、司法网络询价平台、全国性评估行业协会的系统对接，实现数据共享。

询价评估系统应当具有记载当事人议价、定向询价、网络询价、委托评估、摇号过程等功能，并形成固化数据，长期保存、随案备查。

第三十五条　本规定自2018年9月1日起施行。

最高人民法院此前公布的司法解释及规范性文件与本规定不一致的，以本规定为准。

《最高人民法院关于人民法院民事执行中拍卖、变卖财产的规定》（2020年修正）

第一条　在执行程序中，被执行人的财产被查封、扣押、冻结后，人民法院应当及时进行拍卖、变卖或者采取其他执行措施。

第二条　人民法院对查封、扣押、冻结的财产进行变价处理时，应当首先采取拍卖的方式，但法律、司法解释另有规定的除外。

第三条　人民法院拍卖被执行人财产，应当委托具有相应资质的拍卖机构进行，并对拍卖机构的拍卖进行监督，但法律、司法解释另有规定的除外。

第五条　拍卖应当确定保留价。

拍卖财产经过评估的，评估价即为第一次拍卖的保留价；未作评估的，保留价由人民法院参照市价确定，并应当征询有关当事人的意见。如果出现流拍，再行拍卖时，可以酌情降低保留价，但每次降低的数额不得超过前次保留价的百分之二十。

第六条　保留价确定后，依据本次拍卖保留价计算，拍卖所得价款在清偿优先债权和强制执行费用后无剩余可能的，应当在实施拍卖前将有关情况通知申请执行人。申请执行人于收到通知后五日内申请继续拍卖的，人民法院应当准许，但应当重新确定保留价；重新确定的保留价应当大于该优先债权及强制执行费用的总额。

依照前款规定流拍的，拍卖费用由申请执行人负担。

第七条 执行人员应当对拍卖财产的权属状况、占有使用情况等进行必要的调查，制作拍卖财产现状的调查笔录或者收集其他有关资料。

第八条 拍卖应当先期公告。

拍卖动产的，应当在拍卖七日前公告；拍卖不动产或者其他财产权的，应当在拍卖十五日前公告。

第九条 拍卖公告的范围及媒体由当事人双方协商确定；协商不成的，由人民法院确定。拍卖财产具有专业属性的，应当同时在专业性报纸上进行公告。

当事人申请在其他新闻媒体上公告或者要求扩大公告范围的，应当准许，但该部分的公告费用由其自行承担。

第十条 拍卖不动产、其他财产权或者价值较高的动产的，竞买人应当于拍卖前向人民法院预交保证金。申请执行人参加竞买的，可以不预交保证金。保证金的数额由人民法院确定，但不得低于评估价或者市价的百分之五。

应当预交保证金而未交纳的，不得参加竞买。拍卖成交后，买受人预交的保证金充抵价款，其他竞买人预交的保证金应当在三日内退还；拍卖未成交的，保证金应当于三日内退还竞买人。

第十一条 人民法院应当在拍卖五日前以书面或者其他能够确认收悉的适当方式，通知当事人和已知的担保物权人、优先购买权人或者其他优先权人于拍卖日到场。

优先购买权人经通知未到场的，视为放弃优先购买权。

第十二条 法律、行政法规对买受人的资格或者条件有特殊规定的，竞买人应当具备规定的资格或者条件。

申请执行人、被执行人可以参加竞买。

第十三条 拍卖过程中，有最高应价时，优先购买权人可以表示以该最高价买受，如无更高应价，则拍归优先购买权人；如有更高应价，而优先购买权人不作表示的，则拍归该应价最高的竞买人。

顺序相同的多个优先购买权人同时表示买受的，以抽签方式决定买受人。

第十四条 拍卖多项财产时，其中部分财产卖得的价款足以清偿债务和支付被执行人应当负担的费用的，对剩余的财产应当停止拍卖，但被执行人同意全部拍卖的除外。

第十五条 拍卖的多项财产在使用上不可分，或者分别拍卖可能严重减损其价值的，应当合并拍卖。

第十六条 拍卖时无人竞买或者竞买人的最高应价低于保留价，到场的申请执行人或者其他执行债权人申请或者同意以该次拍卖所定的保留价接受拍卖财产的，应当将该财产交其抵债。

有两个以上执行债权人申请以拍卖财产抵债的，由法定受偿顺位在先的债权人优先承受；受偿顺位相同的，以抽签方式决定承受人。承受人应受清偿的债权额低于抵债财产的价额的，人民法院应当责令其在指定的期间内补交差额。

第十七条 在拍卖开始前，有下列情形之一的，人民法院应当撤回拍卖委托：

（一）据以执行的生效法律文书被撤销的；
（二）申请执行人及其他执行债权人撤回执行申请的；
（三）被执行人全部履行了法律文书确定的金钱债务的；
（四）当事人达成了执行和解协议，不需要拍卖财产的；
（五）案外人对拍卖财产提出确有理由的异议的；
（六）拍卖机构与竞买人恶意串通的；
（七）其他应当撤回拍卖委托的情形。

第十八条 人民法院委托拍卖后，遇有依法应当暂缓执行或者中止执行的情形的，应当决定暂缓执行或者裁定中止执行，并及时通知拍卖机构和当事人。拍卖机构收到通知后，应当立即停止拍卖，并通知竞买人。

暂缓执行期限届满或者中止执行的事由消失后，需要继续拍卖的，人民法院应当在十五日内通知拍卖机构恢复拍卖。

第十九条 被执行人在拍卖日之前向人民法院提交足额金钱清偿债务，要求停止拍卖的，人民法院应当准许，但被执行人应当负担因拍卖支出的必要费用。

第二十条 拍卖成交或者以流拍的财产抵债的，人民法院应当作出裁定，并于价款或者需要补交的差价全额交付后十日内，送达买受人或者承受人。

第二十一条 拍卖成交后，买受人应当在拍卖公告确定的期限或者人民法院指定的期限内将价款交付到人民法院或者汇入人民法院指定的账户。

第二十二条 拍卖成交或者以流拍的财产抵债后，买受人逾期未支付价款或者承受人逾期未补交差价而使拍卖、抵债的目的难以实现的，人民法院可以裁定重新拍卖。重新拍卖时，原买受人不得参加竞买。

重新拍卖的价款低于原拍卖价款造成的差价、费用损失及原拍卖中的佣金，由原买受人承担。人民法院可以直接从其预交的保证金中扣除。扣除后保证金有剩余的，应当退还原买受人；保证金数额不足的，可以责令原买受人补交；拒不补交的，强制执行。

第二十三条 拍卖时无人竞买或者竞买人的最高应价低于保留价，到场的申请执行人或者其他执行债权人不申请以该次拍卖所定的保留价抵债的，应当在六十日内再行拍卖。

第二十四条 对于第二次拍卖仍流拍的动产，人民法院可以依照本规定第十六条的规定将其作价交申请执行人或者其他执行债权人抵债。申请执行人或者其他执行债权人拒绝接受或者依法不能交付其抵债的，人民法院应当解除查封、扣押，并将该动产退还被执行人。

第二十五条 对于第二次拍卖仍流拍的不动产或者其他财产权，人民法院可以依照本规定第十六条的规定将其作价交申请执行人或者其他执行债权人抵债。申请执行人或者其他执行债权人拒绝接受或者依法不能交付其抵债的，应当在六十日内进行第三次拍卖。

第三次拍卖流拍且申请执行人或者其他执行债权人拒绝接受或者依法不能接受该不动产或者其他财产权抵债的，人民法院应当于第三次拍卖终结之日起七日内发出变卖公告。自公告之日起六十日内没有买受人愿意以第三次拍卖的保留价买受该财产，且申请执行人、其他执行债权人仍不表示接受该财产抵债的，应当解除查封、冻结，将该财产退还被执行人，但对该财产可以采取其他执行措施的除外。

第二十六条 不动产、动产或者其他财产权拍卖成交或者抵债后，该不动产、动产的所有权、其他财产权自拍卖成交或者抵债裁定送达买受人或者承受人时起转移。

第二十七条 人民法院裁定拍卖成交或者以流拍的财产抵债后，除有依法不能移交的情形外，应当于裁定送达后十五日内，将拍卖的财产移交买受人或者承受人。被执行人或者第三人占有拍卖财产应当移交而拒不移交的，强制执行。

第二十八条 拍卖财产上原有的担保物权及其他优先受偿权，因拍卖而消灭，拍卖所得价款，应当优先清偿担保物权人及其他优先受偿权人的债权，但当事人另有约定的除外。

拍卖财产上原有的租赁权及其他用益物权，不因拍卖而消灭，但该权利继续存在于拍卖财产上，对在先的担保物权或者其他优先受偿权的实现有影响的，人民法院应当依法将其除去后进行拍卖。

第三十条 在执行程序中拍卖上市公司国有股和社会法人股的，适用最高人民法院《关于冻结、拍卖上市公司国有股和社会法人股若干问题的规定》。

第三十一条 对查封、扣押、冻结的财产，当事人双方及有关权利人同意变卖的，可以变卖。

金银及其制品、当地市场有公开交易价格的动产、易腐烂变质的物品、季节性商品、保管困难或者保管费用过高的物品，人民法院可以决定变卖。

第三十二条 当事人双方及有关权利人对变卖财产的价格有约定的，按照其约定价格变卖；无约定价格但有市价的，变卖价格不得低于市价；无市价但价值较大、价格不易确定的，应当委托评估机构进行评估，并按照评估价格进行变卖。

按照评估价格变卖不成的，可以降低价格变卖，但最低的变卖价不得低于评估价的二分之一。

变卖的财产无人应买的，适用本规定第十六条的规定将该财产交申请执行人或者其他执行债权人抵债；申请执行人或者其他执行债权人拒绝接受或者依法不能交付其抵债的，人民法院应当解除查封、扣押，并将该财产退还被执行人。

《最高人民法院关于人民法院委托评估、拍卖工作的若干规定》（2012年1月1日施行　法释〔2011〕21号）

第三条 人民法院采用随机方式确定评估、拍卖机构。高级人民法院或者中级人民法院可以根据本地实际情况统一实施对外委托。

第五条 受委托的拍卖机构应通过管理部门的信息平台发布拍卖信息，

公示评估、拍卖结果。

第六条 涉国有资产的司法委托拍卖由省级以上国有产权交易机构实施，拍卖机构负责拍卖环节相关工作，并依照相关监管部门制定的实施细则进行。

第七条 《中华人民共和国证券法》规定应当在证券交易所上市交易或转让的证券资产的司法委托拍卖，通过证券交易所实施，拍卖机构负责拍卖环节相关工作；其他证券类资产的司法委托拍卖由拍卖机构实施，并依照相关监管部门制定的实施细则进行。

第八条 人民法院对其委托的评估、拍卖活动实行监督。出现下列情形之一，影响评估、拍卖结果，侵害当事人合法利益的，人民法院将不再委托其从事委托评估、拍卖工作。涉及违反法律法规的，依据有关规定处理：

（1）评估结果明显失实；

（2）拍卖过程中弄虚作假、存在瑕疵；

（3）随机选定后无正当理由不能按时完成评估拍卖工作；

（4）其他有关情形。

《最高人民法院关于人民法院办理财产保全案件若干问题的规定》（2020年修正）

第二十一条 保全法院在首先采取查封、扣押、冻结措施后超过一年未对被保全财产进行处分的，除被保全财产系争议标的外，在先轮候查封、扣押、冻结的执行法院可以商请保全法院将被保全财产移送执行。但司法解释另有特别规定的，适用其规定。

保全法院与在先轮候查封、扣押、冻结的执行法院就移送被保全财产发生争议的，可以逐级报请共同的上级法院指定该财产的执行法院。

共同的上级法院应当根据被保全财产的种类及所在地、各债权数额与被保全财产价值之间的关系等案件具体情况指定执行法院，并督促其在指定期限内处分被保全财产。

《最高人民法院关于人民法院委托评估、拍卖和变卖工作的若干规定》（2009年11月20日施行 法释〔2009〕16号）

第八条 人民法院选择评估、拍卖机构，应当通知审判、执行人员到场，视情况可邀请社会有关人员到场监督。

第九条 人民法院选择评估、拍卖机构，应当提前通知各方当事人到场；

当事人不到场的，人民法院可将选择机构的情况，以书面形式送达当事人。

第十条 评估、拍卖机构选定后，人民法院应当向选定的机构出具委托书，委托书中应当载明本次委托的要求和工作完成的期限等事项。

第十二条 评估机构在工作中需要对现场进行勘验的，人民法院应当提前通知审判、执行人员和当事人到场。当事人不到场的，不影响勘验的进行，但应当有见证人见证。评估机构勘验现场，应当制作现场勘验笔录。

勘验现场人员、当事人或见证人应当在勘验笔录上签字或盖章确认。

第十三条 拍卖财产经过评估的，评估价即为第一次拍卖的保留价；未作评估的，保留价由人民法院参照市价确定，并应当征询有关当事人的意见。

《最高人民法院关于人民法院网络司法拍卖若干问题的规定》（2017年1月1日施行　法释〔2016〕18号）

第一条 本规定所称的网络司法拍卖，是指人民法院依法通过互联网拍卖平台，以网络电子竞价方式公开处置财产的行为。

第二条 人民法院以拍卖方式处置财产的，应当采取网络司法拍卖方式，但法律、行政法规和司法解释规定必须通过其他途径处置，或者不宜采用网络拍卖方式处置的除外。

第三条 网络司法拍卖应当在互联网拍卖平台上向社会全程公开，接受社会监督。

第四条 最高人民法院建立全国性网络服务提供者名单库。网络服务提供者申请纳入名单库的，其提供的网络司法拍卖平台应当符合下列条件：

（一）具备全面展示司法拍卖信息的界面；

（二）具备本规定要求的信息公示、网上报名、竞价、结算等功能；

（三）具有信息共享、功能齐全、技术拓展等功能的独立系统；

（四）程序运作规范、系统安全高效、服务优质价廉；

（五）在全国具有较高的知名度和广泛的社会参与度。

最高人民法院组成专门的评审委员会，负责网络服务提供者的选定、评审和除名。最高人民法院每年引入第三方评估机构对已纳入和新申请纳入名单库的网络服务提供者予以评审并公布结果。

第五条 网络服务提供者由申请执行人从名单库中选择；未选择或者多个申请执行人的选择不一致的，由人民法院指定。

第六条 实施网络司法拍卖的，人民法院应当履行下列职责：

（一）制作、发布拍卖公告；

（二）查明拍卖财产现状、权利负担等内容，并予以说明；

（三）确定拍卖保留价、保证金的数额、税费负担等；

（四）确定保证金、拍卖款项等支付方式；

（五）通知当事人和优先购买权人；

（六）制作拍卖成交裁定；

（七）办理财产交付和出具财产权证照转移协助执行通知书；

（八）开设网络司法拍卖专用账户；

（九）其他依法由人民法院履行的职责。

第七条 实施网络司法拍卖的，人民法院可以将下列拍卖辅助工作委托社会机构或者组织承担：

（一）制作拍卖财产的文字说明及视频或者照片等资料；

（二）展示拍卖财产，接受咨询，引领查看，封存样品等；

（三）拍卖财产的鉴定、检验、评估、审计、仓储、保管、运输等；

（四）其他可以委托的拍卖辅助工作。

社会机构或者组织承担网络司法拍卖辅助工作所支出的必要费用由被执行人承担。

第八条 实施网络司法拍卖的，下列事项应当由网络服务提供者承担：

（一）提供符合法律、行政法规和司法解释规定的网络司法拍卖平台，并保障安全正常运行；

（二）提供安全便捷配套的电子支付对接系统；

（三）全面、及时展示人民法院及其委托的社会机构或者组织提供的拍卖信息；

（四）保证拍卖全程的信息数据真实、准确、完整和安全；

（五）其他应当由网络服务提供者承担的工作。

网络服务提供者不得在拍卖程序中设置阻碍适格竞买人报名、参拍、竞价以及监视竞买人信息等后台操控功能。

网络服务提供者提供的服务无正当理由不得中断。

第九条 网络司法拍卖服务提供者从事与网络司法拍卖相关的行为，应当接受人民法院的管理、监督和指导。

第十条 网络司法拍卖应当确定保留价，拍卖保留价即为起拍价。

起拍价由人民法院参照评估价确定；未作评估的，参照市价确定，并征询当事人意见。起拍价不得低于评估价或者市价的百分之七十。

第十一条 网络司法拍卖不限制竞买人数量。一人参与竞拍，出价不低于起拍价的，拍卖成交。

第十二条 网络司法拍卖应当先期公告，拍卖公告除通过法定途径发布外，还应同时在网络司法拍卖平台发布。拍卖动产的，应当在拍卖十五日前公告；拍卖不动产或者其他财产权的，应当在拍卖三十日前公告。

拍卖公告应当包括拍卖财产、价格、保证金、竞买人条件、拍卖财产已知瑕疵、相关权利义务、法律责任、拍卖时间、网络平台和拍卖法院等信息。

第十三条 实施网络司法拍卖的，人民法院应当在拍卖公告发布当日通过网络司法拍卖平台公示下列信息：

（一）拍卖公告；

（二）执行所依据的法律文书，但法律规定不得公开的除外；

（三）评估报告副本，或者未经评估的定价依据；

（四）拍卖时间、起拍价以及竞价规则；

（五）拍卖财产权属、占有使用、附随义务等现状的文字说明、视频或者照片等；

（六）优先购买权主体以及权利性质；

（七）通知或者无法通知当事人、已知优先购买权人的情况；

（八）拍卖保证金、拍卖款项支付方式和账户；

（九）拍卖财产产权转移可能产生的税费及承担方式；

（十）执行法院名称，联系、监督方式等；

（十一）其他应当公示的信息。

第十四条 实施网络司法拍卖的，人民法院应当在拍卖公告发布当日通过网络司法拍卖平台对下列事项予以特别提示：

（一）竞买人应当具备完全民事行为能力，法律、行政法规和司法解释对买受人资格或者条件有特殊规定的，竞买人应当具备规定的资格或者条件；

（二）委托他人代为竞买的，应当在竞价程序开始前经人民法院确认，并通知网络服务提供者；

（三）拍卖财产已知瑕疵和权利负担；

（四）拍卖财产以实物现状为准，竞买人可以申请实地看样；

（五）竞买人决定参与竞买的，视为对拍卖财产完全了解，并接受拍卖财产一切已知和未知瑕疵；

（六）载明买受人真实身份的拍卖成交确认书在网络司法拍卖平台上公示；

（七）买受人悔拍后保证金不予退还。

第十五条 被执行人应当提供拍卖财产品质的有关资料和说明。

人民法院已按本规定第十三条、第十四条的要求予以公示和特别提示，且在拍卖公告中声明不能保证拍卖财产真伪或者品质的，不承担瑕疵担保责任。

第十六条 网络司法拍卖的事项应当在拍卖公告发布三日前以书面或者其他能够确认收悉的合理方式，通知当事人、已知优先购买权人。权利人书面明确放弃权利的，可以不通知。无法通知的，应当在网络司法拍卖平台公示并说明无法通知的理由，公示满五日视为已经通知。

优先购买权人经通知未参与竞买的，视为放弃优先购买权。

第十七条 保证金数额由人民法院在起拍价的百分之五至百分之二十范围内确定。

竞买人应当在参加拍卖前以实名交纳保证金，未交纳的，不得参加竞买。申请执行人参加竞买的，可以不交保证金；但债权数额小于保证金数额的按差额部分交纳。

交纳保证金，竞买人可以向人民法院指定的账户交纳，也可以由网络服务提供者在其提供的支付系统中对竞买人的相应款项予以冻结。

第十八条 竞买人在拍卖竞价程序结束前交纳保证金经人民法院或者网络服务提供者确认后，取得竞买资格。网络服务提供者应当向取得资格的竞买人赋予竞买代码、参拍密码；竞买人以该代码参与竞买。

网络司法拍卖竞价程序结束前，人民法院及网络服务提供者对竞买人以及其他能够确认竞买人真实身份的信息、密码等，应当予以保密。

第十九条 优先购买权人经人民法院确认后，取得优先竞买资格以及优先竞买代码、参拍密码,并以优先竞买代码参与竞买;未经确认的,不得以优先购买权人身份参与竞买。

顺序不同的优先购买权人申请参与竞买的,人民法院应当确认其顺序,赋予不同顺序的优先竞买代码。

第二十条 网络司法拍卖从起拍价开始以递增出价方式竞价,增价幅度由人民法院确定。竞买人以低于起拍价出价的无效。

网络司法拍卖的竞价时间应当不少于二十四小时。竞价程序结束前五分钟内无人出价的,最后出价即为成交价;有出价的,竞价时间自该出价时点顺延五分钟。竞买人的出价时间以进入网络司法拍卖平台服务系统的时间为准。

竞买代码及其出价信息应当在网络竞买页面实时显示,并储存、显示竞价全程。

第二十一条 优先购买权人参与竞买的,可以与其他竞买人以相同的价格出价,没有更高出价的,拍卖财产由优先购买权人竞得。

顺序不同的优先购买权人以相同价格出价的,拍卖财产由顺序在先的优先购买权人竞得。

顺序相同的优先购买权人以相同价格出价的,拍卖财产由出价在先的优先购买权人竞得。

第二十二条 网络司法拍卖成交的,由网络司法拍卖平台以买受人的真实身份自动生成确认书并公示。

拍卖财产所有权自拍卖成交裁定送达买受人时转移。

第二十三条 拍卖成交后,买受人交纳的保证金可以充抵价款;其他竞买人交纳的保证金应当在竞价程序结束后二十四小时内退还或者解冻。拍卖未成交的,竞买人交纳的保证金应当在竞价程序结束后二十四小时内退还或者解冻。

第二十四条 拍卖成交后买受人悔拍的,交纳的保证金不予退还,依次用于支付拍卖产生的费用损失、弥补重新拍卖价款低于原拍卖价款的差价、冲抵本案被执行人的债务以及与拍卖财产相关的被执行人的债务。

悔拍后重新拍卖的,原买受人不得参加竞买。

第二十五条 拍卖成交后,买受人应当在拍卖公告确定的期限内将剩余价款交付人民法院指定账户。拍卖成交后二十四小时内，网络服务提供者应当将冻结的买受人交纳的保证金划入人民法院指定账户。

第二十六条 网络司法拍卖竞价期间无人出价的，本次拍卖流拍。流拍后应当在三十日内在同一网络司法拍卖平台再次拍卖，拍卖动产的应当在拍卖七日前公告；拍卖不动产或者其他财产权的应当在拍卖十五日前公告。再次拍卖的起拍价降价幅度不得超过前次起拍价的百分之二十。

再次拍卖流拍的，可以依法在同一网络司法拍卖平台变卖。

第二十七条 起拍价及其降价幅度、竞价增价幅度、保证金数额和优先购买权人竞买资格及其顺序等事项，应当由人民法院依法组成合议庭评议确定。

第二十八条 网络司法拍卖竞价程序中，有依法应当暂缓、中止执行等情形的，人民法院应当决定暂缓或者裁定中止拍卖；人民法院可以自行或者通知网络服务提供者停止拍卖。

网络服务提供者发现系统故障、安全隐患等紧急情况的，可以先行暂缓拍卖，并立即报告人民法院。

暂缓或者中止拍卖的，应当及时在网络司法拍卖平台公告原因或者理由。

暂缓拍卖期限届满或者中止拍卖的事由消失后，需要继续拍卖的，应当在五日内恢复拍卖。

第二十九条 网络服务提供者对拍卖形成的电子数据，应当完整保存不少于十年，但法律、行政法规另有规定的除外。

第三十条 因网络司法拍卖本身形成的税费，应当依照相关法律、行政法规的规定，由相应主体承担；没有规定或者规定不明的，人民法院可以根据法律原则和案件实际情况确定税费承担的相关主体、数额。

第三十一条 当事人、利害关系人提出异议请求撤销网络司法拍卖，符合下列情形之一的，人民法院应当支持：

（一）由于拍卖财产的文字说明、视频或者照片展示以及瑕疵说明严重失实，致使买受人产生重大误解，购买目的无法实现的，但拍卖时的技术水平不能发现或者已经就相关瑕疵以及责任承担予以公示说明的除外；

（二）由于系统故障、病毒入侵、黑客攻击、数据错误等原因致使拍卖结果错误，严重损害当事人或者其他竞买人利益的；

（三）竞买人之间，竞买人与网络司法拍卖服务提供者之间恶意串通，损害当事人或者其他竞买人利益的；

（四）买受人不具备法律、行政法规和司法解释规定的竞买资格的；

（五）违法限制竞买人参加竞买或者对享有同等权利的竞买人规定不同竞买条件的；

（六）其他严重违反网络司法拍卖程序且损害当事人或者竞买人利益的情形。

第三十二条 网络司法拍卖被人民法院撤销，当事人、利害关系人、案外人认为人民法院的拍卖行为违法致使其合法权益遭受损害的，可以依法申请国家赔偿；认为其他主体的行为违法致使其合法权益遭受损害的，可以另行提起诉讼。

第三十三条 当事人、利害关系人、案外人认为网络司法拍卖服务提供者的行为违法致使其合法权益遭受损害的，可以另行提起诉讼；理由成立的，人民法院应当支持，但具有法定免责事由的除外。

第三十四条 实施网络司法拍卖的，下列机构和人员不得竞买并不得委托他人代为竞买与其行为相关的拍卖财产：

（一）负责执行的人民法院；

（二）网络服务提供者；

（三）承担拍卖辅助工作的社会机构或者组织；

（四）第（一）至（三）项规定主体的工作人员及其近亲属。

第三十五条 网络服务提供者有下列情形之一的，应当将其从名单库中除名：

（一）存在违反本规定第八条第二款规定操控拍卖程序、修改拍卖信息等行为的；

（二）存在恶意串通、弄虚作假、泄漏保密信息等行为的；

（三）因违反法律、行政法规和司法解释等规定受到处罚，不适于继续从事网络司法拍卖的；

（四）存在违反本规定第三十四条规定行为的；

（五）其他应当除名的情形。

网络服务提供者有前款规定情形之一，人民法院可以依照《中华人民共和国民事诉讼法》的相关规定予以处理。

第三十六条 当事人、利害关系人认为网络司法拍卖行为违法侵害其合法权益的，可以提出执行异议。异议、复议期间，人民法院可以决定暂缓或者裁定中止拍卖。

案外人对网络司法拍卖的标的提出异议的，人民法院应当依据《中华人民共和国民事诉讼法》第二百二十七相关司法解释的规定处理，并决定暂缓或者裁定中止拍卖。

第三十七条 人民法院通过互联网平台以变卖方式处置财产的，参照本规定执行。

执行程序中委托拍卖机构通过互联网平台实施网络拍卖的，参照本规定执行。

本规定对网络司法拍卖行为没有规定的，适用其他有关司法拍卖的规定。

《最高人民法院关于严格规范终结本次执行程序的规定（试行）》（2016年12月1日施行 法〔2016〕373号）

第四条 本规定第一条第三项中的"发现的财产不能处置"，包括下列情形：

（一）被执行人的财产经法定程序拍卖、变卖未成交，申请执行人不接受抵债或者依法不能交付其抵债，又不能对该财产采取强制管理等其他执行措施的；

（二）人民法院在登记机关查封的被执行人车辆、船舶等财产，未能实际扣押的。

《最高人民法院关于人民法院执行工作若干问题的规定（试行）》（2020年修正）

33. 被执行人申请对人民法院查封的财产自行变卖的，人民法院可以准许，但应当监督其按照合理价格在指定的期限内进行，并控制变卖的价款。

《最高人民法院关于人民法院办理执行异议和复议案件若干问题的规定》（2020年修正）

第十九条 当事人互负到期债务，被执行人请求抵销，请求抵销的债务符合下列情形的，除依照法律规定或者按照债务性质不得抵销的以外，人民法院应予支持：

(一) 已经生效法律文书确定或者经申请执行人认可;

(二) 与被执行人所负债务的标的物种类、品质相同。

第二十一条 当事人、利害关系人提出异议请求撤销拍卖,符合下列情形之一的,人民法院应予支持:

(一) 竞买人之间、竞买人与拍卖机构之间恶意串通,损害当事人或者其他竞买人利益的;

(二) 买受人不具备法律规定的竞买资格的;

(三) 违法限制竞买人参加竞买或者对不同的竞买人规定不同竞买条件的;

(四) 未按照法律、司法解释的规定对拍卖标的物进行公告的;

(五) 其他严重违反拍卖程序且损害当事人或者竞买人利益的情形。

当事人、利害关系人请求撤销变卖的,参照前款规定处理。

《最高人民法院关于刑事裁判涉财产部分执行的若干规定》(2015年7月1日施行 法释〔2015〕13号)

第十二条 被执行财产需要变价的,人民法院执行机构应当依法采取拍卖、变卖等变价措施。

涉案财物最后一次拍卖未能成交,需要上缴国库的,人民法院应当通知有关财政机关以该次拍卖保留价予以接收;有关财政机关要求继续变价的,可以进行无保留价拍卖。需要退赔被害人的,以该次拍卖保留价以物退赔;被害人不同意以物退赔的,可以进行无保留价拍卖。

《最高人民法院关于认真做好网络司法拍卖与网络司法变卖衔接工作的通知》(2017年7月18日通知 法明传〔2017〕455号)

一、关于网络司法变卖平台选择的问题。网络司法拍卖二拍流拍后,人民法院采取网络司法变卖方式处置财产的,应当在最高人民法院确定的网络服务提供者名单库中的平台上实施。原则上沿用网拍程序使用的平台,但申请执行人在网拍二拍流拍后10日内书面要求更换到名单库中的其他平台上实施的,执行法院应当准许。

二、关于发布网络司法变卖公告期限的问题。网拍二拍流拍后,人民法院应当于10日内询问申请执行人或其他执行债权人是否接受以物抵债。不接受以物抵债的,人民法院应当于网拍二拍流拍之日起15日内发布网络司法变卖公告。

三、关于网络司法变卖公告期、变卖期的问题。网络司法变卖期为60天，人民法院应当在公告中确定变卖期的开始时间。变卖动产的，应当在变卖期开始7日前公告；变卖不动产或者其他财产权的，应当在变卖期开始15日前公告。变卖公告应当包括但不限于变卖财产、变卖价、变卖期、变卖期开始时间、变卖流程、保证金数额、加价幅度等内容，应当特别提示变卖成交后不交纳尾款的，保证金不予退还。

四、关于变卖价确定的问题。网络司法变卖的变卖价为网络司法拍卖二拍流拍价。各级人民法院应当认真领会《网拍规定》关于确定一拍、二拍起拍价的精神，在评估价（或市场价）基础上按《网拍规定》进行降价拍卖。

五、关于竞买人资格确定的问题。竞买人交齐变卖价全款后，取得竞买资格。竞买人可以向法院指定的账户交纳，也可以在变卖平台上在线报名并交纳。竞买人向法院指定账户交纳的，人民法院应当及时通过操作系统录入并推送给确定的变卖平台。

六、关于网络司法变卖流程问题。变卖期开始后，取得竞买资格的竞买人即可以出价。自第一次出价开始进入24小时竞价程序，其他取得竞买资格的竞买人可在竞价程序内以递增出价方式参与竞买。竞价程序参照《网拍规定》第二十条规定进行，加价幅度参照我院法明传（2017）第253号通知要求进行设置。竞价程序内无其他人出价的，变卖财产由第一次出价的竞买人竞得；竞价程序内有其他人出价的，变卖财产由竞价程序结束时最高出价者竞得。变卖成交的，竞价程序结束时变卖期结束。

七、关于网络司法变卖结束后相关事宜处理的问题。变卖成交的，由平台以买受人的真实身份自动生成确认书并公示；变卖期内无人出价的，变卖期结束时变卖程序结束，相关财产按相关司法解释和规范性文件依法处置。

八、关于变卖成交后买受人不交纳尾款如何处理的问题。经过竞价变卖成交后，买受人反悔不交纳尾款的，从所交纳变卖价款中扣留变卖公告中所确定的保证金不予退还，扣留的保证金参照《网拍规定》第二十四条处理，买受人反悔不交纳尾款导致人民法院重新变卖的，原买受人不得再次参与竞买。

九、关于未经拍卖直接变卖财产如何处置的问题。关于未经拍卖直接变卖财产如何处置的问题。未经拍卖直接变卖的财产，按照《最高人民法院关于人民法院民事执行中拍卖、变卖财产的规定》进行变卖。

【重点提示】

按照拍卖法的相关规定，法律、行政法规禁止买卖的物品或财产权利，不得作为拍卖标的；依照法律或者按照国务院规定需经审批才能转让的物品或者财产权利，在拍卖前，应当依法办理审批手续；委托拍卖的文物，在拍卖前应当经拍卖人住所地的文物行政管理部门依法鉴定、许可。

《最高人民法院对山东高院关于案件执行中涉及有关财产评估、变卖等问题的请示的复函》（〔2002〕执他字第14号）。复函主要内容为："评估报告未送达给有关当事人，并不影响依据评估报告确定拍卖、变卖的价格。鉴于目前被执行人借逃避送达拖延执行的情况非常普遍，为了提高执行效率，维护申请执行人的合法权益，对评估报告可以采取请被执行人的近亲属转交、张贴在被执行人所在的自然村或小区公共活动场所、邮寄至生效法律文书载明的被执行人住所地等方式送达，无须公告送达。"

当事人及利害关系人对评估价格或评估方法等评估报告内容有异议的，执行法院收到异议书后及时转交评估机构对异议内容进行复核。评估机构经复核发现评估报告存在错误的，应当及时作出修正。修正后的评估报告通过执行法院发送双方当事人。

网络司法拍卖的事项应在拍卖公告发布三日前以书面或者其他能够确认收悉的合理方式通知已知优先购买权人，但根据《中华人民共和国公司法》（2013年12月28日第三次修正）第七十二条规定，人民法院对有优先购买权的其他股东应当至少提前二十天通知。

涉及优先购买权的主要规定有：

1.《中华人民共和国公司法》（2013年12月28日第三次修正）第七十二条规定："人民法院依照法律规定的强制执行程序转让股东的股权时，应当通知公司及全体股东，其他股东在同等条件下有优先购买权。其他股东自人民法院通知之日起满二十日不行使优先购买权的，视为放弃优先购买权。"

2.《中华人民共和国合伙企业法》（2006年8月27日修正）第二十三条规定："合伙人向合伙人以外的人转让其在合伙企业中的财产份额的，在同等条件下,其他合伙人有优先购买权。但是,合伙协议另有约定的除外。"

3.《中华人民共和国城镇国有土地使用权出让和转让暂行条例》(国务院令第55号)第二十六条第一款规定:"土地使用权转让价格明显低于市场价格的,市、县人民政府有优先购买权。"

4.《国务院关于加强和改善文物工作的通知》(国发〔1997〕13号)第四条规定:"国家对公民出售个人所有的传世珍贵文物有优先购买权。"

关于加价幅度,参照最高人民法院明传（2017）第253号通知要求,即起拍价在十万元以下（含十万元）的标的物,加价幅度不宜超过起拍价的2%;起拍价为十万元至一百万元（含一百万元）的标的物,加价幅度不宜超过起拍价的1%;起拍价为一百万元以上的标的物,加价幅度不宜超过起拍价的0.5%。

网络司法拍卖不限制竞买人数量,一人参与竞买,出价不低于起拍价的,拍卖成交。

确定财产处置参考价的方式:当事人议价、定向询价、网络询价、委托评估。上述四种定价方式具有一定的位阶顺序,当事人议价最为优先,定向询价为次优先,再次为网络询价,最后才是委托评估,但依据法律、行政法规规定必须委托评估的,应当直接评估。首先应遵循法定优先原则,只要是法律、行政法规规定必须进行委托评估的,就只能采取委托评估的方式,不得采取其他方式。其次应遵循意思自治原则,双方当事人协商确定采取哪种方式就采取哪种方式,但如果处置的财产不能通过该种方式确定参考价的除外。最后应遵循客观实际原则,如果一方当事人拒绝议价或者下落不明,就不能采用当事人议价的方式,如果财产没有计税基准价、政府定价、政府指导价的,就不能采用定向询价的方式,如果财产需要由专业人员现场勘验或鉴定,不能采用网络询价的方式。总之,如果不存在前面所述的特殊情况,就应依照顺序逐一采取。

双方当事人协商以物抵债是一种私法行为,属于执行和解的一种形式,人民法院应当审查执行当事人抵债行为是否触犯第三人权益,不得依据该协议作出以物抵债裁定。

评估报告的有效期按照评估报告载明的期限确定。进入拍卖程序后,评估报告有效期届满不影响后续拍卖、变卖和以物抵债程序的继续进行。但拍卖时间过长或市场行情发生重大变化的，应当重新评估，按重新评估的价格进行拍卖。评估报告已过期，但申请执行人和被执行人均无异议的情况下，人民法院仍可以参照该评估报告确定拍卖保留价。

即使标的物已经流拍、解封并退还给被执行人，也不意味着被执行人可以不再履行生效法律文书确定的义务，更不意味着该标的物丧失了可执行性，只要申请执行人的债权未得到全部受偿，执行法院便可依职权或依申请对被执行人的包括已解封、退还的财产在内的可执行财产采取执行措施。

对拍卖财产进行评估，只是辅助执行法院确定拍卖保留价的手段，评估后最终成交价格仍需由市场检验，故评估结果出具后，被执行人仅以评估价格严重低于真实价格为由请求重新评估或拍卖的，法院不予支持。

因法院的法律文书导致物权变更、转让的，自法律文书等生效时发生法律效力，竞买人虽通过拍卖竞价与拍卖机构签订了《拍卖成交确认合同》，并支付了全部成交款，但未取得足以导致物权变动的具有形成效力的拍卖不动产物权转移的裁定，故竞买人此时未取得拍卖房屋的所有权，执行法院有权撤销该拍卖程序。

第三节　协助执行

【工作内容】

协助执行是指人民法院在执行生效法律文书的过程中，根据执行工作的需要，由人民法院以外的单位和个人协助执行发生法律效力的法律文书所确定的内容的法律行为。

一、文书制作送达

采取查封、扣押、冻结措施需要有关单位或者个人协助的，人民法院应当制作协助执行通知书，连同裁定书副本一并送达协助执行人。查封、扣押、冻结裁定书和协助执行通知书送达时发生法律效力。

二、其他单位的协助义务概述

行政机关根据人民法院的协助执行通知书实施的行为，是行政机关必须履行的法定协助义务。

对人民法院查封或者预查封的土地使用权、房屋，国土资源、房地产管理部门应当及时办理查封或者预查封登记。国土资源、房地产管理部门在协助人民法院执行土地使用权、房屋时，不对生效法律文书和协助执行通知书进行实体审查。国土资源、房地产管理部门认为人民法院查封、预查封或者处理的土地、房屋权属错误的，可以向人民法院提出审查建议，但不应当停止办理协助执行事项。

人民法院查询被执行人在金融机构的存款时，金融机构应当立即协助办理查询事宜，不需办理签字手续，对于查询的情况，由经办人签字确认。

人民法院对已经办理查封登记手续的被执行人机动车未能实际扣押的，可以责令被执行人或实际占有人限期交出车辆，也可以依照相关规定通知有关单位协助查找。

工商行政管理机关对按人民法院要求协助执行产生的后果，不承担责任。

当事人、案外人对工商行政管理机关协助执行的行为不服，提出异议或者行政复议的，工商行政管理机关不予受理；向人民法院起诉的，人民法院不予受理。当事人、案外人认为人民法院协助执行要求存在错误的，应当按照民事诉讼法第二百三十二条之规定，向人民法院提出执行异议，人民法院应当受理。当事人认为工商行政管理机关在协助执行时扩大了范围或者违法采取措施造成其损害，提起行政诉讼的，人民法院应当受理。

人民法院在办理案件过程中，需要通过证券登记结算机构或者证券公司查询、冻结、扣划证券和证券交易结算资金的，证券登记结算机构或者证券公司应当依法予以协助。

人民法院要求证券登记结算机构或者证券公司协助查询、冻结、扣划证券和证券交易结算资金，执行人员应当依法出具相关证件和有效法律文书。执行人员证件齐全、手续完备的，证券登记结算机构或者证券公司应当签收有关法律文书并协助办理有关事项。在证券公司托管的证券的冻结、扣划，既可以在托管的证券公司办理，也可以在证券登记结算机构办理。不同的执法机关同一交易日分别在证券公司、证券登记结算机构对同一笔证券办理冻结、扣划手续的，证券公司协助办理的为在先冻结、扣划。冻结、扣划未在证券公司或者其他托管机构托管的证券或者证券公司自营证券的，由证券登记结算机构协助办理。

三、异地执行的协助

人民法院在异地执行时，当地人民法院应当积极配合，协同排除障碍，保证执行人员的人身安全和执行装备、执行标的物不受侵害。

异地执行发生执行突发事件的，执行人员应当在第一时间将有关情况通报发生地法院，发生地法院应当积极协助组织开展应急处理工作。发生地法院必须立即派员赶赴现场，同时报告当地党委和政府，协调公安等有关部门出警控制现场，采取有效措施进行控制，防止事态恶化。

以军队单位或军人、军属为被执行人的，可通过部队组织督促被执行人履行法定义务，必要时可以请部队所在地的军事法院协助执行。

四、不履行协助义务的妨害执行责任

若有关部门和人员不协助执行，执行人员应当告知其相关法律规定，做好说服教育工作；仍拒不协助的，依法采取有关强制措施。

有义务协助调查、执行的单位有下列行为之一的，人民法院除责令其履行协助义务外，并可以予以罚款：（1）有关单位拒绝或者妨碍人民法院调查取证的；（2）有关单位接到人民法院协助执行通知书后，拒不协助查询、扣押、冻结、划拨、变价财产的；（3）有关单位接到人民法院协助执行通知书后，拒不协助扣留被执行人的收入、办理有关财产权证照转移手续、转交有关票证、证照或者其他财产的；（4）其他拒绝协助执行的。人民法院对有前款规定的行为之一的单位，可以对其主要负责人或者直接责任人员予以罚款；对仍不履行协助义务的，可以予以拘留；并可以向监察机关或者有关机关提出予以纪律处分的司法建议。

有关单位接到人民法院协助执行通知书后，有下列行为之一的，人民法院可以适用民事诉讼法第一百一十四条的规定处理：（1）允许被执行人高消费的；（2）允许被执行人出境的；（3）拒不停止办理有关财产权证照转移手

续、权属变更登记、规划审批等手续的；（4）以需要内部请示、内部审批、有内部规定等为由拖延办理的。

依法应当予以协助而拒绝协助，或者向当事人通风报信，或者与当事人通谋转移、隐匿财产的，对有关的证券登记结算机构或者证券公司和直接责任人应当依法进行制裁。

金融机构擅自解冻被人民法院冻结的款项，致冻结款项被转移的，人民法院有权责令其限期追回已转移的款项。在限期内未能追回的，应当裁定该金融机构在转移的款项范围内以自己的财产向申请执行人承担责任。

有关单位收到人民法院协助执行被执行人收入的通知后，擅自向被执行人或其他人支付的，人民法院有权责令其限期追回；逾期未追回的，应当裁定其在支付的数额内向申请执行人承担责任。

被执行人或其他人擅自处分已被查封、扣押、冻结财产的，人民法院有权责令责任人限期追回财产或承担相应的赔偿责任。

有关企业收到人民法院发出的协助冻结通知后，擅自向被执行人支付股息或红利，或擅自为被执行人办理已冻结股权的转移手续，造成已转移的财产无法追回的，应当在所支付的股息或红利或转移的股权价值范围内向申请执行人承担责任。

有关单位或公民持有法律文书指定交付的财物或票证，在接到人民法院协助执行通知书或通知书后，协同被执行人转移财物或票证的，人民法院有权责令其限期追回；逾期未追回的，应当裁定其承担赔偿责任。

对人民法院的判决、裁定有能力执行而拒不执行，情节严重的，处三年以下有期徒刑、拘役或者罚金；情节特别严重的，处三年以上七年以下有期徒刑，并处罚金。单位犯前款罪的，对单位判处罚金，并对其直接负责的主管人员和其他直接责任人员，依照前款的规定处罚。

下列情形属于"有能力执行而拒不执行，情节严重"的情形：（1）被执行人隐藏、转移、故意毁损财产或者无偿转让财产、以明显不合理的低价转让财产，致使判决、裁定无法执行的；（2）担保人或者被执行人隐藏、转移、故意毁损或者转让已向人民法院提供担保的财产，致使判决、裁定无法执行的；（3）协助执行义务人接到人民法院协助执行通知书后，拒不协助执行，致使判决、裁定无法执行的；（4）被执行人、担保人、协助执行义务人与国家机关工作人员通谋，利用国家机关工作人员的职权妨害执行，致使判决、裁定无法执行的；（5）其他有能力执行而拒不执行，情节严重的情形。国家机关工作人员有上述第四项行为的，以拒不执行判决、裁定罪的共犯追究刑事责任。

【常用法律、司法解释及相关规定】

《中华人民共和国民事诉讼法》（2021年修正）

第一百一十四条 诉讼参与人或者其他人有下列行为之一的，人民法院可以根据情节轻重予以罚款、拘留；构成犯罪的，依法追究刑事责任：

（一）伪造、毁灭重要证据，妨碍人民法院审理案件的；

（二）以暴力、威胁、贿买方法阻止证人作证或者指使、贿买、胁迫他人作伪证的；

（三）隐藏、转移、变卖、毁损已被查封、扣押的财产，或者已被清点并责令其保管的财产，转移已被冻结的财产的；

（四）对司法工作人员、诉讼参加人、证人、翻译人员、鉴定人、勘验人、协助执行的人，进行侮辱、诽谤、诬陷、殴打或者打击报复的；

（五）以暴力、威胁或者其他方法阻碍司法工作人员执行职务；

（六）拒不履行人民法院已经发生法律效力的判决、裁定的。

人民法院对有前款规定的行为之一的单位，可以对其主要负责人或者直接责任人员予以罚款、拘留；构成犯罪的，依法追究刑事责任。

第一百一十七条 有义务协助调查、执行的单位有下列行为之一的，人民法院除责令其履行协助义务外，并可以予以罚款：

（一）有关单位拒绝或者妨碍人民法院调查取证的；

（二）有关单位接到人民法院协助执行通知书后，拒不协助查询、扣押、冻结、划拨、变价财产的；

（三）有关单位接到人民法院协助执行通知书后，拒不协助扣留被执行人的收入、办理有关财产权证照转移手续、转交有关票证、证照或者其他财产的；

（四）其他拒绝协助执行的。

人民法院对有前款规定的行为之一的单位，可以对其主要负责人或者直接责任人员予以罚款；对仍不履行协助义务的，可以予以拘留；并可以向监察机关或者有关机关提出予以纪律处分的司法建议。

第二百四十九条 被执行人未按执行通知履行法律文书确定的义务，人民法院有权向有关单位查询被执行人的存款、债券、股票、基金份额等财产情况。人民法院有权根据不同情形扣押、冻结、划拨、变价被执行人的财产。人民法院查询、扣押、冻结、划拨、变价的财产不得超出被执行人应当履行义务的范围。

人民法院决定扣押、冻结、划拨、变价财产，应当作出裁定，并发出协助执行通知书，有关单位必须办理。

第二百五十条 被执行人未按执行通知履行法律文书确定的义务，人民法院有权扣留、提取被执行人应当履行义务部分的收入。但应当保留被执行人及其所扶养家属的生活必需费用。

第二百五十六条 法律文书指定交付的财物或者票证，由执行员传唤双方当事人当面交付，或者由执行员转交，并由被交付人签收。

有关单位持有该项财物或者票证的，应当根据人民法院的协助执行通知书转交，并由被交付人签收。

有关公民持有该项财物或者票证的，人民法院通知其交出。拒不交出的，强制执行。

第二百五十八条 在执行中，需要办理有关财产权证照转移手续的，人民法院可以向有关单位发出协助执行通知书，有关单位必须办理。

第二百六十二条 被执行人不履行法律文书确定的义务的，人民法院可以对其采取或者通知有关单位协助采取限制出境，在征信系统记录、通过媒体公布不履行义务信息以及法律规定的其他措施。

《最高人民法院关于适用〈中华人民共和国民事诉讼法〉的解释》（2022年修正）

第一百七十九条 被拘留人不在本辖区的，作出拘留决定的人民法院应当派员到被拘留人所在地的人民法院，请该院协助执行，受委托的人民法院应当及时派员协助执行。被拘留人申请复议或者在拘留期间承认并改正错误，需要提前解除拘留的，受委托人民法院应当向委托人民法院转达或者提出建议，由委托人民法院审查决定。

第一百八十八条 民事诉讼法第一百一十一条第一款第六项规定的拒不履行人民法院已经发生法律效力的判决、裁定的行为,包括:

(一) 在法律文书发生法律效力后隐藏、转移、变卖、毁损财产或者无偿转让财产、以明显不合理的价格交易财产、放弃到期债权、无偿为他人提供担保等,致使人民法院无法执行的;

(二) 隐藏、转移、毁损或者未经人民法院允许处分已向人民法院提供担保的财产的;

(三) 违反人民法院限制高消费令进行消费的;

(四) 有履行能力而拒不按照人民法院执行通知履行生效法律文书确定的义务的;

(五) 有义务协助执行的个人接到人民法院协助执行通知书后,拒不协助执行的。

第一百八十九条 诉讼参与人或者其他人有下列行为之一的,人民法院可以适用民事诉讼法第一百一十一条的规定处理:

(一) 冒充他人提起诉讼或者参加诉讼的;

(二) 证人签署保证书后作虚假证言,妨碍人民法院审理案件的;

(三) 伪造、隐藏、毁灭或者拒绝交出有关被执行人履行能力的重要证据,妨碍人民法院查明被执行人财产状况的;

(四) 擅自解冻已被人民法院冻结的财产的;

(五) 接到人民法院协助执行通知书后,给当事人通风报信,协助其转移、隐匿财产的。

第一百九十二条 有关单位接到人民法院协助执行通知书后,有下列行为之一的,人民法院可以适用民事诉讼法第一百一十四条规定处理:

(一) 允许被执行人高消费的;

(二) 允许被执行人出境的;

(三) 拒不停止办理有关财产权证照转移手续、权属变更登记、规划审批等手续的;

(四) 以需要内部请示、内部审批,有内部规定等为由拖延办理的。

第四百八十二条 对必须接受调查询问的被执行人、被执行人的法定代表人、负责人或者实际控制人,经依法传唤无正当理由拒不到场的,人民法院可以拘传其到场。

人民法院应当及时对被拘传人进行调查询问，调查询问的时间不得超过八小时；情况复杂，依法可能采取拘留措施的，调查询问的时间不得超过二十四小时。

人民法院在本辖区以外采取拘传措施时，可以将被拘传人拘传到当地人民法院，当地人民法院应予协助。

第四百八十三条 人民法院有权查询被执行人的身份信息与财产信息，掌握相关信息的单位和个人必须按照协助执行通知书办理。

第四百八十七条 拍卖评估需要对现场进行检查、勘验的，人民法院应当责令被执行人、协助义务人予以配合。被执行人、协助义务人不予配合的，人民法院可以强制进行。

第四百九十三条 他人持有法律文书指定交付的财物或者票证，人民法院依照民事诉讼法第二百四十九条第二款、第三款规定发出协助执行通知后，拒不转交的，可以强制执行，并可依照民事诉讼法第一百一十四条、第一百一十五条规定处理。

他人持有期间财物或者票证毁损、灭失的，参照本解释第四百九十四条规定处理。

他人主张合法持有财物或者票证的，可以根据民事诉讼法第二百二十七条规定提出执行异议。

《最高人民法院关于人民法院执行工作若干问题的规定（试行）》（2020年修正）

26. 金融机构擅自解冻被人民法院冻结的款项，致冻结款项被转移的，人民法院有权责令其限期追回已转移的款项。在限期内未能追回的，应当裁定该金融机构在转移的款项范围内以自己的财产向申请执行人承担责任。

28. 作为被执行人的自然人，其收入转为储蓄存款的，应当责令其交出存单。拒不交出的，人民法院应当作出提取其存款的裁定，向金融机构发出协助执行通知书，由金融机构提取被执行人的存款交人民法院或存入人民法院指定的帐户。

29. 被执行人在有关单位的收入尚未支取的，人民法院应当作出裁定，向该单位发出协助执行通知书，由其协助扣留或提取。

30. 有关单位收到人民法院协助执行被执行人收入的通知后，擅自向被执行人或其他人支付的，人民法院有权责令其限期追回；逾期未追回的，应当裁定其在支付的数额内向申请执行人承担责任。

35. 被执行人不履行生效法律文书确定的义务，人民法院有权裁定禁止被执行人转让其专利权、注册商标专用权、著作权（财产权部分）等知识产权。上述权利有登记主管部门的，应当同时向有关部门发出协助执行通知书，要求其不得办理财产权转移手续，必要时可以责令被执行人将产权或使用权证照交人民法院保存。

对前款财产权，可以采取拍卖、变卖等执行措施。

36. 对被执行人从有关企业中应得的已到期的股息或红利等收益，人民法院有权裁定禁止被执行人提取和有关企业向被执行人支付，并要求有关企业直接向申请执行人支付。

对被执行人预期从有关企业中应得的股息或红利等收益，人民法院可以采取冻结措施，禁止到期后被执行人提取和有关企业向被执行人支付。到期后人民法院可从有关企业中提取，并出具提取收据。

40. 有关企业收到人民法院发出的协助冻结通知后，擅自向被执行人支付股息或红利，或擅自为被执行人办理已冻结股权的转移手续，造成已转移的财产无法追回的，应当在所支付的股息或红利或转移的股权价值范围内向申请执行人承担责任。

42. 有关组织或者个人持有法律文书指定交付的财物或票证，在接到人民法院协助执行通知书或通知书后，协同被执行人转移财物或票证的，人民法院有权责令其限期追回；逾期未追回的，应当裁定其承担赔偿责任。

72. 上级法院发现下级法院在执行中作出的裁定、决定、通知或具体执行行为不当或有错误的，应当及时指令下级法院纠正，并可以通知有关法院暂缓执行。

下级法院收到上级法院的指令后必须立即纠正。如果认为上级法院的指令有错误，可以在收到该指令后五日内请求上级法院复议。

上级法院认为请求复议的理由不成立，而下级法院仍不纠正的，上级法院可直接作出裁定或决定予以纠正，送达有关法院及当事人，并可直接向有关单位发出协助执行通知书。

《最高人民法院关于人民法院民事执行中查封、扣押、冻结财产的规定》
(2020 年修正)

第一条 人民法院查封、扣押、冻结被执行人的动产、不动产及其他财产权，应当作出裁定，并送达被执行人和申请执行人。

采取查封、扣押、冻结措施需要有关单位或者个人协助的，人民法院应当制作协助执行通知书，连同裁定书副本一并送达协助执行人。查封、扣押、冻结裁定书和协助执行通知书送达时发生法律效力。

第二十三条 查封、扣押、冻结协助执行通知书在送达登记机关时，登记机关已经受理被执行人转让不动产、特定动产及其他财产的过户登记申请，尚未完成登记的，应当协助人民法院执行。人民法院不得对登记机关已经完成登记的被执行人已转让的财产实施查封、扣押、冻结措施。

查封、扣押、冻结协助执行通知书在送达登记机关时，其他人民法院已向该登记机关送达了过户登记协助执行通知书的，应当优先办理过户登记。

第二十六条 对已被人民法院查封、扣押、冻结的财产，其他人民法院可以进行轮候查封、扣押、冻结。查封、扣押、冻结解除的，登记在先的轮候查封、扣押、冻结即自动生效。

其他人民法院对已登记的财产进行轮候查封、扣押、冻结的，应当通知有关登记机关协助进行轮候登记，实施查封、扣押、冻结的人民法院应当允许其他人民法院查阅有关文书和记录。

其他人民法院对没有登记的财产进行轮候查封、扣押、冻结的，应当制作笔录，并经实施查封、扣押、冻结的人民法院执行人员和被执行人签字，或者书面通知实施查封、扣押、冻结的人民法院。

第二十八条 有下列情形之一的，人民法院应当作出解除查封、扣押、冻结裁定，并送达申请执行人、被执行人或者案外人：

（一）查封、扣押、冻结案外人财产的；

（二）申请执行人撤回执行申请或者放弃债权的；

（三）查封、扣押、冻结的财产流拍或者变卖不成，申请执行人和其他执行债权人又不同意接受抵债的；

（四）债务已经清偿的；

（五）被执行人提供担保且申请执行人同意解除查封、扣押、冻结的；

（六）人民法院认为应当解除查封、扣押、冻结的其他情形。

解除以登记方式实施的查封、扣押、冻结的，应当向登记机关发出协助执行通知书。

《最高人民法院关于网络查询、冻结被执行人存款的规定》（2013年9月2日施行　法释〔2013〕20号）

第三条　人民法院通过网络查询被执行人存款时，应当向金融机构传输电子协助查询存款通知书。多案集中查询的，可以附汇总的案件查询清单。

对查询到的被执行人存款需要冻结或者续行冻结的，人民法院应当及时向金融机构传输电子冻结裁定书和协助冻结存款通知书。

对冻结的被执行人存款需要解除冻结的，人民法院应当及时向金融机构传输电子解除冻结裁定书和协助解除冻结存款通知书。

第四条　人民法院向金融机构传输的法律文书，应当加盖电子印章。

作为协助执行人的金融机构完成查询、冻结等事项后，应当及时通过网络向人民法院回复加盖电子印章的查询、冻结等结果。

人民法院出具的电子法律文书、金融机构出具的电子查询、冻结等结果，与纸质法律文书及反馈结果具有同等效力。

第五条　人民法院通过网络查询、冻结、续冻、解冻被执行人存款，与执行人员赴金融机构营业场所查询、冻结、续冻、解冻被执行人存款具有同等效力。

第九条　人民法院具备相应网络扣划技术条件，并与金融机构协商一致的，可以通过网络执行查控系统采取扣划被执行人存款措施。

第十条　人民法院与工商行政管理、证券监管、土地房产管理等协助执行单位已建立网络执行查控机制，通过网络执行查控系统对被执行人股权、股票、证券账户资金、房地产等其他财产采取查控措施的，参照本规定执行。

《最高人民法院、国土资源部、建设部关于依法规范人民法院执行和国土资源房地产管理部门协助执行若干问题的通知》（2004年3月1日施行　法发〔2004〕5号）

一、人民法院在办理案件时，需要国土资源、房地产管理部门协助执行的，国土资源、房地产管理部门应当按照人民法院的生效法律文书和协助执行通知书办理协助执行事项。

国土资源、房地产管理部门依法协助人民法院执行时，除复制有关材料所必需的工本费外，不得向人民法院收取其他费用。登记过户的费用按照国家有关规定收取。

二、人民法院对土地使用权、房屋实施查封或者进行实体处理前，应当向国土资源、房地产管理部门查询该土地、房屋的权属。

人民法院执行人员到国土资源、房地产管理部门查询土地、房屋权属情况时，应当出示本人工作证和执行公务证，并出具协助查询通知书。

人民法院执行人员到国土资源、房地产管理部门办理土地使用权或者房屋查封、预查封登记手续时，应当出示本人工作证和执行公务证，并出具查封、预查封裁定书和协助执行通知书。

三、对人民法院查封或者预查封的土地使用权、房屋，国土资源、房地产管理部门应当及时办理查封或者预查封登记。

国土资源、房地产管理部门在协助人民法院执行土地使用权、房屋时，不对生效法律文书和协助执行通知书进行实体审查。国土资源、房地产管理部门认为人民法院查封、预查封或者处理的土地、房屋权属错误的，可以向人民法院提出审查建议，但不应当停止办理协助执行事项。

《最高人民法院、中国人民银行关于依法规范人民法院执行和金融机构协助执行的通知》（2000年9月4日施行　法发〔2000〕21号）

一、人民法院查询被执行人在金融机构的存款时，执行人员应当出示本人工作证和执行公务证，并出具法院协助查询存款通知书。金融机构应当立即协助办理查询事宜，不需办理签字手续，对于查询的情况，由经办人签字确认。对协助执行手续完备拒不协助查询的，按照民事诉讼法第一百零二条规定处理。

人民法院对查询到的被执行人在金融机构的存款，需要冻结的，执行人员应当出示本人工作证和执行公务证，并出具法院冻结裁定书和协助冻结存款通知书。金融机构应当立即协助执行。对协助执行手续完备拒不协助冻结的，按照民事诉讼法第一百零二条规定处理。

人民法院扣划被执行人在金融机构存款的，执行人员应当出示本人工作证和执行公务证，并出具法院扣划裁定书和协助扣划存款通知书，还应当附生效法律文书副本。金融机构应当立即协助执行。对协助执行手续完备拒不协助扣划的,按照民事诉讼法第一百零二条规定处理。

人民法院查询、冻结、扣划被执行人在金融机构的存款时,可以根据工作情况要求存款人开户的营业场所的上级机构责令该营业场所做好协助执行工作,但不得要求该上级机构协助执行。

二、人民法院要求金融机构协助冻结、扣划被执行人的存款时,冻结、扣划裁定和协助执行通知书适用留置送达的规定。

四、金融机构在接到人民法院的协助执行通知书后,向当事人通风报信,致使当事人转移存款的,法院有权责令该金融机构限期追回,逾期未追回的,按照民事诉讼法第一百零二条的规定予以罚款、拘留;构成犯罪的,依法追究刑事责任,并建议有关部门给予行政处分。

十、有关人民法院在执行由两个人民法院或者人民法院与仲裁、公证等有关机构就同一法律关系作出的两份或者多份生效法律文书的过程中,需要金融机构协助执行的,金融机构应当协助最先送达协助执行通知书的法院,予以查询、冻结,但不得扣划。有关人民法院应当就该两份或多份生效法律文书上报共同上级法院协调解决,金融机构应当按照共同上级法院的最终协调意见办理。

《最高人民法院关于人民法院预防和处理执行突发事件的若干规定(试行)》(2009年10月1日施行　法发〔2009〕50号)

第十八条　异地执行发生执行突发事件的,执行人员应当在第一时间将有关情况通报发生地法院,发生地法院应当积极协助组织开展应急处理工作。发生地法院必须立即派员赶赴现场,同时报告当地党委和政府,协调公安等有关部门出警控制现场,采取有效措施进行控制,防止事态恶化。

《最高人民法院关于进一步加强人民法院涉军案件审判工作的通知》(2010年7月28日施行　法〔2010〕254号)

第十条　确保生效裁判的及时执行。切实加强涉军案件执行工作,保障当事人合法权益。在向军队一方当事人送达裁判文书时,要释明有关法律规定,指导其及时申请执行;军队一方为申请执行人的,要加大执行力度,必要时可请上级人民法院提级执行;军队一方为被执行人的,可通过部队组织督促被执行人履行法定义务,必要时可以请部队所在地的军事法院协助执行。

《最高人民法院关于民事执行中财产调查若干问题的规定》（2020 年修正）

第十六条 人民法院对已经办理查封登记手续的被执行人机动车、船舶、航空器等特定动产未能实际扣押的，可以依照相关规定通知有关单位协助查找。

《最高人民法院、国家工商总局关于加强信息合作规范执行与协助执行的通知》（2014 年 10 月 10 日施行　法〔2014〕251 号）

18. 工商行政管理机关对按人民法院要求协助执行产生的后果，不承担责任。

当事人、案外人对工商行政管理机关协助执行的行为不服，提出异议或者行政复议的，工商行政管理机关不予受理；向人民法院起诉的，人民法院不予受理。

当事人、案外人认为人民法院协助执行要求存在错误的，应当按照民事诉讼法第二百二十五条之规定，向人民法院提出执行异议，人民法院应当受理。

当事人认为工商行政管理机关在协助执行时扩大了范围或者违法采取措施造成其损害，提起行政诉讼的，人民法院应当受理。

《最高人民法院、最高人民检察院、公安部、中国证券监督管理委员会关于查询冻结扣划证券和证券交易结算资金问题通知》（2008 年 1 月 10 日发布　法发〔2008〕4 号）

第一条 人民法院、人民检察院、公安机关在办理案件过程中，按照法定权限需要通过证券登记结算机构或者证券公司查询、冻结、扣划证券和证券交易结算资金的，证券登记结算机构或者证券公司应当依法予以协助。

第十五条 依法应当予以协助而拒绝协助，或者向当事人通风报信，或者与当事人通谋转移、隐匿财产的，对有关的证券登记结算机构或者证券公司和直接责任人应当依法进行制裁。

【重点提示】

一、网络执行协助注意事项

人民法院通过网络协助执行出具的电子法律文书、各协助机构出具的电子查询、控制、处分等结果，与纸质法律文书及反馈结果具有同等效力。

二、多个有权机关轮候冻结的协助顺序

实践中，执行法院对同一种类的有权机关冻结的协助顺序，以送达协助执行通知书的先后顺序确定顺位。

三、协助执行的费用

协助执行的单位和个人，不得向执行法院收取协助执行费用，但法律法规另有规定的除外，如国土资源、房地产管理部门依法协助人民法院执行时，除复制有关材料所必需的工本费之外，不得向执行法院收取其他费用。登记过户费用按照国家有关规定收取。

第五章 常见几种类型财产的执行

可供执行财产的控制和处置是执行程序的核心内容，也是执行人员履行职责的重要体现。本章旨在通过介绍常见财产的控制和处置方式，指引实施具体执行工作。

第一节 银行账户存款的执行

存款是存款人在保留所有权的条件下，把使用权暂时转让给银行或其他金融机构的资金或货币。存款按期限可分为活期存款和定期存款，按存款者身份可分为单位存款和个人存款。

对于存款的执行是执行人员实施执行的基础性工作，也是最为普遍的执行实施方式。本节主要介绍银行账户存款的具体执行操作。

【工作内容】

一、网络查询后的存款控制（冻结、划拨、继续冻结、解除冻结）

执行人员制作电子版执行裁定书，随机生成电子版协助执行通知书→提交文书呈批→加盖电子印章流转至银行→银行反馈信息（已控：成功；未控：失败）。

根据《最高人民法院关于人民法院民事执行中查封、扣押、冻结财产的规定》第十九条，执行人员可根据案件实际情况自行填写控制存款的限额，但不可严重超出案件执行标的额。同时，应当注意上述操作应在当日全部完成，避免因流转至银行的法律文书超期，导致无法控制银行账户存款。

二、传统查控中的存款控制（冻结、划拨、继续冻结、解除冻结）

执行人员制作纸质版执行裁定书及协助冻结、划拨、解除存款通知书→将执行裁定书提请审批→审批通过后的执行裁定书，连同协助冻结、划拨、解除通知书加盖印章，并由两位执行人员携带各自的工作证及执行公务证，至被执行人的开户银行办理→银行完成协助事项后填写协助冻结、划拨、解除通知书回执反馈执行人员。

【常用法律、司法解释及相关规定】

《中华人民共和国民事诉讼法》（2021年修正）

第二百四十九条　被执行人未按执行通知履行法律文书确定的义务，人民法院有权向有关单位查询被执行人的存款、债券、股票、基金份额等财产情况。人民法院有权根据不同情形扣押、冻结、划拨、变价被执行人的财产。人民法院查询、扣押、冻结、划拨、变价的财产不得超出被执行人应当履行义务的范围。

人民法院决定扣押、冻结、划拨、变价财产，应当作出裁定，并发出协助执行通知书，有关单位必须办理。

第二百五十一条　被执行人未按执行通知履行法律文书确定的义务，人民法院有权查封、扣押、冻结、拍卖、变卖被执行人应当履行义务部分的财产。但应当保留被执行人及其所扶养家属的生活必需品。

采取前款措施，人民法院应当作出裁定。

《最高人民法院关于适用〈中华人民共和国民事诉讼法〉的解释》（2022年修正）

第四百八十五条　人民法院冻结被执行人的银行存款的期限不得超过一年，查封、扣押动产的期限不得超过两年，查封不动产、冻结其他财产权的期限不得超过三年。

申请执行人申请延长期限的，人民法院应当在查封、扣押、冻结期限届满前办理续行查封、扣押、冻结手续，续行期限不得超过前款规定的期限。

人民法院也可以依职权办理续行查封、扣押、冻结手续。

《最高人民法院关于人民法院民事执行中查封、扣押、冻结财产的规定》（2020年修正）

第一条　人民法院查封、扣押、冻结被执行人的动产、不动产及其他财产权，应当作出裁定，并送达被执行人和申请执行人。

采取查封、扣押、冻结措施需要有关单位或者个人协助的，人民法院应当制作协助执行通知书，连同裁定书副本一并送达协助执行人。查封、扣押、冻结裁定书和协助执行通知书送达时发生法律效力。

第十七条　查封、扣押、冻结被执行人的财产，以其价额足以清偿法律文书确定的债权额及执行费用为限，不得明显超标的额查封、扣押、冻结。

发现超标的额查封、扣押、冻结的，人民法院应当根据被执行人的申请或者依职权，及时解除对超标的额部分财产的查封、扣押、冻结，但该财产为不可分物且被执行人无其他可供执行的财产或者其他财产不足以清偿债务的除外。

《人民法院、银行业金融机构网络执行查控工作规范》（2015年11月13日　法释〔2015〕321号）

第十四条　执行法院扣划被执行人已经被冻结的存款，无需先行解除原冻结措施。

《最高人民法院、中国人民银行关于依法规范人民法院执行和金融机构协助执行的通知》（2000年9月4日施行　法发〔2000〕21号）

第一条第二款　人民法院对查询到的被执行人在金融机构的存款，需要冻结的，执行人员应当出示本人工作证和执行公务证，并出具法院冻结裁定书和协助冻结存款通知书。金融机构应当立即协助执行。对协助执行手续完备拒不协助冻结的，按照《中华人民共和国民事诉讼法》第一百零二条规定处理。

【重点提示】

对于尚未到期的定期存款，人民法院可以冻结该存款账户。如该定期存款足以清偿案件执行标的，人民法院可直接划拨处置。如该定期存款不足以清偿案件执行标的，人民法院则应考虑定期存款的到期日，结合案件审限、执行标的等相关情况予以处置。例如，距定期存款的到期日超过半年，而案件的审理期限不足半年，则人民法院可直接划拨该账户内的存款执行；再如距定期存款的到期日临近届满，而到期后的本息总额可将该案执行完毕，则人民法院可待定期存款到期本息确定总额后，再行划拨处置。人民法院因划拨处置尚未到期的定期存款，对被执行人所造成的利息损失，由被执行人自行负担。

对于保证金专用账户的执行，人民法院应当从以下两个方面加以把握。第一，该账户是否特定化。保证金账户应以特户、封金、保证金等形式加以特定，不得由他人自由支配，即他人不能自由流转该账户的资金。否则，该账户不满足特定化的法定形式。人民法院对于不满足特定化法定形式的账户，可以依法冻结、划拨存款执行。第二，该账户内的资金是否移交权利人占有。保证金账户的开户银行应与权利人银行一致，且应对权利人使用保证金还款加以授权，视为账户内资金移交占有，否则在不满足转移占有的条件下，人民法院可以依法冻结、划拨存款执行。

人民法院对于处置工资、养老金等涉及公民生存条件的账户资金时，应当注意为被执行人保留一定的生活费用。

第二节　车辆的执行

车辆是指陆地轮式、链式和轨道式运输工具的总称。在人民法院执行案件中常见的一般车辆主要是指汽车和摩托车。本节主要介绍一般车辆的具体执行操作。

【工作内容】

一、查封车辆

执行人员根据总对总查控获得的车辆信息，制作纸质版执行裁定书及协助执行通知书→将执行裁定书提请审批→审批通过后的执行裁定书，连同协助执行通知书加盖印章，并由两位执行人员携带各自的工作证及执行公务证，至被执行人车辆所在的车辆管理部门办理→车辆管理部门完成协助事项后在送达回证上签名盖章反馈执行人员。

另外，根据《最高人民法院关于民事执行中财产调查若干问题的规定》第十六条，另外，人民法院在查封车辆时，可以一并在执行裁定书及协助执行通知书中要求协助单位在车辆年检时协助扣留车辆。

二、扣押车辆

执行人员制作纸质版执行裁定书及扣押清单，将执行裁定书提请审批→通知被执行人及其相关人员到场→由两位执行人员携带各自的工作证及执行公务证将审批通过后的执行裁定书，连同扣押清单加盖印章送达双方当事人→制作执行笔录并拍照留存标的物现状→由法院实际保管或指定第三人、被执行人、申请执行人保管。

另外，根据《最高人民法院关于人民法院民事执行中查封、扣押、冻结财产的规定》第一条、第二条、第六条、第九条、第十条、第十八条，法院扣押车辆应当出具执行裁定书、扣押清单，制作执行笔录、保留现场标的物照片。扣押清单应当列明车辆牌照、发动机编号、行驶里程、现场扣押车辆时存在的瑕疵情况、车辆内其他物品，同时及时加贴封条。

【常用法律、司法解释及相关规定】

《中华人民共和国民事诉讼法》（2021年修正）

第二百五十一条 被执行人未按执行通知履行法律文书确定的义务，人民法院有权查封、扣押、冻结、拍卖、变卖被执行人应当履行义务部分的财产。但应当保留被执行人及其所扶养家属的生活必需品。

采取前款措施，人民法院应当作出裁定。

第二百五十二条 人民法院查封、扣押财产时，被执行人是公民的，应当通知被执行人或者他的成年家属到场；被执行人是法人或者其他组织的，应当通知其法定代表人或者主要负责人到场。拒不到场的，不影响执行。被执行人是公民的，其工作单位或者财产所在地的基层组织应当派人参加。

对被查封、扣押的财产，执行员必须造具清单，由在场人员签名或者盖章后，交被执行人一份。被执行人是公民的，也可以交他的成年家属一份。

《最高人民法院关于适用〈中华人民共和国民事诉讼法〉的解释》（2022年修正）

第四百八十五条 人民法院冻结被执行人的银行存款的期限不得超过一年，查封、扣押动产的期限不得超过两年，查封不动产、冻结其他财产权的期限不得超过三年。

申请执行人申请延长期限的，人民法院应当在查封、扣押、冻结期限届满前办理续行查封、扣押、冻结手续，续行期限不得超过前款规定的期限。

人民法院也可以依职权办理续行查封、扣押、冻结手续。

《最高人民法院关于人民法院民事执行中查封、扣押、冻结财产的规定》（2020年修正）

第一条 人民法院查封、扣押、冻结被执行人的动产、不动产及其他财产权，应当作出裁定，并送达被执行人和申请执行人。

采取查封、扣押、冻结措施需要有关单位或者个人协助的，人民法院应当制作协助执行通知书，连同裁定书副本一并送达协助执行人。查封、扣押、冻结裁定书和协助执行通知书送达时发生法律效力。

第二条 人民法院可以查封、扣押、冻结被执行人占有的动产、登记在被执行人名下的不动产、特定动产及其他财产权。

……

对于第三人占有的动产或者登记在第三人名下的不动产、特定动产及其他财产权，第三人书面确认该财产属于被执行人的，人民法院可以查封、扣押、冻结。

第六条 查封、扣押动产的，人民法院可以直接控制该项财产。人民法院将查封、扣押的动产交付其他人控制的，应当在该动产上加贴封条或者采取其他足以公示查封、扣押的适当方式。

第九条 扣押尚未进行权属登记的机动车辆时，人民法院应当在扣押清单上记载该机动车辆的发动机编号。该车辆在扣押期间权利人要求办理权属登记手续的，人民法院应当准许并及时办理相应的扣押登记手续。

第十条 查封、扣押的财产不宜由人民法院保管的，人民法院可以指定被执行人负责保管；不宜由被执行人保管的，可以委托第三人或者申请执行人保管。

由人民法院指定被执行人保管的财产，如果继续使用对该财产的价值无重大影响，可以允许被执行人继续使用；由人民法院保管或者委托第三人、申请执行人保管的，保管人不得使用。

第十八条　查封、扣押、冻结被执行人的财产时，执行人员应当制作笔录，载明下列内容：

（一）执行措施开始及完成的时间；

（二）财产的所在地、种类、数量；

（三）财产的保管人；

（四）其他应当记明的事项。

执行人员及保管人应当在笔录上签名，有民事诉讼法第二百四十五条规定的人员到场的，到场人员也应当在笔录上签名。

《最高人民法院关于民事执行中财产调查若干问题的规定》（2020年修正）

第十六条　人民法院对已经办理查封登记手续的被执行人机动车、船舶、航空器等特定动产未能实际扣押的，可以依照相关规定通知有关单位协助查找。

【重点提示】

人民法院在处置车辆前，执行人员应当调查以下事项：（1）车辆的交通违章及所需缴纳罚款的数额；（2）车辆违章的罚分情况；（3）车辆性质（营运或非营运）；（4）车辆注册时间；（5）车辆报废期限；（6）车辆年检情况；（7）车辆行驶里程；（8）车辆保险交纳情况；（9）车辆附属及辅助工具（如雪地轮胎、修车设备），并在拍卖公告中予以披露。

拍卖成交的车辆转移所有权时，该车辆有违法记录的，违法记录的罚款由法院从拍卖所得执行款中优先代缴，该违法记录的罚分由买受人自行处理。

如车辆经拍卖变卖未能成交，申请执行人同意以物抵债的，应告知由申请执行人自行负担车辆变更登记时所需缴纳的交通违章罚款及罚分。如申请执行人表示不愿承担的，人民法院则不宜裁定抵债。

人民法院可以执行登记在被执行人名下的车辆，也可以执行未登记在被执行人名下而由其实际占有的车辆。案外人对于法院查封、扣押上述车辆，可依法提出执行异议申请，人民法院通过执行异议程序处理。

对于特种车辆的执行，人民法院应在有关部门调查特种车辆的权属、性质、用途等情况。如该车辆不宜在市场流通，则由有关部门出具函件或说明，人民法院不宜执行。

第三节　不动产的执行

不动产是指实物形态的土地和附着于土地上的改良物，包括附着于地面或位于地上和地下的附属物。执行中，常见的不动产即房屋及所处土地。法院对于不动产的评估拍卖是实践中最常见的执行方式。法院对于不动产的执行，绝大多数应用于案件标的额较大的执行案件中。本节主要介绍房产及所处土地的具体执行操作。

【工作内容】

执行人员根据查控获得的不动产信息，制作纸质版执行裁定书及协助执行通知书→将执行裁定书提请审批→审批通过后的执行裁定书，连同协助执行通知书加盖印章，并由两位执行人员携带各自的工作证及执行公务证，至不动产所在登记管理部门办理→不动产登记管理部门完成协助事项后在送达回证上签名盖章反馈执行人员→在不动产显著位置加贴公告、封条。

不同地区不动产的登记管理部门不尽相同，且按照不动产登记的时间亦会出现由不同登记管理部门分别管理的情况。如执行人员下发的执行裁定书及协助执行通知书不能完全控制不动产，则可能会出现同一处房地分别由多家单位同时控制或抵押的情况，给法院的执行工作带来困扰。因此，执行中，执行人员应结合当地实际情况及不动产的登记时间来判断，分别向有关不动产登记管理部门下发执行裁定书及协助执行通知书，以便完全控制同一处房地利于下一步执行处置工作。

【常用法律、司法解释及相关规定】

《中华人民共和国民事诉讼法》(2021年修正)

第二百五十一条　被执行人未按执行通知履行法律文书确定的义务，人民法院有权查封、扣押、冻结、拍卖、变卖被执行人应当履行义务部分的财产。但应当保留被执行人及其所扶养家属的生活必需品。

采取前款措施，人民法院应当作出裁定。

《最高人民法院关于适用〈中华人民共和国民事诉讼法〉的解释》(2022年修正)

第四百八十五条　人民法院冻结被执行人的银行存款的期限不得超过一年，查封、扣押动产的期限不得超过两年，查封不动产、冻结其他财产权的期限不得超过三年。

申请执行人申请延长期限的，人民法院应当在查封、扣押、冻结期限届满前办理续行查封、扣押、冻结手续，续行期限不得超过前款规定的期限。

人民法院也可以依职权办理续行查封、扣押、冻结手续。

《最高人民法院关于人民法院办理执行异议和复议案件若干问题的规定》(2020年修正)

第三十一条　承租人请求在租赁期内阻止向受让人移交占有被执行的不动产，在人民法院查封之前已签订合法有效的书面租赁合同并占有使用该不动产的，人民法院应予支持。

承租人与被执行人恶意串通，以明显不合理的低价承租被执行的不动产或者伪造交付租金证据的，对其提出的阻止移交占有的请求，人民法院不予支持。

《最高人民法院关于人民法院民事执行中查封、扣押、冻结财产的规定》(2020年修正)

第一条　人民法院查封、扣押、冻结被执行人的动产、不动产及其他财产权，应当作出裁定，并送达被执行人和申请执行人。

采取查封、扣押、冻结措施需要有关单位或者个人协助的，人民法院应当制作协助执行通知书，连同裁定书副本一并送达协助执行人。查封、扣押、冻结裁定书和协助执行通知书送达时发生法律效力。

第二条 人民法院可以查封、扣押、冻结被执行人占有的动产、登记在被执行人名下的不动产、特定动产及其他财产权。

未登记的建筑物和土地使用权，依据土地使用权的审批文件和其他相关证据确定权属。

对于第三人占有的动产或者登记在第三人名下的不动产、特定动产及其他财产权，第三人书面确认该财产属于被执行人的，人民法院可以查封、扣押、冻结。

第三条 对于超过被执行人及其所扶养家属生活所必需的房屋和生活用品，人民法院根据申请执行人的申请，在保障被执行人及其所扶养家属最低生活标准所必需的居住房屋和普通生活必需品后，可予以执行。

第五条 查封不动产的，人民法院应当张贴封条或者公告，并可以提取保存有关财产权证照。

查封、扣押、冻结已登记的不动产、特定动产及其他财产权，应当通知有关登记机关办理登记手续。未办理登记手续的，不得对抗其他已经办理了登记手续的查封、扣押、冻结行为。

第六条 查封尚未进行权属登记的建筑物时，人民法院应当通知其管理人或者该建筑物的实际占有人，并在显著位置张贴公告。

第十九条 查封地上建筑物的效力及于该地上建筑物使用范围内的土地使用权，查封土地使用权的效力及于地上建筑物，但土地使用权与地上建筑物的所有权分属被执行人与他人的除外。

地上建筑物和土地使用权的登记机关不是同一机关的，应当分别办理查封登记。

第二十二条 被执行人就已经查封、扣押、冻结的财产所作的移转、设定权利负担或者其他有碍执行的行为，不得对抗申请执行人。

第三人未经人民法院准许占有查封、扣押、冻结的财产或者实施其他有碍执行的行为的，人民法院可以依据申请执行人的申请或者依职权解除其占有或者排除其妨害。

人民法院的查封、扣押、冻结没有公示的，其效力不得对抗善意第三人。

第二十四条 对已被人民法院查封、扣押、冻结的财产，其他人民法院可以进行轮候查封、扣押、冻结。查封、扣押、冻结解除的，登记在先的轮候查封、扣押、冻结即自动生效。

其他人民法院对已登记的财产进行轮候查封、扣押、冻结的，应当通知有关登记机关协助进行轮候登记，实施查封、扣押、冻结的人民法院应当允许其他人民法院查阅有关文书和记录。

其他人民法院对没有登记的财产进行轮候查封、扣押、冻结的，应当制作笔录，并经实施查封、扣押、冻结的人民法院执行人员及被执行人签字，或者书面通知实施查封、扣押、冻结的人民法院。

《最高人民法院、国土资源部、建设部关于依法规范人民法院执行和国土资源房地产管理部门协助执行若干问题的通知》（2004年3月1日施行　法发〔2004〕5号）

第十五条　下列房屋虽未进行房屋所有权登记，人民法院也可以进行预查封：

（一）作为被执行人的房地产开发企业，已办理了商品房预售许可证且尚未出售的房屋；

（二）被执行人购买的已由房地产开发企业办理了房屋权属初始登记的房屋；

（三）被执行人购买的办理了商品房预售合同登记备案手续或者商品房预告登记的房屋。

第十六条　国土资源、房地产管理部门应当依据人民法院的协助执行通知书和所附的裁定书办理预查封登记。土地、房屋权属在预查封期间登记在被执行人名下的，预查封登记自动转为查封登记，预查封转为正式查封后，查封期限从预查封之日起开始计算。

第十七条　预查封的期限为二年。期限届满可以续封一次，续封时应当重新制作预查封裁定书和协助执行通知书，预查封的续封期限为一年。确有特殊情况需要再续封的，应当经过所属高级人民法院批准，且每次再续封的期限不得超过一年。

第十八条　预查封的效力等同于正式查封。预查封期限届满之日，人民法院未办理预查封续封手续的，预查封的效力消灭。

最高人民法院《关于转发住房和城乡建设部〈关于无证房产依据协助执行文书办理产权登记有关问题的函〉的通知》（2012年6月15日施行　法〔2012〕151号）

第一条　各级人民法院在执行过程中，既要依法履行强制执行职责，又要尊重房屋登记机构依法享有的行政权力；既要保证执行工作的顺利开展，也要防止"违法建筑"等不符合法律、行政法规规定的房屋通过协助执行行为合法化。

第二条　执行程序中处置未办理初始登记的房屋时，具备初始登记条件的，执行法院处置后可以依法向房屋登记机构发出协助执行通知书；暂时不具备初始登记条件的，执行法院处置后可以向房屋登记机构发出协助执行通知书，并载明待房屋买受人或承受人完善相关手续具备初始登记条件后，由房屋登记机构按照协助执行通知书予以登记；不具备初始登记条件的，原则上进行"现状处置"，即处置前披露房屋不具备初始登记条件的现状，买受人或承受人按照房屋的权利现状取得房屋。后续的产权登记事项由买受人或承受人自行负责。

第三条　执行法院向房屋登记机构发出协助执行通知书，房屋登记机构认为不具备初始登记条件并作出书面说明的，执行法院应在30日内依照法律和有关规定，参照行政规章，对其说明理由进行审查。理由成立的，撤销或变更协助执行通知书并书面通知房屋登记机构；理由不成立的，书面通知房屋登记机构限期按协助执行通知书办理。

【重点提示】

因不动产既包括了房屋，又包括了房屋所处的土地，人民法院在执行不动产时一般应查明以下内容：（1）房屋坐落位置；（2）房屋产权证号及所处土地使用权证号或不动产权证号；（3）房屋用途及性质（工业、商业或住宅等等）；（4）房屋所处土地的用途（工业、商业或住宅等等）及性质（出让或划拨等等）；（5）房屋所处土地的使用权起止时间；（6）房屋及所处土地抵押情况；（7）房屋及所处土地查封情况；（8）房屋生活费用交纳情况；（9）房屋及所处土地租赁情况；（10）对于尚未办理产权证处于网签合同状态下的房屋需要查明网签合同编号；（11）办案系统需要录入的其他信息。以上仅为一般情况下需要调查不动产信息的基本事项。结合案件及具体实际情况，人民法院在调查不动产信息时还应当调查土地勘界图及测绘图、土地出让合同、建设规划许可证等材料，用以确定不动产实际位置及性质。

对于无产权证、小产权房的执行，一般应从以下方面把握。（1）因违法违章建筑无产权证（如土地使用权或房产规划未经依法审批），人民法院不得执行。（2）尚处于预售网签合同状态下的无产权房屋，人民法院应当依法查封并处置。（3）对于历史、政策等客观原因形成的无产权证房屋，人民法院应当予以查封并处置，查封时可采取加贴公告、封条等形式，且由当地社区或其他基层组织派员现场见证。同时，人民法院应查明该房屋现是否可依法办理产权登记，并由不动产登记管理部门出具说明。如仍无法办理产权登记，人民法院在拍卖标的物时应对该事项予以瑕疵披露，处置完毕后人民法院可以向不动产登记管理部门发出协助执行通知书，要求待不动产具备办理产权登记条件后协助办理产权登记（如拆迁回迁房屋）。如可办理产权登记，则在处置完毕后向不动产登记部门发出协助执行通知书，要求其为买受人办理产权登记手续。（4）小产权房是指在农村集体土地上建设的房屋，未缴纳土地出让金等费用，其产权证不是由国家不动产登记管理部门颁发，而是由乡政府或村委会颁发的房屋所有权。人民法院在执行该类房产时，应当参照上述无产权房执行的相关规定，处置时在拍卖公告中披露房屋不具备产权登记条件的现状，房屋所处的土地性质及参加竞买人的条件。同时，人民法院在拍卖公告中告知买受人按照房屋现状取得房屋，后续的产权登记事项及将来可能面临的拆除、拆迁及补偿不能等风险由其自行负责。如拍卖不成，且申请执行人具备竞买人的条件，则可以接收该房屋抵债，但人民法院应在抵债裁定书中载明法律风险。

存在租赁情况下不动产的执行，一般应从以下方面把握。（1）租赁在先，抵押、查封在后。此种情况下，人民法院应当按照"买卖不破租赁"的原则，在处置该不动产时保障承租人的合法权益，要向承租人释明同等条件下享有的优先购买权，并在拍卖公告中对房屋租赁的情况予以披露。人民法院必须明确告知承租人，在执行法院处置期间，其不能禁止租赁物发生物权变动，不得在承租房屋内再行添附其他财产，不得转租，并应将剩余租金交付执行法院。处置完成后，人民法院不得强制要求承租人腾退租赁房屋，告知买受人待租赁合同期限届满后方可办理交接手续。(2) 租赁在后，抵押、查封在先。此种情况下仍租赁的房屋，不属于"买卖不破租赁"原则保护的范围。人民法院应当依法告知承租人执行房产所产生的法律后果，承租人在同等条件下可以申请优先购买。人民法院必须明确告知承租人，在执行法院处置期间，其不能禁止租赁物发生物权变动，不得在承租房屋内再行添附其他财产，不得转租，并应将拖欠的租金交付执行法院。一般情况下，承租人在人民法院处置前负有腾退房屋的义务。因法院执行不动产对承租人产生的损失，承租人可向出租人另行主张权利。

案涉同一不动产存在多次抵押或房地分别抵押于不同抵押权人，人民法院在执行时应当查明各抵押权担保的债权数额、设定抵押的时间、尚未清偿的债权数额、抵押他项权利证、各自设定的抵押物具体坐落位置等情况。人民法院依法处置抵押不动产的，应当按照法律规定的抵押权优先受偿顺序受偿。

人民法院在执行案涉不动产时，发现房屋所处土地范围内还存在私自搭建的房屋，应当一并"现状处置"。在拍卖公告中，人民法院应当将上述情况及可能发生的该房屋拆除等风险予以披露。处置完毕后，该房屋由买受人一并接收。双方当事人均同意拆除该房屋后，再行法院评估拍卖案涉不动产的，人民法院可以视案件具体情况决定是否准许，但不能侵害其他债权人的利益。对于存在私自搭建的房屋，人民法院可以在执行过程中建议有关部门处理。

第四节　生产设备、产品的执行

生产设备是指直接参加生产过程或直接为生产服务的机器设备，主要包括机械、动力及传导设备等。产品是指能够提供给市场，被人们使用和消费，并能满足人们某种需求的物品。本节主要介绍生产设备及一般有形产品的具体执行操作。

【工作内容】

执行人员制作纸质版执行裁定书及扣押清单，将执行裁定书提请审批→

通知被执行人及其相关人员到场→由两位执行人员携带各自的工作证及执行公务证将审批通过后的执行裁定书，连同扣押清单加盖印章送达双方当事人→制作执行笔录、加贴封条及拍照留存标的物现状→由法院实际保管或指定第三人、被执行人、申请执行人保管。

实践中，大多数情况下，人民法院扣押生产设备、产品会交由申请执行人或被执行人，亦或指定第三人保管标的物，法院自行保管标的物的情况很少。因此，人民法院在执行生产设备、产品时，应当出具的法律文书包括：执行裁定书、扣押清单，制作执行笔录、加贴封条、保留现场标的物照片。扣押清单应当详细列明生产设备的名称、型号、出厂时间、使用年限、设备牌照、产品功能、数量、保管地点、保存方式、现状瑕疵等。同时，人民法院应当制作执行笔录，记录扣押的生产设备、产品的保管人，保管中应注意的事项，因保管产生的费用负担，保管期间标的物毁损、灭失的风险负担等。执行笔录、扣押清单由当事人及在场人员签字。最后，由执行人员加贴封条，拍照留存标的物扣押现状。

【常用法律、司法解释及相关规定】

《中华人民共和国民事诉讼法》（2021年修正）

第二百五十一条 被执行人未按执行通知履行法律文书确定的义务，人民法院有权查封、扣押、冻结、拍卖、变卖被执行人应当履行义务部分的财产。但应当保留被执行人及其所扶养家属的生活必需品。

采取前款措施，人民法院应当作出裁定。

第二百五十二条 人民法院查封、扣押财产时，被执行人是公民的，应当通知被执行人或者他的成年家属到场；被执行人是法人或者其他组织的，应当通知其法定代表人或者主要负责人到场。拒不到场的，不影响执行。被执行人是公民的，其工作单位或者财产所在地的基层组织应当派人参加。

对被查封、扣押的财产，执行员必须造具清单，由在场人员签名或者盖章后，交被执行人一份。被执行人是公民的，也可以交他的成年家属一份。

《最高人民法院关于适用〈中华人民共和国民事诉讼法〉的解释》（2022年修正）

第四百八十五条 人民法院冻结被执行人的银行存款的期限不得超过一

年，查封、扣押动产的期限不得超过两年，查封不动产、冻结其他财产权的期限不得超过三年。

申请执行人申请延长期限的，人民法院应当在查封、扣押、冻结期限届满前办理续行查封、扣押、冻结手续，续行期限不得超过前款规定的期限。

人民法院也可以依职权办理续行查封、扣押、冻结手续。

《最高人民法院关于人民法院民事执行中查封、扣押、冻结财产的规定》（2020年修正）

第一条 人民法院查封、扣押、冻结被执行人的动产、不动产及其他财产权，应当作出裁定，并送达被执行人和申请执行人。

采取查封、扣押、冻结措施需要有关单位或者个人协助的，人民法院应当制作协助执行通知书，连同裁定书副本一并送达协助执行人。查封、扣押、冻结裁定书和协助执行通知书送达时发生法律效力。

第二条 人民法院可以查封、扣押、冻结被执行人占有的动产、登记在被执行人名下的不动产、特定动产及其他财产权。

......

对于第三人占有的动产或者登记在第三人名下的不动产、特定动产及其他财产权，第三人书面确认该财产属于被执行人的，人民法院可以查封、扣押、冻结。

第六条 查封、扣押动产的，人民法院可以直接控制该项财产。人民法院将查封、扣押的动产交付其他人控制的，应当在该动产上加贴封条或者采取其他足以公示查封、扣押的适当方式。

第十条 查封、扣押的财产不宜由人民法院保管的，人民法院可以指定被执行人负责保管；不宜由被执行人保管的，可以委托第三人或者申请执行人保管。

由人民法院指定被执行人保管的财产，如果继续使用对该财产的价值无重大影响，可以允许被执行人继续使用；由人民法院保管或者委托第三人、申请执行人保管的，保管人不得使用。

第十八条 查封、扣押、冻结被执行人的财产时，执行人员应当制作笔录，载明下列内容：

（一）执行措施开始及完成的时间；

（二）财产的所在地、种类、数量；

（三）财产的保管人；

（四）其他应当记明的事项。

执行人员及保管人应当在笔录上签名，有民事诉讼法第二百四十五条规定的人员到场的，到场人员也应当在笔录上签名。

【重点提示】

人民法院查封被执行人生产设备、产品，但未进行扣押的，不能影响被执行人的正常生产经营。

人民法院在执行生产设备、产品时，易发生所有权人模糊的情况。对此，执行人员一般应从以下方面加以把握：（1）生产设备、产品的存放及使用地点；（2）第三人书面确认为被执行人所有；（3）已诉讼保全的生产设备、产品；（4）通过合同、购货发票、运输单据等其他证据材料予以确认。

第五节　共有财产的执行

共有财产是指两个或者两个以上的个人、单位共同享有所有权的同一财产。对于共有财产的执行，尤其是夫妻共同房产的执行，在人民法院办理执行案件中具有普遍性。本节主要介绍执行共有财产的程序及份额方面的问题。

【工作内容】

一、实施查封、扣押、冻结等措施

对被执行人与其他人共有的财产，人民法院应当实施查封、扣押、冻结等措施，并及时通知共有人。

二、协商原则

各共有人对于共有财产达成分割协议，并经申请执行人同意的，人民法院可以认定有效。查封、扣押、冻结等措施的效力及于协议分割后被执行人享有份额内的财产或变价款。对其他共有人分割后财产的查封、扣押、冻结等措施，人民法院应当予以解除。

三、共有财产的析产

对于已实施查封、扣押、冻结等措施的共有财产，各共有人无法达成分割协议或分割协议未经申请执行人同意的，人民法院应当告知各共有人在指定期间内有权提起析产诉讼，同时告知申请执行人在指定期间内有权代位提起析产诉讼。当事人提起析产诉讼的，人民法院应当准许，诉讼期间中止对该共有财产的执行。当事人未按人民法院指定期间提起析产诉讼，人民法院继续执行共有财产。

四、确定财产份额

当事人未提起析产诉讼，人民法院确定被执行人在共有财产中所占的份额，有登记公示的，以登记记载为准；未登记但有书面约定的，依其约定；没有约定或约定不明的，按照出资额确定；不能确定出资额的，视为等额享有。

五、共有财产的处置

人民法院在拍卖、变卖共有财产前，应当以书面或可以确认知悉的方式，通知共有人依法享有同等条件下的优先购买权，并在拍卖公告中对共有人享有同等条件下优先购买权的事项予以披露。共有人可以向人民法院提供身份信息，获取相应优先权利代码，在拍卖、变卖过程中依法行使同等条件下的优先购买权。共有人不主张行使同等条件下优先购买权的，不影响执行。

在被执行人所占共有财产份额确定的情况下，共有财产可以实物分割，且分割不会减损共有财产价值的，人民法院可以实物分割后再行变现处置。

如共有财产不能进行实物分割，或分割会导致共有财产价值明显减损的，应当整体变价后执行相应的价款。

【常用法律、司法解释及相关规定】

《最高人民法院关于人民法院民事执行中查封、扣押、冻结财产的规定》（2020年修正）

第十条　对被执行人与其他人共有的财产，人民法院可以查封、扣押、冻结，并及时通知共有人。

共有人协议分割共有财产，并经债权人认可的，人民法院可以认定有效。查封、扣押、冻结的效力及于协议分割后被执行人享有份额内的财产；对其他共有人享有份额内的财产的查封、扣押、冻结，人民法院应当裁定予以解除。

共有人提起析产诉讼或者申请执行人代位提起析产诉讼的，人民法院应当准许。诉讼期间中止对该财产的执行。

《最高人民法院民一庭关于婚姻关系存续期间夫妻一方以个人名义所负债务性质如何认定的答复》（2014年7月12日施行　〔2014〕民一他字第10号）

江苏省高级人民法院：

你院（2014）苏民他字第2号《关于婚姻关系存续期间夫妻一方以个人名义所负债务的性质如何认定问题的请示》收悉。

经研究，同意你院审判委员会的倾向性意见。在不涉及他人的离婚案件中，由以个人名义举债的配偶一方负责举证证明所借债务用于夫妻共同生活，如证据不足，则其配偶一方不承担偿还责任。在债权人以夫妻一方为被告起诉的债务纠纷中，对于案涉债务是否属于夫妻共同债务，应当按照《最高人民法院关于适用〈中华人民共和国婚姻法〉若干问题的解释（二）》第二十四条规定认定。如果举债人的配偶举证证明所借债务并非用于夫妻共同生活，则其不承担偿还责任。

【重点提示】

一、执行共有财产的一般程序

（1）对共有财产先行采取查封、扣押、冻结等控制性措施，同时将查控情况以书面或者其他确认知悉的方式告知其他共有人。同时告知其他共有人可以经申请执行人同意协商分割以及有权提起析产诉讼等事宜。(2)确定被执行人在共有财产中所占的份额,形成执行裁定书。(3)确定分割和变价方案,对共有财产进行处置,形成执行裁定书。

二、对夫妻一方享有债权的债权人,申请强制执行配偶另一方名下共有财产的处理

属于夫妻共同财产的,不因登记在夫妻一方名下而改变共有性质。故对夫妻一方享有债权的债权人,可要求强制执行配偶方名下的共有财产。一般情况下在婚姻关系存续期间,不能分割夫妻共同财产,故夫妻共同财产被强制执行时,配偶方不能要求先析产再执行,但属于《民法典》第一千零六十六条情形的除外。强制执行不能损害配偶方的财产份额。

第六节 非上市公司股权、投资收益的执行

执行过程中,对上市公司的股票可以直接通过证券交易市场处置;对非上市公司的股权可以通过评估、拍卖等法定程序处置,并可以提取该股权的股息、红利等投资收益。

【工作内容】

一、冻结股权

在执行过程中,人民法院可依法冻结被执行人在非上市公司的股权以及投资收益。冻结的法律文书应当包括执行裁定书、协助公示冻结股权通知书以及协助公示执行信息需求书。冻结后,人民法院还应当向该非上市公司送达执行裁定书以及协助公示冻结股权通知书。

二、提取投资收益

在冻结被执行人持有的股权以及投资收益后,人民法院可依法向被执行

人持有的股权以及投资收益所在的非上市公司提取应付给被执行人的股息、红利等投资收益。

非上市公司在收到人民法院的执行裁定书以及协助公示冻结股权通知书后，擅自向被执行人支付股息、红利等投资收益，或擅自为被执行人办理已冻结股权的转移手续，造成已转移的财产无法追回的，人民法院可对该非上市公司及其法定代表人或主要负责人予以司法处罚，责令其承担责任。

三、处置股权

按照评估、拍卖的法定程序进行。

【常用法律、司法解释及相关规定】

《中华人民共和国公司法》（2018年修正）

第七十一条　有限责任公司的股东之间可以相互转让其全部或者部分股权。

股东向股东以外的人转让股权，应当经其他股东过半数同意。股东应就其股权转让事项书面通知其他股东征求同意，其他股东自接到书面通知之日起满三十日未答复的，视为同意转让。其他股东半数以上不同意转让的，不同意的股东应当购买该转让的股权；不购买的，视为同意转让。

经股东同意转让的股权，在同等条件下，其他股东有优先购买权。两个以上股东主张行使优先购买权的，协商确定各自的购买比例；协商不成的，按照转让时各自的出资比例行使优先购买权。

公司章程对股权转让另有规定的，从其规定。

第七十二条　人民法院依照法律规定的强制执行程序转让股东的股权时，应当通知公司及全体股东，其他股东在同等条件下有优先购买权。其他股东自人民法院通知之日起满二十日不行使优先购买权的，视为放弃优先购买权。

第七十三条　依照本法第七十一条、第七十二条转让股权后，公司应当注销原股东的出资证明书，向新股东签发出资证明书，并相应修改公司章程和股东名册中有关股东及其出资额的记载。对公司章程的该项修改不需再由股东会表决。

《中华人民共和国民事诉讼法》（2021年修正）

第二百四十九条 被执行人未按执行通知履行法律文书确定的义务，人民法院有权向有关单位查询被执行人的存款、债券、股票、基金份额等财产情况。人民法院有权根据不同情形扣押、冻结、划拨、变价被执行人的财产。人民法院查询、扣押、冻结、划拨、变价的财产不得超出被执行人应当履行义务的范围。

《最高人民法院关于人民法院执行工作若干问题的规定（试行）》（2020年修正)

第三十六条 对被执行人从有关企业中应得的已到期的股息或红利等收益，人民法院有权裁定禁止被执行人提取和有关企业向被执行人支付，并要求有关企业直接向申请执行人支付。

对被执行人预期从有关企业中应得的股息或红利等收益，人民法院可以采取冻结措施，禁止到期后被执行人提取和有关企业向被执行人支付。到期后人民法院可从有关企业中提取，并出具提取收据。

第三十七条 对被执行人在其他股份有限公司中持有的股份凭证，人民法院可以扣押，并强制被执行人按照公司法的有关规定转让，也可以直接采取拍卖、变卖的方式进行处分，或直接将股票抵偿给债权人，用于清偿被执行人的债务。

第三十八条 对被执行人在有限责任公司、其他法人企业中的投资权益或股权，人民法院可以采取冻结措施。

冻结投资权益或股权的，应当通知有关企业不得办理被冻结投资权益或股权的转移手续，不得向被执行人支付股息或红利。被冻结的投资权益或股权，被执行人不得自行转让。

第三十九条 被执行人在其独资开办的法人企业中拥有的投资权益被冻结后，人民法院可以直接裁定予以转让，以转让所得清偿其对申请执行人的债务。

对被执行人在有限责任公司中被冻结的投资权益或股权，人民法院可以依据《中华人民共和国公司法》第七十一条、第七十二条、第七十三条的规定，征得全体股东过半数同意后，予以拍卖、变卖或以其他方式转让。不同意转让的股东，应当购买该转让的投资权益或股权，不购买的，视为同意转让,不影响执行。

人民法院也可允许并监督被执行人自行转让其投资权益或股权,将转让所得收益用于清偿对申请执行人的债务。

第四十条 有关企业收到人民法院发出的协助冻结通知后,擅自向被执行人支付股息或红利,或擅自为被执行人办理已冻结股权的转移手续,造成已转移的财产无法追回的,应当在所支付的股息或红利或转移的股权价值范围内向申请执行人承担责任。

【重点提示】

一、程序启动前应注意的问题

申请执行人处置非上市公司股权的,人民法院应先通知申请执行人了解其经营状况。如果该公司已被工商行政管理部门吊销营业执照、责令关闭、停产停业的,人民法院应当告知申请执行人评估、拍卖股权可能产生的风险和后果。

启动处置程序前必须符合以下条件:(1)申请执行人明确表示同意评估、拍卖非上市公司股权,并同意垫付评估、拍卖以及公告等产生的费用;(2)人民法院应当在执行笔录中告知申请执行人流拍可能性较大的风险和后果,询问申请执行人是否愿意在流拍或变卖不成后以物抵债,告知其流拍、变卖不成且债权人不同意以物抵债的,人民法院将依法解除冻结;(3)在人民法院处置被执行人在非上市公司的股权以及投资收益前,应当告知该非上市公司其他股东在同等条件下,享有优先购买权。

二、评估需要特别注意的问题

评估时,人民法院应委托评估机构对非上市公司的财务状况进行审计,认为合理的,应要求双方当事人、非上市公司或他人提交所需资料清单。被执行人、非上市公司或他人持有上述资料,拒不提交的,人民法院可依法进行处罚。人民法院仍无法获取有关资料的,可以向非上市公司所在地的税务、工商等部门提取其财务报表等资料,提供评估机构用于评估工作。

三、拍卖、变卖需要特别注意的问题

人民法院在决定拍卖被执行人在非上市公司的股权以及投资收益前二十日，应当告知非上市公司其他股东拍卖日期，同时通知非上市公司其他股东有权行使在同等条件下的优先购买权。非上市公司其他股东行使同等条件下优先购买权的，应当向人民法院书面提出，并附股东身份证明。

拍卖、变卖成交后，人民法院应当向工商登记部门、拍卖、变卖股权所在的非上市公司送达拍卖成交裁定书及协助执行通知书，要求其协助办理股权变更登记，修改公司章程和股东名册等。该非上市公司拒绝履行上述义务，人民法院可依法予以处罚。

第七节　唯一住房的执行

唯一住房的执行是近年来国家司法在执行上的一项重要变革。掌握唯一住房的认定以及处置上的基本规范，对人民法院执行该类案件具有指导意义。

【常用法律、司法解释及相关规定】

《最高人民法院关于人民法院办理执行异议和复议案件若干问题的规定》（2020年修正）

第二十条　金钱债权执行中，符合下列情形之一，被执行人以执行标的系本人及所扶养家属维持生活必需的居住房屋为由提出异议的，人民法院不予支持：

（一）对被执行人有扶养义务的人名下有其他能够维持生活必需的居住房屋的；

（二）执行依据生效后，被执行人为逃避债务转让其名下其他房屋的；

（三）申请执行人按照当地廉租住房保障面积标准为被执行人及所扶养家属提供居住房屋，或者同意参照当地房屋租赁市场平均租金标准从该房屋的变价款中扣除五至八年租金的。

《最高人民法院关于人民法院民事执行中查封、扣押、冻结财产的规定》（2020年修正）

第三条 对于超过被执行人及其所扶养家属生活所必需的房屋和生活用品，人民法院根据申请执行人的申请，在保障被执行人及其所扶养家属最低生活标准所必需的居住房屋和普通生活必需品后，可予以执行。

【重点提示】

登记在被执行人名下虽只有一套住房，但有下列情形之一的，人民法院对登记在其名下的唯一住房仍可执行：（1）对被执行人有赡养、扶养、抚养义务的人名下有其他能够维持生活必需的居住房屋的。（2）一审诉讼或仲裁立案后，被执行人为逃避债务转让其名下其他房屋的。（3）被执行人在其户籍所在地或拟执行的唯一住房所在地农村享有宅基地并自建住房或被执行人享有小产权房等权属上有瑕疵而无法自由流转的住房的。（4）被执行人将其唯一住房用于出租、出借或虽未出租、出借，但超过一年无人居住的。（5）被执行人的唯一住房系执行依据确定的被执行人应当交付的房屋的。（6）申请执行人按照当地廉租住房保障面积标准为被执行人及所扶养家属提供居住房屋，或者同意参照当地（县级市、县、区范围）房屋租赁市场平均租金标准从该房屋的变价款中扣除五至八年房屋租金的。

对于已经依法设定抵押的唯一住房，申请执行人为抵押权人的，人民法院无需审查其是否超过"生活所必需"，可以执行，但被执行人为低保对象且无法自行解决居住问题的除外。

一般情况下，若有证据证明被执行人有其他财产可供执行的，不宜对其唯一住房采取处分性执行措施。

执行唯一住房时，应当综合考量处置该房产时可能产生的评估、公告、执行、生活保障等费用，若除去上述各项费用后并无余值或余值不大，则原则上不宜对该唯一住房采取处分性执行措施。

第八节 住房公积金的执行

【工作内容】

一、程序启动

人民法院对住房公积金的执行，应符合国务院《住房公积金管理条例》第二十四条规定的提取职工住房公积金账户内的存储余额的条件，在保障被执行人依法享有的基本生活及居住条件的情况下，方可执行。

二、办理查询、冻结、扣划

（一）办理查询、冻结

人民法院办理查询、冻结住房公积金时，应由两名执行人员携带本人工作证和执行公务证办理。

人民法院前往住房公积金管理中心办理查询、冻结（解除）业务，应出示执行人员工作证和执行公务证。办理查询业务的，应提供协助执行通知书或协助查询通知书；办理冻结（解除）业务的，应提供执行裁定书和协助执行通知书。

如被执行人无住房公积金贷款或担保的，住房公积金管理中心应当立即予以协助冻结被执行人住房公积金账户。

住房公积金管理中心对人民法院法律文书要求冻结的事项有异议的，应先协助办理冻结事宜，再提交书面执行异议申请书。人民法院对住房公积金管理中心提交的异议申请，按执行异议程序办理。

根据查询结果，确定当事人以该项住房公积金履行公积金贷款合同还款义务的，人民法院对该项住房公积金暂不予冻结，但下列情形除外：（1）住房公积金贷款即将清偿完毕，可以在贷款期限届满后对住房公积金账户进行冻结；（2）住房公积金账户余额大于住房公积金贷款合同的还款余额，对超出还款余额的部分，人民法院可以冻结。

人民法院虽然因被执行人以住房公积金履行贷款还款义务，对被执行人的住房公积金账户暂不予冻结，但住房公积金管理中心应对人民法院要求冻结的法律文书进行登记备案在册。待可冻结被执行人的住房公积金账户条件成立时，住房公积金管理中心应当立即协助办理冻结。

（二）办理扣划

人民法院在扣划被执行人住房公积金时，应当向住房公积金管理中心提供执行裁定书和协助执行通知书，并不得扣划住房公积金账户内全部余额，导致被执行人住房公积金账户因司法扣划而销户。住房公积金管理中心应在回执上注明应扣划金额和已扣划金额。人民法院在扣划完毕后要求继续冻结公积金账户的，应当在协助执行通知书上注明冻结金额和冻结期限。如再行扣划，需另行出具扣划手续。

根据查询结果，确定当事人以该项住房公积金履行公积金贷款合同还款义务的，人民法院对该项住房公积金暂不予扣划，但下列情形除外：（1）住房公积金贷款即将清偿完毕，可以在贷款期限届满后对住房公积金账户余额进行扣划；（2）住房公积金账户余额大于住房公积金贷款合同的还款余额，对超出还款余额的部分，人民法院可以扣划。

人民法院虽然因被执行人以住房公积金履行贷款还款义务，对被执行人的住房公积金账户暂不予扣划，但住房公积金管理中心应对人民法院要求扣划的法律文书进行登记备案在册。待可扣划被执行人的住房公积金账户条件成立时，住房公积金管理中心应当立即协助办理扣划。

【常用法律、司法解释及相关规定】

《**住房公积金管理条例**》（2019年修订）

第三条　职工个人缴存的住房公积金和职工所在单位为职工缴存的住房公积金，属于职工个人所有。

第五条　住房公积金应当用于职工购买、建造、翻建、大修自住住房，任何单位和个人不得挪作他用。

《最高人民法院关于强制执行住房公积金问题的答复》（2013年7月31日施行 〔2013〕执他字第14号）

安徽省高级人民法院：

你院（2012）皖执他字第00050号《关于强制划拨被执行人住房公积金问题的请示报告》收悉。经研究，答复如下：

根据你院报告中所述事实情况，被执行人吴某某已经符合国务院《住房公积金管理条例》第二十四条规定的提取职工住房公积金账户内的存储余额的条件，在保障被执行人依法享有的基本生活及居住条件的情况下，执行法院可以对被执行人住房公积金账户内的存储余额强制执行。

【重点提示】

住房公积金管理中心应当协助人民法院将扣划款项转入人民法院的执行款专用账户。人民法院执行款专用账户发生变更的，应及时通知住房公积金管理中心。

第九节　微信、支付宝账户的执行

通过网络查询系统，可以查询到被执行人微信、支付宝账户内的余额。查询到被执行人微信、支付宝账户后，可以线上冻结、扣划微信、支付宝账户余额，而查询具体信息和交易记录等工作，则需要执行人员线下完成。

【重点提示】

冻结、划拨被执行人微信、支付宝账户所需要的法律文书与冻结、划拨一般银行账户一致。（详见本章第一节）

冻结、扣划微信、支付宝账户应当注意留存电话号码应包括区号和电话号码；扣划微信、支付宝账户应当注意冻结的实际控制金额与扣划金额完全一致，方可扣划。

第十节　养老保险的执行

对养老保险的执行，应以被执行人已处于退休状态为前提。未达到退休状态的，不得执行被执行人已交纳的养老保险费。已处于退休状态的，可以依法执行被执行人应得的养老金。

【工作内容】

一、办理查询、冻结

人民法院办理查询、冻结被执行人应得的养老金时，应由两名执行人员携带本人工作证和执行公务证，到当地社会保障机构办理。当地社会保障机构拒绝办理、拖延办理的，人民法院可依法予以处罚。

当地社会保障机构应当根据人民法院出具的法律文书要求，立即办理查询、冻结被执行人应得的养老金事宜。

人民法院前往当地社会保障机构办理查询、冻结业务，应出示工作证和执行公务证。办理查询业务的，应提供协助执行通知书或协助查询通知书；办理冻结业务的，应提供执行裁定书和协助执行通知书。

当地社会保障机构对人民法院法律文书要求冻结的事项有异议的，应先协助办理冻结事宜，再提交书面执行异议申请书。人民法院对当地社会保障机构提交的异议申请，按执行异议程序办理。

二、办理扣划

人民法院在扣划被执行人应得的养老金时，应当向当地社会保障机构提供执行裁定书和协助执行通知书。人民法院在扣划完毕后要求继续冻结养老金账户的，应当在协助执行通知书上注明冻结金额和冻结期限。如再行扣划，需另行出具扣划手续。

【常用法律、司法解释及相关规定】

《最高人民法院关于在审理和执行民事、经济纠纷案件时不得查封、冻结和扣划社会保险基金的通知》（2000年2月18日施行　法〔2000〕19号）

各省、自治区、直辖市高级人民法院，新疆维吾尔自治区高级人民法院生产建设兵团分院：

近一个时期，少数法院在审理和执行社会保险机构原下属企业（现已全部脱钩）与其他企业、单位的经济纠纷案件时，查封社会保险机构开设的社会保险基金账户，影响了社会保险基金的正常发放，不利于社会的稳定。为杜绝此类情况发生，特通知如下：

社会保险基金是由社会保险机构代参保人员管理，并最终由参保人员享用的公共基金，不属于社会保险机构所有。社会保险机构对该项基金设立专户管理，专款专用，专项用于保障企业退休职工、失业人员的基本生活需要，属专项资金，不得挪作他用。因此，各地人民法院在审理和执行民事、经济纠纷案件时，不得查封、冻结或扣划社会保险基金；不得用社会保险基金偿还社会保险机构及其原下属企业的债务。

各地人民法院如发现有违反上述规定的，应当及时依法予以纠正。

《最高人民法院关于能否要求社保机构协助冻结、扣划被执行人的养老金问题的复函》（〔2014〕执他字第22号）

浙江省高级人民法院：

你院浙高法（2014）29号《关于请求商人力资源和社会保障局废止劳社厅函（2002）27号复函的报告》收悉。经研究提出如下意见：

1. 被执行人应得的养老金应当视为被执行人在第三人处的固定收入，属于其责任财产的范围，依照《中华人民共和国民事诉讼法》第二百四十三条之规定，人民法院有权冻结、扣划。但是，在冻结、扣划前，应当预留被执行人及其所抚养家属必须的生活费用。

2. 《中华人民共和国民事诉讼法》第二百四十二条规定："人民法院决定扣押、冻结、划拨、变价财产，应当作出裁定，并发出协助执行通知书，有关单位必须办理。"本院《关于人民法院执行工作若干问题的规定（试行）》第三十六条也规定："被执行人在有关单位的收入尚未支取的，人民法院应当作出裁定,向该单位发出协助执行通知书,由其协助扣留或提取"。依照前述规定,社会保障机构作为养老金发放机构,有义务协助人民法院冻结、扣划被执行人应得的养老金。

3. 在执行被执行人的养老金时,应当注意向社会保障机构做好解释工作,讲清法律规定的精神,取得理解和支持。如其仍拒绝协助的,可以依法制裁。

【重点提示】

被执行人所交纳的养老保险费,由当地社会保障机构负责统一管理。如被执行人在执行过程中未处于退休状态,其所交纳的养老保险费无法实际转化为个人的固定收入,应属于国家专项财产的一部分,人民法院不得执行。

如被执行人在执行过程中已处于退休状态,其所交纳的养老保险费已实际转化为个人的固定收入,应属于被执行人个人财产,人民法院可以执行。

人民法院在执行被执行人应得的养老金时,应当特别注意与社会保险基金加以区分,避免当地社会保障机构产生误解,导致国家社会保险基金的损失。

人民法院在执行被执行人应得的养老金时,应当预留被执行人及其所抚养家属必须的生活费用。保留生活费的具体数额,人民法院应结合执行案件标的额、申请执行人的实际生活状况,且不超过当地最低生活保障标准,综合考量加以认定。

第十一节 分红型理财保险的执行

分红型理财保险产品由保险公司发售,利用公司自身经营的稳健性、投资规模优势及投资专业分析,为投保人争取到最大的投资利益。

【工作内容】

一、办理查询、冻结

人民法院办理查询、冻结被执行人分红型理财保险时,应由两名执行人员携带本人工作证和执行公务证,到被执行人投保的保险公司办理。

保险公司应当根据人民法院出具的法律文书要求,立即办理查询、冻结被执行人分红型理财保险事宜。

人民法院前往当地保险公司办理查询、冻结业务,应出示工作证和执行公务证。办理查询业务的,应提供协助执行通知书或协助查询通知书;办理冻结业务的,应提供执行裁定书和协助执行通知书。

保险公司对人民法院法律文书要求冻结的事项有异议的,应先协助办理冻结事宜,再提交书面执行异议申请书。人民法院对保险公司提交的异议申请,按执行异议程序办理。

二、办理扣划

需要特别注意的是,扣划被执行人分红型理财保险,是指对被执行人已投入的保险金的预期分红利益进行扣划。对保险金的扣划,待最高人民法院有明确意见后实施。

【重点提示】

人民法院只可对被执行人已投入保险金的预期分红利益进行扣划。

第十二节 到期债权的执行

【工作内容】

一、到期债权执行的一般规定

人民法院执行被执行人对他人的到期债权,可以作出冻结债权的裁定,并通知该他人向申请执行人履行。

该他人对到期债权有异议,申请执行人请求对异议部分强制执行的,人民法院不予支持。利害关系人对到期债权有异议的,人民法院应当按照民事诉讼法第二百三十二条规定处理。

对生效法律文书确定的到期债权,该他人予以否认的,人民法院不予支持。

二、冻结期限

人民法院冻结被执行人对他人的到期债权的期限不得超过三年。

申请执行人申请延长期限的,人民法院应当在冻结期限届满前办理续行冻结手续,续行期限不得超过前款规定的期限。人民法院也可以依职权办理续行冻结手续。

三、履行通知

人民法院通知次债务人向申请执行人履行的,应制作履行通知。履行通知应当包含下列内容：(1)次债务人直接向申请执行人履行其对被执行人所负的债务,不得向被执行人清偿；(2)次债务人应当在收到履行通知后的十五日内向申请执行人履行债务；(3)次债务人对履行到期债务有异议的,应当在收到履行通知后的十五日内向执行法院提出；(4)次债务人违背上述义务的法律后果。履行通知必须直接送达次债务人。

四、提出异议的形式

次债务人对履行通知的异议一般应当以书面形式提出,口头提出的,执行人员应记入笔录,并由次债务人签字或盖章。

五、指定期限内的异议

次债务人在履行通知指定的期间内提出异议的,人民法院不得对次债务人强制执行,对提出的异议不进行审查。

六、无直接法律关系的异议

次债务人提出自己无履行能力或其与申请执行人无直接法律关系,不属于本节规定所指的异议。

次债务人对债务部分承认、部分有异议的,可以对其承认的部分强制执行。

七、指定期限内未提异议

次债务人在履行通知指定的期限内没有提出异议,而又不履行的,执行法院有权裁定对其强制执行。此裁定同时送达次债务人和被执行人。

八、放弃债权或延缓履行期限

被执行人收到人民法院履行通知后,放弃其对次债务人的债权或延缓次债务人履行期限的行为无效,人民法院仍可在次债务人无异议又不履行的情况下予以强制执行。

九、擅自履行的责任

次债务人收到人民法院要求其履行到期债务的通知后,擅自向被执行人履行,造成已向被执行人履行的财产不能追回的,除在已履行的财产范围内与被执行人承担连带清偿责任外,可以追究其妨害执行的责任。

十、次债务人到期债权追索的禁止

在对次债务人作出强制执行裁定后,次债务人确无财产可供执行的,不得就次债务人对他人享有的到期债权强制执行。

十一、履行证明

次债务人按照人民法院履行通知向申请执行人履行了债务或已被强制执行后,人民法院应当出具有关证明。

十二、生效法律文书确定的到期债权

被执行人在收到执行法院执行通知之前,收到另案执行法院要求其向申请执行人的债权人直接清偿已经法院生效法律文书确认的债务的通知,并清偿债务的,执行法院不能将该部分已清偿债务纳入执行范围。

被执行人对他人经生效法律文书确定的到期债权,被执行人未申请强制执行的,人民法院按照法律、司法解释关于到期债权执行的相关规定办理。已进入强制执行程序的,人民法院可以请求该到期债权的执行法院协助冻结、提取被执行人的应得款项。

十三、未到期债权的执行

对被执行人的未到期债权，执行法院可以依法冻结，待债权到期后参照到期债权予以执行。次债务人仅以该债务未到期为由提出异议的，不影响对该债权的冻结。

十四、对尚未支取的收入的执行

被执行人在有关单位的收入尚未支取的，人民法院应当作出裁定，向该单位发出协助执行通知书，由其协助扣留或提取。

十五、擅自支付的责任

有关单位收到人民法院协助执行被执行人收入的通知后，擅自向被执行人或其他人支付的，人民法院有权责令其限期追回；逾期未追回的，应当裁定其在支付的数额内向申请执行人承担责任。

【常用法律、司法解释及相关规定】

《最高人民法院关于适用〈中华人民共和国民事诉讼法〉的解释》（2022年修正）

第四百九十九条 人民法院执行被执行人对他人的到期债权，可以作出冻结债权的裁定，并通知该他人向申请执行人履行。

该他人对到期债权有异议，申请执行人请求对异议部分强制执行的，人民法院不予支持。利害关系人对到期债权有异议的，人民法院应当按照民事诉讼法第二百二十七条规定处理。

对生效法律文书确定的到期债权，该他人予以否认的，人民法院不予支持。

《最高人民法院关于人民法院执行工作若干问题的规定（试行）》（2020年修正）

45. 被执行人不能清偿债务，但对本案以外的第三人享有到期债权的，人民法院可以依申请执行人或被执行人的申请，向第三人发出履行到期债务的通知（以下简称履行通知）。履行通知必须直接送达第三人。

履行通知应当包含下列内容：

（1）第三人直接向申请执行人履行其对被执行人所负的债务，不得向被执行人清偿；

（2）第三人应当在收到履行通知后的十五日内向申请执行人履行债务；

（3）第三人对履行到期债权有异议的，应当在收到履行通知后的十五日内向执行法院提出；

（4）第三人违背上述义务的法律后果。

46. 第三人对履行通知的异议一般应当以书面形式提出，口头提出的，执行人员应记入笔录，并由第三人签字或盖章。

47. 第三人在履行通知指定的期间内提出异议的，人民法院不得对第三人强制执行，对提出的异议不进行审查。

48. 第三人提出自己无履行能力或其与申请执行人无直接法律关系，不属于本规定所指的异议。

第三人对债务部分承认、部分有异议的，可以对其承认的部分强制执行。

49. 第三人在履行通知指定的期限内没有提出异议，而又不履行的，执行法院有权裁定对其强制执行。此裁定同时送达第三人和被执行人。

50. 被执行人收到人民法院履行通知后，放弃其对第三人的债权或延缓第三人履行期限的行为无效，人民法院仍可在第三人无异议又不履行的情况下予以强制执行。

51. 第三人收到人民法院要求其履行到期债务的通知后，擅自向被执行人履行，造成已向被执行人履行的财产不能追回的，除在已履行的财产范围内与被执行人承担连带清偿责任外，可以追究其妨害执行的责任。

52. 在对第三人作出强制执行裁定后，第三人确无财产可供执行的，不得就第三人对他人享有的到期债权强制执行。

53. 第三人按照人民法院履行通知向申请执行人履行了债务或已被强制执行后，人民法院应当出具有关证明。

【重点提示】

第三人在履行通知指定的期间内提出异议的，人民法院不得对第三人强制执行，对提出的异议不进行审查。

第十三节　禁牧补贴款的执行

禁牧补贴款是为了防止草原资源环境的恶化，国家对草地施行一年以上禁止放牧利用的措施，通过中央财政对农牧民因无法放牧生活产生损失的补偿款。在禁牧补贴款未能实际发放至农牧民时，人民法院不得强制执行。

【工作内容】

一、办理查询

人民法院办理查询被执行人应得的禁牧补贴款时，应由两名执行人员携带本人工作证和执行公务证，到当地有关部门办理。

人民法院前往当地有关部门办理查询业务，应出示执行人员工作证和执行公务证，并提供协助执行通知书或协助查询通知书。

当地有关部门应当根据人民法院的协助执行通知书要求，立即办理查询事宜。当地有关部门拒绝办理、拖延办理的，人民法院可依法予以处罚。

人民法院查询被执行人应得的禁牧补贴款，应当查询该补贴款的发放时间、数额、领取方式、领取人的银行账号、开户银行等事项。同时，人民法院在出具协助执行通知书时，应明确要求当地有关部门不得为当事人办理变更禁牧账户、开户银行。如被执行人有正当理由需要变更禁牧账户、开户银行等信息的，当地有关部门应当及时告知执行法院变更后禁牧补贴款的相关信息。

二、办理冻结

人民法院冻结被执行人应得的禁牧补贴款，不得在当地有关部门实施，只能在查询到禁牧补贴款的发放时间、数额、领取方式、领取人的银行账号、开户银行后，在领取人的开户银行实施冻结。

人民法院前往禁牧账户开户银行办理冻结业务，应出示执行人员工作证和执行公务证，并提供执行裁定书和协助冻结存款通知书。

禁牧账户开户银行应当根据人民法院出具的法律文书要求，立即办理冻结禁牧账户事宜。

禁牧账户开户银行对人民法院法律文书要求冻结的事项有异议的，应先协助办理冻结事宜，再提交书面执行异议申请书。人民法院对银行提交的异议申请，按执行异议程序办理。

三、办理扣划

人民法院扣划被执行人应得的禁牧补贴款时，应当向禁牧账户开户银行提供执行裁定书和协助划拨存款通知书。禁牧账户开户银行应在回执上注明应扣划金额和已扣划金额。人民法院在扣划完毕后未实施解除冻结账户措施的，该禁牧账户仍应处于冻结状态。如再行扣划，需另行出具扣划手续。

在扣划时，人民法院应当保留被执行人及其所抚养家属一定数额补贴款，作为基本生活需要。

【重点提示】

禁牧补贴款由当地有关部门负责统一管理。在当地有关部门尚未发放当事人时，该补贴款的性质为国家财产，人民法院在执行过程中，不得执行尚未发放且仍处于有关部门管理之下的禁牧补贴款。

如有关部门已将禁牧补贴款发放至当事人，则该补偿款实际转化为农牧民个人的收入，属于当事人的个人财产，人民法院可以强制执行。

虽然人民法院不得执行尚未发放且仍处于有关部门管理之下的禁牧补贴款，但可以依法查询该补贴款的发放时间、数额、领取方式、领取人的银行账号、开户银行。当地有关部门必须予以协助，拒不协助办理查询业务的，人民法院可依法进行处罚。

人民法院在实施扣划禁牧补贴款时，应当为被执行人及其所抚养家属保留一定的数额，作为基本生活需要。保留生活费的具体数额，人民法院应结合执行案件标的额、申请执行人的实际生活状况，且不超过当地最低生活保障标准，综合考量加以认定。

第十四节 牲畜的执行

【工作内容】

参见本章第四节"生产设备、产品的执行"中工作流程。

【常用法律、司法解释及相关规定】

参见本章第四节"生产设备、产品的执行"中一般规定。

【重点提示】

人民法院对被执行人（所有）饲养的牲畜，可以查封、扣押。清点过程中，人民法院应当通知被执行人或管理人到场。对牲畜的性别、年龄、孕畜的妊娠进行判定时，可邀请具有牲畜饲养经验的专业人员协助判断。

人民法院可以责令被执行人或者现保管人继续饲养被查封、扣押的牲畜，也可以委托第三人代为饲养。对查封、扣押的牲畜，可以采取烙印、涂刷或悬挂明显标识与其他牲畜加以区分。饲养过程中的饲料、检疫等费用由被执行人承担。被执行人拒绝承担的，申请执行人可预先垫付，最终自变价款中优先执行。

饲养过程中非因保管人的过错，牲畜给他人人身、财产造成损失的，应当从变价款中优先赔偿。

对牲畜饲养存在困难或根据牲畜自身特点存在市场习惯性交易季节、时间的，人民法院可以不经评估拍卖程序，直接将牲畜进行变卖。

牲畜死亡或按照相关防疫要求统一灭杀的，执行人员应将相关情况记录在案。死亡牲畜的毛皮、骨骼、肌肉、脏器等具有经济价值的部分以及赔偿金、保险金等，作为查封、扣押财产的替代物处理。

第六章　对物的交付和行为的执行

在人民法院办理执行案件中不仅包括对金钱债务的执行，对物的交付和行为的执行也日益成为人民法院办理执行案件的重要内容。本章旨在通过介绍常见物及行为的执行，指引具体实施执行工作。

第一节　交付动产的执行

交付动产包括交付特定物和交付种类物。《中华人民共和国民事诉讼法》和《最高人民法院关于适用〈中华人民共和国民事诉讼法〉的解释》主要是针对特定物的交付加以规定。物的交付是指义务人或他人将法律文书指定交付的物转移至权利人占有、使用、收益和处分的行为。生效法律文书确定被执行人交付特定物的，应当执行原物。原物被隐匿或非法转移的，应责令交出，如有必要，可依法对被执行人或其住所、财产隐匿地进行搜查。原物确已变质、损坏或灭失的，人民法院可在双方当事人均认可标的物价值的情况下，可以折价赔偿。双方当事人对标的物价值不能协商一致的，人民法院应当终结执行程序，但同时告知申请执行人可以另行提起赔偿损失之诉。交付种类物的执行方法与交付特定物的方式基本一致，但因种类物可以替代，故只需被执行人交付符合执行依据规定的品种、数量、质量的种类物即可。

【常用法律、司法解释及相关规定】

《中华人民共和国民事诉讼法》（2021 年修正）

第二百五十六条　法律文书指定交付的财物或者票证，由执行员传唤双方当事人当面交付，或者由执行员转交，并由被交付人签收。

有关单位持有该项财物或者票证的,应当根据人民法院的协助执行通知书转交,并由被交付人签收。

有关公民持有该项财物或者票证的,人民法院通知其交出。拒不交出的,强制执行。

《最高人民法院关于适用〈中华人民共和国民事诉讼法〉的解释》(2022年修正)

第四百九十二条　执行标的物为特定物的,应当执行原物。原物确已毁损或者灭失的,经双方当事人同意,可以折价赔偿。

双方当事人对折价赔偿不能协商一致的,人民法院应当终结执行程序。申请执行人可以另行起诉。

第四百九十三条　他人持有法律文书指定交付的财物或者票证,人民法院依照民事诉讼法第二百四十九条第二款、第三款规定发出协助执行通知后,拒不转交的,可以强制执行,并可依照民事诉讼法第一百一十四条、第一百一十五条规定处理。

他人持有期间财物或者票证毁损、灭失的,参照本解释第四百九十四条规定处理。

他人主张合法持有财物或者票证的,可以根据民事诉讼法第二百二十七条规定提出执行异议。

【重点提示】

在执行过程中,当事人对交付种类物的数量、质量存在争议,人民法院应交由鉴定机构鉴定确认。因鉴定而产生的费用,人民法院应遵循"谁主张,谁预先垫付"的原则,最终被执行人需要继续履行义务的,由被执行人负担,不需要继续履行义务的,由申请执行人负担。

如被执行人应交付的种类物灭失,除非双方一致同意折价赔偿,否则人民法院应责令被执行人继续履行交付义务。被执行人拒不履行的,人民法院应当强制被执行人执行,如可由他人交付履行的,人民法院应当委托他人交付履行,由此产生的费用由被执行人负担。

如被执行人应交付的种类物确已灭失,且该种类物已停止生产或下线,无替代物履行可能,双方又无法达成一致的赔偿意见,人民法院应当终结执行，同时应当告知申请执行人有权提起赔偿损失的诉讼。

在执行交付特定物的过程中，人民法院界定"原物确已损坏或者灭失"应当结合特定物的自身特点。对于发现特定物存在一定瑕疵，但不影响特定物整体、功能及完整性的，人民法院不应认定为"原物确已损坏或者灭失"。实践中，常见特定物被当事人赋予某种主观意志上的不可替代，一旦出现任何与特定物不一致的"小瑕疵"，当事人便拒绝接收。为切实维护生效法律文书的权威性，人民法院在执行此类案件时，应当秉持客观、公平、公正的理念，严格按照执行依据以及一般人的正常思维观念执行。对于特定物被赋予的当事人主观情感，人民法院在执行过程中应当告知当事人可另行提起诉讼。

对于他人持有的特定物，无论为一般公民，还是单位，人民法院均应向其送达协助执行通知书。他人对人民法院执行特定物存在异议的，可以书面向人民法院提出执行异议，但不得拒绝协助执行。他人拒不协助执行的，人民法院应当对其采取罚款、拘留的司法处罚。对于他人依照《最高人民法院关于适用〈中华人民共和国民事诉讼法〉的解释》第四百九十五条第三款提出的异议，符合法律规定的，人民法院应予受理。此种情况下，他人实际上属于民事诉讼法第二百三十四条所规定的案外人。审查这种异议应当注意区分他人持有的类型和情况，对于他人合法取得生效法律文书指定交付财物的所有权，或因其他原因合法取得占有权，并在实体法上足以对抗申请执行人，即能够阻止标的物转让或交付的，不能强制转让或交付于申请执行人。

第二节 交付不动产的执行

强制交付或腾退房地产是一项易引发社会矛盾、产生极不稳定社会因素的执行工作。因此，在交付不动产的执行中，首先要求执行人员尽量做通被执行人或占用人的思想工作，如不能做通被执行人或占用人的思想工作，则应当适用司法拘留、罚款等措施，促进该项工作的开展。

【工作内容】

一、做好强制交付或腾退的准备工作

（1）实地调查被执行人或占用人的情况，需交付、腾退的房产、土地的情况，并制作相应的笔录、拍摄照片。（2）合议确定实施强制交付、腾退的时间，搬出的财物存放处所，并形成合议庭评议笔录附卷。（3）制订强制执行方案，预估执行过程中可能发生的风险，并制定针对性的应对措施。

二、签发、张贴公告

前期准备工作完成并确定强制执行的日期后，执行人员应当制作强制搬迁公告并层报院长签发，责令被执行人或占用人在指定期间履行。强制搬迁公告应当在强制交付、腾退的标的物上及四周张贴。

人民法院应当一并在公告中提醒当事人按时到场参与强制交付、腾退标的物，同时将搬出的财物存放处所一并在公告中载明。被执行人是公民的，应当通知被执行人或其成年家属到场；被执行人是法人或其他组织的，应当通知其法定代表人或主要负责人到场。拒不到场的，不影响执行。

三、组织实施强制交付或腾退行为

（1）实施强制交付或腾退行为前，人民法院仍应再次对不动产内部人员居住情况进行调查，应协调当地公安、基层组织等单位到场协助和见证。（2）实施强制交付或腾退行为前，执行人员应告知申请执行人具体时间，通知其提前准备好强制交付或腾退所需的人力、物力，如搬运工人、门锁等。（3）强制交付或腾退过程中，在场的执行人员、法警等应密切注意被执行人或占用人及其在场亲属的行为，遇到自残、暴力抗法等妨碍执行行为的，应当及时将有关人员予以控制并带离现场，依法处置。（4）从强制交付或腾退的不动产内搬出的财物，由搬运人员运至指定处所，交付被执行人签收。被执行人是公民的，也可以交给他的成年家属。被执行人下落不明或拒不到场参与强制交付、腾退标的物，拒绝接收搬出的财物而造成的损失，由被执行人承担。为避免保管费用过高或财产价值减损，执行法院可以处置该财产，

处置所得的价款首先扣除搬迁、保管及拍卖变卖等相关费用，余款依法支付给被执行人或发放至其名下银行账户内。执行人员对强制迁出房屋内的财物，应当进行登记并制作财物清单，由保管人、法院工作人员及其他在场人签字。登记清单一式两份，一份交保管人、一份附卷存档。（5）执行人员实施强制交接及迁出财物时，应当使用执法记录仪并配合使用单兵、车载全程录音录像，制作光盘附卷。（6）强制交付或腾退完成后，如被执行人仍拒不接收被搬出的财物，人民法院应通知被执行人限期到指定地点领回被搬出的财物，逾期不领取被搬出的财物造成的损失，由被执行人自行承担。（7）强制交付或腾退完成后，执行人员应当根据现场指挥人员的指令，统一撤离。

【常用法律、司法解释及相关规定】

《中华人民共和国民事诉讼法》（2021年修正）

第二百五十七条 强制迁出房屋或者强制退出土地，由院长签发公告，责令被执行人在指定期间履行。被执行人逾期不履行的，由执行员强制执行。

强制执行时，被执行人是公民的，应当通知被执行人或者他的成年家属到场；被执行人是法人或者其他组织的，应当通知其法定代表人或者主要负责人到场。拒不到场的，不影响执行。被执行人是公民的，其工作单位或者房屋、土地所在地的基层组织应当派人参加。执行员应当将强制执行情况记入笔录，由在场人签名或者盖章。

强制迁出房屋被搬出的财物，由人民法院派人运至指定处所，交给被执行人。被执行人是公民的，也可以交给他的成年家属。因拒绝接收而造成的损失，由被执行人承担。

【重点提示】

对于强制执行国有土地上房屋征收补偿决定案件，按照2012年《最高人民法院关于办理申请人民法院强制执行国有土地上房屋征收补偿决定案件若干问题的规定》的相关规定，不再由人民法院立案执行。

执行程序中，案外人无合法依据占有被执行人标的物不动产的，执行法院依法可以强制迁出；案外人拒不迁出的，对标的物中的财产，执行法院可指定他人保管并通知领取；案外人不领取或者下落不明的，为避免保管费用过高或财产价值减损,执行法院可以处置该财产,处置所得的价款首先扣除搬迁、保管及拍卖变卖等相关费用,余款依法支付给案外人或发放至其名下银行账户内。

强制交付或腾退不动产时,人民法院必须做好充分的警务保障工作。人民法院执行部门应当发挥执行指挥中心联动作用。强制交付或腾退不动产时,执行人员应当使用执法记录仪并配合使用单兵、车载等设备与执行指挥中心进行实时现场连线。执行指挥中心应当在强制交付或腾退不动产过程中,发挥指导性作用。

强制交付或腾退不动产时,人民法院也可协同上级法院监督执行过程。

第三节 探视权、抚养权的执行

探视权、抚养权的执行难点,在于这两项请求权的实现往往受到原夫妻双方感情纠葛的影响。同时,必须明确的一点是,虽然探视、抚养的对象是原夫妻双方的子女,但该子女并非强制执行的客体,所以对探视权、抚养权的执行应以说服教育为主,必要时才可以对被执行人或其他非法干预执行的人员处以司法拘留、罚款,涉嫌犯罪的移送公安机关追究刑事责任。人民法院在执行过程中,不得强制执行被探视人、被抚养人的人身。

人民法院在强制执行探视权、抚养权案件时,可通过强制执行迟延履行金的方式,促使被执行人积极主动履行探视、抚养义务。对被执行人仍拒绝履行、拖延履行的,人民法院可予以处罚。

【常用法律、司法解释及相关规定】

《中华人民共和国民事诉讼法》(2021年修正)

第一百一十四条 诉讼参与人或者其他人有下列行为之一的,人民法院可以根据情节轻重予以罚款、拘留;构成犯罪的,依法追究刑事责任:

……

(六)拒不履行人民法院已经发生法律效力的判决、裁定的。

……

第二百六十条 被执行人未按判决、裁定和其他法律文书指定的期间履行给付金钱义务的，应当加倍支付迟延履行期间的债务利息。被执行人未按判决、裁定和其他法律文书指定的期间履行其他义务的，应当支付迟延履行金。

《最高人民法院关于适用〈中华人民共和国民事诉讼法〉的解释》（2022年修正）

第五百零三条 被执行人不履行法律文书指定的行为，且该项行为只能由被执行人完成的，人民法院可以依照民事诉讼法第一百一十一条第一款第（六）项规定处理。

被执行人在人民法院确定的履行期间内仍不履行的，人民法院可以依照民事诉讼法第一百一十一条第一款第（六）项规定再次处理。

【重点提示】

1. 人民法院对于应配合履行探视义务的被执行人明确表示或以行为表示不予配合履行探视义务，且经说服教育拒不悔改的，可根据该被执行人的生活能力，考虑被探视人的实际成长情况，对不予配合履行探视义务的被执行人予以一定期限的拘留或一定数额的罚款。

2. 人民法院对于应配合履行探视义务的被执行人明确表示或以行为表示不予配合履行探视义务，且经说服教育拒不悔改的，也可在处以拘留、罚款的同时，给予一定数额迟延履行金的处罚。该被执行人拒不履行迟延履行金的，人民法院强制执行。

3. 生效法律文书对探视权行使的方式等不明确的，双方当事人可自行协商，协商不成的，由人民法院酌情指定地点、时间进行探视。指定的地点包括当事人家中、符合被探视人身心健康的休闲娱乐场所、人民法院等；指定时间应以不影响被探视人基本生活、学习为原则。

4. 人民法院在执行探视权案件过程中，应当充分考虑年满八周岁的被探视人意愿。对于年满八周岁的被探视人，如其不愿申请执行人探视的，可通过录像询问其不愿申请执行人探视的事实与理由。被探视人提出不愿申请执行人探视的事实与理由，应当符合下列条件之一：（1）申请执行人患有严重精神疾病或尚未治愈的烈性传染性疾病的；（2）申请执行人对子女实施家庭暴力或虐待子女的；(3) 申请执行人具有其他不利于子女身心健康的情形。如赌博、吸毒、嫖娼等恶劣的。对于符合上述条件的事实与理由，人民法院应当将被探视人不愿申请执行人探视的视频播放给申请执行人观看后，终结执行。待上述条件消除后，申请执行人可重新申请执行。对于不符合上述条件的事实与理由，人民法院应不予支持。

人民法院在执行抚养权案件时，可比照上述第一项至第四项规定执行。

被抚养人提出不愿申请执行人抚养的事实与理由符合法定条件，人民法院终结执行后，如被执行人未提起变更抚养权的诉讼，且"不利于被抚养人身心健康"条件消除后，申请执行人可重新申请执行。

第四节　其他行为的执行

【常用法律、司法解释及相关规定】

《中华人民共和国民事诉讼法》（2021年修正）

第二百五十九条　对判决、裁定和其他法律文书指定的行为，被执行人未按执行通知履行的，人民法院可以强制执行或者委托有关单位或者其他人完成，费用由被执行人承担。

第一百一十四条　诉讼参与人或者其他人有下列行为之一的，人民法院可以根据情节轻重予以罚款、拘留；构成犯罪的，依法追究刑事责任：

……

（六）拒不履行人民法院已经发生法律效力的判决、裁定的。

人民法院对有前款规定的行为之一的单位，可以对其主要负责人或者直接责任人员予以罚款、拘留；构成犯罪的，依法追究刑事责任。

《最高人民法院关于适用〈中华人民共和国民事诉讼法〉的解释》（2022年修正）

第五百零一条　被执行人不履行生效法律文书确定的行为义务，该义务可由他人完成的，人民法院可以选定代履行人；法律、行政法规对履行该行为义务有资格限制的，应当从有资格的人中选定。必要时，可以通过招标的方式确定代履行人。

申请执行人可以在符合条件的人中推荐代履行人,也可以申请自己代为履行,是否准许,由人民法院决定。

第五百零二条 代履行费用的数额由人民法院根据案件具体情况确定,并由被执行人在指定期限内预先支付。被执行人未预付的,人民法院可以对该费用强制执行。

代履行结束后,被执行人可以查阅、复制费用清单以及主要凭证。

第五百零三条 被执行人不履行法律文书指定的行为,且该项行为只能由被执行人完成的,人民法院可以依照民事诉讼法第一百一十一条第一款第(六)项规定处理。

被执行人在人民法院确定的履行期间内仍不履行的,人民法院可以依照民事诉讼法第一百一十一条第一款第(六)项规定再次处理。

第五百一十九条 在执行终结六个月内,被执行人或者其他人对已执行的标的有妨害行为的,人民法院可以依申请排除妨害,并可以依照民事诉讼法第一百一十一条规定进行处罚。因妨害行为给执行债权人或者其他人造成损失的,受害人可以另行起诉。

【重点提示】

由于拘留、罚款等措施涉及对被执行人自由与精神的强制,具有更强的严厉性,因此人民法院在执行行为类案件时,能够适用代履行方法执行的,应当优先适用代履行方法执行,不得采用拘留、罚款等措施。只有在人民法院不能适用代履行方法执行的,才可以采用拘留、罚款等措施。

在代履行的问题上,人民法院不仅有指定代履行人的权利,也负有监督代履行人的义务。如代履行人不能切实履行职责,人民法院有权更换。

对于代履行而产生的费用,人民法院可以要求申请执行人预先垫付,以保证执行程序的顺利实施。但是,人民法院应当及时要求被执行人承担代履行而产生的费用,且应当一并对被执行人的财产采取查询、查封、冻结等措施。被执行人拒不承担该费用的,人民法院强制执行。

为避免代履行费用发生争议,在必要时可以委托第三方对代履行费用的数额进行鉴定。

赔礼道歉是一种兼具两种行为性质的特殊行为。通过在报纸刊物上登载道歉内容的，是可替代行为；当面道歉的，是不可替代行为。因赔礼道歉具有一定的人身属性，人民法院在执行赔礼道歉的案件上，可以参照本著关于探视权、抚养权执行方面的指引，通过强制执行迟延履行金的方式，促使被执行人积极主动履行探视、抚养义务。

被执行人因拒不履行而被处罚后，在确定的履行期间内仍不履行，执行法院决定再次处罚时应综合考虑被执行人不履行行为的主观恶性、行为履行的可能性等因素，谨慎判断。避免滥用二次处罚制度连续处罚被执行人，侵犯人身权利。

根据《最高人民法院关于适用〈中华人民共和国民事诉讼法〉的解释》第五百一十九条的规定，在执行终结六个月内，人民法院依申请排除妨害执行的，应立"执恢"字案号。

第七章　财产保全与先予执行案件的执行

第一节　财产保全案件的执行

财产保全案件的执行是指保全裁定作出后，具体由人民法院执行机构执行保全裁定载明内容的司法活动。该强制措施目的在于防止债务人转移财产，以利于将来判决的执行。

【工作内容】

一、保全立案

人民法院进行财产保全，由立案、审判机构作出裁定，一般应当移送执行机构实施。移送执行机构实施的，应当立即将保全裁定、申请人提供的财产线索等材料一并移送给立案部门，立"执保"字案号。

二、保全措施

人民法院采取财产保全的方法和措施，依照执行程序相关规定办理。人民法院在财产保全中采取查封、扣押、冻结措施，需要有关单位协助办理登记手续的，有关单位应当在裁定书和协助执行通知书送达后立即办理。针对同一财产有多个裁定书和协助执行通知书的，应当按照送达的时间先后办理登记手续。人民法院保全财产后，应当立即通知被保全财产人。

三、保全结案

执行财产保全裁定案件的结案方式包括：（1）保全完毕，即保全事项全部实施完毕；（2）部分保全，即因未查询到足额财产，致使保全事项未能全部实施完毕；（3）无标的物可实施保全，即未查到财产可供保全。

【系统操作】

一、保全财产

点击节点流程中的"保全财产"，新增登记财产信息，如图7-1、图7-2所示。

图7-1 保全财产

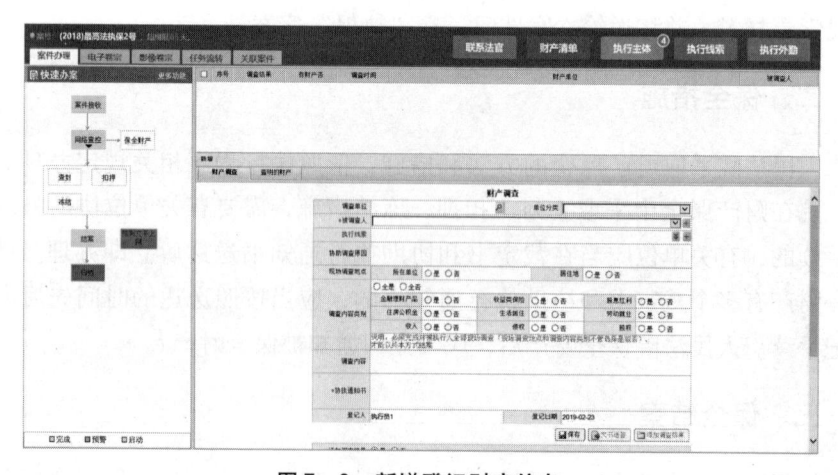

图7-2 新增登记财产信息

填写财产调查结果，如图7-3所示。

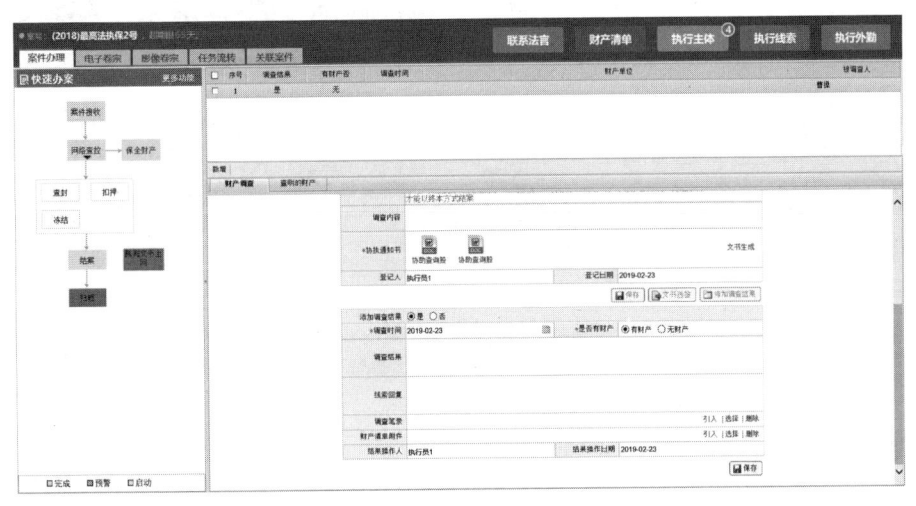

图7-3　填写财产调查结果

登记多项查明财产，如图7-4所示。

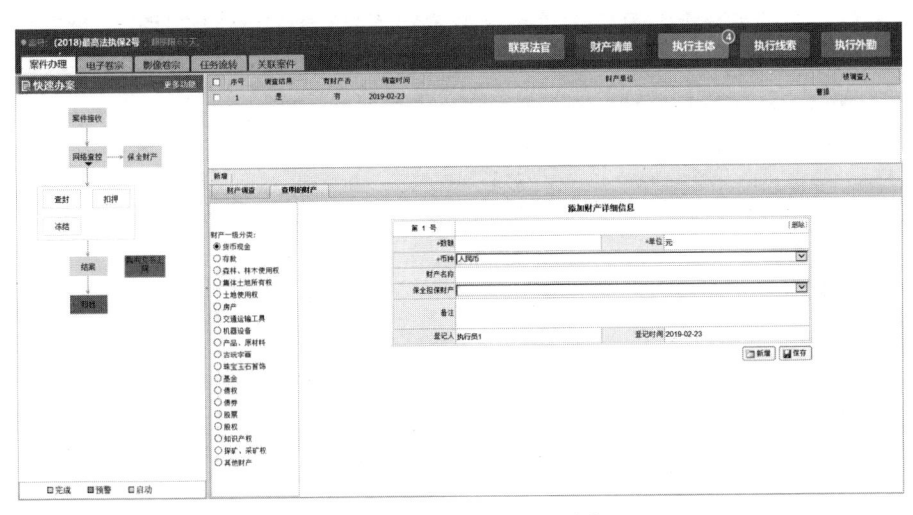

图7-4　登记多项查明财产

点击右上方紫色"财产清单"按钮，可以查看财产详细信息，如图7-5所示。

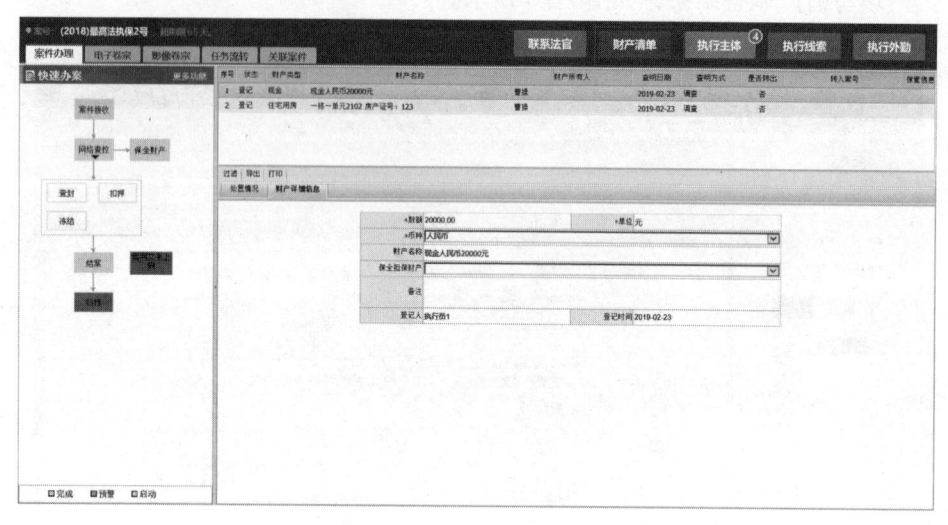

282 / 人民法院办理执行案件程序指引

图 7-5 查看财产详细信息

点击"过滤"可对财产类别进行分类过滤显示，如图 7-6 所示。

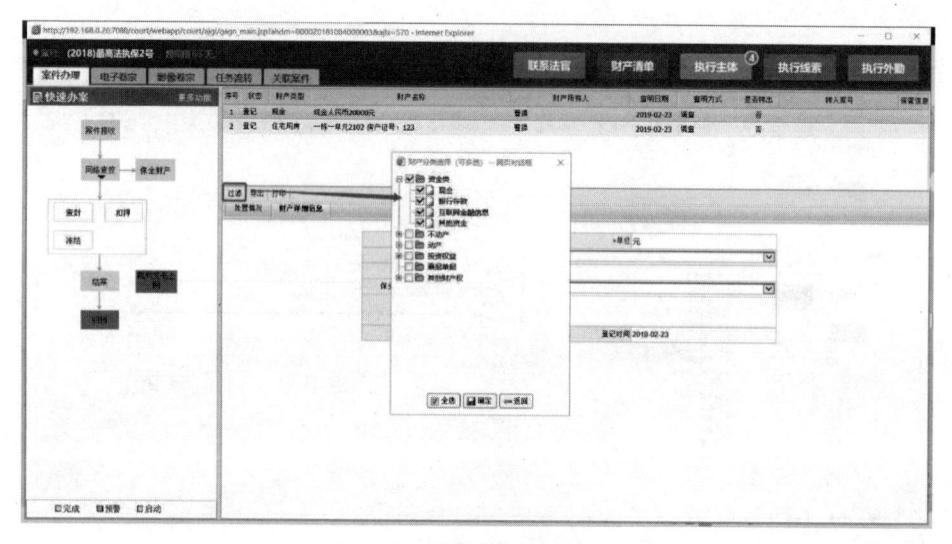

图 7-6 过滤显示财产类别

过滤结果，如图 7-7 所示。

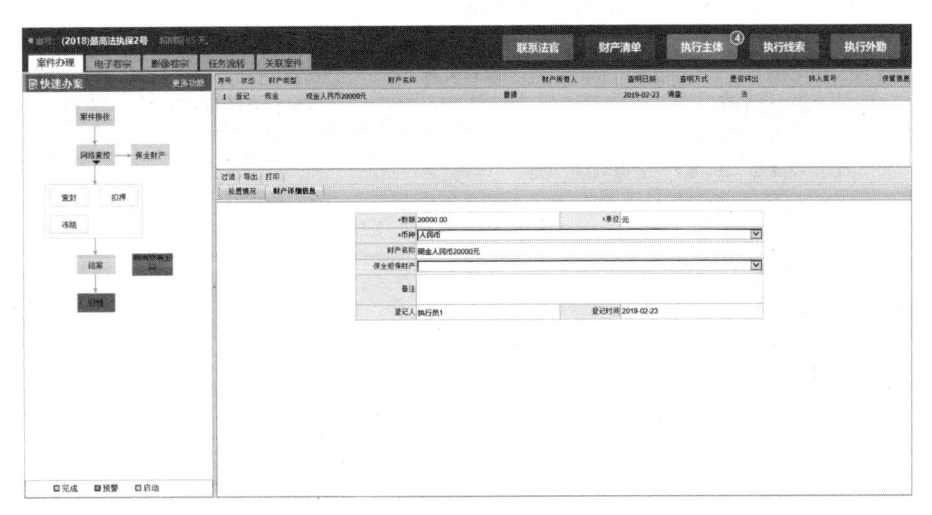

图 7-7 过滤结果

二、查封

选择流程节点图的"查封",如图 7-8 所示。

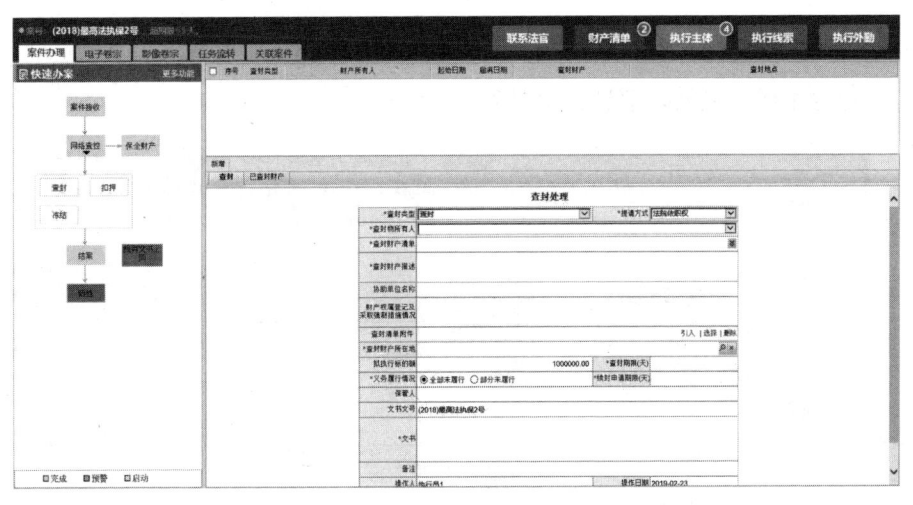

图 7-8 查封界面

新增查封处理信息，如图 7-9 所示。

图 7-9 新增查封处理信息

保存生成查封处理信息，如图 7-10 所示。

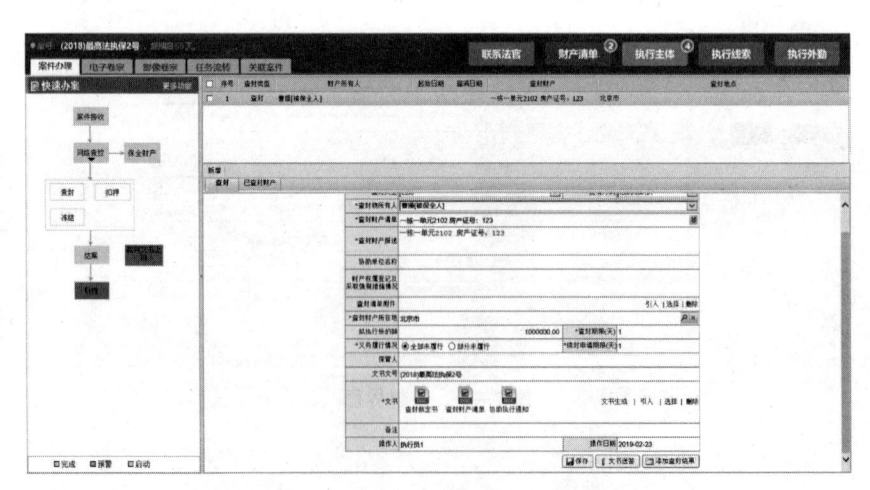

图 7-10 保存生成查封处理信息

点击"文书生成",生成文书,如图 7-11 所示。

图 7-11 文书生成

点击"文书送签",呈请文书审批表,如图 7-12、图 7-13 所示。

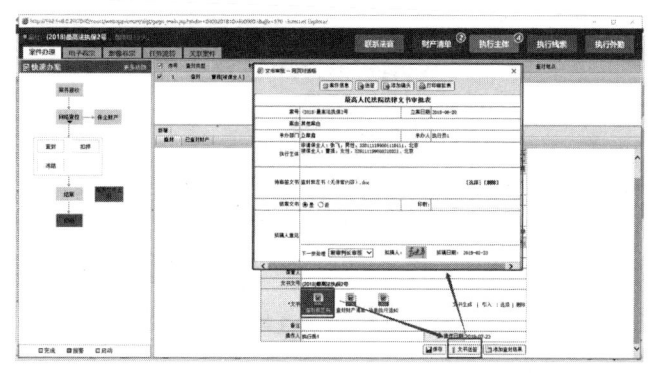

图 7-12 文书送签

图 7-13 文书审批表

点击"添加查封结果"按钮，添加查封结果信息，如图7-14所示。

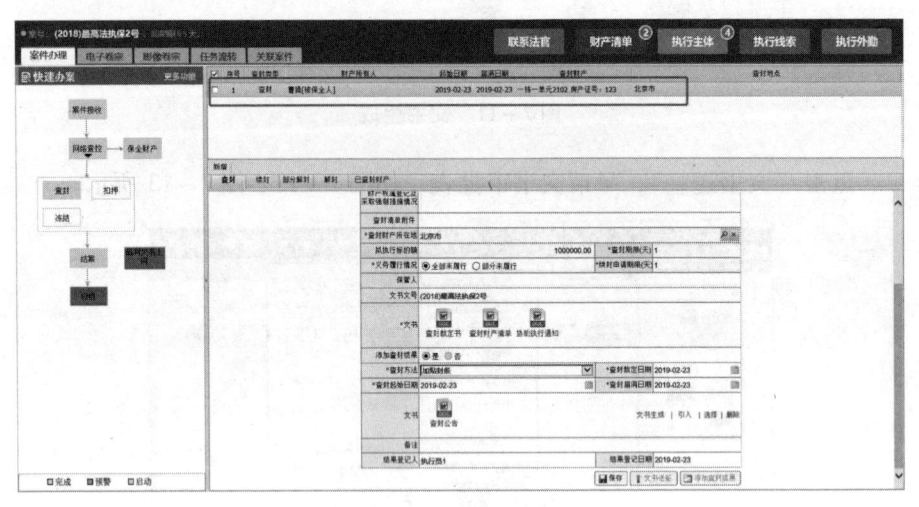

图7-14 添加查封结果

增加"续封处理信息"，如图7-15所示。

图7-15 增加续封处理

进行部分解封处理，如图 7-16 所示。

图 7-16　部分解封处理

进行解封处理，如图 7-17 所示。

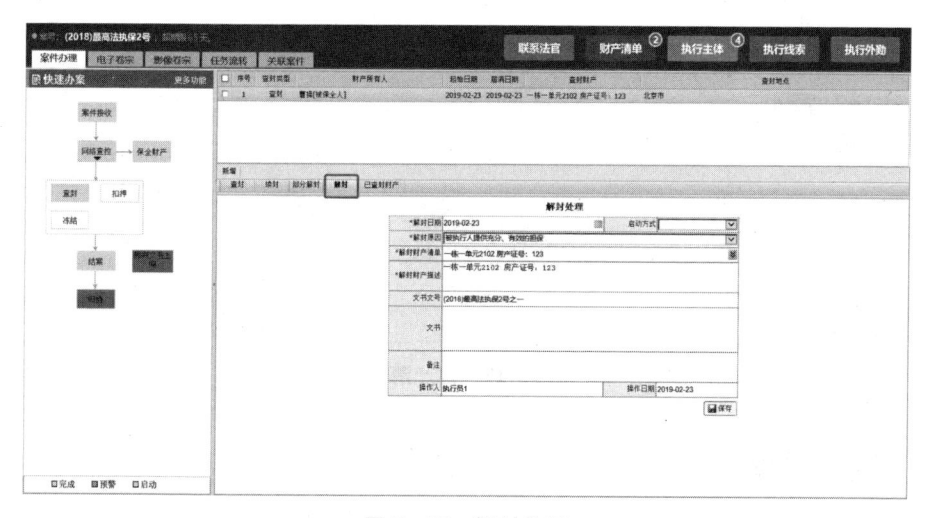

图 7-17　解封处理

查封财产,如图 7-18 所示。

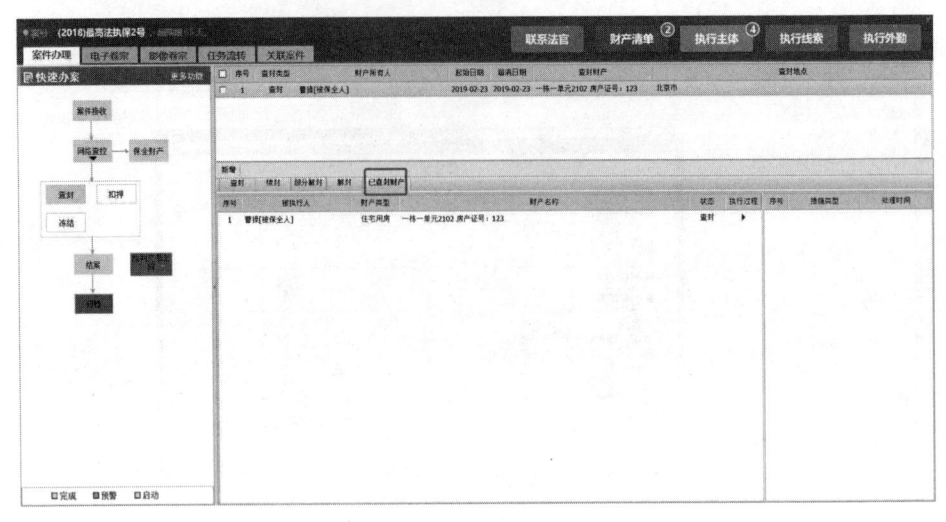

图 7-18 查封财产

点击"财产清单",如图 7-19 所示。

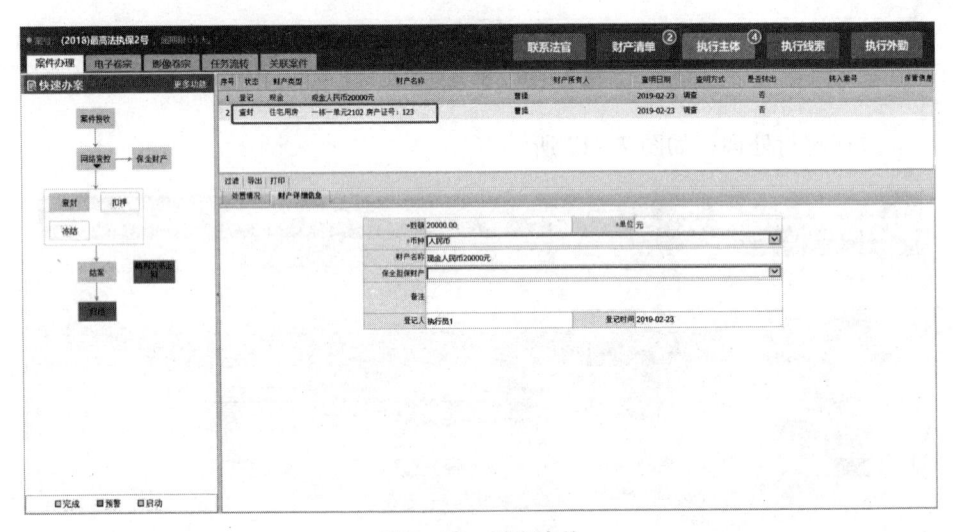

图 7-19 财产清单

三、扣押

选择流程节点图的"扣押",如图 7-20 所示。

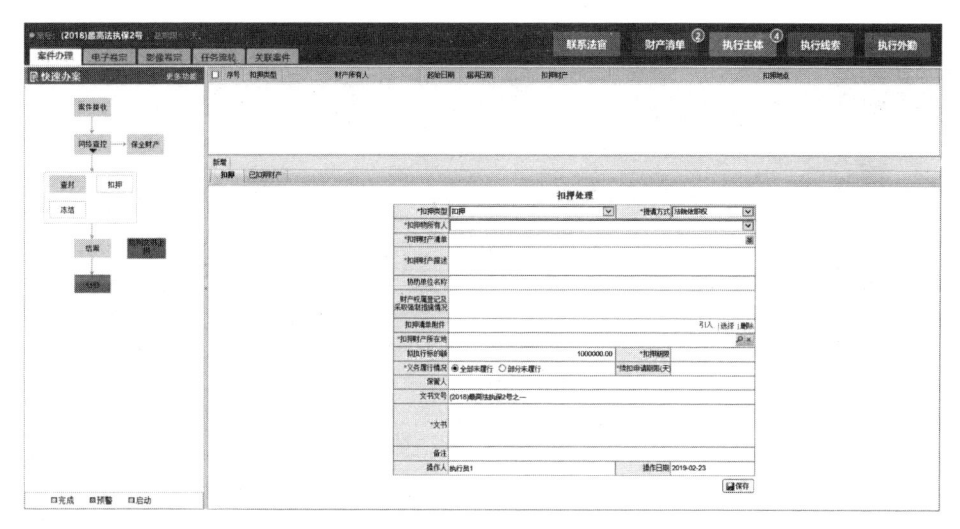

图 7 – 20　扣押界面

新增"扣押处理"信息，如图 7 – 21 所示。

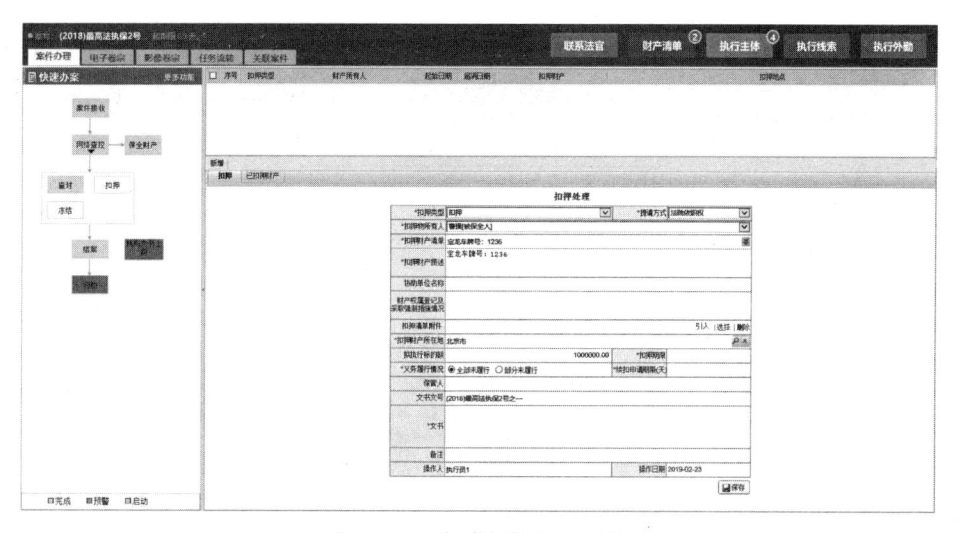

图 7 – 21　新增扣押处理信息

保存生成扣押处理信息，如图 7 – 22 所示。

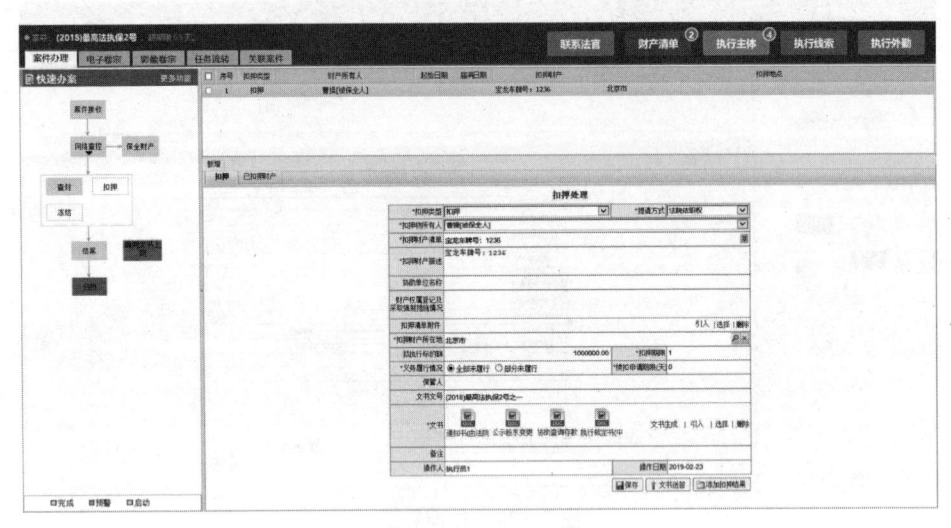

图 7–22　生成扣押处理信息

自动生成文书。点击"文书送签",呈请文书审批表,如图 7–23 所示。

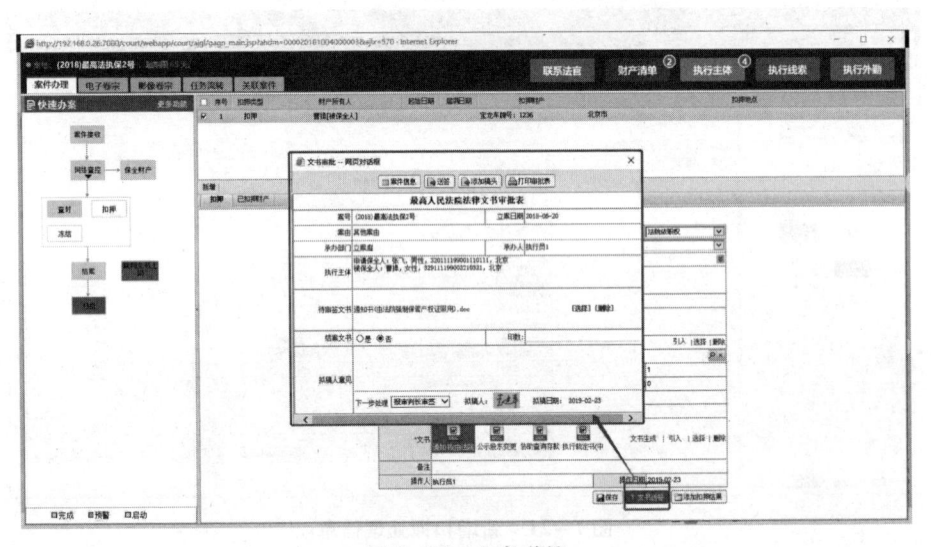

图 7–23　文书送签

点击"添加扣押结果"按钮,添加扣押结果信息,如图 7–24 所示。

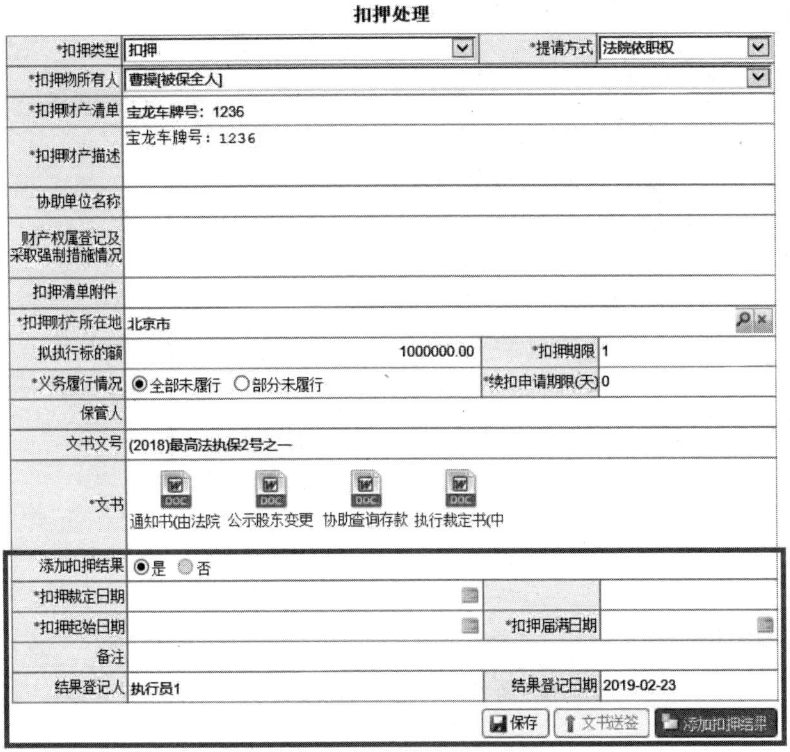

图 7-24 添加扣押结果

增加续扣处理信息,如图 7-25 所示。

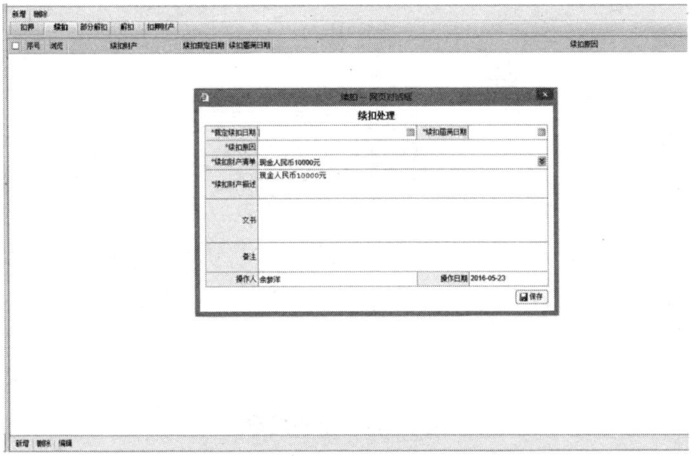

图 7-25 增加续扣处理信息

进行部分解扣处理，如图 7-26 所示。

图 7-26 部分解扣处理

进行解扣处理，如图 7-27 所示。

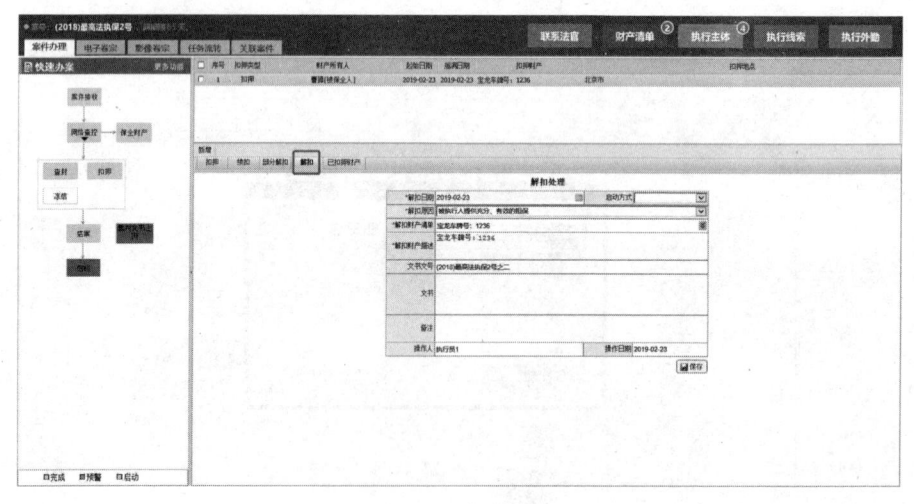

图 7-27 解扣处理

扣押财产，如图 7-28 所示。

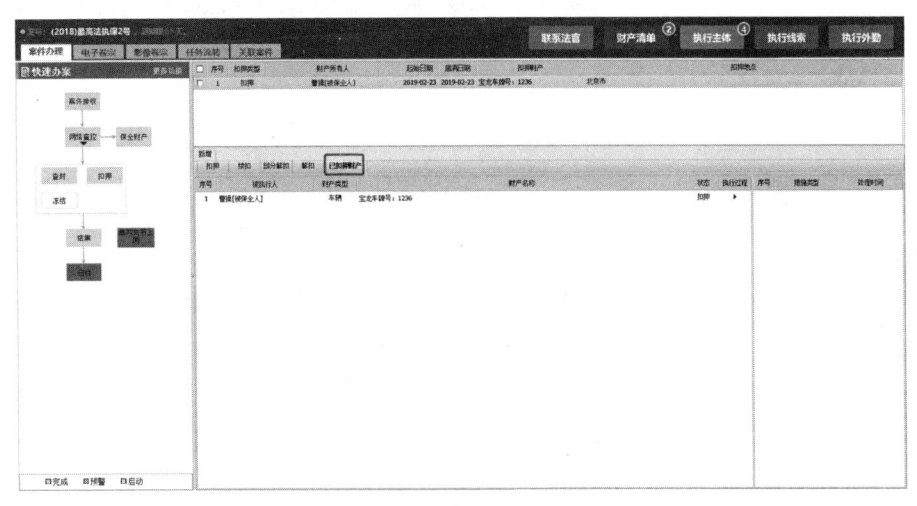

图 7-28　扣押财产

点击"财产清单"，如图 7-29 所示。

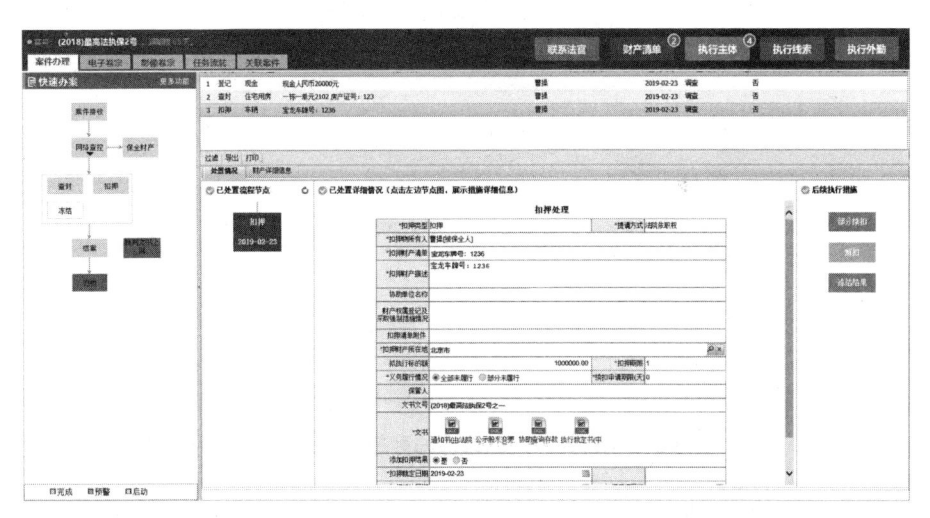

图 7-29　财产清单

四、冻结

选择流程节点图的"冻结"，如图 7-30 所示。

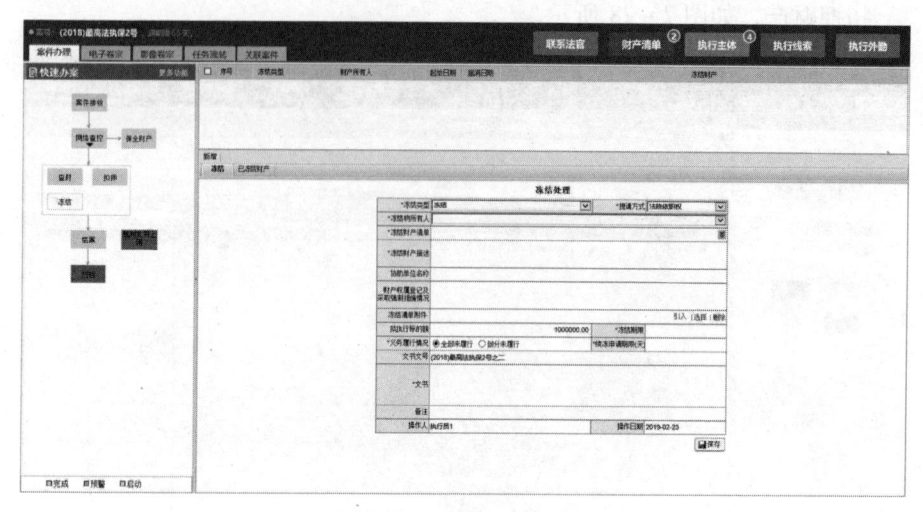

294 / 人民法院办理执行案件程序指引

图 7-30 冻结处理界面

新增冻结处理信息,如图 7-31 所示。

图 7-31 新增冻结处理信息

保存生成冻结处理信息,如图 7-32 所示。

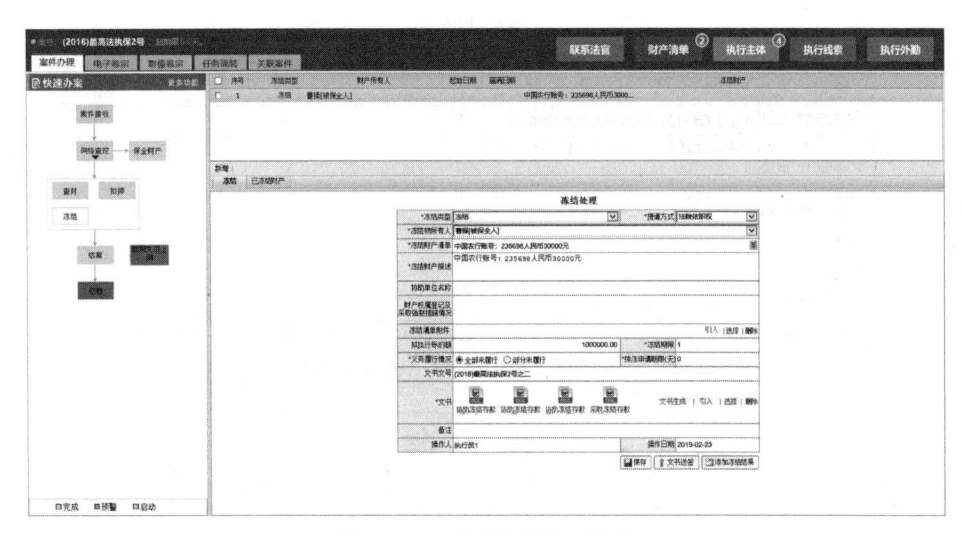

第七章 财产保全与先予执行案件的执行 / 295

图 7–32 生成冻结处理信息

点击"文书送签",呈请文书审批表,如图 7–33 所示。

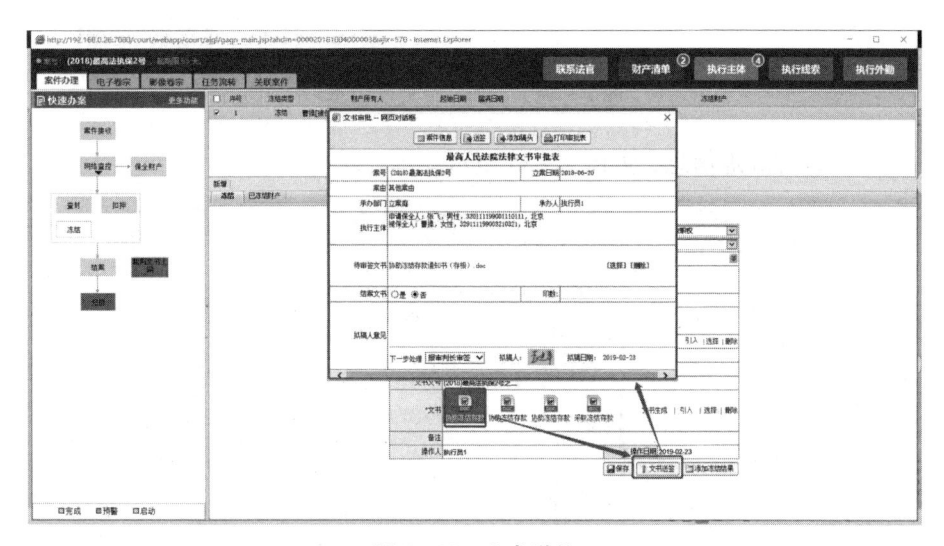

图 7–33 文书送签

点击"添加冻结结果"按钮,添加冻结处理信息,如图 7–34 所示。

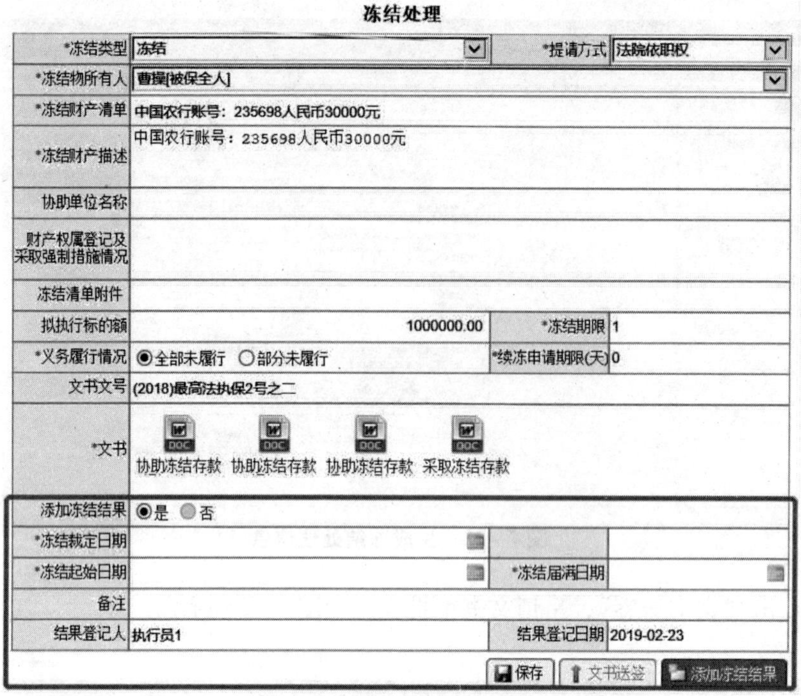

图 7-34 添加冻结处理信息

增加续冻处理信息，如图 7-35 所示。

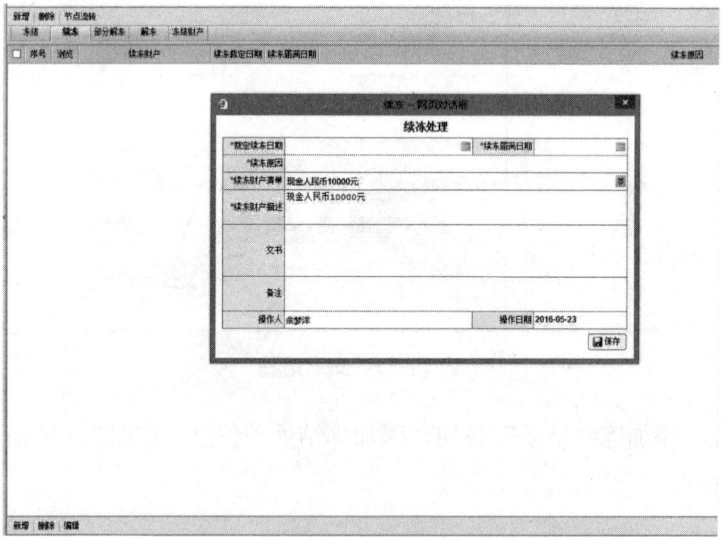

图 7-35 增加续冻处理信息

进行部分解冻处理，如图7-36所示。

图7-36　部分解冻处理

进行解冻处理，如图7-37所示。

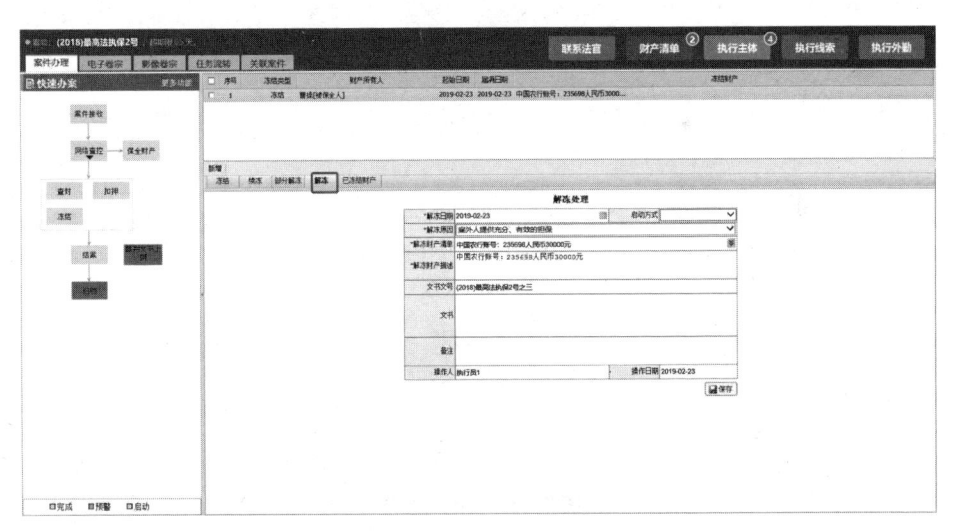

图7-37　解冻处理

冻结财产，如图7-38所示。

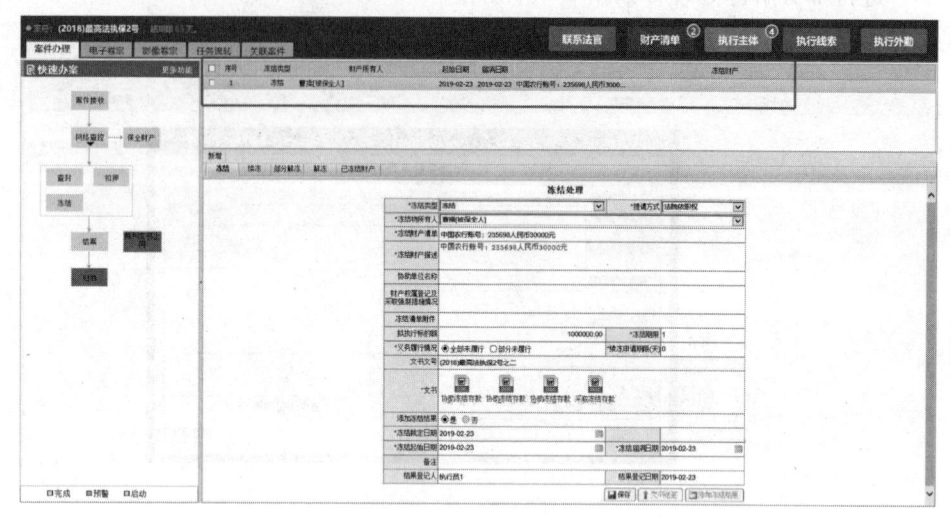

图 7-38　冻结财产

点击"财产清单",如图 7-39 所示。

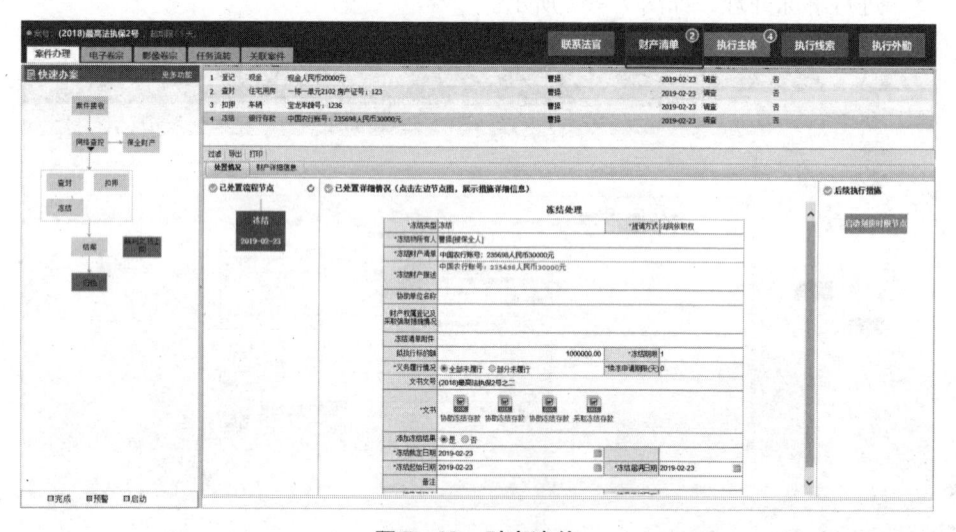

图 7-39　财产清单

五、扣留

选择流程节点图的"扣留",如图 7-40 所示。

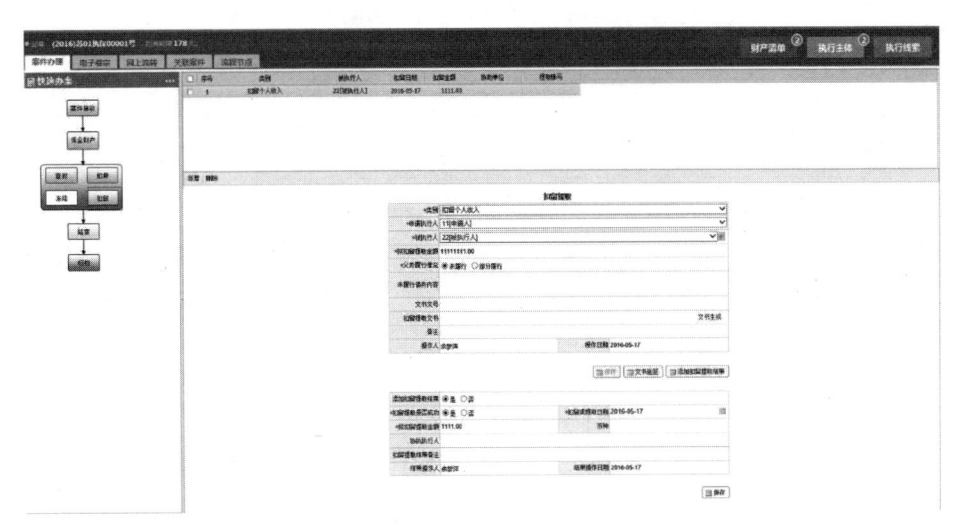

图 7 – 40 扣留界面

新增扣留处理信息,如图 7 – 41 所示。

图 7 – 41 新增扣留处理信息

保存生成扣留处理信息,如图 7 – 42 所示。

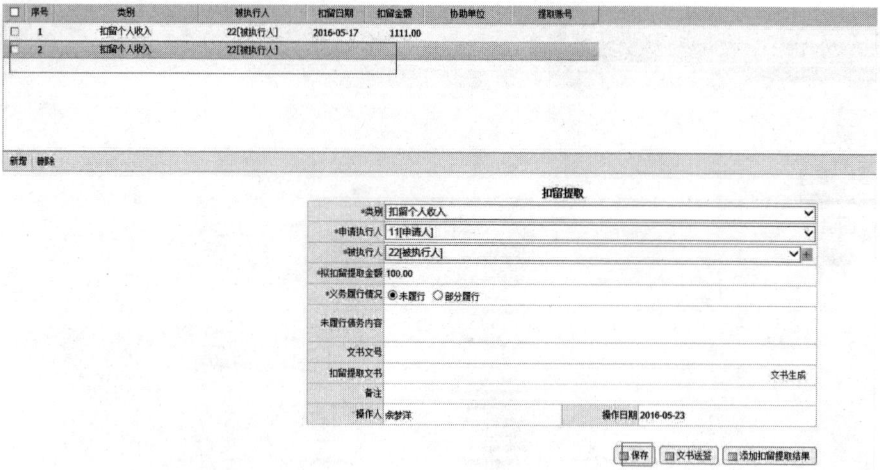

300 / 人民法院办理执行案件程序指引

图 7-42　生成扣留处理信息

击"文书生成",生成文书,如图 7-43 所示。

图 7-43　生成文书

可以删除已新增的扣留信息,如图 7-44 所示。

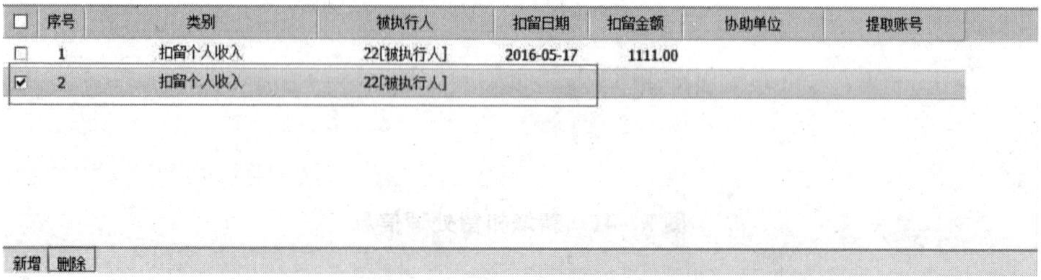

图 7-44　删除新增扣留信息

点击"文书送签",呈请文书审批表,如图 7-45 所示。

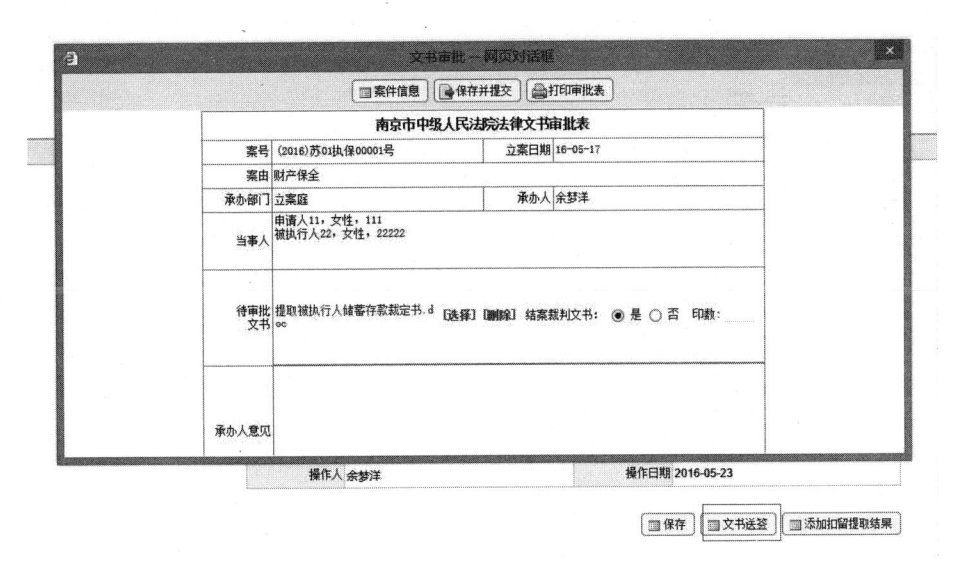

图 7-45　文书送签

点击"添加扣留结果"按钮，添加扣留结果信息，如图 7-46 所示。

图 7-46　添加扣留结果

六、结案

点击流程节点中的"结案"按钮，如图 7-47 所示。

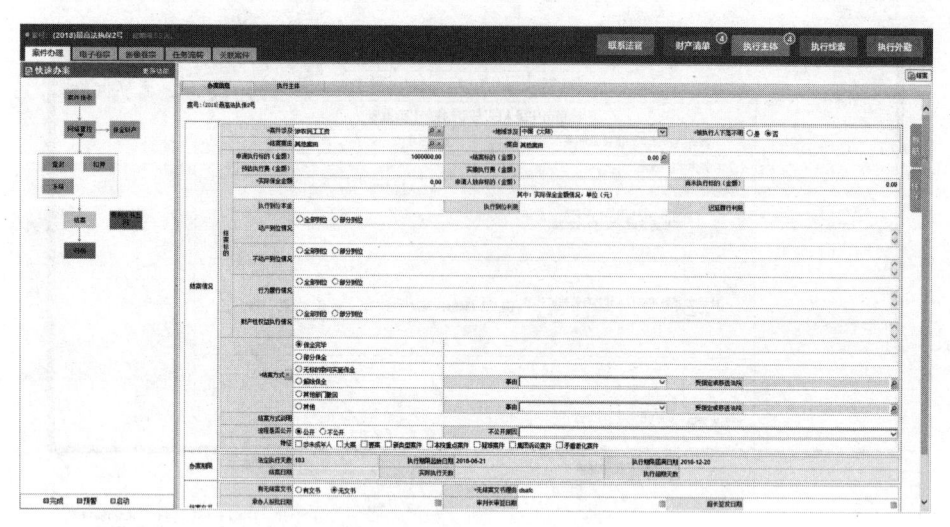

302 / 人民法院办理执行案件程序指引

图7-47 点击"结案"按钮

填写结案信息,如图7-48所示。

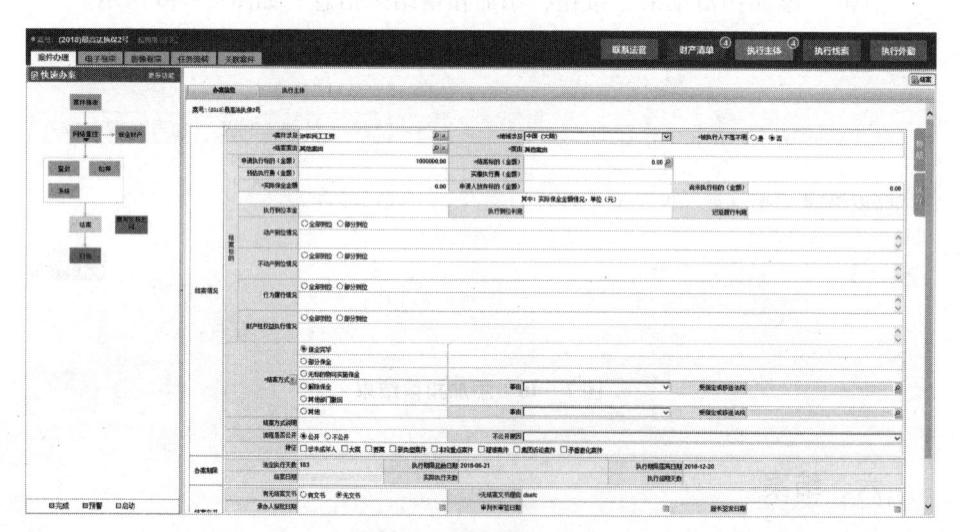

图7-48 填写结案信息

点击"结案",如图7-49所示。

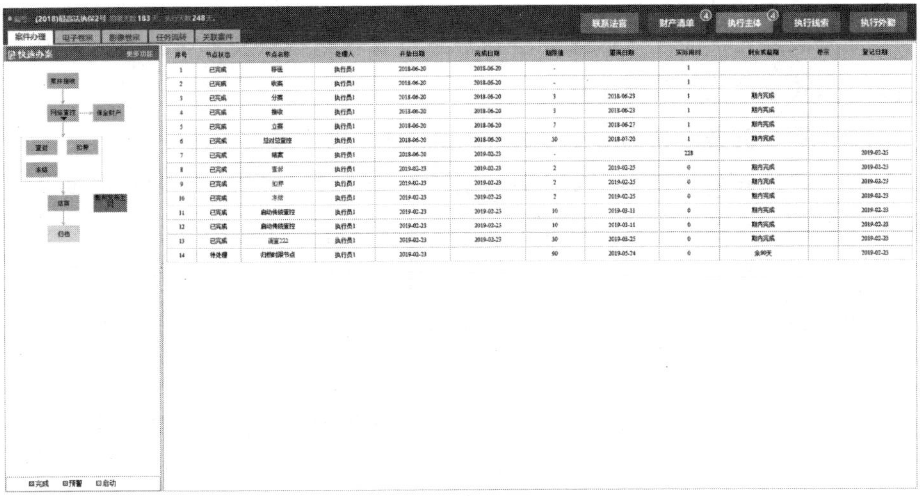

图 7-49 结案

保全案件系统操作完成。

【常用法律、司法解释及相关规定】

《中华人民共和国民事诉讼法》（2021 年修正）

第一百零三条 人民法院对于可能因当事人一方的行为或者其他原因，使判决难以执行或者造成当事人其他损害的案件，根据对方当事人的申请，可以裁定对其财产进行保全、责令其作出一定行为或者禁止其作出一定行为；当事人没有提出申请的，人民法院在必要时也可以裁定采取保全措施。

人民法院采取保全措施，可以责令申请人提供担保，申请人不提供担保的，裁定驳回申请。

人民法院接受申请后，对情况紧急的，必须在四十八小时内作出裁定；裁定采取保全措施的，应当立即开始执行。

第一百零四条 利害关系人因情况紧急，不立即申请保全将会使其合法权益受到难以弥补的损害的，可以在提起诉讼或者申请仲裁前向被保全财产所在地、被申请人住所地或者对案件有管辖权的人民法院申请采取保全措施。申请人应当提供担保，不提供担保的，裁定驳回申请。

人民法院接受申请后，必须在四十八小时内作出裁定；裁定采取保全措施的,应当立即开始执行。

申请人在人民法院采取保全措施后三十日内不依法提起诉讼或者申请仲裁的,人民法院应当解除保全。

第一百零五条 保全限于请求的范围,或者与本案有关的财物。

第一百零六条 财产保全采取查封、扣押、冻结或者法律规定的其他方法。人民法院保全财产后,应当立即通知被保全财产的人。

财产已被查封、冻结的,不得重复查封、冻结。

第一百零七条 财产纠纷案件,被申请人提供担保的,人民法院应当裁定解除保全。

第一百零八条 申请有错误的,申请人应当赔偿被申请人因保全所遭受的损失。

《最高人民法院关于适用〈中华人民共和国民事诉讼法〉的解释》(2022年修正)

第一百五十二条 人民法院依照民事诉讼法第一百条、第一百零一条规定,在采取诉前保全、诉讼保全措施时,责令利害关系人或者当事人提供担保的,应当书面通知。

利害关系人申请诉前保全的,应当提供担保。申请诉前财产保全的,应当提供相当于请求保全数额的担保;情况特殊的,人民法院可以酌情处理。申请诉前行为保全的,担保的数额由人民法院根据案件的具体情况决定。

在诉讼中,人民法院依申请或者依职权采取保全措施的,应当根据案件的具体情况,决定当事人是否应当提供担保以及担保的数额。

第一百五十三条 人民法院对季节性商品、鲜活、易腐烂变质以及其他不宜长期保存的物品采取保全措施时,可以责令当事人及时处理,由人民法院保存价款;必要时,人民法院可予以变卖,保存价款。

第一百五十四条 人民法院在财产保全中采取查封、扣押、冻结财产措施时,应当妥善保管被查封、扣押、冻结的财产。不宜由人民法院保管的,人民法院可以指定被保全人负责保管;不宜由被保全人保管的,可以委托他人或者申请保全人保管。

查封、扣押、冻结担保物权人占有的担保财产,一般由担保物权人保管;由人民法院保管的,质权、留置权不因采取保全措施而消灭。

第一百五十五条 由人民法院指定被保全人保管的财产,如果继续使用对该财产的价值无重大影响,可以允许被保全人继续使用;由人民法院保管或者委托他人、申请保全人保管的财产,人民法院和其他保管人不得使用。

第一百五十六条 人民法院采取财产保全的方法和措施,依照执行程序相关规定办理。

第一百五十七条 人民法院对抵押物、质押物、留置物可以采取财产保全措施,但不影响抵押权人、质权人、留置权人的优先受偿权。

第一百五十八条 人民法院对债务人到期应得的收益,可以采取财产保全措施,限制其支取,通知有关单位协助执行。

第一百五十九条 债务人的财产不能满足保全请求,但对他人有到期债权的,人民法院可以依债权人的申请裁定该他人不得对本案债务人清偿。该他人要求偿付的,由人民法院提存财物或者价款。

第一百六十条 当事人向采取诉前保全措施以外的其他有管辖权的人民法院起诉的,采取诉前保全措施的人民法院应当将保全手续移送受理案件的人民法院。诉前保全的裁定视为受移送人民法院作出的裁定。

第一百六十一条 对当事人不服一审判决提起上诉的案件,在第二审人民法院接到报送的案件之前,当事人有转移、隐匿、出卖或者毁损财产等行为,必须采取保全措施的,由第一审人民法院依当事人申请或者依职权采取。第一审人民法院的保全裁定,应当及时报送第二审人民法院。

第一百六十二条 第二审人民法院裁定对第一审人民法院采取的保全措施予以续保或者采取新的保全措施的,可以自行实施,也可以委托第一审人民法院实施。

再审人民法院裁定对原保全措施予以续保或者采取新的保全措施的,可以自行实施,也可以委托原审人民法院或者执行法院实施。

第一百六十三条 法律文书生效后,进入执行程序前,债权人因对方当事人转移财产等紧急情况,不申请保全将可能导致生效法律文书不能执行或者难以执行的,可以向执行法院申请采取保全措施。债权人在法律文书指定的履行期间届满后五日内不申请执行的,人民法院应当解除保全。

第一百六十四条 对申请保全人或者他人提供的担保财产,人民法院应当依法办理查封、扣押、冻结等手续。

第一百六十五条 人民法院裁定采取保全措施后,除作出保全裁定的人民法院自行解除或者其上级人民法院决定解除外,在保全期限内,任何单位不得解除保全措施。

第一百六十六条 裁定采取保全措施后,有下列情形之一的,人民法院应当作出解除保全裁定:

(一) 保全错误的;

(二) 申请人撤回保全申请的;

(三) 申请人的起诉或者诉讼请求被生效裁判驳回的;

(四) 人民法院认为应当解除保全的其他情形。

解除以登记方式实施的保全措施的,应当向登记机关发出协助执行通知书。

第一百六十七条 财产保全的被保全人提供其他等值担保财产且有利于执行的,人民法院可以裁定变更保全标的物为被保全人提供的担保财产。

第一百六十八条 保全裁定未经人民法院依法撤销或者解除,进入执行程序后,自动转为执行中的查封、扣押、冻结措施,期限连续计算,执行法院无需重新制作裁定书,但查封、扣押、冻结期限届满的除外。

《最高人民法院关于人民法院办理财产保全案件若干问题的规定》(2020年修正)

第一条 当事人、利害关系人申请财产保全,应当向人民法院提交申请书,并提供相关证据材料。申请书应当载明下列事项:

(一) 申请保全人与被保全人的身份、送达地址、联系方式;

(二) 请求事项和所根据的事实与理由;

(三) 请求保全数额或者争议标的;

(四) 明确的被保全财产信息或者具体的被保全财产线索;

(五) 为财产保全提供担保的财产信息或资信证明,或者不需要提供担保的理由;

(六) 其他需要载明的事项。

法律文书生效后,进入执行程序前,债权人申请财产保全的,应当写明生效法律文书的制作机关、文号和主要内容,并附生效法律文书副本。

第二条 人民法院进行财产保全,由立案、审判机构作出裁定,一般应当移送执行机构实施。

第三条 仲裁过程中，当事人申请财产保全的，应当通过仲裁机构向人民法院提交申请书及仲裁案件受理通知书等相关材料。人民法院裁定采取保全措施或者裁定驳回申请的，应当将裁定书送达当事人，并通知仲裁机构。

第四条 人民法院接受财产保全申请后，应当在五日内作出裁定；需要提供担保的，应当在提供担保后五日内作出裁定；裁定采取保全措施的，应当在五日内开始执行。对情况紧急的，必须在四十八小时内作出裁定；裁定采取保全措施的，应当立即开始执行。

第五条 人民法院依照民事诉讼法第一百条规定责令申请保全人提供财产保全担保的，担保数额不超过请求保全数额的百分之三十；申请保全的财产系争议标的的，担保数额不超过争议标的价值的百分之三十。

利害关系人申请诉前财产保全的，应当提供相当于请求保全数额的担保；情况特殊的，人民法院可以酌情处理。

财产保全期间，申请保全人提供的担保不足以赔偿可能给被保全人造成的损失的，人民法院可以责令其追加相应的担保；拒不追加的，可以裁定解除或者部分解除保全。

第六条 申请保全人或第三人为财产保全提供财产担保的，应当向人民法院出具担保书。担保书应当载明担保人、担保方式、担保范围、担保财产及其价值、担保责任承担等内容，并附相关证据材料。

第三人为财产保全提供保证担保的，应当向人民法院提交保证书。保证书应当载明保证人、保证方式、保证范围、保证责任承担等内容，并附相关证据材料。

对财产保全担保，人民法院经审查，认为违反民法典、公司法等有关法律禁止性规定的，应当责令申请保全人在指定期限内提供其他担保；逾期未提供的，裁定驳回申请。

第七条 保险人以其与申请保全人签订财产保全责任险合同的方式为财产保全提供担保的，应当向人民法院出具担保书。

担保书应当载明，因申请财产保全错误，由保险人赔偿被保全人因保全所遭受的损失等内容，并附相关证据材料。

第八条 金融监管部门批准设立的金融机构以独立保函形式为财产保全

提供担保的，人民法院应当依法准许。

第九条 当事人在诉讼中申请财产保全，有下列情形之一的，人民法院可以不要求提供担保：

（一）追索赡养费、扶养费、抚育费、抚恤金、医疗费用、劳动报酬、工伤赔偿、交通事故人身损害赔偿的；

（二）婚姻家庭纠纷案件中遭遇家庭暴力且经济困难的；

（三）人民检察院提起的公益诉讼涉及损害赔偿的；

（四）因见义勇为遭受侵害请求损害赔偿的；

（五）案件事实清楚、权利义务关系明确，发生保全错误可能性较小的；

（六）申请保全人为商业银行、保险公司等由金融监管部门批准设立的具有独立偿付债务能力的金融机构及其分支机构的。

法律文书生效后，进入执行程序前，债权人申请财产保全的，人民法院可以不要求提供担保。

第十条 当事人、利害关系人申请财产保全，应当向人民法院提供明确的被保全财产信息。

当事人在诉讼中申请财产保全，确因客观原因不能提供明确的被保全财产信息，但提供了具体财产线索的，人民法院可以依法裁定采取财产保全措施。

第十一条 人民法院依照本规定第十条第二款规定作出保全裁定的，在该裁定执行过程中，申请保全人可以向已经建立网络执行查控系统的执行法院，书面申请通过该系统查询被保全人的财产。

申请保全人提出查询申请的，执行法院可以利用网络执行查控系统，对裁定保全的财产或者保全数额范围内的财产进行查询，并采取相应的查封、扣押、冻结措施。

人民法院利用网络执行查控系统未查询到可供保全财产的，应当书面告知申请保全人。

第十二条 人民法院对查询到的被保全人财产信息，应当依法保密。除依法保全的财产外，不得泄露被保全人其他财产信息，也不得在财产保全、强制执行以外使用相关信息。

第十三条 被保全人有多项财产可供保全的，在能够实现保全目的的情况下，人民法院应当选择对其生产经营活动影响较小的财产进行保全。

人民法院对厂房、机器设备等生产经营性财产进行保全时，指定被保全人保管的，应当允许其继续使用。

第十四条 被保全财产系机动车、航空器等特殊动产的，除被保全人下落不明的以外，人民法院应当责令被保全人书面报告该动产的权属和占有、使用等情况，并予以核实。

第十五条 人民法院应当依据财产保全裁定采取相应的查封、扣押、冻结措施。

可供保全的土地、房屋等不动产的整体价值明显高于保全裁定载明金额的，人民法院应当对该不动产的相应价值部分采取查封、扣押、冻结措施，但该不动产在使用上不可分或者分割会严重减损其价值的除外。

对银行账户内资金采取冻结措施的，人民法院应当明确具体的冻结数额。

第十六条 人民法院在财产保全中采取查封、扣押、冻结措施，需要有关单位协助办理登记手续的，有关单位应当在裁定书和协助执行通知书送达后立即办理。针对同一财产有多个裁定书和协助执行通知书的，应当按照送达的时间先后办理登记手续。

第十七条 利害关系人申请诉前财产保全，在人民法院采取保全措施后三十日内依法提起诉讼或者申请仲裁的，诉前财产保全措施自动转为诉讼或仲裁中的保全措施；进入执行程序后，保全措施自动转为执行中的查封、扣押、冻结措施。

依前款规定，自动转为诉讼、仲裁中的保全措施或者执行中的查封、扣押、冻结措施的，期限连续计算，人民法院无需重新制作裁定书。

第十八条 申请保全人申请续行财产保全的，应当在保全期限届满七日前向人民法院提出；逾期申请或者不申请的，自行承担不能续行保全的法律后果。

人民法院进行财产保全时，应当书面告知申请保全人明确的保全期限届满日以及前款有关申请续行保全的事项。

第十九条 再审审查期间，债务人申请保全生效法律文书确定给付的财产的，人民法院不予受理。

再审审理期间，原生效法律文书中止执行，当事人申请财产保全的，人民法院应当受理。

第二十条 财产保全期间，被保全人请求对被保全财产自行处分，人民法院经审查，认为不损害申请保全人和其他执行债权人合法权益的，可以准许，但应当监督被保全人按照合理价格在指定期限内处分，并控制相应价款。

被保全人请求对作为争议标的的被保全财产自行处分的，须经申请保全人同意。

人民法院准许被保全人自行处分被保全财产的，应当通知申请保全人；申请保全人不同意的，可以依照民事诉讼法第二百二十五条规定提出异议。

第二十一条 保全法院在首先采取查封、扣押、冻结措施后超过一年未对被保全财产进行处分的，除被保全财产系争议标的外，在先轮候查封、扣押、冻结的执行法院可以商请保全法院将被保全财产移送执行。但司法解释另有特别规定的，适用其规定。

保全法院与在先轮候查封、扣押、冻结的执行法院就移送被保全财产发生争议的，可以逐级报请共同的上级法院指定该财产的执行法院。

共同的上级法院应当根据被保全财产的种类及所在地、各债权数额与被保全财产价值之间的关系等案件具体情况指定执行法院，并督促其在指定期限内处分被保全财产。

第二十二条 财产纠纷案件，被保全人或第三人提供充分有效担保请求解除保全，人民法院应当裁定准许。被保全人请求对作为争议标的的财产解除保全的，须经申请保全人同意。

第二十三条 人民法院采取财产保全措施后，有下列情形之一的，申请保全人应当及时申请解除保全：

（一）采取诉前财产保全措施后三十日内不依法提起诉讼或者申请仲裁的；

（二）仲裁机构不予受理仲裁申请、准许撤回仲裁申请或者按撤回仲裁申请处理的；

（三）仲裁申请或者请求被仲裁裁决驳回的；

（四）其他人民法院对起诉不予受理、准许撤诉或者按撤诉处理的；

（五）起诉或者诉讼请求被其他人民法院生效裁判驳回的；

（六）申请保全人应当申请解除保全的其他情形。

人民法院收到解除保全申请后，应当在五日内裁定解除保全；对情况紧急的，必须在四十八小时内裁定解除保全。

申请保全人未及时申请人民法院解除保全，应当赔偿被保全人因财产保全所遭受的损失。

被保全人申请解除保全，人民法院经审查认为符合法律规定的，应当在本条第二款规定的期间内裁定解除保全。

第二十四条　财产保全裁定执行中，人民法院发现保全裁定的内容与被保全财产的实际情况不符的，应当予以撤销、变更或补正。

第二十五条　申请保全人、被保全人对保全裁定或者驳回申请裁定不服的，可以自裁定书送达之日起五日内向作出裁定的人民法院申请复议一次。人民法院应当自收到复议申请后十日内审查。

对保全裁定不服申请复议的，人民法院经审查，理由成立的，裁定撤销或变更；理由不成立的，裁定驳回。

对驳回申请裁定不服申请复议的，人民法院经审查，理由成立的，裁定撤销，并采取保全措施；理由不成立的，裁定驳回。

第二十六条　申请保全人、被保全人、利害关系人认为保全裁定实施过程中的执行行为违反法律规定提出书面异议的，人民法院应当依照民事诉讼法第二百二十五条规定审查处理。

第二十七条　人民法院对诉讼争议标的以外的财产进行保全，案外人对保全裁定或者保全裁定实施过程中的执行行为不服，基于实体权利对被保全财产提出书面异议的，人民法院应当依照民事诉讼法第二百二十七条规定审查处理并作出裁定。案外人、申请保全人对该裁定不服的，可以自裁定送达之日起十五日内向人民法院提起执行异议之诉。

人民法院裁定案外人异议成立后，申请保全人在法律规定的期间内未提起执行异议之诉的，人民法院应当自起诉期限届满之日起七日内对该被保全财产解除保全。

第二十八条　海事诉讼中，海事请求人申请海事请求保全，适用《中华人民共和国海事诉讼特别程序法》及相关司法解释。

《最高人民法院关于人民法院执行工作若干问题的规定（试行）》（2020年修正）

9、在国内仲裁过程中，当事人申请财产保全，经仲裁机构提交人民法院的，由被申请人住所地或被申请保全的财产所在地的基层人民法院裁定并执行；申请证据保全的，由证据所在地的基层人民法院裁定并执行。

《最高人民法院关于适用〈中华人民共和国民事诉讼法〉执行程序若干问题的解释》（2020年修正）

第四条 对人民法院采取财产保全措施的案件，申请执行人向采取保全措施的人民法院以外的其他有管辖权的人民法院申请执行的，采取保全措施的人民法院应当将保全的财产交执行法院处理。

《中华人民共和国仲裁法》（2017年修正）

第二十八条 一方当事人因另一方当事人的行为或者其他原因，可能使裁决不能执行或者难以执行的，可以申请财产保全。

当事人申请财产保全的，仲裁委员会应当将当事人的申请依照民事诉讼法的有关规定提交人民法院。

申请有错误的，申请人应当赔偿被申请人因财产保全所遭受的损失。

《最高人民法院关于适用〈中华人民共和国行政诉讼法〉的解释》（2018年2月8日施行　法释〔2018〕1号）

第七十六条 人民法院对于因一方当事人的行为或者其他原因，可能使行政行为或者人民法院生效裁判不能或者难以执行的案件，根据对方当事人的申请，可以裁定对其财产进行保全、责令其作出一定行为或者禁止其作出一定行为；当事人没有提出申请的，人民法院在必要时也可以裁定采取上述保全措施。

人民法院采取保全措施，可以责令申请人提供担保；申请人不提供担保的，裁定驳回申请。

人民法院接受申请后，对情况紧急的，必须在四十八小时内作出裁定；裁定采取保全措施的，应当立即开始执行。

当事人对保全的裁定不服的，可以申请复议；复议期间不停止裁定的执行。

第七十七条 利害关系人因情况紧急，不立即申请保全将会使其合法权益受到难以弥补的损害的，可以在提起诉讼前向被保全财产所在地、被申请人住所地或者对案件有管辖权的人民法院申请采取保全措施。申请人应当提供担保，不提供担保的，裁定驳回申请。

人民法院接受申请后，必须在四十八小时内作出裁定；裁定采取保全措施的，应当立即开始执行。

申请人在人民法院采取保全措施后三十日内不依法提起诉讼的，人民法院应当解除保全。

当事人对保全的裁定不服的，可以申请复议；复议期间不停止裁定的执行。

第七十八条 保全限于请求的范围，或者与本案有关的财物。

财产保全采取查封、扣押、冻结或者法律规定的其他方法。人民法院保全财产后，应当立即通知被保全人。

财产已被查封、冻结的，不得重复查封、冻结。

涉及财产的案件，被申请人提供担保的，人民法院应当裁定解除保全。

申请有错误的，申请人应当赔偿被申请人因保全所遭受的损失。

《最高人民法院关于执行案件立案、结案若干问题的意见》（2015年1月1日施行　法发〔2014〕26号）

第五条 执行实施类案件类型代字为"执字"，按照立案时间的先后顺序确定案件编号，单独进行排序；但执行财产保全裁定的，案件类型代字为"执保字"，按照立案时间的先后顺序确定案件编号，单独进行排序；恢复执行的，案件类型代字为"执恢字"，按照立案时间的先后顺序确定案件编号，单独进行排序。

第二十一条 执行财产保全裁定案件的结案方式包括：

（一）保全完毕，即保全事项全部实施完毕；

（二）部分保全，即因未查询到足额财产，致使保全事项未能全部实施完毕；

（三）无标的物可实施保全，即未查到财产可供保全。

《最高人民法院关于依法制裁规避执行行为的若干意见》（2011年5月27日施行　法〔2011〕195号）

13. 依法保全被执行人的未到期债权。对被执行人的未到期债权，执行法院可以依法冻结，待债权到期后参照到期债权予以执行。第三人仅以该债务未到期为由提出异议的，不影响对该债权的保全。

《最高人民法院对国家知识产权局〈关于如何协助执行法院财产保全裁定的函〉的答复意见》（2000年1月28日施行　〔2000〕法知字第3号函）

国家知识产权局：

贵局《关于如何协助执行法院财产保全裁定的函》收悉。经研究，对有关问题的意见如下：

1. 专利权作为无形财产，可以作为人民法院财产保全的对象。人民法院对专利权进行财产保全，应当向国家知识产权局送达协助执行通知书，写明要求协助执行的事项，以及对专利权财产保全的期限，并附人民法院作出的裁定书。根据《中华人民共和国民事诉讼法》第九十三条、第一百零三条的规定，贵局有义务协助执行人民法院对专利权财产保全的裁定。

2. 贵局来函中提出的具体意见第二条中拟要求人民法院提交"中止程序请求书"似有不妥。依据人民法院依法作出的财产保全民事裁定书和协助执行通知书，贵局即承担了协助执行的义务，在财产保全期间应当确保专利申请权或者专利权的法律状态不发生变更。在此前提下，贵局可以依据《专利法》和《专利审查指南》规定的程序，并根据法院要求协助执行的具体事项，自行决定中止有关专利程序。

3. 根据最高人民法院《关于适用〈民事诉讼法〉若干问题意见》第一百零二条规定，对出质的专利权也可以采取财产保全措施，但质权人有优先受偿权。至于专利权人与被许可人已经签订的独占实施许可合同，则不影响专利权人的权利状态，也可以采取财产保全。

四、贵局协助人民法院对专利权进行财产保全的期限为6个月，到期可以续延。如到期末续延，该财产保全即自动解除。

以上意见供参考

《最高人民法院关于人民法院立案、审判与执行工作协调运行的意见》（2018年5月28日　法发〔2018〕9号）

四、财产保全工作

16. 下列财产保全案件一般由立案部门编立"财保"字案号进行审查并作出裁定：

（1）利害关系人在提起诉讼或者申请仲裁前申请财产保全的案件；

（2）当事人在仲裁过程中通过仲裁机构向人民法院提交申请的财产保全

案件；

（3）当事人在法律文书生效后进入执行程序前申请财产保全的案件。

当事人在诉讼中申请财产保全的案件，一般由负责审理案件的审判部门沿用诉讼案号进行审查并作出裁定。

当事人在上诉后二审法院立案受理前申请财产保全的案件，由一审法院审判部门审查并作出裁定。

17. 立案、审判部门作出的财产保全裁定，应当及时送交立案部门编立"执保"字案号的执行案件，立案后送交执行。

上级法院可以将财产保全裁定指定下级法院立案执行。

18. 财产保全案件的下列事项，由作出财产保全裁定的部门负责审查：

（1）驳回保全申请；

（2）准予撤回申请、按撤回申请处理；

（3）变更保全担保；

（4）续行保全、解除保全；

（5）准许被保全人根据《最高人民法院关于人民法院办理财产保全案件若干问题的规定》第二十条第一款规定申请自行处分被保全财产；

（6）首先采取查封、扣押、冻结措施的保全法院将被保全财产移送给在先轮候查封、扣押、冻结的执行法院；

（7）当事人或者利害关系人对财产保全裁定不服，申请复议；

（8）对保全内容或者措施需要处理的其他事项。

采取保全措施后，案件进入下一程序的，由有关程序对应的受理部门负责审查前款规定的事项。判决生效后申请执行前进行续行保全的，由作出该判决的审判部门作出续行保全裁定。

19. 实施保全的部门负责执行财产保全案件的下列事项：

（1）实施、续行、解除查封、扣押、冻结措施；

（2）监督被保全人根据《最高人民法院关于人民法院办理财产保全案件若干问题的规定》第二十条第一款规定自行处分被保全财产，并控制相应价款；

（3）其他需要实施的保全措施。

20. 保全措施实施后，实施保全的部门应当及时将财产保全情况通报作出财产保全裁定的部门，并将裁定、协助执行通知书副本等移送入卷。"执保"字案件单独立卷归档。

21. 保全财产不是诉讼争议标的物，案外人基于实体权利对保全裁定或者执行行为不服提出异议的，由负责审查案外人异议的部门根据民事诉讼法第二百二十七条的规定审查该异议。

【重点提示】

财产保全案件立案后，实施保全的部门应当及时将审判部门作出的财产保全裁定送达被保全人。

采取保全措施的相关时限要求。裁定采取保全措施的，应当在五日内开始执行。对情况紧急的，必须在四十八小时内作出裁定；裁定采取保全措施的，应当立即开始执行。保全的期限适用法院查封、扣押、冻结的期限，即人民法院冻结被执行人的银行存款的期限不得超过一年，查封、扣押动产的期限不得超过两年，查封不动产、冻结其他财产权的期限不得超过三年。

续行保全。人民法院进行财产保全时，应当书面告知申请保全人明确的保全期限届满日以及有关申请续行保全的事项。申请保全人申请续行财产保全的，应当在保全期限届满七日前向人民法院提出；逾期申请或者不申请的，自行承担不能续行保全的法律后果。

财产保全的申请人是否享有优先受偿权。财产保全只是防止可能因当事人一方的行为或者其他原因使判决不能执行或者难以执行时所采取的一种强制措施。这种措施并非对申请人权利的担保，因而，当被申请人有多个债权人且其财产不足以清偿全部债务时，申请保全的当事人并不对被保全的财产享有优先受偿权，被保全的财产应当由全体债权人公平受偿。保全申请人因申请保全而受到损失的，受到清偿的其他债权人应当给付相应补偿。优先受偿权是法定权利，应有法律明确规定，如建设工程价款优先受偿权、担保物权等。《最高人民法院关于人民法院执行工作若干问题的规定（试行）》第八十八条第一款规定："多份生效法律文书确定金钱给付内容的多个债权人分别对同一被执行人申请执行，各债权人对执行标的物均无担保物权的，按照执行法院采取执行措施的先后顺序受偿。"根据该规定，无担保物权的债权人应按法院采取执行措施的先后顺序受偿，并不能因此认定在先申请保全的普通债权人享有优先受偿的权利。

网络执行查控系统在保全中的适用。保全裁定应明确被保全财产的信息。当事人在诉讼中申请财产保全，确因客观原因不能提供明确的被保全财产信息，但提供了具体财产线索的，人民法院可以依法裁定采取财产保全措施。在该裁定执行过程中，申请保全人可以向已经建立网络执行查控系统的执行法院，书面申请通过该系统查询被保全人的财产。执行法院可以利用网络执行查控系统，对裁定保全的财产或者保全数额范围内的财产进行查询，并采取相应的查封、扣押、冻结措施。人民法院利用网络执行查控系统未查询到可供保全财产的，应当书面告知申请保全人。诉前财产保全不允许使用人民法院网络执行查控系统对被保全人财产进行查询。

财产保全的善意执行原则。被保全人有多项财产可供保全的，在能够实现保全目的的情况下，人民法院应当选择对其生产经营活动影响较小的财产进行保全。人民法院对厂房、机器设备等生产经营性财产进行保全时，指定被保全人保管的，应当允许其继续使用。对于涉及民营企业财产保全的案件，要坚持审慎谦抑、平等保护的原则，既要保护民营企业作为债权人的合法权益，也要保护民营企业作为债务人的合法权益。

支持合理置换保全财产。财产保全的被保全人提供其他等值担保财产且有利于执行的或者被执行人为盘活资产、缓解生产经营困难，申请置换保全财产的，由人民法院审判部门依据申请作出裁定。

特殊动产的情况报告及核实。被保全财产系机动车、航空器等特殊动产的，除被保全人下落不明的，人民法院应当责令被保全人书面报告该动产的权属和占有、使用等情况，并予以核实。

同等价值保全原则。人民法院应当依据财产保全裁定采取相应的查封、扣押、冻结措施。可供保全的土地、房产等不动产的整体价值明显高于保全裁定载明金额的，人民法院应当对该不动产的相应价值部分采取查封、扣押、冻结措施，但该不动产在使用上不可分或者分割会严重减损其价值的除外。对银行账户内资金采取冻结措施的，人民法院应当明确具体的冻结金额。

保全措施具有连续性。利害关系人申请诉前财产保全，在人民法院采取保全措施后三十日内依法提起诉讼或者申请仲裁的，诉前财产保全措施自动转为诉讼或仲裁中的保全措施；进入执行程序后，保全措施自动转为执行中的查封、扣押、冻结措施。依前款规定，自动转为诉讼、仲裁中的保全措施或者执行中的查封、扣押、冻结措施的，期限连续计算，人民法院无需重新制作裁定书。

仲裁保全。在国内仲裁过程中，一方当事人因另一方当事人的行为或者其他原因，可能使裁决不能执行或者难以执行的，可以申请财产保全。申请有错误的，申请人应当赔偿被申请人因财产保全所遭受的损失。当事人申请财产保全，应当通过仲裁机构向被申请人住所地或被申请保全的财产所在地的基层人民法院提交申请书及仲裁案件受理通知书等相关材料。当事人直接向人民法院提出申请的，不予受理。人民法院裁定采取保全措施或者裁定驳回申请的，应当将裁定书送达当事人，并通知仲裁机构。

行政案件执行前保全。行政机关或者行政行为确定的权利人申请人民法院强制执行前，有充分理由认为被执行人可能逃避执行的，可以申请人民法院采取财产保全措施。行政行为确定的权利人申请保全的，应当提供相应的财产担保。

对债权的保全。债务人的财产不能满足保全请求，但对他人有到期债权的，人民法院可以依债权人的申请裁定该他人不得对本案债务人清偿。该他人要求偿付的，由人民法院提存财物或者价款。对被执行人的未到期债权，执行法院可以依法冻结，待债权到期后参照到期债权予以执行。第三人仅以该债务未到期为由提出异议的，不影响对该债权的保全。再审期间的保全。再审审查期间，债务人申请保全生效法律文书确定给付的财产的，人民法院不予受理。再审审理期间，原生效法律文书中止执行，当事人申请财产保全的，人民法院应当受理。

再审人民法院裁定对原保全措施予以续保或者采取新的保全措施的，可以自行实施，也可以委托原审人民法院或者执行法院实施。

变更、追加期间的财产保全。执行法院审查变更、追加被执行人申请期间，申请人申请对被申请人的财产采取查封、扣押、冻结措施的，执行法院应当参照民事诉讼法第一百零三条的规定办理。申请执行人在申请变更、追加第三人前，向执行法院申请查封、扣押、冻结该第三人财产的，执行法院应当参照民事诉讼法第一百零四条规定办理。

保险人提供担保。保险人以其与申请保全人签订财产保全责任险合同的方式为财产保全提供担保的，应当向人民法院出具担保书。担保书应当载明，因申请财产保全错误，由保险人赔偿被保全人因保全所遭受的损失等内容，并附相关证据材料。

被保全人有条件的处分权利。财产保全期间，被保全人请求对被保全财产自行处分，人民法院经审查，认为不损害申请保全人和其他执行债权人合法权益的，可以准许，但应当监督被保全人按照合理价格在指定期限内处分，并控制相应价款。被保全人请求对作为争议标的的被保全财产自行处分的，须经申请保全人同意。人民法院准许被保全人自行处分被保全财产的，应当通知申请保全人；申请保全人不同意的，可以依照民事诉讼法第二百三十二条规定提出异议。

保全财产的移送。保全法院在首先采取查封、扣押、冻结措施后超过一年未对被保全财产进行处分的，除被保全财产系争议标的外，在先轮候查封、扣押、冻结的执行法院可以商请保全法院将被保全财产移送执行。但司法解释另有特别规定的，适用其规定。保全法院与在先轮候查封、扣押、冻结的执行法院就移送被保全财产发生争议的，可以逐级报请共同的上级法院指定该财产的执行法院。共同的上级法院应当根据被保全财产的种类及所在地、各债权数额与被保全财产价值之间的关系等案件具体情况指定执行法院，并督促其在指定期限内处分被保全财产。

财产保全救济程序。申请保全人、被保全人、利害关系人认为保全裁定实施过程中的执行行为违反法律规定提出书面异议的，人民法院应当依照民事诉讼法第二百三十二条规定审查处理。人民法院对诉讼争议标的以外的财产进行保全，案外人对保全裁定实施过程中的执行行为不服，基于实体权利对被保全财产提出书面异议的，人民法院应当依照民事诉讼法第二百三十四条规定审查处理并作出裁定。人民法院裁定案外人异议成立后，申请保全人在法律规定的期间内未提起执行异议之诉的，人民法院应当自起诉期限届满之日起七日内对该被保全财产解除保全。

保全措施实施后，实施保全的部门应当及时将财产保全情况通报作出财产保全裁定的部门，并将裁定、协助执行通知书副本等移送入卷。"执保"字案件单独立卷归档。

续行保全、解除保全不得另立新案。

第二节　先予执行案件的执行

先予执行案件的执行是执行部门依据审判机关作出的先予执行裁定依法采取强制执行措施的程序。先予执行措施的采取能够满足权利人的迫切需求，有利于法院及时而切实地保护当事人的合法权益，意义重大。

【工作内容】

审判机构审查当事人先予执行的申请并作出裁定。裁定先予执行的，移交执行机构执行。先予执行裁定的执行，适用民事执行的相关规定。当事人、利害关系人对先予执行的裁定不服的，可以自收到裁定书之日起五日内向作出裁定的审判部门申请复议一次，复议期间不停止裁定的执行。

【常用法律、司法解释及相关规定】

《中华人民共和国民事诉讼法》（2021年修正）

第一百零九条　人民法院对下列案件，根据当事人的申请，可以裁定先予执行：

（一）追索赡养费、扶养费、抚育费、抚恤金、医疗费用的；

（二）追索劳动报酬的；

（三）因情况紧急需要先予执行的。

第一百一十条　人民法院裁定先予执行的，应当符合下列条件：

（一）当事人之间权利义务关系明确，不先予执行将严重影响申请人的生活或者生产经营的；

（二）被申请人有履行能力。

人民法院可以责令申请人提供担保，申请人不提供担保的，驳回申请。申请人败诉的，应当赔偿被申请人因先予执行遭受的财产损失。

第一百一十一条　当事人对保全或者先予执行的裁定不服的，可以申请复议一次。复议期间不停止裁定的执行。

第二百四十条　执行完毕后，据以执行的判决、裁定和其他法律文书确有错误，被人民法院撤销的，对已被执行的财产，人民法院应当作出裁定，责令取得财产的人返还；拒不返还的，强制执行。

《最高人民法院关于适用〈中华人民共和国民事诉讼法〉的解释》（2022年修正）

第一百六十九条　民事诉讼法规定的先予执行，人民法院应当在受理案件后终审判决作出前采取。先予执行应当限于当事人诉讼请求的范围，并以当事人的生活、生产经营的急需为限。

第一百七十条　民事诉讼法第一百零六条第三项规定的情况紧急，包括：

（一）需要立即停止侵害、排除妨碍的；

（二）需要立即制止某项行为的；

（三）追索恢复生产、经营急需的保险理赔费的；

（四）需要立即返还社会保险金、社会救助资金的；

（五）不立即返还款项，将严重影响权利人生活和生产经营的。

第一百七十一条　当事人对保全或者先予执行裁定不服的，可以自收到裁定书之日起五日内向作出裁定的人民法院申请复议。人民法院应当在收到复议申请后十日内审查。裁定正确的，驳回当事人的申请；裁定不当的，变更或者撤销原裁定。

第一百七十二条　利害关系人对保全或者先予执行的裁定不服申请复议的，由作出裁定的人民法院依照民事诉讼法第一百零八条规定处理。

第一百七十三条　人民法院先予执行后，根据发生法律效力的判决，申请人应当返还因先予执行所取得的利益的，适用民事诉讼法第二百三十三条的规定。

《最高人民法院、中国人民银行关于依法规范人民法院执行和金融机构协助执行的通知》（2000年9月4日施行　法发〔2000〕21号）

十一、财产保全和先予执行依照上述规定办理。

《最高人民法院、国土资源部、建设部关于依法规范人民法院执行和国土资源房地产管理部门协助执行若干问题的通知》（2014年3月1日　法发〔2004〕5号）

二十八、人民法院进行财产保全和先予执行时适用本通知。

《最高人民法院关于执行权合理配置和科学运行的若干意见》（2011 年 10 月 19 日施行 法发〔2011〕15 号）

第十六条 诉中财产保全、先予执行的申请由相关审判机构审查并作出裁定；裁定财产保全或者先予执行的，移交执行局执行。

第十七条 当事人、案外人对财产保全、先予执行的裁定不服申请复议的，由作出裁定的立案机构或者审判机构按照民事诉讼法第九十九条的规定进行审查。

当事人、案外人、利害关系人对财产保全、先予执行的实施行为提出异议的，由执行局根据异议事项的性质按照民事诉讼法第二百零二条或者第二百零四条的规定进行审查。

当事人、案外人的异议既指向财产保全、先予执行的裁定，又指向实施行为的，一并由作出裁定的立案机构或者审判机构分别按照民事诉讼法第九十九条和第二百零二条或者第二百零四条的规定审查。

《中华人民共和国老年人权益保障法》（2015 年修正）

第七十四条第三款 人民法院对老年人追索赡养费或者扶养费的申请，可以依法裁定先予执行。

《中华人民共和国劳动争议调解仲裁法》（2008 年 5 月 1 日施行）

第四十四条 仲裁庭对追索劳动报酬、工伤医疗费、经济补偿或者赔偿金的案件，根据当事人的申请，可以裁决先予执行，移送人民法院执行。

仲裁庭裁决先予执行的，应当符合下列条件：

（一）当事人之间权利义务关系明确；

（二）不先予执行将严重影响申请人的生活。

劳动者申请先予执行的，可以不提供担保。

《中华人民共和国行政诉讼法》（2017 年 7 月 1 日实施）

第五十七条 人民法院对起诉行政机关没有依法支付抚恤金、最低生活保障金和工伤、医疗社会保险金的案件，权利义务关系明确、不先予执行将严重影响原告生活的，可以根据原告的申请，裁定先予执行。

当事人对先予执行裁定不服的，可以申请复议一次。复议期间不停止裁定的执行。

《最高人民法院关于审理民事、行政诉讼中司法赔偿案件适用法律若干问题的解释》（2016年10月1日施行　法释〔2016〕20号）

第一条　人民法院在民事、行政诉讼过程中，违法采取对妨害诉讼的强制措施、保全措施、先予执行措施，或者对判决、裁定及其他生效法律文书执行错误，侵犯公民、法人和其他组织合法权益并造成损害的，赔偿请求人可以依法向人民法院申请赔偿。

第四条　违法采取先予执行措施，包括以下情形：

（一）违反法律规定的条件和范围先予执行的；

（二）超出诉讼请求的范围先予执行的；

（三）其他违法情形。

第十八条　人民法院在民事、行政诉讼过程中，违法采取对妨害诉讼的强制措施、保全措施、先予执行措施，或者对判决、裁定及其他生效法律文书执行错误，系因上一级人民法院复议改变原裁决所致的，由该上一级人民法院作为赔偿义务机关。

《最高人民法院关于依法审理和执行民事商事案件、保障民间投资健康发展的通知》（2016年9月2日施行　法〔2016〕334号）

第七条　依法妥善审理劳动纠纷案件，降低企业用工成本，继续坚持依法保障劳动者合法权益与企业生存发展并重的理念，坚持保护劳动者权益和企业生存发展的有机统一，努力找准利益平衡点，把保护劳动者眼前利益、现实利益同保护劳动者长远利益、根本利益结合起来。要根据企业能否适应市场需要的具体情况，有针对性地开展好劳动争议案件的审理，优化劳动力要素配置。对暂时存在资金困难但有发展潜力的企业，特别是中小微企业，尽量通过和解、调解等方式，鼓励劳动者与企业共渡难关；对因产能过剩被倒逼退出市场的企业，要防止用人单位对劳动者权益的恶意侵害，加大审判和财产保全、先予执行力度，最大限度保护劳动者权益；对地区、行业影响较大的产业结构调整，要提前制定劳动争议处置预案，形成多层次、全方位的协同联动机制和纠纷化解合力。要保护企业的各种合法用工形式，平衡劳动者和企业之间的利益，降低企业用工成本，提高企业的产业竞争力。要依法保护劳动者创业权利，注重引导劳动者转变就业观念，促进形成以创业带就业的新机制。

《最高人民法院关于当前民事审判工作中的若干具体问题》（2015 年 12 月 24 日施行）

第五条第二款 关于劳动争议案件的审理问题：

第二，要区别案件不同情况，采用不同处理方法。对暂时存在资金困难但有发展潜力的企业特别是中小微企业，尽量通过和解、调解等方式，鼓励劳动者与企业共渡难关，避免杀鸡取卵、竭泽而渔。对那些因产能过剩被倒逼退出市场的企业，要防止用人单位对劳动者权益的恶意侵害，加大审判和财产保全、先予执行力度，最大限度保护劳动者权益。对地区、行业影响较大的产业结构调整，要提前制定劳动争议处置预案，形成多层次、全方位的协同联动机制和纠纷化解合力。

《人力资源社会保障部、最高人民法院关于加强劳动人事争议仲裁与诉讼衔接机制建设的意见》（2017 年 11 月 8 日施行　人社部发〔2017〕70 号）

（三）规范执行程序衔接。仲裁委员会依法裁决先予执行的，应向有执行权的人民法院移送先予执行裁决书、裁决书的送达回证或其他送达证明材料；接受移送的人民法院应按照《中华人民共和国民事诉讼法》和《中华人民共和国劳动争议调解仲裁法》相关规定执行。人民法院要加强对仲裁委员会裁决书、调解书的执行工作，加大对涉及劳动报酬、工伤保险待遇争议特别是集体劳动人事争议等案件的执行力度。

《最高人民法院关于人民法院办理执行异议和复议案件若干问题的规定》（2020 年修正）

第七条 当事人、利害关系人认为执行过程中或者执行保全、先予执行裁定过程中的下列行为违法提出异议的，人民法院应当依照民事诉讼法第二百二十五条规定进行审查：

（一）查封、扣押、冻结、拍卖、变卖、以物抵债、暂缓执行、中止执行、终结执行等执行措施；

（二）执行的期间、顺序等应当遵守的法定程序；

（三）人民法院作出的侵害当事人、利害关系人合法权益的其他行为。

被执行人以债权消灭、丧失强制执行效力等执行依据生效之后的实体事由提出排除执行异议的，人民法院应当参照民事诉讼法第二百二十五条规定进行审查。

除本规定第十九条规定的情形外，被执行人以执行依据生效之前的实体事由提出排除执行异议的，人民法院应当告知其依法申请再审或者通过其他程序解决。

【重点提示】

根据《关于加强劳动人事争议仲裁与诉讼衔接机制建设的意见》，仲裁庭作出先予执行裁决后，应向有执行权的人民法院移送先予执行裁决书、裁决书的送达回证或其他送达证明材料。"有执行权的法院"一般是指被执行人住所地或者财产所在地的基层人民法院。

在国内仲裁过程中，当事人申请财产保全，经仲裁机构提交人民法院的，由被申请人住所地或被申请保全的财产所在地的基层人民法院裁定并执行；申请证据保全的，由证据所在地的基层人民法院裁定并执行。

第八章　特殊案件的执行

第一节　仲裁裁决的执行

仲裁裁决执行案件，是指当事人申请人民法院执行仲裁机构依据仲裁法作出的仲裁裁决或者仲裁调解书的案件。

【工作内容】

一、立案

对依法设立的仲裁机构的裁决，一方当事人不履行的，对方当事人可以向有管辖权的人民法院申请执行。

二、管辖

当事人申请执行仲裁裁决案件，由被执行人住所地或者被执行的财产所在地的中级人民法院管辖。经上级人民法院批准，中级人民法院对符合下列条件的，可以参照民事诉讼法第三十八条的规定指定基层人民法院管辖：一是执行标的额符合基层人民法院一审民商事案件级别管辖受理范围；二是被执行人住所地或者被执行的财产所在地在被指定的基层人民法院辖区内。被执行人、案外人对仲裁裁决执行案件申请不予执行的，仍由中级人民法院立案审查处理。

三、需提交的申请材料

当事人向人民法院申请执行我国仲裁机构作出已经发生法律效力的仲裁

裁决和仲裁调解书的，应提交申请执行书、生效法律文书副本、申请执行人的身份证明（委托代理人代为申请执行的，应当提交法律规定的委托代理手续等材料）、已申请财产保全的，应提交相关财产保全材料、有仲裁条款的合同书或仲裁协议书。

四、结案

详见本书第十二章执行结案与归档。

【常用法律、司法解释及相关规定】

《中华人民共和国民事诉讼法》（2021年修正）

第二百四十四条　对依法设立的仲裁机构的裁决，一方当事人不履行的，对方当事人可以向有管辖权的人民法院申请执行。受申请的人民法院应当执行。

被申请人提出证据证明仲裁裁决有下列情形之一的，经人民法院组成合议庭审查核实，裁定不予执行：

（一）当事人在合同中没有订有仲裁条款或者事后没有达成书面仲裁协议的；

（二）裁决的事项不属于仲裁协议的范围或者仲裁机构无权仲裁的；

（三）仲裁庭的组成或者仲裁的程序违反法定程序的；

（四）裁决所根据的证据是伪造的；

（五）对方当事人向仲裁机构隐瞒了足以影响公正裁决的证据的；

（六）仲裁员在仲裁该案时有贪污受贿，徇私舞弊，枉法裁决行为的。

人民法院认定执行该裁决违背社会公共利益的，裁定不予执行。

裁定书应当送达双方当事人和仲裁机构。

仲裁裁决被人民法院裁定不予执行的，当事人可以根据双方达成的书面仲裁协议重新申请仲裁，也可以向人民法院起诉。

《最高人民法院关于适用〈中华人民共和国民事诉讼法〉的解释》（2022年修正）

第四百七十九条　当事人请求不予执行仲裁裁决或者公证债权文书的，应当在执行终结前向执行法院提出。

《最高人民法院关于人民法院办理仲裁裁决执行案件若干问题的规定》

(2018年3月1日施行 法释〔2018〕5号)

为了规范人民法院办理仲裁裁决执行案件，依法保护当事人、案外人的合法权益，根据《中华人民共和国民事诉讼法》《中华人民共和国仲裁法》等法律规定，结合人民法院执行工作实际，制定本规定。

第一条 本规定所称的仲裁裁决执行案件，是指当事人申请人民法院执行仲裁机构依据仲裁法作出的仲裁裁决或者仲裁调解书的案件。

第二条 当事人对仲裁机构作出的仲裁裁决或者仲裁调解书申请执行的，由被执行人住所地或者被执行的财产所在地的中级人民法院管辖。

符合下列条件的，经上级人民法院批准，中级人民法院可以参照民事诉讼法第三十八条的规定指定基层人民法院管辖：

（一）执行标的额符合基层人民法院一审民商事案件级别管辖受理范围；

（二）被执行人住所地或者被执行的财产所在地在被指定的基层人民法院辖区内；

被执行人、案外人对仲裁裁决执行案件申请不予执行的，负责执行的中级人民法院应当另行立案审查处理；执行案件已指定基层人民法院管辖的，应当于收到不予执行申请后三日内移送原执行法院另行立案审查处理。

第三条 仲裁裁决或者仲裁调解书执行内容具有下列情形之一导致无法执行的，人民法院可以裁定驳回执行申请；导致部分无法执行的，可以裁定驳回该部分的执行申请；导致部分无法执行且该部分与其他部分不可分的，可以裁定驳回执行申请。

（一）权利义务主体不明确；

（二）金钱给付具体数额不明确或者计算方法不明确导致无法计算出具体数额；

（三）交付的特定物不明确或者无法确定；

（四）行为履行的标准、对象、范围不明确；

仲裁裁决或者仲裁调解书仅确定继续履行合同，但对继续履行的权利义务，以及履行的方式、期限等具体内容不明确，导致无法执行的，依照前款规定处理。

第四条 对仲裁裁决主文或者仲裁调解书中的文字、计算错误以及仲裁庭已经认定但在裁决主文中遗漏的事项，可以补正或说明的，人民法院应当书面告知仲裁庭补正或说明，或者向仲裁机构调阅仲裁案卷查明。仲裁庭不补正也不说明，且人民法院调阅仲裁案卷后执行内容仍然不明确具体无法执行的，可以裁定驳回执行申请。

第五条 申请执行人对人民法院依照本规定第三条、第四条作出的驳回执行申请裁定不服的，可以自裁定送达之日起十日内向上一级人民法院申请复议。

第六条 仲裁裁决或者仲裁调解书确定交付的特定物确已毁损或者灭失的，依照《最高人民法院关于适用〈中华人民共和国民事诉讼法〉的解释》第四百九十四条的规定处理。

第七条 被执行人申请撤销仲裁裁决并已由人民法院受理的，或者被执行人、案外人对仲裁裁决执行案件提出不予执行申请并提供适当担保的，执行法院应当裁定中止执行。中止执行期间，人民法院应当停止处分性措施，但申请执行人提供充分、有效的担保请求继续执行的除外；执行标的查封、扣押、冻结期限届满前，人民法院可以根据当事人申请或者依职权办理续行查封、扣押、冻结手续。

申请撤销仲裁裁决、不予执行仲裁裁决案件司法审查期间，当事人、案外人申请对已查封、扣押、冻结之外的财产采取保全措施的，负责审查的人民法院参照民事诉讼法第一百条的规定处理。司法审查后仍需继续执行的，保全措施自动转为执行中的查封、扣押、冻结措施；采取保全措施的人民法院与执行法院不一致的，应当将保全手续移送执行法院，保全裁定视为执行法院作出的裁定。

第八条 被执行人向人民法院申请不予执行仲裁裁决的，应当在执行通知书送达之日起十五日内提出书面申请；有民事诉讼法第二百三十七条第二款第四、六项规定情形且执行程序尚未终结的，应当自知道或者应当知道有关事实或案件之日起十五日内提出书面申请。

本条前款规定期限届满前，被执行人已向有管辖权的人民法院申请撤销仲裁裁决且已被受理的，自人民法院驳回撤销仲裁裁决申请的裁判文书生效之日起重新计算期限。

第九条 案外人向人民法院申请不予执行仲裁裁决或者仲裁调解书的，

应当提交申请书以及证明其请求成立的证据材料，并符合下列条件：

（一）有证据证明仲裁案件当事人恶意申请仲裁或者虚假仲裁，损害其合法权益；

（二）案外人主张的合法权益所涉及的执行标的尚未执行终结；

（三）自知道或者应当知道人民法院对该标的采取执行措施之日起三十日内提出。

第十条 被执行人申请不予执行仲裁裁决，对同一仲裁裁决的多个不予执行事由应当一并提出。不予执行仲裁裁决申请被裁定驳回后，再次提出申请的，人民法院不予审查，但有新证据证明存在民事诉讼法第二百三十七条第二款第四、六项规定情形的除外。

第十一条 人民法院对不予执行仲裁裁决案件应当组成合议庭围绕被执行人申请的事由、案外人的申请进行审查；对被执行人没有申请的事由不予审查，但仲裁裁决可能违背社会公共利益的除外。

被执行人、案外人对仲裁裁决执行案件申请不予执行的，人民法院应当进行询问；被执行人在询问终结前提出其他不予执行事由的，应当一并审查。人民法院审查时，认为必要的，可以要求仲裁庭作出说明，或者向仲裁机构调阅仲裁案卷。

第十二条 人民法院对不予执行仲裁裁决案件的审查，应当在立案之日起两个月内审查完毕并作出裁定；有特殊情况需要延长的，经本院院长批准，可以延长一个月。

第十三条 下列情形经人民法院审查属实的，应当认定为民事诉讼法第二百三十七条第二款第二项规定的"裁决的事项不属于仲裁协议的范围或者仲裁机构无权仲裁的"情形：

（一）裁决的事项超出仲裁协议约定的范围；

（二）裁决的事项属于依照法律规定或者当事人选择的仲裁规则规定的不可仲裁事项；

（三）裁决内容超出当事人仲裁请求的范围；

（四）作出裁决的仲裁机构非仲裁协议所约定。

第十四条 违反仲裁法规定的仲裁程序、当事人选择的仲裁规则或者当事人对仲裁程序的特别约定，可能影响案件公正裁决，经人民法院审查属实的,应当认定为民事诉讼法第二百三十七条第二款第三项规定的"仲裁庭的组成或者仲裁的程序违反法定程序的"情形。

当事人主张未按照仲裁法或仲裁规则规定的方式送达法律文书导致其未能参与仲裁,或者仲裁员根据仲裁法或仲裁规则的规定应当回避而未回避,可能影响公正裁决,经审查属实的,人民法院应当支持;仲裁庭按照仲裁法或仲裁规则以及当事人约定的方式送达仲裁法律文书,当事人主张不符合民事诉讼法有关送达规定的,人民法院不予支持。

适用的仲裁程序或仲裁规则经特别提示,当事人知道或者应当知道法定仲裁程序或选择的仲裁规则未被遵守,但仍然参加或者继续参加仲裁程序且未提出异议,在仲裁裁决作出之后以违反法定程序为由申请不予执行仲裁裁决的,人民法院不予支持。

第十五条 符合下列条件的,人民法院应当认定为民事诉讼法第二百三十七条第二款第四项规定的"裁决所根据的证据是伪造的"情形:

(一)该证据已被仲裁裁决采信;

(二)该证据属于认定案件基本事实的主要证据;

(三)该证据经查明确属通过捏造、变造、提供虚假证明等非法方式形成或者获取,违反证据的客观性、关联性、合法性要求。

第十六条 符合下列条件的,人民法院应当认定为民事诉讼法第二百三十七条第二款第五项规定的"对方当事人向仲裁机构隐瞒了足以影响公正裁决的证据的"情形:

(一)该证据属于认定案件基本事实的主要证据;

(二)该证据仅为对方当事人掌握,但未向仲裁庭提交;

(三)仲裁过程中知悉存在该证据,且要求对方当事人出示或者请求仲裁庭责令其提交,但对方当事人无正当理由未予出示或者提交。

当事人一方在仲裁过程中隐瞒己方掌握的证据,仲裁裁决作出后以己方所隐瞒的证据足以影响公正裁决为由申请不予执行仲裁裁决的,人民法院不予支持。

第十七条 被执行人申请不予执行仲裁调解书或者根据当事人之间的和解协议、调解协议作出的仲裁裁决,人民法院不予支持,但该仲裁调解书或者仲裁裁决违背社会公共利益的除外。

第十八条 案外人根据本规定第九条申请不予执行仲裁裁决或者仲裁调解书，符合下列条件的，人民法院应当支持：

（一）案外人系权利或者利益的主体；

（二）案外人主张的权利或者利益合法、真实；

（三）仲裁案件当事人之间存在虚构法律关系，捏造案件事实的情形；

（四）仲裁裁决主文或者仲裁调解书处理当事人民事权利义务的结果部分或者全部错误，损害案外人合法权益。

第十九条 被执行人、案外人对仲裁裁决执行案件逾期申请不予执行的，人民法院应当裁定不予受理；已经受理的，应当裁定驳回不予执行申请。

被执行人、案外人对仲裁裁决执行案件申请不予执行，经审查理由成立的，人民法院应当裁定不予执行；理由不成立的，应当裁定驳回不予执行申请。

第二十条 当事人向人民法院申请撤销仲裁裁决被驳回后，又在执行程序中以相同事由提出不予执行申请的，人民法院不予支持；当事人向人民法院申请不予执行被驳回后，又以相同事由申请撤销仲裁裁决的，人民法院不予支持。

在不予执行仲裁裁决案件审查期间，当事人向有管辖权的人民法院提出撤销仲裁裁决申请并被受理的，人民法院应当裁定中止对不予执行申请的审查；仲裁裁决被撤销或者决定重新仲裁的，人民法院应当裁定终结执行，并终结对不予执行申请的审查；撤销仲裁裁决申请被驳回或者申请执行人撤回撤销仲裁裁决申请的，人民法院应当恢复对不予执行申请的审查；被执行人撤回撤销仲裁裁决申请的，人民法院应当裁定终结对不予执行申请的审查，但案外人申请不予执行仲裁裁决的除外。

第二十一条 人民法院裁定驳回撤销仲裁裁决申请或者驳回不予执行仲裁裁决、仲裁调解书申请的，执行法院应当恢复执行。

人民法院裁定撤销仲裁裁决或者基于被执行人申请裁定不予执行仲裁裁决，原被执行人申请执行回转或者解除强制执行措施的，人民法院应当支持。原申请执行人对已履行或者被人民法院强制执行的款物申请保全的，人民法院应当依法准许；原申请执行人在人民法院采取保全措施之日起三十日内，未根据双方达成的书面仲裁协议重新申请仲裁或者向人民法院起诉的，人民法院应当裁定解除保全。

人民法院基于案外人申请裁定不予执行仲裁裁决或者仲裁调解书，案外人申请执行回转或者解除强制执行措施的，人民法院应当支持。

第二十二条　人民法院裁定不予执行仲裁裁决、驳回或者不予受理不予执行仲裁裁决申请后，当事人对该裁定提出执行异议或者申请复议的，人民法院不予受理。

人民法院裁定不予执行仲裁裁决的，当事人可以根据双方达成的书面仲裁协议重新申请仲裁，也可以向人民法院起诉。

人民法院基于案外人申请裁定不予执行仲裁裁决或者仲裁调解书，当事人不服的，可以自裁定送达之日起十日内向上一级人民法院申请复议；人民法院裁定驳回或者不予受理案外人提出的不予执行仲裁裁决、仲裁调解书申请，案外人不服的，可以自裁定送达之日起十日内向上一级人民法院申请复议。

第二十三条　本规定第八条、第九条关于对仲裁裁决执行案件申请不予执行的期限自本规定施行之日起重新计算。

第二十四条　本规定自2018年3月1日起施行，本院以前发布的司法解释与本规定不一致的，以本规定为准。

本规定施行前已经执行终结的执行案件，不适用本规定；本规定施行后尚未执行终结的执行案件，适用本规定。

《最高人民法院关于人民法院执行工作若干问题的规定（试行）》（2020年修正）

16. 人民法院受理执行案件应当符合下列条件：

（1）申请或移送执行的法律文书已经生效；

（2）申请执行人是生效法律文书确定的权利人或其继承人、权利承受人；

（3）申请执行的法律文书有给付内容，且执行标的和被执行人明确；

（4）义务人在生效法律文书确定的期限内未履行义务；

（5）属于受申请执行的人民法院管辖。

人民法院对符合上述条件的申请，应当在七日内予以立案；不符合上述条件之一的，应当在七日内裁定不予受理。

19. 申请执行仲裁机构的仲裁裁决，应当向人民法院提交有仲裁条款的合同书或仲裁协议书。

申请执行国外仲裁机构的仲裁裁决的，应当提交经我国驻外使领馆认证或我国公证机关公证的仲裁裁决书中文本。

《中华人民共和国仲裁法》（2017年修正）

第六十四条 一方当事人申请执行裁决，另一方当事人申请撤销裁决的，人民法院应当裁定中止执行。

人民法院裁定撤销裁决的，应当裁定终结执行。撤销裁决的申请被裁定驳回的，人民法院应当裁定恢复执行。

《最高人民法院关于执行案件立案、结案若干问题的意见》（2015年1月1日施行 法发〔2014〕26号）

第十九条 执行实施案件立案后，被执行人对仲裁裁决或公证债权文书提出不予执行申请，经人民法院审查，裁定不予执行的，以"不予执行"方式结案。

《最高人民法院关于仲裁司法审查案件报核问题的有关规定》（2018年1月1日施行 法释〔2017〕21号）

为正确审理仲裁司法审查案件，统一裁判尺度，依法保护当事人合法权益，保障仲裁发展，根据《中华人民共和国民事诉讼法》《中华人民共和国仲裁法》等法律规定，结合审判实践，制定本规定。

第一条 本规定所称仲裁司法审查案件，包括下列案件：

（一）申请确认仲裁协议效力案件；

（二）申请撤销我国内地仲裁机构的仲裁裁决案件；

（三）申请执行我国内地仲裁机构的仲裁裁决案件；

（四）申请认可和执行香港特别行政区、澳门特别行政区、台湾地区仲裁裁决案件；

（五）申请承认和执行外国仲裁裁决案件；

（六）其他仲裁司法审查案件。

第二条 各中级人民法院或者专门人民法院办理涉外涉港澳台仲裁司法审查案件，经审查拟认定仲裁协议无效、不予执行或者撤销我国内地仲裁机构的仲裁裁决，不予认可和执行香港特别行政区、澳门特别行政区、台湾地区仲裁裁决，不予承认和执行外国仲裁裁决，应当向本辖区所属高级人民法院报核；高级人民法院经审查拟同意的，应当向最高人民法院报核。待最高人民法院审核后，方可依最高人民法院的审核意见作出裁定。

各中级人民法院或者专门人民法院办理非涉外涉港澳台仲裁司法审查案件，经审查拟认定仲裁协议无效，不予执行或者撤销我国内地仲裁机构的仲裁裁决，应当向本辖区所属高级人民法院报核；待高级人民法院审核后，方可依高级人民法院的审核意见作出裁定。

第三条 本规定第二条第二款规定的非涉外涉港澳台仲裁司法审查案件，高级人民法院经审查拟同意中级人民法院或者专门人民法院认定仲裁协议无效、不予执行或者撤销我国内地仲裁机构的仲裁裁决，在下列情形下，应当向最高人民法院报核，待最高人民法院审核后，方可依最高人民法院的审核意见作出裁定：

（一）仲裁司法审查案件当事人住所地跨省级行政区域；

（二）以违背社会公共利益为由不予执行或者撤销我国内地仲裁机构的仲裁裁决。

第四条 下级人民法院报请上级人民法院审核的案件，应当将书面报告和案件卷宗材料一并上报。书面报告应当写明审查意见及具体理由。

第五条 上级人民法院收到下级人民法院的报核申请后，认为案件相关事实不清的，可以询问当事人或者退回下级人民法院补充查明事实后再报。

第六条 上级人民法院应当以复函的形式将审核意见答复下级人民法院。

第七条 在民事诉讼案件中，对于人民法院因涉及仲裁协议效力而作出的不予受理、驳回起诉、管辖权异议的裁定，当事人不服提起上诉，第二审人民法院经审查拟认定仲裁协议不成立、无效、失效、内容不明确无法执行的，须按照本规定第二条的规定逐级报核，待上级人民法院审核后，方可依上级人民法院的审核意见作出裁定。

第八条 本规定自2018年1月1日起施行，本院以前发布的司法解释与本规定不一致的，以本规定为准。

【重点提示】

一、仲裁案件的执行

本节所指仲裁案件的执行，是指当事人申请人民法院执行仲裁机构依据仲裁法作出的仲裁裁决或者仲裁调解书的案件，不包括劳动争议和农业集体经济组织内部的农业承包合同纠纷的仲裁。

二、仲裁裁决执行案件管辖

一方面，坚持以中级法院管辖为原则；另一方面，当执行案件符合基层法院一审民商事案件级别管辖受理范围，并经上级人民法院批准后，可以由被执行人住所地或者被执行财产所在地的基层法院管辖。对不予执行申请的审查仍由中级人民法院负责，案件已指定基层法院执行的，应当于收到不予执行申请后三日内移送原执行法院另行立案审查处理。

三、仲裁裁决内容不明确的处理及救济

对仲裁裁决主文或者仲裁调解书中的文字、计算错误以及仲裁庭已经认定但在裁决主文中遗漏的事项，可以补正或说明的，人民法院应当书面告知仲裁庭补正或说明，或者向仲裁机构调阅仲裁案卷查明。仲裁庭既不补正，也不说明，且人民法院在调阅仲裁案卷后发现执行内容仍不明确、具体无法执行的，可以裁定驳回执行申请。申请执行人对人民法院作出的驳回执行申请裁定不服的，可以自裁定送达之日起十日内向上一级人民法院申请复议。

四、案外人申请不予执行仲裁裁决或仲裁调解书

《最高人民法院关于人民法院办理仲裁裁决执行案件若干问题的规定》明确赋予了案外人申请不予执行的权利，案外人有证据证明仲裁案件当事人恶意仲裁或者虚假仲裁损害其合法权益的，可以向人民法院申请不予执行仲裁裁决或者仲裁调解书，由人民法院审查确认其主张是否成立。对于审查结果不服的，当事人可以自裁定送达之日起十日内向上一级人民法院申请复议。

五、不予执行仲裁裁决的情形

"裁决的事项不属于仲裁协议的范围或者仲裁机构无权仲裁的"情形：（1）裁决的事项超出仲裁协议约定的范围；（2）裁决的事项属于依照法律规定或者当事人选择的仲裁规则规定的不可仲裁事项；（3）裁决内容超出当事人仲裁请求的范围；（4）作出裁决的仲裁机构非仲裁协议所约定。

"仲裁庭的组成或者仲裁的程序违反法定程序的"情形：（1）违反仲裁法规定的仲裁程序；当事人选择的仲裁规则；当事人对仲裁程序的特别约定，可能影响案件公正裁决的。（2）当事人主张未按照仲裁法或仲裁规则规定的方式送达法律文书导致其未能参与仲裁，或者仲裁员根据仲裁法或仲裁规则的规定应当回避而未回避，可能影响公正裁决，经审查属实的，人民法院应当支持；仲裁庭按照仲裁法或仲裁规则以及当事人约定的方式送达仲裁法律文书，当事人主张不符合民事诉讼法有关送达规定的，人民法院不予支持。（3）适用的仲裁程序或仲裁规则经特别提示，当事人知道或者应当知道法定仲裁程序或选择的仲裁规则未被遵守，但仍然参加或者继续参加仲裁程序且未提出异议，在仲裁裁决作出之后以违反法定程序为由申请不予执行仲裁裁决的，人民法院不予支持。

"裁决所根据的证据是伪造的"情形：该证据已被仲裁裁决采信；该证据属于认定案件基本事实的主要证据；该证据经查明确属通过捏造、变造、提供虚假证明等非法方式形成或者获取，违反证据的客观性、关联性、合法性要求。

"对方当事人向仲裁机构隐瞒了足以影响公正裁决的证据的"情形：该证据属于认定案件基本事实的主要证据；该证据仅为对方当事人掌握，但未向仲裁庭提交；仲裁过程中知悉存在该证据，且要求对方当事人出示或者请求仲裁庭责令其提交，但对方当事人无正当理由未予出示或者提交。当事人一方在仲裁过程中隐瞒己方掌握的证据，仲裁裁决作出后以己方所隐瞒的证据足以影响公正裁决为由，申请不予执行仲裁裁决的，人民法院不予支持。

被执行人违背诚实信用原则申请不予执行仲裁调解书或者根据当事人之间的和解协议、调解协议作出的仲裁裁决。被执行人申请不予执行仲裁调解书或者根据当事人之间的和解协议、调解协议作出的仲裁裁决，人民法院不予支持，但该仲裁调解书或者仲裁裁决违背社会公共利益的除外。

撤销仲裁裁决与不予执行仲裁裁决司法审查的程序衔接。不予执行审查期间，当事人撤销仲裁裁决申请被受理的，法院应当裁定中止不予执行申请的审查；被执行人同时申请撤销仲裁裁决和不予执行仲裁裁决时，其撤回撤裁申请的，应视为一并撤回不予执行申请。避免被执行人滥用司法程序阻碍执行，减少重复审查造成的司法资源浪费。

仲裁司法审查案件报核制度。各中级人民法院或者专门人民法院办理非涉外涉港澳台仲裁司法审查案件，经审查拟认定仲裁协议无效，不予执行或者撤销我国内地仲裁机构的仲裁裁决，应当向本辖区所属高级人民法院报核；高级人民法院经审查拟同意中级人民法院或者专门法院认定仲裁协议无效，不予执行或者撤销我国内地仲裁机构的仲裁裁决，在下列情形下，应当向最高人民法院报核，待最高人民法院审核后，方可依最高人民法院的审核意见作出裁定：（1）仲裁司法审查案件当事人住所地跨省级行政区域；（2）以违背社会公共利益为由不予执行或者撤销我国内地仲裁机构的仲裁裁决。

不予执行仲裁裁决报请上级人民法院审核的案件，应当将书面报告和案件卷宗材料一并上报。书面报告应当写明审查意见及具体理由。

人民法院裁定不予执行仲裁裁决、驳回或者不予受理不予执行仲裁裁决申请后，当事人对该裁定提出执行异议或者申请复议的，人民法院不予受理。人民法院裁定不予执行仲裁裁决的，当事人可以根据双方达成的书面仲裁协议重新申请仲裁，也可以向人民法院起诉。

第二节 公证债权文书的执行

公证债权文书的强制执行在规范民商事交易活动、保护当事人合法权益等方面起到了积极作用，是国家强制力在公证活动中的特殊体现。当出现债务人不履行或者不适当履行债务情况时，债权人可以持公证机构出具的公证债权文书和执行证书，直接申请人民法院对债务人强制执行。

【工作内容】

一方当事人不履行公证机关依法赋予强制执行效力的债权文书，对方当事人可以凭原公证书及执行证书，向被执行人住所地或被执行的财产所在地人民法院申请执行，人民法院应当立案执行。

公证债权文书执行的级别管辖，参照各地法院受理第一审民商事案件级别管辖的规定确定。

【常用法律、司法解释及相关规定】

《中华人民共和国民事诉讼法》（2021年修正）

第二百四十五条 对公证机关依法赋予强制执行效力的债权文书，一方当事人不履行的，对方当事人可以向有管辖权的人民法院申请执行，受申请的人民法院应当执行。

公证债权文书确有错误的，人民法院裁定不予执行，并将裁定书送达双方当事人和公证机关。

《最高人民法院关于适用〈中华人民共和国民事诉讼法〉的解释》（2022年修正）

第四百七十八条 有下列情形之一的，可以认定为民事诉讼法第二百三十八条第二款规定的公证债权文书确有错误：

（一）公证债权文书属于不得赋予强制执行效力的债权文书的；

（二）被执行人一方未亲自或者未委托代理人到场公证等严重违反法律规定的公证程序的；

（三）公证债权文书的内容与事实不符或者违反法律强制性规定的；

（四）公证债权文书未载明被执行人不履行义务或者不完全履行义务时同意接受强制执行的。

人民法院认定执行该公证债权文书违背社会公共利益的，裁定不予执行。

公证债权文书被裁定不予执行后，当事人、公证事项的利害关系人可以就债权争议提起诉讼。

第四百七十九条 当事人请求不予执行仲裁裁决或者公证债权文书的，应当在执行终结前向执行法院提出。

《中华人民共和国公证法》（自2018年1月1日施行）

第三十七条 对经公证的以给付为内容并载明债务人愿意接受强制执行承诺的债权文书，债务人不履行或者履行不适当的，债权人可以依法向有管辖权的人民法院申请执行。

前款规定的债权文书确有错误的，人民法院裁定不予执行，并将裁定书送达双方当事人和公证机构。

《最高人民法院关于公证债权文书执行若干问题的规定》（2018 年 10 月 1 日施行　法释〔2018〕18 号）

为了进一步规范人民法院办理公证债权文书执行案件，确保公证债权文书依法执行，维护当事人、利害关系人的合法权益，根据《中华人民共和国民事诉讼法》《中华人民共和国公证法》等法律规定，结合执行实践，制定本规定。

第一条　本规定所称公证债权文书，是指根据公证法第三十七条第一款规定经公证赋予强制执行效力的债权文书。

第二条　公证债权文书执行案件，由被执行人住所地或者被执行的财产所在地人民法院管辖。

前款规定案件的级别管辖，参照人民法院受理第一审民商事案件级别管辖的规定确定。

第三条　债权人申请执行公证债权文书，除应当提交作为执行依据的公证债权文书等申请执行所需的材料外，还应当提交证明履行情况等内容的执行证书。

第四条　债权人申请执行的公证债权文书应当包括公证证词、被证明的债权文书等内容。权利义务主体、给付内容应当在公证证词中列明。

第五条　债权人申请执行公证债权文书，有下列情形之一的，人民法院应当裁定不予受理；已经受理的，裁定驳回执行申请：

（一）债权文书属于不得经公证赋予强制执行效力的文书；

（二）公证债权文书未载明债务人接受强制执行的承诺；

（三）公证证词载明的权利义务主体或者给付内容不明确；

（四）债权人未提交执行证书；

（五）其他不符合受理条件的情形。

第六条　公证债权文书赋予强制执行效力的范围同时包含主债务和担保债务的，人民法院应当依法予以执行；仅包含主债务的，对担保债务部分的执行申请不予受理；仅包含担保债务的，对主债务部分的执行申请不予受理。

第七条　债权人对不予受理、驳回执行申请裁定不服的，可以自裁定送达之日起十日内向上一级人民法院申请复议。

申请复议期满未申请复议，或者复议申请被驳回的，当事人可以就公证债权文书涉及的民事权利义务争议向人民法院提起诉讼。

第八条 公证机构决定不予出具执行证书的，当事人可以就公证债权文书涉及的民事权利义务争议直接向人民法院提起诉讼。

第九条 申请执行公证债权文书的期间自公证债权文书确定的履行期间的最后一日起计算；分期履行的，自公证债权文书确定的每次履行期间的最后一日起计算。

债权人向公证机构申请出具执行证书的，申请执行时效自债权人提出申请之日起中断。

第十条 人民法院在执行实施中，根据公证债权文书并结合申请执行人的申请依法确定给付内容。

第十一条 因民间借贷形成的公证债权文书，文书中载明的利率超过人民法院依照法律、司法解释规定应予支持的上限的，对超过的利息部分不纳入执行范围；载明的利率未超过人民法院依照法律、司法解释规定应予支持的上限，被执行人主张实际超过的，可以依照本规定第二十二条第一款规定提起诉讼。

第十二条 有下列情形之一的，被执行人可以依照民事诉讼法第二百三十八条第二款规定申请不予执行公证债权文书：

（一）被执行人未到场且未委托代理人到场办理公证的；

（二）无民事行为能力人或者限制民事行为能力人没有监护人代为办理公证的；

（三）公证员为本人、近亲属办理公证，或者办理与本人、近亲属有利害关系的公证的；

（四）公证员办理该项公证有贪污受贿、徇私舞弊行为，已经由生效刑事法律文书等确认的；

（五）其他严重违反法定公证程序的情形。

被执行人以公证债权文书的内容与事实不符或者违反法律强制性规定等实体事由申请不予执行的，人民法院应当告知其依照本规定第二十二条第一款规定提起诉讼。

第十三条 被执行人申请不予执行公证债权文书，应当在执行通知书送达之日起十五日内向执行法院提出书面申请，并提交相关证据材料；有本规定第十二条第一款第三项、第四项规定情形且执行程序尚未终结的，应当自知道或者应当知道有关事实之日起十五日内提出。

公证债权文书执行案件被指定执行、提级执行、委托执行后，被执行人申请不予执行的，由提出申请时负责该案件执行的人民法院审查。

第十四条 被执行人认为公证债权文书存在本规定第十二条第一款规定的多个不予执行事由的，应当在不予执行案件审查期间一并提出。

不予执行申请被裁定驳回后，同一被执行人再次提出申请的，人民法院不予受理。但有证据证明不予执行事由在不予执行申请被裁定驳回后知道的，可以在执行程序终结前提出。

第十五条 人民法院审查不予执行公证债权文书案件，案情复杂、争议较大的，应当进行听证。必要时可以向公证机构调阅公证案卷，要求公证机构作出书面说明，或者通知公证员到庭说明情况。

第十六条 人民法院审查不予执行公证债权文书案件，应当在受理之日起六十日内审查完毕并作出裁定；有特殊情况需要延长的，经本院院长批准，可以延长三十日。

第十七条 人民法院审查不予执行公证债权文书案件期间，不停止执行。

被执行人提供充分、有效的担保，请求停止相应处分措施的，人民法院可以准许；申请执行人提供充分、有效的担保，请求继续执行的，应当继续执行。

第十八条 被执行人依照本规定第十二条第一款规定申请不予执行，人民法院经审查认为理由成立的，裁定不予执行；理由不成立的，裁定驳回不予执行申请。

公证债权文书部分内容具有本规定第十二条第一款规定情形的，人民法院应当裁定对该部分不予执行；应当不予执行部分与其他部分不可分的，裁定对该公证债权文书不予执行。

第十九条 人民法院认定执行公证债权文书违背公序良俗的，裁定不予执行。

第二十条 公证债权文书被裁定不予执行的，当事人可以就该公证债权文书涉及的民事权利义务争议向人民法院提起诉讼；公证债权文书被裁定部分不予执行的，当事人可以就该部分争议提起诉讼。

当事人对不予执行裁定提出执行异议或者申请复议的，人民法院不予受理。

第二十一条 当事人不服驳回不予执行申请裁定的，可以自裁定送达之日起十日内向上一级人民法院申请复议。上一级人民法院应当自收到复议申请之日起三十日内审查。经审查，理由成立的，裁定撤销原裁定，不予执行该公证债权文书；理由不成立的，裁定驳回复议申请。复议期间，不停止执行。

第二十二条 有下列情形之一的，债务人可以在执行程序终结前，以债权人为被告，向执行法院提起诉讼，请求不予执行公证债权文书：

（一）公证债权文书载明的民事权利义务关系与事实不符；

（二）经公证的债权文书具有法律规定的无效、可撤销等情形；

（三）公证债权文书载明的债权因清偿、提存、抵销、免除等原因全部或者部分消灭。

债务人提起诉讼，不影响人民法院对公证债权文书的执行。债务人提供充分、有效的担保，请求停止相应处分措施的，人民法院可以准许；债权人提供充分、有效的担保，请求继续执行的，应当继续执行。

第二十三条 对债务人依照本规定第二十二条第一款规定提起的诉讼，人民法院经审理认为理由成立的，判决不予执行或者部分不予执行；理由不成立的，判决驳回诉讼请求。

当事人同时就公证债权文书涉及的民事权利义务争议提出诉讼请求的，人民法院可以在判决中一并作出裁判。

第二十四条 有下列情形之一的，债权人、利害关系人可以就公证债权文书涉及的民事权利义务争议直接向有管辖权的人民法院提起诉讼：

（一）公证债权文书载明的民事权利义务关系与事实不符；

（二）经公证的债权文书具有法律规定的无效、可撤销等情形。

债权人提起诉讼，诉讼案件受理后又申请执行公证债权文书的，人民法院不予受理。进入执行程序后债权人又提起诉讼的，诉讼案件受理后，人民法院可以裁定终结公证债权文书的执行；债权人请求继续执行其未提出争议部分的，人民法院可以准许。

利害关系人提起诉讼，不影响人民法院对公证债权文书的执行。利害关系人提供充分、有效的担保，请求停止相应处分措施的，人民法院可以准许；债权人提供充分、有效的担保，请求继续执行的，应当继续执行。

第二十五条 本规定自 2018 年 10 月 1 日起施行。

本规定施行前最高人民法院公布的司法解释与本规定不一致的，以本规定为准。

《最高人民法院、司法部、中国银监会关于充分发挥公证书的强制执行效力服务银行金融债权风险防控的通知》（2017 年 7 月 13 日施行 司发通〔2017〕76 号）

各省、自治区、直辖市高级人民法院、司法厅（局），解放军军事法院，新疆维吾尔自治区高级人民法院生产建设兵团分院、新疆生产建设兵团司法局；各银监局，各政策性银行、大型银行、股份制银行，邮储银行，外资银行，金融资产管理公司，其他有关金融机构：

为进一步加强金融风险防控，充分发挥公证作为预防性法律制度的作用，提高银行业金融机构金融债权实现效率，降低金融债权实现成本，有效提高银行业金融机构防控风险的水平，现就在银行业金融机构经营业务中进一步发挥公证书的强制执行效力，服务银行金融债权风险防控通知如下：

一、公证机构可以对银行业金融机构运营中所签署的符合《公证法》第 37 条规定的以下债权文书赋予强制执行效力：

（一）各类融资合同，包括各类授信合同、借款合同、委托贷款合同、信托贷款合同等各类贷款合同，票据承兑协议等各类票据融资合同，融资租赁合同，保理合同，开立信用证合同，信用卡融资合同（包括信用卡合约及各类分期付款合同）等；

（二）债务重组合同、还款合同、还款承诺等；

（三）各类担保合同、保函；

（四）符合本通知第二条规定条件的其他债权文书。

二、公证机构对银行业金融机构运营中所签署的合同赋予强制执行效力应当具备以下条件：

（一）债权文书具有给付货币、物品、有价证券的内容；

（二）债权债务关系明确，债权人和债务人对债权文书有关给付内容无疑义；

（三）债权文书中载明债务人不履行义务或不完全履行义务时，债务人愿意接受依法强制执行的承诺。该项承诺也可以通过承诺书或者补充协议等方式在债权文书的附件中载明。

三、银行业金融机构申办强制执行公证，应当协助公证机构完成对当事人身份证明、财产权利证明等与公证事项有关材料的收集、核实工作；根据公证机构的要求通过修改合同、签订补充协议或者由当事人签署承诺书等方式将债务人、担保人愿意接受强制执行的承诺、出具执行证书前的核实方式、公证费和实现债权的其他费用的承担等内容载入公证的债权文书中。

四、公证机构在办理赋予各类债权文书强制执行效力的公证业务中应当严格遵守法律、法规规定的程序，切实做好当事人身份、担保物权属、当事人内部授权程序、合同条款及当事人意思表示等审核工作，确认当事人的签约行为的合法效力，告知当事人申请赋予债权文书强制执行效力的法律后果，提高合同主体的履约意识，预防和降低金融机构的操作风险。

五、银行业金融机构申请公证机构出具执行证书应当在《中华人民共和国民事诉讼法》第二百三十九条所规定的执行期间内提出申请，并应当向公证机构提交经公证的具有强制执行效力的债权文书、申请书、合同项下往来资金结算的明细表以及其他与债务履行相关的证据，并承诺所申请强制执行的债权金额或者相关计算公式准确无误。

六、公证机构受理银行业金融机构提出出具执行证书的申请后，应当按照法律法规规定的程序以及合同约定的核实方式进行核实，确保执行证书载明的债权债务明确无误，尽力减少执行争议的发生。

公证机构对符合条件的申请，应当在受理后十五个工作日内出具执行证书，需要补充材料、核实相关情况所需的时间不计算在期限内。

七、执行证书应当载明被执行人、执行标的、申请执行的期限。因债务人不履行或不完全履行而发生的违约金、利息、滞纳金等，以及按照债权文书的约定由债务人承担的公证费等实现债权的费用，有明确数额或计算方法的，可以根据银行业金融机构的申请依法列入执行标的。

八、人民法院支持公证机构对银行业金融机构的各类债权文书依法赋予强制执行效力，加大对公证债权文书的执行力度，银行业金融机构提交强制执行申请书、赋予债权文书强制执行效力公证书及执行证书申请执行公证债权文书符合法律规定条件的，人民法院应当受理，切实保障银行业金融机构快速实现金融债权，防范金融风险。

九、被执行人提出执行异议的银行业金融机构执行案件，人民法院经审查认为相关公证债权文书确有错误的，裁定不予执行。个别事项执行标的不明确，但不影响其他事项执行的，人民法院应对其他事项予以执行。

十、各省（区、市）司法行政部门要会同价格主管部门合理确定银行业金融债权文书强制执行公证的收费标准。公证机构和银行业金融机构协商一致的，可以在办理债权文书公证时收取部分费用，出具执行证书时收齐其余费用。

十一、银行业监督管理机构批准设立的其他金融机构，以及经国务院银行业监督管理机构公布的地方资产管理公司，参照本通知执行。

《最高人民法院、司法部关于公证机关赋予强制执行效力的债权文书执行有关问题的联合通知》（2000年9月1日施行　司发通〔2000〕107号）

一、公证机关赋予强制执行效力的债权文书应当具备以下条件：

（一）债权文书具有给付货币、物品、有价证券的内容；

（二）债权债务关系明确，债权人和债务人对债权文书有关给付内容无疑义；

（三）债权文书中载明债务人不履行义务或不完全履行义务时，债务人愿意接受依法强制执行的承诺。

二、公证机关赋予强制执行效力的债权文书的范围：

（一）借款合同、借用合同、无财产担保的租赁合同；

（二）赊欠货物的债权文书；

（三）各种借据、欠单；

（四）还款（物）协议；

（五）以给付赡养费、扶养费、抚育费、学费、赔（补）偿金为内容的协议；

（六）符合赋予强制执行效力条件的其他债权文书。

三、公证机关在办理符合赋予强制执行的条件和范围的合同、协议、借据、欠单等债权文书公证时，应当依法赋予该债权文书具有强制执行效力。

未经公证的符合本通知第二条规定的合同、协议、借据、欠单等债权文书，在履行过程中，债权人申请公证机关赋予强制执行效力的，公证机关必须征求债务人的意见；如债务人同意公证并愿意接受强制执行的，公证机关可以依法赋予该债权文书强制执行效力。

四、债务人不履行或不完全履行公证机关赋予强制执行效力的债权文书的，债权人可以向原公证机关申请执行证书。

五、公证机关签发执行证书应当注意审查以下内容：

（一）不履行或不完全履行的事实确实发生；

（二）债权人履行合同义务的事实和证据，债务人依照债权文书已经部分履行的事实；

（三）债务人对债权文书规定的履行义务有无疑义。

六、公证机关签发执行证书应当注明被执行人、执行标的和申请执行的期限。债务人已经履行的部分，在执行证书中予以扣除。因债务人不履行或不完全履行而发生的违约金、利息、滞纳金等，可以列入执行标的。

七、债权人凭原公证书及执行证书可以向有管辖权的人民法院申请执行。

八、人民法院接到申请执行书，应当依法按规定程序办理。必要时，可以向公证机关调阅公证卷宗，公证机关应当提供。案件执行完毕后，由人民法院在十五日内将公证卷宗附结案通知退回公证机关。

九、最高人民法院、司法部《关于执行〈民事诉讼法（试行）〉中涉及公证条款的几个问题的通知》和《关于已公证的债权文书依法强制执行问题的答复》自本联合通知发布之日起废止。

《最高人民法院关于人民法院办理执行异议和复议案件若干问题的规定》（2020年修正）

第十条 当事人不服驳回不予执行公证债权文书申请的裁定的，可以自收到裁定之日起十日内向上一级人民法院申请复议。上一级人民法院应当自收到复议申请之日起三十日内审查，理由成立的，裁定撤销原裁定，不予执行该公证债权文书；理由不成立的，裁定驳回复议申请。复议期间，不停止执行。

第二十二条 公证债权文书对主债务和担保债务同时赋予强制执行效力的，人民法院应予执行；仅对主债务赋予强制执行效力未涉及担保债务的，对担保债务的执行申请不予受理；仅对担保债务赋予强制执行效力未涉及主债务的,对主债务的执行申请不予受理。

人民法院受理担保债务的执行申请后,被执行人仅以担保合同不属于赋予强制执行效力的公证债权文书范围为由申请不予执行的,不予支持。

【重点提示】

人民法院在执行实施中,根据公证债权文书并结合申请执行人的申请依法确定给付内容。

公证债权文书在执行中的审查。债权人申请执行公证债权文书,有下列情形之一的,人民法院应当裁定不予受理;已经受理的,裁定驳回执行申请:(1)债权文书属于不得经公证赋予强制执行效力的文书;(2)公证债权文书未载明债务人接受强制执行的承诺;(3)公证证词载明的权利义务主体或者给付内容不明确;(4)债权人未提交执行证书;(5)其他不符合受理条件的情形。

执行程序中的救济。债权人对不予受理、驳回执行申请裁定不服的,可以自裁定送达之日起十日内向上一级人民法院申请复议。申请复议期满而未申请复议,或者复议申请被驳回的,当事人可以就公证债权文书涉及的民事权利义务争议向人民法院提起诉讼。

申请执行公证债权文书的期间。申请执行的期间为二年。申请执行时效的中止、中断适用法律有关诉讼时效中止、中断的规定。自公证债权文书确定的履行期间的最后一日起计算;分期履行的,自公证债权文书确定的每次履行期间的最后一日起计算。债权人向公证机构申请出具执行证书的,申请执行时效自债权人提出申请之日起中断。

对于违约金和滞纳金等利息部分应满足年利率不高于24%的硬性要求。因民间借贷形成的公证债权文书,文书中载明的利率超过人民法院依照法律、司法解释规定应予支持的上限的,对超过的利息部分不纳入执行范围;载明的利率未超过人民法院依照法律、司法解释规定应予支持的上限,但被执行人主张实际超过的,可以在执行程序终结前,以债权人为被告,向执行法院提起诉讼,请求不予执行公证债权文书。

公证债权文书对于担保合同可否赋予强制力。公证债权文书赋予强制执行效力的范围同时包含主债务和担保债务的,人民法院应当依法予以执行;

仅包含主债务的，对担保债务部分的执行申请不予受理；仅包含担保债务的，对主债务部分的执行申请不予受理。

公证债权文书诉讼和执行的衔接。有以下情形之一的公证债权文书载明的民事权利义务关系与事实不符；经公证的债权文书具有法律规定的无效、可撤销等情形，债权人、利害关系人可以就公证债权文书涉及的民事权利义务争议，直接向有管辖权的人民法院提起诉讼。债权人提起诉讼，诉讼案件受理后又申请执行公证债权文书的，人民法院不予受理。进入执行程序后债权人又提起诉讼的，诉讼案件受理后，人民法院可以裁定终结公证债权文书的执行；债权人请求继续执行其未提出争议部分的，人民法院可以准许。利害关系人提起诉讼，不影响人民法院对公证债权文书的执行。利害关系人提供充分、有效的担保，请求停止相应处分措施的，人民法院可以准许；债权人提供充分、有效的担保，请求继续执行的，应当继续执行。

公证债权文书进入执行程序后，如果发现相关债权涉及"套路贷"诈骗等犯罪行为，人民法院应当依照相关规定移送公安机关或者检察机关。

第三节　刑事裁判涉财产部分的执行

【工作内容】

刑事裁判涉财产部分的执行，是指发生法律效力的刑事裁判主文确定的罚金、没收财产、责令退赔、处置随案移送的赃款赃物、没收随案移送的供犯罪所用本人财物以及其他相关事项的执行。此类案件由刑事审判部门移送立案部门审查立案。

刑事裁判涉财产部分，由第一审人民法院执行。第一审人民法院可以委托财产所在地的同级人民法院执行。

刑罚执行期间，负责办理减刑、假释案件的人民法院可以协助原一审人民法院执行生效裁判中的财产性判项。

对审判时尚未追缴到案或者尚未足额退赔的违法所得，人民法院应当判决继续追缴或者责令退赔，并由人民法院负责执行，人民检察院、公安机关、国家安全机关、司法行政机关等应当予以配合。

【常用法律、司法解释及相关规定】

《最高人民法院关于刑事裁判涉财产部分执行的若干规定》（2014年11月6日施行 法释〔2014〕13号）

为进一步规范刑事裁判涉财产部分的执行，维护当事人合法权益，根据《中华人民共和国刑法》《中华人民共和国刑事诉讼法》等法律规定，结合人民法院执行工作实际，制定本规定。

第一条 本规定所称刑事裁判涉财产部分的执行，是指发生法律效力的刑事裁判主文确定的下列事项的执行：

（一）罚金、没收财产；

（二）责令退赔；

（三）处置随案移送的赃款赃物；

（四）没收随案移送的供犯罪所用本人财物；

（五）其他应当由人民法院执行的相关事项。

刑事附带民事裁判的执行，适用民事执行的有关规定。

第二条 刑事裁判涉财产部分，由第一审人民法院执行。第一审人民法院可以委托财产所在地的同级人民法院执行。

第三条 人民法院办理刑事裁判涉财产部分执行案件的期限为六个月。有特殊情况需要延长的，经本院院长批准，可以延长。

第四条 人民法院刑事审判中可能判处被告人财产刑、责令退赔的，刑事审判部门应当依法对被告人的财产状况进行调查；发现可能隐匿、转移财产的，应当及时查封、扣押、冻结其相应财产。

第五条 刑事审判或者执行中，对于侦查机关已经采取的查封、扣押、冻结，人民法院应当在期限届满前及时续行查封、扣押、冻结。人民法院续行查封、扣押、冻结的顺位与侦查机关查封、扣押、冻结的顺位相同。

对侦查机关查封、扣押、冻结的财产，人民法院执行中可以直接裁定处置，无需侦查机关出具解除手续，但裁定中应当指明侦查机关查封、扣押、冻结的事实。

第六条 刑事裁判涉财产部分的裁判内容，应当明确、具体。涉案财物或者被害人人数较多，不宜在判决主文中详细列明的，可以概括叙明并另附清单。

判处没收部分财产的，应当明确没收的具体财物或者金额。

判处追缴或者责令退赔的，应当明确追缴或者退赔的金额或财物的名称、数量等相关情况。

第七条　由人民法院执行机构负责执行的刑事裁判涉财产部分，刑事审判部门应当及时移送立案部门审查立案。移送立案应当提交生效裁判文书及其附件和其他相关材料，并填写《移送执行表》。《移送执行表》应当载明以下内容：

（一）被执行人、被害人的基本信息；

（二）已查明的财产状况或者财产线索；

（三）随案移送的财产和已经处置财产的情况；

（四）查封、扣押、冻结财产的情况；

（五）移送执行的时间；

（六）其他需要说明的情况。

人民法院立案部门经审查，认为属于移送范围且移送材料齐全的，应当在七日内立案，并移送执行机构。

第八条　人民法院可以向刑罚执行机关、社区矫正机构等有关单位调查被执行人的财产状况，并可以根据不同情形要求有关单位协助采取查封、扣押、冻结、划拨等执行措施。

第九条　判处没收财产的，应当执行刑事裁判生效时被执行人合法所有的财产。

执行没收财产或罚金刑，应当参照被扶养人住所地政府公布的上年度当地居民最低生活费标准，保留被执行人及其所扶养家属的生活必需费用。

第十条　对赃款赃物及其收益，人民法院应当一并追缴。

被执行人将赃款赃物投资或者置业，对因此形成的财产及其收益，人民法院应予追缴。

被执行人将赃款赃物与其他合法财产共同投资或者置业，对因此形成的财产中与赃款赃物对应的份额及其收益，人民法院应予追缴。

对于被害人的损失，应当按照刑事裁判认定的实际损失予以发还或者赔偿。

第十一条 被执行人将刑事裁判认定为赃款赃物的涉案财物用于清偿债务、转让或者设置其他权利负担，具有下列情形之一的，人民法院应予追缴：

（一）第三人明知是涉案财物而接受的；

（二）第三人无偿或者以明显低于市场的价格取得涉案财物的；

（三）第三人通过非法债务清偿或者违法犯罪活动取得涉案财物的；

（四）第三人通过其他恶意方式取得涉案财物的。

第三人善意取得涉案财物的，执行程序中不予追缴。作为原所有人的被害人对该涉案财物主张权利的，人民法院应当告知其通过诉讼程序处理。

第十二条 被执行财产需要变价的，人民法院执行机构应当依法采取拍卖、变卖等变价措施。

涉案财物最后一次拍卖未能成交，需要上缴国库的，人民法院应当通知有关财政机关以该次拍卖保留价予以接收；有关财政机关要求继续变价的，可以进行无保留价拍卖。需要退赔被害人的，以该次拍卖保留价以物退赔；被害人不同意以物退赔的，可以进行无保留价拍卖。

第十三条 被执行人在执行中同时承担刑事责任、民事责任，其财产不足以支付的，按照下列顺序执行：

（一）人身损害赔偿中的医疗费用；

（二）退赔被害人的损失；

（三）其他民事债务；

（四）罚金；

（五）没收财产。

债权人对执行标的依法享有优先受偿权，其主张优先受偿的，人民法院应当在前款第（一）项规定的医疗费用受偿后，予以支持。

第十四条 执行过程中，当事人、利害关系人认为执行行为违反法律规定，或者案外人对执行标的主张足以阻止执行的实体权利，向执行法院提出书面异议的，执行法院应当依照民事诉讼法第二百二十五条的规定处理。

人民法院审查案外人异议、复议，应当公开听证。

第十五条 执行过程中，案外人或被害人认为刑事裁判中对涉案财物是否属于赃款赃物认定错误或者应予认定而未认定，向执行法院提出书面异议，可以通过裁定补正的，执行机构应当将异议材料移送刑事审判部门处理；无法通过裁定补正的，应当告知异议人通过审判监督程序处理。

第十六条 人民法院办理刑事裁判涉财产部分执行案件，刑法、刑事诉讼法及有关司法解释没有相应规定的，参照适用民事执行的有关规定。

第十七条 最高人民法院此前发布的司法解释与本规定不一致的，以本规定为准。

《最高人民法院关于执行〈中华人民共和国刑事诉讼法〉的解释》（2020年修正）

第一百三十九条 被告人非法占有、处置被害人财产的，应当依法予以追缴或者责令退赔。被害人提起附带民事诉讼的，人民法院不予受理。追缴、退赔的情况，可以作为量刑情节考虑。

第三百六十五条 对查封、扣押、冻结的财物及其孳息，应当在判决书中写明名称、金额、数量、存放地点及其处理方式等。涉案财物较多，不宜在判决主文中详细列明的，可以附清单。

涉案财物未随案移送的，应当在判决书中写明，并写明由查封、扣押、冻结机关负责处理。

第三百六十七条 随案移送的或者人民法院查封、扣押的财物及其孳息，由第一审人民法院在判决生效后负责处理。

涉案财物未随案移送的，人民法院应当在判决生效后十日内，将判决书、裁定书送达查封、扣押机关，并告知其在一个月内将执行回单送回。

第四百四十一条 被判处财产刑，同时又承担附带民事赔偿责任的被执行人，应当先履行民事赔偿责任。

判处财产刑之前被执行人所负正当债务，需要以被执行的财产偿还的，经债权人请求，应当偿还。

第四百四十二条 被执行人或者被执行财产在外地的，可以委托当地人民法院执行。

受托法院在执行财产刑后，应当及时将执行的财产上缴国库。

第四百四十三条 执行财产刑过程中，具有下列情形之一的，人民法院应当裁定中止执行：

（一）执行标的物系人民法院或者仲裁机构正在审理案件的争议标的物，

需等待该案件审理完毕确定权属的；

（二）案外人对执行标的物提出异议的；

（三）应当中止执行的其他情形。

中止执行的原因消除后，应当恢复执行。

第四百四十四条 执行财产刑过程中，具有下列情形之一的，人民法院应当裁定终结执行：

（一）据以执行的判决、裁定被撤销的；

（二）被执行人死亡或者被执行死刑，且无财产可供执行的；

（三）被判处罚金的单位终止，且无财产可供执行的；

（四）依照刑法第五十三条规定免除罚金的；

（五）应当终结执行的其他情形。

裁定终结执行后，发现被执行人的财产有被隐匿、转移等情形的，应当追缴。

第四百四十五条 财产刑全部或者部分被撤销的，已经执行的财产应当全部或者部分返还被执行人；无法返还的，应当依法赔偿。

《中华人民共和国刑法》（2020年修正）

第五十三条 罚金在判决指定的期限内一次或者分期缴纳。期满不缴纳的，强制缴纳。对于不能全部缴纳罚金的，人民法院在任何时候发现被执行人有可以执行的财产，应当随时追缴。

由于遭遇不能抗拒的灾祸等原因缴纳确实有困难的，经人民法院裁定，可以延期缴纳、酌情减少或者免除。

第五十九条 没收财产是没收犯罪分子个人所有财产的一部或者全部。没收全部财产的，应当对犯罪分子个人及其扶养的家属保留必需的生活费用。

在判处没收财产的时候，不得没收属于犯罪分子家属所有或者应有的财产。

第六十四条 犯罪分子违法所得的一切财物，应当予以追缴或者责令退赔；对被害人的合法财产，应当及时返还；违禁品和供犯罪所用的本人财物，应当予以没收。没收的财物和罚金，一律上缴国库，不得挪用和自行处理。

《最高人民法院关于办理减刑、假释案件具体应用法律的规定》（2017年1月1日施行　法释〔2016〕23号）

第四十一条　本规定所称"财产性判项"是指判决罪犯承担的附带民事赔偿义务判项，以及追缴、责令退赔、罚金、没收财产等判项。

《最高人民法院关于办理减刑、假释案件具体应用法律的补充规定》（2019年6月1日施行　法释〔2019〕6号）

为准确把握宽严相济刑事政策，严格执行《最高人民法院关于办理减刑、假释案件具体应用法律的规定》，现对《中华人民共和国刑法修正案（九）》施行后，依照刑法分则第八章贪污贿赂罪判处刑罚的原具有国家工作人员身份的罪犯的减刑、假释补充规定如下：

第一条　对拒不认罪悔罪的，或者确有履行能力而不履行或者不全部履行生效裁判中财产性判项的，不予假释，一般不予减刑。

第七条　本规定自2019年6月1日起施行。此前发布的司法解释与本规定不一致的，以本规定为准。

《中共中央办公厅、国务院办公厅印〈发关于进一步规范刑事诉讼涉案财物处置工作的意见〉的通知》（2015年1月24日施行　中办发〔2015〕7号）

各省、自治区、直辖市党委和人民政府，中央和国家机关各部委，解放军各总部、各大单位，各人民团体：

为贯彻落实《中共中央关于全面深化改革若干重大问题的决定》有关要求，进一步规范刑事诉讼涉案财物处置工作，根据刑法、刑事诉讼法有关规定，提出如下意见。

一、进一步规范刑事诉讼涉案财物处置工作，应当坚持公正与效率相统一、改革创新与于法有据相统一、保障当事人合法权益与适应司法办案需要相统一的原则，健全处置涉案财物的程序、制度和机制。

二、规范涉案财物查封、扣押、冻结程序。查封、扣押、冻结涉案财物，应当严格依照法定条件和程序进行。严禁在立案之前查封、扣押、冻结财物。不得查封、扣押、冻结与案件无关的财物。凡查封、扣押、冻结的财物，都应当及时进行审查；经查明确实与案件无关的，应当在三日内予以解除、退还，并通知有关当事人。

查封、扣押、冻结涉案财物，应当为犯罪嫌疑人、被告人及其所扶养的亲属保留必需的生活费用和物品，减少对涉案单位正常办公、生产、经营等活动的影响。

公安机关、国家安全机关决定撤销案件或者终止侦查、人民检察院决定撤销案件或者不起诉、人民法院作出无罪判决的，涉案财物除依法另行处理外，应当解除查封、扣押、冻结措施，需要返还当事人的应当及时返还。

在查封、扣押、冻结涉案财物时，应当收集固定依法应当追缴的证据材料并随案移送。

三、建立办案部门与保管部门、办案人员与保管人员相互制约制度。涉案财物应当由公安机关、国家安全机关、人民检察院、人民法院指定本机关的一个部门或者专职人员统一保管，严禁由办案部门、办案人员自行保管。办案部门、保管部门截留、坐支、私分或者擅自处理涉案财物的，对其直接负责的主管人员和其他直接责任人员，按滥用职权等依法依纪追究责任；办案人员、保管人员调换、侵吞、窃取、挪用涉案财物的，按贪污等依法依纪追究责任。

四、规范涉案财物保管制度。对查封、扣押、冻结的财物，均应当制作详细清单。对扣押款项应当逐案设立明细账，在扣押后立即存入扣押机关唯一合规账户。对赃物特别是贵重物品实行分类保管，做到一案一账、一物一卡、账实相符。对作为证据使用的实物一般应当随案移送，如实登记，妥善保管，健全交接手续，防止损毁、丢失等。

五、探索建立跨部门的地方涉案财物集中管理信息平台。公安机关、人民检察院和人民法院查封、扣押、冻结、处理涉案财物，应当依照相关规定将财物清单及时录入信息平台，实现信息共享，确保涉案财物管理规范、移送顺畅、处置及时。

六、完善涉案财物审前返还程序。对权属明确的被害人合法财产，凡返还不损害其他被害人或者利害关系人的利益、不影响诉讼正常进行的，公安机关、国家安全机关、人民检察院、人民法院都应当及时返还。权属有争议的，应当在人民法院判决时一并处理。

七、完善涉案财物先行处置程序。对易损毁、灭失、变质等不宜长期保存的物品，易贬值的汽车、船艇等物品，或者市场价格波动大的债券、股票、基金份额等财产，有效期即将届满的汇票、本票、支票等，经权利人同意或者申请,并经县级以上公安机关、国家安全机关、人民检察院或者人民法院主要负责人批准,可以依法出售、变现或者先行变卖、拍卖。所得款项统一存入各单位唯一合规账户。

涉案财物先行处置应当做到公开、公平。

八、提高查询、冻结、划扣工作效率。办案单位依法需要查询、冻结或者划扣涉案款项的,金融机构等相关单位应当予以协助,并探索建立统一的专门查询机制,建立涉案账户紧急止付制度,完善集中查询、冻结和定期续冻制度。

九、完善违法所得追缴、执行工作机制。对审判时尚未追缴到案或者尚未足额退赔的违法所得,人民法院应当判决继续追缴或者责令退赔,并由人民法院负责执行,人民检察院、公安机关、国家安全机关、司法行政机关等应当予以配合。

十、建立中央政法机关交办案件涉案财物上缴中央国库制度。凡由最高人民检察院、公安部立案或者由其指定地方异地查办的重特大案件,涉案财物应当纳入中央政法机关的涉案财物账户;判决生效后,涉案财物除依法返还被害人外,一律通过中央财政汇缴专户缴入中央国库。

建立中央政法机关交办案件办案经费安排制度。凡中央政法机关指定地方异地查办的重特大案件,办案经费由中央财政保障,必要时提前预拨办案经费。涉案财物上缴中央国库后,由中央政法委员会会同中央政法机关对承办案件单位办案经费提出安排意见,财政部通过转移支付及时核拨地方财政,并由地方财政部门将经费按实际支出拨付承办案件单位。

十一、健全境外追逃追赃工作体制机制。公安部确定专门机构统一负责到境外开展追逃追赃工作。

我国缔结或者参加的国际条约指定履行司法协助职责的最高人民法院、最高人民检察院、公安部、司法部等,应当及时向有关国家(地区)提出司法协助请求,并将有关情况通报公安部专门负责境外追逃追赃的机构。

在案件侦查、审查起诉环节,办案机关应当积极核查境外涉案财物去向;对犯罪嫌疑人、被告人逃匿的,应当继续开展侦查取证工作。需要到境外追逃追赃的,办案机关应当将案件基本情况及调查取证清单,按程序送公安部专门负责境外追逃追赃的机构,并配合公安部专门机构开展境外调查取证工作。

十二、明确利害关系人诉讼权利。善意第三人等案外人与涉案财物处理存在利害关系的,公安机关、国家安全机关、人民检察院应当告知其相关诉讼权利,人民法院应当通知其参加诉讼并听取其意见。被告人、自诉人、附带民事诉讼的原告和被告人对涉案财物处理决定不服的,可以就财物处理部分提出上诉,被害人或者其他利害关系人可以请求人民检察院抗诉。

十三、完善权利救济机制。人民法院、人民检察院、公安机关、国家安全机关应当建立有效的权利救济机制,对当事人、利害关系人提出异议、复议、申诉、投诉或者举报的,应当依法及时受理并反馈处理结果。

十四、进一步加强协调配合。人民法院、人民检察院、公安机关、国家安全机关在办理案件过程中,应当共同研究解决涉案财物处置工作中遇到的突出问题,确保执法司法工作顺利进行,切实保障当事人合法权益。

十五、进一步加强监督制约。人民法院、人民检察院、公安机关、国家安全机关应当对涉案财物处置工作进行相互监督。人民检察院应当加强法律监督。上级政法机关发现下级政法机关涉案财物处置工作确有错误的,应当依照法定程序要求限期纠正。

十六、健全责任追究机制。违法违规查封、扣押、冻结和处置涉案财物的,应当依法依纪给予处分;构成犯罪的,应当依法追究刑事责任;导致国家赔偿的,应当依法向有关责任人员追偿。

十七、最高人民法院、最高人民检察院、公安部、国家安全部、财政部、中国人民银行等应当结合工作实际,制定实施办法,细化政策标准,规范工作流程,明确相关责任,完善协作配合机制,确保有关规定落到实处。

《最高人民法院关于印发〈全国法院维护农村稳定刑事审判工作座谈会纪要〉的通知》(1999年10月27日施行 法〔1999〕217号)

各省、自治区、直辖市高级人民法院,解放军军事法院,新疆维吾尔自治区高级人民法院生产建设兵团分院;全国地方各中级人民法院,各大单位军事法院,新疆生产建设兵团各中级法院:

为了贯彻党的十五届三中全会作出的《中共中央关于农业和农村工作若干重大问题的决定》(以下简称《决定》),落实1999年8月最高人民法院在上海召开的全国高级法院院长座谈会(以下简称"上海会议")关于推进人民法院改革、切实把人民法院的工作重点放在基层的精神,进一步探索和开拓刑事审判为农村稳定和农业发展服务的工作思路,最高人民法院于1999年9月8日至10日在山东省济南市召开了全国法院维护农村稳定刑事审判工作座谈会。出席会议的有各省、自治区、直辖市高级人民法院主管刑事审判工作的副院长、刑事审判庭庭长。解放军军事法院和新疆维吾尔自治区高级人民法院生产建设兵团分院也派代表参加会议。最高人民法院副院长刘家琛在座谈会上作了重要讲话。与会同志总结交流了近年来自地法院审理农村中刑事案件的情况和经验,分析了当前农村治安形势和农村中刑事案件及农民犯罪的特点,认真讨论了当前审理农村几类主要刑事案件和农民犯罪案件应当注意的若干问题;对当前及今后一个时期加强刑事审判工作,维护农村稳定提出了明确要求,现纪要如下:

……

(五)关于刑事附带民事诉讼问题人民法院审理附带民事诉讼案件的受案范围,应只限于被害人因人身权利受到犯罪行为侵犯和财物被犯罪行为损毁而遭受的物质损失,不包括因犯罪分子非法占有、处置被害人财产而使其遭受的物质损失。对因犯罪分子非法占有、处置被害人财产而使其遭受的物质损失,应当根据刑法第六十四条的规定处理,即应通过追缴赃款赃物、责令退赔的途径解决。如赃款赃物尚在的,应一律追缴;已被用掉、毁坏或挥霍的,应责令退赔。无法退赔的,在决定刑罚时,应作为酌定从重处罚的情节予以考虑。

《最高人民法院关于办理减刑、假释案件具体应用法律的规定》(2017年1月1日施行　法释〔2016〕23号)

第三十八条　人民法院作出的刑事判决、裁定发生法律效力后,在依照刑事诉讼法第二百五十三条、第二百五十四条的规定将罪犯交付执行刑罚时,如果生效裁判中有财产性判项,人民法院应当将反映财产性判项执行、履行情况的有关材料一并随案移送刑罚执行机关。罪犯在服刑期间本人履行或者其亲属代为履行生效裁判中财产性判项的,应当及时向刑罚执行机关报告。刑罚执行机关报请减刑时应随案移送以上材料。

人民法院办理减刑、假释案件时,可以向原一审人民法院核实罪犯履行财产性判项的情况。原一审人民法院应当出具相关证明。

刑罚执行期间，负责办理减刑、假释案件的人民法院可以协助原一审人民法院执行生效裁判中的财产性判项。

《中共中央办公厅、国务院办公厅印发〈关于进一步规范刑事诉讼涉案财物处置工作的意见〉的通知》（2015年1月24日施行　中办发〔2015〕7号）

第九条　完善违法所得追缴、执行工作机制。对审判时尚未追缴到案或者尚未足额退赔的违法所得，人民法院应当判决继续追缴或者责令退赔，并由人民法院负责执行，人民检察院、公安机关、国家安全机关、司法行政机关等应当予以配合。

【重点提示】

一、作为刑罚执行依据的裁判文书，判项内容必须明确、具体，满足可执行性的要求

刑事裁判涉财产部分的裁判内容，应当明确、具体。涉案财物或者被害人人数较多，不宜在判决主文中详细列明的，可以概括叙明并另附清单。判处没收部分财产的，应当明确没收的具体财物或者金额。判处追缴或者责令退赔的，应当明确追缴或者退赔的金额或财物的名称、数量等相关情况。凡是关系到财物权属、财物性质以及责任分担大小等涉及当事人实体权益的问题，应当由作出执行依据的审判部门予以明确。一般认为，诸如判处没收部分财产的，没有判明没收的具体财产，哪些财产可以作为被告人个人合法财产予以执行的问题；追缴违法所得的，涉案财产是否属于违法所得的问题；被害人为多人，退赔比例不明的，涉案财产应如何分配问题等，应致函要求审判部门对相关问题予以明确。

二、没收全部财产的执行依据

一、二审判处被告人死缓或者死刑，并处没收全部财产的刑事判决并未生效，须经高级人民法院或者最高人民法院复核后，准予核准死缓或者死刑的判决或裁定作出并送达方能生效。因此"没收全部财产"的最终执行依据是高级人民法院或者最高人民法院复核程序的判决或裁定。

三、审判执行工作衔接中的惯例

(1) 对被害人的合法财产,权属明确的,应当依法及时返还,但须经拍照、鉴定、估价,并在案卷中注明返还的理由,将原物照片、清单和被害人的领取手续附卷备查;权属不明的,应当在人民法院判决、裁定生效后,按比例返还被害人,但已获退赔的部分应予扣除。(2) 权属不明的,是指在有多名被害人的案件中,如果在案财物涉及多名被害人,权属不明确,不能确认系哪一被害人所有,且在案财物不足以清偿所有被害人损失的,应当在判决生效后,按比例返还被害人,但已退赔的予以扣除。非法集资类案件在资金链断裂之后,司法机关查封、扣押、冻结犯罪嫌疑人、被告人财物一般已无法偿还所有被害人投入的本金的,应当优先考虑按比例偿还各被害人的本金,确保各被害人最大限度地收回本金。(3) 对于缴获在案的涉案违禁品,由刑事审判庭直接移送有关部门予以销毁处理,无须再移送执行。(4) 侦查机关扣押的涉案财产,需要移送执行机构进行评估拍卖的,由执行机构负责接收,刑事审判庭协助接收。

四、执行事项概念明晰

罚金在判决指定的期限内一次性或者分期缴纳。期满无故不缴纳或未足额缴纳的,应当强制缴纳。经强制缴纳,仍不能全部缴纳的,在任何时候发现被执行人有可以执行的财产,应当随时追缴。

判处没收财产的,应当执行刑事裁判生效时被执行人合法所有的财产。

执行没收财产或罚金刑,应当参照被扶养人住所地政府公布的上年度当地居民最低生活标准,保留被执行人及其所扶养家属的生活必需费用。

追缴是指将犯罪人违法所得的赃款赃物予以追回并发还被害人或者收归国有。责令退赔是指在刑事诉讼过程中,司法机关责令犯罪人将其违法所得的赃款赃物予以退还,在犯罪人已将赃款赃物用掉、毁坏或挥霍的情况下,责令其以等值价款或者相同种类物予以赔偿。

五、追缴和退赔

追缴的财物,应当是经过刑事裁判确认的非法财物。退赔的财物,可以是犯罪分子非法所得的财物，在非法所得被犯罪分子挥霍、消耗、灭失等情况下，无法退赔被害人的，也可以用犯罪分子个人的合法财物退赔。

刑事判决仅判处继续追缴，执行中如果发现应当追缴的赃款赃物已不存在的，执行机构无权在执行中改变判项内容，可由刑事审判部门裁定变更后予以执行。

六、关于违法所得的继续追缴

对审判时尚未追缴到案或者尚未足额退赔的违法所得，人民法院应当判决继续追缴或者责令退赔，并由人民法院负责执行，人民检察院、公安机关、国家安全机关、司法行政机关等应当予以配合。

七、赃款赃物、收益及转化物的追缴

对赃款赃物及其收益，人民法院应当一并追缴。被执行人将赃款赃物投资或者置业，对因此形成的财产及其收益，人民法院应予追缴。被执行人将赃款赃物与其他合法财产共同投资或者置业，对因此形成的财产中与赃款赃物对应的份额及其收益，人民法院应予追缴。对于被害人的损失，应当按照刑事裁判认定的实际损失，予以发还或者赔偿。

八、赃款赃物认定异议的审查

执行过程中，案外人或被害人认为刑事裁判中对涉案财物是否属于赃款赃物认定错误或者应予认定而未认定，向执行法院提出书面异议，可以通过裁定补正的，执行机构应当将异议材料移送刑事审判部门处理；无法通过裁定补正的，应当告知异议人通过审判监督程序处理。

九、明确司法机关对同一刑事案件查封、扣押、冻结效力衔接的原则

刑事审判或者执行中，对于侦查机关已经采取的查封、扣押、冻结，人民法院应当在期限届满前及时续行查封、扣押、冻结。人民法院续行查封、扣押、冻结的顺位与侦查机关查封、扣押、冻结的顺位相同。对侦查机关查封、扣押、冻结的财产，人民法院执行中可以直接裁定处置，无需

侦查机关出具解除手续，但裁定中应当指明侦查机关查封、扣押、冻结的事实。

十、财产变价的特殊程序

被执行财产需要变价的，人民法院执行机构应当依法采取拍卖、变卖等变价措施。涉案财物最后一次拍卖未能成交，需要上缴国库的，人民法院应当通知有关财政机关以该次拍卖保留价予以接收；有关财政机关要求继续变价的，可以进行无保留价拍卖。需要退赔被害人的，以该次拍卖保留价以物退赔；被害人不同意以物退赔的，可以进行无保留价拍卖。

十一、抵押权在刑事财产刑执行中的优先顺序

执行案件中，若被执行人所有财产系非法所得，比如刑事裁判认定案涉房屋系被执行人用其所吸收的款项以被执行人的名义购置，但该裁判并未否定案涉抵押合同的效力，在没有证据证明抵押权人知道或应当知道案涉房屋系赃款购置以及抵押权人尽到注意义务的情况下，抵押权人作为善意第三人，其对案涉房屋享有的抵押权，应就房屋执行案款享有优先受偿权。所以，抵押房产虽系赃款所购，但作为善意第三人的抵押权人仍可就执行抵押财产所得款项请求优先受偿，抵押权人贷款本息在执行标的拍卖所得案款中优先受偿。

执行法院在对涉案民事裁判的执行过程中，发现被执行人同时还承担刑事责任，在被执行财产已拍卖变现但相关刑事裁判涉财产部分尚未执结的情况下，执行法院可暂缓处置涉案房产拍卖款。

十二、结案处理

进入执行程序的刑事涉财产部分案件，符合《最高人民法院关于适用〈中华人民共和国刑事诉讼法〉的解释》第四百四十三条、第四百四十四条规定的，应当裁定中止或终结执行；经过充分调查确认被执行人暂无财产可供执行的，可参照民事执行终结本次执行程序的结案方式予以结案，以此形成无财产可供执行案件的合理退出机制。

第四节 行政案件的执行

行政案件包括行政诉讼案件和行政非诉案件，与此对应，行政案件的执行，分为行政诉讼案件执行和行政非诉案件执行。行政诉讼案件是指对行政诉讼案件中，人民法院作出的生效判决、裁定及调解书的执行；行政非诉案件执行是指非诉行政案件中行政机关作出生效的行政行为及行政处罚、处理决定的执行。

【工作内容】

按照执行依据的不同，进一步细分为以下三类。

一、对发生法律效力的行政判决书、行政裁定书、行政赔偿判决书和行政赔偿调解书的执行

（一）提起申请

对发生法律效力的行政判决书、行政裁定书、行政赔偿判决书和行政调解书，负有义务的一方当事人拒绝履行的，对方当事人可以依法申请人民法院强制执行。人民法院判决行政机关履行行政赔偿、行政补偿或者其他行政给付义务，行政机关拒不履行的，对方当事人可以依法向法院申请强制执行。

（二）申请执行时效

申请执行的期限为二年。申请执行时效的中止、中断，适用法律有关规定。申请执行的期限从法律文书规定的履行期间最后一日起计算；法律文书规定分期履行的，从规定的每次履行期间的最后一日起计算；法律文书中没有规定履行期限的，从该法律文书送达当事人之日起计算。逾期申请的，除有正当理由外，人民法院不予受理。

（三）管辖

发生法律效力的行政判决书、行政赔偿判决书和行政调解书，由第一审

人民法院执行。第一审人民法院认为情况特殊，需要由第二审人民法院执行的，可以报请第二审人民法院执行；第二审人民法院可以决定由其执行，也可以决定由第一审人民法院执行。

二、对无行政强制执行权的行政机关作出的行政决定的执行

（一）行政机关根据行政诉讼法第九十七条的规定申请执行其行政行为，应当具备以下条件

行政行为依法可以由人民法院执行；行政行为已经生效并具有可执行内容；申请人是作出该行政行为的行政机关或者法律、法规、规章授权的组织；被申请人是该行政行为所确定的义务人；被申请人在行政行为确定的期限内或者行政机关催告期限内未履行义务；申请人在法定期限内提出申请；被申请执行的行政案件属于受理执行申请的人民法院管辖。

（二）行政机关需提交的材料

强制执行申请书；行政决定书及作出决定的事实、理由和依据；当事人的意见及行政机关催告情况；申请强制执行标的情况；法律、行政法规规定的其他材料。强制执行申请书应当由行政机关负责人签名，加盖行政机关的印章，并注明日期。

（三）管辖

行政机关申请人民法院强制执行其行政行为的，由申请人所在地的基层人民法院受理；执行对象为不动产的，由不动产所在地的基层人民法院受理。基层人民法院认为执行确有困难的，可以报请上级人民法院执行；上级人民法院可以决定由其执行，也可以决定由下级人民法院执行。

（四）时效

没有强制执行权的行政机关申请人民法院强制执行其行政行为，应当自被执行人的法定起诉期限届满之日起三个月内提出。逾期申请的，除有正当理由外，人民法院不予受理。

（五）立案受理

人民法院对符合条件的申请，应当在五日内立案受理，并通知申请人；对不符合条件的申请，应当裁定不予受理。行政机关对不予受理裁定有异议，在十五日内向上一级人民法院申请复议的，上一级人民法院应当在收到复议申请之日起十五日内作出裁定。

（六）受理后的流程

人民法院作出准予执行的裁定后，需要采取强制执行措施的，由负责强制执行非诉行政行为的机构执行。

三、行政机关根据法律的授权对平等主体之间民事争议作出的行政裁决的执行

行政机关根据法律的授权对平等主体之间民事争议作出裁决后，当事人在法定期限内不起诉又不履行，作出裁决的行政机关在申请执行的期限内未申请人民法院强制执行的，生效行政裁决确定的权利人或者其继承人、权利承受人在六个月内可以申请人民法院强制执行。

享有权利的公民、法人或者其他组织申请人民法院强制执行生效行政裁决，参照行政机关申请人民法院强制执行行政行为的规定。

【常用法律、司法解释及相关规定】

《最高人民法院关于适用〈中华人民共和国行政诉讼法〉的解释》（2018年2月8日施行　法释〔2018〕1号）

第一百五十二条　对发生法律效力的行政判决书、行政裁定书、行政赔偿判决书和行政调解书，负有义务的一方当事人拒绝履行的，对方当事人可以依法申请人民法院强制执行。

人民法院判决行政机关履行行政赔偿、行政补偿或者其他行政给付义务，行政机关拒不履行的，对方当事人可以依法向法院申请强制执行。

第一百五十三条　申请执行的期限为二年。申请执行时效的中止、中断，适用法律有关规定。

申请执行的期限从法律文书规定的履行期间最后一日起计算；法律文书规定分期履行的，从规定的每次履行期间的最后一日起计算；法律文书中没有规定履行期限的，从该法律文书送达当事人之日起计算。

逾期申请的，除有正当理由外，人民法院不予受理。

第一百五十四条 发生法律效力的行政判决书、行政裁定书、行政赔偿判决书和行政调解书，由第一审人民法院执行。

第一审人民法院认为情况特殊，需要由第二审人民法院执行的，可以报请第二审人民法院执行；第二审人民法院可以决定由其执行，也可以决定由第一审人民法院执行。

第一百五十五条 行政机关根据行政诉讼法第九十七条的规定申请执行其行政行为，应当具备以下条件：

（一）行政行为依法可以由人民法院执行；

（二）行政行为已经生效并具有可执行内容；

（三）申请人是作出该行政行为的行政机关或者法律、法规、规章授权的组织；

（四）被申请人是该行政行为所确定的义务人；

（五）被申请人在行政行为确定的期限内或者行政机关催告期限内未履行义务；

（六）申请人在法定期限内提出申请；

（七）被申请执行的行政案件属于受理执行申请的人民法院管辖。

行政机关申请人民法院执行，应当提交行政强制法第五十五条规定的相关材料。

人民法院对符合条件的申请，应当在五日内立案受理，并通知申请人；对不符合条件的申请，应当裁定不予受理。行政机关对不予受理裁定有异议，在十五日内向上一级人民法院申请复议的，上一级人民法院应当在收到复议申请之日起十五日内作出裁定。

第一百五十六条 没有强制执行权的行政机关申请人民法院强制执行其行政行为，应当自被执行人的法定起诉期限届满之日起三个月内提出。逾期申请的，除有正当理由外，人民法院不予受理。

第一百五十七条 行政机关申请人民法院强制执行其行政行为的，由申请人所在地的基层人民法院受理；执行对象为不动产的，由不动产所在地的基层人民法院受理。

基层人民法院认为执行确有困难的，可以报请上级人民法院执行；上级人民法院可以决定由其执行，也可以决定由下级人民法院执行。

第一百五十八条 行政机关根据法律的授权对平等主体之间民事争议作出裁决后，当事人在法定期限内不起诉又不履行，作出裁决的行政机关在申请执行的期限内未申请人民法院强制执行的，生效行政裁决确定的权利人或者其继承人、权利承受人在六个月内可以申请人民法院强制执行。

享有权利的公民、法人或者其他组织申请人民法院强制执行生效行政裁决，参照行政机关申请人民法院强制执行行政行为的规定。

第一百五十九条 行政机关或者行政行为确定的权利人申请人民法院强制执行前，有充分理由认为被执行人可能逃避执行的，可以申请人民法院采取财产保全措施。后者申请强制执行的，应当提供相应的财产担保。

第一百六十条 人民法院受理行政机关申请执行其行政行为的案件后，应当在七日内由行政审判庭对行政行为的合法性进行审查，并作出是否准予执行的裁定。

人民法院在作出裁定前发现行政行为明显违法并损害被执行人合法权益的，应当听取被执行人和行政机关的意见，并自受理之日起三十日内作出是否准予执行的裁定。

需要采取强制执行措施的，由本院负责强制执行非诉行政行为的机构执行。

第一百六十一条 被申请执行的行政行为有下列情形之一的，人民法院应当裁定不准予执行：

（一）实施主体不具有行政主体资格的；
（二）明显缺乏事实根据的；
（三）明显缺乏法律、法规依据的；
（四）其他明显违法并损害被执行人合法权益的情形。

行政机关对不准予执行的裁定有异议，在十五日内向上一级人民法院申请复议的，上一级人民法院应当在收到复议申请之日起三十日内作出裁定。

第一百六十三条 本解释自2018年2月8日起施行。

本解释施行后,《最高人民法院关于执行〈中华人民共和国行政诉讼法〉若干问题的解释》(法释〔2000〕8号)、《最高人民法院关于适用〈中华人民共和国行政诉讼法〉若干问题的解释》(法释〔2015〕9号)同时废止。最高人民法院以前发布的司法解释与本解释不一致的,不再适用。

《中华人民共和国行政诉讼法》(2014年修正)

第九十四条 当事人必须履行人民法院发生法律效力的判决、裁定、调解书。

第九十五条 公民、法人或者其他组织拒绝履行判决、裁定、调解书的,行政机关或者第三人可以向第一审人民法院申请强制执行,或者由行政机关依法强制执行。

第九十六条 行政机关拒绝履行判决、裁定、调解书的,第一审人民法院可以采取下列措施:

(一)对应当归还的罚款或者应当给付的款额,通知银行从该行政机关的账户内划拨;

(二)在规定期限内不履行的,从期满之日起,对该行政机关负责人按日处五十元至一百元的罚款;

(三)将行政机关拒绝履行的情况予以公告;

(四)向监察机关或者该行政机关的上一级行政机关提出司法建议。接受司法建议的机关,根据有关规定进行处理,并将处理情况告知人民法院;

(五)拒不履行判决、裁定、调解书,社会影响恶劣的,可以对该行政机关直接负责的主管人员和其他直接责任人员予以拘留;情节严重,构成犯罪的,依法追究刑事责任。

第九十七条 公民、法人或者其他组织对行政行为在法定期间不提起诉讼又不履行的,行政机关可以申请人民法院强制执行,或者依法强制执行。

《中华人民共和国行政强制法》(2012年1月1日施行)

第五十三条 当事人在法定期限内不申请行政复议或者提起行政诉讼,又不履行行政决定的,没有行政强制执行权的行政机关可以自期限届满之日起三个月内,依照本章规定申请人民法院强制执行。

第五十四条 行政机关申请人民法院强制执行前,应当催告当事人履行义务。催告书送达十日后当事人仍未履行义务的,行政机关可以向所在地有管辖权的人民法院申请强制执行；执行对象是不动产的，向不动产所在地有管辖权的人民法院申请强制执行。

第五十五条 行政机关向人民法院申请强制执行，应当提供下列材料：

（一）强制执行申请书；

（二）行政决定书及作出决定的事实、理由和依据；

（三）当事人的意见及行政机关催告情况；

（四）申请强制执行标的情况；

（五）法律、行政法规规定的其他材料。

强制执行申请书应当由行政机关负责人签名，加盖行政机关的印章，并注明日期。

第五十六条 人民法院接到行政机关强制执行的申请，应当在五日内受理。

行政机关对人民法院不予受理的裁定有异议的，可以在十五日内向上一级人民法院申请复议，上一级人民法院应当自收到复议申请之日起十五日内作出是否受理的裁定。

第五十七条 人民法院对行政机关强制执行的申请进行书面审查，对符合本法第五十五条规定，且行政决定具备法定执行效力的，除本法第五十八条规定的情形外，人民法院应当自受理之日起七日内作出执行裁定。

第五十八条 人民法院发现有下列情形之一的，在作出裁定前可以听取被执行人和行政机关的意见：

（一）明显缺乏事实根据的；

（二）明显缺乏法律、法规依据的；

（三）其他明显违法并损害被执行人合法权益的。

人民法院应当自受理之日起三十日内作出是否执行的裁定。裁定不予执行的，应当说明理由，并在五日内将不予执行的裁定送达行政机关。

行政机关对人民法院不予执行的裁定有异议的，可以自收到裁定之日起十五日内向上一级人民法院申请复议，上一级人民法院应当自收到复议申请之日起三十日内作出是否执行的裁定。

第五十九条 因情况紧急，为保障公共安全，行政机关可以申请人民法院立即执行。经人民法院院长批准，人民法院应当自作出执行裁定之日起五日内执行。

第六十条 行政机关申请人民法院强制执行，不缴纳申请费。强制执行的费用由被执行人承担。

人民法院以划拨、拍卖方式强制执行的，可以在划拨、拍卖后将强制执行的费用扣除。

依法拍卖财物，由人民法院委托拍卖机构依照《中华人民共和国拍卖法》的规定办理。

划拨的存款、汇款以及拍卖和依法处理所得的款项应当上缴国库或者划入财政专户，不得以任何形式截留、私分或者变相私分。

第六十九条 本法中十日以内期限的规定是指工作日，不含法定节假日。

《最高人民法院关于人民法院执行工作若干问题的规定（试行）》（2020年修正）

13. 专利管理机关依法作出的处理决定和处罚决定，由被执行人住所地或财产所在地的省、自治区、直辖市有权受理专利纠纷案件的中级人民法院执行。

14. 国务院各部门、各省、自治区、直辖市人民政府和海关依照法律、法规作出的处理决定和处罚决定，由被执行人住所地或财产所在地的中级人民法院执行。

《最高人民法院对〈关于非诉执行案件中作为被执行人的法人终止，人民法院是否可以直接裁定变更被执行人的请示〉的答复》（2000年5月29日 法行〔2000〕16号）

山东省高级人民法院：

你院鲁高法函〔1999〕62号《关于非诉执行案件中作为被执行人的法人终止，人民法院是否可以直接裁定变更被执行人的请示》收悉。经研究，答复如下：

人民法院在办理行政机关申请人民法院强制执行其具体行政行为的案件过程中，作为被执行人的法人出现分立、合并、兼并、合营等情况，原具体行政行为仍应执行的，人民法院应当通知申请机关变更被执行人。对变更后的被执行人，人民法院应当依法进行审查。

《最高人民法院关于违法的建筑物、构筑物、设施等强制拆除问题的批复》（2014年4月3日施行 法释〔2013〕5号）

北京市高级人民法院：

根据行政强制法和城乡规划法有关规定精神，对涉及违反城乡规划法的违法建筑物、构筑物、设施等的强制拆除，法律已经授予行政机关强制执行权，人民法院不受理行政机关提出的非诉行政执行申请。

《最高人民法院关于办理申请人民法院强制执行国有土地上房屋征收补偿决定案件若干问题的规定》（2012年4月10日施行　法释〔2012〕4号）

第一条　申请人民法院强制执行征收补偿决定案件，由房屋所在地基层人民法院管辖，高级人民法院可以根据本地实际情况决定管辖法院。

第二条　申请机关向人民法院申请强制执行，除提供《条例》第二十八条规定的强制执行申请书及附具材料外，还应当提供下列材料：

（一）征收补偿决定及相关证据和所依据的规范性文件；

（二）征收补偿决定送达凭证、催告情况及房屋被征收人、直接利害关系人的意见；

（三）社会稳定风险评估材料；

（四）申请强制执行的房屋状况；

（五）被执行人的姓名或者名称、住址及与强制执行相关的财产状况等具体情况；

（六）法律、行政法规规定应当提交的其他材料。

强制执行申请书应当由申请机关负责人签名，加盖申请机关印章，并注明日期。

强制执行的申请应当自被执行人的法定起诉期限届满之日起三个月内提出；逾期申请的，除有正当理由外，人民法院不予受理。

第三条　人民法院认为强制执行的申请符合形式要件且材料齐全的，应当在接到申请后五日内立案受理，并通知申请机关；不符合形式要件或者材料不全的应当限期补正，并在最终补正的材料提供后五日内立案受理；不符合形式要件或者逾期无正当理由不补正材料的，裁定不予受理。

申请机关对不予受理的裁定有异议的，可以自收到裁定之日起十五日内向上一级人民法院申请复议，上一级人民法院应当自收到复议申请之日起十五日内作出裁定。

第四条　人民法院应当自立案之日起三十日内作出是否准予执行的裁定；

有特殊情况需要延长审查期限的，由高级人民法院批准。

第五条 人民法院在审查期间，可以根据需要调取相关证据、询问当事人、组织听证或者进行现场调查。

第六条 征收补偿决定存在下列情形之一的，人民法院应当裁定不准予执行：

（一）明显缺乏事实根据；

（二）明显缺乏法律、法规依据；

（三）明显不符合公平补偿原则，严重损害被执行人合法权益，或者使被执行人基本生活、生产经营条件没有保障；

（四）明显违反行政目的，严重损害公共利益；

（五）严重违反法定程序或者正当程序；

（六）超越职权；

（七）法律、法规、规章等规定的其他不宜强制执行的情形。

人民法院裁定不准予执行的，应当说明理由，并在五日内将裁定送达申请机关。

第七条 申请机关对不准予执行的裁定有异议的，可以自收到裁定之日起十五日内向上一级人民法院申请复议，上一级人民法院应当自收到复议申请之日起三十日内作出裁定。

第八条 人民法院裁定准予执行的，应当在五日内将裁定送达申请机关和被执行人，并可以根据实际情况建议申请机关依法采取必要措施，保障征收与补偿活动顺利实施。

第九条 人民法院裁定准予执行的，一般由作出征收补偿决定的市、县级人民政府组织实施，也可以由人民法院执行。

第十条 《条例》施行前已依法取得房屋拆迁许可证的项目，人民法院裁定准予执行房屋拆迁裁决的，参照本规定第九条精神办理。

第十一条 最高人民法院以前所作的司法解释与本规定不一致的，按本规定执行。

《国有土地上房屋征收与补偿条例》（2011年1月21日施行 中华人民共和国国务院令第590号）

第二十八条 被征收人在法定期限内不申请行政复议或者不提起行政诉

讼，在补偿决定规定的期限内又不搬迁的，由作出房屋征收决定的市、县级人民政府依法申请人民法院强制执行。

强制执行申请书应当附具补偿金额和专户存储账号、产权调换房屋和周转用房的地点和面积等材料。

《最高人民法院关于劳动行政部门作出责令用人单位支付劳动者工资报酬、经济补偿和赔偿金的劳动监察指令书是否属于可申请法院强制执行的具体行政行为的答复》（1998年5月17日施行　〔1998〕法行字第1号）

广东省高级人民法院：

你院《关于如何处理〈劳动监察指令书〉问题的请示》收悉。经研究，原则同意你院意见，即：劳动行政部门作出责令用人单位支付劳动者工资报酬、经济补偿和赔偿金的劳动监察指令书，不属于可申请人民法院强制执行的具体行政行为，人民法院对此类案件不予受理。劳动行政部门作出责令用人单位支付劳动者工资报酬、经济补偿和赔偿金的行政处理决定书，当事人既不履行又不申请复议或者起诉的，劳动行政部门可以依法申请人民法院强制执行。

《最高人民法院执行办公室关于中奥（珠海）塑料包装有限公司执行申诉一案的复函》（2002年1月17日施行　〔2001〕执监字第80号）

广东省高级人民法院：

你院（1999）粤高法执督字第57号函收悉，经研究，答复如下：

一、珠海王子实业有限公司在执行程序中提供的汇率结算协议书，未经实体判决认定，在执行程序中不能采信。债务人应按生效判决之判定以美元给付债权人。若给付美元不能的，应按实际给付之日的国家外汇牌价汇率予以折算成人民币给付。

二、珠海市中级人民法院根据珠海市人民政府的协调安排意见，裁定由中奥（珠海）塑料包装有限公司承担11套职工住房转让款及租金，缺乏法律依据，且改变了（1996）粤高法审监经字第4号民事判决的内容，应予纠正。

三、中奥（珠海）塑料包装有限公司将位于珠海拱北湾二路排洪沟北侧的10,853平方米土地使用权及地上附着物5878平方米建筑物抵押给中国银行珠海分行的抵押登记时间是1999年12月26日，而此时依（1998）珠法执字第62-1号民事裁定书，珠海王子实业有限公司尚欠中奥（珠海）塑料包装有限公司3,493,025.13元人民币，故不能认定中奥（珠海）塑料包装有限公司为逃避债务恶意抵押。珠海市中级人民法院在执行程序中裁定登记机关的抵押登记行为失当，应予纠正。

请你院按照上述意见予以办理。

《最高人民法院对〈关于非诉执行案件中作为被执行人的法人终止，人民法院是否可以直接裁定变更被执行人的请示〉的答复》（2000年5月29日施行　法行〔2000〕16号）

山东省高级人民法院：

你院鲁高法函〔1999〕62号《关于非诉执行案件中作为被执行人的法人终止，人民法院是否可以直接裁定变更被执行人的请示》收悉。经研究，答复如下：

人民法院在办理行政机关申请人民法院强制执行其具体行政行为的案件过程中，作为被执行人的法人出现分立、合并、兼并、合营等情况，原具体行政行为仍应执行的，人民法院应当通知申请机关变更被执行人。对变更后的被执行人，人民法院应当依法进行审查。

【重点提示】

一、行政决定和行政裁决

行政决定是指行政机关及其公务员经法定程序依法对行政相对人的权利义务作单方面处分的行为。其具有强制性和单方性。具体形式则有行政许可、行政奖励、行政命令和行政处罚等。

行政裁决是行政机关根据当事人申请，依据法律法规授权，居中对与行政管理活动密切相关的民事纠纷进行裁处的行为。行政裁决的特点在于：一是主体的行政性。裁决主体是法律法规授权的行政机关。二是对象的特定性。裁决的受理范围是与行政管理活动密切相关的民事纠纷，主要集中在自然资源权属争议、知识产权侵权纠纷和补偿争议、政府采购活动争议等方面，合同纠纷等一般民事争议不属于行政裁决的受理范围。三是行政裁决结果具有非终局性。当事人不服行政裁决的，可依法向法院提起诉讼。

二、特殊管辖

专利管理机关依法作出的处理决定和处罚决定，由被执行人住所地或财产所在地的省、自治区、直辖市有权受理专利纠纷案件的中级人民法院执行。

国务院各部门、各省、自治区、直辖市人民政府和海关依照法律、法规作出的处理决定和处罚决定，由被执行人住所地或财产所在地的中级人民法院执行。

申请人民法院强制执行征收补偿决定案件，由房屋所在地基层人民法院管辖，高级人民法院可以根据本地实际情况决定管辖法院。

三、土地管理部门的行政处罚决定

超出标准的宅基地范围建设房屋构成土地管理法第七十七条规定的"非法占用土地"的行为，按照本条规定及土地管理法第八十三条规定，土地管理部门有权责令违法者自行拆除违法建设的房屋；如其既不起诉又不履行，土地管理部门可以依法申请人民法院强制执行。

四、特别执行措施

行政机关拒绝履行判决、裁定、调解书的，第一审人民法院可以采取下列措施：（1）对应当归还的罚款或者应当给付的款额，通知银行从该行政机关的账户内划拨；（2）在规定期限内不履行的，从期满之日起，对该行政机关负责人按日处五十元至一百元的罚款；（3）将行政机关拒绝履行的情况予以公告；（4）向监察机关或者该行政机关的上一级行政机关提出司法建议；接受司法建议的机关，根据有关规定进行处理，并将处理情况告知人民法院；（5）拒不履行判决、裁定、调解书，社会影响恶劣的，可以对该行政机关直接负责的主管人员和其他直接责任人员予以拘留；情节严重，构成犯罪的，依法追究刑事责任。

五、涉公共安全的特殊启动执行程序

因情况紧急，为保障公共安全，行政机关可以申请人民法院立即执行。经人民法院院长批准，人民法院应当自作出执行裁定之日起五日内执行。

第九章 参与分配

被执行人为公民或其他组织,在执行程序开始后,被执行人的其他已经取得执行依据的债权人发现被执行人的财产不足以清偿全部债务的,可以向人民法院申请参与分配。

对人民法院查封、扣押、冻结的财产有优先权、担保物权的债权人,可以直接申请参与分配,主张优先受偿权。

【工作内容】

在金钱债权案件执行过程中,人民法院依照已经取得执行依据但未申请强制执行的债权人的申请,审查其参与分配理由是否成立,理由成立的,根据当事人情况作出财产分配方案,对被执行人财产进行分配;理由不成立的,裁定驳回申请。执行法院不是财产处置法院的,在接收债权人参与分配申请材料后,应及时转交财产处置法院。

一、参与分配的期间与形式

申请参与分配,申请人应当提交申请书。申请书应当写明参与分配和被执行人不能清偿所有债权的事实、理由,并附有执行依据。

参与分配申请应当在执行程序开始后,被执行人的财产执行终结前提出。

二、已申请执行债权的参与分配

已申请执行的债权人申请参与分配的,可以向其原申请执行法院提交参与分配申请书,由执行法院将参与分配申请书转交给主持分配的法院,并说明执行情况。

三、优先权人、担保物权人申请参与分配的条件

未取得执行依据的优先权人、担保物权人直接向执行法院申请参与分配的，应提交参与分配申请书，除写明被执行人未清偿所有债权的事实、理由外，还应写明优先受偿的金额、事实和理由，并提交相关的权利证明文件。

四、主持分配的法院

对参与被执行人财产的具体分配，应当由首先查封、扣押或冻结的法院主持进行，法律、司法解释另有规定的除外。

被执行人的多项财产分别被不同法院查封，符合参与分配条件的，由各项财产的在先查封法院分别进行分配。

相关执行法院协商一致并经申请执行人同意，也可以将各自查封的财产交其中一家法院进行处置和分配。共同上级法院也可以通过提级执行或指定执行将所有案件管辖权集中至一家法院，由该法院处置财产并主持分配，或者由共同的上级法院作出决定，确定其中一家法院对被执行人所有可供执行的财产或者价款统一处置，统一分配。

五、清偿顺序

参与分配执行中，执行所得价款扣除执行费用，并清偿应当优先受偿的债权后，对于普通债权，原则上按照其占全部申请参与分配债权数额的比例受偿。

六、分配方案的制作

多个债权人对执行财产申请参与分配的，执行法院应当制作财产分配方案，并送达各债权人和被执行人。执行法院在制作分配方案时，可以先由所有的债权人和债务人进行协商，意见一致的，按照一致意见制作分配方案；意见不一致的，由执行法院依职权按照清偿顺序制作分配方案。分配方案一般应当记载下列事项：（1）当事人姓名或者名称、地址；（2）可供分配款项总额；（3）债权总额、各债权人的债权额及各债权的性质、参与分配的依据；（4）分配顺序及各债权受分配的比例和数额；（5）分配方案制作及实施分配

的日期；（6）不服分配方案的救济途径。

七、分配方案的异议和异议之诉

债权人或者被执行人对分配方案有异议的，应当自收到分配方案之日起十五日内向执行法院提出书面异议。

债权人或者被执行人对分配方案提出书面异议的，执行法院应当通知未提出异议的债权人、被执行人。

未提出异议的债权人、被执行人自收到通知之日起十五日内未提出反对意见的，执行法院依异议人的意见对分配方案审查修正后，进行分配；提出反对意见的，应当通知异议人。异议人可以自收到通知之日起十五日内，以提出反对意见的债权人、被执行人为被告，向执行法院提起诉讼；异议人逾期未提起诉讼的，执行法院按照原分配方案进行分配。

诉讼期间进行分配的，执行法院应当提存与争议债权数额相应的款项。

八、剩余债务清偿

清偿后的剩余债务，被执行人应当继续清偿。债权人发现被执行人有其他财产的，可以随时请求人民法院执行。

【常用法律、司法解释及相关规定】

《最高人民法院关于适用〈中华人民共和国民事诉讼法〉的解释》（2022年修正）

第五百零六条 被执行人为公民或者其他组织，在执行程序开始后，被执行人的其他已经取得执行依据的债权人发现被执行人的财产不能清偿所有债权的，可以向人民法院申请参与分配。

对人民法院查封、扣押、冻结的财产有优先权、担保物权的债权人，可以直接申请参与分配，主张优先受偿权。

第五百零七条 申请参与分配，申请人应当提交申请书。申请书应当写明参与分配和被执行人不能清偿所有债权的事实、理由，并附有执行依据。

参与分配申请应当在执行程序开始后，被执行人的财产执行终结前提出。

第五百零八条 参与分配执行中，执行所得价款扣除执行费用，并清偿应当优先受偿的债权后，对于普通债权，原则上按照其占全部申请参与分配债权数额的比例受偿。清偿后的剩余债务，被执行人应当继续清偿。债权人发现被执行人有其他财产的，可以随时请求人民法院执行。

第五百零九条 多个债权人对执行财产申请参与分配的，执行法院应当制作财产分配方案，并送达各债权人和被执行人。债权人或者被执行人对分配方案有异议的，应当自收到分配方案之日起十五日内向执行法院提出书面异议。

第五百一十条 债权人或者被执行人对分配方案提出书面异议的，执行法院应当通知未提出异议的债权人、被执行人。

未提出异议的债权人、被执行人自收到通知之日起十五日内未提出反对意见的，执行法院依异议人的意见对分配方案审查修正后进行分配；提出反对意见的，应当通知异议人。异议人可以自收到通知之日起十五日内，以提出反对意见的债权人、被执行人为被告，向执行法院提起诉讼；异议人逾期未提起诉讼的，执行法院按照原分配方案进行分配。

诉讼期间进行分配的，执行法院应当提存与争议债权数额相应的款项。

第五百一十四条 当事人不同意移送破产或者被执行人住所地人民法院不受理破产案件的，执行法院就执行变价所得财产，在扣除执行费用及清偿优先受偿的债权后，对于普通债权，按照财产保全和执行中查封、扣押、冻结财产的先后顺序清偿。

《最高人民法院关于人民法院执行工作若干问题的规定（试行）》（2020年修正）

55. 多份生效法律文书确定金钱给付内容的多个债权人分别对同一被执行人申请执行，各债权人对执行标的物均无担保物权的，按照执行法院采取执行措施的先后顺序受偿。

多个债权人的债权种类不同的，基于所有权和担保物权而享有的债权，优先于金钱债权受偿。有多个担保物权的，按照各担保物权成立的先后顺序清偿。

一份生效法律文书确定金钱给付内容的多个债权人对同一被执行人申请执行，执行的财产不足清偿全部债务的，各债权人对执行标的物均无担保物权的，按照各债权比例受偿。

56. 对参与被执行人财产的具体分配，应当由首先查封、扣押或冻结的法院主持进行。

首先查封、扣押、冻结的法院所采取的执行措施如系为执行财产保全裁定，具体分配应当在该院案件审理终结后进行。

《中华人民共和国民办教育促进法》（2018年修正）

第五十九条 对民办学校的财产按照下列顺序清偿：（一）应退受教育者学费、杂费和其他费用；（二）应发教职工的工资及应缴纳的社会保险费用；（三）偿还其他债务。

非营利性民办学校清偿上述债务后的剩余财产继续用于其他非营利性学校办学；营利性民办学校清偿上述债务后的剩余财产，依照公司法的有关规定处理。

《中华人民共和国海商法》（1992年11月7日　中华人民共和国主席令第64号）

第二十一条 船舶优先权，是指海事请求人依照本法第二十二条的规定，向船舶所有人、光船承租人、船舶经营人提出海事请求，对产生该海事请求的船舶具有优先受偿的权利。

第二十二条 下列各项海事请求具有船舶优先权：（一）船长、船员和在船上工作的其他在编人员根据劳动法律、行政法规或者劳动合同所产生的工资、其他劳动报酬、船员遣返费用和社会保险费用的给付请求；（二）在船舶营运中发生的人身伤亡的赔偿请求；（三）船舶吨税、引航费、港务费和其他港口规费的缴付请求；（四）海难救助的救助款项的给付请求；（五）船舶在营运中因侵权行为产生的财产赔偿请求。载运2000吨以上的散装货油的船舶，持有有效的证书，证明已经进行油污损害民事责任保险或者具有相应的财务保证的，对其造成的油污损害的赔偿请求，不属于前款第（五）项规定的范围。

第二十三条 本法第二十二条第一款所列各项海事请求，依照顺序受偿。但是，第（四）项海事请求，后于第（一）项至第（三）项发生的，应当先于第（一）项至第（三）项受偿。本法第二十二条第一款第（一）、（二）、（三）、（五）项中有两个以上海事请求的，不分先后，同时受偿；不足受偿的，按照比例受偿。第（四）项中有两个以上海事请求的，后发生的先受偿。

第二十四条　因行使船舶优先权产生的诉讼费用，保存、拍卖船舶和分配船舶价款产生的费用，以及为海事请求人的共同利益而支付的其他费用，应当从船舶拍卖所得价款中先行拨付。

第二十五条　船舶优先权先于船舶留置权受偿，船舶抵押权后于船舶留置权受偿。前款所称船舶留置权，是指造船人、修船人在合同另一方未履行合同时，可以留置所占有的船舶，以保证造船费用或者修船费用得以偿还的权利。船舶留置权在造船人、修船人不再占有所造或者所修的船舶时消灭。

第二十六条　船舶优先权不因船舶所有权的转让而消灭。但是，船舶转让时，船舶优先权自法院应受让人申请予以公告之日起满六十日不行使的除外。

第二十七条　本法第二十二条规定的海事请求权转移的，其船舶优先权随之转移。

第二十八条　船舶优先权应当通过法院扣押产生优先权的船舶行使。

第二十九条　船舶优先权，除本法第二十六条规定的外，因下列原因之一而消灭：（一）具有船舶优先权的海事请求，自优先权产生之日起满一年不行使；（二）船舶经法院强制出售；（三）船舶灭失。前款第（一）项的一年期限，不得中止或者中断。

《中华人民共和国民用航空法》（2018年12月29日施行　中华人民共和国主席令第二十四号）

第十九条　下列各项债权具有民用航空器优先权：（一）援救该民用航空器的报酬；（二）保管维护该民用航空器的必需费用。

前款规定的各项债权，后发生的先受偿。

第二十条　本法第十九条规定的民用航空器优先权，其债权人应当自援救或者保管维护工作终了之日起三个月内，就其债权向国务院民用航空主管部门登记。

第二十一条　为了债权人的共同利益，在执行人民法院判决以及拍卖过程中产生的费用，应当从民用航空器拍卖所得价款中先行拨付。

第二十二条　民用航空器优先权先于民用航空器抵押权受偿。

《最高人民法院关于装修装饰工程款是否享有合同法第二百八十六条规定的优先受偿权的函复》（2004年12月8日施行 〔2014〕民一他字第14号）

复函主要内容为："装修装饰工程属于建设工程，可以适用《中华人民共和国合同法》第二百八十六条关于优先受偿权的规定，但装修装饰工程的发包人不是该建筑物的所有权人或者承包人与该建筑物的所有权人之间没有合同关系的除外。享有优先权的承包人只能在建筑物因装修装饰而增加价值的范围内优先受偿。"

《最高人民法院执行工作办公室关于执行回转案件的申请执行人在被执行人破产案件中能否得到优先受偿保护的请示的答复》（2006年12月14日施行 〔2005〕执他字第27号）

答复主要内容："天津市高级人民法院：你院《关于执行回转案件的申请执行人在被执行人破产案件中能否得到优先受偿保护的请示》收悉。经研究，答复如下：人民法院因原错误判决被撤销而进行执行回转，申请执行人在被执行人破产案件中能否得到优先受偿保护的问题，目前我国法律尚无明确规定。我们认为，因原错误判决而被执行的财产，并非因当事人的自主交易而转移。为此，不应当将当事人请求执行回转的权利作为普通债权对待。在执行回转案件被执行人破产的情况下，可以比照取回权制度，对执行回转案件申请执行人的权利予以优先保护，认定应当执行回转部分的财产数额，不属于破产财产。因此，审理破产案件的法院应当将该部分财产交由执行法院继续执行。"

《中华人民共和国税收征收管理法》（2015年4月24日施行 主席令第23号）

第四十五条 税收机关征收税款，税收优先于无担保债权，法律另有规定的除外；纳税人欠缴的税款发生在纳税人以其财产设定抵押、质押或者纳税人的财产被留置之前的，税收应当先于抵押权、质权、留置权执行。

纳税人欠缴税款，同时又被行政机关决定处以罚款、没收违法所得的，税收优先于罚款、没收违法所得。

税务机关应当对纳税人欠缴税款的情况定期予以公告。

【重点提示】

一、对参与分配申请的审查

债权人参与分配应当满足以下条件：（1）被执行人是公民或其他组织；（2）正在执行的案件和申请参与分配的案件均为金钱给付类案件；（3）申请参与分配的债权人已经取得执行依据（对参与分配财产有优先权、担保物权的债权人除外）；（4）被执行人的全部或主要财产已被一个人民法院因执行确定金钱给付的生效法律文书而查封、扣押或冻结；（5）被执行人无其他财产可供执行或其他财产不足以清偿全部债务；（6）在执行程序开始后被执行人的财产执行终结前向原执行法院提出。

在审查债权人的参与分配申请时，应把握必要的限度，从宽把握"被执行人的财产不能清偿所有债权"的要求。现行法律并未规定参与分配申请人在参与分配事实上有严格证明的义务，因此在审查参与分配申请时，只要申请人对参与分配的事实和理由进行了必要的说明，执行法院进行形式审查后即应准许。

二、向财产处置案件的执行人员或法院转交参与分配材料

承办人收到参与分配申请后，如是本院负责财产处置案件的，依法制定财产分配方案，如不是本院负责财产处置案件的，应及时制作参与分配函，情况紧急的应当立即制作，并在分配结束前送达给财产处置法院。

参与分配函应写明参与分配的原因、财产处置案件的执行案号、本案的执行标的，分别列明本金、一般债务利息及计算方式、迟延履行的利息、诉讼费、保全费、执行费等。利息、迟延履行期间的利息计算至拍卖成交裁定或者抵债裁定生效之日，或者财产变价完成之日；尚未成交、抵债、变价的，则暂时计算至参与分配函作出之日。参与分配函应附申请执行人的参与分配申请书、执行依据、当事人主体材料、送达地址确认书等。

三、分配原则

执行所得价款先扣除执行费用并清偿应当优先受偿的债权后，对于普通

债权，原则上按照其占全部申请参与分配债权数额的比例受偿。清偿后的剩余债务，被执行人应当继续清偿。债权人发现被执行人有其他财产的，可以随时请求人民法院执行。

普通债权的受偿的顺序：（1）执行费用，包括执行费、保全费、公告费等；（2）生效法律文书确定的金钱债务；（3）迟延履行期间的利息。执行款不足以清偿同一顺序的清偿要求的，按照比例分配。

四、确定财产分配方案

执行人员在分配执行款前，一般应举行听证，听取各债权人及被执行人对于财产分配的意见，如各方当事人能够协商一致的，应按其协商内容制作分配方案，如不能协商一致，亦应制作财产分配方案，并送达各债权人和被执行人。债权人或者被执行人对分配方案有异议的，应当自收到分配方案之日起十五日内向执行法院提出书面异议。

债权人或者被执行人对分配方案提出书面异议的，承办人应当通知未提出异议的债权人、被执行人。

未提出异议的债权人、被执行人自收到通知之日起十五日内未提出反对意见的，依异议人的意见对分配方案审查修正后进行分配；提出反对意见的，应当通知异议人。异议人可以自收到通知之日起十五日内，以提出反对意见的债权人、被执行人为被告，向财产处置法院提起诉讼；异议人逾期未提起诉讼的，按照原分配方案进行分配。

诉讼期间进行分配的，执行法院应当提存与争议债权数额相应的款项。

五、分配款发放

1. 其他法院分配执行款的：依照《最高人民法院关于执行款物管理工作的规定》第十条规定，人民法院应在收到财务部门分配款到账通知之日起三十日内将分配款支付给申请执行人，并将本院的收据送达给分配执行款的法院。有下列情形之一的，经执行局局长或主管院领导批准后，可以延缓发放：（1）需要进行案款分配的；（2）申请执行人因另案诉讼、执行或涉嫌犯罪等原因导致执行款被保全或冻结的；（3）申请执行人经通知未领取的；（4）案件被依法中止或者暂缓执行的；（5）有其他正当理由需要延缓发放执行款的。

上述情形消失后，执行人员应当在十日内完成执行款的发放。

2. 本院分配执行款的：依规定将本院执行案件的执行费用、按参与分配方案比例的分配款预留后，将剩余款项付至参与分配案件的执行法院的账户，并要求该法院在收到款项后，及时提交收据。

3. 处置被执行人名下房产等价值较高的财产时，承办人发现本院有同一被执行人其他执行案件的，可以告知其他执行人员本案有财产可以分配。

4. 债权人申请对一般保证的保证人的财产参与分配的，必须提供主债务人无财产可供执行的证据，否则不允许其参与分配。如债权人申请对连带责任保证的保证人的财产参与分配的，应当允许。

5. 参与分配的清偿顺位：参与分配执行中，执行所得价款扣除执行费用，并清偿应当优先受偿的债权后，对于普通债权，原则上按照其占全部申请参与分配债权数额的比例受偿。执行费用一般只因强制执行而支出的费用及其他为债权人共同利益而支出的费用，如保全费用、评估费用、拍卖费用等。优先受偿权包括：（1）民办学校的财产。（2）船舶优先权。（3）民用航空器优先权。（4）土地出让金。（5）建设工程价款优先权。（6）装饰装修工程款。（7）执行回转的优先权。（8）担保物权及其他优先权。（9）税收优先权。上述条文未囊括全部优先清偿的债权情形，列举次序也不代表清偿顺位。

6. 关于对参与分配过程中异议事项的处理。在参与分配过程中，债权人和被执行人可能提出两种类型的异议，一种是针对是否适用参与分配程序、申请参与分配的债权人是否适格等程序性事项提出异议，这种情况下的异议应当适用民事诉讼法第二百三十二条的规定处理。另一种是针对分配方案的数额、比例等实体事项提出异议。这种情况应适用《最高人民法院关于适用〈中华人民共和国民事诉讼法〉的解释》第五百一十二条规定处理。异议人逾期未提起诉讼的，执行法院按照原分配方案进行分配。诉讼期间进行分配的，执行法院应当提存与争议债权数额相应的款项。

7. 对于普通债权人未提交参与分配申请书的，主持分配的法院无须通知其申请参与分配。对被执行的财产享有优先权、担保物权的债权人未提交参与分配申请书的，主持分配的法院应当通知已知的优先权、担保物权人。

8. 被执行人为公民或其他组织，对其财产在先查封的普通债权人在参与分配中不享有优先受偿权。

第十章 执行程序与破产程序的衔接

执行程序与破产程序的有效衔接是全面推进破产审判工作的有力抓手，也是破解"执行难"的重要举措。全国各级法院要深刻认识执行转破产工作的重要意义，大力推动符合破产条件的执行案件，包括执行不能案件进入破产程序，充分发挥破产程序的制度价值。

【工作内容】

执行过程中，作为被执行人的企业法人不能清偿到期债务，并且资产不足以清偿全部债务或者明显缺乏清偿能力的，执行法院经申请执行人之一或者被执行人同意后，应裁定中止对该被执行人的执行，将执行案件相关材料移送被执行人住所地的中级人民法院进行破产审查。

执行案件移送破产审查，应同时符合下列条件：（1）被执行人为企业法人；（2）被执行人或者有关被执行人的任何一个执行案件的申请执行人书面同意将执行案件移送破产审查；（3）被执行人不能清偿到期债务，并且资产不足以清偿全部债务或者明显缺乏清偿能力。

执行案件移送破产审查，以被执行人住所地中级人民法院管辖为原则、基层人民法院管辖为例外。中级人民法院经高级人民法院批准，也可以将案件交由具备审理条件的基层人民法院审理。

执行法院对作为被执行人的企业法人发出执行通知时，可以告知有关执行移送破产的规定。承办人发现案件符合移送破产审查条件的，应当给当事人制作笔录，征求当事人的意见。当事人同意的，应当要求当事人提交《移送破产同意书》，确实无法提交的，可在笔录中注明。

执行法院采取财产调查措施后，发现作为被执行人的企业法人符合破产法第二条规定的，应当及时询问申请执行人、被执行人是否同意将案件移送破产审查并释明法律后果。申请执行人、被执行人均不同意移送且无人申请破产的，执行法院就执行变价所得的财产，在扣除执行费用及清偿优先受偿的债权后，对于普通债权，按照财产保全和执行中查封、扣押、冻结财产的先后顺序清偿。企业法人的其他已经取得执行依据的债权人申请参与分配的，人民法院不予支持。

执行部门应严格遵守执行案件移送破产审查的内部决定程序。承办人认为执行案件符合移送破产审查条件的，应提出审查意见，经合议庭评议同意后，由执行法院院长签署移送决定。基层人民法院拟将执行案件移送异地中级人民法院进行破产审查的，在作出移送决定前，应先报请其所在地中级人民法院执行部门审核同意。

执行法院作出移送决定后，应当于五日内送达申请执行人和被执行人。申请执行人或被执行人对决定有异议的，可以在受移送法院破产审查期间提出，由受移送法院一并处理。

执行法院作出移送决定后，应当书面通知所有已知执行法院，执行法院均应中止对被执行人的执行程序。但是，对被执行人的季节性商品、鲜活、易腐烂变质以及其他不宜长期保存的物品，执行法院应当及时变价处置，处置的价款不作分配。受移送法院裁定受理破产案件的，执行法院应当在收到裁定书之日起七日内，将该价款移交受理破产案件的法院。案件符合终结本次执行程序条件的，执行法院可以同时裁定终结本次执行程序。被执行人的所有执行法院未依照前款规定中止对被执行人的执行程序的，采取执行措施的相关单位应当依法予以纠正。依法执行回转的财产，应当认定为企业法人的破产财产。裁定对被执行人中止执行的，不影响对同一执行案件其他被执行人的执行。

执行法院决定移送后、受移送法院裁定受理破产案件之前，对被执行人的查封、扣押、冻结措施不解除。查封、扣押、冻结期限在破产审查期间届满的，申请执行人可以向执行法院申请延长期限，由执行法院负责办理。执行法院收到破产受理裁定后，应当解除对债务人财产的查封、扣押、冻结措施；或者根据破产受理法院的要求，出具函件将查封、扣押、冻结财产的处置权交破产受理法院。破产受理法院可以持执行法院的移送处置函件进行续行查封、扣押、冻结，解除查封、扣押、冻结，或者予以处置。破产受理法院可以利用执行查控系统查控债务人财产，提高破产审判工作效率，执行部门应予以配合。执行法院收到破产受理裁定拒不解除查封、扣押、冻结措施的，破产受理法院可以请求执行法院的上级法院依法予以纠正。

执行法院作出移送决定后，应当向受移送法院移送下列材料：（1）执行案件移送破产审查决定书；（2）申请执行人或被执行人同意移送的书面材料；（3）执行法院采取财产调查措施查明的被执行人的财产状况，已查封、扣押、冻结财产清单及相关材料；（4）执行法院已分配财产清单及相关材料；（5）被执行人债务清单；（6）其他应当移送的材料。移送的材料不完备或内容错误，影响受移送法院认定破产原因是否具备的，受移送法院可以要求执行法院补齐、补正，执行法院应于十日内补齐、补正。该期间不计入受移送法院破产审查的期间。受移送法院需要查阅执行程序中的其他案件材料，或者依法委托执行法院办理财产处置等事项的，执行法院应予协助配合。

执行法院移送破产审查的材料，由受移送法院立案部门负责接收。受移送法院不得以材料不完备等为由拒绝接收。立案部门经审核认为移送材料完备的，应以"破申"作为案件类型代字编制案号登记立案，并及时将案件移送破产审判部门进行破产审查。破产审判部门在审查过程中发现本院对案件不具有管辖权的，应当移送有管辖权的人民法院，受移送的人民法院应当受理。受移送的人民法院认为受移送的案件依照规定不属于本院管辖的，应当报请上级人民法院指定管辖，不得再自行移送。

执行法院移送案件时，应当确保材料完备，内容、形式符合规定。受移送法院应当认真审核并及时反馈意见，不得无故不予接收或暂缓立案。受移送法院的破产审判部门应当自收到移送的材料之日起三十日内作出是否受理的裁定。受移送法院作出裁定后，应当在五日内送达申请执行人、被执行人，并送交执行法院。申请执行人申请或同意移送破产审查的，裁定书中以该申请执行人为申请人，被执行人为被申请人；被执行人申请或同意移送破产审查的，裁定书中以该被执行人为申请人；申请执行人、被执行人均同意移送破产审查的，双方均为申请人。

受移送法院裁定受理破产案件的，在此前的执行程序中产生的评估费、公告费、保管费等执行费用，可以参照破产费用的规定，从债务人财产中随时清偿。破产管辖法院受理破产案件后，执行法院可以从事以下工作：

（1）根据受理破产案件法院的要求及时解除有关保全措施；（2）将查控的尚未执行或者尚未执行完毕的被执行人的财产移交受理破产案件的管理人；（3）通知有关申请执行人依法在破产程序中申报债权。

执行法院收到受移送法院受理裁定后，应当于七日内将已经扣划到账的银行存款、实际扣押的动产、有价证券等被执行人财产移交给受理破产案件的法院或管理人。执行法院收到受移送法院受理裁定时，已通过拍卖程序处置且成交裁定已送达买受人的拍卖、变卖财产，通过以物抵债偿还债务且抵债裁定已送达债权人的抵债财产，已完成转账、汇款、现金交付的执行款，因财产所有权已经发生变动，不属于被执行人的财产，不再移交。

受移送法院做出不予受理或驳回申请裁定的，应当在裁定生效后七日内将接收的材料、被执行人的财产退回执行法院，执行法院应当恢复对被执行人的执行。

受移送法院作出不予受理或驳回申请的裁定后，人民法院不得重复启动执行案件移送破产审查程序。申请执行人或被执行人以有新证据足以证明被执行人已经具备了破产原因为由，再次要求将执行案件移送破产审查的，人民法院不予支持。但是，申请执行人或被执行人可以直接向具有管辖权的法院提出破产申请。

受移送法院裁定宣告被执行人破产或裁定终止和解程序、重整程序的，应当自裁定作出之日起五日内送交执行法院，执行法院应当裁定终结对被执行人的执行。人民法院受理破产申请后至破产宣告前裁定驳回破产申请，或者因债务人已清偿全部到期债务、第三人为债务人提供足额担保、第三人为债务人清偿全部到期债务四种情形之一而裁定终结破产程序的，应当及时通知原已采取保全措施并已依法解除保全措施的单位按照原保全顺位恢复相关保全措施。在已依法解除保全的单位恢复保全措施或者表示不再恢复之前，受理破产申请的人民法院不得解除对债务人财产的保全措施。执行法院决定恢复查控措施或表示不再恢复，应当及时通知受理破产申请法院。

受移送法院拒绝接收移送的材料，或者收到移送的材料后不按规定的期限作出是否受理裁定的，执行法院可函请受移送法院的上一级法院进行监督。上一级法院收到函件后应当指令受移送法院在十日内接收材料或作出是否受理的裁定。受移送法院收到上级法院的通知后，十日内仍不接收材料或不作出是否受理裁定的，上一级法院可以径行对移送破产审查的案件行使管辖权。上一级法院裁定受理破产案件的，可以指令受移送法院审理。

因被执行人被受理破产而裁定中止执行的，申请执行人应当依法向管理人申报相关债权。

执行法院发现被执行人有虚假破产情形的，应当及时向受理破产案件的人民法院提出。申请执行人认为被执行人利用破产逃债的，可以向受理破产案件的人民法院或其上级人民法院提出异议，受理异议的法院应当依法进行监督。

【常用法律、司法解释及相关规定】

《中华人民共和国民事诉讼法》（2021年修正）

第三十七条 人民法院发现受理的案件不属于本院管辖的，应当移送有管辖权的人民法院，受移送的人民法院应当受理。受移送的人民法院认为受移送的案件依照规定不属于本院管辖的，应当报请上级人民法院指定管辖，不得再自行移送。

第二百四十七条 执行员接到申请执行书或者移交执行书，应当向被执行人发出执行通知，并可以立即采取强制执行措施。

《最高人民法院关于适用〈中华人民共和国民事诉讼法〉的解释》（2022年修正）

第五百一十一条 在执行中，作为被执行人的企业法人符合企业破产法第二条第一款规定情形的，执行法院经申请执行人之一或者被执行人同意，应当裁定中止对该被执行人的执行，将执行案件相关材料移送被执行人住所地人民法院。

第五百一十二条 被执行人住所地人民法院应当自收到执行案件相关材料之日起三十日内，将是否受理破产案件的裁定告知执行法院。不予受理的，应当将相关案件材料退回执行法院。

第五百一十三条 被执行人住所地人民法院裁定受理破产案件的，执行法院应当解除对被执行人财产的保全措施。被执行人住所地人民法院裁定宣告被执行人破产的，执行法院应当裁定终结对该被执行人的执行。

被执行人住所地人民法院不受理破产案件的，执行法院应当恢复执行。

第五百一十四条 当事人不同意移送破产或者被执行人住所地人民法院不受理破产案件的,执行法院就执行变价所得财产,在扣除执行费用及清偿优先受偿的债权后,对于普通债权,按照财产保全和执行中查封、扣押、冻结财产的先后顺序清偿。

《最高人民法院关于执行案件移送破产审查若干问题的指导意见》(2017年1月20日施行 法发〔2017〕2号)

一、执行案件移送破产审查的工作原则、条件与管辖

1. 执行案件移送破产审查工作,涉及执行程序与破产程序之间的转换衔接,不同法院之间,同一法院内部执行部门、立案部门、破产审判部门之间,应坚持依法有序、协调配合、高效便捷的工作原则,防止推诿扯皮,影响司法效率,损害当事人合法权益。

2. 执行案件移送破产审查,应同时符合下列条件:

(1) 被执行人为企业法人;

(2) 被执行人或者有关被执行人的任何一个执行案件的申请执行人书面同意将执行案件移送破产审查;

(3) 被执行人不能清偿到期债务,并且资产不足以清偿全部债务或者明显缺乏清偿能力。

3. 执行案件移送破产审查,由被执行人住所地人民法院管辖。在级别管辖上,为适应破产审判专业化建设的要求,合理分配审判任务,实行以中级人民法院管辖为原则、基层人民法院管辖为例外的管辖制度。中级人民法院经高级人民法院批准,也可以将案件交由具备审理条件的基层人民法院审理。

二、执行法院的征询、决定程序

4. 执行法院在执行程序中应加强对执行案件移送破产审查有关事宜的告知和征询工作。执行法院采取财产调查措施后,发现作为被执行人的企业法人符合破产法第二条规定的,应当及时询问申请执行人、被执行人是否同意将案件移送破产审查。申请执行人、被执行人均不同意移送且无人申请破产的,执行法院应当按照《最高人民法院关于适用〈中华人民共和国民事诉讼法〉的解释》第五百一十六条的规定处理,企业法人的其他已经取得执行依据的债权人申请参与分配的,人民法院不予支持。

5. 执行部门应严格遵守执行案件移送破产审查的内部决定程序。承办人

认为执行案件符合移送破产审查条件的，应提出审查意见，经合议庭评议同意后，由执行法院院长签署移送决定。

6. 为减少异地法院之间移送的随意性，基层人民法院拟将执行案件移送异地中级人民法院进行破产审查的，在作出移送决定前，应先报请其所在地中级人民法院执行部门审核同意。

7. 执行法院作出移送决定后，应当于五日内送达申请执行人和被执行人。申请执行人或被执行人对决定有异议的，可以在受移送法院破产审查期间提出，由受移送法院一并处理。

8. 执行法院作出移送决定后，应当书面通知所有已知执行法院，执行法院均应中止对被执行人的执行程序。但是，对被执行人的季节性商品、鲜活、易腐烂变质以及其他不宜长期保存的物品，执行法院应当及时变价处置，处置的价款不作分配。受移送法院裁定受理破产案件的，执行法院应当在收到裁定书之日起七日内，将该价款移交受理破产案件的法院。

案件符合终结本次执行程序条件的，执行法院可以同时裁定终结本次执行程序。

9. 确保对被执行人财产的查封、扣押、冻结措施的连续性，执行法院决定移送后、受移送法院裁定受理破产案件之前，对被执行人的查封、扣押、冻结措施不解除。查封、扣押、冻结期限在破产审查期间届满的，申请执行人可以向执行法院申请延长期限，由执行法院负责办理。

三、移送材料及受移送法院的接收义务

10. 执行法院作出移送决定后，应当向受移送法院移送下列材料：

（1）执行案件移送破产审查决定书；

（2）申请执行人或被执行人同意移送的书面材料；

（3）执行法院采取财产调查措施查明的被执行人的财产状况，已查封、扣押、冻结财产清单及相关材料；

（4）执行法院已分配财产清单及相关材料；

（5）被执行人债务清单；

（6）其他应当移送的材料。

11. 移送的材料不完备或内容错误，影响受移送法院认定破产原因是否具备的，受移送法院可以要求执行法院补齐、补正，执行法院应于十日内补齐、补正。该期间不计入受移送法院破产审查的期间。

受移送法院需要查阅执行程序中的其他案件材料，或者依法委托执行法院办理财产处置等事项的，执行法院应予协助配合。

12. 执行法院移送破产审查的材料，由受移送法院立案部门负责接收。受移送法院不得以材料不完备等为由拒绝接收。立案部门经审核认为移送材料完备的，应以"破申"作为案件类型代字编制案号登记立案，并及时将案件移送破产审判部门进行破产审查。破产审判部门在审查过程中发现本院对案件不具有管辖权的，应当按照《中华人民共和国民事诉讼法》第三十六条的规定处理。

四、受移送法院破产审查与受理

13. 受移送法院的破产审判部门应当自收到移送的材料之日起三十日内作出是否受理的裁定。受移送法院作出裁定后，应当在五日内送达申请执行人、被执行人，并送交执行法院。

14. 申请执行人申请或同意移送破产审查的，裁定书中以该申请执行人为申请人，被执行人为被申请人；被执行人申请或同意移送破产审查的，裁定书中以该被执行人为申请人；申请执行人、被执行人均同意移送破产审查的，双方均为申请人。

15. 受移送法院裁定受理破产案件的，在此前的执行程序中产生的评估费、公告费、保管费等执行费用，可以参照破产费用的规定，从债务人财产中随时清偿。

16. 执行法院收到受移送法院受理裁定后，应当于七日内将已经扣划到账的银行存款、实际扣押的动产、有价证券等被执行人财产移交给受理破产案件的法院或管理人。

17. 执行法院收到受移送法院受理裁定时，已通过拍卖程序处置且成交裁定已送达买受人的拍卖财产，通过以物抵债偿还债务且抵债裁定已送达债权人的抵债财产，已完成转账、汇款、现金交付的执行款，因财产所有权已经发生变动，不属于被执行人的财产，不再移交。

五、受移送法院不予受理或驳回申请的处理

18. 受移送法院做出不予受理或驳回申请裁定的，应当在裁定生效后七日内将接收的材料、被执行人的财产退回执行法院，执行法院应当恢复对被执行人的执行。

19. 受移送法院作出不予受理或驳回申请的裁定后，人民法院不得重复启动执行案件移送破产审查程序。申请执行人或被执行人以有新证据足以证明被执行人已经具备了破产原因为由，再次要求将执行案件移送破产审查的，人民法院不予支持。但是，申请执行人或被执行人可以直接向具有管辖权的法院提出破产申请。

20. 受移送法院裁定宣告被执行人破产或裁定终止和解程序、重整程序的，应当自裁定作出之日起五日内送交执行法院，执行法院应当裁定终结对被执行人的执行。

六、执行案件移送破产审查的监督

21. 受移送法院拒绝接收移送的材料，或者收到移送的材料后不按规定的期限作出是否受理裁定的，执行法院可函请受移送法院的上一级法院进行监督。上一级法院收到函件后应当指令受移送法院在十日内接收材料或作出是否受理的裁定。

受移送法院收到上级法院的通知后，十日内仍不接收材料或不作出是否受理裁定的，上一级法院可以径行对移送破产审查的案件行使管辖权。上一级法院裁定受理破产案件的，可以指令受移送法院审理。

《中华人民共和国企业破产法》（2017年6月1日起施行）

第二条 企业法人不能清偿到期债务，并且资产不足以清偿全部债务或者明显缺乏清偿能力的，依照本法规定清理债务。

企业法人有前款规定情形，或者有明显丧失清偿能力可能的，可以依照本法规定进行重整。

第四十四条 人民法院受理破产申请时对债务人享有债权的债权人，依照本法规定的程序行使权利。

第四十六条 未到期的债权，在破产申请受理时视为到期。

附利息的债权自破产申请受理时起停止计息。

第九十二条 经人民法院裁定批准的重整计划，对债务人和全体债权人均有约束力。

债权人未依照本法规定申报债权的，在重整计划执行期间不得行使权利；在重整计划执行完毕后，可以按照重整计划规定的同类债权的清偿条件行使权利。

债权人对债务人的保证人和其他连带债务人所享有的权利，不受重整计划的影响。

第一百零一条 和解债权人对债务人的保证人和其他连带债务人所享有的权利，不受和解协议的影响。

第一百零八条 破产宣告前，有下列情形之一的，人民法院应当裁定终结破产程序，并予以公告：

（一）第三人为债务人提供足额担保或者为债务人清偿全部到期债务的；

（二）债务人已清偿全部到期债务的。

第一百二十四条 破产人的保证人和其他连带债务人，在破产程序终结后，对债权人依照破产清算程序未受清偿的债权，依法继续承担清偿责任。

《最高人民法院关于适用〈中华人民共和国企业破产法〉若干问题的规定（二）》（2020年修正）

第五条 破产申请受理后，有关债务人财产的执行程序未依照企业破产法第十九条的规定中止的，采取执行措施的相关单位应当依法予以纠正。依法执行回转的财产，人民法院应当认定为债务人财产。

第八条 人民法院受理破产申请后至破产宣告前裁定驳回破产申请，或者依据企业破产法第一百零八条的规定裁定终结破产程序的，应当及时通知原已采取保全措施并已依法解除保全措施的单位按照原保全顺序恢复保全措施。

在已依法解除保全的单位恢复保全措施或者表示不再恢复之前，受理破产申请的人民法院不得解除对债务人财产的保全措施。

第二十二条 破产申请受理前，债权人就债务人财产向人民法院提起本规定第二十一条第一款所列诉讼，人民法院已经作出生效民事判决书或者调解书但尚未执行完毕的，破产申请受理后，相关执行行为应当依据企业破产法第十九条的规定中止，债权人应当依法向管理人申报相关债权。

《最高人民法院关于依法制裁规避执行行为的若干意见》（2011年5月27日施行 法〔2011〕195号）

10. 加强对破产案件的监督。执行法院发现被执行人有虚假破产情形的，应当及时向受理破产案件的人民法院提出。申请执行人认为被执行人利用破产逃债的，可以向受理破产案件的人民法院或者其上级人民法院提出异议，受理异议的法院应当依法进行监督。

《全国法院破产审判工作会议纪要》（2018年3月4日施行 法〔2018〕53号）

七、执行程序与破产程序的衔接

执行程序与破产程序的有效衔接是全面推进破产审判工作的有力抓手，也是破解"执行难"的重要举措。全国各级法院要深刻认识执行转破产工作的重要意义，大力推动符合破产条件的执行案件，包括执行不能案件进入破产程序，充分发挥破产程序的制度价值。

40. 执行法院的审查告知、释明义务和移送职责。执行部门要高度重视执行与破产的衔接工作，推动符合条件的执行案件向破产程序移转。执行法院发现作为被执行人的企业法人符合企业破产法第二条规定的，应当及时询问当事人是否同意将案件移送破产审查并释明法律后果。执行法院作出移送决定后，应当书面通知所有已知执行法院，执行法院均应中止对被执行人的执行程序。

41. 执行转破产案件的移送和接收。执行法院与受移送法院应加强移送环节的协调配合，提升工作实效。执行法院移送案件时，应当确保材料完备，内容、形式符合规定。受移送法院应当认真审核并及时反馈意见，不得无故不予接收或暂缓立案。

42. 破产案件受理后查封措施的解除或查封财产的移送。执行法院收到破产受理裁定后，应当解除对债务人财产的查封、扣押、冻结措施；或者根据破产受理法院的要求，出具函件将查封、扣押、冻结财产的处置权交破产受理法院。破产受理法院可以持执行法院的移送处置函件进行续行查封、扣押、冻结，解除查封、扣押、冻结，或者予以处置。

执行法院收到破产受理裁定拒不解除查封、扣押、冻结措施的，破产受理法院可以请求执行法院的上级法院依法予以纠正。

43. 破产审判部门与执行部门的信息共享。破产受理法院可以利用执行查控系统查控债务人财产，提高破产审判工作效率，执行部门应予以配合。

各地法院要树立线上线下法律程序同步化的观念，逐步实现符合移送条件的执行案件网上移送，提升移送工作的透明度，提高案件移送、通知、送达、沟通协调等相关工作的效率。

44. 强化执行转破产工作的考核与管理。各级法院要结合工作实际建立执行转破产工作考核机制，科学设置考核指标，推动执行转破产工作开展。对应当征询当事人意见不征询、应当提交移送审查不提交、受移送法院违反相关规定拒不接收执行转破产材料或者拒绝立案的，除应当纳入绩效考核和业绩考评体系外，还应当公开通报和严肃追究相关人员的责任。

《最高人民法院关于担保期间债权人向保证人主张权利的方式及程序问题的请示的答复》（2002年11月22日施行　〔2002〕民二他字第32号）

青海省高级人民法院：

你院〔2002〕青民二字第10号《关于担保期间债权人向保证人主张权利的方式及程序问题的请示》收悉。经研究，答复如下：

1. 本院2002年8月1日下发的《关于处理担保法生效前发生保证行为的保证期间问题的通知》第一条规定的"向保证人主张权利"和第二条规定的"向保证人主张债权"，其主张权利的方式可以包括"提起诉讼"和"送达清收债权通知书"等。其中"送达"既可由债权人本人送达，也可以委托公证机关送达或公告送达（在全国或省级有影响的报纸上刊发清收债权公告）。

2. 该《通知》第二条的规定的意义在于，明确当主债务人进入破产程序，在"债权人没有申报债权"或"已经申报债权"两种不同情况下，债权人应当向保证人主张权利的期限。根据《最高人民法院关于适用〈中华人民共和国担保法〉若干问题的解释》第四十四条第一款的规定，在上述情况下，债权人可以向人民法院申报债权，也可以向保证人主张权利。因此，对于债权人申报了债权，同时又起诉保证人的保证纠纷案件，人民法院应当受理。在具体审理并认定保证人应承担保证责任的金额时，如需等待破产程序结束的，可依照《中华人民共和国民事诉讼法》第一百五十条第一款第（五）项，裁定中止诉讼。人民法院如径行判决保证人承担保证责任，应当在判决中明确应扣除债权人在债务人破产程序中可以分得的部分。

《最高人民法院执行工作办公室关于破产和解后以破产债务人为被执行人的案件能否继续执行的请示答复》（2007年3月9日施行　法（执）明传〔2007〕10号）

湖南省高级人民法院：

关于黑龙江省牡丹江市中级人民法院受理黑龙江圣方科技股份有限公司（简称圣方科技公司）破产案件后，你院继续执行中科软件集团有限公司（简称中科软件公司）诉圣方科技公司一案问题，我院曾向你院发出法（执）明传〔2006〕48号明传，要求你院撤销执行裁定。后你院又报来《关于执行黑龙江圣方科技股份有限公司欠款纠纷一案的情况汇报》，认为应当继续执行，并请求我院进行协调。经研究，答复如下：

牡丹江中院破产案件终结，是因为债权人会议通过了和解协议并执行完毕，债务人圣方科技公司按照和解协议规定的条件清偿了债务，破产原因消除。经破产法院裁定认可的和解协议，对债务人和全体债权人均有约束力。中科软件公司参加了破产程序，依法应当受该和解协议的约束。破产和解是债务人破产再生程序，和解协议执行完毕后，其法人资格仍存续，但不再承担和解协议规定以外的债务的清偿责任。对此，当时法律虽无明文规定，但参照新《中华人民共和国企业破产法》，应作此理解。此种情况下圣方科技公司未被宣告破产，并保留主体资格，这一点不能成为你院恢复执行的理由。在牡丹江中院裁定终结破产程序后，你院应当裁定对圣方科技公司的执行终结。

关于中科软件公司权益的保护问题。首先，依和解协议中科软件公司应当受偿的款项，据反映现由长沙中院为执行以中科软件公司为债务人的案件，而予以冻结。如该款项解冻，则可通过破产清算组领取。其次，终结对圣方科技公司的执行，并不妨碍其按照你院判决第二项，对同案中另外二被告质押给中科软件公司的共1.8亿元股权行使优先受偿权。至于中科软件公司对牡丹江中院在破产程序中涉及其权益处理的异议，应当通过对破产裁定的申诉或其他适当途径解决，而不应由你院再启动执行程序解决。

【重点提示】

在执行不动产过程中，执行法院收到以债务人为破产申请人的法院出具的破产受理通知书时，应区分具体情况分别处理，如果执行程序仅处于被执行人所有的不动产查封、评估以及前期的拍卖阶段，应当依法裁定中止执行程序，等待破产案件进一步审理。一种情况是被执行人被依法裁定宣告破产，执行法院应当裁定终结执行程序，告知债权人持生效法律文书，向受理被执行人破产案件的法院申报债权，参与破产企业的财产分配；另一种情况是被执行人的破产案件最终裁定不被宣告破产，执行法院可以恢复执行。如果不动产的拍卖已经成交，虽然尚未办理或正在办理产权变更登记，也不能将该不动产纳入破产财产范围。

在执行知识产权时，如果被执行人经法院审理裁定宣告破产，执行法院应依法裁定终结执行，同时告知债权人持生效法律文书向受理被执行人破产案件的法院申报债权，参与破产企业的财产分配。如果执行法院在收到破产受理通知书前已依法裁定变更了知识产权（著作权中的财产权部分、商标权、专利权）的所有人，尚在受让人办理变更登记期间，不应将该知识产权纳入破产财产范围。

在执行股息、红利时遇到破产程序，对于已到期的股息、红利，如果执行法院在收到破产受理通知书前已依法裁定有关企业向申请执行人支付且已支付完毕，不应将该股息、红利纳入破产财产范围。对于预期的股息、红利，应视为破产企业的财产，纳入破产财产范围。

有价证券分为记名证券（如记名股票、公司证券及票据等）、无记名证券（如无记名股票、国债公司证券及票据等）、指示证券（如仓单、提单、载货凭证等）。因执行有价证券实质是执行该证券上表彰的财产权利，其权利的发生、转移或行使与债券本身具有不可分性，所以权利的行使必须占有和交付。当在执行程序与破产程序冲突时，应比照上述已到期的股权、红利处理办法处置。

如果财产保全尚在实施期间，申请破产案件已由法院依法受理，应停止执行；如果保全措施在债务人向人民法院申请破产前已经实施完毕，当破产案件审理法院作出破产宣告裁定时，应当依据《最高人民法院关于审理企业破产案件若干问题的规定》第二十条的规定，依法撤销相关财产的保全措施，进而诉讼程序应当终结。

罚款债权主要指国家执法机关对债务人的违法行为给予一定金钱处罚行

为而产生的。罚款债权应视为除斥债权,不能作为破产债权予以受偿。如果债务人破产申请被人民法院受理,并下发受理通知书后,罚款应中止执行,如最终裁定宣告债务人破产,罚款应终结执行,且不能参与破产企业的财产分配。

经人民法院裁定认可的和解协议,对债务人和全体和解债权人均有约束力。按照和解协议减免的债务,自和解协议执行完毕时起,债务人不再承担清偿责任。和解协议履行完毕,应裁定终结执行。

企业破产法第四十六条第二款"附利息的债权自破产申请受理时停止计息"的规定,是针对破产程序中破产债权作出的特殊规定。对破产债务人承担连带清偿责任的担保人,在执行程序中仍应按照原执行依据依法确定执行债务,不以主债务人进入破产程序的破产债权为限。故主债务人破产后,担保人的责任范围应依据担保合同进行确定,利息、违约金等不因主债务人破产而停止计算,担保责任不受破产程序影响而减少。

适用《最高人民法院关于适用〈中华人民共和国民事诉讼法〉的解释》第五百一十六条的规定,对于普通债权按照财产保全和执行中查封、扣押、冻结财产的先后顺序清偿,是附有条件的,即"当事人不同意移送破产或者被执行人住所地人民法院不受理破产案件。"

以被执行人为债务人的破产申请已被法院立案审查,虽然破产法院尚未作出是否受理破产申请的最终裁判,执行法院仍应裁定中止执行程序,视裁判结果确定是否恢复执行。

原被执行人在破产程序中已按照重整计划履行完毕,其对原债务不再承担清偿责任,执行法院对该被执行人不应再恢复执行。

被执行人在另案中被宣告破产,对该被执行人的执行程序终结,但同案其他被执行人仍应承担各自的履行义务。被执行人是企业法人,其被吊销营业执照后至被注销登记前,仍是适格被执行主体。

作为被执行人的企业法人被移送破产审查的,应当对其裁定中止执行。在破产审查期间,申请执行人申请恢复对该被执行人的执行的,不予准许;已恢复执行并对该被执行人采取执行措施的,应予撤销。

人民法院裁定受理破产申请时已经扣划到执行法院账户,但尚未支付给申请执行人的款项(含执行款超期未划付申请执行人情形),仍属于债务人财产。人民法院裁定受理破产申请后，执行法院应当中止对该财产的执行。执行法院收到破产管理人发送的中止执行告知函后仍继续执行的，应当根据《最高人民法院关于适用〈中华人民共和国企业破产法〉若干问题的规定（二）》第五条依法予以纠正。

执行部门向申请执行人发送受理案件通知，向作为被执行人的企业法人（以下简称被执行人）发送执行通知时，可以同时告知民事诉讼法司法解释关于在执行程序中，执行案件移送破产审查的规定。在执行过程中和终结本次执行程序之前，执行部门发现被执行人符合执行案件移送破产审查条件的，应在执行分配或终结本次执行程序之前及时向申请人、被执行人征询执行案件移送破产审查的意见并释明法律后果。执行部门发现终结本次执行程序的案件符合执行案件移送破产审查条件的，可在恢复执行后，依照前述规定向申请执行人、被执行人征询执行转破产的意见。

第十一章　执行费款的收发与管理

第一节　迟延履行利息和迟延履行金

【工作内容】

被执行人未按判决、裁定和其他法律文书指定的期间履行给付金钱义务的，应当加倍支付迟延履行期间的债务利息。被执行人未按判决、裁定和其他法律文书指定的期间履行其他义务的，应当支付迟延履行金。人民法院应对被执行人是否及时履行法律文书规定的义务进行审查，并计算迟延履行利息或迟延履行金。

迟延履行的债务利息，在于迫使债务人履行债务，虽然其核心是保护债权人利益，但不能过分加重债务人责任，导致债权人获得超额利益、债务人不堪重负的后果。《最高人民法院关于执行程序中计算迟延履行期间的债务利息适用法律若干问题的解释》规定的算法，出发点是平等保护当事人合法权益，尽量减少法律适用的不确定性，统一裁判尺度，追求执行措施合理得当，防止债权人保护力度的强度差异，保证法律的实质公平。

【常用法律、司法解释及相关规定】

《中华人民共和国民事诉讼法》（2021年修正）

第二百六十条　被执行人未按判决、裁定和其他法律文书指定的期间履行给付金钱义务的，应当加倍支付迟延履行期间的债务利息。被执行人未按判决、裁定和其他法律文书指定的期间履行其他义务的，应当支付迟延履行金。

《最高人民法院关于适用〈中华人民共和国民事诉讼法〉的解释》（2022年修正）

第五百零四条 被执行人迟延履行的，迟延履行期间的利息或者迟延履行金自判决、裁定和其他法律文书指定的履行期间届满之日起计算。

第五百零七条 被执行人未按判决、裁定和其他法律文书指定的期间履行非金钱给付义务的，无论是否已给申请执行人造成损失，都应当支付迟延履行金。已经造成损失的，双倍补偿申请执行人已经受到的损失；没有造成损失的，迟延履行金可以由人民法院根据具体案件情况决定。

《最高人民法院关于执行程序中计算迟延履行期间的债务利息适用法律若干问题的解释》（2014年8月1日施行　法释〔2014〕8号）

第一条 根据民事诉讼法第二百五十三条规定加倍计算之后的迟延履行期间的债务利息，包括迟延履行期间的一般债务利息和加倍部分债务利息。

迟延履行期间的一般债务利息，根据生效法律文书确定的方法计算；生效法律文书未确定给付该利息的，不予计算。

加倍部分债务利息的计算方法为：加倍部分债务利息＝债务人尚未清偿的生效法律文书确定的除一般债务利息之外的金钱债务×日万分之一点七五×迟延履行期间。

第二条 加倍部分债务利息自生效法律文书确定的履行期间届满之日起计算；生效法律文书确定分期履行的，自每次履行期间届满之日起计算；生效法律文书未确定履行期间的，自法律文书生效之日起计算。

第三条 加倍部分债务利息计算至被执行人履行完毕之日；被执行人分次履行的，相应部分的加倍部分债务利息计算至每次履行完毕之日。

人民法院划拨、提取被执行人的存款、收入、股息、红利等财产的，相应部分的加倍部分债务利息计算至划拨、提取之日；人民法院对被执行人财产拍卖、变卖或者以物抵债的，计算至成交裁定或者抵债裁定生效之日；人民法院对被执行人财产通过其他方式变价的，计算至财产变价完成之日。

非因被执行人的申请，对生效法律文书审查而中止或者暂缓执行的期间及再审中止执行的期间，不计算加倍部分债务利息。

第四条 被执行人的财产不足以清偿全部债务的，应当先清偿生效法律文书确定的金钱债务，再清偿加倍部分债务利息，但当事人对清偿顺序另有约定的除外。

第五条 生效法律文书确定给付外币的，执行时以该种外币按日万分之一点七五计算加倍部分债务利息，但申请执行人主张以人民币计算的，人民法院应予准许。

以人民币计算加倍部分债务利息的，应当先将生效法律文书确定的外币折算或者套算为人民币后再进行计算。

外币折算或者套算为人民币的，按照加倍部分债务利息起算之日的中国外汇交易中心或者中国人民银行授权机构公布的人民币对该外币的中间价折合成人民币计算；中国外汇交易中心或者中国人民银行授权机构未公布汇率中间价的外币，按照该日境内银行人民币对该外币的中间价折算成人民币，或者该外币在境内银行、国际外汇市场对美元汇率，与人民币对美元汇率中间价进行套算。

第六条 执行回转程序中，原申请执行人迟延履行金钱给付义务的，应当按照本解释的规定承担加倍部分债务利息。

第七条 本解释施行时尚未执行完毕部分的金钱债务，本解释施行前的迟延履行期间债务利息按照之前的规定计算；施行后的迟延履行期间债务利息按照本解释计算。

《最高人民法院关于在执行工作中如何计算迟延履行期间的债务利息等问题的批复》（2009年5月13日施行　法释〔2009〕6号）

1. 人民法院根据《中华人民共和国民事诉讼法》第二百二十九条计算"迟延履行期间的债务利息"时，应当按照中国人民银行规定的同期贷款基准利率计算。

2. 执行款不足以偿付全部债务的，应当根据并还原则按比例清偿法律文书确定的金钱债务与迟延履行期间的债务利息，但当事人在执行和解中对清偿顺序另有约定的除外。

《最高人民法院关于适用〈中华人民共和国合同法〉若干问题的解释（二）》（2009年5月13日施行　法释〔2009〕5号）

第二十一条 债务人除主债务之外还应当支付利息和费用，当其给付不足以清偿全部债务时，并且当事人没有约定的，人民法院应当按照下列顺序抵充：

（一）实现债权的有关费用；

（二）利息；

（三）主债务。

《最高院关于人民法院民事调解工作若干问题的规定》（2004年11月1日施行 法释〔2004〕12号）

第十条 人民法院对于调解协议约定一方不履行协议应当承担民事责任的，应予准许。

调解协议约定一方不履行协议，另一方可以请求人民法院对案件作出裁判的条款，人民法院不予准许。

第十九条 调解书确定的担保条款条件或者承担民事责任的条件成就时，当事人申请执行的，人民法院应当依法执行。

不履行调解协议的当事人按照前款规定承担了调解书确定的民事责任后，对方当事人又要求其承担民事诉讼法第二百二十九条规定的迟延履行责任的，人民法院不予支持。

《最高人民法院关于非金融机构受让金融不良债权后能否向非国有企业债务人主张全额债权的请示的复函》（2013年11月26日施行 〔2013〕执他字第4号）

主要内容：(1) 非金融机构受让经生效法律文书确定的金融不良债权能否在执行程序中向非国有企业债务人主张受让日后利息的问题，应当参照《最高人民法院关于审理涉及金融不良债权转让案件工作座谈会纪要》的精神处理。(2) 根据《纪要》第12条规定，《纪要》不具有溯及力。《纪要》发布前，非金融资产管理公司的机构或个人受让经生效法律文书确定的金融不良债权，或者受让的金融不良债权经生效法律文书确定的，发布日之前的利息按照相关法律规定计算；发布日之后不再计付利息。《纪要》发布后，非金融资产管理公司的机构或个人受让经生效法律文书确定的金融不良债权的，受让日之前的利息按照相关法律规定计算；受让日之后不再计付利息。

【重点提示】

非应申请执行人申请的中止执行、终结本次执行程序或暂缓执行，均属于法院暂时停止强制执行程序的制度规定，并不代表执行依据的法律效力被否定，更不等于被执行人被豁免履行义务进而无需承担迟延履行的责任，故在上述程序中，被执行人仍应当支付迟延履行利息。

非金融机构受让金融不良债权后对受让日后的利息计算问题，应注意2013年《最高人民法院关于非金融机构受让金融不良债权后能否向非国有企业债务人主张全额债权的请示的函复》中的相关规定。

《最高人民法院关于执行程序中计算迟延履行期间的债务利息适用法律若干问题的解释》施行时（2014年8月1日），尚未执行完毕部分的金钱债务，解释施行前的迟延期间债务利息，按照之前的计算。2014年8月1日前已清偿部分债务的，应当根据并还原则按比例计算已清偿的法律文书确定的金钱债务金额与迟延履行期间的债务利息金额，但当事人在执行和解中对清偿顺序另有约定的除外。

2014年8月1日前的应付执行款，按照下列方法计算为：（1）执行款＝清偿的法律文书确定的金钱债务＋清偿的迟延履行期间的债务利息。（2）清偿的迟延履行期间的债务利息＝清偿的法律文书确定的金钱债务×同期贷款基准利率×2×迟延履行期间。

2014年8月1日前迟延履行期间的债务利息计算基数包括执行依据确定的债务本金、利息、罚息、滞纳金、违约金、评估费、鉴定费、公告费等因诉讼或仲裁所支出的费用，不包括案件受理费、保全申请费、其他申请费。

2014年8月1日前迟延履行期间债务利息的起算日、给付期间的扣除、外币给付的利息计算方法，参照本节关于加倍部分债务利息的相关规定。

2014年8月1日后产生的迟延履行期间债务利息的计算方法：

《最高人民法院关于执行程序中计算迟延履行期间的债务利息适用法律若干问题的解释》施行后（2014年8月1日后）产生的迟延履行期间债务利息，包括迟延履行期间的一般债务利息和加倍部分债务利息。

迟延履行期间的一般债务利息，根据生效法律文书确定的方法计算；生效法律文书未确定给付该利息的，不予计算。

加倍部分债务利息的计算方法为：加倍部分债务利息＝债务人尚未清偿的生效法律文书确定的除一般债务利息之外的金钱债务×日万分之一点七五×迟延履行期间。

加倍部分债务利息计算至被执行人履行完毕之日；被执行人分次履行的，相应部分的加倍部分债务利息计算至每次履行完毕之日。人民法院划拨、提取被执行人的存款、收入、股息、红利等财产的，相应部分的加倍部分债务利息计算至划拨、提取之日；人民法院对被执行人财产拍卖、变卖或者以物抵债的，计算至成交裁定或者抵债裁定生效之日；人民法院对被执行人财产通过其他方式变价的，计算至财产变价完成之日。

生效法律文书确定一般债务利息计算至被执行人履行完毕之日的，截止日参照本条前两款关于加倍部分债务利息的截止日确定。

被执行人的财产不足以清偿全部债务的，应当先清偿生效法律文书确定的金钱债务，再清偿加倍部分债务利息，但当事人对清偿顺序另有约定的除外。

"同期贷款基准利率"的适用，具体把握如下：（1）根据未履行期间的长短确定应当适用的中国人民银行公布的同档贷款基准利率：未履行期间不超过6个月的，适用中国人民银行公布的6个月以内（含6个月）档的贷款基准利率；未履行期间逾6个月、不超过1年的，适用中国人民银行公布的6个月至1年（含1年）档的贷款基准利率；未履行期间逾1年、不超过3年的，适用中国人民银行公布的1至3年（含3年）档的贷款基准利率；未履行期间逾3年、不超过5年的，适用中国人民银行公布的3至5年（含5年）档的贷款基准利率；未履行期间逾5年的，适用中国人民银行公布的5年以上档的贷款基准利率。（2）中国人民银行公布的同期贷款基准利率发生变化的，根据该利率的变化分段计算。（3）未履行期间逾1年的，每整年的利息按照同期贷款基准利率的年利率计算，剩余期间的利息按照同期贷款基准利率的日利率计算。日利率按照同期贷款基准利率的年利率除以365天计算或可以参照相关计算软件进行计算。

迟延履行金的计算方法，被执行人未按判决、裁定和其他法律文书指定的期间履行非金钱给付义务的，无论是否已给申请执行人造成损失，都应当支付迟延履行金。已经造成损失的，双倍补偿申请执行人已经受到的损失；没有造成损失的，迟延履行金可以由人民法院根据具体案件情况决定。

申请执行人在执行立案时或执行过程中未明确表示放弃迟延履行期间债务利息或迟延履行金的，执行标的额包括迟延履行期间债务利息或迟延履行金。

执行依据生效后申请执行前，债务人已自动履行完毕执行依据确定的其他债务，债权人以债务人未支付或未完全支付迟延履行期间债务利息或迟延履行金为由单独申请执行的，人民法院应予受理。但债权人已认可债务履行完毕的除外。

民事调解书确定了一方不履行调解协议应承担的民事责任，且不履行该协议的当事人已承担了该民事责任，对方当事人又要求其承担迟延履行责任的，人民法院不予支持。

加倍迟延履行债务利息与逾期付款违约利息、本金三者清偿顺序：

金钱债务执行第一顺序为实现债权费用（诉讼费、执行费、律师费），第二顺序为利息（违约金利息、一般债务利息、迟延履行加倍部分债务利息），第三顺序为主债务（本金、货款等）。

迟延履行利息的起算点如下：（1）经过二审判决的案件，即便二审维持原判，一审判决也应自二审判决送达当事人时生效。迟延履行利息起算点的确定应当结合二审判决生效时间与一审判决所确定的履行期限。（2）法律规定中的"生效法律文书"仅指执行依据，不应以执行通知书要求的履行期限届满或申请执行日作为迟延履行利息的起算点。（3）执行依据确定双方当事人互负给付义务的，法律未规定具有先履行义务的一方当事人享有不安抗辩权，其未按执行依据期限先履行义务即构成迟延履行，应当支付迟延履行利息。

迟延履行利息的具体计算方法如下例：

例一：生效法律文书未确定一般债务利息

2015年2月28日生效的法律文书载明，债务人应当在十日内支付债权人侵权损害赔偿款一百万元；债务人迟延履行的，应当根据民事诉讼法第二百五十三条的规定加倍支付迟延履行期间的债务利息。债务人于2015年5月9日清偿完毕。

迟延履行期间的债务利息 = 加倍部分债务利息 = $1000000 \times 0.0175\% \times 60$ = 10500元。

例二：生效法律文书确定了一般债务利息

2015年2月28日生效的法律文书载明，债务人应在十日内支付债权人借款本金一百万，利息20万（利息计算至2014年12月31日），并继续按日万分之五的利率（以本金一百万为基数）支付自2015年1月1日至判决确定给付之日止的利息。债务人迟延履行的，应当根据民事诉讼法第二百五十三条的规定加倍支付迟延履行期间的债务利息。债务人于2015年5月9日清偿完毕。

迟延履行期间的债务利息＝迟延履行期间的一般债务利息＋加倍部分利息＝1000000×0.05%×60＋1000000×0.0175%×60＝30000＋10500＝40500元。

迟延履行期间开始前的一般债务利息＝生效法律文书确定的固定利息＋借款本金×生效法律文书确定的一般债务利息率×迟延履行期间开始前的实际天数＝200000＋1000000×0.05%×69＝200000＋34500＝234500元。

债权人需支付的金钱债务总额＝债务本金＋迟延履行开始前的一般债务利息＋迟延履行期间的债务利息＝1000000＋234500＋40500＝1275000元。

第二节 执行费用

【工作内容】

执行费由被执行人负担，不由申请执行人预交，人民法院在执行生效法律文书确定的内容之外直接向被执行人收取。

执行人员可以参照本章第三节案款发放的系统操作"（5）执行款退款申请（案款发放）"部分进行执行费收取操作。

【常用法律、司法解释及相关规定】

《最高人民法院关于适用〈中华人民共和国民事诉讼法〉的解释》（2022年修正）

第二百零五条 拍卖、变卖担保财产的裁定作出后，人民法院强制执行的，按照执行金额收取执行申请费。

《最高人民法院办公厅给国家发改委办公厅关于人民法院可否收取刑事案件涉财产执行诉讼费有关问题的复函》（2017年1月11日　法办函〔2017〕19号）

复函主要内容："我院认为，刑事裁判涉财产部分执行不同于民事执行，人民法院办理刑事裁判涉财产部分执行案件，不应收取诉讼费。"

《诉讼费用交纳办法》（2007年4月1日施行　2006年第481号国务院令）

第十条　当事人依法向人民法院申请下列事项，应当交纳申请费：

（一）申请执行人民法院发生法律效力的判决、裁定、调解书，仲裁机构依法作出的裁决和调解书，公证机构依法赋予强制执行效力的债权文书；

（二）申请保全措施；

（三）申请支付令；

（四）申请公示催告；

（五）申请撤销仲裁裁决或者认定仲裁协议效力；

（六）申请破产；

（七）申请海事强制令、共同海损理算、设立海事赔偿责任限制基金、海事债权登记、船舶优先权催告；

（八）申请承认和执行外国法院判决、裁定和国外仲裁机构裁决。

第十四条　申请费分别按照下列标准交纳：

（一）依法向人民法院申请执行人民法院发生法律效力的判决、裁定、调解书，仲裁机构依法作出的裁决和调解书，公证机关依法赋予强制执行效力的债权文书，申请承认和执行外国法院判决、裁定以及国外仲裁机构裁决的，按照下列标准交纳：

1. 没有执行金额或者价额的，每件交纳50元至500元。

2. 执行金额或者价额不超过1万元的，每件交纳50元；超过1万元至50万元的部分，按照1.5%交纳；超过50万元至500万元的部分，按照1%交纳；超过500万元至1000万元的部分，按照0.5%交纳；超过1000万元的部分，按照0.1%交纳。

3. 符合民事诉讼法第五十五条第四款规定，未参加登记的权利人向人民法院提起诉讼的，按照本项规定的标准交纳申请费，不再交纳案件受理费。

第三十八条　本办法第十条第（一）项、第（八）项规定的申请费由被执行人负担。

执行中当事人达成和解协议的，申请费的负担由双方当事人协商解决；协商不成的，由人民法院决定。

本办法第十条第（二）项规定的申请费由申请人负担，申请人提起诉讼的，可以将该申请费列入诉讼请求。

本办法第十条第（五）项规定的申请费，由人民法院依照本办法第二十九条规定决定申请费的负担。

第四十四条 当事人交纳诉讼费用确有困难的，可以依照本办法向人民法院申请缓交、减交或者免交诉讼费用的司法救助。

诉讼费用的免交只适用于自然人。

第四十五条 当事人申请司法救助，符合下列情形之一的，人民法院应当准予免交诉讼费用：

（一）残疾人无固定生活来源的；

（二）追索赡养费、扶养费、抚育费、抚恤金的；

（三）最低生活保障对象、农村特困定期救济对象、农村五保供养对象或者领取失业保险金人员，无其他收入的；

（四）因见义勇为或者为保护社会公共利益致使自身合法权益受到损害，本人或者其近亲属请求赔偿或者补偿的；

（五）确实需要免交的其他情形。

第四十六条 当事人申请司法救助，符合下列情形之一的，人民法院应当准予减交诉讼费用：

（一）因自然灾害等不可抗力造成生活困难，正在接受社会救济，或者家庭生产经营难以为继的；

（二）属于国家规定的优抚、安置对象的；

（三）社会福利机构和救助管理站；

（四）确实需要减交的其他情形。

人民法院准予减交诉讼费用的，减交比例不得低于30%。

第四十七条 当事人申请司法救助，符合下列情形之一的，人民法院应当准予缓交诉讼费用：

（一）追索社会保险金、经济补偿金的；

（二）海上事故、交通事故、医疗事故、工伤事故、产品质量事故或者其他人身伤害事故的受害人请求赔偿的；

（三）正在接受有关部门法律援助的；

（四）确实需要缓交的其他情形。

第五十五条　诉讼费用以人民币为计算单位。以外币为计算单位的，依照人民法院决定受理案件之日国家公布的汇率换算成人民币计算交纳；上诉案件和申请再审案件的诉讼费用，按照第一审人民法院决定受理案件之日国家公布的汇率换算。

《最高人民法院关于适用〈诉讼费用交纳办法〉的通知》（2007年4月1日施行　法发〔2007〕16号）

第四条　执行申请费和破产申请费不由申请人预交，执行申请费执行后交纳，破产申请费清算后交纳。自2007年4月1日起，执行申请费由人民法院在执行生效法律文书确定的内容之外直接向被执行人收取，破产申请费由人民法院在破产清算后，从破产财产中优先拨付。

《最高人民法院关于适用〈中华人民共和国民事诉讼法〉执行程序若干问题的解释》（2020年修正）

第三十九条　依照民事诉讼法第二百三十一条的规定，执行法院可以依职权或者依申请执行人的申请，将被执行人不履行法律文书确定义务的信息，通过报纸、广播、电视、互联网等媒体公布。

媒体公布的有关费用，由被执行人负担；申请执行人申请在媒体公布的，应当垫付有关费用。

【重点提示】

执行人员在办案系统中操作"缴款通知书"时，可以直接使用系统执行费计算功能，预估执行费。

非因法定原因，不得减免执行费。

因强制执行而发生的保管、仓储、运输等费用，由申请执行人预交并直接支付，人民法院不得代收代付。案款执行到位后，该费用从案款中支付申请执行人。

第三节 案款收发

【工作内容】

执行人员在执行款到账后，30日内完成案款发放工作。执行人员应当填写执行款发放审批表。执行款发放审批表中应当注明执行案件案号、当事人姓名或名称、交款人姓名或名称、交款金额、交款时间、交款方式、收款人姓名或名称、收款人账号、发款金额和方式等情况。报经执行局局长或主管院领导批准后，交由财务部门办理支付手续。委托他人代为办理领取执行款手续的，应当附特别授权委托书、委托代理人的身份证复印件。委托代理人是律师的，应当附所在律师事务所出具的公函及律师执照复印件。

执行人员应将执行案款退款发放审批表、申请执行人出具的收条或收据以及其他财务部门发放案款需要的材料复印一份附卷，形成完备的案款发放手续。

一、执行人员审批操作步骤

1. 登录人民法院执行案件流程信息管理系统。在待执案件中，选择某一案件，进入个案办理界面，点击"更多功能"→"案款"。涉及执行款功能包括："执行款到账情况""执行款退款申请""执行款转移分配""执行款往来明细""执行款综合情况浏览"，如图11-1所示。

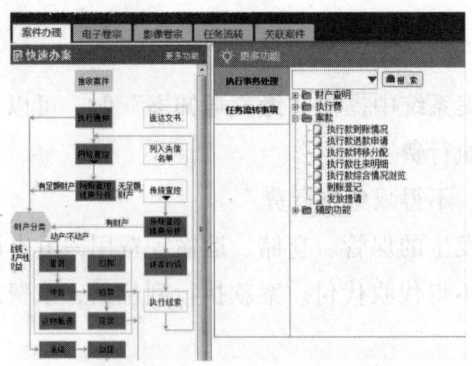

图11-1 执行款相关功能

2. 执行款到账情况。当需要开具缴款通知书或者认领不明款的时候，使用到该功能。同时，该功能可查询到当前案件的案款到账记录。注意：每一笔到账记录都应该有票据号码，若没有票据号码或者查询不到，请联系财务补记票据号，如图 11-2 所示。

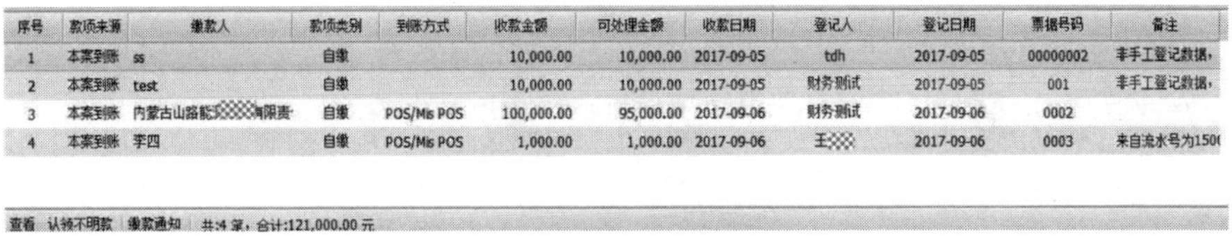

图 11-2　执行款到账情况

3. 开具缴款通知书操作。点击"新增"按钮，选择相应的当事人，缴款金额（缴款人姓名，缴款金额可根据实际情况进行调整）；选择对应的实体银行名称，系统自动获取出银行虚拟子账号，保存后即生成相应的缴款通知书。点击左上角"打印"按钮相应的当事人缴款通知书，如图 11-3 所示。

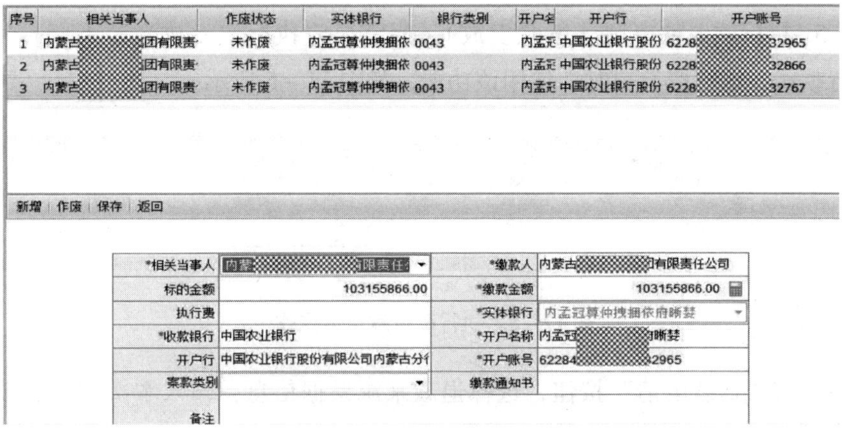

图 11-3　开具缴款通知书

4. 认领不明款。若当事人缴款未关联案号，则形成不明款，需要执行法官认领，执行法官选择不明款记录保存，该笔执行款与案件自动匹配。注意：认领后需要财务补记票据号码，如图 11-4 所示。

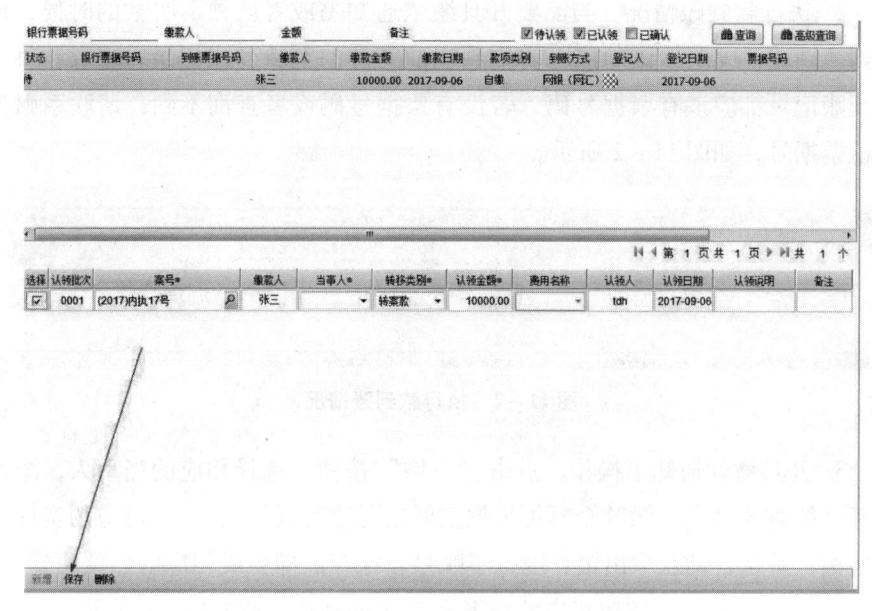

图 11-4　认领不明款

5. 执行款退款申请（案款发放）。当需要将执行款发放当事人，或者将执行款转入执行费专户时，使用该功能，如图 11-5 所示。

图 11-5　执行款退款申请操作一

点击"退款申请"按钮，选择退款来源票据信息，输入本次需要退款的金额，点击"确认"，如图 11-6 所示。

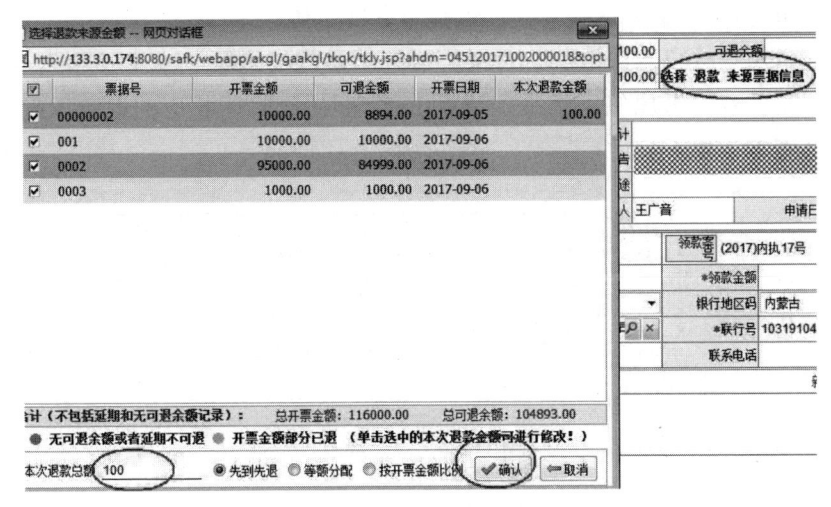

图 11-6　执行款退款申请操作二

填写领款人明细：（1）发放申请执行人；（2）退回被执行人；（3）本院（退执行费）；（4）转其他。领款人默认为当事人，可根据实际情况调整；

支付方式：选法银直联，通过一案一账号系统直接发送银行进行退款，需要填写详细领款人开户信息，包括银行类别、银行地区、开户行网点名称、开户联行号、开户名称、开户账号；开户银行（网点）以及联行号可以在系统中搜索到。这些开户信息由领款人提供给执行法官，如图11-7所示。

图 11-7　发放申请表

点击"保存",提交后,自动流转至审批领导。

审批领导从"人民法院执行案件流程信息管理系统"点击"待办事宜"进行审批。若需纸质签字审批,请点击"查看",打印相应的退款发放审批表,如图11-8所示。

图11-8 审批环节

6. 执行款转移分配(系列案把款一个案子转移到另外一个案子)。点击"分配申请",选择相应的票据号码,增加相应的转入案号。(若在引入案件中查询不到需要转移的案件,请在执行案件管理系统点击"更多功能"→"案款",点击执行款任意功能就可激活),保存提交后,请相应的领导进行审批,并需要财务人员进行执行款转移确认,如图11-9、图11-10所示。

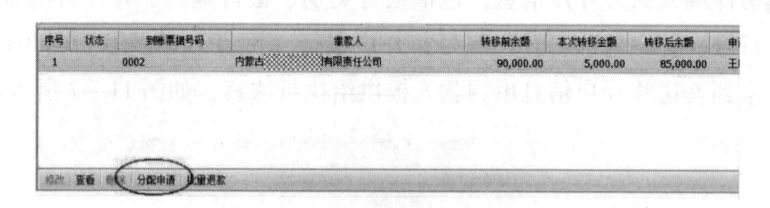

图11-9 执行款转移分配申请一

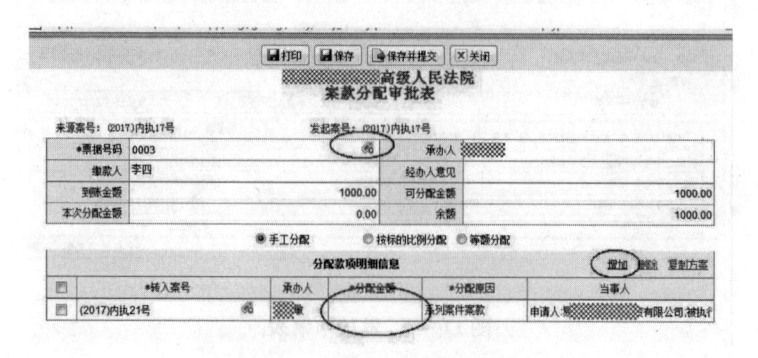

图11-10 执行款转移分配申请二

7. 执行款往来明细（查询案件到账退款信息）点击"打印"按钮可生成相应的执行款往来明细表，如图 11-11 所示。

图 11-11　执行款往来明细

8. 领导审批领导在"人民法院执行案件流程信息管理系统"中点击"待办事宜"进行审批。领导选择"同意"或"不同意"→"保存并提交"，完成审批流程。

二、财务人员审批操作步骤

1. 在 IE 中打开法院执行案款"一案一账号"管理系统，账号和密码与执行案件流程信息系统一致，如图 11-12 所示。

图 11-12　一案一账号系统

2. 到账登记用于手工登记执行款到账，该到账方式适用于当事人来法院缴款。点击"案款管理"→"到账登记"进入如图 11 – 13 所示界面。

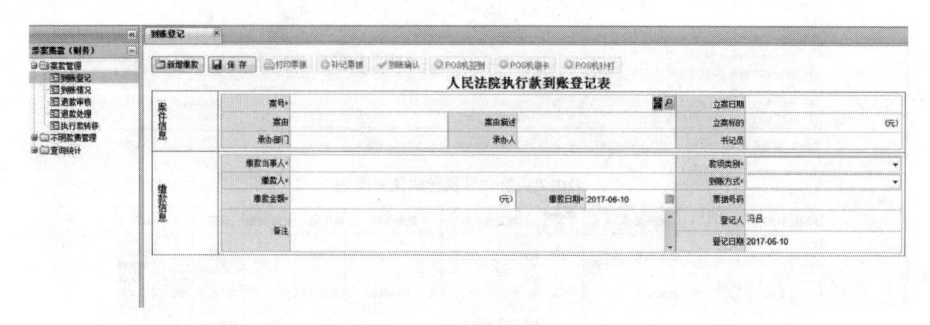

图 11 – 13　执行款到账登记

选择案号后方 🔍 按钮，进入"引入执行通知信息"窗口，选择相应的案件信息，双击鼠标，如图 11 – 14 所示。

图 11 – 14　引入执行通知信息

核对缴款人、缴款金额、到账方式等信息无误后，点击保存，再点击到账确认，最后补记票据号码，如图 11 – 15 所示。

图 11 – 15　到账确认

3. 到账情况。该功能适可用于查询和管理当事人缴款，财务登记后的到账信息，包括银行主动发送过来的数据。点击"案款管理"→"到账情况"（法院所有与案件进行关联的到账信息）进入如图 11 - 16 所示界面。

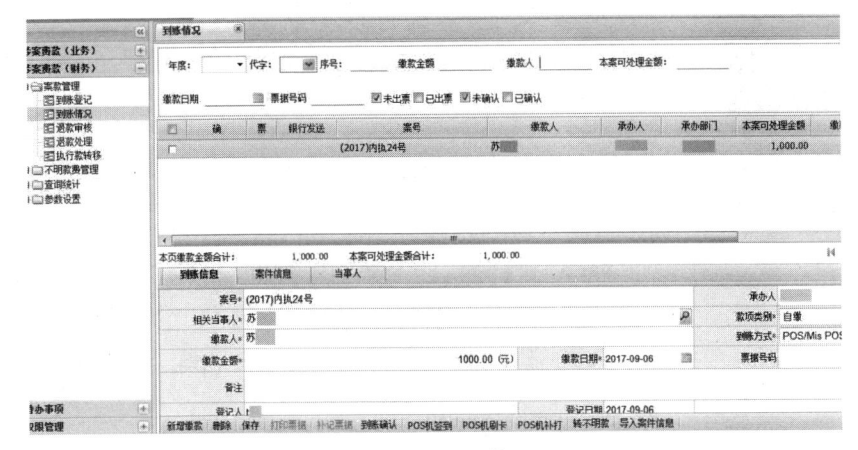

图 11 - 16　到账情况一

对核对无误的到账信息，点击"到账确认"按钮，最后补记票号，如图 11 - 17 所示。

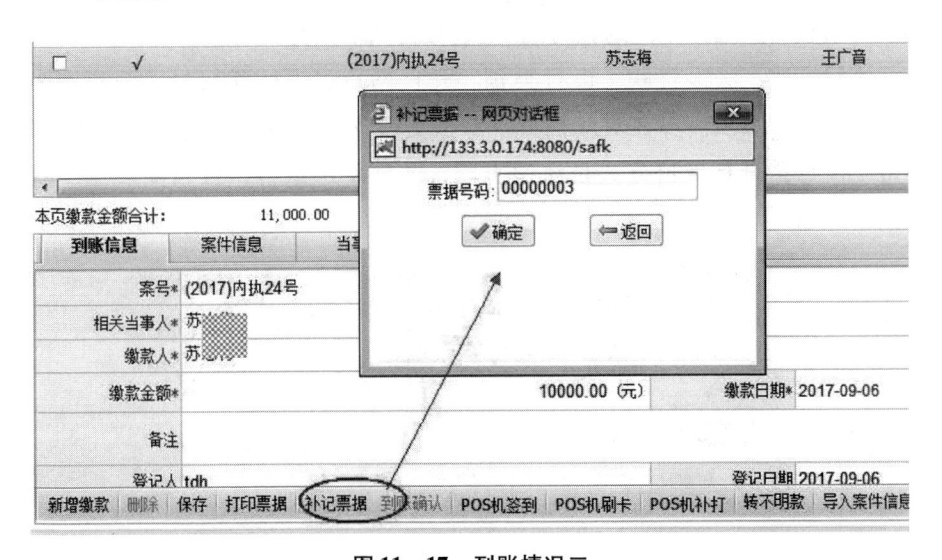

图 11 - 17　到账情况二

4. 退款审核。财务主管查核已通过执行局领导审核的退款申请。点击

"案款管理"→"退款审核",如图 11-18 所示。

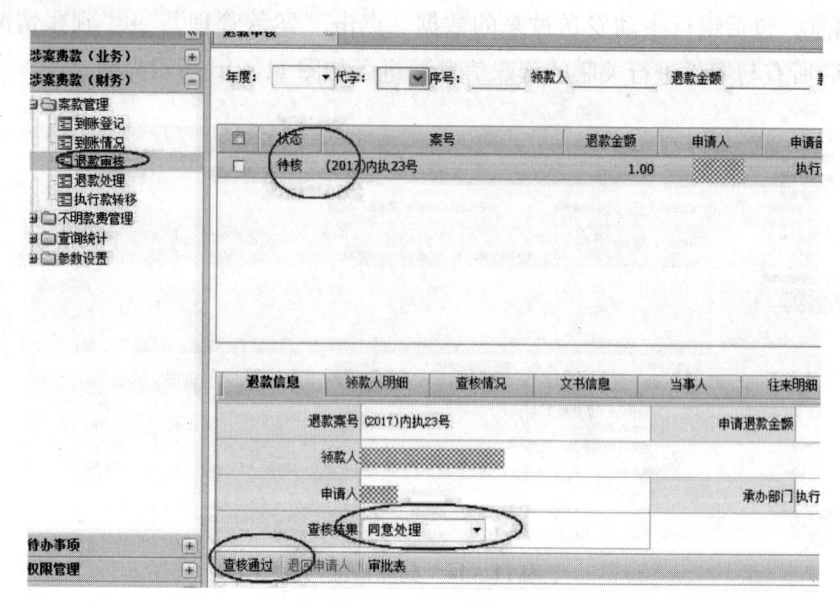

图 11-18 退款审核

5. 退款处理。点击"案款管理"→"退款处理"进入如下界面。财务出纳查核通过后,选择"发送银行",通过银行网上银行自动发款给收款人。

支付方式:法银直联、银行类别、开户网点、银行联行号、开户账号、开户名称为必填项。可在对应栏目下双击更改支付方式,网点信息,开户信息等。注意:只有支付方式是法银直联,才能发送银行,且只能发送一次,如图 11-19 所示。

图 11-19 退款处理

6. 财务人员打印执行款发放审批表，如图 11-20 所示。

图 11-20　执行款发放审批表

7. 执行款转移处理。执行款需转移到其他案件时，在执行局执行款转移流程审批完成后，需财务人员做如下确认操作：点击"案款管理"→"执行款转移"，进入界面，点击"同意转移"，如图 11-21 所示。

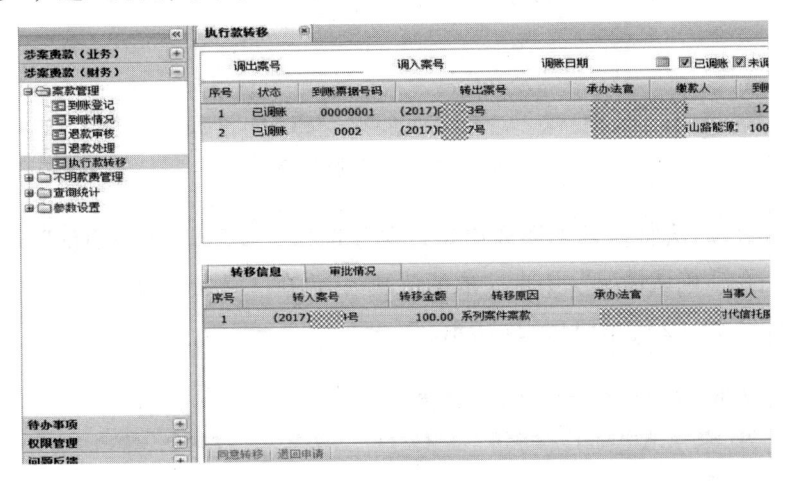

图 11-21　执行款转移处理

8. 不明款管理。用于管理不明执行款，默认显示未认领的不明款，如图 11-22 所示。

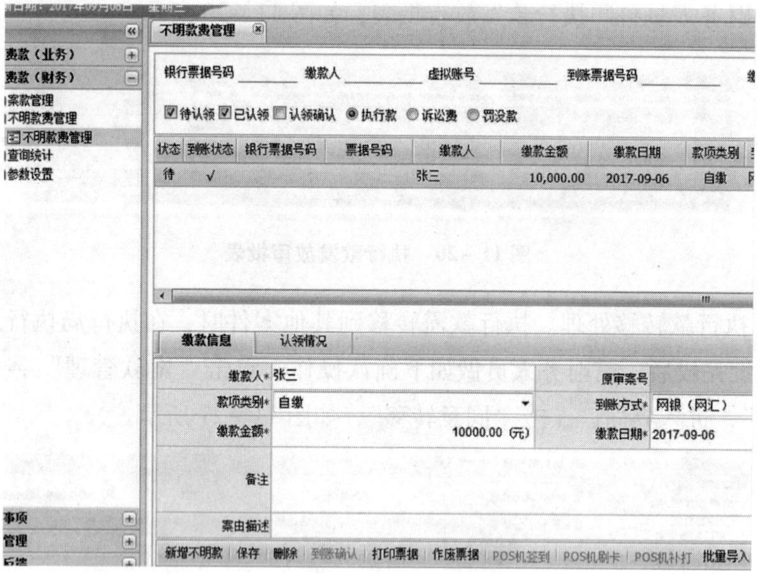

图 11 – 22　不明款管理

若执行局法官认领不明款出错，财务选择"√""认领确认"→"查询"；先在"确认情况"中点"取消认领"；再在"认领情况"中点"退回认领"，如图 11 – 23、图 11 – 24 所示。

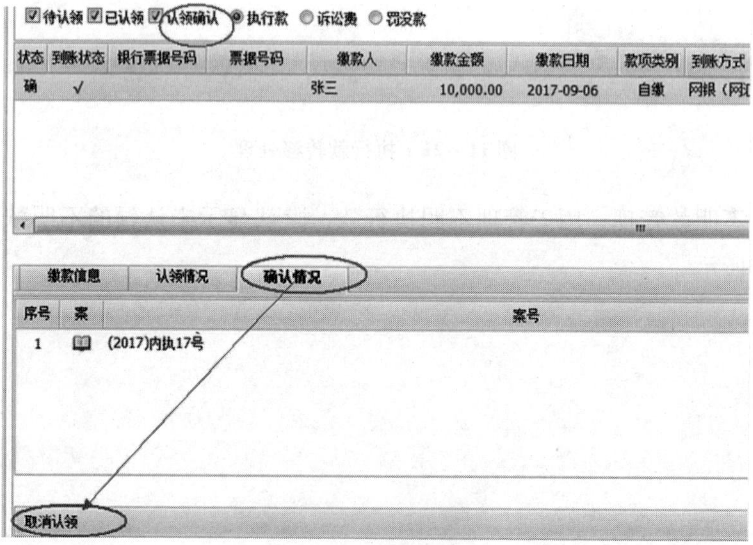

图 11 – 23　取消认领

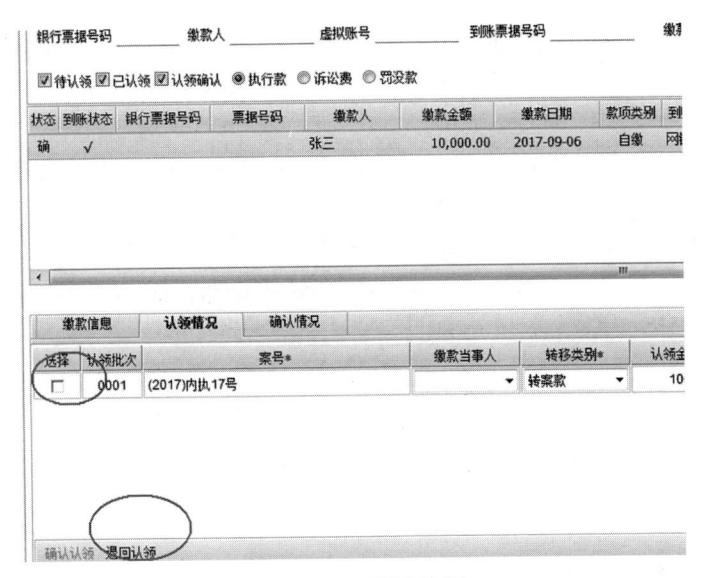

图 11 – 24　退回认领

9. 查询统计。所有查询统计数据，均可导出 Excle 表格，如图 11 – 25 所示。

图 11 – 25　查询统计

10. 案款到账情况查询。点击"查询统计"→"查询案款到账情况",如图 11-26 所示。

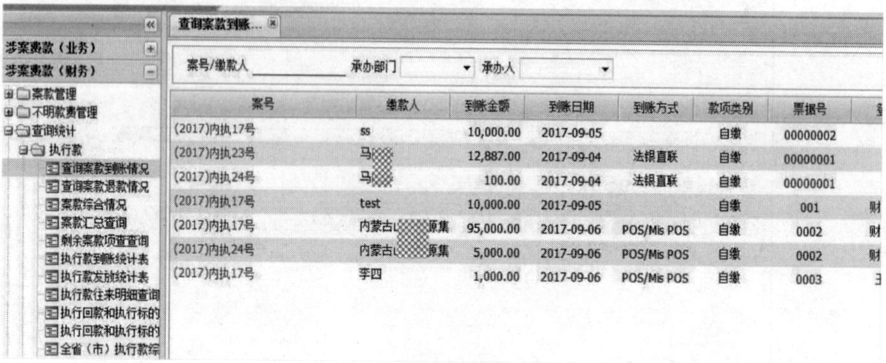

图 11-26 案款到账情况查询

11. 案款退款情况查询。点击"查询统计"→"查询案款退款情况",如图 11-27 所示。

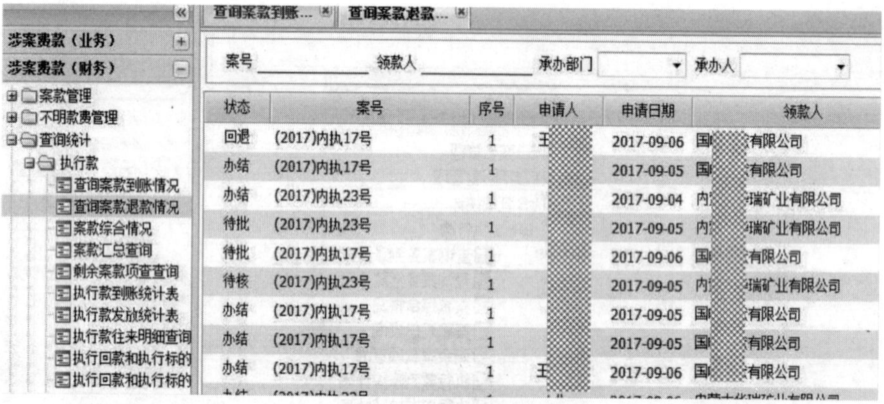

图 11-27 案款退款情况查询

12. 案款综合情况查询。点击"查询统计"→"案件综合情况",如图 11-28所示。

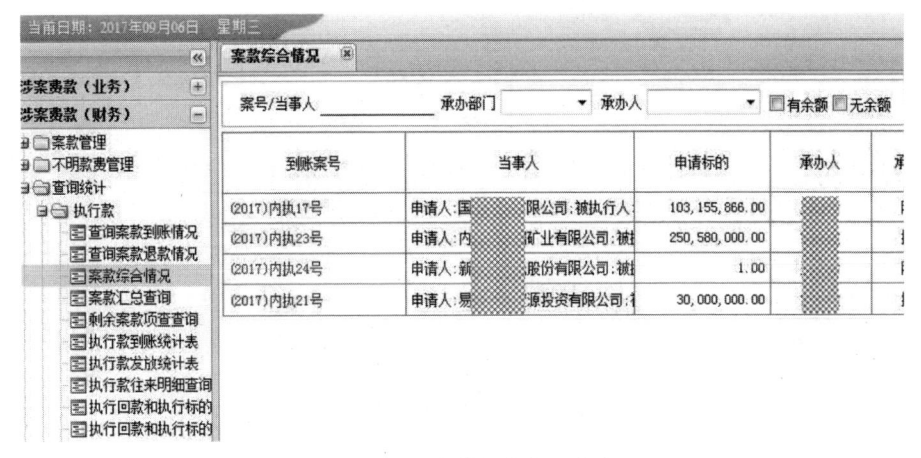

图 11 – 28　案款综合情况查询

13. 案款汇总情况查询。点击"查询统计"→"案件汇总情况",如图 11 – 29 所示。

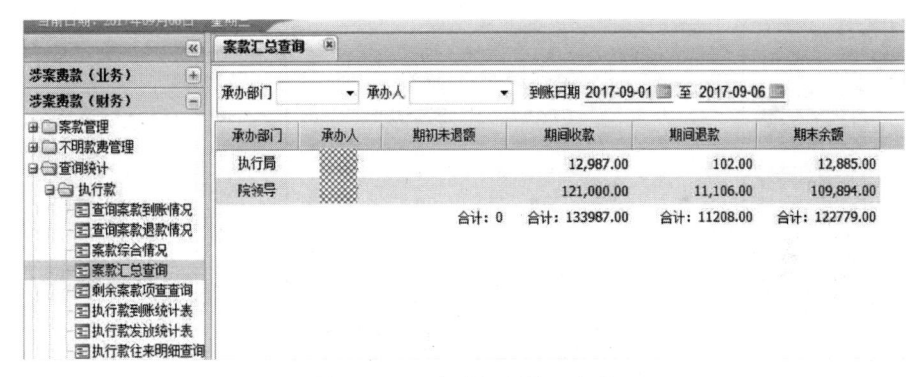

图 11 – 29　案款汇总情况查询

14. 剩余案款项查询。点击"查询统计"→"剩余案款想查询",如图 11 – 30 所示。

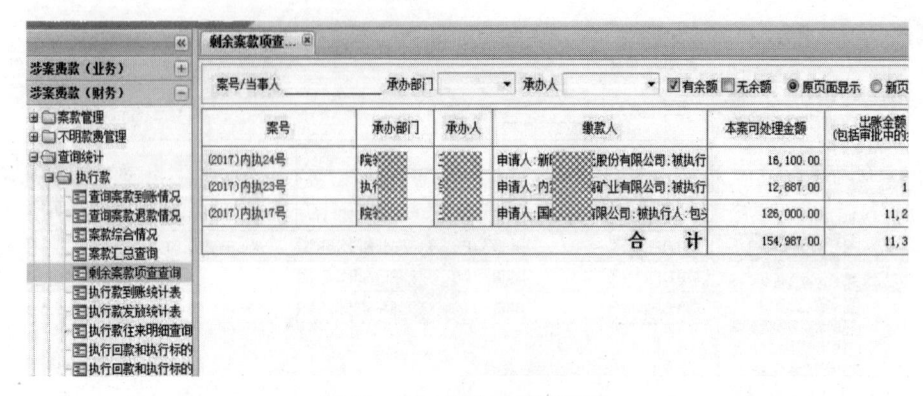

图 11-30　剩余案款项查询

15. 执行款到账统计。点击"查询统计"→"执行款到账统计表",如图 11-31 所示。

图 11-31　执行款到账统计

16. 执行款发放统计。点击"查询统计"→"执行款发放统计表",如图 11-32 所示。

图 11 – 32　执行款发放统计

17. 全省（市）执行款综合查询。点击"查询统计"→"全省（市）执行款综合查询"，如图 11 – 33 所示。

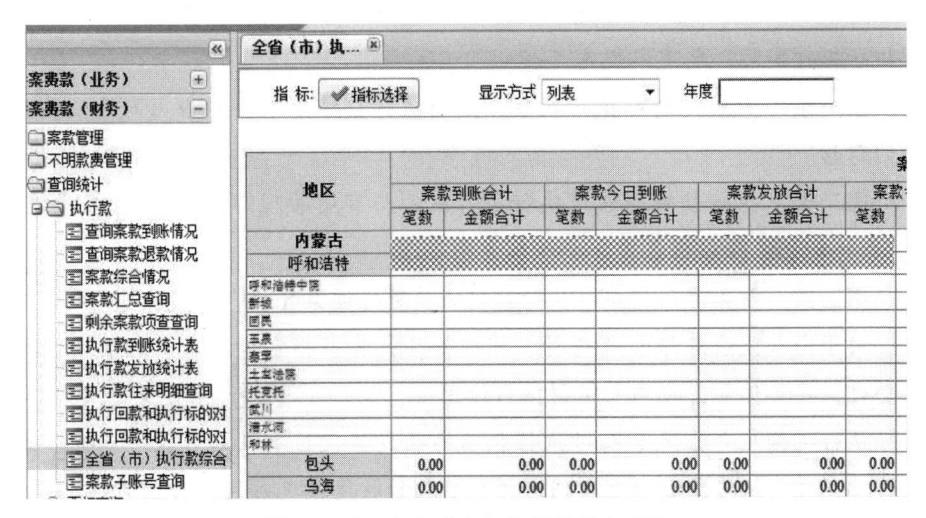

图 11 – 33　全省（市）执行款综合查询

18. 执行款子账号与案件对应情况查询。点击"查询统计"→"案款子账号查询"，如图 11 – 34 所示。

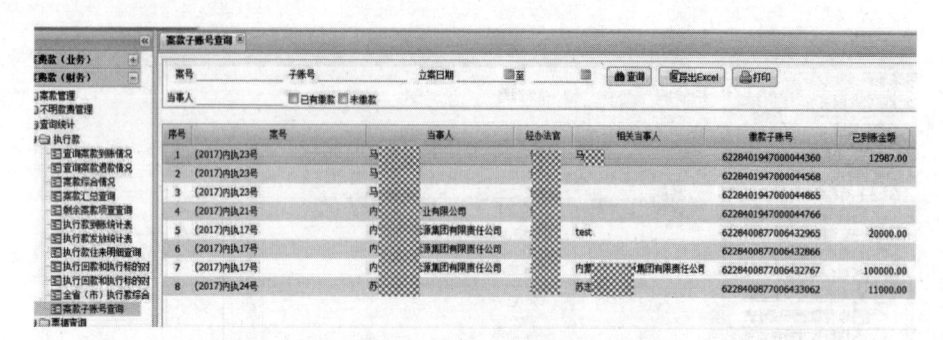

图 11 - 34　执行款子账号与案件对应情况查询

【常用法律、司法解释及相关规定】

《最高人民法院关于执行款物管理工作的规定》（2017 年 5 月 1 日施行 法发〔2017〕6 号）

为规范人民法院对执行款物的管理工作，维护当事人的合法权益，根据《中华人民共和国民事诉讼法》及有关司法解释，参照有关财务管理规定，结合执行工作实际，制定本规定。

第一条　本规定所称执行款物，是指执行程序中依法应当由人民法院经管的财物。

第二条　执行款物的管理实行执行机构与有关管理部门分工负责、相互配合、相互监督的原则。

第三条　财务部门应当对执行款的收付进行逐案登记，并建立明细账。

对于由人民法院保管的查封、扣押物品，应当指定专人或部门负责，逐案登记，妥善保管，任何人不得擅自使用。

执行机构应当指定专人对执行款物的收发情况进行管理，设立台账、逐案登记，并与执行款物管理部门对执行款物的收发情况每月进行核对。

第四条　人民法院应当开设执行款专户或在案款专户中设置执行款科目，对执行款实行专项管理、独立核算、专款专付。

人民法院应当采取一案一账号的方式，对执行款进行归集管理，案号、款项、被执行人或交款人应当一一对应。

第五条　执行人员应当在执行通知书或有关法律文书中告知人民法院执

行款专户或案款专户的开户银行名称、账号、户名，以及交款时应当注明执行案件案号、被执行人姓名或名称、交款人姓名或名称、交款用途等信息。

第六条 被执行人可以将执行款直接支付给申请执行人；人民法院也可以将执行款从被执行人账户直接划至申请执行人账户。但有争议或需再分配的执行款，以及人民法院认为确有必要的，应当将执行款划至执行款专户或案款专户。

人民法院通过网络执行查控系统扣划的执行款，应当划至执行款专户或案款专户。

第七条 交款人直接到人民法院交付执行款的，执行人员可以会同交款人或由交款人直接到财务部门办理相关手续。

交付现金的，财务部门应当即时向交款人出具收款凭据；交付票据的，财务部门应当即时向交款人出具收取凭证，在款项到账后三日内通知执行人员领取收款凭据。

收到财务部门的收款凭据后，执行人员应当及时通知被执行人或交款人在指定期限内用收取凭证更换收款凭据。被执行人或交款人未在指定期限内办理更换手续或明确拒绝更换的，执行人员应当书面说明情况，连同收款凭据一并附卷。

第八条 交款人采用转账汇款方式交付和人民法院采用扣划方式收取执行款的，财务部门应当在款项到账后三日内通知执行人员领取收款凭据。

收到财务部门的收款凭据后，执行人员应当参照本规定第七条第三款规定办理。

第九条 执行人员原则上不直接收取现金和票据；确有必要直接收取的，应当不少于两名执行人员在场，即时向交款人出具收取凭证，同时制作收款笔录，由交款人和在场人员签名。

执行人员直接收取现金或者票据的，应当在回院后当日将现金或票据移交财务部门；当日移交确有困难的，应当在回院后一日内移交并说明原因。财务部门应当按照本规定第七条第二款规定办理。

收到财务部门的收款凭据后，执行人员应当按照本规定第七条第三款规定办理。

第十条 执行人员应当在收到财务部门执行款到账通知之日起三十日内，

完成执行款的核算、执行费用的结算、通知申请执行人领取和执行款发放等工作。

有下列情形之一的，报经执行局局长或主管院领导批准后，可以延缓发放：

（一）需要进行案款分配的；

（二）申请执行人因另案诉讼、执行或涉嫌犯罪等原因导致执行款被保全或冻结的；

（三）申请执行人经通知未领取的；

（四）案件被依法中止或者暂缓执行的；

（五）有其他正当理由需要延缓发放执行款的。

上述情形消失后，执行人员应当在十日内完成执行款的发放。

第十一条　人民法院发放执行款，一般应当采取转账方式。

执行款应当发放给申请执行人，确需发放给申请执行人以外的单位或个人的，应当组成合议庭进行审查，但依法应当退还给交款人的除外。

第十二条　发放执行款时，执行人员应当填写执行款发放审批表。执行款发放审批表中应当注明执行案件案号、当事人姓名或名称、交款人姓名或名称、交款金额、交款时间、交款方式、收款人姓名或名称、收款人账号、发款金额和方式等情况。报经执行局局长或主管院领导批准后，交由财务部门办理支付手续。

委托他人代为办理领取执行款手续的，应当附特别授权委托书、委托代理人的身份证复印件。委托代理人是律师的，应当附所在律师事务所出具的公函及律师执照复印件。

第十三条　申请执行人要求或同意人民法院采取转账方式发放执行款的，执行人员应当持执行款发放审批表及申请执行人出具的本人或本单位接收执行款的账户信息的书面证明，交财务部门办理转账手续。

申请执行人或委托代理人直接到人民法院办理领取执行款手续的，执行人员应当在查验领款人身份证件、授权委托手续后，持执行款发放审批表，会同领款人到财务部门办理支付手续。

第十四条　财务部门在办理执行款支付手续时，除应当查验执行款发放审批表，还应当按照有关财务管理规定进行审核。

第十五条 发放执行款时，收款人应当出具合法有效的收款凭证。财务部门另有规定的，依照其规定。

第十六条 有下列情形之一，不能在规定期限内发放执行款的，人民法院可以将执行款提存：

（一）申请执行人无正当理由拒绝领取的；

（二）申请执行人下落不明的；

（三）申请执行人死亡未确定继承人或者丧失民事行为能力未确定监护人的；

（四）按照申请执行人提供的联系方式无法通知其领取的；

（五）其他不能发放的情形。

第十七条 需要提存执行款的，执行人员应当填写执行款提存审批表并附具有提存情形的证明材料。执行款提存审批表中应注明执行案件案号、当事人姓名或名称、交款人姓名或名称、交款金额、交款时间、交款方式、收款人姓名或名称、提存金额、提存原因等情况。报经执行局局长或主管院领导批准后，办理提存手续。

提存费用应当由申请执行人负担，可以从执行款中扣除。

第十八条 被执行人将执行依据确定交付、返还的物品（包括票据、证照等）直接交付给申请执行人的，被执行人应当向人民法院出具物品接收证明；没有物品接收证明的，执行人员应当将履行情况记入笔录，经双方当事人签字后附卷。

被执行人将物品交由人民法院转交给申请执行人或由人民法院主持双方当事人进行交接的，执行人员应当将交付情况记入笔录，经双方当事人签字后附卷。

第十九条 查封、扣押至人民法院或被执行人、担保人等直接向人民法院交付的物品，执行人员应当立即通知保管部门对物品进行清点、登记，有价证券、金银珠宝、古董等贵重物品应当封存，并办理交接。保管部门接收物品后，应当出具收取凭证。

对于在异地查封、扣押，且不便运输或容易毁损的物品，人民法院可以委托物品所在地人民法院代为保管，代为保管的人民法院应当按照前款规定办理。

第二十条　人民法院应当确定专门场所存放本规定第十九条规定的物品。

第二十一条　对季节性商品、鲜活、易腐烂变质以及其他不宜长期保存的物品，人民法院可以责令当事人及时处理，将价款交付人民法院；必要时，执行人员可予以变卖，并将价款依照本规定要求交财务部门。

第二十二条　人民法院查封、扣押或被执行人交付，且属于执行依据确定交付、返还的物品，执行人员应自查封、扣押或被执行人交付之日起三十日内，完成执行费用的结算、通知申请执行人领取和发放物品等工作。不属于执行依据确定交付、返还的物品，符合处置条件的，执行人员应当依法启动财产处置程序。

第二十三条　人民法院解除对物品的查封、扣押措施的，除指定由被执行人保管的外，应当自解除查封、扣押措施之日起十日内将物品发还给所有人或交付人。

物品在人民法院查封、扣押期间，因自然损耗、折旧所造成的损失，由物品所有人或交付人自行负担，但法律另有规定的除外。

第二十四条　符合本规定第十六条规定情形之一的，人民法院可以对物品进行提存。

物品不适于提存或者提存费用过高的，人民法院可以提存拍卖或者变卖该物品所得价款。

第二十五条　物品的发放、延缓发放、提存等，除本规定有明确规定外，参照执行款的有关规定办理。

第二十六条　执行款物的收发凭证、相关证明材料，应当附卷归档。

第二十七条　案件承办人调离执行机构，在移交案件时，必须同时移交执行款物收发凭证及相关材料。执行款物收发情况复杂的，可以在交接时进行审计。执行款物交接不清的，不得办理调离手续。

第二十八条　各高级人民法院在实施本规定过程中，结合行政事业单位内部控制建设的要求，以及执行工作实际，可制定具体实施办法。

第二十九条　本规定自 2017 年 5 月 1 日起施行。2006 年 5 月 18 日施行的《最高人民法院关于执行款物管理工作的规定（试行）》（法发〔2006〕11 号）同时废止。

【重点提示】

司法网络拍卖保证金账户应为执行款专户,不得在执行款专户之外再另行设立保证金账户,脱离"一案一账户"系统的监管。

执行人员认真学习领会法律司法解释、"一案一账户"系统使用和基本的金融会计知识,严格按照法律规定加强执行案款管理。

第十二章　执行结案与归档

根据 2014 年《最高人民法院关于执行立案、结案若干问题的意见》第十四条、第二十三条的规定，除执行财产保全裁定、恢复执行的案件外，其他执行实施类案件的结案方式包括：（1）执行完毕；（2）终结本次执行程序；（3）终结执行；（4）销案；（5）不予执行；（6）驳回申请。

第一节　执行完毕

【工作内容】

一、执行完毕的情形

执行实施案件立案后，符合下列情形之一的，可以"执行完毕"方式结案：（1）自动履行完毕；（2）强制执行完毕；（3）当事人达成执行和解协议且履行完毕；（4）自动履行、人民法院强制执行完毕。

二、执行完毕的结案程序

执行完毕一般应制作结案通知书并送达当事人。

双方当事人书面认可执行完毕或口头认可执行完毕并记入笔录的，无须制作结案通知书，结案时可制作结案说明。

【常用法律、司法解释及相关规定】

《最高人民法院关于执行立案、结案若干问题的意见》（2015 年 1 月 1 日施行　法发〔2014〕26 号）

第十五条　生效法律文书确定的执行内容，经被执行人自动履行、人民法院强制执行，已全部执行完毕，或者是当事人达成执行和解协议，且执行和解协议履行完毕，可以以"执行完毕"方式结案。

执行完毕应当制作结案通知书并发送当事人。双方当事人书面认可执行完毕或口头认可执行完毕并记入笔录的，无需制作结案通知书。

执行和解协议应当附卷，没有签订书面执行和解协议的，应当将口头和解协议的内容作成笔录，经当事人签字后附卷。

【重点提示】

案件执行完毕后，执行过程中发布限制消费或失信被执行人信息的，执行员应于结案前三个工作日内撤销限制消费、屏蔽失信被执行人信息及被执行人公开屏蔽。

被执行人有财产可供执行的案件，一般应当在立案之日起六个月内执结；非诉执行案件一般应当在立案之日起三个月内执结。有特殊情况须延长执行期限的，应当报请院长批准。申请延长执行期限的，应当在期限届满前五日内提出。

执行完毕结案时，在案件流程管理系统内的结案标的、执行到位标的要填写准确（单位：元），执行完毕事由要与卷内材料一致。

实际未执行完毕的案件，不得以执行完毕方式报结。

第二节 终结本次执行程序

【工作内容】

一、终结本次执行程序事由

(1) 被执行人确无财产可供执行，申请执行人书面同意人民法院终结本次执行程序；(2) 因被执行人无财产而中止执行满两年，经查证被执行人确无财产可供执行；(3) 申请执行人明确表示提供不出被执行人的财产或财产线索，并在人民法院穷尽财产调查措施之后，对人民法院认定被执行人无财产可供执行书面认可；(4) 被执行人的财产依法拍卖变卖，或者动产、不动产或其他财产权经两次拍卖仍然流拍，申请执行人拒绝接受或者依法不能交付其抵债，经人民法院穷尽财产调查措施，被执行人确无财产可供执行。

二、终结本次执行程序的条件

执行实施案件同时符合下列条件的，可以以"终结本次执行程序"方式结案：(1) 已向被执行人发出执行通知、责令被执行人报告财产；(2) 已向被执行人发出限制消费令，并将符合条件的被执行人纳入失信被执行人名单；(3) 已穷尽财产调查措施，未发现被执行人有可供执行的财产或者发现的财产不能处置；(4) 自执行案件立案之日起已超过三个月（141号文件对三个月期限已不再限定）；(5) 被执行人下落不明的，已依法予以查找；被执行人或者其他人妨害执行的，已依法采取罚款、拘留等强制措施，构成犯罪的，已依法启动刑事责任追究程序。

三、终结本次执行程序的流程

（一）限制消费

向被执行人发出限制消费令，并通过案件流程管理系统对外发布。

(二) 总对总查控

通过总对总网络执行查控系统查询被执行人财产时，要完成对所有已开通查询功能的财产项目的查询。拟终结本次执行程序时距完成前次总对总网络查控已超过三个月的，还应在终结本次程序之前，再次通过总对总网络执行查控系统查询被执行人的财产。

(三) 传统查控

通过调查、传唤、搜查、悬赏执行、司法审计等方式对被执行人财产进行传统查控。

(四) 终本约谈

终结本次执行程序前，人民法院应当将案件执行情况、采取的财产调查措施、被执行人的财产情况、终结本次执行程序的依据及法律后果等信息告知申请执行人。听取其对终结本次执行程序的意见，并记录入卷。

有下列情形之一的，可不再征求申请执行人意见，亦无须填终本约谈节点：(1) 执行内容仅为追缴诉讼费或罚款的；(2) 行政非诉执行案件；(3) 刑事财产刑执行案件；(4) 申请执行人申请终结本次执行程序的。

经申请执行人同意：经过财产调查未发现可供执行的财产，经申请执行人同意并签字确认后，可以裁定终结本次执行程序。

未经申请执行人同意：经过财产调查未发现可供执行的财产，未经申请执行人同意的，执行法院组成合议庭审查核实并经院长批准后，可以裁定终结本次执行程序。

(五) 文书制作及公开

1. 制作裁定。终结本次执行程序应当作出裁定，裁定书应载明下列内容：(1) 申请执行的债权情况；(2) 执行经过及采取的执行措施、强制措施；(3) 查明的被执行人财产情况；(4) 实现的债权情况；(5) 申请执行人享有要求被执行人继续履行债务及依法向人民法院申请恢复执行的权利，被执行人负有继续向申请执行人履行债务的义务。

2. 送达与上网公开。终结本次执行程序裁定书送达申请执行人后，执行案件可以作结案处理。终结本次执行的裁定书必须依法在互联网上公开。

3. 录入终结本次执行程序错误信息的更正。当事人、利害关系人认为公布的终结本次执行程序案件信息错误的，可以向执行法院申请更正。执行法院审查属实的，应当在三日内予以更正。

四、案件终结本次执行程序后的动态管理

自动履行：终结本次执行程序后，被执行人应当继续履行生效法律文书确定的义务。被执行人自动履行完毕的，当事人应当及时告知执行法院。

恢复执行：终结本次执行程序后，申请执行人发现被执行人有可供执行财产的，可以向执行法院申请恢复执行。申请恢复执行不受申请执行时效期间的限制。执行法院核查属实的，应当恢复执行。终结本次执行程序后的五年内，执行法院应当每六个月通过网络执行查控系统查询一次被执行人的财产，并将查询结果告知申请执行人。符合恢复执行条件的，执行法院应当及时恢复执行，立"执恢"案号，并向当事人送达恢复执行通知书。

终结本次执行程序后，发现被执行人有可供执行财产，不立即采取执行措施可能导致财产被转移、隐匿、出卖或者毁损的，执行法院可以依申请执行人申请或依职权立即采取查封、扣押、冻结等控制性措施。被执行人或者其他人妨害执行的，人民法院可以依法予以罚款、拘留；构成犯罪的，依法追究刑事责任。

终结本次执行程序裁定书送达申请执行人以后，执行法院应当在七日内将相关案件信息录入最高人民法院建立的终结本次执行程序案件信息库，并通过该信息库统一向社会公布。

续行查封、扣押、冻结：终结本次执行程序后，人民法院已对被执行人依法采取的执行措施和强制措施继续有效。申请执行人申请延长查封、扣押、冻结期限的，人民法院应当依法办理续行查封、扣押、冻结手续。

变更、追加当事人：终结本次执行程序后，当事人、利害关系人申请变更、追加执行当事人，符合法定情形的，人民法院应予支持。变更、追加被执行人后，申请执行人申请恢复执行的，人民法院应予支持。

执行异议的处理：终结本次执行程序后，当事人、利害关系人依据民事诉讼法第二百三十二条的规定提出异议，或者案外人依据民事诉讼法第二百三十四条的规定提出异议的，执行审查机构应当依法进行审查并作出裁定。执行实施机构应当根据审查结果作出相应处理。

终本信息的屏蔽：有下列情形之一的，人民法院应当在三日内将案件信息从终结本次执行程序案件信息库中屏蔽：（1）生效法律文书确定的义务执行完毕的；（2）依法裁定终结执行的；（3）依法应予屏蔽的其他情形。

移送破产：符合条件的移送破产案件符合终结本次执行程序条件，又符合移送破产审查相关规定的，执行法院应当在作出终结本次执行程序裁定的同时，将执行案件相关材料移送被执行人住所地人民法院进行破产审查。

【常用法律、司法解释及相关规定】

《最高人民法院关于适用〈中华人民共和国民事诉讼法〉的解释》（2022年修正）

第五百一十七条 经过财产调查未发现可供执行的财产，在申请执行人签字确认或者执行法院组成合议庭审查核实并经院长批准后，可以裁定终结本次执行程序。

依照前款规定终结执行后，申请执行人发现被执行人有可供执行财产的，可以再次申请执行。再次申请不受申请执行时效期间的限制。

《最高人民法院关于严格规范终结本次执行程序的规定（试行）》（2016年12月1日施行 法〔2016〕373号）

第一条 人民法院终结本次执行程序，应当同时符合下列条件：

（一）已向被执行人发出执行通知、责令被执行人报告财产；

（二）已向被执行人发出限制消费令，并将符合条件的被执行人纳入失信被执行人名单；

（三）已穷尽财产调查措施，未发现被执行人有可供执行的财产或者发现的财产不能处置；

（四）自执行案件立案之日起已超过三个月；

（五）被执行人下落不明的，已依法予以查找；被执行人或者其他人妨害执行的，已依法采取罚款、拘留等强制措施，构成犯罪的，已依法启动刑事责任追究程序。

第二条 本规定第一条第一项中的"责令被执行人报告财产",是指应当完成下列事项:

(一)向被执行人发出报告财产令;

(二)对被执行人报告的财产情况予以核查;

(三)对逾期报告、拒绝报告或者虚假报告的被执行人或者相关人员,依法采取罚款、拘留等强制措施,构成犯罪的,依法启动刑事责任追究程序。

人民法院应当将财产报告、核实及处罚的情况记录入卷。

第三条 本规定第一条第三项中的"已穷尽财产调查措施",是指应当完成下列调查事项:

(一)对申请执行人或者其他人提供的财产线索进行核查;

(二)通过网络执行查控系统对被执行人的存款、车辆及其他交通运输工具、不动产、有价证券等财产情况进行查询;

(三)无法通过网络执行查控系统查询本款第二项规定的财产情况的,在被执行人住所地或者可能隐匿、转移财产所在地进行必要调查;

(四)被执行人隐匿财产、会计账簿等资料且拒不交出的,依法采取搜查措施;

(五)经申请执行人申请,根据案件实际情况,依法采取审计调查、公告悬赏等调查措施;

(六)法律、司法解释规定的其他财产调查措施。

人民法院应当将财产调查情况记录入卷。

第四条 本规定第一条第三项中的"发现的财产不能处置",包括下列情形:

(一)被执行人的财产经法定程序拍卖、变卖未成交,申请执行人不接受抵债或者依法不能交付其抵债,又不能对该财产采取强制管理等其他执行措施的;

(二)人民法院在登记机关查封的被执行人车辆、船舶等财产,未能实际扣押的。

第五条 终结本次执行程序前,人民法院应当将案件执行情况、采取的财产调查措施、被执行人的财产情况、终结本次执行程序的依据及法律后果等信息告知申请执行人,并听取其对终结本次执行程序的意见。

人民法院应当将申请执行人的意见记录入卷。

第六条 终结本次执行程序应当制作裁定书，载明下列内容：

（一）申请执行的债权情况；

（二）执行经过及采取的执行措施、强制措施；

（三）查明的被执行人财产情况；

（四）实现的债权情况；

（五）申请执行人享有要求被执行人继续履行债务及依法向人民法院申请恢复执行的权利，被执行人负有继续向申请执行人履行债务的义务。

终结本次执行程序裁定书送达申请执行人后，执行案件可以作结案处理。人民法院进行相关统计时，应当对以终结本次执行程序方式结案的案件与其他方式结案的案件予以区分。

终结本次执行程序裁定书应当依法在互联网上公开。

第七条 当事人、利害关系人认为终结本次执行程序违反法律规定的，可以提出执行异议。人民法院应当依照民事诉讼法第二百二十五条的规定进行审查。

第九条 终结本次执行程序后，申请执行人发现被执行人有可供执行财产的，可以向执行法院申请恢复执行。申请恢复执行不受申请执行时效期间的限制。执行法院核查属实的，应当恢复执行。

终结本次执行程序后的五年内，执行法院应当每六个月通过网络执行查控系统查询一次被执行人的财产，并将查询结果告知申请执行人。符合恢复执行条件的，执行法院应当及时恢复执行。

第十条 终结本次执行程序后，发现被执行人有可供执行财产，不立即采取执行措施可能导致财产被转移、隐匿、出卖或者毁损的，执行法院可以依申请执行人申请或依职权立即采取查封、扣押、冻结等控制性措施。

第十一条 案件符合终结本次执行程序条件，又符合移送破产审查相关规定的，执行法院应当在作出终结本次执行程序裁定的同时，将执行案件相关材料移送被执行人住所地人民法院进行破产审查。

第十二条 终结本次执行程序裁定书送达申请执行人以后，执行法院应当在七日内将相关案件信息录入最高人民法院建立的终结本次执行程序案件信息库，并通过该信息库统一向社会公布。

第十三条　终结本次执行程序案件信息库记载的信息应当包括下列内容：

（一）作为被执行人的法人或者其他组织的名称、住所地、组织机构代码及其法定代表人或者负责人的姓名，作为被执行人的自然人的姓名、性别、年龄、身份证件号码和住址；

（二）生效法律文书的制作单位和文号，执行案号、立案时间、执行法院；

（三）生效法律文书确定的义务和被执行人的履行情况；

（四）人民法院认为应当记载的其他事项。

第十四条　当事人、利害关系人认为公布的终结本次执行程序案件信息错误的，可以向执行法院申请更正。执行法院审查属实的，应当在三日内予以更正。

第十五条　终结本次执行程序后，人民法院已对被执行人依法采取的执行措施和强制措施继续有效。

第十六条　终结本次执行程序后，申请执行人申请延长查封、扣押、冻结期限，人民法院应当依法办理续行查封、扣押、冻结手续。

终结本次执行程序后，当事人、利害关系人申请变更、追加执行当事人，符合法定情形的，人民法院应予支持。变更、追加被执行人后，申请执行人申请恢复执行的，人民法院应予支持。

第十七条　终结本次执行程序后，被执行人或者其他人妨害执行的，人民法院可以依法予以罚款、拘留；构成犯罪的，依法追究刑事责任。

第十八条　有下列情形之一的，人民法院应当在三日内将案件信息从终结本次执行程序案件信息库中屏蔽：

（一）生效法律文书确定的义务执行完毕的；

（二）依法裁定终结执行的；

（三）依法应予屏蔽的其他情形。

《最高人民法院关于执行案件立案、结案若干问题的意见》（2015年1月1日施行　法发〔2014〕26号）

第十六条　下列情形之一的，可以以"终结本次执行程序"方式结案：

（一）被执行人确无财产可供执行，申请执行人书面同意人民法院终结本次执行程序的；

（二）因被执行人无财产而中止执行满两年，经查证被执行人确无财产可供执行的；

（三）申请执行人明确表示提供不出被执行人的财产或财产线索，并在人民法院穷尽财产调查措施之后，对人民法院认定被执行人无财产可供执行书面表示认可的；

（四）被执行人的财产无法拍卖变卖，或者动产经两次拍卖、不动产或其他财产权经三次拍卖仍然流拍，申请执行人拒绝接受或者依法不能交付其抵债，经人民法院穷尽财产调查措施，被执行人确无其他财产可供执行的；

（五）经人民法院穷尽财产调查措施，被执行人确无财产可供执行或虽有财产但不宜强制执行，当事人达成分期履行和解协议，且未履行完毕的；

（六）被执行人确无财产可供执行，申请执行人属于特困群体，执行法院已经给予其适当救助的。

《最高人民法院关于执行案件移送破产审查若干问题的指导意见》（2017年1月20日施行　法发〔2017〕2号）

执行法院作出移送决定后，应当书面通知所有已知执行法院，执行法院均应中止对被执行人的执行程序。但是，对被执行人的季节性商品、鲜活、易腐烂变质以及其他不宜长期保存的物品，执行法院应当及时变价处置，处置的价款不作分配。受移送法院裁定受理破产案件的，执行法院应当在收到裁定书之日起七日内，将该价款移交受理破产案件的法院。

案件符合终结本次执行程序条件的，执行法院可以同时裁定终结本次执行程序。

《最高人民法院关于进一步规范近期执行工作相关问题的通知》（2018年5月28日　法〔2018〕141号选）

二、关于终结本次执行程序相关问题

（一）原终结本次执行程序中已发出限制消费令的恢复执行案件，人民法院再次终结本次执行程序的，可无须再根据《终本规定》第一条第二项发出限制消费令。

（二）在严格按照《终本规定》的程序标准和实质标准完成必要的执行措施后，人民法院终结本次执行程序，可不受《终本规定》第一条第四项3个月期限的限制。同时，要严格杜绝随立随结、违规报结等滥用终结本次程序的行为。立案后不满3个月即终结本次执行程序的案件，将作为日常考核和本次巡查、评估工作中重点抽查的案件。

（三）执行法院通过总对总网络执行查控系统查询被执行人财产的，必须完成对所有已开通查询功能的财产项目的查询，仅查询部分财产项目的，不符合完成网络调查事项的要求。拟终结本次执行程序时距完成前次总对总网络查控已超过三个月的，还应在终结本次程序之前再次通过总对总网络执行查控系统查询被执行人的财产。

（四）根据《终本规定》第五条征求申请执行人意见时，可以采取面谈、电话、邮件、传真、短信、微信等方式，必须将征求意见情况记录入卷为凭；有下列情形之一的，可不再征求申请执行人意见：

1. 执行内容仅为追缴诉讼费或罚款的；
2. 行政非诉执行案件；
3. 刑事财产刑执行案件；
4. 申请执行人申请终结本次执行程序的。

（五）人民法院终结本次执行程序前，应严格执行《最高人民法院关于民事执行中财产调查若干问题的规定》，积极采取现场调查等方式，查明被执行人财产状况和履行义务能力，一般应当完成下列调查事项：

1. 对申请执行人提供的财产线索，必须予以核实，并将核实情况记录入卷；

2. 向被执行人发出报告财产令时，应及时传唤被执行人或其法定代表人、负责人、实际控制人到人民法院接受调查询问；

3. 住房公积金、金融理财产品、收益类保险、股息红利等未实现网络查控的财产，应前往现场调查，并制作调查笔录附卷为凭；

4. 被执行人是自然人的，向被执行人所在单位及居住地周边群众调查了解被执行人生活居住、劳动就业、收入、债权、股权等情况，并制作调查笔录附卷为凭；

5. 被执行人是法人或其他组织的，对其住所地、经营场所进行现场调查；全面核查被执行人企业性质及设立、合并分立、投资经营、债权债务、变更终止等情况，并可依申请进行审计调查。

【重点提示】

终结本次执行程序裁定书应当载明：申请执行的债权情况；执行经过及采取的执行措施、强制措施；查明的被执行人财产情况；实现的债权情况；申请执行人享有要求被执行人继续履行债务及依法向人民法院申请恢复执行的权利，被执行人负有继续向申请执行人履行债务的义务。

申请执行人不同意终结本次执行程序的，应当依法组成合议庭，就案件是否符合终结本次执行程序进行合议。终本裁定书应当依法在互联网上公开。

人民法院裁定终结本次执行程序后，发现被执行人有财产的，可依申请执行人的申请或依职权恢复执行。恢复执行立"执恢"号案件，申请执行人申请恢复执行的，不受申请执行期限的限制。

原终结本次执行程序中已发出限制消费令的"执恢"案件，再次终结本次执行程序的，无须再次发出限制消费令。

执行法院在完成《最高人民法院关于严格规范终结本次执行程序的规定（试行）》（以下简称《终本规定》）的必要执行措施后，确无财产可供执行的，可不受《终本规定》第一条第四项三个月期限的限制。

通过总对总网络执行查控系统查询被执行人财产时，必须完成对所有已开通查询功能的财产项目的查询，仅查询部分财产项目的，不符合完成网络调查事项的要求。拟终结本次执行程序时距完成前次总对总网络查控已超过三个月的，还应在终结本次程序之前，再次通过总对总网络执行查控系统查询被执行人的财产。

终本约谈可采取面谈、电话、邮件、传真、短信、微信等方式，但必须将征求意见情况记录入卷为凭。

终结本次执行程序前，应积极采取现场调查等方式，查明被执行人财产状况和履行义务能力，应当完成下列调查事项：（1）对申请执行人提供的财产线索，必须予以核实，并将核实情况记录入卷；（2）向被执行人发出报告财产令时，应及时传唤被执行人或其法定代表人、负责人、实际控制人到人民法院接受调查询问；（3）住房公积金、金融理财产品、收益类保险、股息红利等未实现网络查控的财产，应前往现场调查，并制作调查笔录附卷；（4）被执行人是自然人的，向被执行人所在单位及居住地周边群众调查了解被执行人生活居住、劳动就业、收入、债权、股权等情况,并制作调查笔录附卷;(5)被执行人是法人或其他组织的,对其住所地、经营场所进行现场调查;全面核查被执行人企业性质及设立、合并分立、投资经营、债权债务、变更终止等情况,并可依申请进行审计调查。

以终结本次执行程序结案,不得屏蔽未履行完毕的被执行人信息,不得屏蔽被执行人公开信息。

案件符合终结本次执行程序条件,又符合移送破产审查相关规定的,执行法院应当在作出终结本次执行程序裁定的同时,将执行案件相关材料移送被执行人住所地人民法院进行破产审查。

第三节　终结执行

【工作内容】

执行实施案件具有下列情形之一的,人民法院应当裁定终结执行,以"终结执行"结案:(1)据以执行的法律文书被撤销的;(2)作为被执行人的公民死亡,无遗产可供执行,又无义务承担人的;(3)追索赡养费、扶养费、抚育费案件的权利人死亡的;(4)作为被执行人的公民因生活困难无力偿还借款,无收入来源,又丧失劳动能力的;(5)被执行人被人民法院裁定宣告破产的;(6)申请执行人撤销执行申请或者是当事人双方达成和解协议,申请执行人撤回执行申请。(7)作为被执行人的企业法人或其他组织被撤销、注销、吊销营业执照或者歇业、终止后既无财产可供执行,又无义务承受人,也没有能够依法追加变更执行主体的;(8)依照刑法第五十三条规定免除缴纳罚金的;(9)对特定的执行标的物折价赔偿不能协商一致;(10)行政执行标的灭失;(11)双方当事人达成执行和解长期履行的;(12)被执行人确无财产可供执行,申请执行人属于特困群体,执行法院已经给予其适当救助;(13)人民法院认为应当终结执行的其他情形。

终结执行应当依法制作裁定书,载明终结执行的事由和法律依据。终结执行裁定应当送达当事人,裁定送达当事人后立即生效。执行法院在送达终结执行裁定书时应同时告知当事人、利害关系人自收到裁定之日起六十日内可以依照民事诉讼法第二百三十二条规定对终结执行行为提出异议。当事人、利害关系人未收到法律文书的，应当自知道或者应当知道人民法院终结执行之日起六十日内提出。超出期限提出执行异议的，人民法院不予受理。

当事人达成执行和解协议，需要长期履行的，不制作终结执行裁定书，直接在执行案件流程系统以终结执行方式（选择"和解长期履行"情形）报结即可。同时，对该种情形终结执行的案件在报结时可以不作必须解除强制执行措施的要求。因被执行人不履行和解协议申请执行人申请恢复执行原生效法律文书的，以恢复执行方式立案。

终结执行的案件，申请执行的条件具备时，申请执行人申请恢复执行的，执行法院应当恢复执行，立"执恢"号案件。

因撤回申请而终结执行后，当事人在申请执行时效期间内再次申请执行的，人民法院应予受理。

因达成和解协议而撤回执行申请的，申请执行人申请恢复原生效法律文书的执行，应符合执行和解的相关规定。

【常用法律、司法解释及相关规定】

《中华人民共和国民事诉讼法》（2021年修正）

第二百六十四条 下列情形之一的，人民法院裁定终结执行：

（一）申请人撤销申请的；

（二）据以执行的法律文书被撤销的；

（三）作为被执行人的公民死亡，无遗产可供执行，又无义务承担人的；

（四）追索赡养费、扶养费、抚养费案件的权利人死亡的；

（五）作为被执行人的公民因生活困难无力偿还借款，无收入来源，又丧失劳动能力的；

（六）人民法院认为应当终结执行的其他情形。

第二百六十五条 中止和终结执行的裁定，送达当事人后立即生效。

《最高人民法院关于适用〈中华人民共和国民事诉讼法〉的解释》（2022年修正）

第四百六十四条 申请执行人与被执行人达成和解协议后请求中止执行

或者撤回执行申请的，人民法院可以裁定中止执行或者终结执行。

第四百九十二条 执行标的物为特定物的，应当执行原物。原物确已毁损或者灭失的，经双方当事人同意，可以折价赔偿。

双方当事人对折价赔偿不能协商一致的，人民法院应当终结执行程序。申请执行人可以另行起诉。

第五百一十八条 因撤销申请而终结执行后，当事人在民事诉讼法第二百三十九条规定的申请执行时效期间内再次申请执行的，人民法院应当受理。

《最高人民法院关于对人民法院终结执行行为提出执行异议期限问题的批复》（2016年2月15日施行 法释〔2016〕3号）

湖北省高级人民法院：

你院《关于咸宁市广泰置业有限公司与咸宁市枫丹置业有限公司房地产开发经营合同纠纷案的请示》（鄂高法〔2015〕295号）收悉。经研究，批复如下：

当事人、利害关系人依照民事诉讼法第二百二十五条规定对终结执行行为提出异议的，应当自收到终结执行法律文书之日起六十日内提出；未收到法律文书的，应当自知道或者应当知道人民法院终结执行之日起六十日内提出。批复发布前终结执行的，自批复发布之日起六十日内提出。超出该期限提出执行异议的，人民法院不予受理。

《最高人民法院关于人民法院执行工作若干问题的规定（试行）》（2020年修正）

60. 中止执行和终结执行的裁定书应当写明中止或终结执行的理由和法律依据。

61. 在执行中，被执行人被人民法院裁定宣告破产的，执行法院应当依照民事诉讼法第二百五十七条第六项的规定，裁定终结执行。

《中华人民共和国仲裁法》（2017年修正）

第六十四条 一方当事人申请执行仲裁裁决，另一方当事人申请撤销裁决的，人民法院应当裁定中止执行。

人民法院裁定撤销裁决的，应当裁定终结执行。撤销裁决的申请被裁定驳回的，人民法院应当恢复执行。

《最高人民法院关于审理劳动争议案件适用法律若干问题的解释（三）》（2010年9月14日施行　法释〔2010〕12号）

第十八条　劳动人事争议仲裁委员会作出终局裁决，劳动者向人民法院申请执行，用人单位向劳动人事争议仲裁委员会所在地的中级人民法院申请撤销的，人民法院应当裁定中止执行。

用人单位撤回撤销终局裁决申请或者其申请被驳回的，人民法院应当裁定恢复执行。仲裁裁决被撤销的，人民法院应当裁定终结执行。

《最高人民法院关于进一步规范近期执行工作相关问题的通知》（2018年5月28日施行　法〔2018〕141号）（节选）

（三）关于和解长期履行案件的报结问题

当事人达成执行和解协议，需要长期履行的，可以以终结执行方式（选择"和解长期履行"情形）报结，无需制作终结执行裁定书。同时，对该种情形终结执行的案件在报结时可以不作必须解除强制执行措施的要求。因被执行人不履行和解协议申请执行人申请恢复执行原生效法律文书的，以恢复执行方式立案。

《最高人民法院关于执行立案、结案若干问题的意见》（2015年1月1日施行　法发〔2014〕26号）

第十七条　下列情形之一的，可以以"终结执行"方式结案：

（一）申请人撤销申请或者是当事人双方达成执行和解协议，申请执行人撤回执行申请的；

（二）据以执行的法律文书被撤销的；

（三）作为被执行人的公民死亡，无遗产可供执行，又无义务承担人的；

（四）追索赡养费、扶养费、抚育费案件的权利人死亡的；

（五）作为被执行人的公民因生活困难无力偿还借款，无收入来源，又丧失劳动能力的；

（六）作为被执行人的企业法人或其他组织被撤销、注销、吊销营业执照或者歇业、终止后既无财产可供执行，又无义务承受人，也没有能够依法追加变更执行主体的；

（七）依照刑法第五十三条规定免除罚金的；

（八）被执行人被人民法院裁定宣告破产的；

（九）行政执行标的灭失的；

（十三）人民法院认为应当终结执行的其他情形。

前款除第（十）项、第（十一）项、第（十二）项规定的情形外，终结执行的，应当制作裁定书，送达当事人。

【重点提示】

符合《最高人民法院关于执行立案、结案若干问题的意见》第十七条第十至十二项条件的，结案方式由"终结执行"改为"销案"，即：案件被上级人民法院裁定提级执行的；案件被上级人民法院裁定指定由其他法院执行的；按照《最高人民法院关于委托执行若干问题的规定》，办理了委托执行手续，且收到受托法院立案通知书的。

终结后再次申请：因撤销申请而终结执行后，当事人在民事诉讼法第二百四十六条规定的申请执行时效期间内再次申请执行的，人民法院应当受理。

和解长期履行：当事人达成执行和解协议，需要长期履行的，可以以终结执行方式（选择"和解长期履行"情形）报结，无需制作终结执行裁定书。如执行和解协议约定的时间在审限内能执行完毕的，可等履行完毕后以"执行完毕"方式报结；如审限内无法履行完毕，可以"终结执行方式"报结。

救济：合议庭要对拟终结执行的案件进行评议，符合条件的，制作执行裁定书，并送达双方当事人。同时告知当事人、利害关系人自收到裁定之日起六十日内可以依照民事诉讼法第二百三十二条规定对终结执行行为提出异议。当事人、利害关系人未收到法律文书的，应当自知道或者应当知道人民法院终结执行之日起六十日内提出。超出期限提出执行异议的，人民法院不予受理。

第四节 销案、不予执行和驳回申请

【工作内容】

一、销案

执行实施案件立案后，有下列情形之一的，可以以"销案"方式结案：(1) 被执行人提出管辖异议，经审查异议成立，将案件移送有管辖权的法院；(2) 发现其他有管辖权的人民法院已经立案在先的；(3) 受托法院报经高级人民法院同意退回委托的；(4) 执行管辖权异议成立，申请执行人撤回申请的；(5) 案件被上级人民法院裁定提级执行；(6) 案件被上级人民法院裁定指定由其他法院执行；(7) 按照《最高人民法院关于委托执行若干问题的规定》，办理了委托执行手续，且收到委托法院立案通知书；(8) 本院指定下级法院执行。

二、不予执行

（一）执行实施案件立案后，有下列情形之一的，可以"不予执行"方式结案

(1) 当事人在合同中没有订有仲裁条款或者事后没有达成书面仲裁协议；(2) 裁决的事项不属于仲裁协议的范围或者仲裁机构无权仲裁；(3) 仲裁庭的组成或者仲裁的程序违反法定程序；(4) 仲裁员在仲裁该案时有贪污受贿、徇私舞弊、枉法裁决行为；(5) 裁决所根据的证据是伪造的；(6) 对方当事人向仲裁机构隐瞒了足以影响公正裁决的证据；(7) 公证债权文书属于不得赋予强制执行效力的债权文书的；(8) 被执行人一方未亲自或者未委托代理人到场公证等严重违反法律规定的公证程序的；(9) 公证债权文书的内容与事实不符或者违反法律强制性规定；(10) 公证债权文书未载明被执行人不履行义务或者不完全履行义务时同意接受强制执行；(11) 被执行人对申请执行时效提出异议，人民法院经审查异议成立的，裁定不予执行。

拟裁定不予执行仲裁裁决案件，应当向本辖区所属高级人民法院报核；待高级人民法院审核后，方可依高级人民法院的审核意见作出裁定。对仲裁当事人住所地跨省级行政区域和以违背社会公共利益为由不予执行的，应当向最高人民法院报核，待最高人民法院审核后，方可依最高人民法院的审核意见作出裁定。

不予执行仲裁裁决报请上级人民法院审核的案件，应当将书面报告和案件卷宗材料一并上报。书面报告应当写明审查意见及具体理由。

对不予执行仲裁裁决案件应当组成合议庭，围绕被执行人申请的事由、案外人的申请进行审查；对被执行人没有申请的事由不予审查，但仲裁裁决可能违背社会公共利益的除外。

（二）不予执行仲裁裁决的事由

（1）当事人在合同中没有订有仲裁条款或者事后没有达成书面仲裁协议；（2）裁决的事项不属于仲裁协议的范围或者仲裁机构无权仲裁；（3）仲裁庭的组成或者仲裁的程序违反法定程序；（4）仲裁员在仲裁该案时有贪污受贿、徇私舞弊、枉法裁决行为；（5）裁决所根据的证据是伪造；（6）对方当事人向仲裁机构隐瞒了足以影响公正裁决的证据；（7）人民法院认定执行该裁决违背社会公共利益的。

（三）不予执行公证债权文书事由

（1）公证债权文书确有错误的；（2）被执行人未到场且未委托代理人到场办理公证的；（3）无民事行为能力人或者限制民事行为能力人没有监护人代为办理公证的；（4）公证员为本人、近亲属办理公证，或者办理与本人、近亲属有利害关系的公证的；（5）公证员办理该项公证有贪污受贿、徇私舞弊行为，已经由生效刑事法律文书等确认的；（6）其他严重违反法定公证程序的情形；（7）人民法院认定执行该公证债权文书违背社会公共利益或违背公序良俗的。

（四）其他不予执行事由

被执行人对申请执行时效期间提出异议，人民法院经审查异议成立的，裁定不予执行。

三、驳回申请

执行实施案件立案后，有下列情形之一的，可以"驳回申请"方式结案：

1. 执行实施机构发现已受理的执行实施案件，不符合法律、司法解释规定的受理条件，裁定驳回申请，申请执行人在法定期限内未申请复议，或经复议被驳回的；

2. 被执行人认为执行案件不符合受理条件而提出异议，执行审查机构经审查认为异议成立，裁定驳回执行申请后，申请执行人在法定期限内未申请复议，或经复议被驳回的。

【常用法律、司法解释及相关规定】

《中华人民共和国民事诉讼法》（2021年修正）

第二百四十四条 对依法设立的仲裁机构的裁决，一方当事人不履行的，对方当事人可以向有管辖权的人民法院申请执行。受申请的人民法院应当执行。

被申请人提出证据证明仲裁裁决有下列情形之一的，经人民法院组成合议庭审查核实，裁定不予执行：

（一）当事人在合同中没有订有仲裁条款或者事后没有达成书面仲裁协议的；

（二）裁决的事项不属于仲裁协议的范围或者仲裁机构无权仲裁的；

（三）仲裁庭的组成或者仲裁的程序违反法定程序的；

（四）裁决所根据的证据是伪造的；

（五）对方当事人向仲裁机构隐瞒了足以影响公正裁决的证据的；

（六）仲裁员在仲裁该案时有贪污受贿，徇私舞弊，枉法裁决行为的。

人民法院认定执行该裁决违背社会公共利益的，裁定不予执行。

裁定书应当送达双方当事人和仲裁机构。

仲裁裁决被人民法院裁定不予执行的，当事人可以根据双方达成的书面仲裁协议重新申请仲裁，也可以向人民法院起诉。

《最高人民法院关于适用〈中华人民共和国民事诉讼法〉的解释》（2022年修正）

第四百七十五条 仲裁机构裁决的事项，部分有民事诉讼法第二百三十七条第二款、第三款规定情形的，人民法院应当裁定对该部分不予执行。

应当不予执行部分与其他部分不可分的，人民法院应当裁定不予执行仲裁裁决。

第四百七十六条 依照民事诉讼法第二百三十七条第二款、第三款规定，人民法院裁定不予执行仲裁裁决后，当事人对该裁定提出执行异议或者复议的，人民法院不予受理。当事人可以就该民事纠纷重新达成书面仲裁协议申请仲裁，也可以向人民法院起诉。

第四百七十八条 下列情形之一的，可以认定为民事诉讼法第二百三十八条第二款规定的公证债权文书确有错误：

（一）公证债权文书属于不得赋予强制执行效力的债权文书的；

（二）被执行人一方未亲自或者未委托代理人到场公证等严重违反法律规定的公证程序的；

（三）公证债权文书的内容与事实不符或者违反法律强制性规定的；

（四）公证债权文书未载明被执行人不履行义务或者不完全履行义务时同意接受强制执行的。

人民法院认定执行该公证债权文书违背社会公共利益的，裁定不予执行。

公证债权文书被裁定不予执行后，当事人、公证事项的利害关系人可以就债权争议提起诉讼。

第四百七十九条 当事人请求不予执行仲裁裁决或者公证债权文书的，应当在执行终结前向执行法院提出。

《最高人民法院关于人民法院办理执行异议和复议案件若干问题的规定》（2020年修正）

第二条 执行异议符合民事诉讼法第二百二十五条或者第二百二十七条规定条件的，人民法院应当在三日内立案，并在立案后三日内通知异议人和相关当事人。不符合受理条件的，裁定不予受理；立案后发现不符合受理条件的，裁定驳回申请。

第十条 当事人不服驳回不予执行公证债权文书申请的裁定的，可以自收到裁定之日起十日内向上一级人民法院申请复议。上一级人民法院应当自收到复议申请之日起三十日内审查，理由成立的，裁定撤销原裁定，不予执行该公证债权文书；理由不成立的，裁定驳回复议申请。复议期间，不停止执行。

第二十二条 公证债权文书对主债务和担保债务同时赋予强制执行效力的，人民法院应予执行；仅对主债务赋予强制执行效力未涉及担保债务的，对担保债务的执行申请不予受理；仅对担保债务赋予强制执行效力未涉及主债务的，对主债务的执行申请不予受理。

人民法院受理担保债务的执行申请后，被执行人仅以担保合同不属于赋予强制执行效力的公证债权文书范围为由申请不予执行的，不予支持。

《最高人民法院关于人民法院办理财产保全案件若干问题的规定》（2020年修正）

第三条 仲裁过程中，当事人申请财产保全的，应当通过仲裁机构向人民法院提交申请书及仲裁案件受理通知书等相关材料。人民法院裁定采取保全措施或者裁定驳回申请的，应当将裁定书送达当事人，并通知仲裁机构。

第六条 申请保全人或第三人为财产保全提供财产担保的，应当向人民法院出具担保书。担保书应当载明担保人、担保方式、担保范围、担保财产及其价值、担保责任承担等内容，并附相关证据材料。

第三人为财产保全提供保证担保的，应当向人民法院提交保证书。保证书应当载明保证人、保证方式、保证范围、保证责任承担等内容，并附相关证据材料。

对财产保全担保，人民法院经审查，认为违反民法典、公司法等有关法律禁止性规定的，应当责令申请保全人在指定期限内提供其他担保；逾期未提供的，裁定驳回申请。

第二十五条 申请保全人、被保全人对保全裁定或者驳回申请裁定不服的，可以自裁定书送达之日起五日内向作出裁定的人民法院申请复议一次。人民法院应当自收到复议申请后十日内审查。

对保全裁定不服申请复议的，人民法院经审查，理由成立的，裁定撤销或变更；理由不成立的，裁定驳回。

对驳回申请裁定不服申请复议的，人民法院经审查，理由成立的，裁定撤销，并采取保全措施；理由不成立的，裁定驳回。

《最高人民法院关于公证债权文书执行若干问题的规定》（2018年10月1日施行 法释〔2018〕18号）

第十二条 有下列情形之一的，被执行人可以依照民事诉讼法第二百三十八条第二款规定申请不予执行公证债权文书：

（一）被执行人未到场且未委托代理人到场办理公证的；

（二）无民事行为能力人或者限制民事行为能力人没有监护人代为办理公证的；

（三）公证员为本人、近亲属办理公证，或者办理与本人、近亲属有利害关系的公证的；

（四）公证员办理该项公证有贪污受贿、徇私舞弊行为，已经由生效刑事法律文书等确认的；

（五）其他严重违反法定公证程序的情形。

被执行人以公证债权文书的内容与事实不符或者违反法律强制性规定等实体事由申请不予执行的，人民法院应当告知其依照本规定第二十二条第一款规定提起诉讼。

第十三条 被执行人申请不予执行公证债权文书，应当在执行通知书送达之日起十五日内向执行法院提出书面申请，并提交相关证据材料；有本规定第十二条第一款第三项、第四项规定情形且执行程序尚未终结的，应当自知道或者应当知道有关事实之日起十五日内提出。

公证债权文书执行案件被指定执行、提级执行、委托执行后，被执行人申请不予执行的，由提出申请时负责该案件执行的人民法院审查。

第十四条 被执行人认为公证债权文书存在本规定第十二条第一款规定的多个不予执行事由的，应当在不予执行案件审查期间一并提出。

不予执行申请被裁定驳回后，同一被执行人再次提出申请的，人民法院不予受理。但有证据证明不予执行事由在不予执行申请被裁定驳回后知道的，可以在执行程序终结前提出。

第十五条 人民法院审查不予执行公证债权文书案件，案情复杂、争议较大的，应当进行听证。必要时可以向公证机构调阅公证案卷，要求公证机构作出书面说明，或者通知公证员到庭说明情况。

第十六条　人民法院审查不予执行公证债权文书案件，应当在受理之日起六十日内审查完毕并作出裁定；有特殊情况需要延长的，经本院院长批准，可以延长三十日。

第十七条　人民法院审查不予执行公证债权文书案件期间，不停止执行。

被执行人提供充分、有效的担保，请求停止相应处分措施的，人民法院可以准许；申请执行人提供充分、有效的担保，请求继续执行的，应当继续执行。

第十八条　被执行人依照本规定第十二条第一款规定申请不予执行，人民法院经审查认为理由成立的，裁定不予执行；理由不成立的，裁定驳回不予执行申请。

第十九条　人民法院认定执行公证债权文书违背公序良俗的，裁定不予执行。

第二十条　公证债权文书被裁定不予执行的，当事人可以就该公证债权文书涉及的民事权利义务争议向人民法院提起诉讼；公证债权文书被裁定部分不予执行的，当事人可以就该部分争议提起诉讼。

当事人对不予执行裁定提出执行异议或者申请复议的，人民法院不予受理。

第二十一条　当事人不服驳回不予执行申请裁定的，可以自裁定送达之日起十日内向上一级人民法院申请复议。上一级人民法院应当自收到复议申请之日起三十日内审查。经审查，理由成立的，裁定撤销原裁定，不予执行该公证债权文书；理由不成立的，裁定驳回复议申请。复议期间，不停止执行。

第二十二条　有下列情形之一的，债务人可以在执行程序终结前，以债权人为被告，向执行法院提起诉讼，请求不予执行公证债权文书：

（一）公证债权文书载明的民事权利义务关系与事实不符；

（二）经公证的债权文书具有法律规定的无效、可撤销等情形；

（三）公证债权文书载明的债权因清偿、提存、抵销、免除等原因全部或者部分消灭。

债务人提起诉讼，不影响人民法院对公证债权文书的执行。债务人提供充分、有效的担保，请求停止相应处分措施的，人民法院可以准许；债权人提供充分、有效的担保，请求继续执行的，应当继续执行。

第二十三条 对债务人依照本规定第二十二条第一款规定提起的诉讼，人民法院经审理认为理由成立的，判决不予执行或者部分不予执行；理由不成立的，判决驳回诉讼请求。

当事人同时就公证债权文书涉及的民事权利义务争议提出诉讼请求的，人民法院可以在判决中一并作出裁判。

第二十四条 有下列情形之一的，债权人、利害关系人可以就公证债权文书涉及的民事权利义务争议直接向有管辖权的人民法院提起诉讼：

（一）公证债权文书载明的民事权利义务关系与事实不符；

（二）经公证的债权文书具有法律规定的无效、可撤销等情形。

债权人提起诉讼，诉讼案件受理后又申请执行公证债权文书的，人民法院不予受理。进入执行程序后债权人又提起诉讼的，诉讼案件受理后，人民法院可以裁定终结公证债权文书的执行；债权人请求继续执行其未提出争议部分的，人民法院可以准许。

利害关系人提起诉讼，不影响人民法院对公证债权文书的执行。利害关系人提供充分、有效的担保，请求停止相应处分措施的，人民法院可以准许；债权人提供充分、有效的担保，请求继续执行的，应当继续执行。

《中华人民共和国仲裁法》（2017年修正）

第六十三条 被申请人提出证据证明裁决有民事诉讼法第二百三十七条第二款规定的情形之一的，经人民法院组成合议庭审查核实，裁定不予执行。

《最高人民法院关于仲裁机构"先予仲裁"裁决或者调解书立案、执行等法律适用问题的批复》（2018年6月8日施行　法释〔2018〕10号）

广东省高级人民法院：

你院《关于"先予仲裁"裁决应否立案执行的请示》（粤高法〔2018〕99号）收悉。经研究，批复如下：

当事人申请人民法院执行仲裁机构根据仲裁法做出的仲裁裁决或者调解书，人民法院经审查，符合民事诉讼法、仲裁法相关规定的，应当依法及时受理，立案执行。但是，根据仲裁法第二条的规定，仲裁机构可以仲裁的是当事人间已经发生的合同纠纷和其他财产权益纠纷。因此，网络借贷合同当事人申请执行仲裁机构在纠纷发生前作出的仲裁裁决或者调解书的，人民法院应当裁定不予受理；已经受理的，裁定驳回执行申请。

你院请示中提出的下列情形，应当认定为民事诉讼法第二百三十七条第二款第三项规定的"仲裁庭的组成或者仲裁的程序违反法定程序"的情形：

（一）仲裁机构未依照仲裁法规定的程序审理纠纷或者主持调解，径行根据网络借贷合同当事人在纠纷发生前签订的和解或者调解协议作出仲裁裁决、仲裁调解书的；

（二）仲裁机构在仲裁过程中未保障当事人申请仲裁员回避、提供证据、答辩等仲裁法规定的基本程序权利的。

前款规定情形中，网络借贷合同当事人以约定弃权条款为由，主张仲裁程序未违反法定程序的，人民法院不予支持。

人民法院办理其他合同纠纷、财产权益纠纷仲裁裁决或者调解书执行立案，适用本批复。

《最高人民法院关于审理仲裁司法审查案件若干问题的规定》（2018年1月1日施行　法释〔2017〕22号）

第三条　外国仲裁裁决与人民法院审理的案件存在关联，被申请人住所地、被申请人财产所在地均不在我国内地，申请人申请承认外国仲裁裁决的，由受理关联案件的人民法院管辖。受理关联案件的人民法院为基层人民法院的，申请承认外国仲裁裁决的案件应当由该基层人民法院的上一级人民法院管辖。受理关联案件的人民法院是高级人民法院或者最高人民法院的，由上述法院决定自行审查或者指定中级人民法院审查。

外国仲裁裁决与我国内地仲裁机构审理的案件存在关联，被申请人住所地、被申请人财产所在地均不在我国内地，申请人申请承认外国仲裁裁决的，由受理关联案件的仲裁机构所在地的中级人民法院管辖。

第四条　申请人向两个以上有管辖权的人民法院提出申请的，由最先立案的人民法院管辖。

第五条　申请人向人民法院申请确认仲裁协议效力的，应当提交申请书及仲裁协议正本或者经证明无误的副本。

申请书应当载明下列事项：

（一）申请人或者被申请人为自然人的，应当载明其姓名、性别、出生日期、国籍及住所；为法人或者其他组织的，应当载明其名称、住所以及法定代表人或者代表人的姓名和职务；

（二）仲裁协议的内容；

（三）具体的请求和理由。

当事人提交的外文申请书、仲裁协议及其他文件，应当附有中文译本。

第六条 申请人向人民法院申请执行或者撤销我国内地仲裁机构的仲裁裁决、申请承认和执行外国仲裁裁决的，应当提交申请书及裁决书正本或者经证明无误的副本。

申请书应当载明下列事项：

（一）申请人或者被申请人为自然人的，应当载明其姓名、性别、出生日期、国籍及住所；为法人或者其他组织的，应当载明其名称、住所以及法定代表人或者代表人的姓名和职务；

（二）裁决书的主要内容及生效日期；

（三）具体的请求和理由。

当事人提交的外文申请书、裁决书及其他文件，应当附有中文译本。

第七条 申请人提交的文件不符合第五条、第六条的规定，经人民法院释明后提交的文件仍然不符合规定的，裁定不予受理。

申请人向对案件不具有管辖权的人民法院提出申请，人民法院应当告知其向有管辖权的人民法院提出申请，申请人仍不变更申请的，裁定不予受理。

申请人对不予受理的裁定不服的，可以提起上诉。

第八条 人民法院立案后发现不符合受理条件的，裁定驳回申请。

前款规定的裁定驳回申请的案件，申请人再次申请并符合受理条件的，人民法院应予受理。

当事人对驳回申请的裁定不服的，可以提起上诉。

第二十条 人民法院在仲裁司法审查案件中作出的裁定，除不予受理、驳回申请、管辖权异议的裁定外，一经送达即发生法律效力。当事人申请复议、提出上诉或者申请再审的，人民法院不予受理，但法律和司法解释另有规定的除外。

《最高人民法院关于人民法院办理仲裁裁决执行案件若干问题的规定》

（2018年3月1日施行 法释〔2018〕5号）

第三条 仲裁裁决或者仲裁调解书执行内容具有下列情形之一导致无法

执行的，人民法院可以裁定驳回执行申请；导致部分无法执行的，可以裁定驳回该部分的执行申请；导致部分无法执行且该部分与其他部分不可分的，可以裁定驳回执行申请。

（一）权利义务主体不明确；

（二）金钱给付具体数额不明确或者计算方法不明确导致无法计算出具体数额；

（三）交付的特定物不明确或者无法确定；

（四）行为履行的标准、对象、范围不明确；

仲裁裁决或者仲裁调解书仅确定继续履行合同，但对继续履行的权利义务，以及履行的方式、期限等具体内容不明确，导致无法执行的，依照前款规定处理。

第四条 对仲裁裁决主文或者仲裁调解书中的文字、计算错误以及仲裁庭已经认定但在裁决主文中遗漏的事项，可以补正或说明的，人民法院应当书面告知仲裁庭补正或说明，或者向仲裁机构调阅仲裁案卷查明。仲裁庭不补正也不说明，且人民法院调阅仲裁案卷后执行内容仍然不明确具体无法执行的，可以裁定驳回执行申请。

第五条 申请执行人对人民法院依照本规定第三条、第四条作出的驳回执行申请裁定不服的，可以自裁定送达之日起十日内向上一级人民法院申请复议。

第六条 仲裁裁决或者仲裁调解书确定交付的特定物确已毁损或者灭失的，依照《最高人民法院关于适用〈中华人民共和国民事诉讼法〉的解释》第四百九十四条的规定处理。

第八条 被执行人向人民法院申请不予执行仲裁裁决的，应当在执行通知书送达之日起十五日内提出书面申请；有民事诉讼法第二百三十七条第二款第四、六项规定情形且执行程序尚未终结的，应当自知道或者应当知道有关事实或案件之日起十五日内提出书面申请。

本条前款规定期限届满前，被执行人已向有管辖权的人民法院申请撤销仲裁裁决且已被受理的，自人民法院驳回撤销仲裁裁决申请的裁判文书生效之日起重新计算期限。

第九条 案外人向人民法院申请不予执行仲裁裁决或者仲裁调解书的，

应当提交申请书以及证明其请求成立的证据材料，并符合下列条件：

（一）有证据证明仲裁案件当事人恶意申请仲裁或者虚假仲裁，损害其合法权益；

（二）案外人主张的合法权益所涉及的执行标的尚未执行终结；

（三）自知道或者应当知道人民法院对该标的采取执行措施之日起三十日内提出。

第十条 被执行人申请不予执行仲裁裁决，对同一仲裁裁决的多个不予执行事由应当一并提出。不予执行仲裁裁决申请被裁定驳回后，再次提出申请的，人民法院不予审查，但有新证据证明存在民事诉讼法第二百三十七条第二款第四、六项规定情形的除外。

第十一条 人民法院对不予执行仲裁裁决案件应当组成合议庭围绕被执行人申请的事由、案外人的申请进行审查；对被执行人没有申请的事由不予审查，但仲裁裁决可能违背社会公共利益的除外。

被执行人、案外人对仲裁裁决执行案件申请不予执行的，人民法院应当进行询问；被执行人在询问终结前提出其他不予执行事由的，应当一并审查。人民法院审查时，认为必要的，可以要求仲裁庭作出说明，或者向仲裁机构调阅仲裁案卷。

第十二条 人民法院对不予执行仲裁裁决案件的审查，应当在立案之日起两个月内审查完毕并作出裁定；有特殊情况需要延长的，经本院院长批准，可以延长一个月。

第十三条 下列情形经人民法院审查属实的，应当认定为民事诉讼法第二百三十七条第二款第二项规定的"裁决的事项不属于仲裁协议的范围或者仲裁机构无权仲裁的"情形：

（一）裁决的事项超出仲裁协议约定的范围；

（二）裁决的事项属于依照法律规定或者当事人选择的仲裁规则规定的不可仲裁事项；

（三）裁决内容超出当事人仲裁请求的范围；

（四）作出裁决的仲裁机构非仲裁协议所约定。

第十四条 违反仲裁法规定的仲裁程序、当事人选择的仲裁规则或者当事人对仲裁程序的特别约定，可能影响案件公正裁决，经人民法院审查属实的,应当认定为民事诉讼法第二百三十七条第二款第三项规定的"仲裁庭的组成或者仲裁的程序违反法定程序的"情形。

当事人主张未按照仲裁法或仲裁规则规定的方式送达法律文书导致其未能参与仲裁,或者仲裁员根据仲裁法或仲裁规则的规定应当回避而未回避,可能影响公正裁决,经审查属实的,人民法院应当支持;仲裁庭按照仲裁法或仲裁规则以及当事人约定的方式送达仲裁法律文书,当事人主张不符合民事诉讼法有关送达规定的,人民法院不予支持。

适用的仲裁程序或仲裁规则经特别提示,当事人知道或者应当知道法定仲裁程序或选择的仲裁规则未被遵守,但仍然参加或者继续参加仲裁程序且未提出异议,在仲裁裁决作出之后以违反法定程序为由申请不予执行仲裁裁决的,人民法院不予支持。

第十五条 符合下列条件的,人民法院应当认定为民事诉讼法第二百三十七条第二款第四项规定的"裁决所根据的证据是伪造的"情形:

(一)该证据已被仲裁裁决采信;

(二)该证据属于认定案件基本事实的主要证据;

(三)该证据经查明确属通过捏造、变造、提供虚假证明等非法方式形成或者获取,违反证据的客观性、关联性、合法性要求。

第十六条 符合下列条件的,人民法院应当认定为民事诉讼法第二百三十七条第二款第五项规定的"对方当事人向仲裁机构隐瞒了足以影响公正裁决的证据的"情形:

(一)该证据属于认定案件基本事实的主要证据;

(二)该证据仅为对方当事人掌握,但未向仲裁庭提交;

(三)仲裁过程中知悉存在该证据,且要求对方当事人出示或者请求仲裁庭责令其提交,但对方当事人无正当理由未予出示或者提交。

当事人一方在仲裁过程中隐瞒己方掌握的证据,仲裁裁决作出后以己方所隐瞒的证据足以影响公正裁决为由申请不予执行仲裁裁决的,人民法院不予支持。

第十七条 被执行人申请不予执行仲裁调解书或者根据当事人之间的和解协议、调解协议作出的仲裁裁决,人民法院不予支持,但该仲裁调解书或者仲裁裁决违背社会公共利益的除外。

第十八条 案外人根据本规定第九条申请不予执行仲裁裁决或者仲裁调解书，符合下列条件的，人民法院应当支持：
（一）案外人系权利或者利益的主体；
（二）案外人主张的权利或者利益合法、真实；
（三）仲裁案件当事人之间存在虚构法律关系，捏造案件事实的情形；
（四）仲裁裁决主文或者仲裁调解书处理当事人民事权利义务的结果部分或者全部错误，损害案外人合法权益。

第十九条 被执行人、案外人对仲裁裁决执行案件逾期申请不予执行的，人民法院应当裁定不予受理；已经受理的，应当裁定驳回不予执行申请。

被执行人、案外人对仲裁裁决执行案件申请不予执行，经审查理由成立的，人民法院应当裁定不予执行；理由不成立的，应当裁定驳回不予执行申请。

第二十条 当事人向人民法院申请撤销仲裁裁决被驳回后，又在执行程序中以相同事由提出不予执行申请的，人民法院不予支持；当事人向人民法院申请不予执行被驳回后，又以相同事由申请撤销仲裁裁决的，人民法院不予支持。

在不予执行仲裁裁决案件审查期间，当事人向有管辖权的人民法院提出撤销仲裁裁决申请并被受理的，人民法院应当裁定中止对不予执行申请的审查；仲裁裁决被撤销或者决定重新仲裁的，人民法院应当裁定终结执行，并终结对不予执行申请的审查；撤销仲裁裁决申请被驳回或者申请执行人撤回撤销仲裁裁决申请的，人民法院应当恢复对不予执行申请的审查；被执行人撤回撤销仲裁裁决申请的，人民法院应当裁定终结对不予执行申请的审查，但案外人申请不予执行仲裁裁决的除外。

第二十一条 人民法院裁定驳回撤销仲裁裁决申请或者驳回不予执行仲裁裁决、仲裁调解书申请的，执行法院应当恢复执行。

人民法院裁定撤销仲裁裁决或者基于被执行人申请裁定不予执行仲裁裁决，原被执行人申请执行回转或者解除强制执行措施的，人民法院应当支持。原申请执行人对已履行或者被人民法院强制执行的款物申请保全的，人民法院应当依法准许；原申请执行人在人民法院采取保全措施之日起三十日内，未根据双方达成的书面仲裁协议重新申请仲裁或者向人民法院起诉的，人民法院应当裁定解除保全。

人民法院基于案外人申请裁定不予执行仲裁裁决或者仲裁调解书,案外人申请执行回转或者解除强制执行措施的,人民法院应当支持。

第二十二条 人民法院裁定不予执行仲裁裁决、驳回或者不予受理不予执行仲裁裁决申请后,当事人对该裁定提出执行异议或者申请复议的,人民法院不予受理。

人民法院裁定不予执行仲裁裁决的,当事人可以根据双方达成的书面仲裁协议重新申请仲裁,也可以向人民法院起诉。

人民法院基于案外人申请裁定不予执行仲裁裁决或者仲裁调解书,当事人不服的,可以自裁定送达之日起十日内向上一级人民法院申请复议;人民法院裁定驳回或者不予受理案外人提出的不予执行仲裁裁决、仲裁调解书申请,案外人不服的,可以自裁定送达之日起十日内向上一级人民法院申请复议。

第二十三条 本规定第八条、第九条关于对仲裁裁决执行案件申请不予执行的期限自本规定施行之日起重新计算。

《最高人民法院关于仲裁司法审查案件报核问题的有关规定》(2018年1月1日施行　法释〔2017〕21号)

第二条 各中级人民法院或者专门人民法院办理涉外涉港澳台仲裁司法审查案件,经审查拟认定仲裁协议无效,不予执行或者撤销我国内地仲裁机构的仲裁裁决,不予认可和执行香港特别行政区、澳门特别行政区、台湾地区仲裁裁决,不予承认和执行外国仲裁裁决,应当向本辖区所属高级人民法院报核;高级人民法院经审查拟同意的,应当向最高人民法院报核。待最高人民法院审核后,方可依最高人民法院的审核意见作出裁定。

各中级人民法院或者专门人民法院办理非涉外涉港澳台仲裁司法审查案件,经审查拟认定仲裁协议无效,不予执行或者撤销我国内地仲裁机构的仲裁裁决,应当向本辖区所属高级人民法院报核;待高级人民法院审核后,方可依高级人民法院的审核意见作出裁定。

第三条 本规定第二条第二款规定的非涉外涉港澳台仲裁司法审查案件,高级人民法院经审查拟同意中级人民法院或者专门人民法院认定仲裁协议无效、不予执行或者撤销我国内地仲裁机构的仲裁裁决,在下列情形下,应当向最高人民法院报核，待最高人民法院审核后，方可依最高人民法院的审核意见作出裁定：

（一）仲裁司法审查案件当事人住所地跨省级行政区域；

（二）以违背社会公共利益为由不予执行或者撤销我国内地仲裁机构的仲裁裁决。

第四条 下级人民法院报请上级人民法院审核的案件，应当将书面报告和案件卷宗材料一并上报。书面报告应当写明审查意见及具体理由。

第五条 上级人民法院收到下级人民法院的报核申请后，认为案件相关事实不清的，可以询问当事人或者退回下级人民法院补充查明事实后再报。

第六条 上级人民法院应当以复函的形式将审核意见答复下级人民法院。

《最高人民法院关于执行案件立案、结案若干问题的意见》（2015年1月1日施行 法发〔2014〕26号）

第十八条 执行实施案件立案后，有下列情形之一的，可以以"销案"方式结案：

（一）被执行人提出管辖异议，经审查异议成立，将案件移送有管辖权的法院或申请执行人撤回申请的；

（二）发现其他有管辖权的人民法院已经立案在先的；

（三）受托法院报经高级人民法院同意退回委托的。

第十九条 执行实施案件立案后，被执行人对仲裁裁决或公证债权文书提出不予执行申请，经人民法院审查，裁定不予执行的，以"不予执行"方式结案。

第二十条 执行实施案件立案后，经审查发现不符合《最高人民法院关于人民法院执行工作若干问题的规定（试行）》第18条规定的受理条件，裁定驳回申请的，以"驳回申请"方式结案。

《最高人民法院关于执行案件移送破产审查若干问题的指导意见》（2017年1月20日施行 法发〔2017〕2号）

18. 受移送法院做出不予受理或驳回申请裁定的，应当在裁定生效后七日内将接收的材料、被执行人的财产退回执行法院，执行法院应当恢复对被执行人的执行。

19. 受移送法院作出不予受理或驳回申请的裁定后，人民法院不得重复启动执行案件移送破产审查程序。申请执行人或被执行人以有新证据足以证明被执行人已经具备了破产原因为由，再次要求将执行案件移送破产审查的，人民法院不予支持。但是，申请执行人或被执行人可以直接向具有管辖权的法院提出破产申请。

《全国法院破产审判工作会议纪要》（2018年3月4日　法〔2018〕53号）

第七节　执行程序与破产程序的衔接

执行程序与破产程序的有效衔接是全面推进破产审判工作的有力抓手，也是破解"执行难"的重要举措。全国各级法院要深刻认识执行转破产工作的重要意义，大力推动符合破产条件的执行案件，包括执行不能案件进入破产程序，充分发挥破产程序的制度价值。

40. 执行法院的审查告知、释明义务和移送职责。执行部门要高度重视执行与破产的衔接工作，推动符合条件的执行案件向破产程序移转。执行法院发现作为被执行人的企业法人符合企业破产法第二条规定的，应当及时询问当事人是否同意将案件移送破产审查并释明法律后果。执行法院作出移送决定后，应当书面通知所有已知执行法院，执行法院均应中止对被执行人的执行程序。

41. 执行转破产案件的移送和接收。执行法院与受移送法院应加强移送环节的协调配合，提升工作实效。执行法院移送案件时，应当确保材料完备，内容、形式符合规定。受移送法院应当认真审核并及时反馈意见，不得无故不予接收或暂缓立案。

42. 破产案件受理后查封措施的解除或查封财产的移送。执行法院收到破产受理裁定后，应当解除对债务人财产的查封、扣押、冻结措施；或者根据破产受理法院的要求，出具函件将查封、扣押、冻结财产的处置权交破产受理法院。破产受理法院可以持执行法院的移送处置函件进行续行查封、扣押、冻结，解除查封、扣押、冻结，或者予以处置。

执行法院收到破产受理裁定拒不解除查封、扣押、冻结措施的，破产受理法院可以请求执行法院的上级法院依法予以纠正。

43. 破产审判部门与执行部门的信息共享。破产受理法院可以利用执行查控系统查控债务人财产，提高破产审判工作效率，执行部门应予以配合。

各地法院要树立线上线下法律程序同步化的观念，逐步实现符合移送条件的执行案件网上移送，提升移送工作的透明度，提高案件移送、通知、送达、沟通协调等相关工作的效率。

44. 强化执行转破产工作的考核与管理。各级法院要结合工作实际建立执行转破产工作考核机制，科学设置考核指标，推动执行转破产工作开展。对应当征询当事人意见不征询、应当提交移送审查不提交、受移送法院违反相关规定拒不接收执行转破产材料或者拒绝立案的，除应当纳入绩效考核和业绩考评体系外，还应当公开通报和严肃追究相关人员的责任。

【重点提示】

网络借贷合同当事人申请执行仲裁机构在纠纷发生前作出的仲裁裁决或者仲裁调解书的，人民法院应当裁定不予受理；已经受理的，裁定驳回执行申请。

不予执行或者撤销国内仲裁裁决，不予认可和执行港、澳、台湾地区仲裁裁决，不予承认和执行外国仲裁裁决，应当向本辖区所属高级人民法院报核；高级人民法院经审查拟同意的，应当向最高人民法院报核。待最高人民法院审核后，方可依最高人民法院的审核意见作出裁定。对仲裁当事人住所地跨省级行政区域和以违背社会公共利益为由不予执行或者撤销国内仲裁裁决的，应当向最高人民法院报核，待最高人民法院审核后，方可依最高人民法院的审核意见作出裁定。

对不予执行仲裁裁决案件应当组成合议庭，围绕被执行人申请的事由、案外人的申请进行审查；对被执行人没有申请的事由不予审查，但仲裁裁决可能违背社会公共利益的除外。

不予执行仲裁裁决报请上级人民法院审核的案件，应当将书面报告和案件卷宗材料一并上报。书面报告应当写明审查意见及具体理由。

被执行人向人民法院申请不予执行仲裁调解书或者根据当事人之间的和解协议、调解协议作出的仲裁裁决，人民法院不予支持，但该仲裁调解书或者仲裁裁决违背社会公共利益的除外。

当事人申请撤销仲裁裁决被驳回后，在执行程序中又以相同事由提出不予执行申请的，人民法院不予支持；当事人申请不予执行被驳回后，又以相同事由申请撤销仲裁裁决的，人民法院不予支持。

当事人对人民法院裁定不予执行仲裁裁决、驳回或者不予受理不予执行仲裁裁决申请不服提出异议或者申请复议的，人民法院不予受理。

第五节 归 档

因信息化办案需要，上级法院将不再调阅下级法院的纸质卷宗，所以案件结案后30日要完成案卷归档工作。根据最高人民法院要求，归档卷宗必须在影像卷宗中制作，方便以后的执行案件卷宗归档及管理。在制作影像卷宗前需将纸质卷扫描完成并且页码顺序要跟纸质卷一致，扫描的图片格式只支持 jpg、jpeg 格式，并且单个扫描件大小不能超过3M。各类型案卷归档目录已生成，按如下操作步骤及时完成电子卷宗及影像卷宗的归档工作。

【工作内容】

一、一键生成卷宗目录设置

1. 登录执行法院系统管理员账号：点击权限管理→执行系统参数→卷目设置→其他，如图 12-1 所示。

图 12-1 卷目设置

2. 选择相应案件类型，例如，首次执行案件→正卷→通过"增加""删除""插入"按钮来编辑目录，生成对应的卷目标题→最后点击"确认"完成目录设置，注意：其他类型案件目录设置请参照最高人民法院卷宗目录模板设置，如图12-2所示。

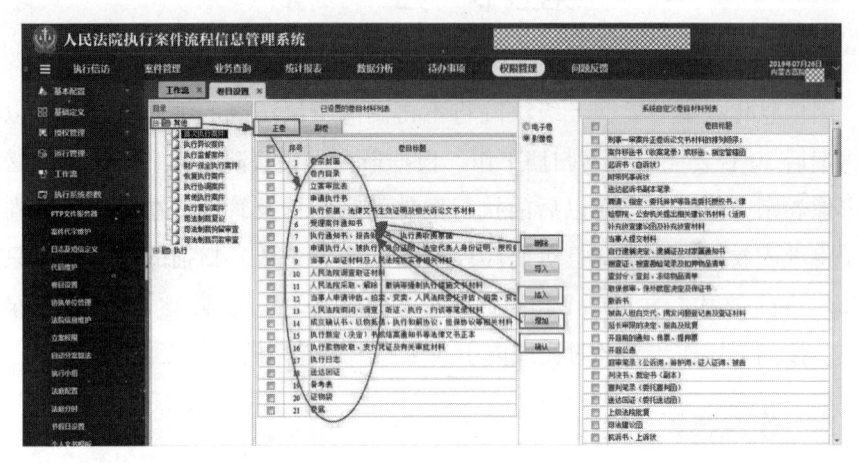

图12-2　完成目录设置

3. 副卷卷目标题设置与正卷一样，如图12-3所示。

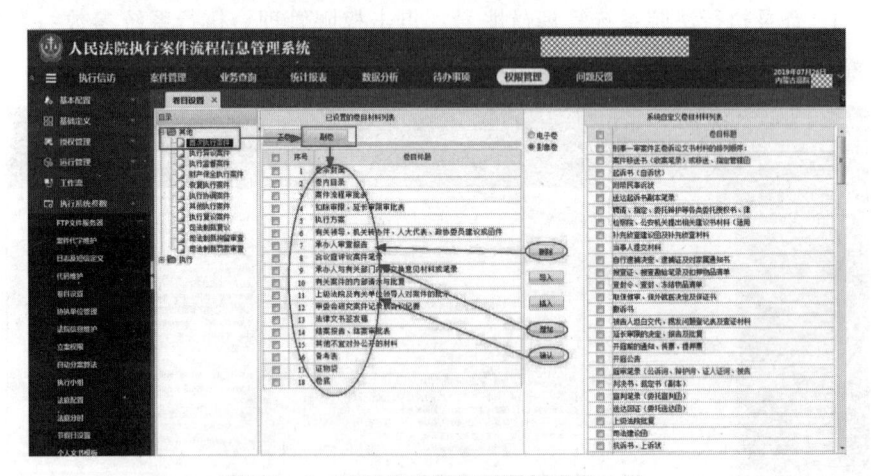

图12-3　副卷卷目标题设置与正卷一样

4. 完成目录编制后，在制作影像卷宗时可以一键生成标准卷目，使用承办人账号登录，在待执案件（已结）查询需要制作影像卷宗的案件；也可以

登录卷宗制作账号,在业务查询→全院案件(全部状态)查询需要制作影像卷宗的案件,点击案号进入,具体操作如下:

(1)点击影像卷宗→组卷编目→正卷→勾选所有目录→删除→保存,如图 12-4 所示。

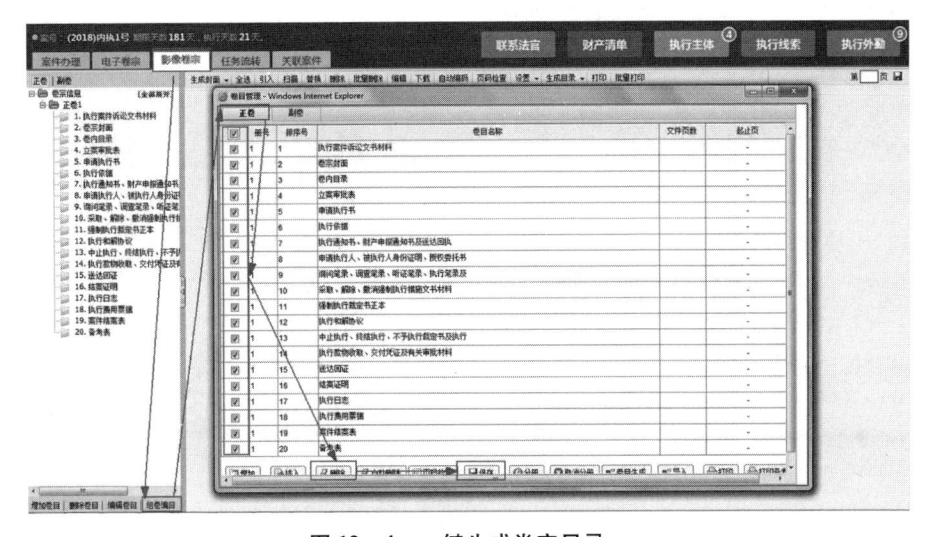

图 12-4　一键生成卷宗目录一

(2)点击影像卷宗→组卷编目→副卷→勾选所有目录→删除→保存,如图 12-5 所示。

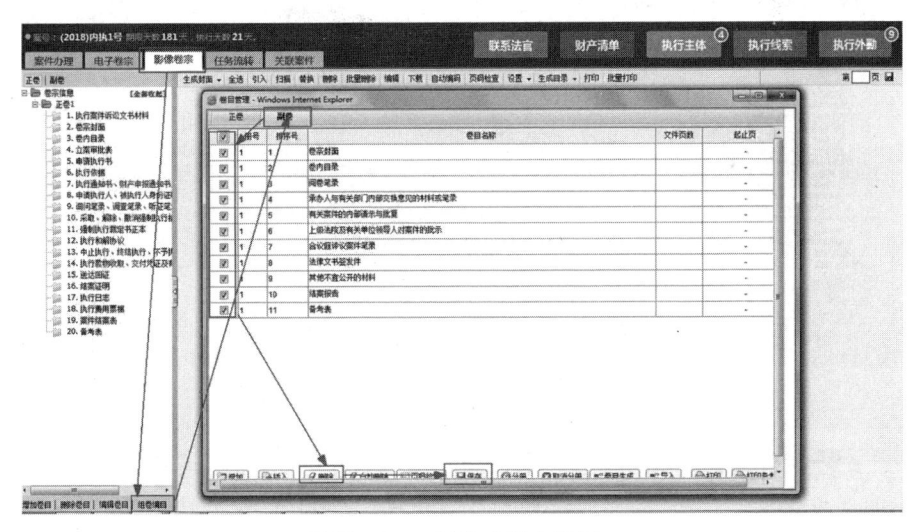

图 12-5　一键生成卷宗目录二

(3) 重新点击影像卷宗→组卷编目→卷目生成→确定，如图 12 - 6 所示。

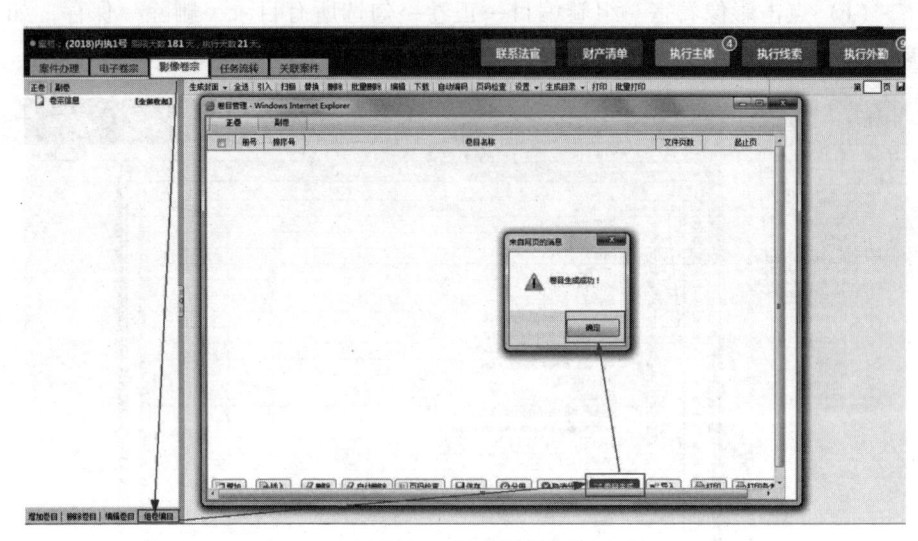

图 12 - 6　卷目生成成功

(4) 一键生成卷目后，如图 12 - 7、图 12 - 8 所示，正卷 21，副卷 18，卷宗制作参考影像卷宗制作步骤。

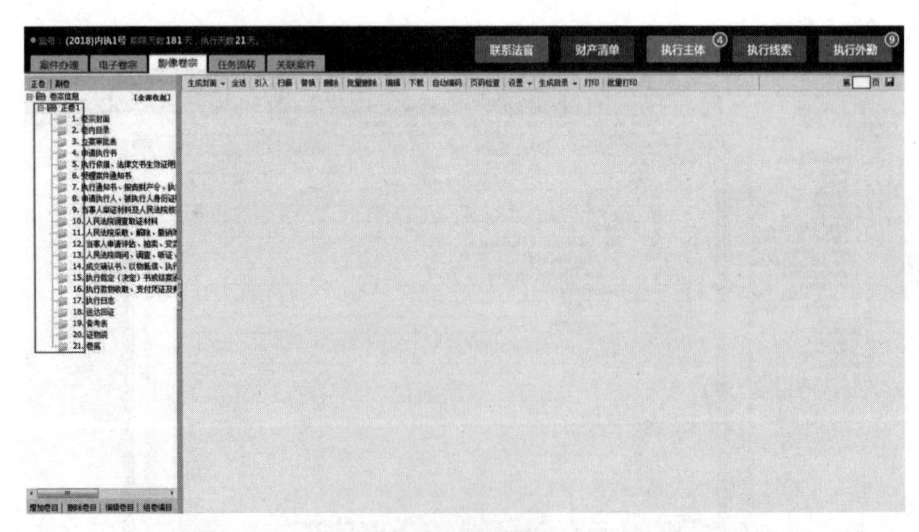

图 12 - 7　正卷

图 12 - 8　副卷

二、影像卷宗制作步骤

登录人民法院执行案件流程信息管理系统，使用承办人账号登录，在待执案件中选择已结案件，点击要制作影像卷宗的案件，点击案号进入，如图 12 - 9 所示。

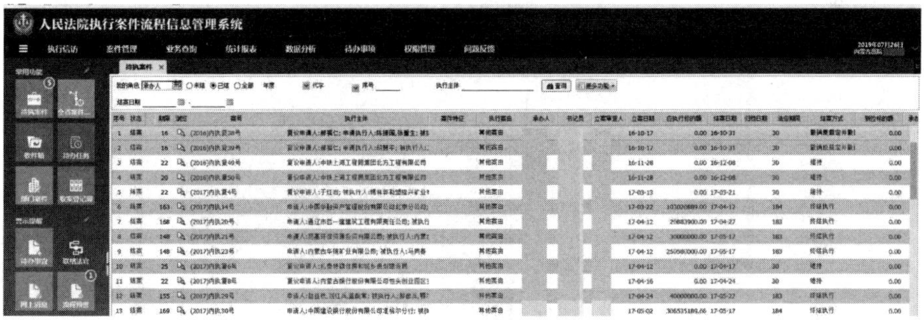

图 12 - 9　影像卷宗制作一

卷宗目录保存好后，选择对应卷目名称→引入→选择（本地已经扫描好的材料）→打开→上传。注意：如果一个卷宗目录对应多个文书材料，可以按住 Ctrl 键选择多个问题打开上传，如图 12 - 10、图 12 - 11 所示。

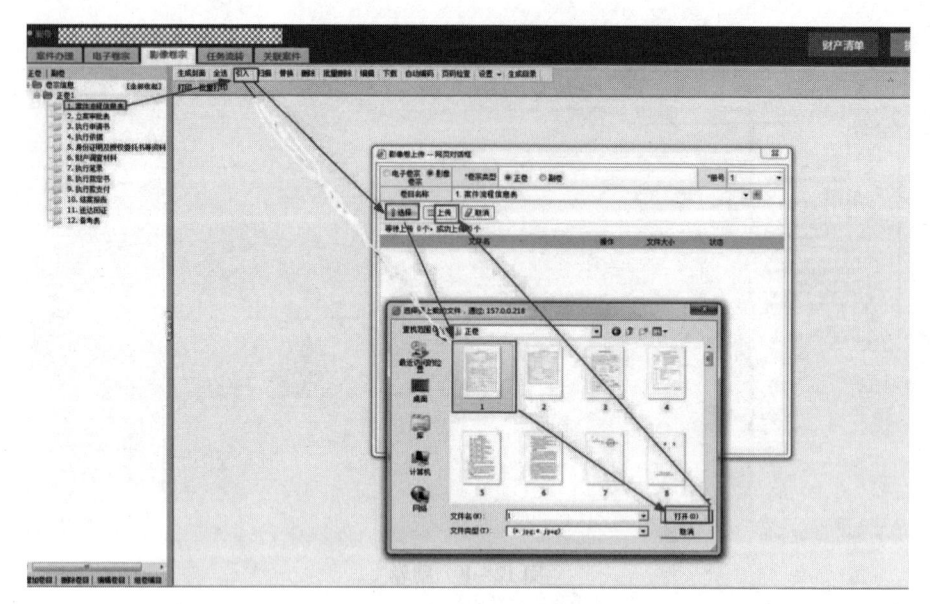

图 12－10　影像卷宗制作二

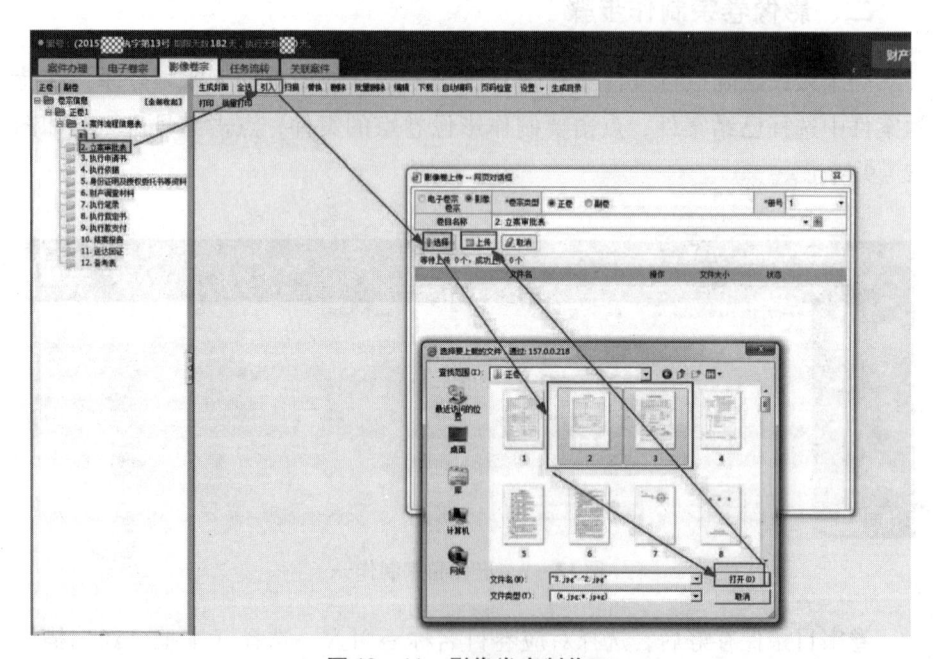

图 12－11　影像卷宗制作三

副卷材料的引入与正卷材料的引入方法一样，如图 12－12 所示。

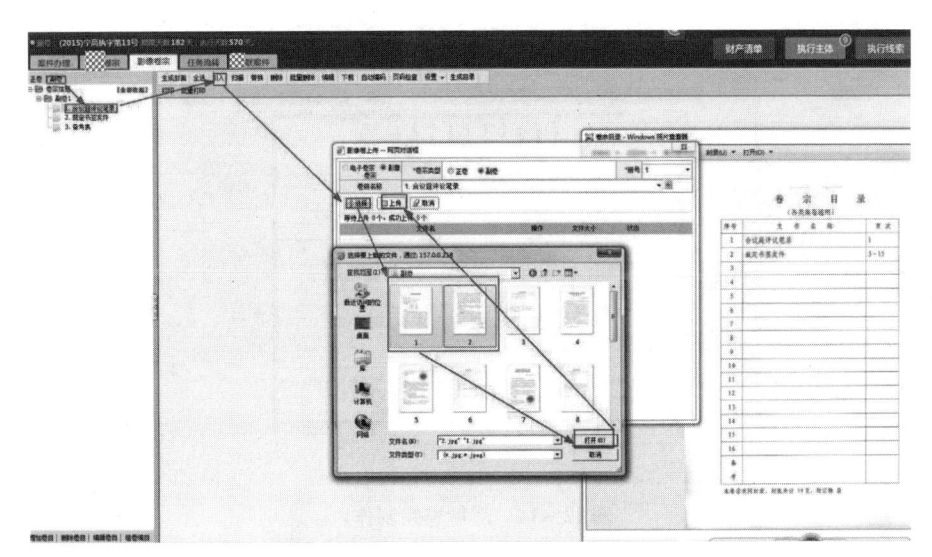

图 12-12　影像卷宗制作四

所有扫描材料对应卷宗目录引入后，卷宗目录变成蓝色，注意：正副卷必须都制作完成后才可以点击生成封面操作，如图 12-13 所示。

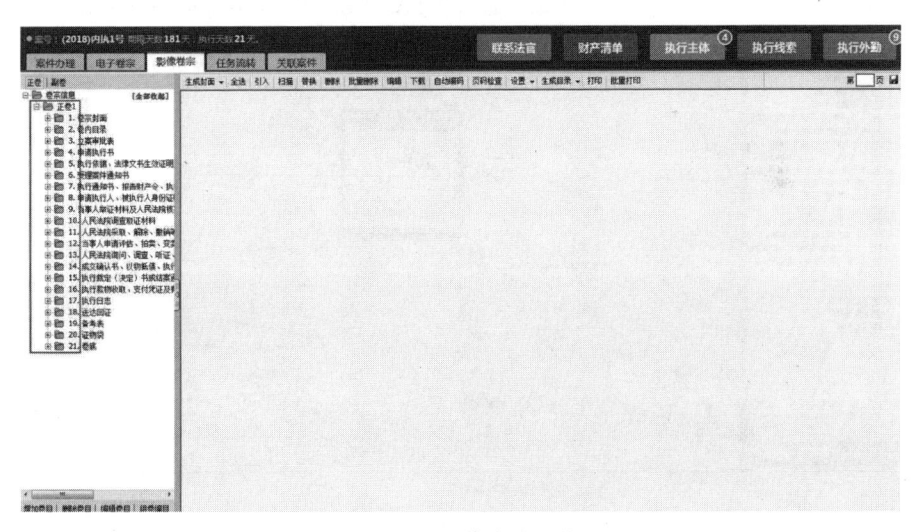

图 12-13　影像卷宗制作五

点击正卷→生成封面，系统自动生成正副卷的封面，如图 12-14 所示。

478 / 人民法院办理执行案件程序指引

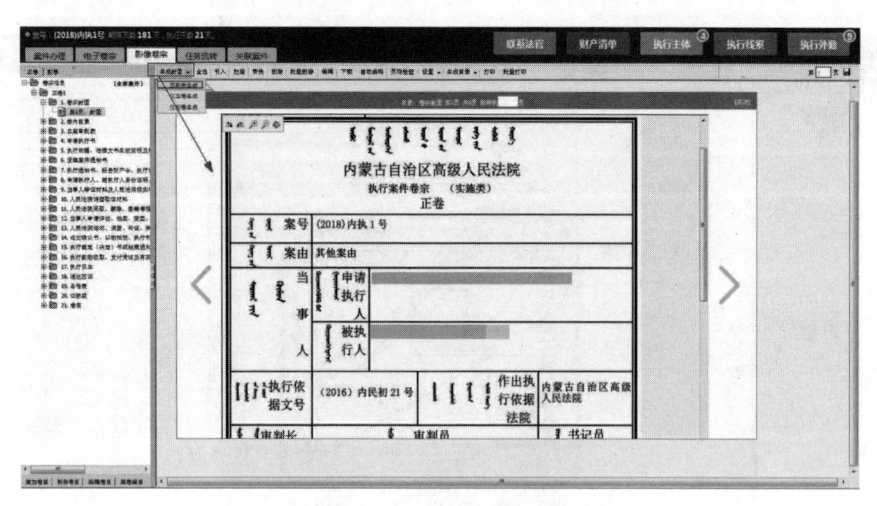

图 12-14 影像卷宗制作六

卷宗封面生成后再点击正卷 1→自动编码→确定,所有扫描件材料会自动根据引入顺序编码,如图 12-15 所示。

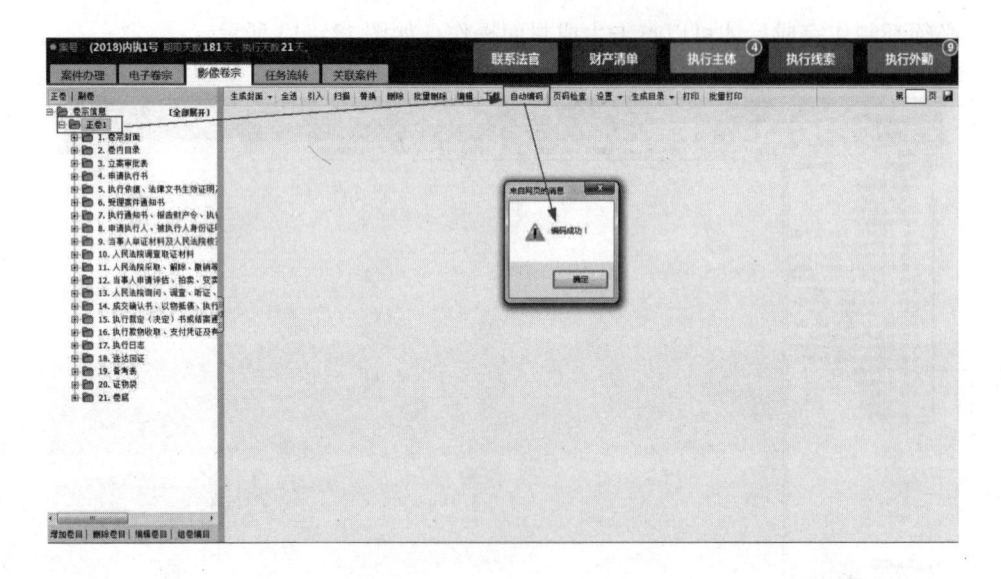

图 12-15 影像卷宗制作七

自动编码完成后,点击正卷 1→生成目录→确定,系统自动生成卷宗目录,这样影像卷宗便制作完成,如图 12-16、图 12-17 所示。

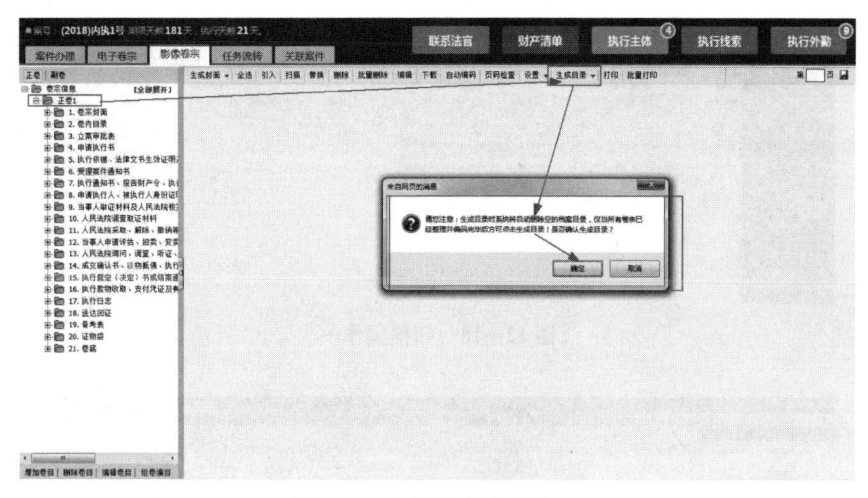

图 12-16　影像卷宗制作八

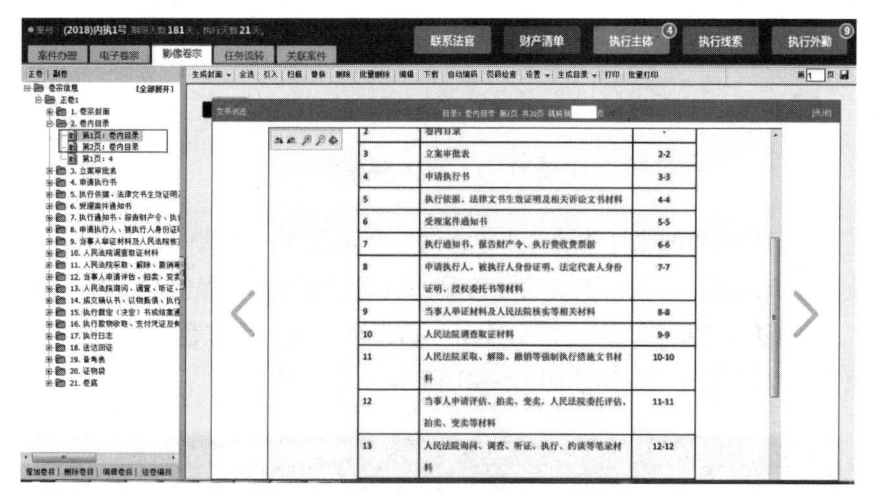

图 12-17　影像卷宗制作九

三、归档操作

用承办人账号登录系统点击案件管理→待执案件→已结→点击案号进入→在流程图点击归档→根据本院实际情况,填写"密级""保管期限""并卷情况""立卷人""提交人""提交日期"信息项,即下图红色圆圈的标记项为必填项,操作如图 12-18、图 12-19 所示。

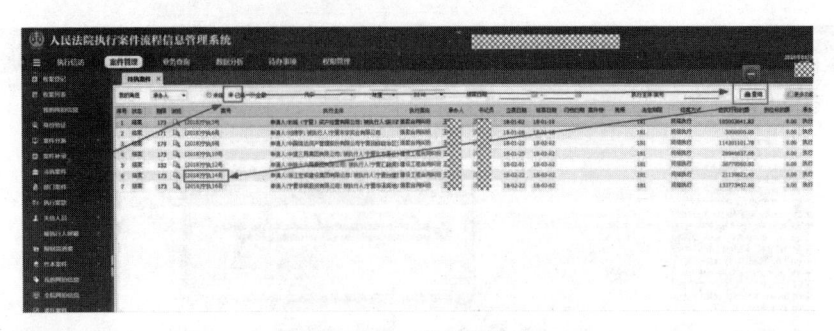

图 12-18　归档操作一

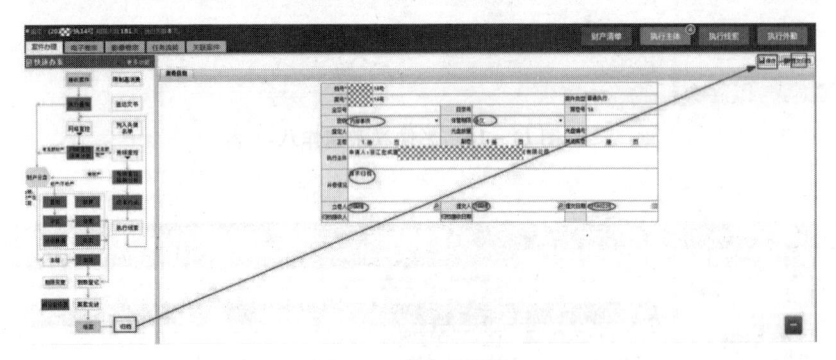

图 12-19　归档操作二

用有归档权限的账号登录，业务查询→全院案件→已结→点击案号进入→在流程图点击归档→根据本院实际情况，填写"密级""保管期限""并卷情况""立卷人""提交人""提交日期"信息项，即下图红色圆圈的标记项为必填项，操作如图 12-20、图 12-21 所示。

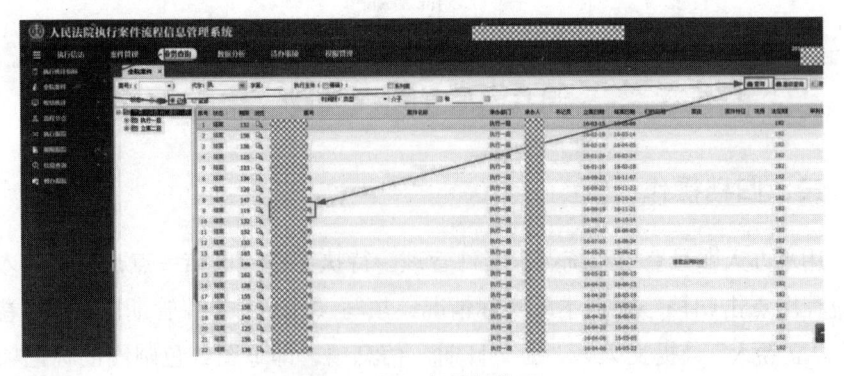

图 12-20　归档操作三

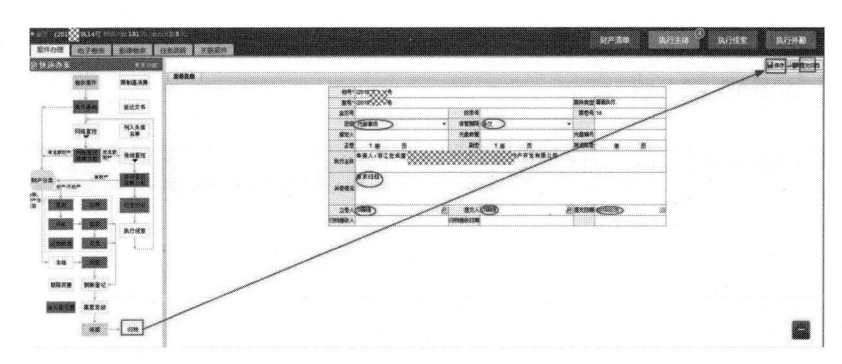

图 12 –21　归档操作四

四、提交归档注意事项

第一，要确认该案的承办人和书记员，如图 12 –22 所示。

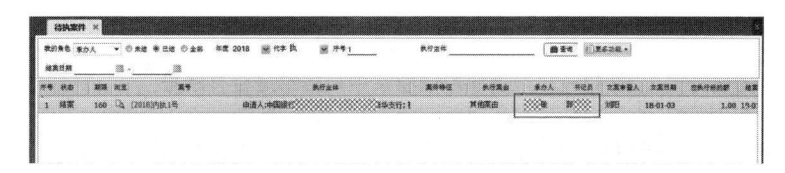

图 12 –22　确认该案的承办人和书记员

第二，确认影像卷宗中的卷目是否是连续的，即从 1 卷宗封面到 21 备考表有没有断号的，如图 12 –23 所示。

图 12 –23　确认影像卷宗中的卷目是否是连续的

第三，确认影像卷宗中扫描卷是否有断号，即从第 1 页到第 37 页有没有断号，如图 12-24 所示。

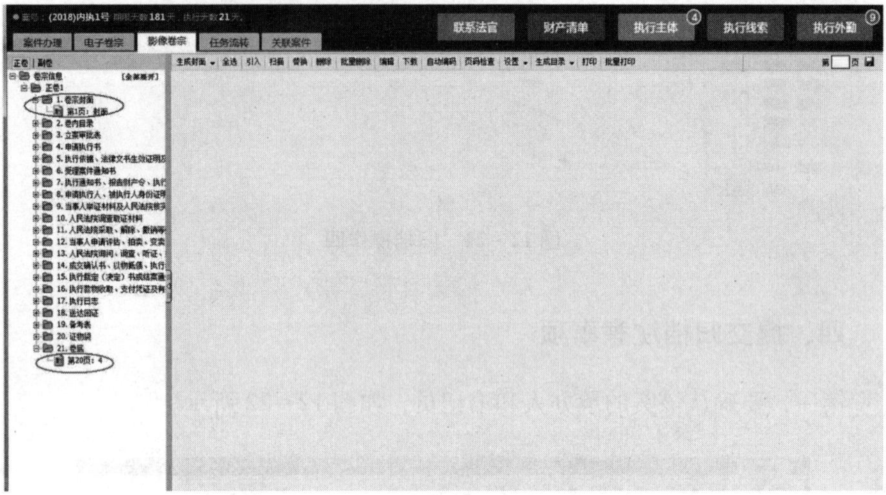

图 12-24　确认影像卷宗中扫描卷是否有断号

第四，在归档页面的"密级""保管期限""并卷情况""立卷人""提交人""提交日期"都要填写。

第十三章　强制措施、间接执行措施及刑事处罚

根据民事诉讼法相关规定，在民事执行中可采取的强制措施有拘传、训诫、具结悔过、罚款、拘留五种，因训诫、具结悔过在民事执行中较少适用，故本指引仅介绍拘传、罚款和拘留三种强制措施。最新颁布的司法解释对信用惩戒、限制消费等间接执行措施的规定作了较大的修改，执行工作中应特别注意。

第一节　拘　　传

【工作内容】

一、拘传的适用对象

对必须接受调查询问的被执行人、被执行人的法定代表人、负责人或者实际控制人，经依法传唤无正当理由拒不到场的，人民法院可以拘传其到场。

二、拘传的程序

在采取拘传措施前必须经过两次依法传唤；对于无正当理由拒不到庭的，应向被拘传人说明拒不到场的后果，经批评教育仍不到场的，可以拘传其到场。认为需要采用拘传措施的，应填写《拘传票》并报院长批准。拘传应当由两名以上的法警执行。拘传时，应当向被拘传人出示工作证和拘传票，对抗拒拘传的，可以使用戒具，强制到案。对拘传到场的被拘传人应及时进行

调查询问，询问的时间一般不得超过八小时；情况复杂，依法可能采取拘留措施的，调查询问的时间不得超过二十四小时。调查询问后不得限制被拘传人的人身自由。

三、辖区外的拘传

人民法院在本辖区以外采取拘传措施时，可以将被拘传人拘传到当地人民法院，当地人民法院应予协助。

【常用法律、司法解释及相关规定】

《中华人民共和国民事诉讼法》（2021年修正）

第一百一十二条　人民法院对必须到庭的被告，经两次传票传唤，无正当理由拒不到庭的，可以拘传。

第一百一十九条　拘传、罚款、拘留必须经院长批准。

拘传应当发拘传票。

《最高人民法院关于适用〈中华人民共和国民事诉讼法〉的解释》（2022年修正）

第一百七十五条　拘传必须用拘传票，并直接送达被拘传人；在拘传前，应当向被拘传人说明拒不到场的后果，经批评教育仍拒不到庭的，可以拘传其到庭。

第四百八十二条　对必须接受调查询问的被执行人、被执行人的法定代表人、负责人或者实际控制人，经依法传唤无正当理由拒不到场的，人民法院可以拘传其到场。

人民法院应当及时对被拘传人进行调查询问，调查询问的时间不得超过八小时；情况复杂，依法可能采取拘留措施的，调查询问的时间不得超过二十四小时。

人民法院在本辖区以外采取拘传措施时，可以将被拘传人拘传到当地人民法院，当地人民法院应予协助。

《最高人民法院关于认真贯彻实施民事诉讼法及相关司法解释有关规定的通知》（2007年12月29日施行　法〔2017〕369号）

第二、在执行程序中适用《民诉法解释》第四百八十四条采取拘传措施的，应当严格遵守法定的条件和程序。拘传措施对于查明被执行人财产、调查案件事实具有重要意义，同时也会严重影响被拘传人的人身自由。执行法院在采取拘传措施前必须经过依法传唤，对于无正当理由拒不到场的被执行人、被执行人的法定代表人、负责人或者实际控制人，应进行说服教育，经说明教育后仍不拒到场的，才能采取拘传措施。

对于已经控制被执行人的财产且财产权属清晰、没用必要调查询问的被执行人、被执行人的法定代表人、负责人或者实际控制人，不宜采取拘传措施。采取拘传措施必须严格遵守法定的时间期限，不能以连续拘传的形式变相羁押被拘传人。

《最高人民法院关于民事执行中财产调查若干问题的规定》（2017年5月1日施行　法释〔2017〕8号）

第十五条　为查明被执行人的财产情况和履行义务的能力，可以传唤被执行人或被执行人的法定代表人、负责人、实际控制人、直接责任人员到人民法院接受调查询问。

对必须接受调查询问的被执行人、被执行人的法定代表人、负责人或者实际控制人，经依法传唤无正当理由拒不到场的，人民法院可以拘传其到场；上述人员下落不明的，人民法院可以依照相关规定通知有关单位协助查找。

【重点提示】

拘传的对象仅限于必须接受询问的被执行人、被执行人的法定代表人、负责人或者实际控制人。上述人员下落不明的，人民法院可以依照相关规定通知有关单位协助查找。对于已经控制被执行人的财产且财产权属清晰、没用必要调查询问的被执行人、被执行人的法定代表人、负责人或者实际控制人，不宜采取拘传措施。

必须经依法传唤，此处的"传唤"，应为传票传唤，不得以电话、捎口信、通知等其他方式进行传唤，传票必须直接送达被拘传人。对于无正当理由拒不到场的，应进行说服教育，经说服教育后仍拒不到场的，人民法院可以拘传其到场。

拘传应当发拘传票，拘传票必须经院长批准。

必须严格遵守法定时限，不得以连续拘传的形式变相羁押被拘传人。对被拘传人应及时调查询问，询问时间一般不得超过八小时；情况复杂，依法可能采取拘留措施的，调查询问的时间不得超过二十四小时。调查询问后不得限制被拘传人的人身自由。

人民法院在本辖区以外采取拘传措施时，可以将被拘传人拘传到当地人民法院，当地人民法院应予协助。"本辖区外"是指本市、旗（县、区）以外的区域。

根据《最高人民法院关于适用〈中华人民共和国民事诉讼法〉的解释》第四百八十四条的规定：（1）将原执行规定中的"两次传票传唤"修改为"依法传唤"；（2）增加实际控制人为被拘传对象；（3）拘传时间区分为一般情形和特殊情况；（4）辖区外拘传的，将"应当"拘传到当地人民法院修改为"可以"拘传到当地人民法院。

第二节　罚款和拘留

常用法律、司法解释及相关规定对罚款与拘留所规定的适用条件、程序等基本一致，故在此一并介绍。

【工作内容】

一、适用情形

（一）对诉讼参与人、其他人的罚款、拘留

执行中，诉讼参与人或者其他人有违反法庭规则，妨碍作证，非法处置查封、扣押、冻结的财产，妨碍公务、拒不履行判决、裁定及拒绝报告、虚假报告或者无正当理由逾期报告财产情况等行为的，执行法院可以根据情节轻重予以罚款、拘留；构成犯罪的，依法追究刑事责任。

对有上述行为之一的单位，可以对其主要负责人或者直接责任人员予以罚款、拘留；构成犯罪的，依法追究刑事责任。

（二）对协助执行义务单位的罚款、拘留

执行中，有义务协助调查、执行的单位拒绝、妨碍执行法院调查取证，或接到执行法院的协助执行通知书后，拒不协助执行的，执行实施机构除责令其履行协助义务外，可以对该单位、该单位的主要负责人或者直接责任人员予以罚款。对单位的主要负责人或者直接责任人员予以罚款后仍不履行协助义务的，可以对其进行拘留，并可以向监察机关或者有关机关提出予以纪律处分的司法建议。

二、罚款、拘留的作出

（一）审批程序

采取罚款、拘留措施前，必须经院长批准。因哄闹、冲击法庭，用暴力、威胁等方法抗拒执行公务等紧急情况，必须立即采取拘留措施的，可以拘留后，立即报告院长补办批准手续。院长认为拘留不当的，应当解除拘留。

（二）罚款金额、拘留期限

对个人的罚款金额，为人民币十万元以下。对单位的罚款金额，为人民币五万元以上一百万元以下。采取罚款措施时，应当根据其实施妨害民事诉讼行为的性质、情节、后果，当地的经济发展水平，以及诉讼标的额等因素，在上述限额内确定相应的罚款金额。

拘留的期限，为十五日以下。

（三）文书制作及救济

采取罚款、拘留措施的，应当作出罚款或拘留决定书。罚款、拘留决定书应当告知被罚款、拘留的人对罚款或拘留决定不服的，可以自收到决定书之日起三日内向上一级人民法院申请复议一次。被罚款、拘留的人申请复议的，复议期间不停止执行。

（四）罚款、拘留的单用和并用

对诉讼参与人、其他人的罚款、拘留，可以单独适用，也可以合并适用。

对协助义务单位的主要负责人或者直接责任人员，罚款后仍不履行协助义务的，可以予以拘留。

（五）连续罚款、拘留的禁止

对同一妨害执行行为的罚款、拘留不得连续适用。发生新的妨害执行行为的，人民法院可以重新予以罚款、拘留。

（六）再次罚款、拘留的情形

被执行人不履行法律文书指定的行为，且该项行为只能由被执行人完成的，执行法院对其罚款、拘留后，被执行人在执行法院确定的履行期间内仍不履行的，可以再次予以罚款、拘留，构成犯罪的，依法追究刑事责任。

三、拘留的实施

（一）被拘留人的移送及看管

人民法院采取拘留措施的，由司法警察将被拘留人送交当地公安机关看管。送交公安机关看管时，应向公安机关送达拘留决定书和执行拘留通知书。公安机关收拘被拘留人后，应当向人民法院出具回执。

（二）通知家属

执行法院对被拘留人采取拘留措施后，应当在二十四小时内通知其家属；确实无法按时通知或者通知不到的，应当记录在案。

（三）提前解除拘留

被拘留人在拘留期间认错悔改的，可以责令其具结悔过，提前解除拘留。提前解除拘留，应报经院长批准，并作出提前解除拘留决定书，交负责看管的公安机关执行。

（四）异地拘留

被拘留人不在本辖区的，作出拘留决定的人民法院应当派员到被拘留人所在地的人民法院，请该院协助执行，受委托的人民法院应当及时派员协助执行。被拘留人申请复议或者在拘留期间承认并改正错误，需要提前解除拘留的，受委托人民法院应当向委托人民法院转达或者提出建议，由委托人民法院审查决定。

四、对特殊主体的拘留

（一）对人大代表的拘留

对县级以上的各级人民代表大会代表，需要依法采取拘留措施的，应当经该级人民代表大会主席团或者人民代表大会常务委员会许可。

乡、民族乡、镇的人民代表大会代表被采取拘留措施的，执行机关应当立即报告乡、民族乡、镇的人民代表大会。

（二）对政协委员的拘留

对各级中国人民政治协商会议委员会委员，需依法采取司法拘留措施的，应向该级中国人民政治协商会议委员会通报。

（三）对外国人的拘留

执行过程中，对外国人依法作出拘留决定的，应当层报所属高级人民法院，由高级人民法院通知有关外国驻华使、领馆。

对外国人实行拘留措施的案件，执行法院应当将有关案情、处理情况于采取措施的四十八小时内层报所属高级人民法院，同时通报同级人民政府外事办公室。

高级人民法院接到报告后，应当将外国人的外文姓名、性别、入境时间、护照或证件号码、案件发生的时间、地点及有关情况，当事人违法的主要事实，已采取的法律措施及法律依据通知有关外国驻华使馆、领馆。

【常用法律、司法解释及相关规定】

《中华人民共和国民事诉讼法》（2021年修正）

第一百一十三条 诉讼参与人和其他人应当遵守法庭规则。

人民法院对违反法庭规则的人,可以予以训诫,责令退出法庭或者予以罚款、拘留。

人民法院对哄闹、冲击法庭,侮辱、诽谤、威胁、殴打审判人员,严重扰乱法庭秩序的人,依法追究刑事责任;情节较轻的,予以罚款、拘留。

第一百一十四条 诉讼参与人或者其他人有下列行为之一的,人民法院可以根据情节轻重予以罚款、拘留;构成犯罪的,依法追究刑事责任:

(一)伪造、毁灭重要证据,妨碍人民法院审理案件的;

(二)以暴力、威胁、贿买方法阻止证人作证或者指使、贿买、胁迫他人作伪证的;

(三)隐藏、转移、变卖、毁损已被查封、扣押的财产,或者已被清点并责令其保管的财产,转移已被冻结的财产的;

(四)对司法工作人员、诉讼参加人、证人、翻译人员、鉴定人、勘验人、协助执行的人,进行侮辱、诽谤、诬陷、殴打或者打击报复的;

(五)以暴力、威胁或者其他方法阻碍司法工作人员执行职务的;

(六)拒不履行人民法院已经发生法律效力的判决、裁定的。

人民法院对有前款规定的行为之一的单位,可以对其主要负责人或者直接责任人员予以罚款、拘留;构成犯罪的,依法追究刑事责任。

第一百一十六条 被执行人与他人恶意串通,通过诉讼、仲裁、调解等方式逃避履行法律文书确定的义务的,人民法院应当根据情节轻重予以罚款、拘留;构成犯罪的,依法追究刑事责任。

第一百一十七条 有义务协助调查、执行的单位有下列行为之一的,人民法院除责令其履行协助义务外,并可以予以罚款:

(一)有关单位拒绝或者妨碍人民法院调查取证的;

(二)有关单位接到人民法院协助执行通知书后,拒不协助查询、扣押、冻结、划拨、变价财产的;

(三)有关单位接到人民法院协助执行通知书后,拒不协助扣留被执行人的收入、办理有关财产权证照转移手续、转交有关票证、证照或者其他财产的;

(四)其他拒绝协助执行的。

人民法院对有前款规定的行为之一的单位,可以对其主要负责人或者直接责任人员予以罚款；对仍不履行协助义务的，可以予以拘留；并可以向监察机关或者有关机关提出予以纪律处分的司法建议。

第一百一十八条　对个人的罚款金额，为人民币十万元以下。对单位的罚款金额，为人民币五万元以上一百万元以下。

拘留的期限，为十五日以下。

被拘留的人，由人民法院交公安机关看管。在拘留期间，被拘留人承认并改正错误的，人民法院可以决定提前解除拘留。

第一百一十九条　拘传、罚款、拘留必须经院长批准。

拘传应当发拘传票。

罚款、拘留应当用决定书。对决定不服的，可以向上一级人民法院申请复议一次。复议期间不停止执行。

第一百二十条　采取对妨害民事诉讼的强制措施必须由人民法院决定。任何单位和个人采取非法拘禁他人或者非法私自扣押他人财产追索债务的，应当依法追究刑事责任，或者予以拘留、罚款。

第二百四十八条　被执行人未按执行通知履行法律文书确定的义务，应当报告当前以及收到执行通知之日前一年的财产情况。被执行人拒绝报告或者虚假报告的，人民法院可以根据情节轻重对被执行人或者其法定代理人、有关单位的主要负责人或者直接责任人员予以罚款、拘留。

《最高人民法院关于适用〈中华人民共和国民事诉讼法〉的解释》（2022年修正）

第一百一十三条　持有书证的当事人以妨碍对方当事人使用为目的，毁灭有关书证或者实施其他致使书证不能使用行为的，人民法院可以依照民事诉讼法第一百一十一条规定，对其处以罚款、拘留。

第一百七十六条　诉讼参与人或者其他人有下列行为之一的，人民法院可以适用民事诉讼法第一百一十条规定处理：

（一）未经准许进行录音、录像、摄影的；

（二）未经准许以移动通信等方式现场传播审判活动的；

（三）其他扰乱法庭秩序，妨害审判活动进行的。

有前款规定情形的，人民法院可以暂扣诉讼参与人或者其他人进行录音、录像、摄影、传播审判活动的器材，并责令其删除有关内容；拒不删除的，人民法院可以采取必要手段强制删除。

第一百七十八条 人民法院依照民事诉讼法第一百一十条至第一百一十四条的规定采取拘留措施的，应经院长批准，作出拘留决定书，由司法警察将被拘留人送交当地公安机关看管。

第一百七十九条 被拘留人不在本辖区的，作出拘留决定的人民法院应当派员到被拘留人所在地的人民法院，请该院协助执行，受委托的人民法院应当及时派员协助执行。被拘留人申请复议或者在拘留期间承认并改正错误，需要提前解除拘留的，受委托人民法院应当向委托人民法院转达或者提出建议，由委托人民法院审查决定。

第一百八十条 人民法院对被拘留人采取拘留措施后，应当在二十四小时内通知其家属；确实无法按时通知或者通知不到的，应当记录在案。

第一百八十一条 因哄闹、冲击法庭，用暴力、威胁等方法抗拒执行公务等紧急情况，必须立即采取拘留措施的，可在拘留后，立即报告院长补办批准手续。院长认为拘留不当的，应当解除拘留。

第一百八十二条 被拘留人在拘留期间认错悔改的，可以责令其具结悔过，提前解除拘留。提前解除拘留，应报经院长批准，并作出提前解除拘留决定书，交负责看管的公安机关执行。

第一百八十三条 民事诉讼法第一百一十条至第一百一十三条规定的罚款、拘留可以单独适用，也可以合并适用。

第一百八十四条 对同一妨害民事诉讼行为的罚款、拘留不得连续适用。发生新的妨害民事诉讼行为的，人民法院可以重新予以罚款、拘留。

第一百八十五条 被罚款、拘留的人不服罚款、拘留决定申请复议的，应当自收到决定书之日起三日内提出。上级人民法院应当在收到复议申请后五日内作出决定，并将复议结果通知下级人民法院和当事人。

第一百八十六条 上级人民法院复议时认为强制措施不当的，应当制作决定书，撤销或者变更下级人民法院作出的拘留、罚款决定。情况紧急的，可以在口头通知后三日内发出决定书。

第一百八十七条 民事诉讼法第一百一十一条第一款第五项规定的以暴力、威胁或者其他方法阻碍司法工作人员执行职务的行为，包括：

（一）在人民法院哄闹、滞留，不听从司法工作人员劝阻的；

（二）故意毁损、抢夺人民法院法律文书、查封标志的；

（三）哄闹、冲击执行公务现场，围困、扣押执行或者协助执行公务人员的；

（四）毁损、抢夺、扣留案件材料、执行公务车辆、其他执行公务器械、执行公务人员服装和执行公务证件的；

（五）以暴力、威胁或者其他方法阻碍司法工作人员查询、查封、扣押、冻结、划拨、拍卖、变卖财产的；

（六）以暴力、威胁或者其他方法阻碍司法工作人员执行职务的其他行为。

第一百八十八条 民事诉讼法第一百一十一条第一款第六项规定的拒不履行人民法院已经发生法律效力的判决、裁定的行为，包括：

（一）在法律文书发生法律效力后隐藏、转移、变卖、毁损财产或者无偿转让财产，以明显不合理的价格交易财产，放弃到期债权，无偿为他人提供担保等，致使人民法院无法执行的；

（二）隐藏、转移、毁损或者未经人民法院允许处分已向人民法院提供担保的财产的；

（三）违反人民法院限制高消费令进行消费的；

（四）有履行能力而拒不按照人民法院执行通知履行生效法律文书确定的义务的；

（五）有义务协助执行的个人接到人民法院协助执行通知书后，拒不协助执行的。

第一百八十九条 诉讼参与人或者其他人有下列行为之一的，人民法院可以适用民事诉讼法第一百一十一条的规定处理：

（一）冒充他人提起诉讼或者参加诉讼的；

（二）证人签署保证书后作虚假证言，妨碍人民法院审理案件的；

（三）伪造、隐藏、毁灭或者拒绝交出有关被执行人履行能力的重要证据，妨碍人民法院查明被执行人财产状况的；

（四）擅自解冻已被人民法院冻结的财产的；

（五）接到人民法院协助执行通知书后，给当事人通风报信，协助其转移、隐匿财产的。

第一百九十一条 单位有民事诉讼法第一百一十二条或者第一百一十三条规定行为的，人民法院应当对该单位进行罚款，并可以对其主要负责人或者直接责任人员予以罚款、拘留；构成犯罪的，依法追究刑事责任。

第一百九十二条 有关单位接到人民法院协助执行通知书后，有下列行为之一的，人民法院可以适用民事诉讼法第一百一十四条规定处理：

（一）允许被执行人高消费的；

（二）允许被执行人出境的；

（三）拒不停止办理有关财产权证照转移手续、权属变更登记、规划审批等手续的；

（四）以需要内部请示、内部审批，有内部规定等为由拖延办理的。

第一百九十三条 人民法院对个人或者单位采取罚款措施时，应当根据其实施妨害民事诉讼行为的性质、情节、后果，当地的经济发展水平，以及诉讼标的额等因素，在民事诉讼法第一百一十五条第一款规定的限额内确定相应的罚款金额。

第四百九十三条 他人持有法律文书指定交付的财物或者票证，人民法院依照民事诉讼法第二百四十九条第二款、第三款规定发出协助执行通知后，拒不转交的，可以强制执行，并可依照民事诉讼法第一百一十四条、第一百一十五条规定处理。

他人持有期间财物或者票证毁损、灭失的，参照本解释第四百九十四条规定处理。

他人主张合法持有财物或者票证的，可以根据民事诉讼法第二百二十七条规定提出执行异议。

第五百零三条 被执行人不履行法律文书指定的行为，且该项行为只能由被执行人完成的，人民法院可以依照民事诉讼法第一百一十一条第一款第六项规定处理。

被执行人在人民法院确定的履行期间内仍不履行的，人民法院可以依照民事诉讼法第一百一十一条第一款第六项规定再次处理。

第五百一十九条 在执行终结六个月内，被执行人或者其他人对已执行的标的有妨害行为的，人民法院可以依申请排除妨害，并可以依照民事诉讼法第一百一十一条规定进行处罚。因妨害行为给执行债权人或者其他人造成损失的，受害人可以另行起诉。

《最高人民法院关于民事执行中财产调查若干问题的规定》（2020年修正）

第九条 被执行人拒绝报告、虚假报告或者无正当理由逾期报告财产情况的，人民法院可以根据情节轻重对被执行人或者其法定代理人予以罚款、拘留；构成犯罪的，依法追究刑事责任。

人民法院对有前款规定行为之一的单位，可以对其主要负责人或者直接责任人员予以罚款、拘留；构成犯罪的，依法追究刑事责任。

第十九条 被执行人拒不提供、转移、隐匿、伪造、篡改、毁弃审计资料，阻挠审计人员查看业务现场或者有其他妨碍审计调查行为的，人民法院可以根据情节轻重对被执行人或其主要负责人、直接责任人员予以罚款、拘留；构成犯罪的，依法追究刑事责任。

《最高人民法院关于人民法院执行工作若干问题的规定（试行）》（2020年修正）

57. 被执行人或其他人有下列拒不履行生效法律文书或者妨害执行行为之一的，人民法院可以依照民事诉讼法第一百一十一条的规定处理：

（1）隐藏、转移、变卖、毁损向人民法院提供执行担保的财产的；

（2）案外人与被执行人恶意串通转移被执行人财产的；

（3）故意撕毁人民法院执行公告、封条的；

（4）伪造、隐藏、毁灭有关被执行人履行能力的重要证据，妨碍人民法院查明被执行人财产状况的；

（5）指使、贿买、胁迫他人对被执行人的财产状况和履行义务的能力问题作伪证的；

（6）妨碍人民法院依法搜查的；

（7）以暴力、威胁或其他方法妨碍或抗拒执行的；

（8）哄闹、冲击执行现场的；

（9）对人民法院执行人员或协助执行人员进行侮辱、诽谤、诬陷、围攻、威胁、殴打或者打击报复的；

（10）毁损、抢夺执行案件材料、执行公务车辆、其他执行器械、执行人员服装和执行公务证件的。

《最高人民法院关于审理拒不执行判决、裁定刑事案件适用法律若干问题的解释》（2020年修正）

第二条 负有执行义务的人有能力执行而实施下列行为之一的，应当认定为全国人民代表大会常务委员会关于刑法第三百一十三条的解释中规定的"其他有能力执行而拒不执行；情节严重的情形"：

（一）具有拒绝报告或者虚假报告财产情况、违反人民法院限制高消费及有关消费令等拒不执行行为，经采取罚款或者拘留等强制措施后仍拒不执行的；

（二）伪造、毁灭有关被执行人履行能力的重要证据，以暴力、威胁、贿买方法阻止他人作证或者指使、贿买、胁迫他人作伪证，妨碍人民法院查明被执行人财产情况，致使判决、裁定无法执行的；

（三）拒不交付法律文书指定交付的财物、票证或者拒不迁出房屋、退出土地，致使判决、裁定无法执行的；

（四）与他人串通，通过虚假诉讼、虚假仲裁、虚假和解等方式妨害执行，致使判决、裁定无法执行的；

（五）以暴力、威胁方法阻碍执行人员进入执行现场或者聚众哄闹、冲击执行现场，致使执行工作无法进行的；

（六）对执行人员进行侮辱、围攻、扣押、殴打，致使执行工作无法进行的；

（七）毁损、抢夺执行案件材料、执行公务车辆和其他执行器械、执行人员服装以及执行公务证件，致使执行工作无法进行的；

（八）拒不执行法院判决、裁定，致使债权人遭受重大损失的。

《最高人民法院关于限制被执行人高消费及有关消费的若干规定》（2015年7月22日施行 法释〔2015〕17号）

第十一条 被执行人违反限制消费令进行消费的行为属于拒不履行人民法院已经发生法律效力的判决、裁定的行为，经查证属实的，依照《中华人民共和国民事诉讼法》第一百一十一条的规定，予以拘留、罚款；情节严重，构成犯罪的，追究其刑事责任。

《最高人民法院关于人民法院办理异议和复议案件若干问题的规定》（2020 年修正）

第十六条 人民法院依照民事诉讼法第二百二十五条规定作出裁定时，应当告知相关权利人申请复议的权利和期限。

人民法院依照民事诉讼法第二百二十七条规定作出裁定时，应当告知相关权利人提起执行异议之诉的权利和期限。

人民法院作出其他裁定和决定时，法律、司法解释规定了相关权利人申请复议的权利和期限的，应当进行告知。

《最高人民法院关于委托执行若干问题的规定》（2020 年修正）

第十四条 本规定所称的异地是指本省、自治区、直辖市以外的区域。

《最高人民法院关于依法制裁规避执行行为的若干意见》（2011 年 5 月 27 日 法〔2011〕195 号）

15. 对规避执行行为加大民事强制措施的适用。被执行人既不履行义务又拒绝报告财产或者进行虚假报告、拒绝交出或者提供虚假财务会计凭证、协助执行义务人拒不协助执行或者妨碍执行、到期债务第三人提出异议后又擅自向被执行人清偿等，给申请执行人造成损失的，应当依法对相关责任人予以罚款、拘留。

《中华人民共和国全国人民代表大会和地方各级人民代表大会代表法》（1992 年 4 月 3 日施行 主席令第 56 号）

第三十二条 县级以上的各级人民代表大会代表，非经本级人民代表大会主席团许可，在本级人民代表大会闭会期间，非经本级人民代表大会常务委员会许可，不受逮捕或者刑事审判。如果因为是现行犯被拘留，执行拘留的机关应当立即向该级人民代表大会主席团或者人民代表大会常务委员会报告。

对县级以上的各级人民代表大会代表，如果采取法律规定的其他限制人身自由的措施，应当经该级人民代表大会主席团或者人民代表大会常务委员会许可。

人民代表大会主席团或者常务委员会受理有关机关依照本条规定提请许可的申请，应当审查是否存在对代表在人民代表大会各种会议上的发言和表决进行法律追究，或者对代表提出建议、批评和意见等其他执行职务行为打击报复的情形,并据此作出决定。

乡、民族乡、镇的人民代表大会代表,如果被逮捕、受刑事审判、或者被采取法律规定的其他限制人身自由的措施,执行机关应当立即报告乡、民族乡、镇的人民代表大会。

《外交部、最高人民法院、最高人民检察院、公安部、安全部、司法部关于处理涉外案件若干的规定》(1995年6月20日施行 外发〔1995〕17号)

二、关于涉外案件的内部通报问题

(一)遇有下列情况之一,公安机关、国家安全机关、人民检察院、人民法院,以及其他主管机关应当将有关案情、处理情况,以及对外表态口径于受理案件或采取措施的四十八小时内报上一级主管机关,同时通报同级人民政府外事办公室。

1. 对外国人实行行政拘留、刑事拘留、司法拘留、拘留审查、逮捕、监视居住、取保候审、扣留护照、限期出境、驱逐出境的案件;

2. 其他认为应当通报的案件。

同级人民政府外事办公室在接到通报后应当立即报外交部。案件了结后,也应当尽快向外交部通报结果。

……

六、旁听、新闻报道、司法协助、扣留护照等问题

(四)扣留外国人护照问题

根据《中华人民共和国外国人入境出境管理法》和最高人民法院、最高人民检察院、公安部、国家安全部《关于依法限制外国人和中国公民出境问题的若干规定》(〔87X公发16号),除我公安机关、国家安全机关、司法机关以及法律明确授权的机关外,其他任何单位或者个人都无权扣留外国人护照,也不得以任何方式限制外国人的人身自由;公安机关、国家安全机关、司法机关以及法律明确授权的机关扣留外国人护照,必须按照规定的权限报批,履行必要的手续,发给本人扣留护照的证明,并把有关情况及时上报上级主管部门,通报同级人民政府外事办公室,有关外事办公室应当及时报告外交部。

本规定自发文之日起生效。以前有关规定凡与本规定相抵的,一律以本规定为准。1987年《关于处理涉外案件若干问题的规定》(外发〔1987〕54

号）同时废止。

《关于建立和完善执行联动机制若干问题的意见》（2010年7月7日施行 法发〔2010〕15号）

第六条 公安机关应当依法严厉打击拒不执行法院判决、裁定和其他妨害执行的违法犯罪行为；对以暴力、威胁方法妨害或者抗拒执行的行为，在接到人民法院通报后立即出警，依法处置。协助人民法院查询被执行人户籍信息、下落，在履行职责过程中发现人民法院需要拘留、拘传的被执行人的，及时向人民法院通报情况；对人民法院在执行中决定拘留的人员，及时予以收押。协助限制被执行人出境；协助人民法院办理车辆查封、扣押和转移登记等手续；发现被执行人车辆等财产时，及时将有关信息通知负责执行的人民法院。

【重点提示】

执行过程中采取罚款、拘留措施时，必须经院长批准。因哄闹、冲击法庭，用暴力、威胁等方法抗拒执行公务等紧急情况，必须立即采取拘留措施的，可在拘留后，立即报告院长补办批准手续。院长认为拘留不当的，应当解除拘留。

采取罚款、拘留措施的，要制作决定书，决定书中要告知被罚款、拘留的人对罚款或拘留决定不服的，可以自收到决定书之日起三日内向上一级人民法院申请复议一次。复议期间不停止执行。

罚款金额：个人：十万元以下；单位：五万元以上一百万元以下。

拘留期限：十五日以下。

对个人的罚款、拘留可以单独适用，也可以合并适用。对协助义务单位的主要负责人或直接责任人员，罚款后仍不履行协助义务的，可以予以拘留。在异地拘留时，应请求或者委托当地人民法院予以协助，将被拘留人送交当地公安机关看管。

对同一妨害执行行为的罚款、拘留不得连续适用，只有发生新的妨害执行的行为时，才可以重新予以罚款、拘留；但被执行人不履行法律文书指定的行为，且该项行为只能由被执行人完成的，执行法院已对其罚款、拘留后，被执行人在执行法院确定的履行期间内仍不履行的，才可以再次予以罚款、拘留。

对被拘留人采取拘留措施后，在二十四小时内通知其家属；确实无法按时通知或者通知不到的，记录在案。

异地拘留时，由作出拘留决定的人民法院持异地协助执行函逐级审核盖章后到高级人民法院审核盖章，由作出拘留决定的人民法院派员到被拘留人所在地的高级人民法院，请该院协助执行，受托法院应当及时派员协助执行。需要对被拘留人提前解除拘留的，受托法院应当向委托法院转达或者提出建议，由委托法院审查决定。"异地"是指本省、自治区、直辖市以外的区域。

被拘留人系人大代表、政协委员、外国人的，应严格按特殊主体的拘留规定执行。

对执行程序中确立的担保人可以采取强制措施。

民事诉讼法及民事诉讼法司法解释明确指出强制措施适用于"诉讼参与人和其他人"。其中，"其他人"指协助执行的单位和个人，也包括担保人等虽非执行当事人但与执行程序有关的其他人。故在执行过程中，对担保人也可以采取强制措施。

对拒不履行协助义务的单位予以罚款后，义务协助部门仍拒不执行的，人民法院可以强制执行。

人民法院对金融机构作出罚款决定后，除经依法追加、变更上级金融机构为执行案件当事人情形外，不得再次对上级金融机构采取强制执行措施。

第三节　限制出境与扣留护照

【工作内容】

一、限制出境的一般规定

被执行人不履行法律文书确定的义务的，人民法院可以对其采取或者通知有关单位协助采取限制出境措施。

被执行人为单位的，可以对其法定代表人、主要负责人或者影响债务履行的直接责任人员采取限制出境措施。

被执行人为无民事行为能力人或者限制民事行为能力人的，可以对其法定代理人采取限制出境措施。

二、限制出境办理程序

执行过程中需要对被执行人限制出境的，应当由申请执行人向执行法院提出书面申请；必要时，执行法院可以依职权决定。

人民法院决定采取限制出境措施的，应当制作执行决定书。决定书应当告知被限制出境人申请复议的权利和期限。执行决定书应当送达当事人。

限制出境的，执行法院应当通知公安机关协助办理。

三、限制出境的救济

被限制出境的人认为对其限制出境是错误的，可以自收到限制出境决定之日起十日内向上一级人民法院申请复议。

上一级人民法院应当自收到复议申请之日起十五日内作出决定。复议期间，不停止原决定的执行。

四、限制出境的解除

在限制出境期间，被执行人履行法律文书确定的全部债务的，执行法院应当及时解除限制出境措施；被执行人提供充分、有效的担保或者申请执行人同意的，可以解除限制出境。

解除限制出境措施的，应当制作执行决定书。

五、扣留护照

执行法院因办理案件需要，可以依法扣押案件当事人的护照。

案件当事人拒不交出护照的，执行法院可以提请护照签发机关宣布案件当事人的护照作废。

六、对外国人限制出境

对外国人实行扣留护照、限期出境等措施的案件，应当将有关案情、处理情况于采取措施的四十八小时内报上一级主管机关，同时通报同级人民政府外事办公室。

【常用法律、司法解释及相关规定】

《中华人民共和国民事诉讼法》（2021年修正）

第二百六十二条 执行人不履行法律文书确定的义务的，人民法院可以对其采取或者通知有关单位协助采取限制出境，在征信系统记录、通过媒体公布不履行义务信息以及法律规定的其他措施。

《最高人民法院关于适用〈中华人民共和国民事诉讼法〉执行程序若干问题的解释》（2020年修正）

第二十三条 依照民事诉讼法第二百五十五条规定对被执行人限制出境的，应当由申请执行人向执行法院提出书面申请；必要时，执行法院可以依职权决定。

第二十四条 被执行人为单位的，可以对其法定代表人、主要负责人或者影响债务履行的直接责任人员限制出境。

被执行人为无民事行为能力人或者限制民事行为能力人的，可以对其法定代理人限制出境。

第二十五条 在限制出境期间，被执行人履行法律文书确定的全部债务的，执行法院应当及时解除限制出境措施；被执行人提供充分、有效的担保或者申请执行人同意的，可以解除限制出境措施。

《最高人民法院关于人民法院办理执行异议和复议案件若干问题的规定》（2020年修正）

第九条 被限制出境的人认为对其限制出境错误的，可以自收到限制出境决定之日起十日内向上一级人民法院申请复议。上一级人民法院应当自收到复议申请之日起十五日内作出决定。复议期间，不停止原决定的执行。

第十六条 人民法院依照民事诉讼法第二百二十五条规定作出裁定时，应当告知相关权利人申请复议的权利和期限。

人民法院依照民事诉讼法第二百二十七条规定作出裁定时，应当告知相关权利人提起执行异议之诉的权利和期限。

人民法院作出其他裁定和决定时，法律、司法解释规定了相关权利人申请复议的权利和期限的，应当进行告知。

《中华人民共和国护照法》（2007年1月1日施行）

第十五条 人民法院、人民检察院、公安机关、国家安全机关、行政监察机关因办理案件需要，可以依法扣押案件当事人的护照。

案件当事人拒不交出护照的，前款规定的国家机关可以提请护照签发机关宣布案件当事人的护照作废。

《内蒙古自治区高级人民法院关于在民事执行案件中对被执行人限制出境的审批规程》（2019年5月5日施行　内高法执明传〔2019〕14号）

（一）采取限制出境措施的条件

1. 被执行人不履行法律文书确定的义务的，人民法院可以对其采取或者通知有关单位协助采取限制出境措施；被执行人为单位的，可以对其法定代表人、主要负责人或者影响债务履行的直接责任人员限制出境。

（二）限制出境措施的交控机关和接控机关

2. 内蒙古出入境边防检查总站负责受理全区法院边控措施的交控；全区各中、基层法院决定采取边控措施的，由自治区高院统一办理交控手续。

（三）限制出境措施的期限

3. 不准出境边控期限每次不超过3个月，有未了结民事案件人员，不准出境边控期限每次不超过6个月。

（四）采取限制出境措施的审批材料及程序

4. 对被执行人限制出境的，应当由申请执行人向执行法院提出书面申请；必要时，执行法院可以依职权决定。

5. 执行法院决定采取限制出境措施的，应当制作执行决定书。执行决定书应当送达当事人。

6. 执行法院向自治区高院统一办理交控手续时，应当提交以下审批材料：

（1）执行决定书三份（限制出境用）；

（2）边控对象通知书三份（公安部统一样式）；

（3）限制出境被执行人电子版照片（储存于光盘）；

（4）立案文书、执行依据二份（立案通知书、民事判决书、调解书等）、被执行人身份证复印件；

（5）申请执行人出具的限制被执行人出境的申请书复印件（如为人民法

院依职权决定限制出境的可不提供）；

(6) 关于限制被执行人出境的请示报告（基层人民法院决定限制被执行人出境的，应当向上一级法院作出请示，层报自治区高院）；

7. 自治区高院办理边控手续时，应当向内蒙古出入境边防检查总站提供边控公函、边控对象通知书等交控文件和相关文书材料。公函和边控对象通知书等交控文件应当加盖交控机关公章。其中，边控对象通知书应当由交控机关有关领导签名。

（五）限制外国人出境的特殊要求

8. 对外国人采取限期出境措施的，执行法院应当将有关案情、处理情况，以及对外表态口径于受理案件或采取措施的四十八小时内报上级法院，同时通报同级人民政府外事办公室。通报情况回执应在报自治区高院办理边控手续时一并提交。其他办理程序与限制本国人出境的要求一致。

（六）决定限制被执行人出境的审批程序

9. 由自治区高院执行局综合管理处办理人员对审批材料进行初步审查，并拟制"内蒙古自治区高级人民法院关于限制被执行人XXX出境的函"，并附限制出境执行决定书、边控对象通知书等材料，并填写"限制出境案件批办单"、登记台账后，提请处长、分管院领导审批，加盖院印后，交内蒙古出入境边防检查总站。

（七）解除边控

10. 解除被执行人出境限制的，需提供解除出境限制的执行决定书、请示报告及申请执行人申请书，不需要提供边控对象通知书。由自治区高院统一出具公函，办理程序及要求与新布控一致。

【重点提示】

对被执行人限制出境的，应当由申请执行人向执行法院提出书面申请；必要时，执行法院可以依职权决定。限制出境必须制作执行决定书，并告知被限制出境人，如认为对其限制出境错误的，可以自收到限制出境决定之日起十日内向上一级人民法院申请复议一次。

在限制出境期间，被执行人履行全部债务的，应及时解除限制出境措施；被执行人提供充分、有效的担保或者申请执行人同意的，可以解除限制出境。

解除限制出境措施的，也要制作执行决定书。

执行法院因办理案件需要，可依法扣押案件当事人的护照。当事人拒不交出的，可以提请护照签发机关宣布案件当事人的护照作废。

对外国人实行扣留护照、限期出境等措施的案件，作出决定机关在采取措施四十八小时内，必须将有关案情、处理情况报上一级主管机关，同时通报同级人民政府外事办公室。

限制出境的具体审批规程详见执行指挥平台 2019 年 5 月份上传的《关于在民事执行案件中对被执行人限制出境的审批规程》（内高法执明传〔2019〕14 号），请严格遵照执行。

第四节 信用惩戒

被执行人不履行法律文书确定的义务的，人民法院可以在征信系统记录、通过媒体公布不履行义务信息以及法律规定的其他措施，还可以根据情节将其纳入失信被执行人名单，将被执行人不履行或者不完全履行义务的信息向其所在单位、征信机构以及其他相关机构通报。

【工作内容】

一、应纳入失信名单的情形

被执行人未履行生效法律文书确定的义务，并具有下列情形之一的，人民法院应当将其纳入失信被执行人名单，依法对其进行信用惩戒：（1）有履行能力而拒不履行生效法律文书确定义务的；（2）以伪造证据、暴力、威胁等方法妨碍、抗拒执行的；（3）以虚假诉讼、虚假仲裁或者以隐匿、转移财产等方法规避执行的；（4）违反财产报告制度的；（5）违反限制消费令的；（6）无正当理由拒不履行执行和解协议的。

二、纳入失信名单的期限

被执行人具有《最高人民法院关于公布失信被执行人名单信息的若干规

定》(法释〔2017〕7号，以下简称《失信规定》)第一条第二项至第六项规定情形的，纳入失信被执行人名单的期限为二年。被执行人以暴力、威胁方法妨碍、抗拒执行情节严重或具有多项失信行为的，可以延长一至三年。失信被执行人积极履行生效法律文书确定义务或主动纠正失信行为的，人民法院可以决定提前删除失信信息。

有履行能力而拒不履行生效法律文书确定的义务而被纳入失信被执行人名单的，没有期限限制。但符合第七条情形的，执行法院应当在三个工作日内在执行流程信息管理系统删除失信信息。

三、禁止适用情形

(一) 不得纳入失信名单的情形

有下列情形之一的，人民法院不得依据本规定第一条第一项的规定将被执行人纳入失信被执行人名单：(1) 提供了充分有效担保的；(2) 已被采取查封、扣押、冻结等措施的财产足以清偿生效法律文书确定债务的；(3) 被执行人履行顺序在后，对其依法不应强制执行的；(4) 其他不属于有履行能力而拒不履行生效法律文书确定义务的情形。

(二) 未成年人纳入失信名单的禁止

被执行人为未成年人的，人民法院不得将其纳入失信被执行人名单。

四、失信名单的纳入程序及内容

(一) 纳入程序

申请执行人申请将被执行人纳入失信被执行人名单的，执行法院应当自收到申请之日起十五日内审查并作出决定。执行法院也可以依职权决定将其纳入失信被执行人名单。

执行法院决定将被执行人纳入失信被执行人名单的，应当制作决定书。决定书应当写明纳入失信被执行人名单的理由，有纳入期限的，应当写明纳入期限。决定书由院长签发，自作出之日起生效。决定书应当送达当事人。

（二）失信名单的内容

记载和公布的失信被执行人名单信息应当包括：（1）作为被执行人的法人或者其他组织的名称、统一社会信用代码（或组织机构代码）、法定代表人或者负责人姓名；（2）作为被执行人的自然人的姓名、性别、年龄、身份证号码；（3）生效法律文书确定的义务和被执行人的履行情况；（4）被执行人失信行为的具体情形；（5）执行依据的制作单位和文号、执行案号、立案时间、执行法院；（6）人民法院认为应当记载和公布的不涉及国家秘密、商业秘密、个人隐私的其他事项。

五、失信名单的公布

（一）通过失信被执行人名单库公布

执行人员应当通过执行案件流程信息管理系统将失信被执行人信息推送至最高人民法院失信被执行人名单库，并通过该名单库统一向社会公布。

（二）通过媒体公布

各级人民法院可以根据各地实际情况，将失信被执行人名单通过报纸、广播、电视、网络、法院公告栏等其他方式予以公布，并可以采取新闻发布会或者其他方式对本院及辖区法院实施失信被执行人名单制度的情况定期向社会公布。

六、失信名单的通报

人民法院应当将失信被执行人名单信息，向政府相关部门、金融监管机构、金融机构、承担行政职能的事业单位及行业协会等通报，供相关单位依照法律、法规和有关规定，在政府采购、招标投标、行政审批、政府扶持、融资信贷、市场准入、资质认定等方面，对失信被执行人予以信用惩戒。

人民法院应当将失信被执行人名单信息向征信机构通报，并由征信机构在其征信系统中记录。

国家工作人员、人大代表、政协委员等被纳入失信被执行人名单的，人民法院应当将失信情况通报其所在单位和相关部门。

国家机关、事业单位、国有企业等被纳入失信被执行人名单的，人民法院应当将失信情况通报其上级单位、主管部门或者履行出资人职责的机构。

七、失信信息的撤销和更正

（一）失信信息的撤销

执行法院发现不应纳入失信被执行人名单的公民、法人或其他组织被纳入失信被执行人名单的，应当在三个工作日内撤销失信信息。

（二）失信信息的更正

执行法院发现记载和公布的失信信息不准确的，人民法院应当在三个工作日内更正失信信息。

八、失信信息的删除

（一）应当删除的情形

因有履行能力而拒不履行生效法律文书确定义务而被纳入失信名单的被执行人，具有下列情形之一的，执行法院应当在三个工作日内删除失信信息：（1）被执行人已履行生效法律文书确定的义务或人民法院已执行完毕的；（2）当事人达成执行和解协议且已履行完毕的；（3）申请执行人书面申请删除失信信息，人民法院审查同意的；（4）终结本次执行程序后，通过网络执行查控系统查询被执行人财产两次以上，未发现有可供执行财产，且申请执行人或者其他人未提供有效财产线索的；（5）因审判监督或破产程序，人民法院依法裁定对失信被执行人中止执行的；（6）人民法院依法裁定不予执行的；（7）人民法院依法裁定终结执行的。

有纳入期限的，不适用前款规定。纳入期限届满后三个工作日内，执行法院应当删除失信信息。失信被执行人积极履行生效法律文书确定义务或主动纠正失信行为的，可以决定提前删除失信信息。

（二）删除后的重新纳入

删除失信信息后，被执行人再次发生失信行为，符合纳入失信被执行人名单情形的，执行法院可以重新将其纳入失信被执行人名单。

申请执行人书面申请删除失信信息，执行法院审查删除后，申请执行人在六个月内再次申请将该被执行人纳入失信被执行人名单的，不予支持。

九、纳入失信名单的救济

（一）申请救济的情形

被纳入失信被执行人名单的公民、法人或其他组织认为有下列情形之一的，可以向执行法院申请纠正：（1）不应将其纳入失信被执行人名单的；（2）记载和公布的失信信息不准确的；（3）失信信息应予删除的。

（二）救济申请的审查

公民、法人或其他组织对被纳入失信被执行人名单申请纠正的，执行法院应当自收到书面纠正申请之日起十五日内审查，理由成立的，应当在三个工作日内纠正；理由不成立的，决定驳回。公民、法人或其他组织对驳回决定不服的，可以自决定书送达之日起十日内向上一级人民法院申请复议。上一级人民法院应当自收到复议申请之日起十五日内作出决定。

被纳入失信名单的被执行人申请复议的，复议期间不停止原决定的执行。

（三）法律责任

法院工作人员违反本规定公布、撤销、更正、删除失信信息的，参照有关规定追究责任。

十、工作流程

申请执行人向人民法院申请将其纳入失信被执行人名单。人民法院应当自收到申请之日起十五日内审查并作出决定。人民法院也可以依职权决定将其纳入失信被执行人名单。

制作决定书，决定书应当写明纳入失信被执行人名单的理由，有纳入期限的，应当写明纳入期限。决定书应层报主管院长审批、签发，自作出之日起生效。决定书应当送达当事人。

通过执行案件流程信息管理系统将失信被执行人信息推送至最高人民法院失信被执行人名单库，并通过该名单库统一向社会公布。

将失信被执行人名单信息，向政府相关部门、金融监管机构、金融机构、承担行政职能的事业单位及行业协会等通报，供相关单位依照法律、法规和有关规定，在政府采购、招标投标、行政审批、政府扶持、融资信贷、市场准入、资质认定等方面，对失信被执行人予以信用惩戒。将失信被执行人名单信息向征信机构通报，并由征信机构在其征信系统中记录。国家工作人员、人大代表、政协委员等被纳入失信被执行人名单的，应当将失信情况通报其所在单位和相关部门。国家机关、事业单位、国有企业等被纳入失信被执行人名单的，应当将失信情况通报其上级单位、主管部门或者履行出资人职责的机构。

符合删除条件的，应当在三个工作日内删除失信信息。

删除失信信息后，被执行人再次发生失信行为，符合纳入失信被执行人名单情形的，执行法院可以重新将其纳入失信被执行人名单。

申请执行人书面申请删除失信信息，执行法院审查删除后，申请执行人在六个月内再次申请将该被执行人纳入失信被执行人名单的，不予支持。

被纳入失信被执行人名单的公民、法人或其他组织认为不应将其纳入失信被执行人名单的、记载和公布的失信信息不准确的、失信信息应予删除的情形，可以向执行法院申请纠正。执行法院应当自收到书面纠正申请之日起十五日内审查，理由成立的，应当在三个工作日内纠正；理由不成立的，决定驳回。被纳入失信名单的被执行人如对驳回决定不服，可以自收到决定书之日起十日内向上一级人民法院申请复议。复议期间不停止原决定的执行。

缩短期限：经申请执行人书面申请，领导审批，可以缩短失信期限。

【系统操作】

一、发布失信被执行人

在"列入失信名单"功能界面中，点击"发布"按钮，打开发布失信被执行人的界面，如图13-1所示。

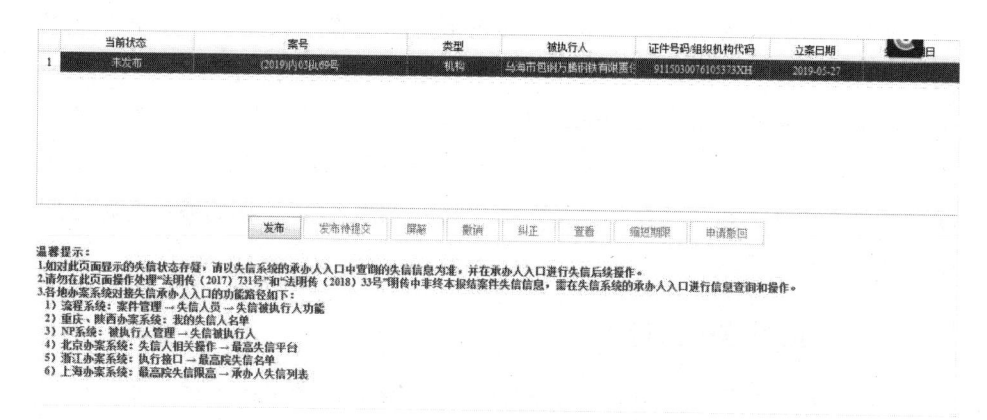

图13-1 列入失信名单

点击"发布"按钮，打开选择失信被执行人新增界面，如图13-2所示。

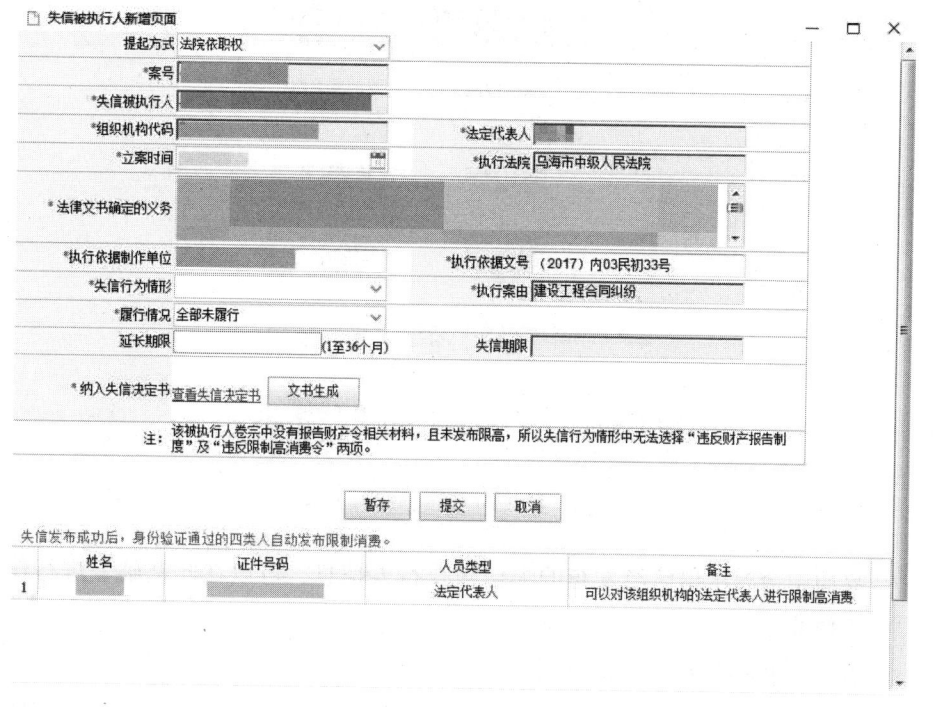

图13-2 新增失信被执行人

选择"失信行为情形"，完成信息录入后，点击"提交"按钮，将新增失信被执行人信息提交给领导,需要等待领导进行失信审批。

说明:(1)保存并提交新增失信信息后,需要在"失信审批"中进行审批,审核通过后,系统每晚会定时将失信人员信息推送到协执单位。(2)对于失信被执行人的新增,系统还提供了从具体案件入手进行处理,在"案件执行"中的案件列表里打开想要新增的失信被执行人所在案件,在"案件办理"标签页中左侧的流程导航中,点击"列入失信名单",也能够打开新增失信被执行人的处理界面。

二、纠正失信被执行人

在"失信被执行人"功能界面的列表中选择具体的失信人员记录,然后点击界面上方的"纠正"按钮,打开纠正失信被执行人如图13-3所示。

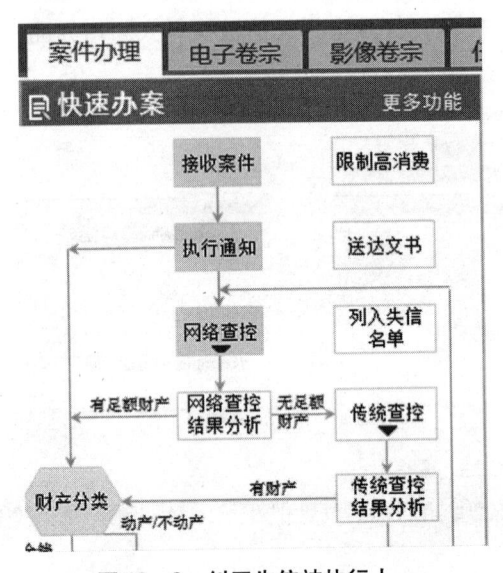

图13-3 纠正失信被执行人一

界面中会展示出已经发布的失信被执行人信息,可以在此基础上进行信息纠正修改。

点击"暂存"按钮,保存纠正信息。

点击"提交"按钮,将纠正信息提交到"失信审批"中进行审批,如图13-4所示。

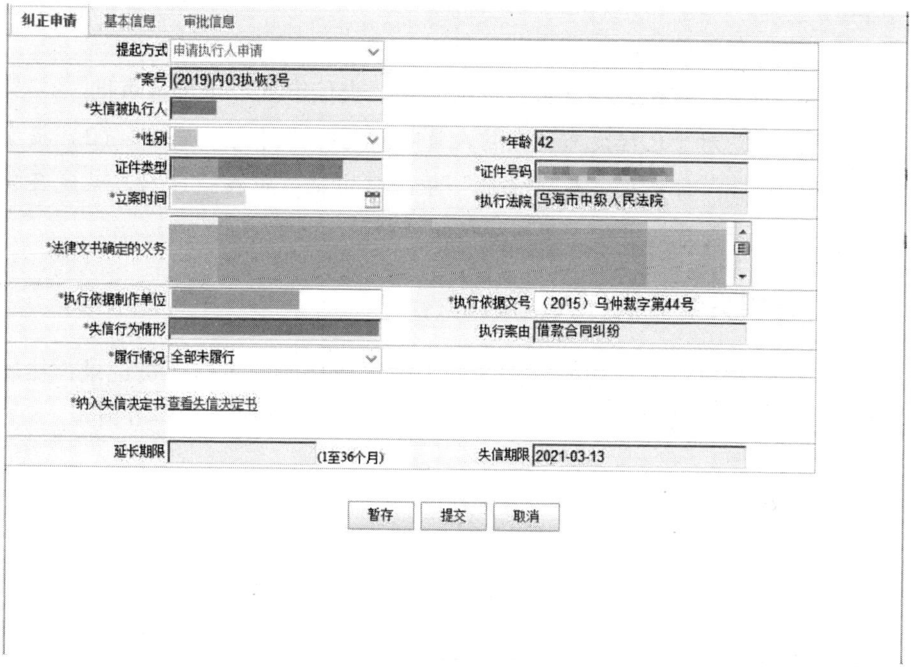

图 13-4　纠正失信被执行人二

说明：（1）对于已经发布的失信人员可以进行"纠正"处理。（2）提交纠正失信信息后，需要在"失信审批"中进行审批，审核通过后，系统每晚会定时将纠正的失信人员信息推送到协执单位。

三、屏蔽失信被执行人

在"失信被执行人"功能界面的列表中选择具体的失信人员记录，然后点击界面上方的"屏蔽"按钮，打开屏蔽失信被执行人如图 13-5 所示。

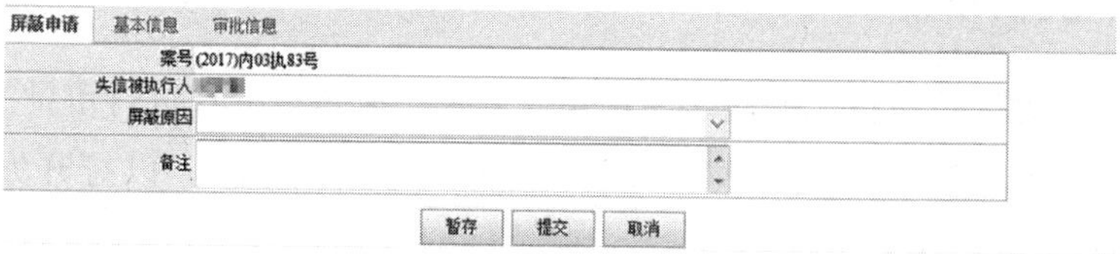

图 13-5　屏蔽失信被执行人

界面中会展示出已经发布的失信被执行人信息，需要录入"屏蔽原因"

等信息。

点击"暂存"按钮,保存屏蔽信息。

点击"提交"按钮,将屏蔽信息提交到"失信审批"中进行审批。

说明:(1)对于已经发布的失信人员可以进行"屏蔽"处理。(2)提交屏蔽失信信息后,需要在"失信审批"中进行审批,审核通过后,系统每晚会定时将屏蔽的失信人员信息推送到协执单位。

四、撤销失信被执行人

在"失信被执行人"功能界面的列表中选择具体的失信人员记录,然后点击界面上方的"撤销"按钮,打开撤销失信被执行人如图13-6所示。

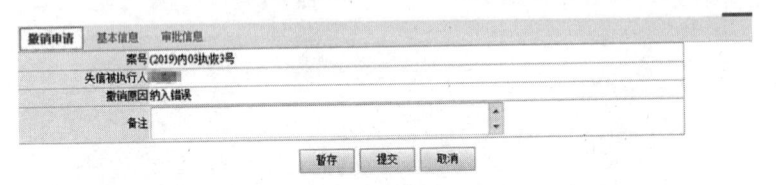

图13-6 撤销失信被执行人

界面中会展示出已经发布的失信被执行人信息,需要录入"撤销原因"等信息。

点击"暂存"按钮,保存屏蔽信息。

点击"提交"按钮,将撤销信息提交到"失信审批"中进行审批。

说明:对于已经发布的失信人员可以进行"撤销"处理。

提交撤销失信信息后,需要在"失信审批"中进行审批,审核通过后,系统每晚会定时将撤销的失信人员信息推送到协执单位。

五、失信审批

实现对失信被执行人的新增、纠正、屏蔽、撤销等处理进行审批的功能。

点击功能导航中"失信人员"项目中的"失信审批",以打开失信审批处理界面,如图13-7所示。

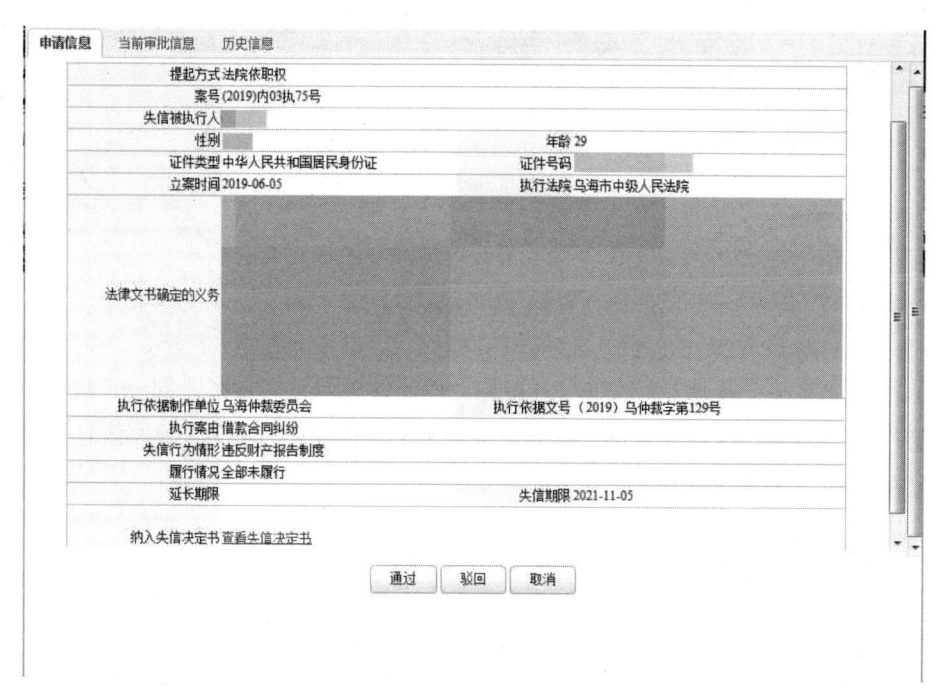

图 13-7　失信审批

界面中会显示出本院所有待审批的失信被执行人信息，可以录入"当事人"信息，点击"查询"按钮，查询具体待审批的失信记录。

若领导同意该处理，则点击"审核通过"按钮。

若领导对处理存有疑义，则点击"驳回"按钮，驳回时必须录入"驳回原因"。

六、失信查询

实现查询失信被执行人信息的功能。

点击功能导航中"失信人员"项目中的"失信查询"，以打开失信查询处理界面，如图 13-8 所示。

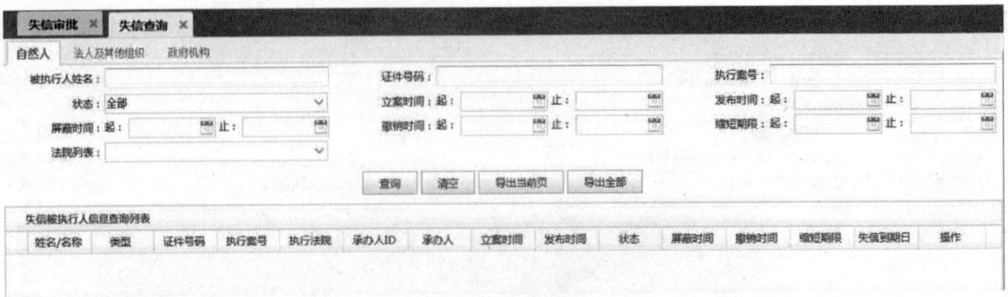

图 13-8　失信查询

可以录入"案号""被执行人名称""证件号码""立案时间""执行法院"查询条件,点击"查询"按钮。符合查询条件的失信被执行人信息会显示在界面下方的列表中。

【常用法律、司法解释及相关规定】

《中华人民共和国民事诉讼法》(2021 年修正)

第二百六十二条　被执行人不履行法律文书确定的义务的,人民法院可以对其采取或者通知有关单位协助采取限制出境,在征信系统记录、通过媒体公布不履行义务信息以及法律规定的其他措施。

《最高人民法院关于适用〈中华人民共和国民事诉讼法〉的解释》(2022 年修正)

第五百一十六条　被执行人不履行法律文书确定的义务的,人民法院除对被执行人予以处罚外,还可以根据情节将其纳入失信被执行人名单,将被执行人不履行或者不完全履行义务的信息向其所在单位、征信机构以及其他相关机构通报。

《最高人民法院关于限制被执行人高消费及有关消费的若干规定》(2015 年 7 月 22 日施行　法释〔2015〕17 号)

第一条　被执行人未按执行通知书指定的期间履行生效法律文书确定的给付义务的,人民法院可以采取限制消费措施,限制其高消费及非生活或者经营必需的有关消费。

纳入失信被执行人名单的被执行人,人民法院应当对其采取限制消费措施。

《最高人民法院关于严格规范终结本次执行程序的规定（试行）》（2016年12月1日施行　法〔2016〕373号）

第一条　人民法院终结本次执行程序，应当同时符合下列条件：

（一）已向被执行人发出执行通知、责令被执行人报告财产；

（二）已向被执行人发出限制消费令，并将符合条件的被执行人纳入失信被执行人名单；

（三）已穷尽财产调查措施，未发现被执行人有可供执行的财产或者发现的财产不能处置；

（四）自执行案件立案之日起已超过三个月；

（五）被执行人下落不明的，已依法予以查找；被执行人或者其他人妨害执行的，已依法采取罚款、拘留等强制措施，构成犯罪的，已依法启动刑事责任追究程序。

《最高人民法院关于公布失信被执行人名单信息的若干规定》（2017年1月16日施行　法释〔2017〕7号）

第一条　被执行人未履行生效法律文书确定的义务，并具有下列情形之一的，人民法院应当将其纳入失信被执行人名单，依法对其进行信用惩戒：

（一）有履行能力而拒不履行生效法律文书确定义务的；

（二）以伪造证据、暴力、威胁等方法妨碍、抗拒执行的；

（三）以虚假诉讼、虚假仲裁或者以隐匿、转移财产等方法规避执行的；

（四）违反财产报告制度的；

（五）违反限制消费令的；

（六）无正当理由拒不履行执行和解协议的。

第二条　被执行人具有本规定第一条第二项至第六项规定情形的，纳入失信被执行人名单的期限为二年。被执行人以暴力、威胁方法妨碍、抗拒执行情节严重或具有多项失信行为的，可以延长一至三年。

失信被执行人积极履行生效法律文书确定义务或主动纠正失信行为的，人民法院可以决定提前删除失信信息。

第三条　有下列情形之一的，人民法院不得依据本规定第一条第一项的规定将被执行人纳入失信被执行人名单：

（一）提供了充分有效担保的；

（二）已被采取查封、扣押、冻结等措施的财产足以清偿生效法律文书确定债务的；

（三）被执行人履行顺序在后，对其依法不应强制执行的；

（四）其他不属于有履行能力而拒不履行生效法律文书确定义务的情形。

第四条 被执行人为未成年人的，人民法院不得将其纳入失信被执行人名单。

第五条 人民法院向被执行人发出的执行通知中，应当载明有关纳入失信被执行人名单的风险提示等内容。

申请执行人认为被执行人具有本规定第一条规定情形之一的，可以向人民法院申请将其纳入失信被执行人名单。人民法院应当自收到申请之日起十五日内审查并作出决定。人民法院认为被执行人具有本规定第一条规定情形之一的，也可以依职权决定将其纳入失信被执行人名单。

人民法院决定将被执行人纳入失信被执行人名单的，应当制作决定书，决定书应当写明纳入失信被执行人名单的理由，有纳入期限的，应当写明纳入期限。决定书由院长签发，自作出之日起生效。决定书应当按照民事诉讼法规定的法律文书送达方式送达当事人。

第六条 记载和公布的失信被执行人名单信息应当包括：

（一）作为被执行人的法人或者其他组织的名称、统一社会信用代码（或组织机构代码）、法定代表人或者负责人姓名；

（二）作为被执行人的自然人的姓名、性别、年龄、身份证号码；

（三）生效法律文书确定的义务和被执行人的履行情况；

（四）被执行人失信行为的具体情形；

（五）执行依据的制作单位和文号、执行案号、立案时间、执行法院；

（六）人民法院认为应当记载和公布的不涉及国家秘密、商业秘密、个人隐私的其他事项。

第七条 各级人民法院应当将失信被执行人名单信息录入最高人民法院失信被执行人名单库，并通过该名单库统一向社会公布。

各级人民法院可以根据各地实际情况，将失信被执行人名单通过报纸、广播、电视、网络、法院公告栏等其他方式予以公布，并可以采取新闻发布会或者其他方式对本院及辖区法院实施失信被执行人名单制度的情况定期向社会公布。

第八条 人民法院应当将失信被执行人名单信息，向政府相关部门、金融监管机构、金融机构、承担行政职能的事业单位及行业协会等通报，供相关单位依照法律、法规和有关规定，在政府采购、招标投标、行政审批、政府扶持、融资信贷、市场准入、资质认定等方面，对失信被执行人予以信用惩戒。

人民法院应当将失信被执行人名单信息向征信机构通报，并由征信机构在其征信系统中记录。

国家工作人员、人大代表、政协委员等被纳入失信被执行人名单的，人民法院应当将失信情况通报其所在单位和相关部门。

国家机关、事业单位、国有企业等被纳入失信被执行人名单的，人民法院应当将失信情况通报其上级单位、主管部门或者履行出资人职责的机构。

第九条 不应纳入失信被执行人名单的公民、法人或其他组织被纳入失信被执行人名单的，人民法院应当在三个工作日内撤销失信信息。

记载和公布的失信信息不准确的，人民法院应当在三个工作日内更正失信信息。

第十条 有下列情形之一的，人民法院应当在三个工作日内删除失信信息：

（一）被执行人已履行生效法律文书确定的义务或人民法院已执行完毕的；

（二）当事人达成执行和解协议且已履行完毕的；

（三）申请执行人书面申请删除失信信息，人民法院审查同意的；

（四）终结本次执行程序后，通过网络执行查控系统查询被执行人财产两次以上，未发现有可供执行财产，且申请执行人或者其他人未提供有效财产线索的；

（五）因审判监督或破产程序，人民法院依法裁定对失信被执行人中止执行的；

（六）人民法院依法裁定不予执行的；

（七）人民法院依法裁定终结执行的。

有纳入期限的，不适用前款规定。纳入期限届满后三个工作日内，人民法院应当删除失信信息。

依照本条第一款规定删除失信信息后，被执行人具有本规定第一条规定情形之一的，人民法院可以重新将其纳入失信被执行人名单。

依照本条第一款第三项规定删除失信信息后六个月内，申请执行人申请将该被执行人纳入失信被执行人名单的，人民法院不予支持。

第十一条 纳入失信被执行人名单的公民、法人或其他组织认为有下列情形之一的，可以向执行法院申请纠正：

（一）不应将其纳入失信被执行人名单的；

（二）记载和公布的失信信息不准确的；

（三）失信信息应予删除的。

第十二条 公民、法人或其他组织对被纳入失信被执行人名单申请纠正的，执行法院应当自收到书面纠正申请之日起十五日内审查，理由成立的，应当在三个工作日内纠正；理由不成立的，决定驳回。公民、法人或其他组织对驳回决定不服的，可以自决定书送达之日起十日内向上一级人民法院申请复议。上一级人民法院应当自收到复议申请之日起十五日内作出决定。

复议期间，不停止原决定的执行。

第十三条 人民法院工作人员违反本规定公布、撤销、更正、删除失信信息的，参照有关规定追究责任。

《最高人民法院关于民事执行中财产调查若干问题的规定》（2020年修正）

第十条 被执行人拒绝报告、虚假报告或者无正当理由逾期报告财产情况的，人民法院应当依照相关规定将其纳入失信被执行人名单。

《关于建立完善执行联动机制若干问题的意见》（2010年7月7日 法发〔2010〕15号）

第十三条 人民银行应当协助人民法院查询人民币银行结算账户管理系统中被执行人的账户信息；将人民法院提供的被执行人不履行法律文书确定义务的情况纳入企业和个人信用信息基础数据库。

第十四条 银行业监管部门应当监督银行业金融机构积极协助人民法院查询被执行人的开户、存款情况，依法及时办理存款的冻结、轮候冻结和扣划等事宜。对金融机构拒不履行生效法律文书、拒不协助人民法院执行的行为，依法追究有关人员的责任。制定金融机构对被执行人申请贷款进行必要限制的规定，要求金融机构发放贷款时应当查询企业和个人信用信息基础数据库，并将被执行人履行生效法律文书确定义务的情况作为审批贷款时的考量因素。对拒不履行生效法律文书义务的被执行人，涉及金融债权的，可以采取不开新户、不发放新贷款、不办理对外支付等制裁措施。

第十七条　工商行政管理部门应当协助人民法院查询有关企业的设立、变更、注销登记等情况；依照有关规定，协助人民法院办理被执行人持有的有限责任公司股权的冻结、转让登记手续。对申请注销登记的企业，严格执行清算制度，防止被执行人转移财产，逃避执行。逐步将不依法履行生效法律文书确定义务的被执行人录入企业信用分类监管系统。

【重点提示】

人民法院应当严格依照《最高人民法院院关于公布失信被执行人名单信息的若干规定》（以下简称《失信规定》）第一条的规定审查被执行人是否符合纳入失信名单的法定情形，严禁将不符合条件的被执行人纳入失信名单。纳入失信名单前必须先限制消费。

纳入期限：符合纳入失信条件第一条第二项至第六项规定情形的，纳入失信被执行人名单的期限为二年。被执行人以暴力、威胁方法妨碍、抗拒执行情节严重或具有多项失信行为的，可以再延长一至三年。失信被执行人积极履行生效法律文书确定义务或主动纠正失信行为的，人民法院可以决定提前删除失信信息。此处的"删除"在系统中对应的是"屏蔽"。具体操作按最高人民法院"法明传〔2018〕33号"通知要求进行。

具有《失信规定》第三条规定情形之一的，不得依据《失信规定》第一条第一项的规定将被执行人纳入失信名单。已经纳入的，应当"撤销"，纳入后才具有《失信规定》第三条第一项、第二项情形之一的，应当"屏蔽"。

人民法院不得将未成年人纳入失信被执行人名单。

国家工作人员、人大代表、政协委员等被纳入失信被执行人名单的，人民法院应当将失信情况通报其所在单位和相关部门。国家机关、事业单位、国有企业等被纳入失信被执行人名单的，人民法院应当将失信情况通报其上级单位、主管部门或者履行出资人职责的机构。

案件已经以"终结本次执行程序"方式报结，执行法院按照最高人民法院"法明传〔2017〕699号"通知要求，已将案件标注为实结，尚有失信被执行人名单信息处于发布状态的，应当"屏蔽"；如果纳入失信被执行人名单错误的，应当"撤销"。

屏蔽、撤销、纠正的关系：三者条件不同，后果不一样。

第一，条件不同：（1）屏蔽的条件是符合司法解释的规定纳入程序，前提条件是纳入正确（符合《失信规定》第一条、第三条、第四条应该纳入且纳入正确），并符合《失信规定》第十条规定的情形之一；（2）撤销的条件是纳入错误，不符合司法解释第一条、第三条、第四条要求；（3）纠正的条件是纳入正确，部分信息项目错误。可纠正的项目：除姓名、证件号码、单位名称、单位号码（组织机构、统一社会或注册码）和失信情形以外的信息，均可以纠正。

第二，后果不一样：（1）屏蔽的后果：以往的惩戒措施到此结束，但之前的惩戒记录永远存在，屏蔽后还受失信影响。例如将失信记录写在档案中，屏蔽就在档案的失信信息后加一条履行信息，档案永远有信息。银行卡因为失信将五万元额度变为一万元，屏蔽后还是一万元。信用额度、支付宝芝麻信用积分不会恢复。（2）撤销的后果：所有的惩戒记录一笔勾销，全都抹除，持续的状态恢复原状。信用额度可以恢复，清除记录恢复形态。（3）纠正的后果：只是公开信息变化，别的无变化。

对有期限的失信被执行人，符合《失信规定》第一条第二项至第六项情形，已履行完毕后，应采取缩短期限的方式"屏蔽"失信信息，不能采取"撤销"方式，否则影响失信名单撤销率。

第五节　限制消费

【工作内容】

一、一般规定

被执行人未按执行通知书指定的期间履行生效法律文书确定的给付义务

的，人民法院可以采取限制消费措施，限制其消费及非生活或者经营必需的有关消费。

被执行人为单位的，被采取限制消费措施后，被执行人及其法定代表人、主要负责人、影响债务履行的直接责任人员、实际控制人不得有高消费及非生活和工作必需的消费行为。

纳入失信被执行人名单的被执行人，人民法院应当对其采取限制消费措施。

被执行人无可供执行的财产或者发现的财产不能处置，需要终结本次执行程序的，应当对被执行人采取限制消费措施。

二、限制消费令

（一）启动

限制消费措施一般由申请执行人提出书面申请，经人民法院审查决定；必要时人民法院可以依职权决定。

（二）制作与签发

人民法院决定采取限制消费措施的，应当向被执行人发出限制消费令。限制消费令由人民法院院长签发。限制消费令应当载明限制消费的期间、项目、法律后果等内容。限制消费令可与执行通知书一并发出。

（三）通知和公告

采取限制消费措施，应当通过执行案件流程信息管理系统向相关单位推送，并可以根据案件需要和被执行人的情况向有义务协助调查、执行的单位送达协助执行通知书。

采取限制消费措施，也可以在相关媒体上进行公告。限制消费令的公告费用由被执行人负担；申请执行人申请在媒体公告的，应当垫付公告费用。

（四）生活、经营必须消费的申请与批准

被限制消费的被执行人因生活或者生产经营必需，向执行法院申请进行

所限制的消费行为的，执行法院可以批准。被限制消费的被执行人获批准后方可进行消费。

被执行人的法定代表人、主要负责人、影响债务履行的直接责任人员、实际控制人因私消费以个人财产实施前款规定行为的，可以向执行法院提出申请。执行法院审查属实的，应予准许。

（五）限制消费令的解除

在限制消费期间，被执行人提供确实有效的担保或者经申请执行人同意的，执行法院可以解除限制消费令。

被执行人履行完毕生效法律文书确定的义务的，执行法院应当解除限制消费令，并通过执行案件流程信息管理系统屏蔽限制消费信息，通知协助执行、调查的单位解除限制消费措施，已在媒体公告限制消费令的，应当公告解除限制消费令。

三、违反限制消费令的举报与制裁

（一）违反限制消费令的举报

人民法院应当设置举报电话或者邮箱，接受申请执行人和社会公众对被限制消费的被执行人违反限制消费令的举报，并进行审查认定。

（二）对被执行人的制裁

被执行人违反限制消费令进行消费的行为属于拒不履行人民法院已经发生法律效力的判决、裁定的行为，经查证属实的，可以予以拘留、罚款、纳入失信被执行人名单；情节严重，构成犯罪的，追究其刑事责任。

（三）对协助单位的制裁

有关单位在收到执行法院协助执行通知书后，仍允许被执行人进行高消费及非生活或者经营必需的有关消费的，执行法院除责令其履行协助义务外可以对该单位、对单位的主要负责人或者直接责任人员予以罚款。对单位的主要负责人或者直接责任人员予以罚款后仍不履行协助义务的，可以对其进行拘留，并可以向监察机关或者有关机关提出予以纪律处分的司法建议。情节严重，构成犯罪的，追究其法律责任。

【系统操作】

一、限制高消费操作流程

打开电脑→人民法院执行案件流程信息管理系统→法院名称选择→登录账号（部门选择执行局，双击个人）→输入登录密码→点击登录→待执案件→点案号→限制高消费→新增→选择当事人→限制→填写红色必填项→提交申请。

二、限制高消费审批操作流程

打开电脑→人民法院执行案件流程信息管理系统→法院名称选择→登录账号（部门选择执行局，双击个人）→输入登录密码→点击登录→案件管理→限制高消费审批→审批结果选择通过→提交。

流程图右上角进入，如图13-9所示。

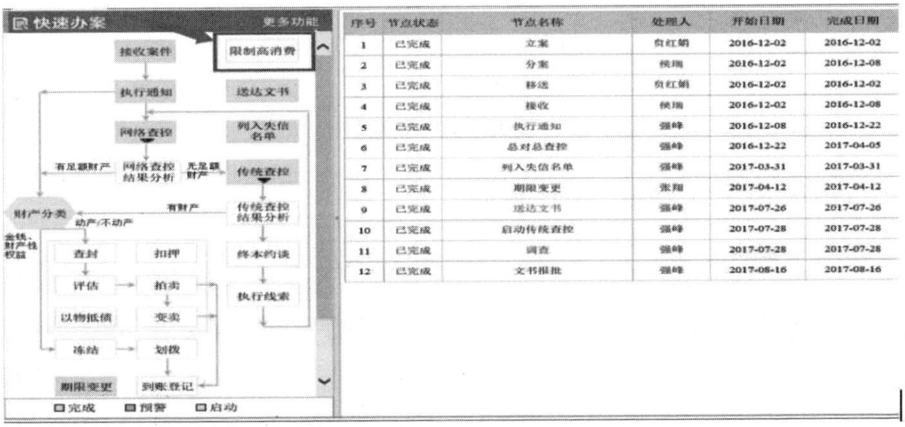

图13-9　限制高消费操作

或者更多功能执行事务处理→司法制裁→限高业务办理，如图13-10所示。

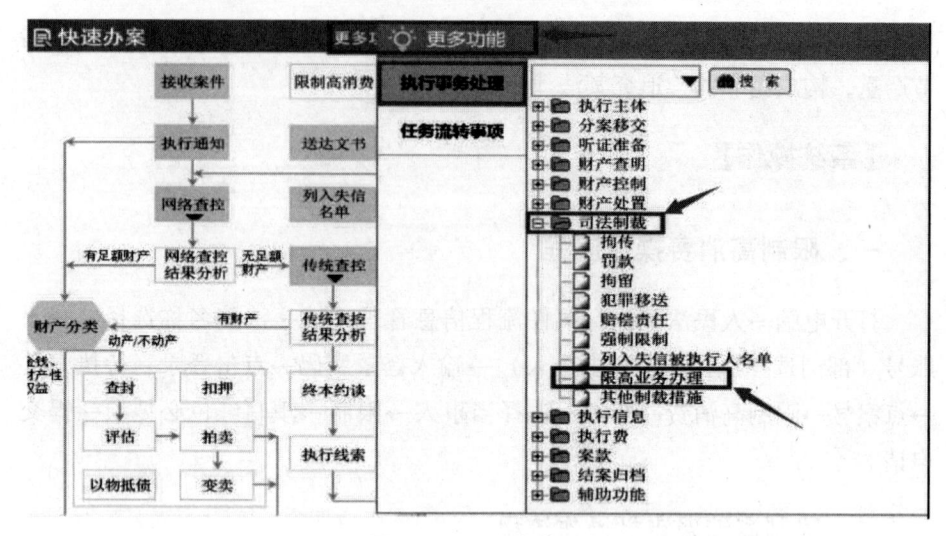

526／人民法院办理执行案件程序指引

图 13-10　业务办理

选择点击"新增",如图 13-11 所示。

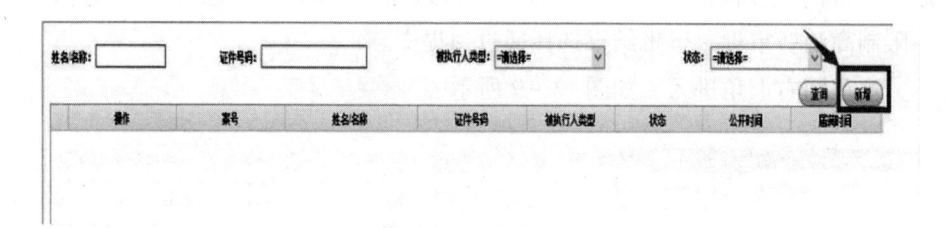

图 13-11　新增

点击"限制",如图 13-12 所示。

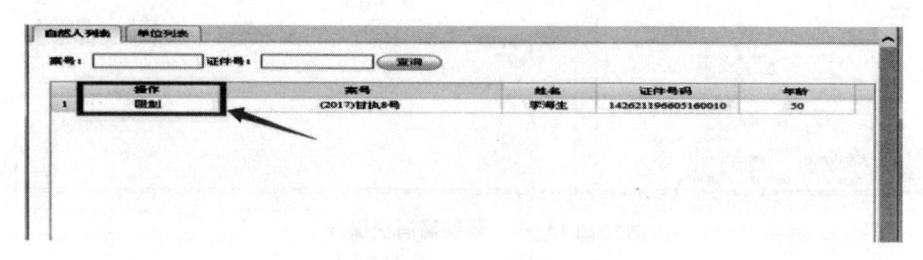

图 13-12　限制

选择申请类别、限高到期日、生成文书、提交申请,如图 13-13 所示。

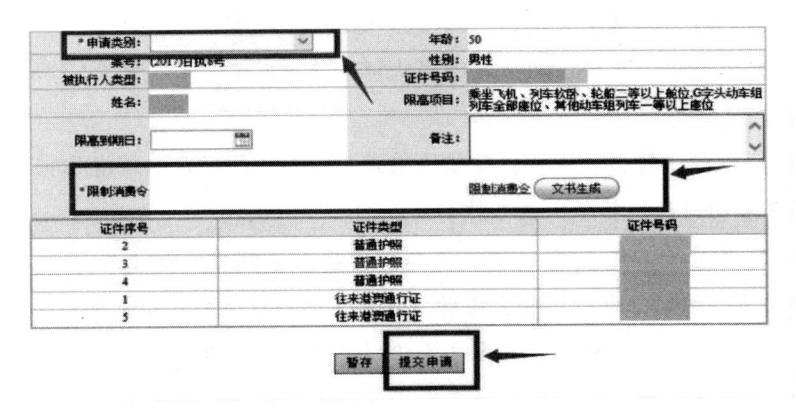

图 13 – 13 提交申请

提交申请后由相关人员进行审批，完成操作，如图 13 – 14 所示。

图 13 – 14 完成操作

【常用法律、司法解释及相关规定】

《中华人民共和国民事诉讼法》（2021 年修正）

第一百一十四条 诉讼参与人或者其他人有下列行为之一的，人民法院可以根据情节轻重予以罚款、拘留；构成犯罪的，依法追究刑事责任：

（一）伪造、毁灭重要证据，妨碍人民法院审理案件的；

（二）以暴力、威胁、贿买方法阻止证人作证或者指使、贿买、胁迫他人作伪证的；

（三）隐藏、转移、变卖、毁损已被查封、扣押的财产，或者已被清点并责令其保管的财产，转移已被冻结的财产的；

（四）对司法工作人员、诉讼参加人、证人、翻译人员、鉴定人、勘验人、协助执行的人，进行侮辱、诽谤、诬陷、殴打或者打击报复的；

（五）以暴力、威胁或者其他方法阻碍司法工作人员执行职务的；

（六）拒不履行人民法院已经发生法律效力的判决、裁定的。

人民法院对有前款规定的行为之一的单位，可以对其主要负责人或者直接责任人员予以罚款、拘留；构成犯罪的，依法追究刑事责任。

第一百一十七条 有义务协助调查、执行的单位有下列行为之一的，人民法院除责令其履行协助义务外，并可以予以罚款：

（一）有关单位拒绝或者妨碍人民法院调查取证的；

（二）有关单位接到人民法院协助执行通知书后，拒不协助查询、扣押、冻结、划拨、变价财产的；

（三）有关单位接到人民法院协助执行通知书后，拒不协助扣留被执行人的收入、办理有关财产权证照转移手续、转交有关票证、证照或者其他财产的；

（四）其他拒绝协助执行的。

人民法院对有前款规定的行为之一的单位，可以对其主要负责人或者直接责任人员予以罚款；对仍不履行协助义务的，可以予以拘留；并可以向监察机关或者有关机关提出予以纪律处分的司法建议。

《最高人民法院关于适用〈中华人民共和国民事诉讼法〉的解释》（2022年修正）

第一百八十八条 民事诉讼法第一百一十一条第一款第六项规定的拒不履行人民法院已经发生法律效力的判决、裁定的行为，包括：

（一）在法律文书发生法律效力后隐藏、转移、变卖、毁损财产或者无偿转让财产、以明显不合理的价格交易财产、放弃到期债权、无偿为他人提供担保等，致使人民法院无法执行的；

（二）隐藏、转移、毁损或者未经人民法院允许处分已向人民法院提供担保的财产的；

（三）违反人民法院限制高消费令进行消费的；

（四）有履行能力而拒不按照人民法院执行通知履行生效法律文书确定的义务的；

（五）有义务协助执行的个人接到人民法院协助执行通知书后，拒不协助执行的。

《最高人民法院关于限制被执行人高消费及有关消费的若干规定》（2015年7月22日施行　法释〔2015〕17号）

第一条　被执行人未按执行通知书指定的期间履行生效法律文书确定的给付义务的，人民法院可以采取限制消费措施，限制其高消费及非生活或者经营必需的有关消费。

纳入失信被执行人名单的被执行人，人民法院应当对其采取限制消费措施。

第二条　人民法院决定采取限制消费措施时，应当考虑被执行人是否有消极履行、规避执行或者抗拒执行的行为以及被执行人的履行能力等因素

第三条　被执行人为自然人的，被采取限制消费措施后，不得有以下高消费及非生活和工作必需的消费行为：

（一）乘坐交通工具时，选择飞机、列车软卧、轮船二等以上舱位；

（二）在星级以上宾馆、酒店、夜总会、高尔夫球场等场所进行高消费；

（三）购买不动产或者新建、扩建、高档装修房屋；

（四）租赁高档写字楼、宾馆、公寓等场所办公；

（五）购买非经营必需车辆；

（六）旅游、度假；

（七）子女就读高收费私立学校；

（八）支付高额保费购买保险理财产品；

（九）乘坐G字头动车组列车全部座位、其他动车组列车一等以上座位等其他非生活和工作必需的消费行为。

被执行人为单位的，被采取限制消费措施后，被执行人及其法定代表人、主要负责人、影响债务履行的直接责任人员、实际控制人不得实施前款规定

的行为。因私消费以个人财产实施前款规定行为的，可以向执行法院提出申请。执行法院审查属实的，应予准许。

第四条 限制消费措施一般由申请执行人提出书面申请，经人民法院审查决定；必要时人民法院可以依职权决定。

第五条 人民法院决定采取限制消费措施的，应当向被执行人发出限制消费令。限制消费令由人民法院院长签发。限制消费令应当载明限制消费的期间、项目、法律后果等内容。

第六条 人民法院决定采取限制消费措施的，可以根据案件需要和被执行人的情况向有义务协助调查、执行的单位送达协助执行通知书，也可以在相关媒体上进行公告。

第七条 限制消费令的公告费用由被执行人负担；申请执行人申请在媒体公告的，应当垫付公告费用。

第八条 限制消费的被执行人因生活或者经营必需而进行本规定禁止的消费活动的，应当向人民法院提出申请，获批准后方可进行。

第九条 限制消费期间，被执行人提供确实有效的担保或者经申请执行人同意的，人民法院可以解除限制消费令；被执行人履行完毕生效法律文书确定的义务的，人民法院应当在本规定第六条通知或者公告的范围内及时以通知或者公告解除限制消费令。

第十条 人民法院应当设置举报电话或者邮箱，接受申请执行人和社会公众对被限制消费的被执行人违反本规定第三条的举报，并进行审查认定

第十一条 被执行人违反限制消费令进行消费的行为属于拒不履行人民法院已经发生法律效力的判决、裁定的行为，经查证属实的，依照《中华人民共和国民事诉讼法》第一百一十一条的规定，予以拘留、罚款；情节严重，构成犯罪的，追究其刑事责任。

有关单位在收到人民法院协助执行通知书后，仍允许被执行人进行高消费及非生活或者经营必需的有关消费的，人民法院可以依照《中华人民共和国民事诉讼法》第一百一十四条的规定，追究其法律责任。

《最高人民法院关于严格规范终结本次执行程序的规定（试行）》（2016年12月1日施行 法〔2016〕373号）

第一条 人民法院终结本次执行程序，应当同时符合下列条件：

（一）已向被执行人发出执行通知、责令被执行人报告财产；

（二）已向被执行人发出限制消费令，并将符合条件的被执行人纳入失信被执行人名单；

（三）已穷尽财产调查措施，未发现被执行人有可供执行的财产或者发现的财产不能处置；

（四）自执行案件立案之日起已超过三个月；

（五）被执行人下落不明的，已依法予以查找；被执行人或者其他人妨害执行的，已依法采取罚款、拘留等强制措施，构成犯罪的，已依法启动刑事责任追究程序。

【重点提示】

可依申请执行人书面申请，经人民法院审查决定；必要时人民法院可以依职权决定。限制消费令可与执行通知书一并向被执行人发出。

由院长签发，向被执行人发出限制消费令。通过执行案件流程信息管理系统向相关单位推送，并可以根据案件需要和被执行人的情况向有义务协助调查、执行的单位送达协助执行通知书；也可以在相关媒体上进行公告。

限制消费令的公告费用由被执行人负担；申请执行人申请在媒体公告的，应当垫付公告费用。

在限制消费期间，被执行人提供确实有效的担保或者经申请执行人同意的，人民法院可以解除限制消费令。

根据《失信规定》第一条，被执行人未履行生效法律文书确定义务，并违反限制消费令的，人民法院应将其纳入失信被执行人名单。人民法院决定采取限制消费措施时，应当考虑被执行人是否有消极履行、规避执行或者抗拒执行的行为以及被执行人的履行能力等因素。

案件终结本次执行程序前，应当先向被执行人发出限制消费令，并将符合条件的被执行人纳入失信被执行人名单。

原终结本次执行程序中已发出限制消费令的恢复执行案件，人民法院再次终结本次执行程序的，无须再发出限制消费令。案件以终结本次执行程序报结后，对已限制消费的被执行人如需解除限制，必须立执恢案件，恢复执行后方可解除，否则原终本案件不合格。

限制消费对象：被执行人及被执行人的法定代表人、主要负责人、影响债务履行的直接责任人员、实际控制人。

被限制消费的被执行人因生活或者经营必需而进行本规定禁止的消费活动的，应当向人民法院提出申请，获批准后方可进行。如被执行人遇外地就医、异地考试等重大紧迫情形，可依被执行人书面申请，单次解除限制消费。申请需要提前三至五个工作日（不包括节假日和周六、日）。执行人员认为符合条件的，报领导审批，可单次解除限制消费。单次解除的申请上要注明需要解除的航班次或车次、出发地、目的地、出发日期（乘车/乘机日期）、购票日期等信息。

第六节 追究刑事责任

【工作内容】

一、向有管辖权的公安机关移送

在执行过程中，遇有下列情形之一的，可以移送有管辖权的公安机关追究刑事责任：

第一，隐藏、转移、变卖、故意毁损已被人民法院查封、扣押、冻结的财产，情节严重的，依照刑法第三百一十四条的规定，以非法处置查封、扣押、冻结财产罪移送公安机关追究刑事责任。

第二，对下列暴力抗拒执行的行为，依照刑法第二百七十七条的规定，以妨害公务罪移送公安机关追究刑事责任：（1）聚众哄闹、冲击执行现场，围困、扣押、殴打执行人员，致使执行工作无法进行的；（2）毁损、抢夺执行案件材料、执行公务车辆和其他执行器械、执行人员服装以及执行公务证件，造成严重后果的；（3）其他以暴力、威胁方法妨害或者抗拒执行，致使执行工作无法进行的。

第三，负有执行人民法院判决、裁定义务的单位直接负责的主管人员和其他直接责任人员，为了本单位的利益实施前款所列行为之一的，对该主管人员和其他直接责任人员，依照刑法第三百一十三条和第二百七十七条的规定，分别以拒不执行判决、裁定罪和妨害公务罪移送公安机关追究刑事责任：（1）被执行人、协助执行义务人、担保人等负有执行义务的人对人民法院的判决、裁定有能力执行而拒不执行，情节严重的。（2）刑法第三百一十三条规定的"人民法院的判决、裁定"，是指人民法院依法作出的具有执行内容并已发生法律效力的判决、裁定。人民法院为依法执行支付令、生效的调解书、仲裁裁决、公证债权文书等所作的裁定属于该条规定的裁定。

第四，具有执行内容的判决、裁定发生法律效力后，负有执行义务的人有隐藏、转移、故意毁损财产等拒不执行行为，致使判决、裁定无法执行，情节严重的，应当以拒不执行判决、裁定罪移送公安机关追究刑事责任。

有能力执行而拒不执行判决、裁定的时间从判决、裁定发生法律效力时起算。

第五，人民法院在执行判决、裁定过程中，对拒不执行判决、裁定情节严重的人，可以先行司法拘留，涉嫌犯罪的，应在司法拘留期限届满三日内将拒不执行判决、裁定案件和拒不执行判决、裁定人一并依法移送有管辖权的公安机关立案侦查。

二、刑事自诉

申请执行人有证据证明同时具有下列情形，人民法院认为符合刑事诉讼法第二百一十条第三项规定的，以自诉案件立案审理：（1）负有执行义务的人拒不执行判决、裁定，侵犯了申请执行人的人身、财产权利，应当依法追究刑事责任的；（2）申请执行人曾经提出控告，而公安机关或者人民检察院对负有执行义务的人不予追究刑事责任的。

前款规定的自诉案件，依照刑事诉讼法第二百一十二条的规定，自诉人在宣告判决前，可以同被告人自行和解或者撤回自诉。

三、管辖

拒不执行判决、裁定刑事案件，一般由执行法院所在地人民法院管辖。

拒不执行判决、裁定的被告人在一审宣告判决前，履行全部或部分执行义务的，可以酌情从宽处罚。

拒不执行支付赡养费、扶养费、抚养费、抚恤金、医疗费用、劳动报酬等判决、裁定的，可以酌情从重处罚。

四、监督

人民法院认为公安机关应当立案侦查而不立案侦查的，可提请人民检察院予以监督。人民检察院认为需要立案侦查的，应当要求公安机关说明不立案的理由。人民检察院认为公安机关不立案理由不能成立的，应当通知公安机关立案，公安机关接到通知后应当立案。

【常用法律、司法解释及相关规定】

《中华人民共和国刑法》（2020年修正）

第二百七十七条 以暴力、威胁方法阻碍国家机关工作人员依法执行职务的，处三年以下有期徒刑、拘役、管制或者罚金。

第三百零七条 以暴力、威胁、贿买等方法阻止证人作证或者指使他人作伪证的，处三年以下有期徒刑或者拘役；情节严重的，处三年以上七年以下有期徒刑。

帮助当事人毁灭、伪造证据，情节严重的，处三年以下有期徒刑或者拘役。

司法工作人员犯前两款罪的，从重处罚。

以捏造的事实提起民事诉讼，妨害司法秩序或者严重侵害他人合法权益的，处三年以下有期徒刑、拘役或者管制，并处或者单处罚金；情节严重的，处三年以上七年以下有期徒刑，并处罚金。

单位犯前款罪的，对单位判处罚金，并对其直接负责的主管人员和其他直接责任人员，依照前款的规定处罚。

有第一款行为，非法占有他人财产或者逃避合法债务，又构成其他犯罪的，依照处罚较重的规定定罪从重处罚。

司法工作人员利用职权，与他人共同实施前三款行为的，从重处罚；同时构成其他犯罪的，依照处罚较重的规定定罪从重处罚。

第三百零九条 有下列扰乱法庭秩序情形之一的，处三年以下有期徒刑、拘役、管制或者罚金：

（一）聚众哄闹、冲击法庭的；

（二）殴打司法工作人员或者诉讼参与人的；

（三）侮辱、诽谤、威胁司法工作人员或者诉讼参与人，不听法庭制止，严重扰乱法庭秩序的；

（四）有毁坏法庭设施，抢夺、损毁诉讼文书、证据等扰乱法庭秩序行为，情节严重的。

第三百一十三条 对人民法院的判决、裁定有能力执行而拒不执行，情节严重的，处三年以下有期徒刑、拘役或者罚金。情节特别严重的，处三年以上七年以下有期徒刑，并处罚金。

单位犯前款四的，对单位判处罚金，并对其直接负责的主管人员和其他直接责任人员，依照前款的规定处罚。

第三百一十四条 隐藏、转移、变卖、故意毁损已被司法机关查封、扣押、冻结的财产，情节严重的，处三年以下有期徒刑、拘役或者罚金。

第三百八十五条 国家工作人员利用职务上的便利，索取他人财物的，或者非法收受他人财物，为他人谋取利益的，是受贿罪。

国家工作人员在经济往来中，违反国家规定，收受各种名义的回扣、手续费，归个人所有的，以受贿论处。

第三百九十七条 国家机关工作人员滥用职权或者玩忽职守，致使公共财产、国家和人民利益遭受重大损失的，处三年以下有期徒刑或者拘役；情节特别严重的，处三年以上七年以下有期徒刑。本法另有规定的，依照规定。

《中华人民共和国刑事诉讼法》（2018年修正）

第二百一十条 自诉案件包括下列案件：

（一）告诉才处理的案件；

（二）被害人有证据证明的轻微刑事案件；

（三）被害人有证据证明对被告人侵犯自己人身、财产权利的行为应当依法追究刑事责任，而公安机关或者人民检察院不予追究被告人刑事责任的案件。

第二百一十二条 人民法院对自诉案件，可以进行调解；自诉人在宣告判决前，可以同被告人自行和解或者撤回自诉。本法第二百一十条第三项规定的案件不适用调解。

人民法院审理自诉案件的期限，被告人被羁押的，适用本法第二百零八条第一款、第二款的规定；未被羁押的，应当在受理后六个月以内宣判。

《全国人民代表大会常务委员会关于〈中华人民共和国刑法〉第三百一十三条的解释》（2002年4月28日施行）

刑法第三百一十三条规定的"人民法院的判决、裁定"，是指人民法院依法作出的具有执行内容并已发生法律效力的判决、裁定。人民法院为依法执行支付令、生效的调解书、仲裁裁决、公证债权文书等所作的裁定属于该条规定的裁定。

下列情形属于刑法第三百一十三条规定的"有能力履行而拒不执行，情节严重"的情形：

（一）被执行人隐藏、转移、故意毁损财产或者无偿转让财产，以明显不合理的低价转让财产，致使判决、裁定无法执行；

（二）担保人或被执行人隐藏、转移、故意毁损或者转让已向人民法院提供担保的财产，致使判决、裁定无法执行；

（三）协助执行义务人接到人民法院协助执行通知书后，拒不协助执行，致使判决、裁定无法执行的；

（四）被执行人、担保人、协助义务人与国家机关工作人员通谋，利用国家机关工作人员的职权妨碍执行，致使判决、裁定无法执行的；

（五）其他有能力执行而拒不执行，情节严重的情形。

国家机关工作人员有上述第四项行为的，以拒不执行判决、裁定罪的共犯追究刑事责任。国家机关工作人员收受贿赂或者滥用职权，有上述第四项行为的，同时又构成刑法第三百八十五条、第三百九十七条规定之罪的，依照处罚较重的规定定罪处罚。

《最高人民法院关于审理拒不执行判决、裁定刑事案件适用法律若干问题的解释》（2020年修正）

第一条 被执行人、协助执行义务人、担保人等负有执行义务的人对人民法院的判决、裁定有能力执行而拒不执行，情节严重的，应当依照刑法第三百一十三条的规定，以拒不执行判决、裁定罪处罚。

第二条 负有执行义务的人有能力执行而实施下列行为之一的，应当认定为全国人民代表大会常务委员会关于刑法第三百一十三条的解释中规定的

"其他有能力执行而拒不执行，情节严重的情形"：

（一）具有拒绝报告或者虚假报告财产情况、违反人民法院限制高消费及有关消费令等拒不执行行为，经采取罚款或者拘留等强制措施后仍拒不执行的；

（二）伪造、毁灭有关被执行人履行能力的重要证据，以暴力、威胁、贿买方法阻止他人作证或者指使、贿买、胁迫他人作伪证，妨碍人民法院查明被执行人财产情况，致使判决、裁定无法执行的；

（三）拒不交付法律文书指定交付的财物、票证或者拒不迁出房屋、退出土地，致使判决、裁定无法执行的；

（四）与他人串通，通过虚假诉讼、虚假仲裁、虚假和解等方式妨害执行，致使判决、裁定无法执行的；

（五）以暴力、威胁方式阻碍执行人员进入执行现场或者聚众哄闹、冲击执行现场，致使执行工作无法进行的；

（六）对执行人员进行侮辱、围攻、扣押、殴打，致使执行工作无法进行的；

（七）毁损、抢夺执行案件材料、执行公务车辆和其他执行器械、执行人员服装以及执行公务证件，致使执行工作无法进行的；

（八）拒不执行法院判决、裁定，致使债权人遭受重大损失的。

第三条 申请执行人有证据证明同时具有下列情形，人民法院认为符合刑事诉讼法第二百一十条第三项规定的，以自诉案件立案审理：

（一）负有执行义务的人拒不执行判决、裁定，侵犯了申请执行人的人身、财产权利，应当依法追究刑事责任的；

（二）申请执行人曾经提出控告，而公安机关或者人民检察院对负有执行义务的人不予追究刑事责任的。

第四条 本解释第三条规定的自诉案件，依照刑事诉讼法第二百一十二条的规定，自诉人在宣告判决前，可以同被告人自行和解或者撤回自诉。

第五条 拒不执行判决、裁定刑事案件，一般由执行法院所在地人民法院管辖。

第六条 拒不执行判决、裁定的被告人在一审宣告判决前，履行全部或部分执行义务的，可以酌情从宽处罚。

第七条 拒不执行支付赡养费、扶养费、抚育费、抚恤金、医疗费用、劳动报酬等判决、裁定的，可以酌情从重处罚。

第八条 本解释自发布之日起施行。此前发布的司法解释和规范性文件与本解释不一致的，以本解释为准。

《最高人民法院关于人民法院执行工作若干问题的规定（试行）》（2020年修正）

58. 在执行过程中遇有被执行人或其他人拒不履行生效法律文书或者妨害执行情节严重，需要追究刑事责任的，应将有关材料移交有关机关处理。

《最高人民法院、最高人民检察院、公安部关于依法严肃查处拒不执行判决裁定和暴力抗拒法院执行犯罪行为有关问题的通知》（2007年8月30日施行 法发〔2007〕29号）

一、对下列拒不执行判决、裁定的行为，依照刑法第三百一十三条的规定，以拒不执行判决、裁定罪论处。

（一）被执行人隐藏、转移、故意毁损财产或者无偿转让财产、以明显不合理的低价转让财产，致使判决、裁定无法执行的；

（二）担保人或者被执行人隐藏、转移、故意毁损或者转让已向人民法院提供担保的财产，致使判决、裁定无法执行的；

（三）协助执行义务人接到人民法院协助执行通知书后，拒不协助执行，致使判决、裁定无法执行的；

（四）被执行人、担保人、协助执行义务人与国家机关工作人员通谋，利用国家机关工作人员的职权妨害执行，致使判决、裁定无法执行的；

（五）其他有能力执行而拒不执行，情节严重的情形。

二、对下列暴力抗拒执行的行为，依照刑法第二百七十七条的规定，以妨害公务罪论处。

（一）聚众哄闹、冲击执行现场，围困、扣押、殴打执行人员，致使执行工作无法进行的；

（二）毁损、抢夺执行案件材料、执行公务车辆和其他执行器械、执行人员服装以及执行公务证件，造成严重后果的；

（三）其他以暴力、威胁方法妨害或者抗拒执行，致使执行工作无法进行的。

三、负有执行人民法院判决、裁定义务的单位直接负责的主管人员和其他直接责任人员，为了本单位的利益实施本《通知》第一条、第二条所列行为之一的，对该主管人员和其他直接责任人员，依照刑法第三百一十三条和第二百七十七条的规定，分别以拒不执行判决、裁定罪和妨害公务罪论处。

四、国家机关工作人员有本《通知》第一条第四项行为的，以拒不执行判决、裁定罪的共犯追究刑事责任。

国家机关工作人员收受贿赂或者滥用职权，有本《通知》第一条第四项行为的，同时又构成刑法第三百八十五条、第三百九十七条规定罪的，依照处罚较重的规定定罪处罚。

五、人民法院在执行判决、裁定过程中，对拒不执行判决、裁定情节严重的人，可以先行司法拘留；拒不执行判决、裁定的行为人涉嫌犯罪的，应当将案件依法移送有管辖权的公安机关立案侦查。

六、人民法院认为公安机关应当立案侦查而不立案侦查的，可提请人民检察院予以监督。人民检察院认为需要立案侦查的，应当要求公安机关说明不立案的理由。人民检察院认为公安机关不立案理由不能成立的，应当通知公安机关立案，公安机关接到通知后应当立案。

《最高人民法院关于拒不执行判决、裁定罪自诉案件受理工作有关问题的通知》（2018年5月30日施行　法〔2018〕147号）

申请执行人以负有执行义务的人涉嫌拒不执行判决、裁定罪向公安机关提出控告，公安机关不接受控告材料或者接受控告材料后不予书面答复的；人民法院向公安机关移送拒不执行判决、裁定罪线索，公安机关不予书面答复或者明确答复不予立案，或者人民检察院决定不起诉的，如何处理？鉴于部分高级人民法院所请示问题具有普遍性，经研究，根据相关法律和司法解释，特通知如下：

（一）申请执行人向公安机关控告负有执行义务的人涉嫌拒不执行判决、裁定罪，公安机关不予接受控告材料或者在接受控告材料后60日内不予书面答复，申请执行人有证据证明该拒不执行判决、裁定行为侵犯了其人身、财产权利，应当依法追究刑事责任的，人民法院可以以自诉案件立案审理。

（二）人民法院向公安机关移送拒不执行判决、裁定罪线索，公安机关决定不予立案或者在接受案件线索后60日内不予书面答复，或者人民检察院决定不起诉的，人民法院可以向申请执行人释明；申请执行人有证据证明负有执行义务的人拒不执行判决、裁定侵犯了其人身、财产权利，应当依法追究刑事责任的，人民法院可以以自诉案件立案审理。

（三）公安机关接受申请执行人的控告材料或者人民法院移送的拒不执行判决、裁定罪线索，经过60日之后又决定立案的，对于申请执行人的自诉，人民法院未受理的，裁定不予受理；已经受理的，可以向自诉人释明让其撤回起诉或者裁定终止审理。此后再出现公安机关或者人民检察院不予追究情形的，申请执行人可以依法重新提起自诉。

《最高人民法院印发关于依法制裁规避执行行为的若干意见》的通知
(2011年5月27日施行　法〔2011〕195号)

16. 对构成犯罪的规避执行行为加大刑事制裁力度。被执行人隐匿财产、虚构债务或者以其他方法隐藏、转移、处分可供执行的财产，拒不交出或者隐匿、销毁、制作虚假财务会计凭证或资产负债表等相关资料，以虚假诉讼或者仲裁手段转移财产、虚构优先债权或者申请参与分配，中介机构提供虚假证明文件或者提供的文件有重大失实，被执行人、担保人、协助义务人有能力执行而拒不执行或者拒不协助执行等，损害申请执行人或其他债权人利益，依照刑法的规定构成犯罪的，应当依法追究行为人的刑事责任。

17. 加强与公安、检察机关的沟通协调。各地法院应当加强与公安、检察机关的协调配合，建立快捷、便利、高效的协作机制，细化拒不执行判决裁定罪和妨害公务罪的适用条件。

18. 充分调查取证。各地法院在执行案件过程中，在行为人存在拒不执行判决裁定或者妨害公务行为的情况下，应当注意收集证据。认为构成犯罪的，应当及时将案件及相关证据材料移送犯罪行为发生地的公安机关立案查处。

19. 抓紧依法审理。对检察机关提起公诉的拒不执行判决裁定或者妨害公务案件，人民法院应当抓紧审理，依法审判，快速结案，加大判后宣传力度，充分发挥刑罚手段的威慑力。

【重点提示】

具有执行内容的法律文书生效之日为拒不执行判决、裁定罪中拒不执行行为的起算时间。

犯罪主体不仅限于进入强制执行程序后的被执行人或协助义务人等,还包含虽未进入强制执行程序,但是生效法律文书中确认应当承担履行生效裁判义务的人。

第十四章 执行流程中的特殊事项

执行实施工作遵循不停止执行原则，但也存在例外暂停情形。执行和解成立后，法院可以裁定中止执行。执行担保亦引起暂缓执行的法律后果。中止执行与暂缓执行系对执行暂停的集中表达。执行回转的执行依据较为特殊，是人民法院或其他有权机关，针对原据以执行的法律文书所涉纠纷，作出终局性的新的生效法律文书。

第一节 执行和解

在执行程序中，当事人经过平等协商，可以就生效法律文书确定的权利义务及其实现方式进行变更并达成相关协议，将书面协议交执行法院或执行人员以笔录形式确定协议内容并进行合法性审查。

【工作内容】

一、执行和解成立

（一）执行和解成立需要和解协议与公法行为两个条件，执行法院应对和解协议进行必要审查

1. 当事人达成执行和解协议

（1）当事人可以自愿协商达成和解协议，依法变更生效法律文书确定的权利义务主体、履行标的、期限、地点和方式等内容。和解协议一般采用书面形式。委托代理人代为执行和解，应当有委托人的特别授权。当事人协商

一致，可以变更执行和解协议，并向人民法院提交变更后的协议，或者由执行人员将变更后的内容记入笔录，并由各方当事人签名或者盖章。

（2）和解协议成立的三种情形（公法行为）：各方当事人共同向人民法院提交书面和解协议的；一方当事人向人民法院提交书面和解协议，其他当事人予以认可的；当事人达成口头和解协议，执行人员将和解协议内容记入笔录，由各方当事人签名或者盖章的。

2. 人民法院对执行和解协议进行审查

一般情况下，执行法院需要对和解协议是否由当事人自愿达成、申请执行人是否有使和解协议发生程序效力的意思、和解协议内容是否存在明显的无效情形等方面进行审查。

（二）执行和解成立的法律效果：可中止执行

维持现状：继续保持已经采取的控制性措施，不再继续采取处分性措施。例外是中止执行后，申请执行人申请解除查封、扣押、冻结的，人民法院可以准许。

二、和解协议的履行

（一）以物抵债

以物抵债本质上也是执行和解协议。当事人达成以物抵债执行和解协议的，人民法院不得依据该协议作出以物抵债裁定。

（二）债务人申请提存

执行和解协议履行过程中，符合合同法第一百零一条规定情形的，债务人可以依法向有关机构申请提存；执行和解协议约定给付金钱的，债务人也可以向执行法院申请提存。

（三）和解履行完毕

执行和解协议履行完毕的，人民法院以"执行完毕"方式作结案处理。

（四）终结执行

当事人双方达成执行和解协议，申请执行人撤回执行申请的，可以以终结执行方式结案。

（五）长期和解

根据《最高人民法院关于进一步规范近期执行工作相关问题的通知》的要求，当事人达成执行和解协议，需要长期履行的，可以以终结执行方式（选择"和解长期履行"情形）报结。同时，对该种情形终结执行的案件在报结时可以不作必须解除强制执行措施的要求。因被执行人不履行和解协议申请执行人申请恢复执行原生效法律文书的，以恢复执行方式立案。长期和解终结属于特殊类型的终结执行。

（六）救济

1. 被执行人不履行执行和解协议的救济

被执行人一方不履行执行和解协议的，申请执行人可以申请恢复执行原生效法律文书，也可以就履行执行和解协议向执行法院提起诉讼。

（1）申请恢复执行。申请恢复执行原生效法律文书，适用民事诉讼法第二百四十六条申请执行期间的规定。当事人不履行执行和解协议的，申请恢复执行期间自执行和解协议约定履行期间的最后一日起计算。恢复执行后，执行和解协议已经履行部分应当依法扣除。（2）申请执行人就履行执行和解协议向执行法院提起诉讼。（3）执诉衔接恢复执行后，对申请执行人就履行执行和解协议提起的诉讼，人民法院不予受理。申请执行人就履行执行和解协议提起诉讼，执行法院受理后，可以裁定终结原生效法律文书的执行。执行中的查封、扣押、冻结措施，自动转为诉讼中的保全措施。

2. 被执行人迟延履行、瑕疵履行另诉损害赔偿

执行和解协议履行完毕，申请执行人因被执行人迟延履行、瑕疵履行遭受损害的，可以向执行法院另行提起诉讼。

3. 执行和解协议无效、应予撤销的救济：提起诉讼

当事人、利害关系人认为执行和解协议无效或者应予撤销的，可以向执

行法院提起诉讼。执行和解协议被确认无效或者撤销后，申请执行人可以据此申请恢复执行。

被执行人以执行和解协议无效或者应予撤销为由提起诉讼的，不影响申请执行人申请恢复执行。

三、和解中的担保

执行和解协议中约定担保条款，且担保人向人民法院承诺在被执行人不履行执行和解协议时自愿接受直接强制执行的，恢复执行原生效法律文书后，人民法院可以依申请执行人申请及担保条款的约定，直接裁定执行担保财产或者保证人的财产。

四、执行外和解

根据民事诉讼法第二百三十七条第一款，当事人自行达成和解协议，执行员将协议内容记入笔录，由双方签名或盖章的，成立执行和解。但法律、司法解释对于当事人私下达成的和解协议是否构成执行和解、产生何种法律效果没有明确规定，导致这一问题在司法实践中存在较大分歧，不同案件的认定结果可能截然相反。为统一司法尺度，《执行和解规定》明确了执行和解与执行外和解的区分标准，并分别规定了不同的法律效果。具体而言，执行和解与执行外和解的区别在于，当事人是否有使和解协议直接对执行程序产生影响的意图。换言之，即便是当事人私下达成的和解协议，只要共同向人民法院提交或者一方提交另一方认可，就构成执行和解，人民法院可以据此中止执行。反之，如果双方没有将私下达成的和解协议提交给人民法院的意思，那么和解协议仅产生实体法效果，被执行人依据该协议要求中止执行的，需要另行提起执行异议。

【常用法律、司法解释及相关规定】

《中华人民共和国民事诉讼法》（2017年修正）

第二百三十七条 在执行中，双方当事人自行达成和解协议的，执行员应当将协议内容记入笔录，由双方当事人签名或者盖章。

申请执行人因受欺诈、胁迫与被执行人达成和解协议，或者当事人不履行和解协议的,人民法院可以根据当事人的申请,恢复对原生效法律文书的执行。

《最高人民法院关于适用〈中华人民共和国民事诉讼法〉的解释》（2022年修正）

第四百六十四条 申请执行人与被执行人达成和解协议后请求中止执行或者撤回执行申请的,人民法院可以裁定中止执行或者终结执行。

第四百六十五条 一方当事人不履行或者不完全履行在执行中双方自愿达成的和解协议,对方当事人申请执行原生效法律文书的,人民法院应当恢复执行,但和解协议已履行的部分应当扣除。和解协议已经履行完毕的,人民法院不予恢复执行。

第四百六十六条 申请恢复执行原生效法律文书,适用民事诉讼法第二百三十九条申请执行期间的规定。申请执行期间因达成执行中的和解协议而中断,其期间自和解协议约定履行期限的最后一日起重新计算。

《最高人民法院关于执行和解若干问题的规定》（2020年修正）

第一条 当事人可以自愿协商达成和解协议,依法变更生效法律文书确定的权利义务主体、履行标的、期限、地点和方式等内容。

和解协议一般采用书面形式。

第二条 和解协议达成后,有下列情形之一的,人民法院可以裁定中止执行:

(一)各方当事人共同向人民法院提交书面和解协议的;

(二)一方当事人向人民法院提交书面和解协议,其他当事人予以认可的;

(三)当事人达成口头和解协议,执行人员将和解协议内容记入笔录,由各方当事人签名或者盖章的。

第三条 中止执行后,申请执行人申请解除查封、扣押、冻结的,人民法院可以准许。

第四条 委托代理人代为执行和解,应当有委托人的特别授权。

第五条 当事人协商一致,可以变更执行和解协议,并向人民法院提交变更后的协议,或者由执行人员将变更后的内容记入笔录,并由各方当事人签名或者盖章。

第六条 当事人达成以物抵债执行和解协议的,人民法院不得依据该协议作出以物抵债裁定。

第七条 执行和解协议履行过程中，符合民法典第五百七十条规定情形的，债务人可以依法向有关机构申请提存；执行和解协议约定给付金钱的，债务人也可以向执行法院申请提存。

第八条 执行和解协议履行完毕的，人民法院作执行结案处理。

第九条 被执行人一方不履行执行和解协议的，申请执行人可以申请恢复执行原生效法律文书，也可以就履行执行和解协议向执行法院提起诉讼。

第十条 申请恢复执行原生效法律文书，适用民事诉讼法第二百三十九条申请执行期间的规定。

当事人不履行执行和解协议的，申请恢复执行期间自执行和解协议约定履行期间的最后一日起计算。

第十一条 申请执行人以被执行人一方不履行执行和解协议为由申请恢复执行，人民法院经审查，理由成立的，裁定恢复执行；有下列情形之一的，裁定不予恢复执行：

（一）执行和解协议履行完毕后申请恢复执行的；

（二）执行和解协议约定的履行期限尚未届至或者履行条件尚未成就的，但符合民法典第五百七十八条规定情形的除外；

（三）被执行人一方正在按照执行和解协议约定履行义务的；

（四）其他不符合恢复执行条件的情形。

第十二条 当事人、利害关系人认为恢复执行或者不予恢复执行违反法律规定的，可以依照民事诉讼法第二百二十五条规定提出异议。

第十三条 恢复执行后，对申请执行人就履行执行和解协议提起的诉讼，人民法院不予受理。

第十四条 申请执行人就履行执行和解协议提起诉讼，执行法院受理后，可以裁定终结原生效法律文书的执行。执行中的查封、扣押、冻结措施，自动转为诉讼中的保全措施。

第十五条 执行和解协议履行完毕，申请执行人因被执行人迟延履行、瑕疵履行遭受损害的，可以向执行法院另行提起诉讼。

第十六条 当事人、利害关系人认为执行和解协议无效或者应予撤销的，可以向执行法院提起诉讼。执行和解协议被确认无效或者撤销后，申请执行人可以据此申请恢复执行。

被执行人以执行和解协议无效或者应予撤销为由提起诉讼的，不影响申请执行人申请恢复执行。

第十七条 恢复执行后，执行和解协议已经履行部分应当依法扣除。当事人、利害关系人认为人民法院的扣除行为违反法律规定的，可以依照民事诉讼法第二百二十五条规定提出异议。

第十八条 执行和解协议中约定担保条款，且担保人向人民法院承诺在被执行人不履行执行和解协议时自愿接受直接强制执行的，恢复执行原生效法律文书后，人民法院可以依申请执行人申请及担保条款的约定，直接裁定执行担保财产或者保证人的财产。

第十九条 执行过程中，被执行人根据当事人自行达成但未提交人民法院的和解协议，或者一方当事人提交人民法院但其他当事人不予认可的和解协议，依照民事诉讼法第二百二十五条规定提出异议的，人民法院按照下列情形，分别处理：

（一）和解协议履行完毕的，裁定终结原生效法律文书的执行；

（二）和解协议约定的履行期限尚未届至或者履行条件尚未成就的，裁定中止执行，但符合民法典第五百七十八条规定情形的除外；

（三）被执行人一方正在按照和解协议约定履行义务的，裁定中止执行；

（四）被执行人不履行和解协议的，裁定驳回异议；

（五）和解协议不成立、未生效或者无效的，裁定驳回异议。

第二十条 本规定自2018年3月1日起施行。

本规定施行前本院公布的司法解释与本规定不一致的，以本规定为准。

《最高人民法院关于进一步规范近期执行工作相关问题的通知》（2018年5月28日施行 法〔2018〕141号）

三、关于和解长期履行案件的报结问题

当事人达成执行和解协议，需要长期履行的，可以以终结执行方式（选择"和解长期履行"情形）报结。执行案件流程系统须进行相应改造，在终结执行内增加"和解长期履行"作为终结执行的一种情形；同时，对该种情形终结执行的案件在报结时可以不作必须解除强制执行措施的要求。因被执行人不履行和解协议申请执行人申请恢复执行原生效法律文书的，以恢复执行方式立案。对接使用最高人民法院执行案件流程信息管理系统的执行法院，由各高级人民法院负责改造系统；直接使用最高人民法院执行案件流程信息管理系统的执行法院，由我院负责改造系统并进行远程升级。

【重点提示】

执行只是实现法律文书中已经确认的权利，而不是变更已经确认的权利。严禁不尊重当事人意愿强制调解，尤其是在具备执行完毕条件下，强制申请执行人作出让步。

一般情况下，对无担保的和解协议要严格审查，避免执行程序过度拖沓。

仅有执行和解协议，当事人未履行完毕的，不得以执行完毕方式报结，系统不支持执行完毕案件再次申请执行或恢复执行。

慎用达成和解协议后申请执行人撤回执行申请裁定终结，原则上执行法院须先完成网络查询等必要调查措施并将调查情况告知申请执行人之后，才允许以此种方式报结。

要注意执行和解和执行外和解的区别。二者的根本区别是当事人之间的和解合意是否有对法院执行程序产生阻却的意愿。当事人达成和解协议后，符合下列条件之一的，按执行和解处理：（1）各方当事人向执行法院提交和解协议的；（2）一方当事人向执行法院提交和解协议，其他当事人予以认可的；（3）当事人达成口头和解协议，执行人员记入笔录并经各方当事人签名或者盖章的。如当事人私下达成和解协议但无提交法院而阻却执行的意愿，则为执行外和解。执行外和解一般情况下不对执行程序产生影响，但会产生实体法效果。鉴于此，在执行过程中，如果被执行人根据当事人自行达成但未提交人民法院的和解协议，或者一方当事人提交人民法院但其他当事人不予认可的和解协议，依照民事诉讼法第二百三十二条规定提出异议的，人民法院应从实体审查的角度按照《最高人民法院关于执行和解若干问题的规定》第十九条的规定处理。需要特别注意的是，从最高人民法院的执行监督案例来看，当事人之间达成的执行外和解协议，虽然没有提交法院，但在执行过程中当事人依据该协议内容申请执行法院中止或结束采取执行措施的或对执行法院其他执行程序产生阻却效果的，执行法院不宜仅以该协议未提交法院为由而否定当事人之间的和解协议的效力。

委托代理人代为执行和解的，应当有委托人的特别授权。

在执行和解过程中，如第三人愿意承担被执行人负担的义务，而申请执行人亦同意，可以协议变更第三人为履行义务的主体，此时构成债务承担而非执行担保，如因法定事由恢复对原生效法律文书的执行，被执行人仍为原生效法律文书确定的义务人，而非第三人。如果执行和解协议中约定担保条款且担保人向人民法院承诺在被执行人不履行执行和解协议时自愿接受直接强制执行的，恢复执行原生效法律文书后，人民法院可以依申请执行人申请及担保条款的约定，直接裁定执行担保财产或者保证人的财产而无须将担保人或担保财产所有人变更、追加为被执行人。

执行法院不得依据当事人达成的以物抵债和解协议出具以物抵债裁定。其主要理由是：一方面，执行和解协议本身并不具有强制执行力，如果允许人民法院依据和解协议出具以物抵债裁定，无异于强制执行和解协议；另一方面，以物抵债裁定可以直接导致物权变动，很容易损害其他利害关系人的合法权益。

《最高人民法院关于执行和解若干问题的规定》第七条规定了履行和解协议过程中的提存制度，解决了被执行人按和解协议约定履行义务，申请执行人无正当理由拒绝被执行人履行义务的问题。合同法第一百零一条规定了债务人可以提存标的物的四种情形为：（1）债权人无正当理由拒绝受领；（2）债权人下落不明；（3）债权人死亡未确定继承人或者丧失民事行为能力未确定监护人；（4）法律规定的其他情形。提存的费用由债权人（申请执行人）承担，提存期间的风险由债权人（申请执行人）承担，财产收益归债权人（申请执行人）所有。提存的法律后果为认定为债务已经履行，合同权利义务终止。在履行和解协议过程中，被执行人依法对执行标的进行提存的，执行法院收到提存手续后应认定被执行人按和解协议内容履行了义务。目前，我国的提存机关一般为公证处，在执行案件中，执行和解协议约定给付金钱的，债务人也可以向执行法院申请提存。提存的除斥期间为五年，自提存之日起五年内债权人未领取提存物的，其领取提存物的权利消灭，提存物扣除提存费用后归国家所有。

执行和解协议过程中被执行人申请提存的程序：（1）债务人向清偿地提存机关（公证处）或执行法院提交提存申请。提存申请应载明：提存的原因，标的物名称、种类、数量、标的物受领人姓名（名称）、住址等。提交申请时，债务人还应提交相关债务证据及无法向债权人履行的相关证据；（2）提存机关对相关证据进行审查，决定是否予以提存；（3）债务人提交提存标的物。提存机关决定提存的，债务人应向提存机关或制定的保管人提交提存标的物，提存机关应对提存标的物进行验收并制作验收笔录；（4）提存机关授予债务人提存证书或清偿证明；（5）通知债权人或其继承人、监护人受领提存物。一般应由被执行人通知，但债权人下落不明的除外。债权人下落不明的，可参考民事诉讼法有关送达规定和《提存公证规则》第十八条的规定，由提存法院或公证处依法送达提存通知。

合法有效的和解协议一经履行完毕，案件即不再具有可恢复执行性。申请执行人因被执行人迟延履行、瑕疵履行遭受损害的，属于实体法调整的范围，申请执行人可以向执行法院另行提起诉讼，但不得申请恢复原生效法律文书的执行。

第二节 执行担保

在执行程序中，当事人为了实现实体法或程序法上的利益，由本人、第三人以财产或第三人保证的担保形式向执行法院申请暂缓执行，执行法院依法定事由决定暂缓执行，待暂缓执行期限届满或暂缓事由消失后，被执行人拒不履行义务时，执行法院可以直接执行担保财产或保证人的财产。

【工作内容】

一、执行担保的成立

（一）执行担保书

被执行人或者他人提供执行担保的，应当向人民法院提交担保书，并将担保书副本送交申请执行人。

担保书中应当载明担保人的基本信息、暂缓执行期限、担保期间、被担保的债权种类及数额、担保范围、担保方式、被执行人于暂缓执行期限届满后仍不履行时担保人自愿接受直接强制执行的承诺等内容。

提供财产担保的，担保书中还应当载明担保财产的名称、数量、质量、状况、所在地、所有权或者使用权归属等内容。

公司为被执行人提供执行担保的，应当提交符合公司法第十六条规定的公司章程、董事会或者股东会、股东大会决议。

（二）执行担保同意书

被执行人或者他人提供执行担保，申请执行人同意的，应当向人民法院出具书面同意意见，也可以由执行人员将其同意的内容记入笔录，并由申请执行人签名或者盖章。

二、暂缓执行

人民法院决定暂缓执行的，可以暂缓全部执行措施的实施，但担保书另有约定的除外。

（一）执行担保瑕疵的救济

担保书内容与事实不符，且对申请执行人合法权益产生实质影响的，人民法院可以依申请执行人的申请恢复执行。

（二）法律效果

1. 暂缓执行期限

暂缓执行的期限应当与担保书约定一致，但最长不得超过一年。

2. 直接执行

暂缓执行期限届满后被执行人仍不履行义务，或者暂缓执行期间担保人有转移、隐藏、变卖、毁损担保财产等行为的，人民法院可以依申请执行人的申请恢复执行，并直接裁定执行担保财产或者保证人的财产，不得将担保人变更、追加为被执行人。

执行担保财产或者保证人的财产，以担保人应当履行义务部分的财产为限。被执行人有便于执行的现金、银行存款的，应当优先执行该现金、银行存款。

三、担保期间

担保期间自暂缓执行期限届满之日起计算。担保书中没有记载担保期间或者记载不明的，担保期间为一年。

担保期间届满后，申请执行人申请执行担保财产或者保证人财产的，人民法院不予支持。他人提供财产担保的，人民法院可以依其申请解除对担保财产的查封、扣押、冻结。

四、追偿权

担保人承担担保责任后，提起诉讼向被执行人追偿的，人民法院应予受理。

【常用法律、司法解释及相关规定】

《中华人民共和国民事诉讼法》（2021年修正）

第二百三十八条 在执行中，被执行人向人民法院提供担保，并经申请执行人同意的，人民法院可以决定暂缓执行及暂缓执行的期限。被执行人逾期仍不履行的，人民法院有权执行被执行人的担保财产或担保人的财产。

《最高人民法院关于适用〈中华人民共和国民事诉讼法〉的解释》（2022年修正）

第四百六十七条 人民法院依照民事诉讼法第二百三十一条规定决定暂缓执行的，如果担保是有期限的，暂缓执行的期限应当与担保期限一致，但最长不得超过一年。被执行人或者担保人对担保的财产在暂缓执行期间有转移、隐藏、变卖、毁损等行为的，人民法院可以恢复强制执行。

第四百六十八条 根据民事诉讼法第二百三十一条规定向人民法院提供执行担保的，可以由被执行人或者他人提供财产担保，也可以由他人提供保证。担保人应当具有代为履行或者代为承担赔偿责任的能力。

他人提供执行保证的，应当向执行法院出具保证书，并将保证书副本送交申请执行人。被执行人或者他人提供财产担保的，应当参照物权法、担保法的有关规定办理相应手续。

第四百六十九条 被执行人在人民法院决定暂缓执行的期限届满后仍不履行义务的，人民法院可以直接执行担保财产，或者裁定执行担保人的财产，但执行担保人的财产以担保人应当履行义务部分的财产为限。

《最高人民法院关于执行担保若干问题的规定》（2020年修正）

为了进一步规范执行担保，维护当事人、利害关系人的合法权益，根据《中华人民共和国民事诉讼法》等法律规定，结合执行实践，制定本规定。

第一条 本规定所称执行担保，是指担保人依照民事诉讼法第二百三十一条规定，为担保被执行人履行生效法律文书确定的全部或者部分义务，向人民法院提供的担保。

第二条 执行担保可以由被执行人提供财产担保，也可以由他人提供财产担保或者保证。

第三条 被执行人或者他人提供执行担保的，应当向人民法院提交担保书，并将担保书副本送交申请执行人。

第四条 担保书中应当载明担保人的基本信息、暂缓执行期限、担保期间、被担保的债权种类及数额、担保范围、担保方式、被执行人于暂缓执行期限届满后仍不履行时担保人自愿接受直接强制执行的承诺等内容。

提供财产担保的，担保书中还应当载明担保财产的名称、数量、质量、状况、所在地、所有权或者使用权归属等内容。

第五条 公司为被执行人提供执行担保的，应当提交符合公司法第十六条规定的公司章程、董事会或者股东会、股东大会决议。

第六条 被执行人或者他人提供执行担保，申请执行人同意的，应当向人民法院出具书面同意意见，也可以由执行人员将其同意的内容记入笔录，并由申请执行人签名或者盖章。

第七条 被执行人或者他人提供财产担保，可以依照民法典规定办理登记等担保物权公示手续；已经办理公示手续的，申请执行人可以依法主张优先受偿权。

申请执行人申请人民法院查封、扣押、冻结担保财产的，人民法院应当准许，但担保书另有约定的除外。

第八条 人民法院决定暂缓执行的，可以暂缓全部执行措施的实施，但担保书另有约定的除外。

第九条　担保书内容与事实不符，且对申请执行人合法权益产生实质影响的，人民法院可以依申请执行人的申请恢复执行。

第十条　暂缓执行的期限应当与担保书约定一致，但最长不得超过一年。

第十一条　暂缓执行期限届满后被执行人仍不履行义务，或者暂缓执行期间担保人有转移、隐藏、变卖、毁损担保财产等行为的，人民法院可以依申请执行人的申请恢复执行，并直接裁定执行担保财产或者保证人的财产，不得将担保人变更、追加为被执行人。

执行担保财产或者保证人的财产，以担保人应当履行义务部分的财产为限。被执行人有便于执行的现金、银行存款的，应当优先执行该现金、银行存款。

第十二条　担保期间自暂缓执行期限届满之日起计算。

担保书中没有记载担保期间或者记载不明的，担保期间为一年。

第十三条　担保期间届满后，申请执行人申请执行担保财产或者保证人财产的，人民法院不予支持。他人提供财产担保的，人民法院可以依其申请解除对担保财产的查封、扣押、冻结。

第十四条　担保人承担担保责任后，提起诉讼向被执行人追偿的，人民法院应予受理。

第十五条　被执行人申请变更、解除全部或者部分执行措施，并担保履行生效法律文书确定义务的，参照适用本规定。

【重点提示】

执行担保必须是直接向人民法院以担保书的形式提出申请，并取得申请执行人明示同意（书面同意意见或由执行人员将其同意的内容记入笔录，并由申请执行人签名或者盖章）和执行法院的认可，未经申请执行人明示同意的，执行担保不成立。执行法院对执行担保具有审查义务，在审查担保书内容时应注意担保书的内容要符合《最高人民法院关于执行担保若干问题的规定》第四条的规定，同时要注意不得出现担保财产流质和流押的情况。

合法有效的执行担保产生暂缓执行的法律效果，暂缓执行的期间不得超过一年，担保期间自暂缓执行期限届满之日起计算。

执行担保期间不得超过一年，担保书中没有记载担保期间或者记载不明的，担保期间为一年。担保期间自暂缓执行期限届满之日起计算。

执行担保的方式有两种：一是被执行人提供财产担保；二是他人提供财产担保或者保证。

执行担保的形式主要有保证、抵押、质押三种。采取保证担保的方式时，应特别注意保证人的范围应符合担保法的规定，其应当具有代为履行或者代为承担赔偿责任的能力，且只能采取连带责任保证的方式。尤其要注意公司为被执行人提供执行担保的，应当提交符合公司法第十六条规定的公司章程、董事会或者股东会、股东大会决议，其法定代表人或其授权的人员无权决定为被执行人提供执行担保。企业法人分支机构在无法人书面授权的情况下不得作为保证人。采取抵押、质押担保的方式时，应特别注意担保物的价值是否与执行标的匹配，担保物是否存在权利瑕疵。其中以财产质押的方式提供担保的，应向执行法院或其指定的人员转移占有该财产。

执行担保时，执行人员应当要求担保人在执行和解协议、担保书或执行和解笔录中明确，如果被执行人不履行，担保人愿意在担保责任范围内直接接受法院强制执行。

被执行人在暂缓执行的期限届满后未履行义务的，人民法院可直接裁定强制执行担保物或担保人的财产，不需要变更、追加担保人或担保财产所有人为被执行人。

根据《最高人民法院关于人民法院执行工作若干问题的规定（试行）》第五条规定，保证人在诉讼期间为被执行人提供担保，法院据此未对被执行人的财产采取保全措施或解除保全措施的，案件审结后如被执行人无财产可供执行或其财产不足以清偿债务时，即使执行依据未确定保证人承担保证责任，法院亦有权裁定执行保证人在保证责任范围内的财产。

在办理执行担保案件过程中，执行人员应向申请执行人释明暂缓执行期间可能存在的风险，向被执行人和担保人或担保财产所有人释明执行担保的法律后果。

被执行人或者他人提供财产担保，可以依照物权法、担保法规定办理登记等担保物权公示手续，只有办理公示手续的，申请执行人才可以依法主张优先受偿权，否则申请执行人对该担保财产无优先受偿权。申请执行人申请人民法院查封、扣押、冻结担保财产的，人民法院应当准许，但担保书另有约定的除外。

执行担保财产或保证人财产的条件：(1) 暂缓执行期限届满后被执行人仍不履行义务，或者暂缓执行期间担保人有转移、隐藏、变卖、毁损担保财产等行为；(2) 申请执行人申请恢复执行。执行方式为直接裁定执行担保财产或者保证人的财产，不得将担保人变更、追加为被执行人。执行担保财产或者保证人的财产，以担保人应当履行义务部分的财产为限。

第三节　暂缓执行

执行程序开始后，人民法院因法定事由，可以决定对某一项或者某几项执行措施在规定的期限内暂缓实施。除法定事由外，人民法院不得决定暂缓执行。

【工作内容】

一、依申请暂缓执行

（一）申请

有下列情形之一的，经当事人或者其他利害关系人申请，人民法院可以决定暂缓执行：(1) 执行措施或者执行程序违反法律规定的；(2) 执行标的物存在权属争议的；(3) 被执行人对申请执行人享有抵销权的。

（二）审查和决定

人民法院对暂缓执行的案件，应当组成合议庭对是否暂缓执行进行审查，必要时应当听取当事人或者其他利害关系人的意见。人民法院在收到暂缓执行申请后，应当在十五日内作出决定，并在作出决定后五日内将决定书发送当事人或者其他利害关系人。

（三）担保

人民法院决定暂缓执行的，应当同时责令申请暂缓执行的当事人或者其他利害关系人在指定的期限内提供相应的担保。被执行人或者其他利害关系人提供担保申请暂缓执行，申请执行人提供担保要求继续执行的，执行法院可以继续执行。

二、依职权暂缓执行

有下列情形之一的，人民法院可以依职权决定暂缓执行：

（1）上级人民法院已经受理执行争议案件并正在处理的；（2）人民法院发现据以执行的生效法律文书确有错误，并正在按照审判监督程序进行审查的。（3）当事人、利害关系人对网络司法拍卖行为提出异议的，异议、复议期间，人民法院可以决定暂缓拍卖。案外人对网络司法拍卖的标的提出异议的，人民法院应当决定暂缓拍卖。

人民法院依职权决定暂缓执行的，除暂缓拍卖的情况外，责令申请执行人或被执行人提供相应担保为原则，不提供担保为例外。人民法院依职权暂缓执行也应当组成合议庭进行审查、制作决定并发送当事人。

三、因发现执行依据确有错误而决定对执行标的暂缓处分

在执行过程中，执行人员发现据以执行的判决、裁定、调解书和支付令确有错误的，应当提出书面意见，报请院长审查处理。在执行上级法院的判决、裁定和调解书时，发现确有错误的，可提出书面意见，经院长批准，函请上级法院审查处理。在审查处理期间，执行机构可以报经院长决定对执行标的暂缓采取处分性措施，并通知当事人。

四、暂缓执行期限

暂缓执行的期间不得超过三个月。因特殊事由需要延长的，可以适当延长，延长的期限不得超过三个月。

暂缓执行的期限从执行法院作出暂缓执行决定之日起计算。暂缓执行的决定由上级人民法院作出的，从执行法院收到暂缓执行决定之日起计算。

五、上级法院对暂缓执行决定的监督

上级法院发现执行法院对不符合暂缓执行条件的案件决定暂缓执行，或

者对符合暂缓执行条件的案件未予暂缓执行的,应当作出决定予以纠正。执行法院收到该决定后,应当遵照执行。

六、暂缓执行的恢复

暂缓执行期限届满后,人民法院应当立即恢复执行。暂缓执行期限届满前,据以决定暂缓执行的事由消灭的,如果该暂缓执行的决定是由执行法院作出的,执行法院应当立即作出恢复执行的决定;如果该暂缓执行的决定是由执行法院的上级法院作出的,执行法院应当将该暂缓执行事由消灭的情况及时报告上级法院,该上级法院应当在收到报告后十日内审查核实并作出恢复执行的决定。

【常用法律、司法解释及相关规定】

《中华人民共和国民事诉讼法》(2021年修正)

第二百三十八条　在执行中,被执行人向人民法院提供担保,并经申请执行人同意的,人民法院可以决定暂缓执行及暂缓执行的期限。被执行人逾期仍不履行的,人民法院有权执行被执行人的担保财产或者担保人的财产。

《最高人民法院关于适用〈中华人民共和国民事诉讼法〉的解释》(2022年修正)

第四百六十七条　人民法院依照民事诉讼法第二百三十一条规定决定暂缓执行的,如果担保是有期限的,暂缓执行的期限应当与担保期限一致,但最长不得超过一年。被执行人或者担保人对担保的财产在暂缓执行期间有转移、隐藏、变卖、毁损等行为的,人民法院可以恢复强制执行。

第四百六十八条　根据民事诉讼法第二百三十一条规定向人民法院提供执行担保的,可以由被执行人或者他人提供财产担保,也可以由他人提供保证。担保人应当具有代为履行或者代为承担赔偿责任的能力。

他人提供执行保证的,应当向执行法院出具保证书,并将保证书副本送交申请执行人。被执行人或者他人提供财产担保的,应当参照物权法、担保法的有关规定办理相应手续。

第四百六十九条　被执行人在人民法院决定暂缓执行的期限届满后仍不履行义务的,人民法院可以直接执行担保财产,或者裁定执行担保人的财产,但执行担保人的财产以担保人应当履行义务部分的财产为限。

《最高人民法院关于正确适用暂缓执行措施若干问题的规定》（2002年9月28日施行　法发〔2002〕16号）

第一条　执行程序开始后，人民法院因法定事由，可以决定对某一项或者某几项执行措施在规定的期限内暂缓实施。

执行程序开始后，除法定事由外，人民法院不得决定暂缓执行。

第二条　暂缓执行由执行法院或者其上级人民法院作出决定，由执行机构统一办理。

人民法院决定暂缓执行的，应当制作暂缓执行决定书，并及时送达当事人。

第三条　有下列情形之一的，经当事人或者其他利害关系人申请，人民法院可以决定暂缓执行：

（一）执行措施或者执行程序违反法律规定的；

（二）执行标的物存在权属争议的；

（三）被执行人对申请执行人享有抵销权的。

第四条　人民法院根据本规定第三条决定暂缓执行的，应当同时责令申请暂缓执行的当事人或者其他利害关系人在指定的期限内提供相应的担保。

被执行人或者其他利害关系人提供担保申请暂缓执行，申请执行人提供担保要求继续执行的，执行法院可以继续执行。

第五条　当事人或者其他利害关系人提供财产担保的，应当出具评估机构对担保财产价值的评估证明。

评估机构出具虚假证明给当事人造成损失的，当事人可以对担保人、评估机构另行提起损害赔偿诉讼。

第六条　人民法院在收到暂缓执行申请后，应当在十五日内作出决定，并在作出决定后五日内将决定书发送当事人或者其他利害关系人。

第七条　有下列情形之一的，人民法院可以依职权决定暂缓执行：

（一）上级人民法院已经受理执行争议案件并正在处理的；

（二）人民法院发现据以执行的生效法律文书确有错误，并正在按照审判监督程序进行审查的。

人民法院依照前款规定决定暂缓执行的，一般应由申请执行人或者被执行人提供相应的担保。

第八条 依照本规定第七条第一款第（一）项决定暂缓执行的，由上级人民法院作出决定。依照本规定第七条第一款第（二）项决定暂缓执行的，审判机构应当向本院执行机构发出暂缓执行建议书，执行机构收到建议书后，应当办理暂缓相关执行措施的手续。

第九条 在执行过程中，执行人员发现据以执行的判决、裁定、调解书和支付令确有错误的，应当依照最高人民法院《关于适用〈中华人民共和国民事诉讼法〉若干问题的意见》第258条的规定处理。

在审查处理期间，执行机构可以报经院长决定对执行标的暂缓采取处分性措施，并通知当事人。

第十条 暂缓执行的期间不得超过三个月。因特殊事由需要延长的，可以适当延长，延长的期限不得超过三个月。

暂缓执行的期限从执行法院作出暂缓执行决定之日起计算。暂缓执行的决定由上级人民法院作出的，从执行法院收到暂缓执行决定之日起计算。

第十一条 人民法院对暂缓执行的案件，应当组成合议庭对是否暂缓执行进行审查，必要时应当听取当事人或者其他利害关系人的意见。

第十二条 上级人民法院发现执行法院对不符合暂缓执行条件的案件决定暂缓执行，或者对符合暂缓执行条件的案件未予暂缓执行的，应当作出决定予以纠正。执行法院收到该决定后，应当遵照执行。

第十三条 暂缓执行期限届满后，人民法院应当立即恢复执行。

暂缓执行期限届满前，据以决定暂缓执行的事由消灭的，如果该暂缓执行的决定是由执行法院作出的，执行法院应当立即作出恢复执行的决定；如果该暂缓执行的决定是由执行法院的上级人民法院作出的，执行法院应当将该暂缓执行事由消灭的情况及时报告上级人民法院，该上级人民法院应当在收到报告后十日内审查核实并作出恢复执行的决定。

第十四条 本规定自公布之日起施行。本规定施行后，其他司法解释与本规定不一致的，适用本规定。

《最高人民法院关于执行担保若干问题的规定》（2020年修正）

第八条 人民法院决定暂缓执行的，可以暂缓全部执行措施的实施，但担保书另有约定的除外。

第九条 担保书内容与事实不符，且对申请执行人合法权益产生实质影响的，人民法院可以依申请执行人的申请恢复执行。

第十条 暂缓执行的期限应当与担保书约定一致，但最长不得超过一年。

五、《最高人民法院关于执行程序中计算迟延履行期间的债务利息适用法律若干问题的解释》（2014年8月1日施行　法释〔2014〕8号）

第三条 加倍部分债务利息计算至被执行人履行完毕之日；被执行人分次履行的，相应部分的加倍部分债务利息计算至每次履行完毕之日。

人民法院划拨、提取被执行人的存款、收入、股息、红利等财产的，相应部分的加倍部分债务利息计算至划拨、提取之日；人民法院对被执行人财产拍卖、变卖或者以物抵债的，计算至成交裁定或者抵债裁定生效之日；人民法院对被执行人财产通过其他方式变价的，计算至财产变价完成之日。

非因被执行人的申请，对生效法律文书审查而中止或者暂缓执行的期间及再审中止执行的期间，不计算加倍部分债务利息。

【重点提示】

暂缓执行的事由是法定的，除法定事由外，人民法院不得以其他事由决定暂缓执行。

暂缓执行期限问题。如果暂缓执行存在执行担保，则暂缓执行期限适用《最高人民法院关于执行担保若干问题的规定》第十条的规定，即暂缓执行的期限应与担保书约定期限一致，但最长不得超过一年。在人民法院依职权决定暂缓执行但未要求申请执行人或被执行人提供执行担保的情况下，暂缓执行期限适用《最高人民法院关于正确适用暂缓执行措施若干问题的规定》第十条的规定，即暂缓执行的期间不得超过三个月。因特殊事由需要延长的，可以适当延长，延长的期限不得超过三个月。

暂缓执行文书的作出和送达。暂缓执行及暂缓执行的期限应组成合议庭审查后，通过审批程序后制作决定书，并及时送达当事人。依申请决定暂缓执行的，人民法院应当在收到暂缓申请后十五日内做出决定，并在作出决定五日内将决定书发送当事人或者其他利害关系人。

暂缓执行期间不计入办案期限。暂缓执行前已采取的控制性执行措施在暂缓执行期间继续有效，已采取的处分性措施维持现状不得继续，也不得针对案件再采取新的执行行为。

暂缓执行后的恢复执行：被执行人或者担保人对担保的财产在暂缓执行期间有转移、隐藏、变卖、毁损等行为的；被执行人在人民法院决定暂缓执行的期限届满后仍不履行义务的。

对担保财产和保证人的财产的执行：对暂缓执行恢复执行后，人民法院可以直接执行担保财产，或者裁定执行担保人的财产，但执行担保人的财产以担保人应当履行义务部分的财产为限。

非因被执行人申请对生效法律文书审查暂缓执行的期间，不计算加倍部分债务利息。

第四节　中止执行

执行程序开始后，人民法院因法定事由，需要停止正在进行的执行程序，待引起停止的情形消失后恢复执行程序。

【工作内容】

一、结合案件具体情况，依申请或依职权对中止的法定事由进行审查，并作出裁定送达当事人

（一）裁定中止执行

执行中，遇有下列情形之一的，执行实施机构应当裁定中止执行或裁定对部分被执行人中止执行：(1) 申请执行人表示可以延期执行的；(2) 作为一方当事人的公民死亡，需要等待继承人继承权利或者承担义务的；(3) 作为一方当事人的法人或者其他组织终止，尚未确定权利义务承受人的；(4) 人民法院已受理以被执行人为债务人的破产申请的，或者依据《最高人民法院关于适用〈中华人民共和国民事诉讼法〉的解释》第五百一十三条规定，将案件移送破产审查的；(5) 一方当事人申请执行仲裁裁决，另一方当事人申请撤销仲裁裁决的；(6) 仲裁裁决的被申请人向人民法院提出不予执

行请求，并提供适当担保的；(7) 执行过程中发现有非法集资犯罪嫌疑的，或者执行标的物属于公安机关、人民检察院、人民法院侦查、起诉、审理非法集资刑事案件的涉案财物的；(8) 人民法院认为应当中止执行的其他情形。裁定对部分被执行人中止执行的，不影响对同一执行案件其他被执行人的执行。申请执行人与被执行人达成和解协议后请求中止执行的，可以裁定中止执行。

(二) 依审判部门裁定中止执行

执行中，遇有下列情形之一的，执行实施机构应当根据审判机构的中止执行裁定中止执行：(1) 按照审判监督程序提审或再审的案件，上级法院或本院作出中止执行裁定书的；(2) 人民法院受理第三人撤销之诉案件后，受理第三人撤销之诉的法院作出中止执行裁定书的。

(三) 依执行审查部门裁定对执行标的中止执行

执行中，案外人对执行标的提出确有理由的异议，执行审查部门裁定对执行标的中止执行的，执行局据此中止执行。

中止执行的，执行局应当依法制作裁定书，载明中止执行的事由和依据。中止执行裁定应当送达当事人，裁定送达当事人后立即生效。

二、中止执行期间事项处理

中止执行前采取的控制性措施在中止执行期间届满的，及时办理延续手续，及时停止中止执行前采取的财产处分措施。

三、恢复执行

中止事由结束后依申请或依职权及时恢复执行并书面通知当事人。

【常用法律、司法解释及相关规定】

《中华人民共和国民事诉讼法》(2021年修正)

第二百一十三条 按照审判监督程序决定再审的案件，裁定中止原判决、裁定、调解书的执行，但追索赡养费、扶养费、抚养费、抚恤金、医疗费用、劳动报酬等案件，可以不中止执行。

第二百三十四条 执行过程中，案外人对执行标的提出书面异议的，人民法院应当自收到书面异议之日起十五日内审查，理由成立的，裁定中止对该标的的执行；理由不成立的，裁定驳回。案外人、当事人对裁定不服，认为原判决、裁定错误的，依照审判监督程序办理；与原判决、裁定无关的，可以自裁定送达之日起十五日内向人民法院提起诉讼。

第二百六十三条 有下列情形之一的，人民法院应当裁定中止执行：

（一）申请人表示可以延期执行的；

（二）案外人对执行标的提出确有理由的异议的；

（三）作为一方当事人的公民死亡，需要等待继承人继承权利或者承担义务的；

（四）作为一方当事人的法人或者其他组织终止，尚未确定权利义务承受人的；

（五）人民法院认为应当中止执行的其他情形。

中止的情形消失后，恢复执行。

第二百六十五条 中止和终结执行的裁定，送达当事人后立即生效。

《最高人民法院关于适用〈中华人民共和国民事诉讼法〉的解释》（2022年修正）

第二百九十七条 受理第三人撤销之诉案件后，原告提供相应担保，请求中止执行的，人民法院可以准许。

第三百一十四条 人民法院对执行标的裁定中止执行后，申请执行人在法律规定的期间内未提起执行异议之诉的，人民法院应当自起诉期限届满之日起七日内解除对该执行标的采取的执行措施。

第三百九十四条 人民法院对已经发生法律效力的判决、裁定、调解书依法决定再审，依照民事诉讼法第二百零六条规定，需要中止执行的，应当在再审裁定中同时写明中止原判决、裁定、调解书的执行；情况紧急的，可以将中止执行裁定口头通知负责执行的人民法院，并在通知后十日内发出裁定书。

第四百六十三条 案外人对执行标的提出的异议，经审查，按照下列情形分别处理：

（一）案外人对执行标的不享有足以排除强制执行的权益的，裁定驳回其异议；

（二）案外人对执行标的享有足以排除强制执行的权益的，裁定中止执行。

驳回案外人执行异议裁定送达案外人之日起十五日内，人民法院不得对执行标的进行处分。

第四百六十四条 申请执行人与被执行人达成和解协议后请求中止执行或者撤回执行申请的，人民法院可以裁定中止执行或者终结执行。

第五百一十一条 在执行中，作为被执行人的企业法人符合企业破产法第二条第一款规定情形的，执行法院经申请执行人之一或者被执行人同意，应当裁定中止对该被执行人的执行，将执行案件相关材料移送被执行人住所地人民法院。

《最高人民法院关于人民法院执行工作若干问题的规定（试行）》（2020年修正）

103. 按照审判监督程序提审或再审的案件，执行机构根据上级法院或本院作出的中止执行裁定书中止执行。

104. 中止执行的情形消失后，执行法院可以根据当事人的申请或依职权恢复执行。

恢复执行应当书面通知当事人。

106. 中止执行和终结执行的裁定书应当写明中止或终结执行的理由和法律依据。

《最高人民法院、最高人民检察院、公安部关于办理非法集资刑事案件适用法律若干问题的意见》（2014年3月25日施行　公通字〔2014〕16号）

第七部分　关于涉及民事案件的处理问题

人民法院在审理民事案件或者执行过程中，发现有非法集资犯罪嫌疑的，应当裁定驳回起诉或者中止执行，并及时将有关材料移送公安机关或者检察机关。

【重点提示】

中止执行有两种情形，一种是全案中止执行，一种是部分措施或标的的中止执行。全案中止执行的，全部措施都要暂停，部分中止的只暂停需要中止的部分，其他部分仍然需要继续执行。

中止执行的法律后果是维持现状。中止执行前已采取的控制性措施在中止执行期间继续有效，不因案件中止而解除，且在期限届满时应及时办理延续手续，但不得采取新的控制性措施。中止执行前已经采取的财产处分措施，中止执行后一律暂停，待中止执行事由消失后继续进行。

案外人对执行标的提出执行异议，人民法院对执行标的裁定中止执行后，申请执行人在法律规定的期间内未提起执行异议之诉的，人民法院应当自起诉期限届满之日起七日内解除对该执行标的采取的执行措施。

按照审判监督程序决定再审的案件，裁定中止原判决、裁定、调解书的执行，但追索赡养费、扶养费、抚养费、抚恤金、医疗费用、劳动报酬等案件，可以不中止执行。

中止执行应制作裁定书，中止执行裁定送达当事人后立即生效。

中止执行期间，申请执行人申请变更申请人的，执行法院应及时予以处理并作出裁定，申请变更、追加被执行人的，如果是全案中止执行的，则不应在中止执行期间予以变更、追加，如果是部分措施或标的中止执行的，则对未中止执行部分内容的变更、追加申请予以处理并作出裁定，对中止执行部分不应在中止执行期间予以变更、追加。

中止事由结束后需要恢复执行的，中止执行裁定自动失效，应以恢复执行通知书的形式通知当事人。

第五节　执行回转

执行回转是在民事执行案件已经全部或部分执行完毕后，因执行依据被撤销，对已被执行的财产，由法院根据新的法律文书，作出裁定，重新采取强制措施，恢复到执行开始前的状况。

【工作内容】

执行回转的条件如下：(1) 原执行程序全部或部分结束后；(2) 执行依据被变更或撤销；(3) 按照新的生效法律文书需要执行回转的；(4) 原执行程序的申请执行人拒不返还已取得的财产和孳息。执行回转应重新立案，适用执行程序的有关规定。

发生法律效力的执行裁定，并不因据以执行的法律文书被撤销而撤销。新的执行依据改变了原执行内容，需要执行回转的，人民法院应当作出执行回转的裁定；已执行的内容没有超出新的执行依据所确定内容的，人民法院应继续执行。

执行回转时，已执行的标的物系特定物的，应当退还原物。因特定物毁损、灭失等自然原因或已被合法转让给第三人而不能退还原物的，经双方当事人同意，可以折价赔偿。双方当事人对折价赔偿不能协商一致的，人民法院应当终结执行程序。执行回转的申请执行人可以另行起诉。

在执行回转案件被执行人破产的情况下，人民法院可以比照取回权制度，对执行回转案件申请执行人的权利予以优先保护，认定应当执行回转部分的财产数额，不属于破产财产。审理破产案件的法院应当将该部分财产交由执行法院继续执行。

执行回转案件的被执行人迟延履行的，应当承担迟延履行期间的债务利息或者迟延履行金。

【常用法律、司法解释及相关规定】

《中华人民共和国民事诉讼法》（2021年修正）

第二百四十条 执行完毕后，据以执行的判决、裁定和其他法律文书确有错误，被人民法院撤销的，对已被执行的财产，人民法院应当作出裁定，责令取得财产的人返还；拒不返还的，强制执行。

《最高人民法院关于适用〈中华人民共和国民事诉讼法〉的解释》（2022年修正）

第四百七十四条 法律规定由人民法院执行的其他法律文书执行完毕后，该法律文书被有关机关或者组织依法撤销的，经当事人申请，适用民事诉讼法第二百三十三条规定。

第四百九十二条 执行标的物为特定物的,应当执行原物。原物确已毁损或者灭失的,经双方当事人同意,可以折价赔偿。

双方当事人对折价赔偿不能协商一致的,人民法院应当终结执行程序。申请执行人可以另行起诉。

《最高人民法院关于人民法院执行工作若干问题的规定(试行)》(2020年修正)

109. 在执行中或执行完毕后,据以执行的法律文书被人民法院或其他有关机关撤销或变更的,原执行机构应当依据民事诉讼法第二百三十三条的规定,依当事人申请或依职权,按照新的生效法律文书,作出执行回转的裁定,责令原申请执行人返还已取得的财产及其孳息。拒不返还的,强制执行。

66. 执行回转时,已执行的标的物系特定物的,应当退还原物。不能退还原物的,经双方当事人同意,可以折价赔偿。

双方当事人对折价赔偿不能协商一致的,人民法院应当终结执行回转程序。申请执行人可以另行起诉。

《最高人民法院执行工作办公室关于再审判决作出后如何处理原执行裁定的答复》(2006年3月13日施行 〔2005〕执他字第25号)

执行裁定发生法律效力后,并不因据以执行的法律文书撤销而撤销,如果新的执行依据改变了原执行内容,需要执行回转的,则人民法院作出执行回转的裁定;如已执行的标的额没有超出新的执行依据所确定的标的额,人民法院应当继续执行。

《最高人民法院执行工作办公室关于原执行裁定被撤销后能否对第三人从债权人处买卖的财产进行回转的请示的答复》(〔2007〕执他字第2号)

如果涉案财产已经被第三人合法取得,执行回转时应当由原申请执行人折价赔偿。

《最高人民法院执行工作办公室关于执行回转案件的申请执行人在被执行人破产案件中能否得到优先受偿保护的答复》(〔2005〕执他字第27号)

在执行回转案件被执行人破产的情况下,可以比照取回制度,对执行回转案件申请执行人的权利予以优先保护,认定应当执行回转部分的财产数额,不属于破产财产。因此,审理破产案件的法院应当将该部分财产交由执行法院继续执行。

《最高人民法院关于执行程序中计算迟延履行期间的债务利息适用法律若干问题的解释》(2014年8月1日施行　法释〔2014〕8号)

第一条　根据民事诉讼法第二百五十三条规定加倍计算之后的迟延履行期间的债务利息，包括迟延履行期间的一般债务利息和加倍部分债务利息。

迟延履行期间的一般债务利息，根据生效法律文书确定的方法计算；生效法律文书未确定给付该利息的，不予计算。

加倍部分债务利息的计算方法为：加倍部分债务利息＝债务人尚未清偿的生效法律文书确定的除一般债务利息之外的金钱债务×日万分之一点七五×迟延履行期间。

第二条　加倍部分债务利息自生效法律文书确定的履行期间届满之日起计算；生效法律文书确定分期履行的，自每次履行期间届满之日起计算；生效法律文书未确定履行期间的，自法律文书生效之日起计算。

第三条　加倍部分债务利息计算至被执行人履行完毕之日；被执行人分次履行的，相应部分的加倍部分债务利息计算至每次履行完毕之日。

人民法院划拨、提取被执行人的存款、收入、股息、红利等财产的，相应部分的加倍部分债务利息计算至划拨、提取之日；人民法院对被执行人财产拍卖、变卖或者以物抵债的，计算至成交裁定或者抵债裁定生效之日；人民法院对被执行人财产通过其他方式变价的，计算至财产变价完成之日。

非因被执行人的申请，对生效法律文书审查而中止或者暂缓执行的期间及再审中止执行的期间，不计算加倍部分债务利息。

第四条　被执行人的财产不足以清偿全部债务的，应当先清偿生效法律文书确定的金钱债务，再清偿加倍部分债务利息，但当事人对清偿顺序另有约定的除外。

第五条　生效法律文书确定给付外币的，执行时以该种外币按日万分之一点七五计算加倍部分债务利息，但申请执行人主张以人民币计算的，人民法院应予准许。

以人民币计算加倍部分债务利息的，应当先将生效法律文书确定的外币折算或者套算为人民币后再进行计算。

外币折算或者套算为人民币的，按照加倍部分债务利息起算之日的中国外汇交易中心或者中国人民银行授权机构公布的人民币对该外币的中间价折合成人民币计算；中国外汇交易中心或者中国人民银行授权机构未公布汇率中间价的外币，按照该日境内银行人民币对该外币的中间价折算成人民币，或者该外币在境内银行、国际外汇市场对美元汇率，与人民币对美元汇率中间价进行套算。

第六条 执行回转程序中，原申请执行人迟延履行金钱给付义务的，应当按照本解释的规定承担加倍部分债务利息。

【重点提示】

执行回转程序可采用原义务人申请和法院依职权启动两种方式。当第三人提出撤销之诉或案外人申请再审胜诉后，执行案件执行依据被撤销，而原被执行人出于某些原因不申请执行回转的，第三人或案外人向法院申请，法院可依职权启动执行回转。若原义务人申请撤回执行申请或放弃权利的，人民法院也不应准许，并要求原权利人将应返还财物交至法院，由法院交至第三人或案外人。如果原权利人以执行回转程序应由原义务人提出申请为由，不同意法院回转而提出异议，法院按民事诉讼法第二百三十二条规定予以受理，如原义务人不申请执行回转损害了第三人或案外人合法权益，法院应裁定驳回原权利人提出的异议请求。

执行回转的前提是有新的生效法律文书，指的是经再审审理后的终审判决或其他终局性解决本案纠纷的生效法律文书，不包含发回重审的程序性裁定。原生效判决被撤销，案件正在重审过程中，尚未作出新的生效判决情况下，原义务人向法院申请执行回转，法院对原义务人的申请应当裁定驳回其执行回转申请。

该种情形下，原义务人申请执行回转的出发点是认为案件原生效法律文书确有问题，担心将来即使再审胜诉，也会因财产流失导致执行回转不能。可以引导原义务人向重审法院审判庭申请诉讼财产保全，待生效法律文书作出后进行执行回转程序。

原义务人向法院申请执行回转，法院认为符合法定条件的，重新立案，启动新的首次执行案号。当事人、利害关系人对执行回转裁定不服，可以提出异议，人民法院按照民事诉讼法第二百三十二条规定，对照民事诉讼法第二百四十条规定的条件进行审查。异议理由成立的，撤销执行回转裁定；异议不成立的，裁定驳回异议申请。异议人对裁决结果不服可自收到裁定之日起十日内向上一级人民法院申请复议。如果法院在执行回转中未作出执行回转裁定，直接按照新的生效法律文书确定申请执行人、被申请执行人，并作出相应的回转财产行为。当事人、利害关系人对执行行为提出异议，法院经审查该程序有误，应当予以纠正。

  执行回转适用当事人返还原则。原执行财产被原执行权利人占有、使用并收益，原执行财产的前述受益人即是财产回转义务人，不应是其他事实上取得已执行财产的人，但代替原申请执行人取得该财产的人除外，回转的义务人以原财产受益的份额为限。案外人对原申请执行人胜诉的法律文书，按执行到期债权的方式从被执行人处执行得到标的物。如果原申请执行人与原被申请执行人之间的法律文书被撤销，不能直接从案外人处直接执行回转，因案外人取得财产是基于原已生效法律文书，原被执行人向案外人履行，实际上是清偿其对原申请执行人的债务，应当视为原申请执行个人取得了原被执行人的财产，执行回转只能向原申请执行人请求返还标的物。原申请执行人通过执行行为取得的财产已被案外第三人合法取得，则不应对案外人合法取得的财产进行回转。如果申请执行人与案外第三人合意，原申请执行人从案外第三人处赎回标的物，则可以返还，如果不能，只能由原申请执行人折价赔偿。

  人民法院在执行中依法采取的拍卖、变卖措施，是基于国家公权力的行为，具有公信力，买受人通过法院的拍卖、变卖程序取得财产的行为，不同于一般的民间交易行为，对其受让所得的权益应当予以保护。执行回转时应当由原申请执行人折价赔偿。申请执行回转权利人坚持要求回转拍卖标的物，法院应驳回其请求。

  执行回转的范围应限制在被新的生效法律文书撤销或推翻的内容，而不是对所有已执行财产一律执行回转。当事人对法院执行回转裁定确定其应履行的义务不服提出异议，法院应当按照民事诉讼法第二百三十二条规定予以受理并审查。

  法院应对要求回转的行为予以审查，甄别是否属于可以完成的行为或可以替代履行的行为，如果具有可执行性，可以裁定执行回转，如果请求回转的行为系不可逆的行为，可采取侵权赔偿的方式予以救济，不能启动执行回转程序。

原被执行人有权要求原申请执行人支付加倍部分债务利息。法院作出执行回转裁定所确定的金额即回转期间加倍利息的计算，应以实际执行到位之日进行结算的数额为准，如果执行的现款，以具体收据的时间为准；若以物抵债，则以申请执行人接受抵债财产的时间为准。执行回转中，作为回转标的金钱产生的孳息应当以中国人民银行同期同类人民币贷款利率为标准从原申请执行人取得款项时起计算至实际返还之日止。

执行回转中返还孳息应首先征求双方当事人的意见，如能协商一致，按协商一致结果处理；协商不成，属于自然孳息的，在扣除原申请执行人支出的管理费用后应当全部返还；属于法定孳息的，应当结合执行回转发生的原因、受损失程度等原因综合考量。执行回转程序的补偿性决定了计算执行回转孳息时标准不宜过高。

第六节　执行公开

【工作内容】

法院应依法公开案件执行各个环节和有关信息，但涉及国家秘密、商业秘密等法律禁止公开的信息除外。

公开内容包括：失信被执行人、限制消费人员、被执行人信息、财产处置（询价评估、网络拍卖）、终结本次执行程序、执行法律文书、执行公告的查询以及案件执行各环节需要告知当事人的事项。

【常用法律、司法解释及相关规定】

《最高人民法院关于人民法院执行公开的若干规定》（2007年1月1日施行　法发〔2006〕35号）

第一条　本规定所称的执行公开，是指人民法院将案件执行过程和执行程序予以公开。

第二条　人民法院应当通过通知、公告或者法院网络、新闻媒体等方式，依法公开案件执行各个环节和有关信息，但涉及国家秘密、商业秘密等法律禁止公开的信息除外。

第三条 人民法院应当向社会公开执行案件的立案标准和启动程序。

人民法院对当事人的强制执行申请立案受理后，应当及时将立案的有关情况、当事人在执行程序中的权利和义务以及可能存在的执行风险书面告知当事人；不予立案的，应当制作裁定书送达申请人，裁定书应当载明不予立案的法律依据和理由。

第四条 人民法院应当向社会公开执行费用的收费标准和根据，公开执行费减、缓、免交的基本条件和程序。

第五条 人民法院受理执行案件后，应当及时将案件承办人或合议庭成员及联系方式告知双方当事人。

第六条 人民法院在执行过程中，申请执行人要求了解案件执行进展情况的，执行人员应当如实告知。

第七条 人民法院对申请执行人提供的财产线索进行调查后，应当及时将调查结果告知申请执行人；对依职权调查的被执行人财产状况和被执行人申报的财产状况，应当主动告知申请执行人。

第八条 人民法院采取查封、扣押、冻结、划拨等执行措施的，应当依法制作裁定书送达被执行人，并在实施执行措施后将有关情况及时告知双方当事人，或者以方便当事人查询的方式予以公开。

第九条 人民法院采取拘留、罚款、拘传等强制措施的，应当依法向被采取强制措施的人出示有关手续，并说明对其采取强制措施的理由和法律依据。采取强制措施后，应当将情况告知其他当事人。

采取拘留或罚款措施的，应当在决定书中告知被拘留或者被罚款的人享有向上级人民法院申请复议的权利。

第十条 人民法院拟委托评估、拍卖或者变卖被执行人财产的，应当及时告知双方当事人及其他利害关系人，并严格按照《中华人民共和国民事诉讼法》和最高人民法院《关于人民法院民事执行中拍卖、变卖财产的规定》等有关规定，采取公开的方式选定评估机构和拍卖机构，并依法公开进行拍卖、变卖。

评估结束后，人民法院应当及时向双方当事人及其他利害关系人送达评估报告；拍卖、变卖结束后，应当及时将结果告知双方当事人及其他利害关系人。

第十一条　人民法院在办理参与分配的执行案件时，应当将被执行人财产的处理方案、分配原则和分配方案以及相关法律规定告知申请参与分配的债权人。必要时，应当组织各方当事人举行听证会。

第十二条　人民法院对案外人异议、不予执行的申请以及变更、追加被执行主体等重大执行事项，一般应当公开听证进行审查；案情简单，事实清楚，没有必要听证的，人民法院可以直接审查。审查结果应当依法制作裁定书送达各方当事人。

第十三条　人民法院依职权对案件中止执行的，应当制作裁定书并送达当事人。裁定书应当说明中止执行的理由，并明确援引相应的法律依据。

对已经中止执行的案件，人民法院应当告知当事人中止执行案件的管理制度、申请恢复执行或者人民法院依职权恢复执行的条件和程序。

第十四条　人民法院依职权对据以执行的生效法律文书终结执行的，应当公开听证，但申请执行人没有异议的除外。

终结执行应当制作裁定书并送达双方当事人。裁定书应当充分说明终结执行的理由，并明确援引相应的法律依据。

第十五条　人民法院未能按照最高人民法院《关于人民法院办理执行案件若干期限的规定》中规定的期限完成执行行为的，应当及时向申请执行人说明原因。

第十六条　人民法院对执行过程中形成的各种法律文书和相关材料，除涉及国家秘密、商业秘密等不宜公开的文书材料外，其他一般都应当予以公开。

当事人及其委托代理人申请查阅执行卷宗的，经人民法院许可，可以按照有关规定查阅、抄录、复制执行卷宗正卷中的有关材料。

第十七条　对违反本规定不公开或不及时公开案件执行信息的，视情节轻重，依有关规定追究相应的责任。

第十八条　各高级人民法院在实施本规定过程中，可以根据实际需要制定实施细则。

第十九条　本规定自2007年1月1日起施行。

《最高人民法院关于人民法院在互联网公布裁判文书的规定》（2016年10月1日施行　法释〔2016〕19号）

第一条　人民法院在互联网公布裁判文书，应当依法、全面、及时、规范。

第二条　中国裁判文书网是全国法院公布裁判文书的统一平台。各级人民法院在本院政务网站及司法公开平台设置中国裁判文书网的链接。

第三条　人民法院作出的下列裁判文书应当在互联网公布：

（一）刑事、民事、行政判决书；

（二）刑事、民事、行政、执行裁定书；

（三）支付令；

（四）刑事、民事、行政、执行驳回申诉通知书；

（五）国家赔偿决定书；

（六）强制医疗决定书或者驳回强制医疗申请的决定书；

（七）刑罚执行与变更决定书；

（八）对妨害诉讼行为、执行行为作出的拘留、罚款决定书，提前解除拘留决定书，因对不服拘留、罚款等制裁决定申请复议而作出的复议决定书；

（九）行政调解书、民事公益诉讼调解书；

（十）其他有中止、终结诉讼程序作用或者对当事人实体权益有影响、对当事人程序权益有重大影响的裁判文书。

第四条　人民法院作出的裁判文书有下列情形之一的，不在互联网公布：

（一）涉及国家秘密的；

（二）未成年人犯罪的；

（三）以调解方式结案或者确认人民调解协议效力的，但为保护国家利益、社会公共利益、他人合法权益确有必要公开的除外；

（四）离婚诉讼或者涉及未成年子女抚养、监护的；

（五）人民法院认为不宜在互联网公布的其他情形。

第五条　人民法院应当在受理案件通知书、应诉通知书中告知当事人在互联网公布裁判文书的范围，并通过政务网站、电子触摸屏、诉讼指南等多种方式，向公众告知人民法院在互联网公布裁判文书的相关规定。

第六条　不在互联网公布的裁判文书，应当公布案号、审理法院、裁判日期及不公开理由,但公布上述信息可能泄露国家秘密的除外。

第七条 发生法律效力的裁判文书,应当在裁判文书生效之日起七个工作日内在互联网公布。依法提起抗诉或者上诉的一审判决书、裁定书,应当在二审裁判生效后七个工作日内在互联网公布。

第八条 人民法院在互联网公布裁判文书时,应当对下列人员的姓名进行隐名处理:

(一)婚姻家庭、继承纠纷案件中的当事人及其法定代理人;

(二)刑事案件被害人及其法定代理人、附带民事诉讼原告人及其法定代理人、证人、鉴定人;

(三)未成年人及其法定代理人。

第九条 根据本规定第八条进行隐名处理时,应当按以下情形处理:

(一)保留姓氏,名字以"某"替代;

(二)对于少数民族姓名,保留第一个字,其余内容以"某"替代;

(三)对于外国人、无国籍人姓名的中文译文,保留第一个字,其余内容以"某"替代;对于外国人、无国籍人的英文姓名,保留第一个英文字母,删除其他内容。

对不同姓名隐名处理后发生重复的,通过在姓名后增加阿拉伯数字进行区分。

第十条 人民法院在互联网公布裁判文书时,应当删除下列信息:

(一)自然人的家庭住址、通讯方式、身份证号码、银行账号、健康状况、车牌号码、动产或不动产权属证书编号等个人信息;

(二)法人以及其他组织的银行账号、车牌号码、动产或不动产权属证书编号等信息;

(三)涉及商业秘密的信息;

(四)家事、人格权益等纠纷中涉及个人隐私的信息;

(五)涉及技术侦查措施的信息;

(六)人民法院认为不宜公开的其他信息。

按照本条第一款删除信息影响对裁判文书正确理解的,用符号"×"作部分替代。

第十一条 人民法院在互联网公布裁判文书,应当保留当事人、法定代理人、委托代理人、辩护人的下列信息：

（一）除根据本规定第八条进行隐名处理的以外，当事人及其法定代理人是自然人的，保留姓名、出生日期、性别、住所地所属县、区；当事人及其法定代理人是法人或其他组织的，保留名称、住所地、组织机构代码，以及法定代表人或主要负责人的姓名、职务；

（二）委托代理人、辩护人是律师或者基层法律服务工作者的，保留姓名、执业证号和律师事务所、基层法律服务机构名称；委托代理人、辩护人是其他人员的，保留姓名、出生日期、性别、住所地所属县、区，以及与当事人的关系。

第十二条　办案法官认为裁判文书具有本规定第四条第五项不宜在互联网公布情形的，应当提出书面意见及理由，由部门负责人审查后报主管副院长审定。

第十三条　最高人民法院监督指导全国法院在互联网公布裁判文书的工作。高级、中级人民法院监督指导辖区法院在互联网公布裁判文书的工作。

各级人民法院审判管理办公室或者承担审判管理职能的其他机构负责本院在互联网公布裁判文书的管理工作，履行以下职责：

（一）组织、指导在互联网公布裁判文书；

（二）监督、考核在互联网公布裁判文书的工作；

（三）协调处理社会公众对裁判文书公开的投诉和意见；

（四）协调技术部门做好技术支持和保障；

（五）其他相关管理工作。

第十四条　各级人民法院应当依托信息技术将裁判文书公开纳入审判流程管理，减轻裁判文书公开的工作量，实现裁判文书及时、全面、便捷公布。

第十五条　在互联网公布的裁判文书，除依照本规定要求进行技术处理的以外，应当与裁判文书的原本一致。

人民法院对裁判文书中的笔误进行补正的，应当及时在互联网公布补正笔误的裁定书。

办案法官对在互联网公布的裁判文书与裁判文书原本的一致性，以及技术处理的规范性负责。

第十六条　在互联网公布的裁判文书与裁判文书原本不一致或者技术处

理不当的，应当及时撤回并在纠正后重新公布。

在互联网公布的裁判文书，经审查存在本规定第四条列明情形的，应当及时撤回，并按照本规定第六条处理。

第十七条 人民法院信息技术服务中心负责中国裁判文书网的运行维护和升级完善，为社会各界合法利用在该网站公开的裁判文书提供便利。

中国裁判文书网根据案件适用不同审判程序的案号，实现裁判文书的相互关联。

第十八条 本规定自2016年10月1日起施行。最高人民法院以前发布的司法解释和规范性文件与本规定不一致的，以本规定为准。

《最高人民法院关于严格规范终结本次执行程序的规定（试行）》（2016年12月1日施行　法〔2016〕373号）

第十三条 终结本次执行程序案件信息库记载的信息应当包括下列内容：

（一）作为被执行人的法人或者其他组织的名称、住所地、组织机构代码及其法定代表人或者负责人的姓名，作为被执行人的自然人的姓名、性别、年龄、身份证件号码和住址；

（二）生效法律文书的制作单位和文号，执行案号、立案时间、执行法院；

（三）生效法律文书确定的义务和被执行人的履行情况；

（四）人民法院认为应当记载的其他事项。

第十八条 有下列情形之一的，人民法院应当在三日内将案件信息从终结本次执行程序案件信息库中屏蔽：

（一）生效法律文书确定的义务执行完毕的；

（二）依法裁定终结执行的；

（三）依法应予屏蔽的其他情形。

第六条第三款 终结本次执行程序裁定书应当依法在互联网上公开。

【重点提示】

一、执行信息公开网公开事项

2014年11月1日，中国执行信息公开网正式开通，成为全国统一的执行信息公开平台。通过该平台，公众可以查询全国法院失信被执行人名单信息、被执行人信息、执行案件流程信息和执行裁判文书。当事人可通过中国执行信息公开网查询未执结案件的基本信息、失信被执行人名单信息和执行裁判文书信息，还可以通过自己的姓名、身份证号码、执行案号登录查询案件的流程信息，包括执行立案、执行人员、执行程序变更、执行措施、执行财产处置、执行裁决、执行款项分配、暂缓执行、中止执行、执行结案等信息，在线了解执行案件进展情况。社会公众可以从执行信息公开网上方便地查询到执行案件立案标准、启动程序、执行收费标准和依据、执行费缓减免的条件和程序、执行风险提示、悬赏公告、拍卖公告等。

二、"中国执行"微信公众号公开事项

2016年9月14日，最高人民法院"中国执行"微信公众号正式上线，开通执行信息查询、执行规范发布、法律法规解读、执行文书公开等功能，方便社会公众随时随地获取执行工作信息和享受司法服务。

三、执行案件流程信息管理系统与中国执行信息公开网的衔接工作注意事项

《最高人民法院关于中国执行信息公开网升级改版上线试运行有关工作的通知》[法（执）明传（2018）22号]文件中规定，自2018年6月1日起的执行案件将对外公开流程节点信息，并开通联系法官的功能，当事人在该网站注册账户后，可在涉及自身的案件上，联系承办法官，该留言将在执行案件流程信息管理系统中"联系法官"模块进行反馈，承办法官应及时回复当事人的相关疑问。

同时，该文件要求承办人在办案过程中，应当严格按照执行业务规范，及时、准确地将各节点信息录入系统，确保线下和线上数据信息的统一，确保案件当事人可以及时、准确地查看案件的公开流程节点信息，确保公开的流程节点信息规范、准确、统一。

执行人员应按照法律、司法解释规定向当事人发出、发送、送达有关法律文书。

第十五章　执行异议

执行异议是指在执行过程中，当事人、利害关系人、案外人对于违反法定程序的执行行为或者对特定执行标的的执行，认为其合法权益遭受不当侵害，向执行法院提出，请求予以纠正的权利救济制度。

第一节　执行行为异议

执行行为异议是指当事人或利害关系人就人民法院的执行行为向执行法院提起的阻止强制执行行为的请求，目的在于通过异议阻却执行行为的实施，执行行为异议是执行救济制度的重要内容之一。

【工作内容】

一、一般规定

在执行过程中，当事人、利害关系人认为执行法院的执行行为违反法律或司法解释规定的，向执行法院提出执行行为异议。

刑事裁判涉财产部分执行过程中，案外人对执行标的主张足以阻止执行的实体权利，向执行法院提出书面异议。

当事人、利害关系人根据民事诉讼法第二百三十二条的规定，提出异议，只适用于发生在 2008 年 4 月 1 日后作出的执行行为；

对于 2008 年 4 月 1 日前发生的执行行为，当事人、利害关系人可以依法提起申诉，按监督程序处理。

二、形式要求

异议人提出执行行为异议，应当向人民法院提交下列材料：（1）申请书，载明具体的异议请求、事实和理由等；（2）异议人的身份证明、委托手续等；（3）送达地址和联系方式的确认书；（4）异议指向的执行行为或执行标的所涉及的相关执行文书；（5）支持异议人主张的证明材料。

三、执行行为异议主体范围

（一）当事人

（1）执行依据确定的权利义务人；（2）执行行为扩张范围内被变更追加的当事人、权利义务的承受人、继承人、企业分立合并后的主体、债权让与的主体、债务承担的主体；（3）欠缺程序保障实质利益特定物占有人、借用人、无偿保管人；（4）与诉讼当事人存在利益代理行使关系的第三人、遗产管理人、失踪人的财产代管人；（5）执行力扩张范围之外被追加的当事人。

（二）利害关系人

（1）他案债权人：如认为人民法院的执行行为违法，妨碍其轮候查封债权受偿的，可以提出执行行为异议；（2）拍卖程序中的竞买人；（3）优先购买权人；（4）协助义务人；（5）其他利害人。

（三）案外人

对刑事裁判涉财产部分执行标的主张足以阻止执行的实体权利的案外人。

四、提出执行行为异议的事由

（1）查封、扣押、冻结、拍卖、变卖、以物抵债、暂缓执行、中止执行、终结执行等执行措施。（2）执行的期间、顺序等应当遵守的法定程序。（3）主张对执行标的物享有抵押权或不能阻却执行的留置权、质押权的。（4）主张对执行标的物享有法定优先权的。（5）主张对被执行人享有普通债权的。（6）主张对执行标的物虽享有租赁权，但强制执行不影响租赁权的行使，或该租赁权形成于抵押、查封之后的。(7)《最高人民法院关于刑事裁判涉财产部分执行的若干规定》第十四条规定的权利。(8) 当事人、利害关系人认为恢复执行或者不予恢复执行违反法律规定的。(9) 恢复执行后，执行和解协议已经履行部分应当依法扣除。当事人、利害关系人认为人民法院的扣除行为违反法律规定的。(10) 执行过程中，被执行人根据当事人自行达成但未提交人民法院的和解协议，或者一方当事人提交人民法院但其他当事人不予认可的和解协议，提出异议的。(11) 当事人、利害关系人认为网络司法拍卖行为违法侵害其合法权益的。(12) 当事人、利害关系人认为网络询价报告或者评估报告存在财产基本信息错误、超出财产范围或者遗漏财产、评估机构或者评估人员不具备相应评估资质、评估程序严重违法。(13) 申请保全人、被保全人、利害关系人认为保全裁定实施过程中的执行行为违反法律规定的。(14) 被执行人以债权消灭、丧失强制执行效力等执行依据生效之后的实体事由提出排除执行异议的。(15) 其他程序性权益和不足以排除执行的实体权利等情形；(16) 人民法院作出的侵害当事人、利害关系人合法权益的其他行为。

五、执行行为异议的提出时限

当事人、利害关系人依照民事诉讼法第二百三十二条规定提出异议的，应当在执行程序终结之前提出，但对终结执行措施提出异议的除外。

当事人、利害关系人对终结执行行为提出异议的，应当自收到终结执行法律文书之日起六十日内提出；未收到法律文书的，应当自知道或者应当知道人民法院终结执行之日起六十日内提出。超出该期限提出执行异议的，人民法院不予受理。

六、管辖法院及管辖权异议处理

执行案件被指定执行、提级执行、委托执行后，当事人、利害关系人对原执行法院的执行行为提出异议的，由提出异议时负责该案件执行的人民法院审查处理；受指定或者受委托的人民法院是原执行法院的下级人民法院的，仍由原执行法院审查处理。

人民法院受理执行申请后，当事人对管辖权有异议的，应当自收到执行通知书之日起十日内提出，人民法院应当按照执行异议案件予以立案。异议成立的，应当撤销执行案件，并告知当事人向有管辖权的人民法院申请执行；异议不成立的，裁定驳回。当事人对裁定不服的，可以向上一级人民法院申请复议。

七、执行行为异议的立案

异议申请不符合法律、司法解释规定的形式要件时，只要有明确的异议请求和理由，应当按照书面异议表述的基本含义进行审查，请求不明确，无法审查处理的，应告知其明确、具体异议请求。

执行异议申请材料不齐备的，人民法院应当一次性告知异议人在三日内补足，逾期未补足的，不予受理。

符合民事诉讼法第二百三十二条规定的执行异议，人民法院应当在三日内立案，并在立案后三日内通知异议人和相关当事人。

不符合受理条件的，裁定不予受理；立案后发现不符合受理条件的，裁定驳回申请。异议人对不予受理或者驳回申请裁定不服的，可以自裁定送达之日起十日内向上一级人民法院申请复议。

八、消极立案、审查的救济

执行法院收到执行行为异议后三日内既不立案又不作出不予受理裁定，或者受理后无正当理由超过法定期限不作出异议裁定的，异议人可以向上一级人民法院提出异议。上一级人民法院审查后认为理由成立的，应当指令执行法院在三日内立案或者在十五日内作出异议裁定。

九、执行行为异议的审查方式

（一）书面审查原则

人民法院对执行行为异议案件实行书面审查。案情复杂，争议较大的，应当进行听证。

执行审查案件的办理采取合议制，由法官组成合议庭或者法官与人民陪审员共同组成合议庭审查处理。办理实施案件的执行人员不得参与相关执行审查案件的合议庭。

指令或发回重新审查的，原执行法院应另行组成合议庭。

（二）执行听证

1. 听证的公开

执行听证应当公开进行，除涉及国家秘密，个人隐私或法律另有规定的除外。

2. 听证前的准备

听证前，合议庭应当认真审核案件材料，并可以根据有关规定调查收集必要的证据。

听证参与人对因客观原因不能自行收集的证据，向人民法院提出申请的，人民法院应当调查收集。人民法院认为审查案件需要的证据，可以根据有关规定调查收集。

执行听证应当在听证会召开前三天通知听证参与人。

3. 开始听证

听证会召开前，书记员应当查明听证参与人是否到庭，并宣布听证纪律。

异议人经合法传唤，无正当理由拒不到庭，或者未经法庭许可中途退庭，致使人民法院无法对查清相关事实的，由其自行承担不利后果。

听证时，由审判长核对听证参与人，宣布听证事由和合议庭成员、书记员名单，告知听证参与人有关的权利义务，询问听证参与人是否提出回避申请。

听证一般包括调查、辩论和最后陈述等阶段。调查一般按下列顺序进行：（1）提出申请，异议的一方陈述其主张以及相关事实、理由；（2）相对方予以承认或者反驳，陈述相关事实、理由；（3）举证、质证；（4）合议庭向听证参与人发问，核实有关情况。

4. 听证会的记录

书记员应当将听证的全部活动记入笔录，听证笔录由合议庭成员、书记员以及各方听证参与人签名。拒绝签名的，记明情况附卷。听证参与人认为对自己的陈述记录有遗漏或者差错的，有权申请补正。不予补正的，应当将申请记录在案。

(三) 执行行为异议的审查处理

（1）不符合受理条件，裁定驳回异议申请。（2）撤回申请。申请符合条件的，裁定准许撤回异议申请、案件审查终结；申请不符合条件的，裁定驳回申请，案件继续审查。（3）异议请求不成立的，裁定驳回异议请求。（4）异议请求成立的，裁定撤销相关执行行为。（5）异议请求部分成立的，裁定变更相关执行行为。（6）异议请求成立或者部分成立，但执行行为无撤销、变更内容的，裁定异议成立或者相应部分异议成立。（7）申请执行人超过申请执行时效期间向人民法院申请强制执行的，人民法院应予受理。被执行人对申请执行时效期间提出异议，人民法院经审查异议成立的，裁定不予执行。（8）人民法院依照民事诉讼法第二百三十二条规定作出裁定时，应当告知相关权利人申请复议的权利和期限。（9）当事人、利害关系人对同一执行行为有多个异议事由，但未在异议审查过程中一并提出，撤回异议或者被裁定驳回异议后，再次就该执行行为提出异议的，人民法院不予受理。（10）收到书面异议之日起十五日内审查完毕。

(四) 执行行为异议救济途径

当事人、利害关系人对执行行为异议裁定不服的，可以自裁定送达之日起十日内向上一级人民法院申请复议。

执行程序终结后，当事人、利害关系人认为执行法院的执行行为违反法律或司法解释规定，可以向执行法院或上级法院申诉。执行法院或上级法院认为情况属实的，可以按照执行监督程序处理。

(五) 执行行为异议审查期间的执行

执行行为异议审查期间，不停止执行。

被执行人、利害关系人提供充分、有效的担保请求停止相应处分措施的，人民法院可以准许；申请执行人提供充分、有效的担保请求继续执行的，应当继续执行。

【常用法律、司法解释及相关规定】

《中华人民共和国民事诉讼法》（2021年修正）

第二百三十二条 当事人、利害关系人认为执行行为违反法律规定的，可以向负责执行的人民法院提出书面异议。当事人、利害关系人提出书面异议的，人民法院应当自收到书面异议之日起十五日内审查，理由成立的，裁定撤销或者改正；理由不成立的，裁定驳回。当事人、利害关系人对裁定不服的，可以自裁定送达之日起十日内向上一级人民法院申请复议。

《最高人民法院关于适用〈中华人民共和国民事诉讼法〉执行程序若干问题的解释》（2020年修正）

第五条 执行过程中，当事人、利害关系人认为执行法院的执行行为违反法律规定的，可以依照民事诉讼法第二百二十五条的规定提出异议。

执行法院审查处理执行异议，应当自收到书面异议之日起十五日内作出裁定。

第十条 执行异议审查和复议期间，不停止执行。

被执行人、利害关系人提供充分、有效的担保请求停止相应处分措施的，人民法院可以准许；申请执行人提供充分、有效的担保请求继续执行的，应当继续执行。

《最高人民法院关于人民法院办理执行异议和复议案件若干问题的规定》（2020年修正）

第一条 异议人提出执行异议或者复议申请人申请复议，应当向人民法院提交申请书。申请书应当载明具体的异议或者复议请求、事实、理由等内容，并附下列材料：

（1）异议人或者复议申请人的身份证明；

（2）相关证据材料；

（3）送达地址和联系方式。

第二条 执行异议符合民事诉讼法第二百二十五条或者第二百二十七条规定条件的，人民法院应当在三日内立案，并在立案后三日内通知异议人和相关当事人。不符合受理条件的，裁定不予受理；立案后发现不符合受理条件的，裁定驳回申请。

执行异议申请材料不齐备的，人民法院应当一次性告知异议人在三日内补足，逾期未补足的，不予受理。

异议人对不予受理或者驳回申请裁定不服的，可以自裁定送达之日起十日内向上一级人民法院申请复议。上一级人民法院审查后认为符合受理条件的，应当裁定撤销原裁定，指令执行法院立案或者对执行异议进行审查。

第三条 执行法院收到执行异议后三日内既不立案又不作出不予受理裁定，或者受理后无正当理由超过法定期限不作出异议裁定的，异议人可以向上一级人民法院提出异议。上一级人民法院审查后认为理由成立的，应当指令执行法院在三日内立案或者在十五日内作出异议裁定。

第四条 执行案件被指定执行、提级执行、委托执行后，当事人、利害关系人对原执行法院的执行行为提出异议的，由提出异议时负责该案件执行的人民法院审查处理；受指定或者受委托的人民法院是原执行法院的下级人民法院的，仍由原执行法院审查处理。

执行案件被指定执行、提级执行、委托执行后，案外人对原执行法院的执行标的提出异议的，参照前款规定处理。

第五条 有下列情形之一的，当事人以外的自然人、法人和非法人组织，可以作为利害关系人提出执行行为异议：

（一）认为人民法院的执行行为违法，妨碍其轮候查封、扣押、冻结的债权受偿的；

（二）认为人民法院的拍卖措施违法，妨碍其参与公平竞价的；

（三）认为人民法院的拍卖、变卖或者以物抵债措施违法，侵害其对执行标的的优先购买权的；

（四）认为人民法院要求协助执行的事项超出其协助范围或者违反法律规定的；

（五）认为其他合法权益受到人民法院违法执行行为侵害的。

第六条 当事人、利害关系人依照民事诉讼法第二百二十五条规定提出异议的，应当在执行程序终结之前提出，但对终结执行措施提出异议的除外。

案外人依照民事诉讼法第二百二十七条规定提出异议的，应当在异议指向的执行标的的执行终结之前提出；执行标的由当事人受让的，应当在执行程序终结之前提出。

第七条 当事人、利害关系人认为执行过程中或者执行保全、先予执行裁定过程中的下列行为违法提出异议的，人民法院应当依照民事诉讼法第二百二十五条规定进行审查：

（一）查封、扣押、冻结、拍卖、变卖、以物抵债、暂缓执行、中止执行、终结执行等执行措施；

（二）执行的期间、顺序等应当遵守的法定程序；

（三）人民法院作出的侵害当事人、利害关系人合法权益的其他行为。

被执行人以债权消灭、丧失强制执行效力等执行依据生效之后的实体事由提出排除执行异议的，人民法院应当参照民事诉讼法第二百二十五条规定进行审查。

除本规定第十九条规定的情形外，被执行人以执行依据生效之前的实体事由提出排除执行异议的，人民法院应当告知其依法申请再审或者通过其他程序解决。

第十三条 执行异议、复议案件审查期间，异议人、复议申请人申请撤回异议、复议申请的，是否准许由人民法院裁定。

第十五条 当事人、利害关系人对同一执行行为有多个异议事由，但未在异议审查过程中一并提出，撤回异议或者被裁定驳回异议后，再次就该执行行为提出异议的，人民法院不予受理。

第十六条 人民法院依照民事诉讼法第二百二十五条规定作出裁定时，应当告知相关权利人申请复议的权利和期限。

人民法院依照民事诉讼法第二百二十七条规定作出裁定时，应当告知相关权利人提起执行异议之诉的权利和期限。

人民法院作出其他裁定和决定时，法律、司法解释规定了相关权利人申请复议的权利和期限的，应当进行告知。

第十七条 人民法院对执行行为异议，应当按照下列情形，分别处理：

（一）异议不成立的，裁定驳回异议；

（二）异议成立的，裁定撤销相关执行行为；

（三）异议部分成立的，裁定变更相关执行行为；

（四）异议成立或者部分成立，但执行行为无撤销、变更内容的，裁定异议成立或者相应部分异议成立。

《最高人民法院关于执行案件立案、结案若干问题的意见》（2015年1月1日施行 法发〔2014〕26号）

第二十四条 执行异议案件的结案方式包括：

（一）准予撤回异议或申请，即异议人撤回异议或申请的；

（二）驳回异议或申请，即异议不成立或者案外人虽然对执行标的享有实体权利但不能阻止执行的；

（三）撤销相关执行行为、中止对执行标的的执行、不予执行、追加变更当事人，即异议成立的；

（四）部分撤销并变更执行行为、部分不予执行、部分追加变更当事人，即异议部分成立的；

（五）不能撤销、变更执行行为，即异议成立或部分成立，但不能撤销、变更执行行为的；

（六）移送其他人民法院管辖，即管辖权异议成立的。

执行异议案件应当制作裁定书，并送达当事人。法律、司法解释规定对执行异议案件可以口头裁定的，应当记入笔录。

《最高人民法院关于刑事裁判涉财产部分执行的若干规定》（2014年11月6日施行 法释〔2014〕13号）

第十四条 执行过程中，当事人、利害关系人认为执行行为违反法律规定，或者案外人对执行标的主张足以阻止执行的实体权利，向执行法院提出书面异议的，执行法院应当依照民事诉讼法第二百二十五条的规定处理。

《最高人民法院关于执行工作中正确适用修改后民事诉讼法第202条、第204条规定的通知》（2008年11月28日施行 法明传〔2008〕1223号）

各省、自治区、直辖市高级人民法院，解放军军事法院，新疆维吾尔自治区高级人民法院生产建设兵团分院：

近期，我院陆续收到当事人直接或通过执行法院向我院申请复议的案件。经审查发现，部分申请复议的案件不符合法律规定。为了保证各级人民法院在执行工作过程中正确适用修改后民事诉讼法第202条、第204条的规定，现通知如下：

一、当事人、利害关系人根据民事诉讼法第202条的规定，提出异议或申请复议，只适用于发生在2008年4月1日后作出的执行行为；对于2008年

4月1日前发生的执行行为，当事人、利害关系人可以依法提起申诉，按监督案件处理。

二、案外人对执行标的提出异议的，执行法院应当审查并作出裁定。按民事诉讼法第204条的规定，案外人不服此裁定只能提起诉讼或者按审判监督程序办理。执行法院在针对异议作出的裁定书中赋予案外人、当事人申请复议的权利，无法律依据。

三、当事人、利害关系人认为执行法院的执行行为违法的，应当先提出异议，对执行法院作出的异议裁定不服的才能申请复议。执行法院不得在作出执行行为的裁定书中直接赋予当事人申请复议的权力。

《最高人民法院关于人民法院办理财产保全案件若干问题的规定》（2020年修正）

第二十六条 申请保全人、被保全人、利害关系人认为保全裁定实施过程中的执行行为违反法律规定提出书面异议的，人民法院应当依照民事诉讼法第二百二十五条规定审查处理。

《最高人民法院关于执行和解若干问题的规定》（2020年修正）

第十二条 当事人、利害关系人认为恢复执行或者不予恢复执行违反法律规定的，可以依照民事诉讼法第二百二十五条规定提出异议。

第十七条 恢复执行后，执行和解协议已经履行部分应当依法扣除。当事人、利害关系人认为人民法院的扣除行为违反法律规定的，可以依照民事诉讼法第二百二十五条规定提出异议。

第十九条 执行过程中，被执行人根据当事人自行达成但未提交人民法院的和解协议，或者一方当事人提交人民法院但其他当事人不予认可的和解协议，依照民事诉讼法第二百二十五条规定提出异议的，人民法院按照下列情形，分别处理：

（一）和解协议履行完毕的，裁定终结原生效法律文书的执行；

（二）和解协议约定的履行期限尚未届至或者履行条件尚未成就的，裁定中止执行，但符合民法典第五百七十八条规定情形的除外；

（三）被执行人一方正在按照和解协议约定履行义务的，裁定中止执行；

（四）被执行人不履行和解协议的，裁定驳回异议；

（五）和解协议不成立、未生效或者无效的，裁定驳回异议。

《最高人民法院关于人民法院网络司法拍卖若干问题的规定》（2017年1月1日施行 法释〔2016〕18号）

第三十一条 当事人、利害关系人提出异议请求撤销网络司法拍卖，符合下列情形之一的，人民法院应当支持：

（一）由于拍卖财产的文字说明、视频或者照片展示以及瑕疵说明严重失实，致使买受人产生重大误解，购买目的无法实现的，但拍卖时的技术水平不能发现或者已经就相关瑕疵以及责任承担予以公示说明的除外；

（二）由于系统故障、病毒入侵、黑客攻击、数据错误等原因致使拍卖结果错误，严重损害当事人或者其他竞买人利益的；

（三）竞买人之间，竞买人与网络司法拍卖服务提供者之间恶意串通，损害当事人或者其他竞买人利益的；

（四）买受人不具备法律、行政法规和司法解释规定的竞买资格的；

（五）违法限制竞买人参加竞买或者对享有同等权利的竞买人规定不同竞买条件的；

（六）其他严重违反网络司法拍卖程序且损害当事人或者竞买人利益的情形。

第三十六条 当事人、利害关系人认为网络司法拍卖行为违法侵害其合法权益的，可以提出执行异议。异议、复议期间，人民法院可以决定暂缓或者裁定中止拍卖。

案外人对网络司法拍卖的标的提出异议的，人民法院应当依据《中华人民共和国民事诉讼法》第二百二十七条及相关司法解释的规定处理，并决定暂缓或者裁定中止拍卖。

《最高人民法院关于人民法院确定财产处置参考价若干问题的规定》（2018年9月1日施行 法释〔2018〕15号）

第二十二条 当事人、利害关系人认为网络询价报告或者评估报告具有下列情形之一的，可以在收到报告后五日内提出书面异议：

（一）财产基本信息错误；

（二）超出财产范围或者遗漏财产；

（三）评估机构或者评估人员不具备相应评估资质；

（四）评估程序严重违法。

对当事人、利害关系人依据前款规定提出的书面异议，人民法院应当参照民事诉讼法第二百二十五条的规定处理。

《最高人民法院关于对人民法院终结执行行为提出执行异议期限问题的批复》（2016年2月15日施行　法释〔2016〕3号）

湖北省高级人民法院：

你院《关于咸宁市广泰置业有限公司与咸宁市枫丹置业有限公司房地产开发经营合同纠纷案的请示》（鄂高法〔2015〕295号）收悉。经研究，批复如下：

当事人、利害关系人依照民事诉讼法第二百二十五条规定对终结执行行为提出异议的，应当自收到终结执行法律文书之日起六十日内提出；未收到法律文书的，应当自知道或者应当知道人民法院终结执行之日起六十日内提出。批复发布前终结执行的，自批复发布之日起六十日内提出。超出该期限提出执行异议的，人民法院不予受理。

《最高人民法院关于适用〈中华人民共和国民事诉讼法〉的解释》（2022年修正）

第四百八十一条　申请执行人超过申请执行时效期间向人民法院申请强制执行的，人民法院应予受理。被执行人对申请执行时效期间提出异议，人民法院经审查异议成立的，裁定不予执行，被执行人履行全部或者部分义务后，又以不知道申请执行时效期间届满为由请求执行回转的，人民法院不予支持。

【重点提示】

执行异议不同于诉讼中的撤诉，当事人、利害关系人对同一执行行为有多个异议事由，但未在异议审查过程中一并提出，撤回异议或者被裁定驳回异议后再次就该执行行为提出异议的，人民法院不予受理。

执行法院收到执行异议后三日内既不立案又不作出不予受理裁定，或者受理后无正当理由超过法定期限不作出异议裁定的，异议人可以向上一级人民法院提出异议。

上级法院依职权对下级法院间产生的执行争议作出协调处理决定、裁定指定执行、提级执行和针对异议裁定作出的复议裁定等监督行为，以及人民法院作出的更换承办人员、延长执行期限等内部管理行为，均非执行法院在执行过程中作出的具体执行行为，不属于法律规定的执行异议或者复议案件的受理范围。

下列事项不属于执行异议审查范围，当事人及利害关系人应向有关部门提出：（1）驳回保全申请；（2）准予撤回申请、按撤回申请处理；（3）变更保全担保；（4）续行保全、解除保全；（5）准许被保全人根据《最高人民法院关于人民法院办理财产保全案件若干问题的规定》第二十条第一款规定申请自行处分被保全财产；（6）当事人或者利害关系人对财产保全裁定不服的。

第二节　几种类型的执行行为异议

【工作内容】

一、唯一住房的异议

唯一住房保障的是被执行人的居住权，而非房屋所有权，保障的居住权以维持被执行人及其扶养家属生活必需为前提，以免被执行人利用法律对生存权的保障逃避强制执行。

第一，金钱债权执行中，符合下列情形之一，被执行人以执行标的系本人及所扶养家属维持生活必需的居住房屋为由提出异议的，人民法院不予支持：（1）对被执行人有扶养义务的人名下有其他能够维持生活必需的居住房屋的；（2）执行依据生效后，被执行人为逃避债务，转让其名下其他房屋的；（3）申请执行人按照当地廉租住房保障面积标准为被执行人及所扶养家属提供居住房屋，或者同意参照当地房屋租赁市场平均租金标准从该房屋的变价款中扣除五至八年租金的。

第二，执行依据确定被执行人交付居住的房屋，自执行通知送达之日起，已经给予三个月的宽限期，被执行人以该房屋系本人及所扶养家属维持生活的必需品为由提出异议的，人民法院不予支持。

其他内容参照本指引第五章第七节。

二、超标的异议

人民法院查封、扣押、冻结、划拨、变价的财产不得超出被执行人应当履行义务的范围，以其价额足以清偿法律文书确定的债权额及执行费用为限，不得明显超标的额查封、扣押、冻结。执行实施案件是否存在超标的查封情形，应当先行查明案件执行标的数额，再根据委托评估价格认定是否存在超标的查封情形，还需考量财产变现所需费用、拍卖时流拍降价的可能以及其他可能影响财产价值的因素。

对于司法解释规定的"明显超标的额"的限制，应当适当从宽掌握。

当事人认为执行实施过程中超标的查封、扣押、冻结其财产，属于执行行为的异议，人民法院应当依照民事诉讼法第二百三十二条规定进行审查；异议成立，裁定解除对超标的额部分财产的查封、扣押、冻结。异议不成立，裁定驳回异议请求。

下列情形不属于超标的查封：（1）财产为不可分物且被执行人无其他可供执行的财产或者其他财产不足以清偿债务的；（2）轮候查封在性质上不属于正式查封，并不产生正式查封的效力；（3）查封的财产上设有优先受偿权。

三、评估拍卖的异议

当事人、利害关系人认为网络询价报告或者评估报告具有下列情形之一的，可以在收到报告后五日内提出书面异议：（1）财产基本信息错误；（2）超出财产范围或者遗漏财产；（3）评估机构或者评估人员不具备相应评估资质；（4）评估程序严重违法。

当事人、利害关系人认为网络司法拍卖行为违法，侵害其合法权益的，可以提出执行异议。

当事人、利害关系人提出异议请求撤销网络司法拍卖，符合下列情形之一的，人民法院应当支持：（1）由于拍卖财产的文字说明、视频或者照片展示以及瑕疵说明严重失实，致使买受人产生重大误解，购买目的无法实现的，但拍卖时的技术水平不能发现或者已经就相关瑕疵以及责任承担予以公示说明的除外；（2）由于系统故障、病毒入侵、黑客攻击、数据错误等原因致使拍卖结果错误，严重损害当事人或者其他竞买人利益的；（3）竞买人之间，竞买人与网络司法拍卖服务提供者之间恶意串通,损害当事人或者其他竞买人利益的;(4)买受人不具备法律、行政法规和司法解释规定的竞买资格的;(5)违法限制竞买人参加竞买或者对享有同等权利的竞买人规定不同竞买条件的;(6)其他严重违反网络司法拍卖程序且损害当事人或者竞买人利益的情形。

异议、复议期间,人民法院可以决定暂缓或者裁定中止拍卖。

四、债权消灭等实体事由的异议

被执行人以债权消灭、丧失强制执行效力等执行依据生效之后的实体事由,提出排除执行异议的,人民法院应当参照民事诉讼法第二百三十二条规定进行审查。

除民法典规定的不得抵销的情形外,被执行人以执行依据生效之前的实体事由,提出排除执行异议的,人民法院应告知其依法申请再审或者通过其他程序解决。

五、债务抵销的异议

抵销是指双方互负同类给付债务,各使其债务与对方的债务在对等额内相互消灭的法律行为,债务人向债权人作出抵销的意思表示,即抵销已通知对方,通知自到达对方时生效,该通知不得附条件或者附期限,抵销权为形成权,当事人以单方意思表示即可发生效力。

当事人互负到期债务,被执行人请求抵销,请求抵销的债务符合下列情形的,除依照法律规定或者按照债务性质不得抵销的以外,人民法院应予支持:(1)已经生效法律文书确定或者经申请执行人认可;(2)与被执行人所负债务的标的物种类、品质相同;(3)没有生效法律文书确认的债务,主张抵销方的债权没有超过诉讼时效,对方的债权过诉讼时效可以抵销;(4)申请执行人对被执行人主张抵销的债权本身没有异议,只是主张该债权没有经过诉讼确认而不应抵销,允许被执行人抵销。

不得抵销债务的情形:(1)法律规定不得抵销;(2)依约定不得抵销;(3)依债的性质不能抵销。

六、履行执行和解的异议

被执行人根据当事人自行达成但未提交人民法院的和解协议，或者一方当事人提交人民法院但其他当事人不予认可的和解协议，依照民事诉讼法第二百三十二条规定提出异议的，人民法院按照下列情形，分别审查：（1）和解协议履行完毕的，裁定终结原生效法律文书的执行；（2）和解协议约定的履行期限尚未届至或者履行条件尚未成就的，裁定中止执行，但符合民法典第五百七十八条规定情形的除外；（3）被执行人一方正在按照和解协议约定履行义务的，裁定中止执行；（4）被执行人不履行和解协议的，裁定驳回异议；（5）和解协议不成立、未生效或者无效的，裁定驳回异议。

当事人、利害关系人认为恢复执行、不予恢复执行、人民法院的扣除行为违反法律规定的可以依照民事诉讼法第二百三十二条规定提出异议。

七、参与分配的异议

分配程序中，债权人和被执行人针对是否适用参与分配程序的决定、申请参与分配的债权人是否适格、债权人申请参与分配是否逾期的认定，分配方案送达等程序性事项提出异议，应当适用《民事诉讼法》第二百三十二条的处理。

债权人或者被执行人对分配方案提出书面异议的，即对分配方案中分配数额、分配顺位等实体事项提出异议，应按照《关于适用〈中华人民共和国民事诉讼法〉的解释》第五百一十二条处理。

其他内容参照本书第九章。

【常用法律、司法解释及相关规定】

《最高人民法院关于人民法院民事执行中查封、扣押、冻结财产的规定》（2020年修正）

第七条 对于超过被执行人及其所扶养家属生活所必需的房屋和生活用品，人民法院根据申请执行人的申请，在保障被执行人及其所扶养家属最低生活标准所必需的居住房屋和普通生活必需品后，可予以执行。

第二十一条 查封、扣押、冻结被执行人的财产，以其价额足以清偿法律文书确定的债权额及执行费用为限，不得明显超标的额查封、扣押、冻结。发现超标的额查封、扣押、冻结的，人民法院应当根据被执行人的申请或者依职权，及时解除对超标的额部分财产的查封、扣押、冻结，但该财产为不可分物且被执行人无其他可供执行的财产或者其他财产不足以清偿债务的除外。

《最高人民法院关于人民法院办理执行异议和复议案件若干问题的规定》（2020年修正）

第七条 当事人、利害关系人认为执行过程中或者执行保全、先予执行裁定过程中的下列行为违法提出异议的，人民法院应当依照民事诉讼法第二百二十五条规定进行审查：

（一）查封、扣押、冻结、拍卖、变卖、以物抵债、暂缓执行、中止执行、终结执行等执行措施；

（二）执行的期间、顺序等应当遵守的法定程序；

（三）人民法院作出的侵害当事人、利害关系人合法权益的其他行为。

被执行人以债权消灭、丧失强制执行效力等执行依据生效之后的实体事由提出排除执行异议的，人民法院应当参照民事诉讼法第二百二十五条规定进行审查。

除本规定第十九条规定的情形外，被执行人以执行依据生效之前的实体事由提出排除执行异议的，人民法院应当告知其依法申请再审或者通过其他程序解决。

第八条 案外人基于实体权利既对执行标的提出排除执行异议又作为利害关系人提出执行行为异议的，人民法院应当依照民事诉讼法第二百二十七条规定进行审查。

案外人既基于实体权利对执行标的提出排除执行异议又作为利害关系人提出与实体权利无关的执行行为异议的，人民法院应当分别依照民事诉讼法第二百二十七条和第二百二十五条规定进行审查。

第十九条 当事人互负到期债务，被执行人请求抵销，请求抵销的债务符合下列情形的，除依照法律规定或者按照债务性质不得抵销的以外，人民法院应予支持：

1. 已经生效法律文书确定或者经申请执行人认可；

2. 与被执行人所负债务的标的物种类、品质相同。

第二十条　金钱债权执行中，符合下列情形之一，被执行人以执行标的系本人及所扶养家属维持生活必需的居住房屋为由提出异议的，人民法院不予支持：

（一）对被执行人有扶养义务的人名下有其他能够维持生活必需的居住房屋的；

（二）执行依据生效后，被执行人为逃避债务转让其名下其他房屋的；

（三）申请执行人按照当地廉租住房保障面积标准为被执行人及所扶养家属提供居住房屋，或者同意参照当地房屋租赁市场平均租金标准从该房屋的变价款中扣除五至八年租金的。

执行依据确定被执行人交付居住的房屋，自执行通知送达之日起，已经给予三个月的宽限期，被执行人以该房屋系本人及所扶养家属维持生活的必需品为由提出异议的，人民法院不予支持。

《中华人民共和国民事诉讼法》（2021年修正）

第二百三十七条　在执行中，双方当事人自行和解达成协议的，执行员应当将协议内容记入笔录，由双方当事人签名或者盖章。

申请执行人因受欺诈、胁迫与被执行人达成和解协议，或者当事人不履行和解协议的，人民法院可以根据当事人的申请，恢复对原生效法律文书的执行。

第二百四十九条第一款　被执行人未按执行通知履行法律文书确定的义务，人民法院有权向有关单位查询被执行人的存款、债券、股票、基金份额等财产情况。人民法院有权根据不同情形扣押、冻结、划拨、变价被执行人的财产。人民法院查询、扣押、冻结、划拨、变价的财产不得超出被执行人应当履行义务的范围。

《最高人民法院关于人民法院网络司法拍卖若干问题的规定》（2017年1月1日施行　法释〔2016〕18号）

第三十一条　当事人、利害关系人提出异议请求撤销网络司法拍卖，符合下列情形之一的，人民法院应当支持：

（一）由于拍卖财产的文字说明、视频或者照片展示以及瑕疵说明严重失实，致使买受人产生重大误解，购买目的无法实现的，但拍卖时的技术水平不能发现或者已经就相关瑕疵以及责任承担予以公示说明的除外；

（二）由于系统故障、病毒入侵、黑客攻击、数据错误等原因致使拍卖结果错误，严重损害当事人或者其他竞买人利益的；

（三）竞买人之间，竞买人与网络司法拍卖服务提供者之间恶意串通，损害当事人或者其他竞买人利益的；

（四）买受人不具备法律、行政法规和司法解释规定的竞买资格的；

（五）违法限制竞买人参加竞买或者对享有同等权利的竞买人规定不同竞买条件的；

（六）其他严重违反网络司法拍卖程序且损害当事人或者竞买人利益的情形。

第三十六条　第一款当事人、利害关系人认为网络司法拍卖行为违法侵害其合法权益的，可以提出执行异议。异议、复议期间，人民法院可以决定暂缓或者裁定中止拍卖。

《最高人民法院关于人民法院确定财产处置参考价若干问题的规定》（2018年9月1日施行　法释〔2018〕15号）

第二十二条　当事人、利害关系人认为网络询价报告或者评估报告具有下列情形之一的，可以在收到报告后五日内提出书面异议：

（一）财产基本信息错误；

（二）超出财产范围或者遗漏财产；

（三）评估机构或者评估人员不具备相应评估资质；

（四）评估程序严重违法。

对当事人、利害关系人依据前款规定提出的书面异议，人民法院应当参照民事诉讼法第二百二十五条的规定处理。

第二十四条　当事人、利害关系人未在本规定第二十二条，二十三条规定的期限内提出异议或者网络询价平台、评估机构、行业协会按照本规定第二十二条，二十三条所作的补正说明，专业技术。

《最高人民法院关于执行案件立案、结案若干问题的意见》（2015年1月1日施行　法发〔2014〕26号）

第九条　下列案件，人民法院应当按照执行异议案件予以立案：

（一）当事人、利害关系人认为人民法院的执行行为违反法律规定，提出书面异议的；

（二）执行过程中，案外人对执行标的提出书面异议的；

（三）人民法院受理执行申请后，当事人对管辖权提出异议的；

（四）申请执行人申请追加、变更被执行人的；

（五）被执行人以债权消灭、超过申请执行期间或者其他阻止执行的实体事由提出阻止执行的；

（六）被执行人对仲裁裁决或者公证机关赋予强制执行效力的公证债权文书申请不予执行的；

（七）其他依法可以申请执行异议的。

《最高人民法院关于适用〈中华人民共和国民事诉讼法〉的解释》（2022年修正）

第二百三十条　在执行中，双方当事人自行和解达成协议的，执行员应当将协议内容记入笔录，由双方当事人签名或者盖章。申请执行人因受欺诈、胁迫与被执行人达成和解协议，或者当事人不履行和解协议的，人民法院可以根据当事人的申请，恢复对原生效法律文书的执行。

第四百六十五条　一方当事人不履行或者不完全履行在执行中双方自愿达成的和解协议，对方当事人申请执行原生效法律文书的，人民法院应当恢复执行，但和解协议已履行部分应当扣除。和解协议已经履行完毕的，人民法院不予恢复执行。

第四百八十一条　申请执行人超过申请执行时效期间向人民法院申请强制执行的，人民法院应予受理。被执行人对申请执行时效期间提出异议，人民法院经审查异议成立的，裁定不予执行。

被执行人履行全部或者部分义务后，又以不知道申请执行时效期间届满为由请求执行回转的，人民法院不予支持。

第四百六十五条　一方当事人不履行或者不完全履行在执行中双方自愿达成的和解协议，对方当事人申请执行原生效法律文书的，人民法院应当恢复执行，但和解协议已履行部分应当扣除。和解协议已经履行完毕的，人民法院不予恢复执行

第五百一十条　债权人或者被执行人对分配方案提出书面异议的，执行法院应当通知未提出异议的债权人、被执行人。

未提出异议的债权人、被执行人自收到通知之日起十五日内未提出反对意见的，执行法院依异议人的意见对分配方案审查修正后进行分配；提出反对意见的，应当通知异议人。异议人可以自收到通知之日起十五日内，以提出反对意见的债权人、被执行人为被告，向执行法院提起诉讼；异议人逾期未提起诉讼的，执行法院按照原分配方案进行分配。

诉讼期间进行分配的，执行法院应当提存与争议债权数额相应的款项。

《最高人民法院关于人民法院执行工作中若干问题的规定（试行）》（2020年修正）

第三十四条 被执行人为金融机构的，对其交存在人民银行的存款准备金和备付金不得冻结和扣划，但对其在本机构、其他金融机构的存款，及其在人民银行的其他存款可以冻结、划拨，并可对被执行人的其他财产采取执行措施，但不得查封其营业场所。

《最高人民法院关于适用〈中华人民共和国民事诉讼法〉执行程序若干问题的解释》（2020年修正）

第二十五条 多个债权人对同一被执行人申请执行或者对执行财产申请参与分配的，执行法院应当制作财产分配方案，并送达各债权人和被执行人。债权人或者被执行人对分配方案有异议的，应当自收到分配方案之日起十五日内向执行法院提出书面异议。

第二十六条 债权人或者被执行人对分配方案提出书面异议的，执行法院应当通知未提出异议的债权人或被执行人。

未提出异议的债权人、被执行人收到通知之日起十五日内未提出反对意见的，执行法院依异议人的意见对分配方案审查修正后进行分配；提出反对意见的，应当通知异议人。异议人可以自收到通知之日起十五日内，以提出反对意见的债权人、被执行人为被告，向执行法院提起诉讼；异议人逾期未提起诉讼的，执行法院依原分配方案进行分配。

诉讼期间进行分配的，执行法院应当将与争议债权数额相应的款项予以提存。

《最高人民法院关于执行和解若干问题的规定》（2020年修正）

第十二条 当事人、利害关系人认为恢复执行或者不予恢复执行违反法律规定的，可以依照民事诉讼法第二百二十五条规定提出异议。

第十七条 恢复执行后,执行和解协议已经履行部分应当依法扣除。当事人、利害关系人认为人民法院的扣除行为违反法律规定的,可以依照民事诉讼法第二百二十五条规定提出异议。

第十九条 执行过程中,被执行人根据当事人自行达成但未提交人民法院的和解协议,或者一方当事人提交人民法院但其他当事人不予认可的和解协议,依照民事诉讼法第二百二十五条规定提出异议的,人民法院按照下列情形,分别处理:

(一)和解协议履行完毕的,裁定终结原生效法律文书的执行;

(二)和解协议约定的履行期限尚未届至或者履行条件尚未成就的,裁定中止执行,但符合民法典第五百七十八条规定情形的除外;

(三)被执行人一方正在按照和解协议约定履行义务的,裁定中止执行;

(四)被执行人不履行和解协议的,裁定驳回异议;

(五)和解协议不成立、未生效或者无效的,裁定驳回异议

《最高人民法院关于银行贷款账户能否冻结的请示报告的批复》(〔2014〕执他字第8号)

河南省高级人民法院:

你院(2013)豫法执复字第00042号《关于银行贷款账户能否冻结的请示报告》收悉,经研究,答复如下:在银行作为协助执行人时,现行法律和司法解释只规定了可以对被执行人的银行存款账户进行冻结,冻结银行贷款账户缺乏依据。强制执行应当通过控制和处分被执行人财产的措施来实现。银行开立的以被执行人为户名的贷款账户,是银行记载其向被执行人发放贷款及收回贷款情况的账户、其中所记载的账户余额为银行对被执行人享有的债权,属于贷款银行的资产,并非被执行人的资产,而只是被执行人对银行的负债。因此,通过"冻结"银行贷款账户不能实现控制被执行人财产的目的。只要人民法院冻结到了被执行人的银行存款账户或控制其他可供执行的财产,即足以实现执行的目的,同时也足以防止被执行人以冻结或查封的资产向银行清偿债务。而所谓"冻结"被执行人银行贷款账户,实质是禁止银行自主地从法院查封、扣押、冻结的被执行人财产以外的财产中实现收回贷款的行为。这种禁止,超出执行的目的。将侵害银行的合法权益,如果确实存在银行在法律冻结被执行人存款账户之后,擅自扣收贷款的情况,则可以

依法强制追回。因此，在执行以银行为协助执行人的案件时，不能冻结户名为被执行人的银行贷款账户。

《最高人民法院关于审理军队、武警部队、政法机关移交、撤销企业和与党政机关脱钩企业相关纠纷案件若干问题的规定》（2001年3月23日施行 法释〔2001〕8号）

第十五条 人民法院在审理有关移交、撤销、脱钩的企业的案件时，认定开办单位应当承担民事责任的，不得对开办单位的国库款、军费、财政经费账户、办公用房、车辆等其他办公必需品采取查封、扣押、冻结、拍卖等保全和执行措施。

第十六条 人民法院在执行涉及开办单位承担民事责任的生效判决时，只能用开办单位财政资金以外的自有资金清偿债务。如果开办单位没有财政资金以外自有资金的，应当依法裁定终结执行。

《最高人民法院、中国人民银行关于依法规范人民法院执行和金融机构协助执行的通知》（2000年9月4日施行 法发〔2000〕21号）

第九条 人民法院依法可以对银行承兑汇票保证金采取冻结措施，但不得扣划。如果金融机构已对汇票承兑或者已对外付款，根据金融机构的申请，人民法院应当解除对银行承兑汇票保证金相应部分的冻结措施。银行承兑汇票保证金已丧失保证金功能时，人民法院可以依法采取扣划措施。

《最高人民法院关于人民法院能否对信用证开证保证金采取冻结和扣划措施问题的规定》（2020年修正）

第一条 人民法院在审理或执行案件时，依法可以对信用证开证保证金采取冻结措施，但不得扣划。如果当事人、开证银行认为人民法院冻结和扣划的某项资金属于信用证开证保证金的，应当依法提出异议并提供有关证据予以证明。人民法院审查后，可按以下原则处理：对于确系信用证开证保证金的，不得采取扣划措施；如果开证银行履行了对外支付义务，根据该银行的申请，人民法院应当立即解除对信用证开证保证金相应部分的冻结措施；如果申请开证人提供的开证保证金是外汇，当事人又举证证明信用证的受益人提供的单据与信用证条款相符时，人民法院应当立即解除冻结措施。

《中华人民共和国信托法》（2001年10月1日施行）

第十七条 除因下列情形之一外，对信托财产不得强制执行：

（一）设立信托前债权人已对该信托财产享有优先受偿的权利，并依法行使该权利的；

（二）受托人处理信托事务所产生债务，债权人要求清偿该债务的；

（三）信托财产本身应担负的税款；

（四）法律规定的其他情形。

对于违反前款规定而强制执行信托财产，委托人、受托人或者受益人有权向人民法院提出异议。

《最高人民法院关于空难死亡赔偿金能否作为遗产处理的复函》（2004年3月22日施行 〔2004〕民一他字第26号）

广东省高级人民法院：

你院粤高法民一请字（2004）1号《关于死亡赔偿金能否作为遗产处理的请示》收悉。经研究，答复如下：

空难死亡赔偿金是基于死者死亡对死者近亲属所支付的赔偿。获得空难死亡赔偿金的权利人是死者近亲属，而非死者。故空难死亡赔偿金不宜认定为遗产。

《最高人民法院关于产业工会、基层工会是否具备社团法人资格和工会经费集中户可否冻结划拨问题的批复》（2020年修正）

第三条 根据工会法的规定，工会经费包括工会会员缴纳的会费，建立工会组织的企业事业单位、机关按每月全部职工工资总额的百分之二的比例向工会拨交的经费，以及工会所属的企业、事业单位上缴的收入和人民政府的补助等。工会经费要按比例逐月向地方各级总工会和全国总工会拨交。工会的经费一经拨交，所有权随之转移。在银行独立开列的"工会经费集中户"，与企业经营资金无关，专门用于工会经费的集中与分配，不能在此账户开支费用或挪用、转移资金。因此，人民法院在审理案件中，不应将工会经费视为所在企业的财产，在企业欠债的情况下，不应冻结、划拨工会经费及"工会经费集中户"的款项。

《最高人民法院关于强制执行中不应将企业党组织的党费作为企业财产予以冻结或划拨的通知》（2005年11月22日施行 法〔2005〕209号）

各省、自治区、直辖市高级人民法院，解放军军事法院，新疆维吾尔自治区高级人民法院生产建设兵团分院：

据悉，近一个时期，少数法院在强制执行过程中，将企业党组织的党费账户予以冻结，影响了企业党组织的正常工作。为避免此类情况发生，特通知如下：

企业党组织的党费是企业每个党员按月工资比例向党组织交纳的用于党组织活动的经费。党费由党委组织部门代党委统一管理，单立账户，专款专用，不属于企业的责任财产。因此，在企业作为被执行人时，人民法院不得冻结或划拨该企业党组织的党费，不得用党费偿还该企业的债务。执行中，如果申请执行人提供证据证明企业的资金存入党费账户，并申请人民法院对该项资金予以执行的，人民法院可以对该项资金先行冻结；被执行人提供充分证据证明该项资金属于党费的，人民法院应当解除冻结。

各级人民法院发现执行案件过程中有违反上述规定情形的，应当及时依法纠正。

《中国人民银行、最高人民法院、最高人民检察院、公安部关于查询、冻结、扣划企业事业单位、机关、团体银行存款的通知》（1993年12月11日施行　银发〔1993〕356号）

第五条　军队、武警部队一类保密单位开设的"特种预算存款"、"特种其他存款"和连队帐户的存款，原则上不采取冻结或扣划等项诉讼保证措施。但军队、武警部队的其余存款可以冻结和扣划。

《最高人民法院关于执行〈封闭贷款管理暂行办法〉和〈外经贸企业封闭贷款管理暂行办法〉中应注意的几个问题的通知》（2000年1月10日施行　法发〔2000〕4号）

第二条　人民法院在执行案件时，不得执行被执行人的封闭贷款结算专户中的款项。

第三条　如果有证据证明债务人为逃避债务将其他款项打入封闭贷款结算专户的，人民法院可以仅就所打入的款项采取执行措施。

《最高人民法院关于严禁冻结或划拨国有企业下岗职工基本生活保障资金的通知》（1999年11月24日施行　法〔1999〕228号）

各省、自治区、直辖市高级人民法院，新疆维吾尔自治区高级人民法院生产建设兵团分院：

据悉，最近一些地方人民法院在审理或执行经济纠纷案件中，冻结并划拨国有企业下岗职工基本生活保障资金，导致下岗职工基本生活无法保障，影响了社会稳定。为杜绝此类事件发生，特通知如下：

国有企业下岗职工基本生活保障资金是采取企业、社会、财政各承担三分之一的办法筹集的，由企业再就业服务中心设立专户管理，专项用于保障下岗职工基本生活，具有专项资金的性质，不得挪作他用，不能与企业的其他财产等同对待。各地人民法院在审理和执行经济纠纷案件时，不得将该项存于企业再就业服务中心的专项资金作为企业财产处置，不得冻结或划拨该项资金用以抵偿企业债务。

各地人民法院应对已审结和执行完毕的经济纠纷案件做一下清理，凡发现违反上述规定的，应当及时依法予以纠正。

《最高人民法院关于在审理和执行民事、经济纠纷案件时不得查封、冻结和扣划社会保险基金的通知》（2000年2月18日施行　法〔2000〕19号）

各省、自治区、直辖市高级人民法院，新疆维吾尔自治区高级人民法院生产建设兵团分院：

近一个时期，少数法院在审理和执行社会保险机构原下属企业（现已全部脱钩）与其他企业、单位的经济纠纷案件时，查封社会保险机构开设的社会保险基金帐户，影响了社会保险基金的正常发放，不利于社会的稳定。为杜绝此类情况发生，特通知如下：

社会保险基金是由社会保险机构代参保人员管理，并最终由参保人员享用的公共基金，不属于社会保险机构所有。社会保险机构对该项基金设立专户管理，专款专用，专项用于保障企业退休职工、失业人员的基本生活需要，属专项资金，不得挪作他用。因此，各地人民法院在审理和执行民事、经济纠纷案件时，不得查封、冻结或扣划社会保险基金；不得用社会保险基金偿还社会保险机构及其原下属企业的债务。

各地人民法院如发现有违反上述规定的，应当及时依法予以纠正。

《最高人民法院关于审理期货纠纷案件若干问题的规定（二）》（2011年1月17日施行　法释〔2011〕1号）

第四条　期货公司为债务人，债权人请求冻结、划拨以下账户中资金或者有价证券的，人民法院不予支持：

（一）客户在期货公司保证金账户中的资金；

（二）客户向期货公司提交的用于充抵保证金的有价证券。

第五条 实行会员分级结算制度的期货交易所的结算会员为债务人，债权人请求冻结、划拨结算会员以下资金或者有价证券的，人民法院不予支持：

（一）非结算会员在结算会员保证金账户中的资金；

（二）非结算会员向结算会员提交的用于充抵保证金的有价证券。

第七条 实行会员分级结算制度的期货交易所或者其结算会员为债务人，债权人请求冻结、划拨期货交易所向其结算会员依法收取的结算担保金的，人民法院不予支持。

有证据证明结算会员在结算担保金专用账户中有超过交易所要求的结算担保金数额部分的，结算会员在人民法院指定的合理期限内不能提出相反证据的，人民法院可以依法冻结、划拨超出部分的资金。

第八条 人民法院在办理案件过程中，依法需要通过期货交易所、期货公司查询、冻结、划拨资金或者有价证券的，期货交易所、期货公司应当予以协助。应当协助而拒不协助的，按照《中华人民共和国民事诉讼法》第一百零三条之规定办理。

《旅游服务质量保证金存取管理办法》（2013年9月26日施行　旅办发〔2013〕170号）

第二条 旅游服务质量保证金是指根据《中华人民共和国旅游法》及《旅行社条例》的规定，由旅行社在指定银行缴存或由银行担保提供的一定数额用于旅游服务质量赔偿支付和团队旅游者人身安全遇有危险时紧急救助费用垫付的资金。

《国家食品药品监督管理总局办公厅关于协助执行药品批准文号查封有关问题的复函》（2017年9月20日施行　食药监办药化管函〔2017〕641号）

吉林省通化市中级人民法院：

你院《协助执行通知书》（〔2012〕通中执字第10—3号）收悉。经研究，现答复如下：

根据最高人民法院给安徽省高级人民法院《关于人民法院在执行中能否查封药品批准文号的答复》（〔2010〕执他字第2号）意见，"药品批准文号系国家药品监督管理部门准许企业生产的合法标志，该批准文号受行政许可法的调整，本身不具有财产价值。因此，人民法院在执行中对药品批准文号不应进行查封。"我局对药品批准文号的管理将严格按照《中华人民共和国药品管理法》和最高人民法院有关意见执行。

《最高人民法院关于人民法院网络司法拍卖若干问题的规定》（2017年1月1日施行 法释〔2016〕18号）

第三十六条 当事人、利害关系人认为网络司法拍卖行为违法侵害其合法权益的，可以提出执行异议。异议、复议期间，人民法院可以决定暂缓或者裁定中止拍卖。

案外人对网络司法拍卖的标的提出异议的，人民法院应当依据《中华人民共和国民事诉讼法》第二百二十七相关司法解释的规定处理，并决定暂缓或者裁定中止拍卖。

【重点提示】

设立中的公司虽然不具有法人资格，但可以从事设立公司所必需的民事行为。发起人为设立中公司购买财产，并以设立中公司名义参与司法拍卖的，以竞买人是设立中的公司为由否定司法拍卖的效力，不予支持。

法律法规有关特殊账户或特殊资金，符合法定专用账户资金构成要件，如银行贷款账户、政府财政经费账户、信托财产、产业工会经费、党费、军队、武警部队一类保密单位开设的"特种预算存款""特种其他存款"和连队账户的存款、封闭贷款结算专户基金、国有企业下岗职工基本生活保障金、社会保险基金、存款准备金、备付金、期货交易所会员的期货保证金、非结算会员的保证金、结算担保金、旅行服务质量保证金，不能查封、扣押、冻结。

发生法律效力的异议或复议裁定确认债务已经消灭或部分消灭的，执行实施机构应当依此确定应执行的标的额。已执行标的额超过应执行标的额的，应当责令申请执行人退回相应案款，拒不退回的，予以强制执行。

对银行承兑汇票保证金、信用证开证保证金，可以采取冻结措施，但不得扣划。

商品房预售资金应用于工程施工建设以支付工程款，属专项资金，其他债权人申请自商品房预售资金监管账户中执行工程进度款的请求，人民法院不予支持。

第三节　案外人异议

案外人执行异议，是指案外人就执行标的物享有足以有效阻止强制执行的实体权利，在执行程序终结前，向执行法院对申请执行人提起的旨在阻止对执行标的物的强制执行的请求，目的在于通过异议阻却对执行标的物的强制执行，案外人异议是执行救济制度的重要内容之一。

【工作内容】

一、一般规定

执行过程中，案外人对执行标的主张所有权或者有其他足以排除执行标的转让、交付的实体权利的，可以向执行法院提出案外人异议。

第三人提起撤销之诉后，未中止生效判决、裁定、调解书执行的，执行法院对第三人依照民事诉讼法第二百三十四条规定提出的执行异议，应予审查。

对案外人提出的异议，人民法院应当自收到书面异议之日起十五日内审查。

二、案外人异议的范围

案外人基于以下权利对执行标的提出异议，请求排除执行的，应依据民事诉讼法第二百三十四条规定进行审查：所有权；共有权；用益物权；部分可以阻却执行的留置权、质押权等担保物权；合法占有；查封、抵押前设立的租赁权；《最高人民法院关于适用〈中华人民共和国民事诉讼法〉的解释》第五百零一条第二款中规定的利害关系人对第三人享有的到期债权；《异议复议规定》第二十八条、第二十九条规定的不动产买受人的物权期待权和消费者物权期待权；《查封、扣押、冻结规定》第十七条规定的需要办理过户登记的财产或财产性权利；案外人对网络司法拍卖的标的提出异议；通过仲裁程序将人民法院查封、扣押、冻结的财产确权或者分割取得权属的案外人异议；

主张合法持有财物或者票证的案外人；案外人的债权人代位提起案外人异议；案外人对网络司法拍卖的标的提出异议；法律、司法解释规定的其他可以阻却执行的实体性民事权益。

案外人基于实体权利既对执行标的提出排除执行异议，又作为利害关系人提出执行行为异议的，人民法院应当依照民事诉讼法第二百三十四条规定进行审查。

案外人既基于实体权利对执行标的提出排除执行异议，又作为利害关系人提出与实体权利无关的执行行为异议的，人民法院应当分别依照民事诉讼法第二百三十四条和第二百三十二条规定进行审查。

作为执行依据的生效裁判并未判决夫妻一方债务为夫妻共同债务，执行法院以所涉债务系夫妻共同债务为由对夫妻共同财产采取强制执行措施，被执行人的配偶以该债务非夫妻共同债务为由提起执行异议，是对人民法院采取执行措施的财产主张排除执行的实体权利，属于民事诉讼法第二百三十四条规定的案外人异议。

人民法院在审查过程中发现第三人对执行行为提出异议，但其主张的实质内容是对执行标的主张实体权利以对抗执行的，应当告知第三人变更其异议请求的内容和理由，依照民事诉讼法第二百三十四条的规定处理。

案外人依据执行标的被查封、扣押、冻结前作出的另案生效法律文书提出排除执行异议。

第三人在履行债务通知指定的期限内未提出异议，但在执行法院对其强制执行时，以其对被执行人不存在到期债务为由提出异议的，依照民事诉讼法第二百三十四条审查。

三、案外人异议的提出时间

案外人依照民事诉讼法第二百三十四条规定提出异议的，应当在异议指向的执行标的执行终结之前提出；执行标的由当事人受让的，应当在执行程序终结之前提出。

执行标的物由当事人以外的第三人受让的，受让人通过司法拍卖程序已经取得执行标的物的所有权时，案外人提出阻止执行的实体权利异议的，应当在执行标的的执行程序终结之前。拍卖成交裁定做出后，权属变更登记完成前，执行程序尚未结束，还需要执行法院出具协助执行通知书来办理产权变更登记，此时案外人就拍卖的财产提出执行异议的应当予以审查。

案外人对执行标的提出排除执行的执行终结，是指执行标的的执行终结而不是整个案件的执行终结。通过司法拍卖处分财产的情况下，执行标的物由当事人受让的，执行终结应理解为整个执行案件执行程序的完全终结。

执行程序的终结包括以下情形：生效法律文书确定的内容全部执行完毕；裁定终结执行；裁定不予执行；当事人之间达成执行和解协议并履行完毕的；对于特定的执行标的所进行的执行程序而言，如拍卖、变卖和以物抵债裁定生效，执行标的物权属转移到受让人或交付申请执行人时，针对该特定的执行标的执行程序终结。

四、案外人异议案件的审查

对案外人提出的排除执行异议，人民法院应当审查如下内容：
1. 案外人是否系权利人；
2. 该权利的合法性与真实性；
3. 该权利能否排除执行。

五、权属判断标准

案外人异议原则上根据执行标的的权利外观表彰来判断权属，只有无法根据外观权利表彰判断，或法律和司法解释有特殊规定时，才进行实质审查，案外人异议涉及的权属确认最终还要根据执行异议之诉进行判断。

对案外人的异议，人民法院应当按照下列标准判断其是否系权利人：

已登记的不动产，按照不动产登记簿判断；未登记的建筑物、构筑物及其附属设施，按照土地使用权登记簿、建设工程规划许可、施工许可等相关证据判断；

已登记的机动车、船舶、航空器等特定动产，按照相关管理部门的登记判断；未登记的特定动产和其他动产，按照实际占有情况判断；

银行存款和存管在金融机构的有价证券，按照金融机构和登记结算机构登记的账户名称判断；有价证券由具备合法经营资质的托管机构名义持有的，按照该机构登记的实际出资人账户名称判断；

股权按照工商行政管理机关的登记和企业信用信息公示系统公示的信息判断。

其他财产和权利，有登记的，按照登记机构的登记判断；无登记的，按照合同等证明财产权属或者权利人的证据判断。

案外人依据另案生效法律文书提出排除执行异议，该法律文书认定的执行标的权利人与依照前款规定得出的判断不一致的，依照《最高人民法院关于人民法院办理执行异议和复议案件若干问题的规定》第二十六条规定处理。

六、案外人异议的审查处理及救济

案外人对执行标的提出的异议，经审查，按照下列情形分别处理：(1) 案外人撤回异议的，是否准予撤回，由人民法院裁定。(2) 案外人对执行标的不享有足以排除强制执行的权益的，裁定驳回其异议。(3) 案外人对执行标的享有足以排除强制执行的权益的，裁定中止执行。(4) 案外人撤回异议或者被裁定驳回异议后，再次就同一执行标的提出异议的，人民法院不予受理。

符合上述第二项、第三项情形，人民法院依照民事诉讼法第二百三十四条规定作出裁定时，应当告知相关权利人提起执行异议之诉的权利和期限。

七、案外人异议审查期间的执行

案外人异议审查期间以及驳回案外人执行异议裁定送达案外人之日起十五日内，人民法院不得对执行标的进行处分。

案外人执行异议之诉审理期间，人民法院不得对执行标的进行处分。申请执行人请求人民法院继续执行并提供相应担保的，人民法院可以准许。

案外人请求解除查封、扣押、冻结或者申请执行人请求继续执行有错误，给对方造成损失的，应当予以赔偿。

八、案外人异议之诉审理期间的执行

案外人执行异议之诉审理期间，人民法院不得对执行标的进行处分。申请执行人请求人民法院继续执行并提供相应担保的，人民法院可以准许。

被执行人与案外人恶意串通，通过执行异议、执行异议之诉妨害执行的，人民法院应当依照民事诉讼法第一百一十六条规定处理。申请执行人因此受

到损害的，可以提起诉讼要求被执行人、案外人赔偿。

九、申请执行人未提起异议之诉的执行

人民法院对执行标的裁定中止执行后，申请执行人在法律规定的期间内未提起执行异议之诉的，人民法院应当自起诉期限届满之日起七日内解除对该执行标的采取的执行措施。

十、案外人异议之诉判决后的执行

对案外人执行异议之诉，人民法院判决不得对执行标的执行的，执行异议裁定失效。

对申请执行人执行异议之诉，人民法院判决准许对该执行标的执行的，执行异议裁定失效，执行法院可以根据申请执行人的申请或者依职权恢复执行。

另外，关于案外人异议的形式要求、执行法院变更后异议管辖法院、案外人异议的立案、消极立案及审查的救济、案外人异议的审查方式等内容参照本章第一节。

【常用法律、司法解释及相关规定】

《中华人民共和国民事诉讼法》（2021年修正）

第一百一十六条 被执行人与他人恶意串通，通过诉讼、仲裁、调解等方式逃避履行法律文书确定的义务的，人民法院应当根据情节轻重予以罚款、拘留；构成犯罪的，依法追究刑事责任。

第二百三十四条 执行过程中，案外人对执行标的提出书面异议的，人民法院应当自收到书面异议之日起十五日内审查，理由成立的，裁定中止对该标的物的执行；理由不成立的，裁定驳回。案外人、当事人对裁定不服，认为原判决、裁定错误的，依照审监程序办理；与原判决、裁定无关的，可以自裁定送达之日起十五日内向人民法院提起诉讼。

《最高人民法院关于适用〈中华人民共和国民事诉讼法〉执行程序若干问题的解释》（2020年修正）

第五条 执行过程中，当事人、利害关系人认为执行法院的执行行为违

反法律规定的，可以依照民事诉讼法第二百二十五条的规定提出异议。

执行法院审查处理执行异议，应当自收到书面异议之日起十五日内作出裁定。

第十六条　案外人异议审查期间，人民法院不得对执行标的进行处分。

案外人向人民法院提供充分、有效的担保请求解除对异议标的的查封、扣押、冻结的，人民法院可以准许；申请执行人提供充分、有效的担保请求继续执行的，应当继续执行。

因案外人提供担保解除查封、扣押、冻结有错误，致使该标的无法执行的，人民法院可以直接执行担保财产；申请执行人提供担保请求继续执行有错误，给对方造成损失的，应当予以赔偿。

《最高人民法院关于人民法院办理财产保全案件若干问题的规定》（2020年修正）

第二十七条　人民法院对诉讼争议标的以外的财产进行保全，案外人对保全裁定或者保全裁定实施过程中的执行行为不服，基于实体权利对被保全财产提出书面异议的，人民法院应当依照民事诉讼法第二百二十七条规定审查处理并作出裁定。案外人、申请保全人对该裁定不服的，可以自裁定送达之日起十五日内向人民法院提起执行异议之诉。

人民法院裁定案外人异议成立后，申请保全人在法律规定的期间内未提起执行异议之诉的，人民法院应当自起诉期限届满之日起七日内对该被保全财产解除保全。

《最高人民法院关于适用〈中华人民共和国民事诉讼法〉的解释》（2022年修正）

第三百零一条　第三人提起撤销之诉后，未中止生效判决、裁定、调解书执行的，执行法院对第三人依照民事诉讼法第二百二十七条规定提出的执行异议，应予审查。第三人不服驳回执行异议裁定，申请对原判决、裁定、调解书再审的，人民法院不予受理。

案外人对人民法院驳回其执行异议裁定不服，认为原判决、裁定、调解书内容错误损害其合法权益的，应当根据民事诉讼法第二百二十七条规定申请再审，提起第三人撤销之诉的，人民法院不予受理。

第三百一十二条　对案外人执行异议之诉，人民法院判决不得对执行标的执行的,执行异议裁定失效。

对申请执行人执行异议之诉,人民法院判决准许对该执行标的执行的,执行异议裁定失效,执行法院可以根据申请执行人的申请或者依职权恢复执行。

第三百一十三条 案外人执行异议之诉审理期间,人民法院不得对执行标的进行处分。申请执行人请求人民法院继续执行并提供相应担保的,人民法院可以准许。

被执行人与案外人恶意串通,通过执行异议、执行异议之诉妨害执行的,人民法院应当依照民事诉讼法第一百一十三条规定处理。申请执行人因此受到损害的,可以提起诉讼要求被执行人、案外人赔偿。

第三百一十四条 人民法院对执行标的裁定中止执行后,申请执行人在法律规定的期间内未提起执行异议之诉的,人民法院应当自起诉期限届满之日起七日内解除对该执行标的采取的执行措施。

第四百二十一条 根据民事诉讼法第二百二十七条规定,案外人对驳回其执行异议的裁定不服,认为原判决、裁定、调解书内容错误损害其民事权益的,可以自执行异议裁定送达之日起六个月内,向作出原判决、裁定、调解书的人民法院申请再审。

第四百二十二条 根据民事诉讼法第二百二十七条规定,人民法院裁定再审后,案外人属于必要的共同诉讼当事人的,依照本解释第四百二十二条第二款规定处理。

案外人不是必要的共同诉讼当事人的,人民法院仅审理原判决、裁定、调解书对其民事权益造成损害的内容。经审理,再审请求成立的,撤销或者改变原判决、裁定、调解书;再审请求不成立的,维持原判决、裁定、调解书。

第四百六十二条 根据民事诉讼法第二百二十七条规定,案外人对执行标的提出异议的,应当在该执行标的执行程序终结前提出。

第四百六十三条 案外人对执行标的提出的异议,经审查,按照下列情形分别处理:

(一)案外人对执行标的不享有足以排除强制执行的权益的,裁定驳回其异议;

(二) 案外人对执行标的享有足以排除强制执行的权益的，裁定中止执行。

驳回案外人执行异议裁定送达案外人之日起十五日内，人民法院不得对执行标的进行处分。

第四百七十七条 在执行中，被执行人通过仲裁程序将人民法院查封、扣押、冻结的财产确权或者分割给案外人的，不影响人民法院执行程序的进行。

案外人不服的，可以根据民事诉讼法第二百二十七条规定提出异议。

第四百九十三条 他人持有法律文书指定交付的财物或者票证，人民法院依照民事诉讼法第二百四十九条第二款、第三款规定发出协助执行通知后，拒不转交的，可以强制执行，并可依照民事诉讼法第一百一十四条、第一百一十五条规定处理。

他人持有期间财物或者票证毁损、灭失的，参照本解释第四百九十四条规定处理。

他人主张合法持有财物或者票证的，可以根据民事诉讼法第二百二十七条规定提出执行异议。

第四百九十九条 人民法院执行被执行人对他人的到期债权，可以作出冻结债权的裁定，并通知该他人向申请执行人履行。

该他人对到期债权有异议，申请执行人请求对异议部分强制执行的，人民法院不予支持。利害关系人对到期债权有异议的，人民法院应当按照民事诉讼法第二百二十七条规定处理。

《最高人民法院关于人民法院网络司法拍卖若干问题的规定》（2017年1月1日施行　法释〔2016〕18号）

第三十六条 当事人、利害关系人认为网络司法拍卖行为违法侵害其合法权益的，可以提出执行异议。异议、复议期间，人民法院可以决定暂缓或者裁定中止拍卖。

案外人对网络司法拍卖的标的提出异议的，人民法院应当依据《中华人民共和国民事诉讼法》第二百二十七相关司法解释的规定处理，并决定暂缓或者裁定中止拍卖。

《最高人民法院关于执行工作中正确适用修改后民事诉讼法第202条、第204条规定的通知》(2008年11月28日施行　法明传〔2008〕1223号)

二、案外人对执行标的提出异议的,执行法院应当审查并作出裁定。按民事诉讼法第204条的规定,案外人不服此裁定只能提起诉讼或者按审判监督程序办理。执行法院在针对异议作出的裁定书中赋予案外人、当事人申请复议的权利,无法律依据。

《最高人民法院关于人民法院办理执行异议和复议案件若干问题的规定》(2020年修正)

第六条　当事人、利害关系人依照民事诉讼法第二百二十五条规定提出异议的,应当在执行程序终结之前提出,但对终结执行措施提出异议的除外。

案外人依照民事诉讼法第二百二十七条规定提出异议的,应当在异议指向的执行标的执行终结之前提出;执行标的由当事人受让的,应当在执行程序终结之前提出。

第八条　案外人基于实体权利既对执行标的提出排除执行异议又作为利害关系人提出执行行为异议的,人民法院应当依照民事诉讼法第二百二十七条规定进行审查。

案外人既基于实体权利对执行标的提出排除执行异议又作为利害关系人提出与实体权利无关的执行行为异议的,人民法院应当分别依照民事诉讼法第二百二十七条和第二百二十五条规定进行审查

第十五条　当事人、利害关系人对同一执行行为有多个异议事由,但未在异议审查过程中一并提出,撤回异议或者被裁定驳回异议后,再次就该执行行为提出异议的,人民法院不予受理。

案外人撤回异议或者被裁定驳回异议后,再次就同一执行标的提出异议的,人民法院不予受理

第二十四条　对案外人提出的排除执行异议,人民法院应当审查下列内容:

(一)案外人是否系权利人;

(二)该权利的合法性与真实性;

(三)该权利能否排除执行。

第二十五条　对案外人的异议,人民法院应当按照下列标准判断其是否

系权利人：

（一）已登记的不动产，按照不动产登记簿判断；未登记的建筑物、构筑物及其附属设施，按照土地使用权登记簿、建设工程规划许可、施工许可等相关证据判断；

（二）已登记的机动车、船舶、航空器等特定动产，按照相关管理部门的登记判断；未登记的特定动产和其他动产，按照实际占有情况判断；

（三）银行存款和存管在金融机构的有价证券，按照金融机构和登记结算机构登记的账户名称判断；有价证券由具备合法经营资质的托管机构名义持有的，按照该机构登记的实际出资人账户名称判断；

（四）股权按照工商行政管理机关的登记和企业信用信息公示系统公示的信息判断；

（五）其他财产和权利，有登记的，按照登记机构的登记判断；无登记的，按照合同等证明财产权属或者权利人的证据判断。

案外人依据另案生效法律文书提出排除执行异议，该法律文书认定的执行标的权利人与依照前款规定得出的判断不一致的，依照本规定第二十六条规定处理。

《最高人民法院关于人民法院民事执行中查封、扣押、冻结财产的规定》（2020年修正）

第十七条　被执行人将其所有的需要办理过户登记的财产出卖给第三人，第三人已经支付部分或者全部价款并实际占有该财产，但尚未办理产权过户登记手续的，人民法院可以查封、扣押、冻结；第三人已经支付全部价款并实际占有，但未办理过户登记手续的，如果第三人对此没有过错，人民法院不得查封、扣押、冻结。

《机动车登记规定》（2008年10月1日施行　2008公安部102号令）

第十八条　已注册登记的机动车所有权发生转移的，现机动车所有人应当自机动车交付之日起三十日内向登记地车辆管理所申请转移登记。

【重点提示】

第一，注意执行异议竞合的处理。

第二，对生效法律文书确认的应承担抵押责任的涉案财产，执行法院查封、处置该财产符合生效法律文书确定的内容。案外人在异议、复议程序中要求中止对涉案财产的执行，其实质是对生效法律文书不服，不属于执行异议、复议审查的范围，案外人应另循法律途径解决。

第四节 几种类型的案外人异议

【工作内容】

一、案外人基于另案生效法律文书提出执行异议

在财产被查封、扣押前，另案生效法律文书系案外人与被执行人之间的权属纠纷以及租赁、借用、保管等不以转移财产权属为目的的合同纠纷，判决、裁决执行标的归属于案外人或向其返还执行标的，或者系案外人受让执行标的的拍卖、变卖成交裁定或以物抵债裁定，且其权利能够排除执行的，应予支持。

该生效法律文书系案外人与被执行人之间除前项所列合同之外的债权纠纷，判决、裁决执行标的归属于案外人或者向其交付、返还执行标的的，不予支持。

在财产被查封、扣押后，金钱债权执行中，案外人依据执行标的被查封、扣押、冻结后作出的另案生效法律文书提出排除执行异议的，人民法院不予支持。

非金钱债权执行中，案外人依据另案生效法律文书提出排除执行异议，该法律文书对执行标的的权属作出不同认定的，人民法院应当告知案外人依法申请再审或者通过其他程序解决。

申请执行人或者案外人不服人民法院依照《最高人民法院关于人民法院办理执行异议和复议案件若干问题的规定》第二十六条第一、二款规定作出的裁定，可以依照民事诉讼法第二百三十四条规定提起执行异议之诉。

二、案外人基于建设工程价款优先受偿权提出执行异议

优先受偿权是法律规定的特定债权人优先于其他债权人，甚至优先于其

他物权人受偿的权利。同一执行标的物上存在不同性质的权利且发生冲突时，审查案外人权益与申请执行人申请执行的权益的保护顺位，除法律和司法解释另有规定外，应当根据下列原则处理：（1）坚持法定优先权优先于物权；（2）物权优先于债权；（3）法律规定的特殊债权优先于普通债权；（4）普通债权平等保护原则。

人民法院在办理执行案件中，应当依照民法典第八百零七条的规定，认定建筑工程的承包人的优先受偿权优于抵押权和其他债权。但消费者交付购买商品房的全部或者大部分款项后，承包人就该商品房享有的工程价款优先受偿权，不得对抗买受人。

建筑工程价款包括承包人为建设工程应当支付的工作人员报酬、材料款等实际支出的费用，不包括承包人因发包人违约所造成的损失。建设工程承包人行使优先权的期限为六个月，自建设工程竣工之日或者建设工程合同约定的竣工之日起计算。

三、案外人基于有限责任公司股权提出执行异议

执行法院对登记在被执行人名下的股权实施强制执行，案外人以其系该股权受让人为由提出执行异议，请求排除执行，同时符合下列条件的，应予以支持：（1）案外人与被执行人在股权冻结或采取执行措施之前已签订合法有效的书面股权转让合同；（2）案外人已按合同约定支付了股权转让价款，或者在指定的期限内已将剩余价款全部交付执行；（3）案外人提供的股东名册、公司章程或其他公司文件等证据能够证明其已经实际行使股东权利；（4）案外人提供的证据能够证明未办理股权变更登记非因其自身原因造成。

四、案外人基于其享有物权期待权提出执行异议

金钱债权执行中，执行法院对登记在被执行人名下的不动产采取强制执行措施，案外人以其享有物权期待权为由提出执行异议的，应依照《查封、扣押、冻结规定》第十七条或者《异议复议规定》第二十八条规定的条件进行审查，同时符合下列情形的，应予支持：（1）案外人与被执行人在涉案不动产查封之前已经签订了合法有效的书面房屋买卖合同。案外人虽然未与被执行人签订书面的买卖合同，但双方已经办理网签的，应认定其签订了书面

合同。合同是否成立以及合法有效，应根据民法典及其司法解释、《最高人民法院关于审理商品房买卖合同纠纷案件适用法律若干问题的解释》等相关规定予以认定。（2）案外人在涉案不动产查封之前已经实际占有该不动产。案外人提供了涉案不动产被查封之前实际形成的物业服务合同、交房证明、水电费及物业费缴纳凭证，以及其他足以证明其已实际接收或占有该房屋的证据，可认定其在查封之前已经合法占有该不动产。（3）案外人已经支付全部价款。案外人主张其已支付全部价款的，应提供其通过银行转账形成的付款凭证，仅提供开发商或出卖方出具的收据，或者主张购房款系现金交付，且无其他证据证明其存在支付事实的，对其主张不予支持。（4）案外人非因其自身原因未办理过户登记手续。

具有下列情形之一的，应认定非因案外人自身原因未办理过户登记手续：（1）案外人作为被征收人，其所购房屋因政府征收安置调换经济适用房等原因未能办理过户登记手续的；（2）因登记机关未及时办理、出卖人拒不协助以及办理过户登记存在客观障碍的。

具有以下情形之一的，原则上应认定系案外人自身原因未办理过户登记手续：（1）案外人知道或者应当知道涉案房屋存在抵押等权利限制，涉案房屋无法办理过户登记的；（2）案外人知道或者应当知道因政策原因受到限购或限制流通转让等情形，涉案房屋无法办理过户登记的；（3）案外人对于符合办理过户登记条件的房屋无正当理由，未在合理时间内办理过户登记手续的。

五、案外人基于消费者期待权提出执行异议

金钱债权执行中，执行法院对被执行人为房地产开发企业名下的商品房采取强制执行措施，商品房买受人以其系消费者为由提起案外人异议，同时符合以下条件的，应予支持：（1）案外人与被执行人在涉案房屋被查封之前已签订合法有效的书面买卖合同（含网签）；（2）案外人所购商品房系用于居住，且其名下无其他用于居住的房屋；（3）案外人已支付的价款超过合同约定的总价款的百分之五十；（4）案外人签订房屋买卖合同的买受人仅限自然人，合同的相对方为房地产开发企业。

案外人主张其名下无其他用于居住的房屋，同时具有下列情形的，应支

持其主张：(1) 案外人及其配偶、未成年子女名下在执行标的查封时至执行异议提出时，均无用于居住的房屋；(2) 案外人为未成年人的，其监护人名下无用于居住的房屋。

金钱债权执行中，被执行人为房地产开发企业，案外人作为被执行人开发的商品房买受人，其主张只要符合《异议复议规定》第二十八条或第二十九条规定任一条规定情形的，对其异议请求或抗辩主张应予以支持。

买受人的权利主张虽然不符合《异议复议规定》第二十八条或第二十九条规定情形，但符合《查封、扣押、冻结规定》第十七条规定情形的，对其异议请求或抗辩主张也应予以支持。

六、案外人基于不动产预告提出执行异议

金钱债权执行中，执行法院对被执行人名下不动产采取执行措施，案外人以该不动产的受让人为由提出执行异议，请求停止处分，应根据下列情形予以处理：(1) 涉案不动产已办理物权预告登记的，应予支持；(2) 涉案不动产符合物权登记条件，且在预告登记有效期内的，应予支持；(3) 涉案不动产的预告登记已经失效，或者在执行法院查封之后办理预告登记的，不予支持。

七、案外人基于保留所有权提出执行异议

执行法院对被执行人向案外人购买且已支付全部或部分价款的不动产采取查封或其他执行措施，案外人提出执行异议，请求解除查封或排除执行的，根据下列情形处理：(1) 申请执行人愿意支付剩余价款或者同意从不动产变价款中优先支付剩余价款的，应驳回其异议申请；(2) 被执行人购买房地产开发企业的不动产，已通过银行按揭贷款支付购房款，房地产开发企业作为案外人以其为被执行人的按揭贷款提供反担保或阶段性担保为由，提出执行异议，请求解除查封或停止执行的，不予支持。但案外人已为被执行人偿还的按揭贷款部分，可从该房屋变价款中优先支付。

八、案外人基于借名买房提出执行异议

金钱债权执行中，执行法院对涉案房屋采取查封措施后，案外人以其与

被执行人存在借名买房关系,且系房屋实际所有权人为由提出异议的,应裁定驳回异议。

九、案外人基于拆迁安置房屋提出执行异议

案外人作为被征收人,对被执行人名下尚未办理产权登记手续的房屋提起案外人执行异议,请求排除执行,同时具有下列情形的,应予支持:(1)案外人作为被征收人与房屋征收部门签订了合法有效的征收补偿协议;(2)案外人以其所有的房屋以产权置换补偿的形式取得涉案房屋;(3)征收补偿协议明确约定了安置用房的位置及房号,该房屋已经特定化;(4)案外人是否实际占有房屋、是否支付房屋面积差价以及对未办理房屋过户是否存在过错,均不影响其享有排除执行的权利。

十、案外人基于不动产共有关系提出执行异议的处理

案外人基于执行标的共有权人提出执行异议,请求排除执行的,根据下列情形予以处理:(1)执行标的为共同共有且不可分割的,当事人对共有权及其份额无异议的,应裁定驳回其异议,并依照民事诉讼法第二百三十二条规定告知救济权利;(2)执行标的为按份共有且可分割,且当事人对共有权及其份额无异议的,应支持案外人的异议请求,并依照民事诉讼法第二百二十五条规定告知救济权利;(3)执行标的是否为共有财产或者共有份额存在争议的,应依照民事诉讼法第二百三十四条规定审查处理。

执行依据确定的债务人为夫妻一方,执行法院查封、扣押、冻结或处置被执行人在夫妻共有财产中的份额,被执行人的配偶对财产份额提出异议的,适用民事诉讼法第二百三十四条进行审查。被执行人的配偶请求排除执行的,不予支持。

执行依据确定的债务人为夫妻一方,夫妻另一方对被执行人个人名下的财产主张权利,或者对登记在其名下的财产是否系共同财产或其份额提出案外人异议的,依照民事诉讼法第二百三十四条的规定审查处理。

执行依据确定的债务人为夫妻一方,执行法院对婚前登记在被执行人名下房屋予以查封,被执行人配偶作为案外人以双方约定该婚前财产归夫妻共有为由提出执行异议,请求排除执行的,依照民事诉讼法第二百三十四条的

规定审查处理。

执行依据或其他相关生效法律文书确认涉案债务系夫妻共同债务，未参加诉讼的配偶一方以该债务非夫妻共同债务为由提出执行异议的，裁定不予受理；已经受理的，驳回其异议，告知其依法通过审判监督程序救济。

执行依据确定的债务人为夫妻一方，被执行人已离婚，但该债务形成于夫妻关系存续期间的，可对原夫妻另一方离婚时分得的财产采取执行措施，原夫妻另一方提出异议的，属于案外人异议，应当依照民事诉讼法第二百三十四条规定审查处理。

执行依据确定的债务人为夫妻一方，被执行人在涉案房产查封前已经协议离婚，约定被查封房产归另一方所有，被执行人原配偶提起执行异议的，应当依照民事诉讼法第二百三十四条规定审查处理。

十一、案外人基于租赁权提出执行异议

承租人基于不动产或动产被抵押或查封之后与被执行人订立的租赁合同提出执行异议的，适用民事诉讼法第二百三十二条规定进行审查。

承租人请求在租赁期内停止对执行标的的处置或者阻止向受让人移交占有该不动产或动产的，不予支持。

承租人基于不动产或动产被抵押、质押或查封之前与被执行人订立的租赁合同提出执行异议，请求在租赁期内阻止向受让人移交占有被执行的不动产或动产的，适用民事诉讼法第二百三十四条规定进行审查，根据以下情形进行处理：（1）承租人在租赁物被查封之前已与被执行人签订了合法有效的租赁合同，并已按约支付租金，且实际占有使用租赁物的，对承租人要求阻止交付的异议请求应予以支持，对其要求停止对执行标的处置的异议请求不予支持。（2）承租人在租赁物被抵押之前已与被执行人签订了合法有效的租赁合同，并已按约支付租金，且实际占有使用租赁物，抵押权人或首查封法院的申请执行人申请拍卖该租赁物，承租人要求阻止交付的，应予以支持，对其要求停止对执行标的处置的请求不予支持。

十二、案外人基于权利质押提出执行异议

案外人以其对特户、封金、保证金享有质权为由提出执行异议，请求解

除对涉案账户或款项的查封、冻结措施的，适用民事诉讼法第二百三十二条规定进行审查，并裁定不予支持。

但案外人以其对特户、封金、保证金享有质权为由，请求实现质权并要求解除查封或冻结措施或者请求不得扣划的，应依照民事诉讼法第二百三十四条规定进行审查。同时具有下列情形的，应予以支持：（1）案外人与出质人订立了书面质押合同；（2）出质人已经开设专门的保证金账户；（3）该账户内资金已经移交给案外人实际控制或者占有；（4）该账户有别于出质人非保证金业务的日常结算账户。

案外人以其对查封、冻结或者强制执行的被执行人的应收账款（到期债权）享有质权为由，提出执行异议，请求解除查封、冻结或不得强制执行的，应适用民事诉讼法第二百三十四条规定进行审查。

十三、案外人基于特殊动产买受人提出执行异议

案外人以其系登记在被执行人名下的机动车、船舶等特殊动产买受人为由对执行法院的查封、扣押等执行行为提出执行异议的，应依照民事诉讼法第二百三十四条规定处理。

内容参照本书第五章第二节。

十四、案外人基于到期债权提出执行异议

执行法院对被执行人在第三人处享有的到期或未到期债权，可以作出冻结债权的裁定和协助执行通知书，第三人应当依法协助履行停止支付到期或未到期债务的义务。

第三人对诉讼前及诉讼中冻结债权裁定不服的，应告知其向作出冻结债权裁定的审判部门申请复议。第三人对冻结裁定的实施行为有异议的，应依照民事诉讼法第二百三十二条规定进行审查。第三人未对冻结债权裁定提出异议的，不影响执行法院向其发出履行到期债务通知后依法享有的异议权利。

第三人在收到冻结债权裁定及协助执行通知书后，擅自向被告（被申请人）或被执行人履行债务的，可依法责令其追回擅自支付的财产；不能追回的，可裁定其在擅自支付的财产范围内承担相应的赔偿责任，并追究其妨害执行的责任。但对追回的资金或者第三人赔偿的资金采取强制执行措施，第

三人提出异议的,仍应依照民事诉讼法第二百三十二条规定进行审查。

执行法院对被执行人到期债权的执行,应当向第三人送达履行到期债务通知,该通知必须依照民事诉讼法及相关司法解释的规定直接送达第三人;第三人系分公司的,应同时向分公司和总公司分别送达。履行债务通知未按规定直接送达第三人的,不得对第三人强制执行。但已经生效法律文书确定的债权除外。

执行法院对被执行人的到期债权的执行,直接按被执行人收入予以提取或扣划,第三人提出执行异议的,应予以支持。

第三人对执行法院在其提出异议后的继续执行行为不服,或对执行法院未依法向其直接送达履行债务通知不服的,可依照民事诉讼法第二百三十二条规定提出异议。如第三人已经依照《执行工作规定》第61条规定提出异议,或者执行法院未依法直接向第三人送达履行债务通知的,应裁定撤销或变更已经采取的执行行为。但第三人提出的异议属于《执行工作规定》第六十四条第一款以及《最高人民法院关于适用〈中华人民共和国民事诉讼法〉的解释》第四百九十九条第三款所列情形的除外。

第三人对到期债权的执行提出异议,执行法院对其异议部分停止执行后,申请执行人请求继续强制执行的,不予支持。申请执行人因此提出异议的,不予受理,并告知其可根据《民法典》第五百三十五条规定,通过行使代位权诉讼寻求救济。

第三人在履行债务通知指定的期限内未提出异议,但在执行法院对其强制执行时以其对被执行人不存在到期债务为由提出异议的,应根据民事诉讼法第二百三十四条规定及《最高人民法院执行工作办公室关于到期债权执行中第三人超过法定期限提出异议等问题如何处理的请示的答复》(〔2005〕执他字第19号)精神进行实质审查,并作出相应处理。

《最高人民法院关于适用〈中华人民共和国民事诉讼法〉的解释》第四百九十九条第二款规定的"利害关系人"包括涉案债权受让人、无追索权的保理合同债权人、有追索权的保理合同债务人、应收账款质权人、实际施工人等主体。

【常用法律、司法解释及相关规定】

《最高人民法院关于人民法院办理执行异议和复议案件若干问题的规定》
（2020年修正）

第十八条 执行过程中，第三人因书面承诺自愿代被执行人偿还债务而被追加为被执行人后，无正当理由反悔并提出异议的，人民法院不予支持。

第十九条 当事人互负到期债务，被执行人请求抵销，请求抵销的债务符合下列情形的，除依照法律规定或者按照债务性质不得抵销的以外，人民法院应予支持：

（一）已经生效法律文书确定或者经申请执行人认可；

（二）与被执行人所负债务的标的物种类、品质相同。

第二十条 金钱债权执行中，符合下列情形之一，被执行人以执行标的系本人及所扶养家属维持生活必需的居住房屋为由提出异议的，人民法院不予支持：

（一）对被执行人有扶养义务的人名下有其他能够维持生活必需的居住房屋的；

（二）执行依据生效后，被执行人为逃避债务转让其名下其他房屋的；

（三）申请执行人按照当地廉租住房保障面积标准为被执行人及所扶养家属提供居住房屋，或者同意参照当地房屋租赁市场平均租金标准从该房屋的变价款中扣除五至八年租金的。

执行依据确定被执行人交付居住的房屋，自执行通知送达之日起，已经给予三个月的宽限期，被执行人以该房屋系本人及所扶养家属维持生活的必需品为由提出异议的，人民法院不予支持。

第二十一条 当事人、利害关系人提出异议请求撤销拍卖，符合下列情形之一的，人民法院应予支持：

（一）竞买人之间、竞买人与拍卖机构之间恶意串通，损害当事人或者其他竞买人利益的；

（二）买受人不具备法律规定的竞买资格的；

（三）违法限制竞买人参加竞买或者对不同竞买人规定不同竞买条件的；

（四）未按照法律、司法解释的规定对拍卖标的物进行公告的；

（五）其他严重违反拍卖程序且损害当事人或者竞买人利益的情形。

当事人、利害关系人请求撤销变卖的，参照前款规定处理。

第二十二条 公证债权文书对主债务和担保债务同时赋予强制执行效力的，人民法院应予执行；仅对主债务赋予强制执行效力未涉及担保债务的，对担保债务的执行申请不予受理；仅对担保债务赋予强制执行效力未涉及主债务的，对主债务的执行申请不予受理。

人民法院受理担保债务的执行申请后，被执行人仅以担保合同不属于赋予强制执行效力的公证债权文书范围为由申请不予执行的，不予支持。

第二十四条 对案外人提出的排除执行异议，人民法院应当审查下列内容：

（一）案外人是否系权利人；

（二）该权利的合法性与真实性；

（三）该权利能否排除执行。

第二十五条 对案外人的异议，人民法院应当按照下列标准判断其是否系权利人：

（一）已登记的不动产，按照不动产登记簿判断；未登记的建筑物、构筑物及其附属设施，按照土地使用权登记簿、建设工程规划许可、施工许可等相关证据判断；

（二）已登记的机动车、船舶、航空器等特定动产，按照相关管理部门的登记判断；未登记的特定动产和其他动产，按照实际占有情况判断；

（三）银行存款和存管在金融机构的有价证券，按照金融机构和登记结算机构登记的账户名称判断；有价证券由具备合法经营资质的托管机构名义持有的，按照该机构登记的实际出资人账户名称判断；

（四）股权按照工商行政管理机关的登记和企业信用信息公示系统公示的信息判断；

（五）其他财产和权利，有登记的，按照登记机构的登记判断；无登记的，按照合同等证明财产权属或者权利人的证据判断。

案外人依据另案生效法律文书提出排除执行异议，该法律文书认定的执行标的权利人与依照前款规定得出的判断不一致的，依照本规定第二十六条规定处理。

第二十六条 金钱债权执行中，案外人依据执行标的被查封、扣押、冻结前作出的另案生效法律文书提出排除执行异议，人民法院应当按照下列情形，分别处理：

（一）该法律文书系就案外人与被执行人之间的权属纠纷以及租赁、借用、保管等不以转移财产权属为目的的合同纠纷，判决、裁决执行标的归属于案外人或者向其返还执行标的且其权利能够排除执行的，应予支持；

（二）该法律文书系就案外人与被执行人之间除前项所列合同之外的债权纠纷，判决、裁决执行标的归属于案外人或者向其交付、返还执行标的的，不予支持；

（三）该法律文书系案外人受让执行标的的拍卖、变卖成交裁定或者以物抵债裁定且其权利能够排除执行的，应予支持。

金钱债权执行中，案外人依据执行标的被查封、扣押、冻结后作出的另案生效法律文书提出排除执行异议的，人民法院不予支持。

非金钱债权执行中，案外人依据另案生效法律文书提出排除执行异议，该法律文书对执行标的权属作出不同认定的，人民法院应当告知案外人依法申请再审或者通过其他程序解决。

申请执行人或者案外人不服人民法院依照本条第一、二款规定作出的裁定，可以依照民事诉讼法第二百二十七条规定提起执行异议之诉。

第二十七条 申请执行人对执行标的依法享有对抗案外人的担保物权等优先受偿权，人民法院对案外人提出的排除执行异议不予支持，但法律、司法解释另有规定的除外。

第二十八条 金钱债权执行中，买受人对登记在被执行人名下的不动产提出异议，符合下列情形且其权利能够排除执行的，人民法院应予支持：

（一）在人民法院查封之前已签订合法有效的书面买卖合同；

（二）在人民法院查封之前已合法占有该不动产；

（三）已支付全部价款，或者已按照合同约定支付部分价款且将剩余价款按照人民法院的要求交付执行；

（四）非因买受人自身原因未办理过户登记。

第二十九条 金钱债权执行中，买受人对登记在被执行的房地产开发企业名下的商品房提出异议，符合下列情形且其权利能够排除执行的，人民法院应予支持：

（一）在人民法院查封之前已签订合法有效的书面买卖合同；

（二）所购商品房系用于居住且买受人名下无其他用于居住的房屋；

（三）已支付的价款超过合同约定总价款的百分之五十。

第三十条 金钱债权执行中，对被查封的办理了受让物权预告登记的不动产，受让人提出停止处分异议的，人民法院应予支持；符合物权登记条件，受让人提出排除执行异议的，应予支持。

第三十一条 承租人请求在租赁期内阻止向受让人移交占有被执行的不动产，在人民法院查封之前已签订合法有效的书面租赁合同并占有使用该不动产的，人民法院应予支持。

承租人与被执行人恶意串通，以明显不合理的低价承租被执行的不动产或者伪造交付租金证据的，对其提出的阻止移交占有的请求，人民法院不予支持。

《最高人民法院执行工作办公室关于到期债权执行中第三人超过法定期限提出异议等问题如何处理的请示的答复》（2006年3月13日施行 〔2005〕执他字第19号）

辽宁省高级人民法院：

你院《关于开原市农村信用社、开原市农村信用合作社联合社申请执行辽宁华银实业开发总公司一案的疑难报告》收悉。经研究，答复如下：

一、本案执行法院在向第三人送达履行到期债务通知书的同时，即裁定将第三人列为被执行人，并查封其财产，在程序上是错误的，应予纠正。

二、第三人在收到履行到期债务通知书后，未在法定期限内提出异议，并不发生承认债务存在的实体法效力。第三人在法院开始强制执行后仍有异议的，应当得到司法救济。

三、考虑到目前我国尚无第三人异议之诉的法律制度，为公平保护各方当事人的合法权益，根据本案中已经责令双方兑帐及当事人提出审计要求的实际情况，可在执行程序中通过对被执行人与第三人双方的全部往来账目进行逐笔核对，或者委托有关单位进行审计并经三方共同认可，最终审核确认后，决定是否继续执行。鉴于该案各方反映强烈，审核确认宜由你院组织进行。

参照最高人民法院《关于人民法院执行工作若干问题的规定（试行）》第六十四条第二款的规定，审核确认应以被执行人与第三人均认可的法律关系和一致记载的账目为准。经核对确认，如双方账目记载一致的部分说明不欠款，则应撤销对第三人的执行程序；如说明欠款，则可以在执行标的额范围内，予以执行。对第三人与被执行人之间的法律关系，可按第三人占有被执行人所投入的本金应予以返还的原则把握。

《最高人民法院关于网络查询、冻结被执行人存款的规定》（2013年9月2日施行 法释〔2013〕20号）

第一条 人民法院与金融机构已建立网络执行查控机制的，可以通过网络实施查询、冻结被执行人存款等措施。

网络执行查控机制的建立和运行应当具备以下条件：

（一）已建立网络执行查控系统，具有通过网络执行查控系统发送、传输、反馈查控信息的功能；

（二）授权特定的人员办理网络执行查控业务；

（三）具有符合安全规范的电子印章系统；

（四）已采取足以保障查控系统和信息安全的措施。

第二条 人民法院实施网络执行查控措施，应当事前统一向相应金融机构报备有权通过网络采取执行查控措施的特定执行人员的相关公务证件。办理具体业务时，不再另行向相应金融机构提供执行人员的相关公务证件。

人民法院办理网络执行查控业务的特定执行人员发生变更的，应当及时向相应金融机构报备人员变更信息及相关公务证件。

第三条 人民法院通过网络查询被执行人存款时，应当向金融机构传输电子协助查询存款通知书。多案集中查询的，可以附汇总的案件查询清单。

对查询到的被执行人存款需要冻结或者续行冻结的，人民法院应当及时向金融机构传输电子冻结裁定书和协助冻结存款通知书。

对冻结的被执行人存款需要解除冻结的，人民法院应当及时向金融机构传输电子解除冻结裁定书和协助解除冻结存款通知书。

第四条 人民法院向金融机构传输的法律文书，应当加盖电子印章。

作为协助执行人的金融机构完成查询、冻结等事项后，应当及时通过网络向人民法院回复加盖电子印章的查询、冻结等结果。

人民法院出具的电子法律文书、金融机构出具的电子查询、冻结等结果，与纸质法律文书及反馈结果具有同等效力。

第五条 人民法院通过网络查询、冻结、续冻、解冻被执行人存款，与执行人员赴金融机构营业场所查询、冻结、续冻、解冻被执行人存款具有同等效力。

第六条 金融机构认为人民法院通过网络执行查控系统采取的查控措施违反相关法律、行政法规规定的，应当向人民法院书面提出异议。人民法院应当在15日内审查完毕并书面回复。

第七条 人民法院应当依据法律、行政法规规定及相应操作规范使用网络执行查控系统和查控信息，确保信息安全。

人民法院办理执行案件过程中，不得泄露通过网络执行查控系统取得的查控信息，也不得用于执行案件以外的目的。

人民法院办理执行案件过程中，不得对被执行人以外的非执行义务主体采取网络查控措施。

第八条 人民法院工作人员违反第七条规定的，应当按照《人民法院工作人员处分条例》给予纪律处分；情节严重构成犯罪的，应当依法追究刑事责任。

第九条 人民法院具备相应网络扣划技术条件，并与金融机构协商一致的，可以通过网络执行查控系统采取扣划被执行人存款措施。

第十条 人民法院与工商行政管理、证券监管、土地房产管理等协助执行单位已建立网络执行查控机制，通过网络执行查控系统对被执行人股权、股票、证券账户资金、房地产等其他财产采取查控措施的，参照本规定执行。

《最高人民法院关于民事执行中查封、扣押、冻结财产有关期限问题的答复》（2006年7月11日施行　法函〔2006〕76号）

上海市高级人民法院：

你院《关于民事执行续行查封、扣押、冻结财产问题的请示》（沪高法〔2006〕12号）收悉。经研究，答复如下：

同意你院倾向性意见，即《最高人民法院关于人民法院民事执行中查封、扣押、冻结财产的规定》施行前采取的查封、扣押、冻结措施，除了当时法律、司法解释及有关通知对期限问题有专门规定的以外，没有期限限制。但人民法院应当对有关案件尽快处理。

《最高人民法院关于人民法院民事执行中查封、扣押、冻结财产的规定》（2020年修正）

第二条 人民法院可以查封、扣押、冻结被执行人占有的动产、登记在被执行人名下的不动产、特定动产及其他财产权。

未登记的建筑物和土地使用权，依据土地使用权的审批文件和其他相关证据确定权属。

对于第三人占有的动产或者登记在第三人名下的不动产、特定动产及其他财产权，第三人书面确认该财产属于被执行人的，人民法院可以查封、扣押、冻结。

第五条 人民法院对被执行人下列的财产不得查封、扣押、冻结：

（一）被执行人及其所扶养家属生活所必需的衣服、家具、炊具、餐具及其他家庭生活必需的物品；

（二）被执行人及其所扶养家属所必需的生活费用。当地有最低生活保障标准的，必需的生活费用依照该标准确定；

（三）被执行人及其所扶养家属完成义务教育所必需的物品；

（四）未公开的发明或者未发表的著作；

（五）被执行人及其所扶养家属用于身体缺陷所必需的辅助工具、医疗物品；

（六）被执行人所得的勋章及其他荣誉表彰的物品；

（七）根据《中华人民共和国缔结条约程序法》，以中华人民共和国、中华人民共和国政府或者中华人民共和国政府部门名义同外国、国际组织缔结的条约、协定和其他具有条约、协定性质的文件中规定免于查封、扣押、冻结的财产；

（八）法律或者司法解释规定的其他不得查封、扣押、冻结的财产。

第六条 对被执行人及其所扶养家属生活所必需的居住房屋，人民法院可以查封，但不得拍卖、变卖或者抵债。

第七条 对于超过被执行人及其所扶养家属生活所必需的房屋和生活用品，人民法院根据申请执行人的申请，在保障被执行人及其所扶养家属最低生活标准所必需的居住房屋和普通生活必需品后，可予以执行。

第八条 查封、扣押动产的，人民法院可以直接控制该项财产。人民法院将查封、扣押的动产交付其他人控制的，应当在该动产上加贴封条或者采取其他足以公示查封、扣押的适当方式。

第九条 查封不动产的，人民法院应当张贴封条或者公告，并可以提取保存有关财产权证照。

查封、扣押、冻结已登记的不动产、特定动产及其他财产权，应当通知有关登记机关办理登记手续。未办理登记手续的，不得对抗其他已经办理了登记手续的查封、扣押、冻结行为。

第十条 查封尚未进行权属登记的建筑物时，人民法院应当通知其管理人或者该建筑物的实际占有人，并在显著位置张贴公告。

第十一条 扣押尚未进行权属登记的机动车辆时，人民法院应当在扣押清单上记载该机动车辆的发动机编号。该车辆在扣押期间权利人要求办理权属登记手续的，人民法院应当准许并及时办理相应的扣押登记手续。

第十二条 查封、扣押的财产不宜由人民法院保管的，人民法院可以指定被执行人负责保管；不宜由被执行人保管的，可以委托第三人或者申请执行人保管。

由人民法院指定被执行人保管的财产，如果继续使用对该财产的价值无重大影响，可以允许被执行人继续使用；由人民法院保管或者委托第三人、申请执行人保管的，保管人不得使用。

第十三条 查封、扣押、冻结担保物权人占有的担保财产，一般应当指定该担保物权人作为保管人；该财产由人民法院保管的，质权、留置权不因转移占有而消灭。

第十四条 对被执行人与其他人共有的财产，人民法院可以查封、扣押、冻结，并及时通知共有人。

共有人协议分割共有财产，并经债权人认可的，人民法院可以认定有效。查封、扣押、冻结的效力及于协议分割后被执行人享有份额内的财产；对其他共有人享有份额内的财产的查封、扣押、冻结，人民法院应当裁定予以解除。

共有人提起析产诉讼或者申请执行人代位提起析产诉讼的，人民法院应当准许。诉讼期间中止对该财产的执行。

第十五条 对第三人为被执行人的利益占有的被执行人的财产，人民法院可以查封、扣押、冻结；该财产被指定给第三人继续保管的，第三人不得将其交付给被执行人。

对第三人为自己的利益依法占有的被执行人的财产，人民法院可以查封、扣押、冻结，第三人可以继续占有和使用该财产，但不得将其交付给被执行人。

第三人无偿借用被执行人的财产的，不受前款规定的限制。

第十六条 被执行人将其财产出卖给第三人，第三人已经支付部分价款并实际占有该财产，但根据合同约定被执行人保留所有权的，人民法院可以查封、扣押、冻结；第三人要求继续履行合同的，向人民法院交付全部余款后，裁定解除查封、扣押、冻结。

第十七条 被执行人将其所有的需要办理过户登记的财产出卖给第三人，第三人已经支付部分或者全部价款并实际占有该财产，但尚未办理产权过户登记手续的，人民法院可以查封、扣押、冻结；第三人已经支付全部价款并实际占有，但未办理过户登记手续的，如果第三人对此没有过错，人民法院不得查封、扣押、冻结。

第十八条 被执行人购买第三人的财产，已经支付部分价款并实际占有该财产，第三人依合同约定保留所有权的，人民法院可以查封、扣押、冻结。保留所有权已办理登记的，第三人的剩余价款从该财产变价款中优先支付；第三人主张取回该财产的，可以依据民事诉讼法第二百二十一条规定提出异议。

第三人依法解除合同的，人民法院应当准许，已经采取的查封、扣押、冻结措施应当解除，但人民法院可以依据申请执行人的申请，执行被执行人因支付价款而形成的对该第三人的债权。

第十九条 被执行人购买需要办理过户登记的第三人的财产，已经支付部分或者全部价款并实际占有该财产，虽未办理产权过户登记手续，但申请执行人已向第三人支付剩余价款或者第三人同意剩余价款从该财产变价款中优先支付的，人民法院可以查封、扣押、冻结。

第二十条 查封、扣押、冻结被执行人的财产时，执行人员应当制作笔录，载明下列内容：

（一）执行措施开始及完成的时间；

（二）财产的所在地、种类、数量；

（三）财产的保管人；

（四）其他应当记明的事项。

执行人员及保管人应当在笔录上签名，有民事诉讼法第二百四十五条规定的人员到场的，到场人员也应当在笔录上签名。

第二十一条 查封、扣押、冻结被执行人的财产，以其价额足以清偿法律文书确定的债权额及执行费用为限，不得明显超标的额查封、扣押、冻结。

发现超标的额查封、扣押、冻结的，人民法院应当根据被执行人的申请或者依职权，及时解除对超标的额部分财产的查封、扣押、冻结，但该财产为不可分物且被执行人无其他可供执行的财产或者其他财产不足以清偿债务的除外。

第二十二条 查封、扣押的效力及于查封、扣押物的从物和天然孳息。

第二十三条 查封地上建筑物的效力及于该地上建筑物使用范围内的土地使用权，查封土地使用权的效力及于地上建筑物，但土地使用权与地上建筑物的所有权分属被执行人与他人的除外。

地上建筑物和土地使用权的登记机关不是同一机关的，应当分别办理查封登记。

第二十四条 查封、扣押、冻结的财产灭失或者毁损的，查封、扣押、冻结的效力及于该财产的替代物、赔偿款。人民法院应当及时作出查封、扣押、冻结该替代物、赔偿款的裁定。

第二十五条 查封、扣押、冻结协助执行通知书在送达登记机关时，登记机关已经受理被执行人转让不动产、特定动产及其他财产的过户登记申请，尚未完成登记的，应当协助人民法院执行。人民法院不得对登记机关已经完成登记的被执行人已转让的财产实施查封、扣押、冻结措施。

查封、扣押、冻结协助执行通知书在送达登记机关时，其他人民法院已向该登记机关送达了过户登记协助执行通知书的，应当优先办理过户登记。

第二十六条 被执行人就已经查封、扣押、冻结的财产所作的移转、设定权利负担或者其他有碍执行的行为，不得对抗申请执行人。

第三人未经人民法院准许占有查封、扣押、冻结的财产或者实施其他有碍执行的行为的，人民法院可以依据申请执行人的申请或者依职权解除其占有或者排除其妨害。

人民法院的查封、扣押、冻结没有公示的，其效力不得对抗善意第三人。

第二十七条 人民法院查封、扣押被执行人设定最高额抵押权的抵押物的，应当通知抵押权人。抵押权人受抵押担保的债权数额自收到人民法院通知时起不再增加。

人民法院虽然没有通知抵押权人，但有证据证明抵押权人知道查封、扣押事实的，受抵押担保的债权数额从其知道或者应当知道该事实时起不再增加。

第二十八条 对已被人民法院查封、扣押、冻结的财产，其他人民法院可以进行轮候查封、扣押、冻结。查封、扣押、冻结解除的，登记在先的轮候查封、扣押、冻结即自动生效。

其他人民法院对已登记的财产进行轮候查封、扣押、冻结的，应当通知有关登记机关协助进行轮候登记，实施查封、扣押、冻结的人民法院应当允许其他人民法院查阅有关文书和记录。

其他人民法院对没有登记的财产进行轮候查封、扣押、冻结的，应当制作笔录，并经实施查封、扣押、冻结的人民法院执行人员及被执行人签字，或者书面通知实施查封、扣押、冻结的人民法院。

第三十条 查封、扣押、冻结期限届满，人民法院未办理延期手续的，查封、扣押、冻结的效力消灭。

查封、扣押、冻结的财产已经被执行拍卖、变卖或者抵债的，查封、扣押、冻结的效力消灭。

第三十一条 有下列情形之一的，人民法院应当作出解除查封、扣押、冻结裁定，并送达申请执行人、被执行人或者案外人：

（一）查封、扣押、冻结案外人财产的；

（二）申请执行人撤回执行申请或者放弃债权的；

（三）查封、扣押、冻结的财产流拍或者变卖不成，申请执行人和其他执行债权人又不同意接受抵债的，且对该财产又无法采取其他执行措施的；

（四）债务已经清偿的；

（五）被执行人提供担保且申请执行人同意解除查封、扣押、冻结的；

（六）人民法院认为应当解除查封、扣押、冻结的其他情形。

解除以登记方式实施的查封、扣押、冻结的，应当向登记机关发出协助执行通知书。

第三十二条 财产保全裁定和先予执行裁定的执行适用本规定。

第三十三条 本规定自2005年1月1日起施行。施行前本院公布的司法解释与本规定不一致的，以本规定为准。

《最高人民法院关于人民法院执行工作若干问题的规定（试行）》（2020年修正）

40. 人民法院对被执行人所有的其他人享有抵押权、质押权或留置权的财产，可以采取查封、扣押措施。财产拍卖、变卖后所得价款，应当在抵押权人、质押权人或留置权人优先受偿后，其余额部分用于清偿申请执行人的债权。

44. 被执行人或其他人擅自处分已被查封、扣押、冻结财产的，人民法院有权责令责任人限期追回财产或承担相应的赔偿责任。

48. 被执行人申请对人民法院查封的财产自行变卖的，人民法院可以准许，但应当监督其按照合理价格在指定的期限内进行，并控制变卖的价款。

49. 拍卖、变卖被执行人的财产成交后，必须即时钱物两清。

委托拍卖、组织变卖被执行人财产所发生的实际费用，从所得价款中优先扣除。所得价款超出执行标的数额和执行费用的部分，应当退还被执行人。

50. 被执行人不履行生效法律文书确定的义务，人民法院有权裁定禁止被执行人转让其专利权、注册商标专用权、著作权（财产权部分）等知识产权。上述权利有登记主管部门的，应当同时向有关部门发出协助执行通知书，要求其不得办理财产权转移手续，必要时可以责令被执行人将产权或使用权证照交人民法院保存。

对前款财产权，可以采取拍卖、变卖等执行措施。

51. 对被执行人从有关企业中应得的已到期的股息或红利等收益，人民法院有权裁定禁止被执行人提取和有关企业向被执行人支付，并要求有关企业直接向申请执行人支付。

对被执行人预期从有关企业中应得的股息或红利等收益，人民法院可以采取冻结措施，禁止到期后被执行人提取和有关企业向被执行人支付。到期后人民法院可从有关企业中提取，并出具提取收据。

52. 对被执行人在其他股份有限公司中持有的股份凭证（股票），人民法院可以扣押，并强制被执行人按照公司法的有关规定转让，也可以直接采取拍卖、变卖的方式进行处分，或直接将股票抵偿给债权人，用于清偿被执行人的债务。

53. 对被执行人在有限责任公司、其他法人企业中的投资权益或股权，人民法院可以采取冻结措施。

冻结投资权益或股权的，应当通知有关企业不得办理被冻结投资权益或股权的转移手续，不得向被执行人支付股息或红利。被冻结的投资权益或股权，被执行人不得自行转让。

54. 被执行人在其独资开办的法人企业中拥有的投资权益被冻结后，人民法院可以直接裁定予以转让，以转让所得清偿其对申请执行人的债务。

对被执行人在有限责任公司中被冻结的投资权益或股权，人民法院可以依据《中华人民共和国公司法》第七十一条、第七十二条、第七十三条的规定，征得全体股东过半数同意后，予以拍卖、变卖或以其他方式转让。不同意转让的股东，应当购买该转让的投资权益或股权，不购买的，视为同意转让，不影响执行。

人民法院也可允许并监督被执行人自行转让其投资权益或股权，将转让所得收益用于清偿对申请执行人的债务。

【重点提示】

在刑事裁判涉财产部分的执行过程中，当事人、利害关系人认为执行行为违反法律规定，或者案外人对执行标的主张足以阻止执行的实体权利，向执行法院提出书面异议的，执行法院应当依照民事诉讼法第二百三十二条规定的执行行为的异议进行审查。

第五节　执行主体变更、追加的一般规定

执行主体的变更，在我国民事诉讼法及相关司法解释中，具有两层含义：一是执行主体的变更，二是执行主体的追加。而在相关的民事诉讼法理论中，对这两层含义并未能严格加以区分。按当事人在执行中的地位划分，执行主体变更分为权利人的变更和义务人的变更。

【工作内容】

一、执行主体变更的法定事由

申请执行人死亡或被宣告死亡、被宣告失踪；申请执行人离婚，生效法律文书确定的权利全部或部分分割给其配偶；作为申请执行人的法人或非法人组织终止、分立、被撤销；作为申请执行人的法人或非法人组织清算或破产时，生效法律文书确定的权利依法分配给第三人的债权转让。

二、审查处理

（1）申请人申请变更、追加执行当事人，应当向执行法院提交书面申请及相关证据材料。（2）申请执行人申请追加、变更被执行人的，人民法院应当按照执行异议案件予以立案。（3）通知被申请追加的被执行人，听取被追加人的陈述意见。（4）除事实清楚、权利义务关系明确、争议不大的案件外，应当组成合议庭审查并公开听证。（听证程序内容参照本章第一节）（5）对申请人提供的证据材料，必要时法院应当进行调查核实。（6）执行法院应当自收到书面申请之日起六十日内作出裁定。有特殊情况需要延长的，由本院院长批准。（7）理由成立的，裁定变更、追加；理由不成立的，裁定驳回。

三、救济途径

被申请人、申请人或其他执行当事人对执行法院作出的变更、追加裁定或驳回申请裁定不服的，可以自裁定书送达之日起十日内向上一级人民法院

申请复议。

有下列情形的向执行法院提起执行异议之诉：(1) 作为被执行人的有限合伙企业，财产不足以清偿生效法律文书确定的债务，申请执行人申请变更、追加未按期足额缴纳出资的有限合伙人为被执行人，在未足额缴纳出资的范围内承担责任的。(2) 作为被执行人的营利法人，财产不足以清偿生效法律文书确定的债务，申请执行人申请变更、追加未缴纳或未足额缴纳出资的股东、出资人或依公司法规定对该出资承担连带责任的发起人为被执行人，在尚未缴纳出资的范围内依法承担责任的。(3) 作为被执行人的营利法人，财产不足以清偿生效法律文书确定的债务，申请执行人申请变更、追加抽逃出资的股东、出资人为被执行人，在抽逃出资的范围内承担责任的。(4) 作为被执行人的公司，财产不足以清偿生效法律文书确定的债务，其股东未依法履行出资义务即转让股权，申请执行人申请变更、追加该原股东或依公司法规定对该出资承担连带责任的发起人为被执行人，在未依法出资的范围内承担责任的。(5) 作为被执行人的一人有限责任公司，财产不足以清偿生效法律文书确定的债务，股东不能证明公司财产独立于自己的财产，申请执行人申请变更、追加该股东为被执行人，对公司债务承担连带责任的。(6) 作为被执行人的公司，未经清算即办理注销登记，导致公司无法进行清算，申请执行人申请变更、追加有限责任公司的股东、股份有限公司的董事和控股股东为被执行人，对公司债务承担连带清偿责任的。

四、审查期间的执行

执行法院审查变更、追加被执行人申请期间，申请人申请对被申请人的财产采取查封、扣押、冻结措施的，执行法院应当依法参照民事诉讼法第一百零四条的规定，办理诉讼财产保全。

申请执行人在申请变更、追加第三人前，向执行法院申请查封、扣押、冻结该第三人财产的，执行法院应当参照民事诉讼法第一百零五条的规定，办理诉前财产保全。

被裁定变更、追加的被申请人申请复议的，复议期间，人民法院不得对其争议范围内的财产进行处分。申请人请求人民法院继续执行并提供相应担保的，人民法院可以准许。

执行异议之诉的诉讼期间，人民法院不得对被申请人争议范围内的财产进行处分。申请人请求人民法院继续执行并提供相应担保的，人民法院可以准许。

【常用法律、司法解释及相关规定】

《最高人民法院关于人民法院立案、审判与执行工作协调运行的意见》（2018年5月28日施行　法发〔2018〕9号）

第九条　下列案件，人民法院应当按照执行异议案件予以立案：

（一）当事人、利害关系人认为人民法院的执行行为违反法律规定，提出书面异议的；

（二）执行过程中，案外人对执行标的提出书面异议的；

（三）人民法院受理执行申请后，当事人对管辖权提出异议的；

（四）申请执行人申请追加、变更被执行人的；

（五）被执行人以债权消灭、超过申请执行期间或者其他阻止执行的实体事由提出阻止执行的；

（六）被执行人对仲裁裁决或者公证机关赋予强制执行效力的公证债权文书申请不予执行的；

（七）其他依法可以申请执行异议的。

《中华人民共和国民事诉讼法》（2021年修正）

第二百三十九条　作为被执行人的公民死亡的，以其遗产偿还债务。作为被执行人的法人或者其他组织终止的，由其权利义务承受人履行义务。

《最高人民法院关于在执行工作中规范执行行为切实保护各方当事人财产权益的通知》（2016年11月22日　法〔2016〕401号）

第二条第三款　在执行程序中直接变更、追加被执行人的，应严格限定于法律、司法解释明确规定的情形，各级人民法院应严格依照即将实施的《最高人民法院关于民事执行中变更、追加当事人若干问题的规定》，避免随意扩大变更追加范围。

《最高人民法院关于民事执行中变更、追加当事人若干问题的规定》（2020年修正）

第一条　执行过程中，申请执行人或其继承人、权利承受人可以向人民法院申请变更、追加当事人。申请符合法定条件的，人民法院应予支持。

第二条 作为申请执行人的自然人死亡或被宣告死亡，该自然人的遗产管理人、继承人、受遗赠人或其他因该自然人死亡或被宣告死亡依法承受生效法律文书确定权利的主体，申请变更、追加其为申请执行人的，人民法院应予支持。

作为申请执行人的自然人被宣告失踪，该自然人的财产代管人申请变更、追加其为申请执行人的，人民法院应予支持。

第三条 作为申请执行人的自然人离婚时，生效法律文书确定的权利全部或部分分割给其配偶，该配偶申请变更、追加其为申请执行人的，人民法院应予支持。

第四条 作为申请执行人的法人或非法人组织终止，因该法人或非法人组织终止依法承受生效法律文书确定权利的主体，申请变更、追加其为申请执行人的，人民法院应予支持。

第五条 作为申请执行人的法人或非法人组织因合并而终止，合并后存续或新设的法人、非法人组织申请变更其为申请执行人的，人民法院应予支持。

第六条 作为申请执行人的法人或非法人组织分立，依分立协议约定承受生效法律文书确定权利的新设法人或非法人组织，申请变更、追加其为申请执行人的，人民法院应予支持。

第七条 作为申请执行人的法人或非法人组织清算或破产时，生效法律文书确定的权利依法分配给第三人，该第三人申请变更、追加其为申请执行人的，人民法院应予支持。

第八条 作为申请执行人的机关法人被撤销，继续履行其职能的主体申请变更、追加其为申请执行人的，人民法院应予支持，但生效法律文书确定的权利依法应由其他主体承受的除外；没有继续履行其职能的主体，且生效法律文书确定权利的承受主体不明确，作出撤销决定的主体申请变更、追加其为申请执行人的，人民法院应予支持。

第九条 申请执行人将生效法律文书确定的债权依法转让给第三人，且书面认可第三人取得该债权，该第三人申请变更、追加其为申请执行人的，人民法院应予支持。

第十条 作为被执行人的自然人死亡或被宣告死亡,申请执行人申请变更、追加该自然人的遗产管理人、继承人、受遗赠人或其他因该自然人死亡或被宣告死亡取得遗产的主体为被执行人,在遗产范围内承担责任的,人民法院应予支持。

作为被执行人的自然人被宣告失踪,申请执行人申请变更该自然人的财产代管人为被执行人,在代管的财产范围内承担责任的,人民法院应予支持。

第十一条 作为被执行人的法人或非法人组织因合并而终止,申请执行人申请变更合并后存续或新设的法人、非法人组织为被执行人的,人民法院应予支持。

第十二条 作为被执行人的法人或非法人组织分立,申请执行人申请变更、追加分立后新设的法人或非法人组织为被执行人,对生效法律文书确定的债务承担连带责任的,人民法院应予支持。但被执行人在分立前与申请执行人就债务清偿达成的书面协议另有约定的除外。

第十三条 作为被执行人的个人独资企业,不能清偿生效法律文书确定的债务,申请执行人申请变更、追加其出资人为被执行人的,人民法院应予支持。个人独资企业出资人作为被执行人的,人民法院可以直接执行该个人独资企业的财产。

个体工商户的字号为被执行人的,人民法院可以直接执行该字号经营者的财产。

第十四条 作为被执行人的合伙企业,不能清偿生效法律文书确定的债务,申请执行人申请变更、追加普通合伙人为被执行人的,人民法院应予支持。

作为被执行人的有限合伙企业,财产不足以清偿生效法律文书确定的债务,申请执行人申请变更、追加未按期足额缴纳出资的有限合伙人为被执行人,在未足额缴纳出资的范围内承担责任的,人民法院应予支持。

第十五条 作为被执行人的法人分支机构,不能清偿生效法律文书确定的债务,申请执行人申请变更、追加该法人为被执行人的,人民法院应予支持。法人直接管理的责任财产仍不能清偿债务的,人民法院可以直接执行该法人其他分支机构的财产。

作为被执行人的法人,直接管理的责任财产不能清偿生效法律文书确定债务的，人民法院可以直接执行该法人分支机构的财产。

第十六条 个人独资企业、合伙企业、法人分支机构以外的非法人组织作为被执行人，不能清偿生效法律文书确定的债务，申请执行人申请变更、追加依法对该非法人组织的债务承担责任的主体为被执行人的，人民法院应予支持。

第十七条 作为被执行人的营利法人，财产不足以清偿生效法律文书确定的债务，申请执行人申请变更、追加未缴纳或未足额缴纳出资的股东、出资人或依公司法规定对该出资承担连带责任的发起人为被执行人，在尚未缴纳出资的范围内依法承担责任的，人民法院应予支持。

第十八条 作为被执行人的营利法人，财产不足以清偿生效法律文书确定的债务，申请执行人申请变更、追加抽逃出资的股东、出资人为被执行人，在抽逃出资的范围内承担责任的，人民法院应予支持。

第十九条 作为被执行人的公司，财产不足以清偿生效法律文书确定的债务，其股东未依法履行出资义务即转让股权，申请执行人申请变更、追加该原股东或依公司法规定对该出资承担连带责任的发起人为被执行人，在未依法出资的范围内承担责任的，人民法院应予支持。

第二十条 作为被执行人的一人有限责任公司，财产不足以清偿生效法律文书确定的债务，股东不能证明公司财产独立于自己的财产，申请执行人申请变更、追加该股东为被执行人，对公司债务承担连带责任的，人民法院应予支持。

第二十一条 作为被执行人的公司，未经清算即办理注销登记，导致公司无法进行清算，申请执行人申请变更、追加有限责任公司的股东、股份有限公司的董事和控股股东为被执行人，对公司债务承担连带清偿责任的，人民法院应予支持。

第二十二条 作为被执行人的法人或非法人组织，被注销或出现被吊销营业执照、被撤销、被责令关闭、歇业等解散事由后，其股东、出资人或主管部门无偿接受其财产，致使该被执行人无遗留财产或遗留财产不足以清偿债务，申请执行人申请变更、追加该股东、出资人或主管部门为被执行人，在接受的财产范围内承担责任的，人民法院应予支持。

第二十三条 作为被执行人的法人或非法人组织，未经依法清算即办理注销登记，在登记机关办理注销登记时，第三人书面承诺对被执行人的债务承担清偿责任，申请执行人申请变更、追加该第三人为被执行人，在承诺范围内承担清偿责任的，人民法院应予支持。

第二十四条 执行过程中，第三人向执行法院书面承诺自愿代被执行人履行生效法律文书确定的债务，申请执行人申请变更、追加该第三人为被执行人，在承诺范围内承担责任的，人民法院应予支持。

第二十五条 作为被执行人的法人或非法人组织，财产依行政命令被无偿调拨、划转给第三人，致使该被执行人财产不足以清偿生效法律文书确定的债务，申请执行人申请变更、追加该第三人为被执行人，在接受的财产范围内承担责任的，人民法院应予支持。

第二十六条 被申请人在应承担责任范围内已承担相应责任的，人民法院不得责令其重复承担责任。

第二十七条 执行当事人的姓名或名称发生变更的，人民法院可以直接将姓名或名称变更后的主体作为执行当事人，并在法律文书中注明变更前的姓名或名称。

第二十八条 申请人申请变更、追加执行当事人，应当向执行法院提交书面申请及相关证据材料。

除事实清楚、权利义务关系明确、争议不大的案件外，执行法院应当组成合议庭审查并公开听证。经审查，理由成立的，裁定变更、追加；理由不成立的，裁定驳回。

执行法院应当自收到书面申请之日起六十日内作出裁定。有特殊情况需要延长的，由本院院长批准。

第二十九条 执行法院审查变更、追加被执行人申请期间，申请人申请对被申请人的财产采取查封、扣押、冻结措施的，执行法院应当参照民事诉讼法第一百条的规定办理。

申请执行人在申请变更、追加第三人前，向执行法院申请查封、扣押、冻结该第三人财产的，执行法院应当参照民事诉讼法第一百零一条的规定办理。

第三十条 被申请人、申请人或其他执行当事人对执行法院作出的变更、追加裁定或驳回申请裁定不服的，可以自裁定书送达之日起十日内向上一级人民法院申请复议，但依据本规定第三十二条的规定应当提起诉讼的除外。

第三十一条 上一级人民法院对复议申请应当组成合议庭审查，并自收到申请之日起六十日内作出复议裁定。有特殊情况需要延长的，由本院院长批准。

被裁定变更、追加的被申请人申请复议的，复议期间，人民法院不得对其争议范围内的财产进行处分。申请人请求人民法院继续执行并提供相应担保的，人民法院可以准许。

第三十二条 被申请人或申请人对执行法院依据本规定第十四条第二款、第十七条至第二十一条规定作出的变更、追加裁定或驳回申请裁定不服的，可以自裁定书送达之日起十五日内，向执行法院提起执行异议之诉。

被申请人提起执行异议之诉的，以申请人为被告。申请人提起执行异议之诉的，以被申请人为被告。

第三十三条 被申请人提起的执行异议之诉，人民法院经审理，按照下列情形分别处理：

（一）理由成立的，判决不得变更、追加被申请人为被执行人或者判决变更责任范围；

（二）理由不成立的，判决驳回诉讼请求。

诉讼期间，人民法院不得对被申请人争议范围内的财产进行处分。申请人请求人民法院继续执行并提供相应担保的，人民法院可以准许。

第三十四条 申请人提起的执行异议之诉，人民法院经审理，按照下列情形分别处理：

（一）理由成立的，判决变更、追加被申请人为被执行人并承担相应责任或者判决变更责任范围；

（二）理由不成立的，判决驳回诉讼请求。

《最高人民法院关于人民法院执行公开的若干规定》（2007年1月1日施行　法发〔2006〕35号）

第十二条 人民法院对案外人异议、不予执行的申请以及变更追加被执行主体等重大执行事项，一般应当公开听证进行审查；案情简单、事实清楚、没有必要听证的，人民法院可以直接审查。审查结果应当依法制作裁定书送达各方当事人。

【重点提示】

追加执行主体必须依法进行，不得自行设定和推断，随意损害第三人的合法权益。

执行当事人的姓名或名称发生变更，人民法院可以直接将姓名或名称变更后的主体作为执行当事人，并在法律文书中注明变更前的姓名或名称。

第六节　申请执行人的变更、追加

【工作内容】

执行过程中，申请执行人或其继承人、权利承受人可以向人民法院申请变更、追加当事人，申请符合法定条件的，人民法院予以支持。

一、申请执行人死亡、被宣告死亡、被宣告失踪的变更、追加

作为申请执行人的自然人死亡或被宣告死亡，该自然人的遗产管理人、受遗赠人、继承人或其他因该自然人死亡或被宣告死亡依法承受生效法律文书确定权利的主体，申请变更、追加其为申请执行人，人民法院予以支持。作为申请执行人的自然人被宣告失踪，该自然人的财产代管人，申请变更、追加其为申请执行人，人民法院予以支持。

二、作为申请执行人的自然人离婚的变更、追加

作为申请执行人的自然人离婚时，生效法律文书确定的权利全部或部分分割给其配偶，该配偶申请变更、追加其为申请执行人，人民法院予以支持。

三、申请执行人终止的变更、追加

作为申请执行人的法人或非法人组织终止，依法承受生效法律文书确定权利的主体申请变更、追加其为申请执行人，人民法院予以支持。

四、申请执行人合并时的变更、追加

作为申请执行人的法人或非法人组织因合并而终止，合并后存续或新设的法人、非法人组织申请变更、追加其为申请执行人，人民法院予以支持。

五、申请执行人分立时的变更、追加

作为申请执行人的法人或非法人组织分立，依分立协议约定承受生效法律文书确定权利的新设法人或非法人组织申请变更、追加其为申请执行人，人民法院予以支持。

六、申请执行人清算或破产时的变更、追加

作为申请执行人的法人或非法人组织清算或破产时，生效法律文书确定的权利依法分配给第三人，该第三人申请变更、追加其为申请执行人，人民法院予以支持。

七、申请执行人被撤销时的变更、追加

作为申请执行人的机关法人被撤销，继续履行其职能的主体申请变更、追加其为申请执行人的，人民法院应予支持，但生效法律文书确定的权利依法应由其他主体承受的除外；没有继续履行其职能的主体，且生效法律文书确定权利的承受主体不明确，作出撤销决定的主体申请变更、追加其为申请执行人的，人民法院应予支持。

八、债权依法转让时的变更、追加

申请执行人将生效法律文书确定的债权依法转让给第三人，且书面认可第三人取得该债权，该第三人申请变更、追加其为申请执行人的，人民法院应予支持。

【常用法律、司法解释及相关规定】

《最高人民法院关于民事执行中变更、追加当事人若干问题的规定》
(2020年修正)

第一条 执行过程中，申请执行人或其继承人、权利承受人可以向人民法院申请变更、追加当事人。申请符合法定条件的，人民法院应予支持。

第二条 作为申请执行人的自然人死亡或被宣告死亡，该自然人的遗产管理人、继承人、受遗赠人或其他因该自然人死亡或被宣告死亡依法承受生效法律文书确定权利的主体，申请变更、追加其为申请执行人的，人民法院应予支持。

作为申请执行人的自然人被宣告失踪，该自然人的财产代管人申请变更、追加其为申请执行人的，人民法院应予支持。

第三条 作为申请执行人的自然人离婚时，生效法律文书确定的权利全部或部分分割给其配偶，该配偶申请变更、追加其为申请执行人的，人民法院应予支持。

第四条 作为申请执行人的法人或非法人组织终止，因该法人或非法人组织终止依法承受生效法律文书确定权利的主体，申请变更、追加其为申请执行人的，人民法院应予支持。

第五条 作为申请执行人的法人或非法人组织因合并而终止，合并后存续或新设的法人、非法人组织申请变更其为申请执行人的，人民法院应予支持。

第六条 作为申请执行人的法人或非法人组织分立，依分立协议约定承受生效法律文书确定权利的新设法人或非法人组织，申请变更、追加其为申请执行人的，人民法院应予支持。

第七条 作为申请执行人的法人或非法人组织清算或破产时，生效法律文书确定的权利依法分配给第三人，该第三人申请变更、追加其为申请执行人的，人民法院应予支持。

第八条 作为申请执行人的机关法人被撤销，继续履行其职能的主体申请变更、追加其为申请执行人的，人民法院应予支持，但生效法律文书确定的权利依法应由其他主体承受的除外；没有继续履行其职能的主体，且生效法律文书确定权利的承受主体不明确，作出撤销决定的主体申请变更、追加其为申请执行人的，人民法院应予支持。

第九条　申请执行人将生效法律文书确定的债权依法转让给第三人，且书面认可第三人取得该债权，该第三人申请变更、追加其为申请执行人的，人民法院应予支持。

《中华人民共和国民法典》（2021年1月1日施行）

第五百四十六条　债权人转让债权，未通知债务人的，该转让对债务人不发生效力。

债权转让的通知不得撤销，但是经受让人同意的除外。

《最高人民法院关于依法制裁规避执行行为的若干意见》（2011年5月27日　法〔2011〕195号）

第二十条　依法变更追加被执行主体或者告知申请执行人另行起诉。有充分证据证明被执行人通过离婚析产、不依法清算、改制重组、关联交易、财产混同等方式恶意转移财产规避执行的，执行法院可以通过依法变更追加被执行人或者告知申请执行人通过诉讼程序追回被转移的财产。

《最高人民法院关于审理涉及金融资产管理公司收购、管理、处置国有银行不良贷款形成的资产的案件适用法律若干问题的规定》（2001年4月23日施行　法释〔2001〕12号）

第二条　金融资产管理公司受让国有银行债权后，人民法院对于债权转让前原债权银行已经提起诉讼尚未审结的案件，可以根据原债权银行或者金融资产管理公司的申请将诉讼主体变更为受让债权的金融资产管理公司。

第六条　金融资产管理公司受让国有银行债权后，原债权银行在全国或者省级有影响的报纸上发布债权转让公告或通知的，人民法院可以认定债权人履行了《中华人民共和国合同法》第八十条第一款规定的通知义务。

在案件审理中，债务人以原债权银行转让债权未履行通知义务为由进行抗辩，人民法院可以将原债权银行传唤到庭调查债权转让事实，并责令原债权银行告知债务人债权转让的事实。

《最高人民法院关于金融资产管理公司收购、处置银行不良资产有关问题的补充通知》（2005年5月30日施行　法〔2005〕62号）

一、国有商业银行（包括国有控股银行）向金融资产管理公司转让不良贷款，或者金融资产管理公司受让不良贷款后，通过债权转让方式处置不良资产的，可以适用本院发布的上述规定。

二、国有商业银行（包括国有控股银行）向金融资产管理公司转让不良贷款，或者金融资产管理公司收购、处置不良贷款的，担保债权同时转让，无须征得担保人的同意，担保人仍应在原担保范围内对受让人继续承担担保责任。担保合同中关于合同变更需经担保人同意的约定，对债权人转让债权没有约束力。

三、金融资产管理公司转让、处置已经涉及诉讼、执行或者破产等程序的不良债权时，人民法院应当根据债权转让协议和转让人或者受让人的申请，裁定变更诉讼或者执行主体。

《最高人民法院执行工作办公室关于权利人被吊销营业执照后，诉讼主体资格和申请执行主体资格有关问题的答复》（2004年4月8日施行 〔2003〕执他字第16号）

天津市高级人民法院：

你院《关于迈柯恒公司和旭帝公司与南开建行存款纠纷两案有关执行问题的请示》收悉。经研究，答复如下：

一、关于天津开发区迈柯恒工贸有限公司（以下简称迈柯恒公司）和天津市旭帝商贸有限公司（以下简称旭帝公司）主体资格问题，我院认为，迈柯恒公司和旭帝公司提交给二审法院和一审法院的企业法人营业执照及法定代表人身份证明书在企业名称、地址、法定代表人、企业类型、注册资金上均是一致的，其在二审诉讼期间未作其他说明。并且在二审诉讼期间，上诉人中国建设银行天津市南开支行对迈柯恒公司和旭帝公司的主体资格问题也未提出异议。故我院〔2001〕民二终字第126号和〔2001〕民二终字第127号判决书确认的诉讼主体与参加一审诉讼的主体是一致的。

二、关于迈柯恒公司作为权利人被吊销营业执照后，最高人民法院仍以原名称作出判决的问题，我院认为，企业被吊销营业执照，在未经依法清算并办理注销登记前其法人资格并不当然终止，仍可以自己的名义参加诉讼。故我院二审仍以迈柯恒公司的名称作出判决并无不可。

三、关于迈柯恒公司是否具备申请执行人资格的问题，我院认为，被吊销营业执照的迈柯恒公司在审判程序中是诉讼主体，也可以作为执行程序中的申请人。如果该公司成立了清算组（包括公司股东组成的清算组），由清算组代表迈柯恒公司申请执行。

《最高人民法院关于判决确定的金融不良债权多次转让，人民法院能否裁定变更申请执行主体请示的答复》（2009年6月16日施行 〔2009〕执他字第1号）

湖北省高级人民法院：

你院鄂高法〔2009〕21号请示收悉。经研究，答复如下：

《最高人民法院关于人民法院执行若干问题的规定（试行）》，已经对申请执行人的资格以明确。其中第18条第一款规定"人民法院受理执行案件应当符合下列条件：……（2）申请执行人是生效法律文书确定的权利人或继承人、权利承受人。"该条中的"权利承受人"，包含通过债权转让的方式承受债权的人。依法从金融资产管理公司受让债权的受让人将债权再行转让给其他普通受让人的，执行法院可以依据上述规定，依债权转让协议以及受让人或者转让人的申请，裁定变更申请执行主体。

《最高人民法院关于审理涉及金融不良债权转让案件工作座谈会纪要的通知》（2009年9月25日施行 法发〔2009〕19号）

三、关于债权转让生效条件的法律适用和自行约定的效力会议认为，不良债权成立在合同法施行之前，转让于合同法施行之后的，该债权转让对债务人生效的条件应适用合同法第八十条第一款的规定。金融资产管理公司受让不良债权后，自行与债务人约定或重新约定诉讼管辖的，如不违反法律规定，人民法院应当认定该约定有效。金融资产管理公司在不良债权转让合同中订有禁止转售、禁止向国有银行、各级人民政府、国家机构等追偿、禁止转让给特定第三人等要求受让人放弃部分权利条款的，人民法院应认定该条款有效。国有银行向金融资产管理公司转让不良债权，或者金融资产管理公司收购、处置不良债权的，担保债权同时转让，无须征得担保人的同意，担保人仍应在原担保范围内对受让人继续承担担保责任。担保合同中关于合同变更需经担保人同意或者禁止转让主债权的约定，对主债权和担保权利转让没有约束力。

十、关于诉讼或执行主体的变更会议认为，金融资产管理公司转让已经涉及诉讼、执行或者破产等程序的不良债权的，人民法院应当根据债权转让合同以及受让人或者转让人的申请，裁定变更诉讼主体或者执行主体。在不良债权转让合同被认定无效后,金融资产管理公司请求变更受让人为金融资产管理公司以通过诉讼继续追索国有企业债务人的,人民法院应予支持。人民法院裁判金融不良债权转让合同无效后当事人履行相互返还义务时,应从不良债权最终受让人开始逐一与前手相互返还,直至完成第一受让人与金融资产管理公司的相互返还。后手受让人直接对金融资产管理公司主张不良债权转让合同无效并请求赔偿的,人民法院不予支持。

《最高人民法院关于贯彻执行最高人民法院"十二条"司法解释有关问题的函的答复》(2002年1月7日施行 法函〔2002〕3号)

信达、华融、长城、东方资产管理公司:

你们于2001年10月15日发出的"信总报64号"关于贯彻执行最高人民法院"十二条"司法解释有关问题的函收悉。经研究,现就函中所提出问题答复如下:

依据我院《关于审理涉及金融资产管理公司收购、管理、处置国有银行不良贷款形成的资产的案件适用法律若干问题的规定》(以下简称《规定》)第十条规定,为了最大限度地保全国有资产,金融资产管理公司在全国或省级有影响的报纸上发布的有催收内容的债权转让公告或通知所构成的诉讼时效中断,可以溯及至金融资产管理公司受让原债权银行债权之日;金融资产管理公司对已承接的债权,可以在上述报纸上以发布催收公告的方式取得诉讼时效中断(主张权利)的证据。关于涉及资产管理公司清收不良资产的诉讼案件,其"管辖问题"应按《规定》执行。

第七节 被执行人的变更、追加

【工作内容】

一、被执行人死亡、被宣告死亡、被宣告失踪时的变更、追加

作为被执行人的自然人死亡或被宣告死亡,申请执行人申请变更、追加该自然人的遗产管理人、受遗赠人、继承人或其他因该自然人死亡或被宣告

死亡取得遗产的主体为被执行人，在继承遗产范围内承担责任的，人民法院予以支持。继承人放弃继承或受遗赠人放弃受遗赠、又无遗产管理人的，人民法院可以直接执行遗产。

作为被执行人的自然人被宣告失踪，申请执行人申请变更该自然人的财产代管人为被执行人，在代管的财产范围内承担责任的，人民法院应予支持。

二、被执行人合并、分立时的变更、追加

作为被执行人的法人或非法人组织因合并而终止，申请执行人申请变更合并后存续或新设的法人、非法人组织为被执行人的，人民法院应予支持。

作为被执行人的法人或非法人组织分立，申请执行人申请变更、追加分立后新设的法人或非法人组织为被执行人，对生效法律文书确定的债务承担连带责任的，人民法院应予支持。但被执行人在分立前与申请执行人就债务清偿达成的书面协议，另有约定的除外。

三、个人独资企业及其出资人、个体工商户的变更、追加

作为被执行人的个人独资企业，不能清偿生效法律文书确定的债务，申请执行人申请变更、追加其出资人为被执行人的，人民法院应予支持。个人独资企业出资人作为被执行人的，人民法院可以直接执行该个人独资企业的财产。

个体工商户的字号为被执行人的，人民法院可以直接执行该字号经营者的财产。

四、合伙企业的变更、追加

作为被执行人的合伙企业，不能清偿生效法律文书确定的债务，申请执行人申请变更、追加普通合伙人为被执行人的，人民法院应予支持。

作为被执行人的有限合伙企业，财产不足以清偿生效法律文书确定的债务，申请执行人申请变更、追加未按期足额缴纳出资的有限合伙人为被执行人，在未足额缴纳出资的范围内承担责任的，人民法院应予支持。

五、股东出资不足、抽逃资金的变更、追加

作为被执行人的营利法人，财产不足以清偿生效法律文书确定的债务，

申请执行人申请变更、追加未缴纳或未足额缴纳出资的股东、出资人或依公司法规定对该出资承担连带责任的发起人为被执行人,在尚未缴纳出资的范围内依法承担责任的,人民法院应予支持。

作为被执行人的营利法人,财产不足以清偿生效法律文书确定的债务,申请执行人申请变更、追加抽逃出资的股东、出资人为被执行人,在抽逃出资的范围内承担责任的,人民法院应予支持。

六、瑕疵股权转让的变更、追加

作为被执行人的公司,财产不足以清偿生效法律文书确定的债务,其股东未依法履行出资义务即转让股权,申请执行人申请变更、追加该原股东或依公司法规定对该出资承担连带责任的发起人为被执行人,在未依法出资的范围内承担责任的,人民法院应予支持。

七、一人公司股东的变更、追加

作为被执行人的一人有限责任公司,财产不足以清偿生效法律文书确定的债务,股东不能证明公司财产独立于自己的财产,申请执行人申请变更、追加该股东为被执行人,对公司债务承担连带责任的,人民法院应予支持。

八、公司未经清算的变更、追加

作为被执行人的公司,未经清算即办理注销登记,导致公司无法进行清算,申请执行人申请变更、追加有限责任公司的股东、股份有限公司的董事和控股股东为被执行人,对公司债务承担连带清偿责任的,人民法院应予支持。

九、无偿接受财产主体的变更、追加

作为被执行人的法人或非法人组织,被注销或出现被吊销营业执照、被撤销、被责令关闭、歇业等解散事由后,其股东、出资人或主管部门无偿接受其财产,致使该被执行人无遗留财产或遗留财产不足以清偿债务,申请执行人申请变更、追加该股东、出资人或主管部门为被执行人,在接受的财产范围内承担责任的,人民法院应予支持。

作为被执行人的法人或非法人组织，财产依行政命令被无偿调拨、划转给第三人，致使该被执行人财产不足以清偿生效法律文书确定的债务，申请执行人申请变更、追加该第三人为被执行人，在接受的财产范围内承担责任的，人民法院应予支持。

被申请人在应承担责任范围内已承担相应责任的，人民法院不得责令其重复承担责任。

十、书面承诺的第三人的变更、追加

作为被执行人的法人或非法人组织，未经依法清算即办理注销登记，在登记机关办理注销登记时，第三人书面承诺对被执行人的债务承担清偿责任，申请执行人申请变更、追加该第三人为被执行人，在承诺范围内承担清偿责任的，人民法院应予支持。

执行过程中，第三人向执行法院书面承诺自愿代被执行人履行生效法律文书确定的债务，申请执行人申请变更、追加该第三人为被执行人，在承诺范围内承担责任的，人民法院应予支持。

在执行阶段为被执行人提供担保，暂缓执行期满后被执行人不履行义务，直接裁定执行担保财产。

十一、当事人的姓名、名称变更的处理

执行当事人的姓名或名称发生变更的，人民法院可以直接将姓名或名称变更后的主体作为执行当事人，并在法律文书中注明变更前的姓名或名称。

【常用法律、司法解释及相关规定】

《最高人民法院关于民事执行中变更、追加当事人若干问题的规定》（2020年修正）

第十条　作为被执行人的自然人死亡或被宣告死亡，申请执行人申请变更、追加该自然人的遗产管理人、继承人、受遗赠人或其他因该自然人死亡或被宣告死亡取得遗产的主体为被执行人，在遗产范围内承担责任的，人民法院应予支持。继承人放弃继承或受遗赠人放弃受遗赠，又无遗产管理人的，人民法院可以直接执行遗产。

作为被执行人的自然人被宣告失踪,申请执行人申请变更该自然人的财产代管人为被执行人,在代管的财产范围内承担责任的,人民法院应予支持。

第十一条 作为被执行人的法人或非法人组织因合并而终止,申请执行人申请变更合并后存续或新设的法人、非法人组织为被执行人的,人民法院应予支持。

第十二条 作为被执行人的法人或非法人组织分立,申请执行人申请变更、追加分立后新设的法人或非法人组织为被执行人,对生效法律文书确定的债务承担连带责任的,人民法院应予支持。但被执行人在分立前与申请执行人就债务清偿达成的书面协议另有约定的除外。

第十三条 作为被执行人的个人独资企业,不能清偿生效法律文书确定的债务,申请执行人申请变更、追加其出资人为被执行人的,人民法院应予支持。个人独资企业出资人作为被执行人的,人民法院可以直接执行该个人独资企业的财产。

个体工商户的字号为被执行人的,人民法院可以直接执行该字号经营者的财产。

第十四条 作为被执行人的合伙企业,不能清偿生效法律文书确定的债务,申请执行人申请变更、追加普通合伙人为被执行人的,人民法院应予支持。

作为被执行人的有限合伙企业,财产不足以清偿生效法律文书确定的债务,申请执行人申请变更、追加未按期足额缴纳出资的有限合伙人为被执行人,在未足额缴纳出资的范围内承担责任的,人民法院应予支持。

第十五条 作为被执行人的法人分支机构,不能清偿生效法律文书确定的债务,申请执行人申请变更、追加该法人为被执行人的,人民法院应予支持。法人直接管理的责任财产仍不能清偿债务的,人民法院可以直接执行该法人其他分支机构的财产。

作为被执行人的法人,直接管理的责任财产不能清偿生效法律文书确定债务的,人民法院可以直接执行该法人分支机构的财产。

第十六条 个人独资企业、合伙企业、法人分支机构以外的非法人组织作为被执行人,不能清偿生效法律文书确定的债务,申请执行人申请变更、追加依法对该非法人组织的债务承担责任的主体为被执行人的,人民法院应予支持。

第十七条 作为被执行人的营利法人，财产不足以清偿生效法律文书确定的债务，申请执行人申请变更、追加未缴纳或未足额缴纳出资的股东、出资人或依公司法规定对该出资承担连带责任的发起人为被执行人，在尚未缴纳出资的范围内依法承担责任的，人民法院应予支持。

第十八条 作为被执行人的营利法人，财产不足以清偿生效法律文书确定的债务，申请执行人申请变更、追加抽逃出资的股东、出资人为被执行人，在抽逃出资的范围内承担责任的，人民法院应予支持。

第十九条 作为被执行人的公司，财产不足以清偿生效法律文书确定的债务，其股东未依法履行出资义务即转让股权，申请执行人申请变更、追加该原股东或依公司法规定对该出资承担连带责任的发起人为被执行人，在未依法出资的范围内承担责任的，人民法院应予支持。

第二十条 作为被执行人的一人有限责任公司，财产不足以清偿生效法律文书确定的债务，股东不能证明公司财产独立于自己的财产，申请执行人申请变更、追加该股东为被执行人，对公司债务承担连带责任的，人民法院应予支持。

第二十一条 作为被执行人的公司，未经清算即办理注销登记，导致公司无法进行清算，申请执行人申请变更、追加有限责任公司的股东、股份有限公司的董事和控股股东为被执行人，对公司债务承担连带清偿责任的，人民法院应予支持。

第二十二条 作为被执行人的法人或非法人组织，被注销或出现被吊销营业执照、被撤销、被责令关闭、歇业等解散事由后，其股东、出资人或主管部门无偿接受其财产，致使该被执行人无遗留财产或遗留财产不足以清偿债务，申请执行人申请变更、追加该股东、出资人或主管部门为被执行人，在接受的财产范围内承担责任的，人民法院应予支持。

第二十三条 作为被执行人的法人或非法人组织，未经依法清算即办理注销登记，在登记机关办理注销登记时，第三人书面承诺对被执行人的债务承担清偿责任，申请执行人申请变更、追加该第三人为被执行人，在承诺范围内承担清偿责任的，人民法院应予支持。

第二十四条 执行过程中，第三人向执行法院书面承诺自愿代被执行人履行生效法律文书确定的债务，申请执行人申请变更、追加该第三人为被执行人，在承诺范围内承担责任的，人民法院应予支持。

第二十五条 作为被执行人的法人或非法人组织，财产依行政命令被无偿调拨、划转给第三人，致使该被执行人财产不足以清偿生效法律文书确定的债务，申请执行人申请变更、追加该第三人为被执行人，在接受的财产范围内承担责任的，人民法院应予支持。

第二十六条 被申请人在应承担责任范围内已承担相应责任的，人民法院不得责令其重复承担责任。

第二十七条 执行当事人的姓名或名称发生变更的，人民法院可以直接将姓名或名称变更后的主体作为执行当事人，并在法律文书中注明变更前的姓名或名称。

第二十八条 申请人申请变更、追加执行当事人，应当向执行法院提交书面申请及相关证据材料。

《中华人民共和国合伙企业法》（2007年6月1日起施行）

第三十九条 合伙企业不能清偿到期债务的，合伙人承担无限连带责任。

《最高人民法院关于人民法院执行工作若干问题的规定（试行）》（2020年修正）

37. 有关单位收到人民法院协助执行被执行人收入的通知后，擅自向被执行人或其他人支付的，人民法院有权责令其限期追回；逾期未追回的，应当裁定其在支付的数额内向申请执行人承担责任。

56. 有关企业收到人民法院发出的协助冻结通知后，擅自向被执行人支付股息或红利，或擅自为被执行人办理已冻结股权的转移手续，造成已转移的财产无法追回的，应当在所支付的股息或红利或转移的股权价值范围内向申请执行人承担责任。

61. 被执行人不能清偿债务，但对本案以外的第三人享有到期债权的，人民法院可以依申请执行人或被执行人的申请，向第三人发出履行到期债务的通知，履行通知必须直接送达第三人。

65. 第三人在履行通知指定的期限内没有提出异议，而又不履行的，执行法院有权裁定对其强制执行。此裁定同时送达第三人和被执行人。

85. 人民法院在审理案件期间，保证人为被执行人提供保证，人民法院据此未对被执行人的财产采取保全措施或解除保全措施的，案件审结后如果被执行人无财产可供执行或其财产不足清偿债务时，即使生效法律文书中未确定保证人承担责任，人民法院有权裁定执行保证人在保证责任范围内的财产。

《最高人民法院关于机关法人作为被执行人在执行程序中变更问题的复函》（2005年8月3日施行 法函〔2005〕65号）

青海省高级人民法院：

你院2005年3月22日的请示收函。经研究，答复如下：

鉴于在执行过程中，被执行人在机构改革中被撤销，其上级主管部门无偿接受了被执行人的财产，致使被执行人无遗留财产清偿债务，按照《最高人民法院关于适用〈中华人民共和国民事诉讼法〉若干问题的意见》（法发（92）22号）第271条和《最高人民法院关于人民法院执行工作若干问题的规定（试行）》（法释〔1998〕15号）第81条的规定，可以裁定变更本案的被执行人主体为被执行人的上级主管部门，由其在所接受财产价值的范围内承担民事责任。

《最高人民法院关于适用〈中华人民共和国民事诉讼法〉的解释》（2022年修正）

第四百七十三条 作为被执行人的自然人死亡，其遗产继承人没有放弃继承的，人民法院可以裁定变更被执行人，由该继承人在遗产的范围内偿还债务。继承人放弃继承的，人民法院可以直接执行被执行人的遗产。

《中华人民共和国公司法》（2018年10月26日修正）

第十四条 公司可以设立分公司。设立分公司，应当向公司登记机关申请登记，领取营业执照。分公司不具有法人资格，其民事责任由公司承担。

《最高人民法院关于人民法院办理执行异议和复议案件若干问题的规定》（2020年修正）

第十八条 执行过程中，第三人因书面承诺自愿代被执行人偿还债务而被追加为被执行人后，无正当理由反悔并提出异议的，人民法院不予支持。

《最高人民法院关于信用社非法转移人民法院冻结款项应如何承担法律责任的复函》（1995年5月5日施行 法函〔1995〕51号）

四川省高级人民法院：

你院（1994）川高法经请字第12号《关于信用社非法转移人民法院冻结

款项应如何承担法律责任的请示报告》收悉，经研究，答复如下：

任何金融机构都有义务协助执行人民法院依法冻结有关单位的帐户，成都市新华东路城市信用社（以下简称信用社）在案件当事人的存款帐户被冻结期间与被冻结帐户的当事人串通，转走应入被冻结帐户的款项，非法将资金转移，致使人民法院生效的法律文书无法执行，其行为是违法的。根据《中华人民共和国民事诉讼法》第一百零三条的规定，信用社应承担妨害民事诉讼的法律责任，什邡县人民法院对其处以罚款是正确的。同时，由于信用社的行为还侵犯了债权人的权益，对此信用社亦应在被转移的款项数额内承担连带赔偿责任。

《最高人民法院关于人民法院在执行程序中能否将已参加过诉讼、但生效裁判未判决其承担实体义务的当事人追加或变更为被执行人的问题的答复》（2007年6月20日施行　〔2007〕执他字第5号）

青海省高级人民法院：

你院〔2006〕青执他字第1号《关于青海省储备物资管理局二五一处与中国建设银行李家峡支行、原建行李家峡支行劳动服务公司、原李家峡加油站借欠油料款纠纷一案的请示报告》收悉。经研究，答复如下：

对已参加诉讼、但生效裁判未判决其承担实体义务的当事人，人民法院在执行程序中如需追加或变更该当事人为被执行人，除非追加或变更该当事人为被执行人的事实和理由，已在诉讼过程中经审判部门审查并予以否定，否则，并不受生效裁判未判决该当事人承担实体义务的限制。根据现行法律和司法解释，人民法院有权依据相关法律的规定，直接在执行程序中作出追加或变更该当事人为被执行人的裁定。

基于以上答复意见，请你院自行依法妥善处理本案。

《最高人民法院执行工作办公室关于股东因公司设立后的增资瑕疵应否对公司债权人承担责任问题的复函》（2003年12月11日施行　〔2003〕执他字第33号）

江苏省高级人民法院：

你院〔2002〕苏执监字第171号《关于南通开发区富马物资公司申请执行深圳龙岗电影城实业有限公司一案的请示报告》收悉，经研究，答复如下：

我们认为，公司增加注册资金是扩张经营规模、增强责任能力的行为，原股东约定按照原出资比例承担增资责任，与公司设立时的初始出资是没有区别的。公司股东若有增资瑕疵，应承担与公司设立时的出资瑕疵相同的责任。但是，公司设立后增资与公司设立时出资的不同之处在于，股东履行交付资产的时间不同。正因为这种时间上的差异，导致交易人（公司债权人）对于公司责任能力的预期是不同的。股东按照其承诺履行出资或增资的义务是相对于社会的一种法定的资本充实义务，股东出资或增资的责任应与公司债权人基于公司的注册资金对其责任能力产生的判断相对应。本案中，南通开发区富马物资公司（以下简称富马公司）与深圳龙岗电影城实业有限公司（以下简称龙岗电影城）的交易发生在龙岗电影城变更注册资金之前，富马公司对于龙岗电影城责任能力的判断应以其当时的注册资金500万元为依据，而龙岗电影城能否偿还富马公司的债务与此后龙岗电影城股东深圳长城（惠华）实业企业集团（以下简称惠华集团）增加注册资金是否到位并无直接的因果关系。惠华集团的增资瑕疵行为仅对龙岗电影城增资注册之后的交易人（公司债权人）承担相应的责任，富马公司在龙岗电影城增资前与之交易所产生的债权，不能要求此后增资行为瑕疵的惠华集团承担责任。

《最高人民法院关于执行程序中被执行人无偿转让抵押财产人民法院应如何处理的答复》（〔2005〕执他字第13号）

《关于执行程序中被执行人无偿转让抵押财产人民法院应如何处理的请示》收悉。经研究，答复如下：

作为执行标的物的抵押财产在执行程序中被转让的，如果抵押财产已经依法办理了抵押登记，则不论转让行为是有偿还是无偿，也不论是否通知了抵押权人，只要抵押权人没有放弃抵押权，人民法院均可以直接对该抵押物进行执行。因此，你院可以直接对被执行人已经设定抵押的财产采取执行措施，必要时，可以将抵押财产的现登记名义人列为被执行人。

《最高人民法院执行工作办公室关于第三人无偿占有生效法律文书指定交付的财产应如何处理的答复》（〔2006〕执他字第14号）

山东省高级人民法院：

你院《关于执行程序中被执行人无偿转让抵押财产人民法院应如何处理的请示》收悉。经研究，答复如下：

作为执行标的物的抵押财产在执行程序中被转让的，如果抵押财产已经依法办理了抵押登记，则不论转让行为是有偿还是无偿，也不论是否通知了抵押权人，只要抵押权人没有放弃抵押权，人民法院均可以直接对该抵押物进行执行。因此，你院可以直接对被执行人已经设定抵押的财产采取执行措施，必要时，可以将抵押财产的现登记名义人列为被执行人。

《最高人民法院关于采取民事强制措施不得逐级变更由行为人的上级机构承担责任的通知》（2004年7月9日施行　法〔2004〕127号）

一、人民法院在执行程序中，对作为协助执行人的金融机构采取民事强制措施，应当严格依法决定，不得逐级变更由其上级金融机构负责。依据我院与中国人民银行于2000年9月4日会签下发的法发（2000）21号即《关于依法规范人民法院执行和金融机构协助执行的通知》第八条的规定，执行金融机构时逐级变更其上级金融机构为被执行人须具备五个条件：其一，该金融机构须为被执行人，其债务已由生效法律文书确认；其二，该金融机构收到执行法院对其限期十五日内履行偿债义务的通知；其三，该金融机构逾期未能自动履行偿债义务，并经过执行法院的强制执行；其四，该金融机构未能向执行法院提供其可供执行的财产；其五，该金融机构的上级金融机构对其负有民事连带清偿责任。金融机构作为协助执行人因其妨害执行行为而被采取民事强制措施，不同于金融机构为被执行人的情况，因此，司法处罚责任应由其自行承担；逐级变更由其上级金融机构承担此责任，属适用法律错误。

二、在执行程序中，经依法逐级变更由上级金融机构为被执行人的，如该上级金融机构在履行此项偿债义务时有妨害执行行为，可以对该上级金融机构采取民事强制措施。但人民法院应当严格按照前述通知第八条的规定，及时向该上级金融机构发出允许其于十五日内自动履行偿债义务的通知，在其自动履行的期限内，不得对其采取民事强制措施。

《最高人民法院、中国人民银行关于依法规范人民法院执行和金融机构协助执行的通知》（2000年9月4日施行　法发〔2000〕21号）

六、金融机构作为被执行人，执行法院到有关人民银行查询其在人民银行开户、存款情况的，有关人民银行应当协助查询。

八、金融机构的分支机构作为被执行人的，执行法院应当向其发出限期履行通知书，期限为十五日；逾期未自动履行的，依法予以强制执行；对被执行人未能提供可供执行财产的,应当依法裁定逐级变更其上级机构为被执行人,直至其总行、总公司。每次变更前,均应当给予被变更主体十五日的自动履行期限;逾期未自动履行的,依法予以强制执行。

十、有关人民法院在执行由两个人民法院或者人民法院与仲裁、公证等有关机构就同一法律关系作出的两份或者多份生效法律文书的过程中,需要金融机构协助执行的,金融机构应当协助最先送达协助执行通知书的法院,予以查询、冻结,但不得扣划。有关人民法院应当就该两份或多份生效法律文书上报共同上级法院协调解决,金融机构应当按照共同上级法院的最终协调意见办理。

《最高人民法院执行工作办公室关于追加村委会为被执行人后可以执行各村民小组的财产等有关问题的答复》(2000年12月21日施行 〔2000〕执他字第28号)

根据你院的报告,被执行人成都市成华区联合毛麻纤维厂的办单位成都市成华区联合村村委会应投入的52.5万元注册资金未能到位,故其应在注册资金不实的范围,村民小组不具备法人地位,各村民小组的财产是村委会法人的财产,因此追加村委会为被执行人后,可执行各村民小组的财产。

【重点提示】

生效法律文书没有确定被执行人的配偶承担连带责任的,在执行程序中,不得追加被执行人的配偶为被执行人。

当事人对变更、追加执行主体不服的,可以参照本章第五节救济途径予以救济。

第八节　不予执行仲裁裁决

【工作内容】

被执行人、案外人对仲裁裁决申请不予执行的,人民法院应当按照执行异议案件予以立案。

一、提出申请的时限

（一）被执行人提出申请的时限

1. 被执行人应当在执行通知书送达之日起十五日内提出书面申请；有民事诉讼法第二百四十四条第二款第四、六项规定情形，且执行程序尚未终结的，应当自知道或者应当知道有关事实或案件之日起十五日内提出书面申请。

2. 本条前款规定期限届满前，被执行人已向有管辖权的人民法院申请撤销仲裁裁决且已被受理的，自人民法院驳回撤销仲裁裁决申请的裁判文书生效之日起重新计算期限。

（二）案外人提出申请的时限

1. 有证据证明仲裁案件当事人恶意申请仲裁或者虚假仲裁，损害其合法权益。

2. 案外人主张的合法权益所涉及的执行标的尚未执行终结。

3. 自知道或者应当知道人民法院对该标的采取执行措施之日起三十日内提出。

二、管辖法院

被执行人、案外人对仲裁裁决执行案件申请不予执行的，由负责执行的中级人民法院审查处理；执行案件已指定基层人民法院管辖的，应当于收到不予执行申请后三日内移送原中级人民法院另行立案审查处理。

三、审查期限

人民法院应当在立案之日起两个月内审查完毕并作出裁定，有特殊情况需要延长的，经本院院长批准，可以延长一个月。

四、审查内容

第一，被执行人申请不予执行，有下列情形之一的，予以支持：
（1）当事人在合同中没有订有仲裁条款或者事后没有达成书面仲裁协

议的。

（2）裁决的事项不属于仲裁协议的范围或者仲裁机构无权仲裁的：

①裁决的事项超出仲裁协议约定的范围；②裁决的事项属于依照法律规定或者当事人选择的仲裁规则规定的不可仲裁事项；③裁决内容超出当事人仲裁请求的范围；④作出裁决的仲裁机构非仲裁协议所约定。

（3）仲裁庭的组成或者仲裁的程序违反法定程序的：①违反仲裁法规定的仲裁程序、当事人选择的仲裁规则或者当事人对仲裁程序的特别约定，可能影响案件公正裁决，经人民法院审查属实的；②当事人主张未按照仲裁法或仲裁规则规定的方式送达法律文书导致其未能参与仲裁，或者仲裁员根据仲裁法或仲裁规则的规定应当回避而未回避，可能影响公正裁决，经审查属实的。

（4）裁决所根据的证据是伪造的：①该证据已被仲裁裁决采信；②该证据属于认定案件基本事实的主要证据；③该证据经查明确属通过捏造、变造、提供虚假证明等非法方式形成或者获取，违反证据的客观性、关联性、合法性要求。

（5）对方当事人向仲裁机构隐瞒了足以影响公正裁决的证据的：

①该证据属于认定案件基本事实的主要证据；②该证据仅为对方当事人掌握，但未向仲裁庭提交；③仲裁过程中知悉存在该证据，且要求对方当事人出示或者请求仲裁庭责令其提交，但对方当事人无正当理由未予出示或者提交。

（6）仲裁员在仲裁该案时有贪污受贿，徇私舞弊，枉法裁决行为的。

（7）人民法院认定执行该裁决违背社会公共利益的，裁定不予执行。

（8）仲裁庭按照仲裁法或仲裁规则以及当事人约定的方式送达仲裁法律文书，当事人主张不符合民事诉讼法有关送达规定的，人民法院不予支持。

（9）适用的仲裁程序或仲裁规则经特别提示，当事人知道或者应当知道法定仲裁程序或选择的仲裁规则未被遵守，但仍然参加或者继续参加仲裁程序且未提出异议，在仲裁裁决作出之后以违反法定程序为由申请不予执行仲裁裁决的，人民法院不予支持。

（10）被执行人申请不予执行仲裁裁决，对同一仲裁裁决的多个不予执行事由应当一并提出。不予执行仲裁裁决申请被裁定驳回后，再次提出申请的，人民法院不予审查，但有新证据证明存在民事诉讼法第二百四十四条第二款第四、六项规定情形的除外。

（11）当事人一方在仲裁过程中隐瞒己方掌握的证据，仲裁裁决作出后以己方所隐瞒的证据足以影响公正裁决为由申请不予执行仲裁裁决的，人民法院不予支持。

（12）被执行人申请不予执行仲裁调解书或者根据当事人之间的和解协议、调解协议作出的仲裁裁决，人民法院不予支持，但该仲裁调解书或者仲裁裁决违背社会公共利益的除外。

第二，案外人根据本规定第九条申请不予执行仲裁裁决或者仲裁调解书，符合下列条件的，人民法院应当支持：

（1）案外人系权利或者利益的主体。

（2）案外人主张的权利或者利益合法、真实。

（3）仲裁案件当事人之间存在虚构法律关系，捏造案件事实的情形。

（4）仲裁裁决主文或者仲裁调解书处理当事人民事权利义务的结果部分或者全部错误，损害案外人合法权益。

第三，当事人向人民法院申请撤销仲裁裁决被驳回后，又在执行程序中以相同事由提出不予执行申请的，人民法院不予支持。

第四，当事人向人民法院申请不予执行被驳回后，又以相同事由申请撤销仲裁裁决的，人民法院不予支持。

五、审查处理

被执行人、案外人对仲裁裁决执行案件逾期申请不予执行的，人民法院应当裁定不予受理；已经受理的，应当裁定驳回不予执行申请。

被执行人撤回撤销仲裁裁决申请的，人民法院应当裁定终结对不予执行申请的审查，但案外人申请不予执行仲裁裁决的除外。

被执行人、案外人对仲裁裁决执行案件申请不予执行，经审查理由成立的，人民法院应当裁定不予执行；理由不成立的，应当裁定驳回不予执行申请。

被执行人、案外人对仲裁裁决执行案件申请不予执行，经审查理由成立的，拟裁定不予执行，应当向本辖区所属高级人民法院报核；经高级人民法院审查同意，裁定不予执行我国内地仲裁机构的仲裁裁决。在下列情形下，应当向最高人民法院报核，待最高人民法院审核后，方可依最高人民法院的审核意见作出裁定：（1）仲裁司法审查案件当事人住所地跨省级行政区域；（2）以违背社会公共利益为由不予执行或者撤销我国内地仲裁机构的仲裁裁决。

六、救济途径

仲裁裁决被人民法院裁定不予执行的，当事人可以根据双方达成的书面仲裁协议重新申请仲裁，也可以向人民法院起诉。

人民法院裁定不予执行仲裁裁决、驳回或者不予受理不予执行仲裁裁决申请后，当事人对该裁定提出执行异议或者申请复议的，人民法院不予受理。

人民法院基于案外人申请裁定不予执行仲裁裁决或者仲裁调解书，当事人不服的，可以自裁定送达之日起十日内向上一级人民法院申请复议。

人民法院裁定驳回或者不予受理案外人提出的不予执行仲裁裁决、仲裁调解书申请，案外人不服的，可以自裁定送达之日起十日内向上一级人民法院申请复议。

七、审查期间的执行

被执行人申请撤销仲裁裁决并已由人民法院受理的，或者被执行人、案外人对仲裁裁决执行案件提出不予执行申请并提供适当担保的，执行法院应当裁定中止执行。中止执行期间，人民法院应当停止处分性措施，但申请执行人提供充分、有效的担保请求继续执行的除外；

执行标的查封、扣押、冻结期限届满前，人民法院可以根据当事人申请或者依职权办理续行查封、扣押、冻结手续。

八、审查后的执行

人民法院裁定驳回撤销仲裁裁决申请或者驳回不予执行仲裁裁决、仲裁调解书申请的，执行法院应当恢复执行。

人民法院裁定撤销仲裁裁决或者基于被执行人申请裁定不予执行仲裁裁决，原被执行人申请执行回转或者解除强制执行措施的，人民法院应当支持。

原申请执行人对已履行或者被人民法院强制执行的款物申请保全的，人民法院应当依法准许；

原申请执行人在人民法院采取保全措施之日起三十日内，未根据双方达成的书面仲裁协议重新申请仲裁或者向人民法院起诉的，人民法院应当裁定解除保全。

人民法院基于案外人申请裁定不予执行仲裁裁决或者仲裁调解书，案外人申请执行回转或者解除强制执行措施的，人民法院应当支持。

九、不予执行仲裁裁决与撤销仲裁裁决衔接

在不予执行仲裁裁决案件审查期间，当事人向有管辖权的人民法院提出撤销仲裁裁决申请并被受理的，人民法院应当裁定中止对不予执行申请的审查；仲裁裁决被撤销或者决定重新仲裁的，人民法院应当裁定终结执行，并终结对不予执行申请的审查。

撤销仲裁裁决申请被驳回或者申请执行人撤回撤销仲裁裁决申请的，人民法院应当恢复对不予执行申请的审查。

被执行人撤回撤销仲裁裁决申请的，人民法院应当裁定终结对不予执行申请的审查，但案外人申请不予执行仲裁裁决的除外。

【常用法律、司法解释及相关规定】

《最高人民法院关于人民法院立案、审判与执行工作协调运行的意见》
（2018年5月28日施行　法发〔2018〕9号）

第九条　下列案件，人民法院应当按照执行异议案件予以立案：

（一）当事人、利害关系人认为人民法院的执行行为违反法律规定，提出书面异议的；

（二）执行过程中，案外人对执行标的提出书面异议的；

（三）人民法院受理执行申请后，当事人对管辖权提出异议的；

（四）申请执行人申请追加、变更被执行人的；

（五）被执行人以债权消灭、超过申请执行期间或者其他阻止执行的实体事由提出阻止执行的；

（六）被执行人对仲裁裁决或者公证机关赋予强制执行效力的公证债权文

书申请不予执行的；

（七）其他依法可以申请执行异议的。

《最高人民法院关于适用〈中华人民共和国民事诉讼法〉的解释》（2022年修正）

第四百七十九条 当事人请求不予执行仲裁裁决或者公证债权文书的，应当在执行终结前向执行法院提出。

《最高人民法院关于人民法院办理仲裁裁决执行案件若干问题的规定》

（2018年3月1日施行 法释〔2018〕5号）

第六条 被执行人、案外人对仲裁裁决执行案件申请不予执行的，负责执行的中级人民法院应当另行立案审查处理；执行案件已指定基层人民法院管辖的，应当于收到不予执行申请后三日内移送原执行法院另行立案审查处理。

第七条 被执行人申请撤销仲裁裁决并已由人民法院受理的，或者被执行人、案外人对仲裁裁决执行案件提出不予执行申请并提供适当担保的，执行法院应当裁定中止执行。中止执行期间，人民法院应当停止处分性措施，但申请执行人提供充分、有效的担保请求继续执行的除外；执行标的查封、扣押、冻结期限届满前，人民法院可以根据当事人申请或者依职权办理续行查封、扣押、冻结手续。

申请撤销仲裁裁决、不予执行仲裁裁决案件司法审查期间，当事人、案外人申请对已查封、扣押、冻结之外的财产采取保全措施的，负责审查的人民法院参照民事诉讼法第一百条的规定处理。司法审查后仍需继续执行的，保全措施自动转为执行中的查封、扣押、冻结措施；采取保全措施的人民法院与执行法院不一致的，应当将保全手续移送执行法院，保全裁定视为执行法院作出的裁定。

第八条 被执行人向人民法院申请不予执行仲裁裁决的，应当在执行通知书送达之日起十五日内提出书面申请；有民事诉讼法第二百三十七条第二款第四、六项规定情形且执行程序尚未终结的，应当自知道或者应当知道有关事实或案件之日起十五日内提出书面申请。

本条前款规定期限届满前，被执行人已向有管辖权的人民法院申请撤销仲裁裁决且已被受理的，自人民法院驳回撤销仲裁裁决申请的裁判文书生效之日起重新计算期限。

第九条 案外人向人民法院申请不予执行仲裁裁决或者仲裁调解书的，应当提交申请书以及证明其请求成立的证据材料，并符合下列条件：

（一）有证据证明仲裁案件当事人恶意申请仲裁或者虚假仲裁，损害其合法权益；

（二）案外人主张的合法权益所涉及的执行标的尚未执行终结；

（三）自知道或者应当知道人民法院对该标的采取执行措施之日起三十日内提出。

第十一条 人民法院对不予执行仲裁裁决案件应当组成合议庭围绕被执行人申请的事由、案外人的申请进行审查；对被执行人没有申请的事由不予审查，但仲裁裁决可能违背社会公共利益的除外。

被执行人、案外人对仲裁裁决执行案件申请不予执行的，人民法院应当进行询问；被执行人在询问终结前提出其他不予执行事由的，应当一并审查。人民法院审查时，认为必要的，可以要求仲裁庭作出说明，或者向仲裁机构调阅仲裁案卷。

第十二条 人民法院对不予执行仲裁裁决案件的审查，应当在立案之日起两个月内审查完毕并作出裁定；有特殊情况需要延长的，经本院院长批准，可以延长一个月。

第十三条 下列情形经人民法院审查属实的，应当认定为民事诉讼法第二百三十七条第二款第二项规定的"裁决的事项不属于仲裁协议的范围或者仲裁机构无权仲裁的"情形：

（一）裁决的事项超出仲裁协议约定的范围；

（二）裁决的事项属于依照法律规定或者当事人选择的仲裁规则规定的不可仲裁事项；

（三）裁决内容超出当事人仲裁请求的范围；

（四）作出裁决的仲裁机构非仲裁协议所约定。

第十四条 违反仲裁法规定的仲裁程序、当事人选择的仲裁规则或者当事人对仲裁程序的特别约定，可能影响案件公正裁决，经人民法院审查属实的，应当认定为民事诉讼法第二百三十七条第二款第三项规定的"仲裁庭的组成或者仲裁的程序违反法定程序的"情形。

当事人主张未按照仲裁法或仲裁规则规定的方式送达法律文书导致其未能参与仲裁，或者仲裁员根据仲裁法或仲裁规则的规定应当回避而未回避，可能影响公正裁决，经审查属实的，人民法院应当支持；仲裁庭按照仲裁法或仲裁规则以及当事人约定的方式送达仲裁法律文书，当事人主张不符合民事诉讼法有关送达规定的，人民法院不予支持。

适用的仲裁程序或仲裁规则经特别提示，当事人知道或者应当知道法定仲裁程序或选择的仲裁规则未被遵守，但仍然参加或者继续参加仲裁程序且未提出异议，在仲裁裁决作出之后以违反法定程序为由申请不予执行仲裁裁决的，人民法院不予支持。

第十五条 符合下列条件的，人民法院应当认定为民事诉讼法第二百三十七条第二款第四项规定的"裁决所根据的证据是伪造的"情形：

（一）该证据已被仲裁裁决采信；

（二）该证据属于认定案件基本事实的主要证据；

（三）该证据经查明确属通过捏造、变造、提供虚假证明等非法方式形成或者获取，违反证据的客观性、关联性、合法性要求。

第十六条 符合下列条件的，人民法院应当认定为民事诉讼法第二百三十七条第二款第五项规定的"对方当事人向仲裁机构隐瞒了足以影响公正裁决的证据的"情形：

（一）该证据属于认定案件基本事实的主要证据；

（二）该证据仅为对方当事人掌握，但未向仲裁庭提交；

（三）仲裁过程中知悉存在该证据，且要求对方当事人出示或者请求仲裁庭责令其提交，但对方当事人无正当理由未予出示或者提交。

当事人一方在仲裁过程中隐瞒己方掌握的证据，仲裁裁决作出后以己方所隐瞒的证据足以影响公正裁决为由申请不予执行仲裁裁决的，人民法院不予支持。

第十七条 被执行人申请不予执行仲裁调解书或者根据当事人之间的和解协议、调解协议作出的仲裁裁决，人民法院不予支持，但该仲裁调解书或者仲裁裁决违背社会公共利益的除外。

第十八条 案外人根据本规定第九条申请不予执行仲裁裁决或者仲裁调解书，符合下列条件的，人民法院应当支持：

（一）案外人系权利或者利益的主体；

（二）案外人主张的权利或者利益合法、真实；

（三）仲裁案件当事人之间存在虚构法律关系，捏造案件事实的情形；

（四）仲裁裁决主文或者仲裁调解书处理当事人民事权利义务的结果部分或者全部错误，损害案外人合法权益。

第十九条 被执行人、案外人对仲裁裁决执行案件逾期申请不予执行的，人民法院应当裁定不予受理；已经受理的，应当裁定驳回不予执行申请。

被执行人、案外人对仲裁裁决执行案件申请不予执行，经审查理由成立的，人民法院应当裁定不予执行；理由不成立的，应当裁定驳回不予执行申请。

第二十条 当事人向人民法院申请撤销仲裁裁决被驳回后，又在执行程序中以相同事由提出不予执行申请的，人民法院不予支持；当事人向人民法院申请不予执行被驳回后，又以相同事由申请撤销仲裁裁决的，人民法院不予支持。

在不予执行仲裁裁决案件审查期间，当事人向有管辖权的人民法院提出撤销仲裁裁决申请并被受理的，人民法院应当裁定中止对不予执行申请的审查；仲裁裁决被撤销或者决定重新仲裁的，人民法院应当裁定终结执行，并终结对不予执行申请的审查；撤销仲裁裁决申请被驳回或者申请执行人撤回撤销仲裁裁决申请的，人民法院应当恢复对不予执行申请的审查；被执行人撤回撤销仲裁裁决申请的，人民法院应当裁定终结对不予执行申请的审查，但案外人申请不予执行仲裁裁决的除外。

第二十一条 人民法院裁定驳回撤销仲裁裁决申请或者驳回不予执行仲裁裁决、仲裁调解书申请的，执行法院应当恢复执行。

人民法院裁定撤销仲裁裁决或者基于被执行人申请裁定不予执行仲裁裁决，原被执行人申请执行回转或者解除强制执行措施的，人民法院应当支持。原申请执行人对已履行或者被人民法院强制执行的款物申请保全的，人民法院应当依法准许；原申请执行人在人民法院采取保全措施之日起三十日内，未根据双方达成的书面仲裁协议重新申请仲裁或者向人民法院起诉的，人民法院应当裁定解除保全。

人民法院基于案外人申请裁定不予执行仲裁裁决或者仲裁调解书，案外人申请执行回转或者解除强制执行措施的，人民法院应当支持。

第二十二条 人民法院裁定不予执行仲裁裁决、驳回或者不予受理不予执行仲裁裁决申请后，当事人对该裁定提出执行异议或者申请复议的，人民法院不予受理。

人民法院裁定不予执行仲裁裁决的，当事人可以根据双方达成的书面仲裁协议重新申请仲裁，也可以向人民法院起诉。

人民法院基于案外人申请裁定不予执行仲裁裁决或者仲裁调解书，当事人不服的，可以自裁定送达之日起十日内向上一级人民法院申请复议；人民法院裁定驳回或者不予受理案外人提出的不予执行仲裁裁决、仲裁调解书申请，案外人不服的，可以自裁定送达之日起十日内向上一级人民法院申请复议。

《最高人民法院关于适用〈中华人民共和国仲裁法〉若干问题的解释》
（2006年9月8日施行　法释〔2006〕7号）

第二十九条 当事人申请执行仲裁裁决案件，由被执行人住所地或者被执行的财产所在地的中级人民法院管辖。

第三十条 根据审理撤销、执行仲裁裁决案件的实际需要，人民法院可以要求仲裁机构作出说明或者向相关仲裁机构调阅仲裁案卷。

人民法院在办理涉及仲裁的案件过程中作出的裁定，可以送相关的仲裁机构。

《中华人民共和国民事诉讼法》（2021年修正）

第二百四十四条 对依法设立的仲裁机构的裁决，一方当事人不履行的，对方当事人可以向有管辖权的人民法院申请执行。受申请的人民法院应当执行。

被申请人提出证据证明仲裁裁决有下列情形之一的，经人民法院组成合议庭审查核实，裁定不予执行：

（一）当事人在合同中没有订有仲裁条款或者事后没有达成书面仲裁协议的；

（二）裁决的事项不属于仲裁协议的范围或者仲裁机构无权仲裁的；

（三）仲裁庭的组成或者仲裁的程序违反法定程序的；

（四）裁决所根据的证据是伪造的；

（五）对方当事人向仲裁机构隐瞒了足以影响公正裁决的证据的；

（六）仲裁员在仲裁该案时有贪污受贿，徇私舞弊，枉法裁决行为的。

人民法院认定执行该裁决违背社会公共利益的，裁定不予执行。

裁定书应当送达双方当事人和仲裁机构。

仲裁裁决被人民法院裁定不予执行的，当事人可以根据双方达成的书面仲裁协议重新申请仲裁，也可以向人民法院起诉。

《最高人民法院关于执行案件立案、结案若干问题的意见》（2015年1月1日施行　法发〔2014〕26号）

第十九条　执行实施案件立案后，被执行人对仲裁裁决或公证债权文书提出不予执行申请，经人民法院审查，裁定不予执行的，以"不予执行"方式结案。

《最高人民法院关于仲裁司法审查案件报核问题的有关规定》（2018年1月1日施行　法释〔2017〕21号）

第一条　本规定所称仲裁司法审查案件，包括下列案件：

（一）申请确认仲裁协议效力案件；

（二）申请撤销我国内地仲裁机构的仲裁裁决案件；

（三）申请执行我国内地仲裁机构的仲裁裁决案件；

（四）申请认可和执行香港特别行政区、澳门特别行政区、台湾地区仲裁裁决案件；

（五）申请承认和执行外国仲裁裁决案件；

（六）其他仲裁司法审查案件。

第二条　各中级人民法院或者专门人民法院办理涉外涉港澳台仲裁司法审查案件，经审查拟认定仲裁协议无效，不予执行或者撤销我国内地仲裁机构的仲裁裁决，不予认可和执行香港特别行政区、澳门特别行政区、台湾地区仲裁裁决，不予承认和执行外国仲裁裁决，应当向本辖区所属高级人民法院报核；高级人民法院经审查拟同意的，应当向最高人民法院报核。待最高人民法院审核后，方可依最高人民法院的审核意见作出裁定。

各中级人民法院或者专门人民法院办理非涉外涉港澳台仲裁司法审查案件，经审查拟认定仲裁协议无效，不予执行或者撤销我国内地仲裁机构的仲裁裁决，应当向本辖区所属高级人民法院报核；待高级人民法院审核后，方可依高级人民法院的审核意见作出裁定。

第三条 本规定第二条第二款规定的非涉外涉港澳台仲裁司法审查案件，高级人民法院经审查拟同意中级人民法院或者专门人民法院认定仲裁协议无效、不予执行或者撤销我国内地仲裁机构的仲裁裁决，在下列情形下，应当向最高人民法院报核，待最高人民法院审核后，方可依最高人民法院的审核意见作出裁定：

（一）仲裁司法审查案件当事人住所地跨省级行政区域；

（二）以违背社会公共利益为由不予执行或者撤销我国内地仲裁机构的仲裁裁决。

第四条 下级人民法院报请上级人民法院审核的案件，应当将书面报告和案件卷宗材料一并上报。书面报告应当写明审查意见及具体理由。

第五条 上级人民法院收到下级人民法院的报核申请后，认为案件相关事实不清的，可以询问当事人或者退回下级人民法院补充查明事实后再报。

第六条 上级人民法院应当以复函的形式将审核意见答复下级人民法院。

第七条 在民事诉讼案件中，对于人民法院因涉及仲裁协议效力而作出的不予受理、驳回起诉、管辖权异议的裁定，当事人不服提起上诉，第二审人民法院经审查拟认定仲裁协议不成立、无效、失效、内容不明确无法执行的，须按照本规定第二条的规定逐级报核，待上级人民法院审核后，方可依上级人民法院的审核意见作出裁定。

【重点提示】

上述仲裁裁决，不包括劳动争议和农业集体经济组织内部的农业承包合同纠纷的仲裁。

第九节　不予执行公证债权文书

【工作内容】

被执行人对公证机关赋予强制执行效力的公证债权文书申请不予执行的，

人民法院应当按照执行异议案件予以立案。

一、管辖法院

公证机关依法赋予强制执行效力的公证债权文书,由被执行人住所地或被执行的财产所在地人民法院执行。

公证债权文书执行案件被指定执行、提级执行、委托执行后,被执行人申请不予执行的,由提出申请时负责该案件执行的人民法院审查。

二、提出时限

被执行人申请不予执行公证债权文书,应当在执行通知书送达之日起十五日内向执行法院提出书面申请,并提交相关证据材料;有《最高人民法院关于公证债权文书执行若干问题的规定》第十二条第一款第三项、第四项规定情形,且执行程序尚未终结的,应当自知道或者应当知道有关事实之日起十五日内提出。

不予执行申请被裁定驳回后,同一被执行人再次提出申请的,人民法院不予受理。但有证据证明不予执行事由在不予执行申请被裁定驳回后知道的,可以在执行程序终结前提出。

三、审查内容

有下列情形之一的,被执行人可以依照民事诉讼法第二百四十五条第二款规定申请不予执行公证债权文书:(1)被执行人未到场且未委托代理人到场办理公证的;(2)无民事行为能力人或者限制民事行为能力人没有监护人代为办理公证的;(3)公证员为本人、近亲属办理公证,或者办理与本人、近亲属有利害关系的公证的;(4)公证员办理该项公证有贪污受贿、徇私舞弊行为,已经由生效刑事法律文书等确认的;(5)其他严重违反法定公证程序的情形。

四、审查方式

人民法院审查不予执行公证债权文书案件,案情复杂、争议较大的,应当进行听证。必要时可以向公证机构调阅公证案卷,要求公证机构作出书面

说明，或者通知公证员到庭说明情况。（听证程序参照本章第一节听证的内容）

五、审查期限

人民法院审查不予执行公证债权文书案件，应当在受理之日起六十日内审查完毕并作出裁定；有特殊情况需要延长的，经本院院长批准，可以延长三十日。

六、审查处理

被执行人依照《最高人民法院关于公证债权文书执行若干问题的规定》第十二条第一款规定申请不予执行，人民法院经审查认为理由成立的，裁定不予执行；理由不成立的，裁定驳回不予执行申请。

公证债权文书部分内容具有《最高人民法院关于公证债权文书执行若干问题的规定》第十二条第一款规定情形的，人民法院应当裁定对该部分不予执行；应当不予执行部分与其他部分不可分的，裁定对该公证债权文书不予执行。

人民法院认定执行公证债权文书违背公序良俗的，裁定不予执行。

七、救济途径

公证债权文书被裁定不予执行的，当事人可以就该公证债权文书涉及的民事权利义务争议向人民法院提起诉讼。

公证债权文书被裁定部分不予执行的，当事人可以就该部分争议提起诉讼。

当事人对不予执行裁定提出执行异议或者申请复议的，人民法院不予受理。

当事人不服驳回不予执行申请裁定的，可以自裁定送达之日起十日内向上一级人民法院申请复议。

八、审查期间的执行

人民法院审查不予执行公证债权文书案件期间，不停止执行。

被执行人提供充分、有效的担保，请求停止相应处分措施的，人民法院可以准许；申请执行人提供充分、有效的担保，请求继续执行的，应当继续执行。

【常用法律、司法解释及相关规定】

《最高人民法院关于人民法院立案、审判与执行工作协调运行的意见》（2018年5月28日施行　法发〔2018〕9号）

第九条　下列案件，人民法院应当按照执行异议案件予以立案：

（一）当事人、利害关系人认为人民法院的执行行为违反法律规定，提出书面异议的；

（二）执行过程中，案外人对执行标的提出书面异议的；

（三）人民法院受理执行申请后，当事人对管辖权提出异议的；

（四）申请执行人申请追加、变更被执行人的；

（五）被执行人以债权消灭、超过申请执行期间或者其他阻止执行的实体事由提出阻止执行的；

（六）被执行人对仲裁裁决或者公证机关赋予强制执行效力的公证债权文书申请不予执行的；

（七）其他依法可以申请执行异议的。

《中华人民共和国公证法》（2017年9月1日修正）

第三十七条　对经公证的以给付为内容并载明债务人愿意接受强制执行承诺的债权文书，债务人不履行或者履行不适当的，债权人可以依法向有管辖权的人民法院申请执行。

前款规定的债权文书确有错误的，人民法院裁定不予执行，并将裁定书送达双方当事人和公证机构。

《最高人民法院关于公证债权文书执行若干问题的规定》（2018年10月1日施行　法释〔2018〕18号）

第十二条　有下列情形之一的，被执行人可以依照民事诉讼法第二百三十八条第二款规定申请不予执行公证债权文书：

（一）被执行人未到场且未委托代理人到场办理公证的；

（二）无民事行为能力人或者限制民事行为能力人没有监护人代为办理公

证的；

（三）公证员为本人、近亲属办理公证，或者办理与本人、近亲属有利害关系的公证的；

（四）公证员办理该项公证有贪污受贿、徇私舞弊行为，已经由生效刑事法律文书等确认的；

（五）其他严重违反法定公证程序的情形。

被执行人以公证债权文书的内容与事实不符或者违反法律强制性规定等实体事由申请不予执行的，人民法院应当告知其依照本规定第二十二条第一款规定提起诉讼。

第十三条 被执行人申请不予执行公证债权文书，应当在执行通知书送达之日起十五日内向执行法院提出书面申请，并提交相关证据材料；有本规定第十二条第一款第三项、第四项规定情形且执行程序尚未终结的，应当自知道或者应当知道有关事实之日起十五日内提出。

公证债权文书执行案件被指定执行、提级执行、委托执行后，被执行人申请不予执行的，由提出申请时负责该案件执行的人民法院审查。

第十四条 被执行人认为公证债权文书存在本规定第十二条第一款规定的多个不予执行事由的，应当在不予执行案件审查期间一并提出。

不予执行申请被裁定驳回后，同一被执行人再次提出申请的，人民法院不予受理。但有证据证明不予执行事由在不予执行申请被裁定驳回后知道的，可以在执行程序终结前提出。

第十五条 人民法院审查不予执行公证债权文书案件，案情复杂、争议较大的，应当进行听证。必要时可以向公证机构调阅公证案卷，要求公证机构作出书面说明，或者通知公证员到庭说明情况。

第十六条 人民法院审查不予执行公证债权文书案件，应当在受理之日起六十日内审查完毕并作出裁定；有特殊情况需要延长的，经本院院长批准，可以延长三十日。

第十七条 人民法院审查不予执行公证债权文书案件期间，不停止执行。

被执行人提供充分、有效的担保，请求停止相应处分措施的，人民法院可以准许；申请执行人提供充分、有效的担保，请求继续执行的，应当继续执行。

第十八条 被执行人依照本规定第十二条第一款规定申请不予执行,人民法院经审查认为理由成立的,裁定不予执行;理由不成立的,裁定驳回不予执行申请。

公证债权文书部分内容具有本规定第十二条第一款规定情形的,人民法院应当裁定对该部分不予执行;应当不予执行部分与其他部分不可分的,裁定对该公证债权文书不予执行。

第十九条 人民法院认定执行公证债权文书违背公序良俗的,裁定不予执行。

第二十条 公证债权文书被裁定不予执行的,当事人可以就该公证债权文书涉及的民事权利义务争议向人民法院提起诉讼;公证债权文书被裁定部分不予执行的,当事人可以就该部分争议提起诉讼。

当事人对不予执行裁定提出执行异议或者申请复议的,人民法院不予受理。

第二十一条 当事人不服驳回不予执行申请裁定的,可以自裁定送达之日起十日内向上一级人民法院申请复议。上一级人民法院应当自收到复议申请之日起三十日内审查。经审查,理由成立的,裁定撤销原裁定,不予执行该公证债权文书;理由不成立的,裁定驳回复议申请。复议期间,不停止执行。

第二十二条 有下列情形之一的,债务人可以在执行程序终结前,以债权人为被告,向执行法院提起诉讼,请求不予执行公证债权文书:

(一) 公证债权文书载明的民事权利义务关系与事实不符;

(二) 经公证的债权文书具有法律规定的无效、可撤销等情形;

(三) 公证债权文书载明的债权因清偿、提存、抵销、免除等原因全部或者部分消灭。

债务人提起诉讼,不影响人民法院对公证债权文书的执行。债务人提供充分、有效的担保,请求停止相应处分措施的,人民法院可以准许;债权人提供充分、有效的担保,请求继续执行的,应当继续执行。

《最高人民法院关于适用〈中华人民共和国民事诉讼法〉的解释》(2022年修正)

第四百七十八条 有下列情形之一的,可以认定为民事诉讼法第二百三十八条第二款规定的公证债权文书确有错误：

（一）公证债权文书属于不得赋予强制执行效力的债权文书的；

（二）被执行人一方未亲自或者未委托代理人到场公证等严重违反法律规定的公证程序的；

（三）公证债权文书的内容与事实不符或者违反法律强制性规定的；

（四）公证债权文书未载明被执行人不履行义务或者不完全履行义务时同意接受强制执行的。

人民法院认定执行该公证债权文书违背社会公共利益的，裁定不予执行。

公证债权文书被裁定不予执行后，当事人、公证事项的利害关系人可以就债权争议提起诉讼。

第四百七十九条 当事人请求不予执行仲裁裁决或者公证债权文书的，应当在执行终结前向执行法院提出。

《最高人民法院、司法部、中国银监会关于充分发挥公证书的强制执行效力服务银行金融债权风险防控的通知》（2017年7月13日施行　司发通〔2017〕76号）

九、被执行人提出执行异议的银行业金融机构执行案件，人民法院经审查认为相关公证债权文书确有错误的，裁定不予执行。个别事项执行标的不明确，但不影响其他事项执行的，人民法院应对其他事项予以执行。

【重点提示】

人民法院作出不予执行的裁定应当向出具公证债权文书的公证机关送达。

第十六章 执行复议

执行复议程序是执行当事人的重要救济程序之一。执行复议是指在诉讼、执行过程中，上一级人民法院根据当事人提出的申请，对下一级人民法院作出的裁定、决定事项重新审查并作出处理的程序。根据下一级法院的处理方式不同可分为不服执行行为异议裁定的复议和不服强制措施决定的复议。

第一节　执行行为复议的一般规定

【工作内容】

当事人、利害关系人不服针对人民法院的执行行为异议作出的裁定，可以向上一级人民法院申请复议的。

当事人不服人民法院针对管辖权异议作出的裁定，可以向上一级人民法院申请复议的。

不服执行法院作出的部分追加、变更执行主体的裁定，可以向上一级人民法院申请复议。

不服被执行人以债权消灭、超过申请执行期间或者其他阻止执行的实体事由提出阻止执行的异议作出的裁定，可以向上一级人民法院申请复议的。

当事人不服驳回不予执行公证债权文书申请的裁定，可以向上一级人民法院申请复议的。

人民法院基于案外人申请裁定不予执行仲裁裁决或者仲裁调解书，当事人不服的，可以自裁定送达之日起十日内向上一级人民法院申请复议；人民法院裁定驳回或者不予受理案外人提出的不予执行仲裁裁决、仲裁调解书申请，案外人不服的，可以自裁定送达之日起十日内向上一级人民法院申请复议。

刑事裁判涉财产部分执行过程中，当事人、利害关系人认为执行行为违反法律规定，或者案外人对执行标的主张足以阻止执行的实体权利，向执行法院提出书面异议的，执行法院依照民事诉讼法第二百三十二条的规定作出异议裁定后，当事人、利害关系人不服的，可以向上一级人民法院申请复议。

其他可以申请复议的案件。

【常用法律、司法解释及相关规定】

《中华人民共和国民事诉讼法》（2021年修正）

第一百一十九条 拘传、罚款、拘留必须经院长批准。

拘传应当发拘传票。

罚款、拘留应当用决定书。对决定不服的，可以向上一级人民法院申请复议一次。复议期间不停止执行。

第二百二十五条 当事人、利害关系人认为执行行为违反法律规定的，可以向负责执行的人民法院提出书面异议。当事人、利害关系人提出书面异议的，人民法院应当自收到书面异议之日起十五日内审查，理由成立的，裁定撤销或者改正；理由不成立的，裁定驳回。当事人、利害关系人对裁定不服的，可以自裁定送达之日起十日内向上一级人民法院申请复议。

《最高人民法院关于适用〈中华人民共和国民事诉讼法〉的解释》（2022年修正）

第一百八十五条 被罚款、拘留的人不服罚款、拘留决定申请复议的，应当自收到决定书之日起三日内提出。上级人民法院应当在收到复议申请后五日内作出决定，并将复议结果通知下级人民法院和当事人。

第一百八十六条 上级人民法院复议时认为强制措施不当的，应当制作决定书，撤销或者变更下级人民法院作出的拘留、罚款决定。情况紧急的，可以在口头通知后三日内发出决定书。

《最高人民法院关于适用〈中华人民共和国民事诉讼法〉执行程序若干问题的解释》（2020年修正）

第六条 当事人、利害关系人依照民事诉讼法第二百二十五条规定申请复议的，应当采取书面形式。

第七条 当事人、利害关系人申请复议的书面材料，可以通过执行法院转交，也可以直接向执行法院的上一级人民法院提交。

执行法院收到复议申请后，应当在五日内将复议所需的案卷材料报送上一级人民法院；上一级人民法院收到复议申请后，应当通知执行法院在五日内报送复议所需的案卷材料。

第八条 当事人、利害关系人依照民事诉讼法第二百二十五条规定申请复议的，上一级人民法院应当自收到复议申请之日起三十日内审查完毕，并作出裁定。有特殊情况需要延长的，经本院院长批准，可以延长，延长的期限不得超过三十日。

第九条 执行异议审查和复议期间，不停止执行。

被执行人、利害关系人提供充分、有效的担保请求停止相应处分措施的，人民法院可以准许；申请执行人提供充分、有效的担保请求继续执行的，应当继续执行。

《最高人民法院关于人民法院办理执行异议复议案件若干问题的规定》（2020年修正）

第一条 异议人提出执行异议或者复议申请人申请复议，应当向人民法院提交申请书。申请书应当载明具体的异议或者复议请求、事实、理由等内容，并附下列材料：

（一）异议人或者复议申请人的身份证明；

（二）相关证据材料；

（三）送达地址和联系方式。

第二条 执行异议符合民事诉讼法第二百二十五条或者第二百二十七条规定条件的，人民法院应当在三日内立案，并在立案后三日内通知异议人和相关当事人。不符合受理条件的，裁定不予受理；立案后发现不符合受理条件的，裁定驳回申请。

执行异议申请材料不齐备的，人民法院应当一次性告知异议人在三日内补足，逾期未补足的，不予受理。

异议人对不予受理或者驳回申请裁定不服的，可以自裁定送达之日起十日内向上一级人民法院申请复议。上一级人民法院审查后认为符合受理条件的，应当裁定撤销原裁定，指令执行法院立案或者对执行异议进行审查。

第九条 被限制出境的人认为对其限制出境错误的，可以自收到限制出境决定之日起十日内向上一级人民法院申请复议。上一级人民法院应当自收到复议申请之日起十五日内作出决定。复议期间，不停止原决定的执行。

第十条 当事人不服驳回不予执行公证债权文书申请的裁定的，可以自收到裁定之日起十日内向上一级人民法院申请复议。上一级人民法院应当自收到复议申请之日起三十日内审查，理由成立的，裁定撤销原裁定，不予执行该公证债权文书；理由不成立的，裁定驳回复议申请。复议期间，不停止执行。

第十一条 人民法院审查执行异议或者复议案件，应当依法组成合议庭。
指令重新审查的执行异议案件，应当另行组成合议庭。
办理执行实施案件的人员不得参与相关执行异议和复议案件的审查。

第十二条 人民法院对执行异议和复议案件实行书面审查。案情复杂、争议较大的，应当进行听证。

第十三条 执行异议、复议案件审查期间，异议人、复议申请人申请撤回异议、复议申请的，是否准许由人民法院裁定。

第十四条 异议人或者复议申请人经合法传唤，无正当理由拒不参加听证，或者未经法庭许可中途退出听证，致使人民法院无法查清相关事实的，由其自行承担不利后果。

第二十三条 上一级人民法院对不服异议裁定的复议申请审查后，应当按照下列情形，分别处理：

（一）异议裁定认定事实清楚，适用法律正确，结果应予维持的，裁定驳回复议申请，维持异议裁定；

（二）异议裁定认定事实错误，或者适用法律错误，结果应予纠正的，裁定撤销或者变更异议裁定；

（三）异议裁定认定基本事实不清、证据不足的，裁定撤销异议裁定，发回作出裁定的人民法院重新审查，或者查清事实后作出相应裁定；

（四）异议裁定遗漏异议请求或者存在其他严重违反法定程序的情形，裁定撤销异议裁定，发回作出裁定的人民法院重新审查；

（五）异议裁定对应当适用民事诉讼法第二百二十七条规定审查处理的异

议，错误适用民事诉讼法第二百二十五条规定审查处理的，裁定撤销异议裁定，发回作出裁定的人民法院重新作出裁定。

除依照本条第一款第三、四、五项发回重新审查或者重新作出裁定的情形外，裁定撤销或者变更异议裁定且执行行为可撤销、变更的，应当同时撤销或者变更该裁定维持的执行行为。

人民法院对发回重新审查的案件作出裁定后，当事人、利害关系人申请复议的，上一级人民法院复议后不得再次发回重新审查。

《最高人民法院关于执行案件立案、结案若干问题的意见》（2015年1月1日施行　法发〔2014〕26号）

第九条　下列案件，人民法院应当按照执行异议案件予以立案：

（一）当事人、利害关系人认为人民法院的执行行为违反法律规定，提出书面异议的；

（二）执行过程中，案外人对执行标的提出书面异议的；

（三）人民法院受理执行申请后，当事人对管辖权提出异议的；

（四）申请执行人申请追加、变更被执行人的；

（五）被执行人以债权消灭、超过申请执行期间或者其他阻止执行的实体事由提出阻止执行的；

（六）被执行人对仲裁裁决或者公证机关赋予强制执行效力的公证债权文书申请不予执行的；

（七）其他依法可以申请执行异议的。

第十条　下列案件，人民法院应当按照执行复议案件予以立案：

（一）当事人、利害关系人不服人民法院针对本意见第九条第（一）项、第（三）项、第（五）项作出的裁定，向上一级人民法院申请复议的；

（二）除因夫妻共同债务、出资人未依法出资、股权转让引起的追加和对一人公司股东的追加外，当事人、利害关系人不服人民法院针对本意见第九条第（四）项作出的裁定，向上一级人民法院申请复议的；

（三）当事人不服人民法院针对本意见第九条第（六）项作出的不予执行公证债权文书、驳回不予执行公证债权文书申请、不予执行仲裁裁决、驳回不予执行仲裁裁决申请的裁定，向上一级人民法院申请复议的；

（四）其他依法可以申请复议的。

第二十五条 执行复议案件的结案方式包括：

（一）准许撤回申请，即申请复议人撤回复议申请的；

（二）驳回复议申请，维持异议裁定，即异议裁定认定事实清楚，适用法律正确，复议理由不成立的；

（三）撤销或变更异议裁定，即异议裁定认定事实错误或者适用法律错误，复议理由成立的；

（四）查清事实后作出裁定，即异议裁定认定事实不清，证据不足的；

（五）撤销异议裁定，发回重新审查，即异议裁定遗漏异议请求或者异议裁定错误对案外人异议适用执行行为异议审查程序的。

人民法院对重新审查的案件作出裁定后，当事人申请复议的，上级人民法院不得再次发回重新审查。

执行复议案件应当制作裁定书，并送达当事人。法律、司法解释规定对执行复议案件可以口头裁定的，应当记入笔录。

《最高人民法院关于民事执行中变更、追加当事人若干问题的规定》（2020年修正）

第三十条 被申请人、申请人或其他执行当事人对执行法院作出的变更、追加裁定或驳回申请裁定不服的，可以自裁定书送达之日起十日内向上一级人民法院申请复议，但依据本规定第三十二条的规定应当提起诉讼的除外。

第三十一条 上一级人民法院对复议申请应当组成合议庭审查，并自收到申请之日起六十日内作出复议裁定。有特殊情况需要延长的，由本院院长批准。

被裁定变更、追加的被申请人申请复议的，复议期间，人民法院不得对其争议范围内的财产进行处分。申请人请求人民法院继续执行并提供相应担保的，人民法院可以准许。

《最高人民法院关于刑事裁判涉财产部分执行的若干规定》（2014年11月6日施行　法释〔2014〕13号）

第十四条 执行过程中，当事人、利害关系人认为执行行为违反法律规定，或者案外人对执行标的主张足以阻止执行的实体权利，向执行法院提出书面异议的，执行法院应当依照民事诉讼法第二百二十五条的规定处理。

人民法院审查案外人异议、复议，应当公开听证。

《最高人民法院关于人民法院办理仲裁裁决执行案件若干问题的规定》
(2018年3月1日施行　法释〔2018〕5号)

第五条　申请执行人对人民法院依照本规定第三条、第四条作出的驳回执行申请裁定不服的，可以自裁定送达之日起十日内向上一级人民法院申请复议。

第二十二条　人民法院裁定不予执行仲裁裁决、驳回或者不予受理不予执行仲裁裁决申请后，当事人对该裁定提出执行异议或者申请复议的，人民法院不予受理。

人民法院裁定不予执行仲裁裁决的，当事人可以根据双方达成的书面仲裁协议重新申请仲裁，也可以向人民法院起诉。

人民法院基于案外人申请裁定不予执行仲裁裁决或者仲裁调解书，当事人不服的，可以自裁定送达之日起十日内向上一级人民法院申请复议；人民法院裁定驳回或者不予受理案外人提出的不予执行仲裁裁决、仲裁调解书申请，案外人不服的，可以自裁定送达之日起十日内向上一级人民法院申请复议。

《最高人民法院关于公证债权文书执行若干问题的规定》(2018年10月1日施行　法释〔2018〕18号)

第十二条　有下列情形之一的，被执行人可以依照民事诉讼法第二百三十八条第二款规定申请不予执行公证债权文书：

（一）被执行人未到场且未委托代理人到场办理公证的；

（二）无民事行为能力人或者限制民事行为能力人没有监护人代为办理公证的；

（三）公证员为本人、近亲属办理公证，或者办理与本人、近亲属有利害关系的公证的；

（四）公证员办理该项公证有贪污受贿、徇私舞弊行为，已经由生效刑事法律文书等确认的；

（五）其他严重违反法定公证程序的情形。

被执行人以公证债权文书的内容与事实不符或者违反法律强制性规定等实体事由申请不予执行的，人民法院应当告知其依照本规定第二十二条第一款规定提起诉讼。

第十三条 被执行人申请不予执行公证债权文书，应当在执行通知书送达之日起十五日内向执行法院提出书面申请，并提交相关证据材料；有本规定第十二条第一款第三项、第四项规定情形且执行程序尚未终结的，应当自知道或者应当知道有关事实之日起十五日内提出。

公证债权文书执行案件被指定执行、提级执行、委托执行后，被执行人申请不予执行的，由提出申请时负责该案件执行的人民法院审查。

第十四条 被执行人认为公证债权文书存在本规定第十二条第一款规定的多个不予执行事由的，应当在不予执行案件审查期间一并提出。

不予执行申请被裁定驳回后，同一被执行人再次提出申请的，人民法院不予受理。但有证据证明不予执行事由在不予执行申请被裁定驳回后知道的，可以在执行程序终结前提出。

第十五条 人民法院审查不予执行公证债权文书案件，案情复杂、争议较大的，应当进行听证。必要时可以向公证机构调阅公证案卷，要求公证机构作出书面说明，或者通知公证员到庭说明情况。

第十六条 人民法院审查不予执行公证债权文书案件，应当在受理之日起六十日内审查完毕并作出裁定；有特殊情况需要延长的，经本院院长批准，可以延长三十日。

第十七条 人民法院审查不予执行公证债权文书案件期间，不停止执行。

被执行人提供充分、有效的担保，请求停止相应处分措施的，人民法院可以准许；申请执行人提供充分、有效的担保，请求继续执行的，应当继续执行。

第十八条 被执行人依照本规定第十二条第一款规定申请不予执行，人民法院经审查认为理由成立的，裁定不予执行；理由不成立的，裁定驳回不予执行申请。

公证债权文书部分内容具有本规定第十二条第一款规定情形的，人民法院应当裁定对该部分不予执行；应当不予执行部分与其他部分不可分的，裁定对该公证债权文书不予执行。

第十九条 人民法院认定执行公证债权文书违背公序良俗的，裁定不予执行。

第二十条 公证债权文书被裁定不予执行的，当事人可以就该公证债权文书涉及的民事权利义务争议向人民法院提起诉讼；公证债权文书被裁定部分不予执行的，当事人可以就该部分争议提起诉讼。

当事人对不予执行裁定提出执行异议或者申请复议的，人民法院不予受理。

第二十一条　当事人不服驳回不予执行申请裁定的，可以自裁定送达之日起十日内向上一级人民法院申请复议。上一级人民法院应当自收到复议申请之日起三十日内审查。经审查，理由成立的，裁定撤销原裁定，不予执行该公证债权文书；理由不成立的，裁定驳回复议申请。复议期间，不停止执行。

第二十二条　有下列情形之一的，债务人可以在执行程序终结前，以债权人为被告，向执行法院提起诉讼，请求不予执行公证债权文书：

（一）公证债权文书载明的民事权利义务关系与事实不符；

（二）经公证的债权文书具有法律规定的无效、可撤销等情形；

（三）公证债权文书载明的债权因清偿、提存、抵销、免除等原因全部或者部分消灭。

债务人提起诉讼，不影响人民法院对公证债权文书的执行。债务人提供充分、有效的担保，请求停止相应处分措施的，人民法院可以准许；债权人提供充分、有效的担保，请求继续执行的，应当继续执行。

第二十三条　对债务人依照本规定第二十二条第一款规定提起的诉讼，人民法院经审理认为理由成立的，判决不予执行或者部分不予执行；理由不成立的，判决驳回诉讼请求。

当事人同时就公证债权文书涉及的民事权利义务争议提出诉讼请求的，人民法院可以在判决中一并作出裁判。

第二十四条　有下列情形之一的，债权人、利害关系人可以就公证债权文书涉及的民事权利义务争议直接向有管辖权的人民法院提起诉讼：

（一）公证债权文书载明的民事权利义务关系与事实不符；

（二）经公证的债权文书具有法律规定的无效、可撤销等情形。

债权人提起诉讼，诉讼案件受理后又申请执行公证债权文书的，人民法院不予受理。进入执行程序后债权人又提起诉讼的，诉讼案件受理后，人民法院可以裁定终结公证债权文书的执行；债权人请求继续执行其未提出争议部分的，人民法院可以准许。

利害关系人提起诉讼，不影响人民法院对公证债权文书的执行。利害关系人提供充分、有效的担保，请求停止相应处分措施的，人民法院可以准许；债权人提供充分、有效的担保，请求继续执行的，应当继续执行。

《最高人民法院关于执行工作中正确适用修改后民事诉讼法第202条、第204条规定的通知》（2008年11月28日施行　法明传〔2008〕1223号）

各省、自治区、直辖市高级人民法院，解放军军事法院，新疆维吾尔自治区高级人民法院生产建设兵团分院：

近期，我院陆续收到当事人直接或通过执行法院向我院申请复议的案件。经审查发现，部分申请复议的案件不符合法律规定。为了保证各级人民法院在执行工作过程中正确适用修改后民事诉讼法第202条、第204条的规定，现通知如下：

一、当事人、利害关系人根据民事诉讼法第202条的规定，提出异议或申请复议，只适用于发生在2008年4月1日后作出的执行行为；对于2008年4月1日前发生的执行行为，当事人、利害关系人可以依法提起申诉，按监督案件处理。

二、案外人对执行标的提出异议的，执行法院应当审查并作出裁定。按民事诉讼法第204条的规定，案外人不服此裁定只能提起诉讼或者按审判监督程序办理。执行法院在针对异议作出的裁定书中赋予案外人、当事人申请复议的权利，无法律依据。

三、当事人、利害关系人认为执行法院的执行行为违法的，应当先提出异议，对执行法院作出的异议裁定不服的才能申请复议。执行法院不得在作出执行行为的裁定书中直接赋予当事人申请复议的权力。

第二节　执行行为异议的复议案件审查

【工作内容】

一、申请复议应当提交的材料

复议申请书，载明具体的复议请求、事由、理由等；复议申请人的身份证明、委托手续等；送达地址和联系方式的确认书；复议指向的执行行为或执行标的所涉及的相关执行文书；支持复议申请人主张的证明材料原件及复印件。

二、提出执行复议的时限

当事人、利害关系人对执行行为异议裁定不服的，可以自裁定送达之日起十日内向上一级人民法院申请复议。

人民法院依照民事诉讼法第二百三十二条规定作出裁定时，应当告知相关权利人申请复议的权利和期限。

三、执行复议的审查方式

组成合议庭进行审查；以书面审查为原则，对于案情复杂、争议较大的案件，可以进行听证。刑事涉财产刑执行复议案件必须公开听证。参照执行异议审查内容进行审查。

四、复议案件的审查期限

当事人、利害关系人依照民事诉讼法第二百三十二条的规定申请复议的，上一级人民法院应当自收到复议申请之日起三十日内审查完毕，并作出裁定。有特殊情况需要延长的，经本院院长批准，可以延长，延长的期限不得超过三十日。

被申请人、申请人或其他执行当事人对执行法院作出的变更、追加裁定或驳回申请裁定不服的，可以自裁定书送达之日起十日内向上一级人民法院申请复议，上一级人民法院对复议申请应当组成合议庭审查，并自收到申请之日起六十日内作出复议裁定。有特殊情况需要延长的，由本院院长批准。

五、复议案件的审查期间执行

执行复议审查期间，不停止执行。被执行人、利害关系人提供充分、有效的担保请求停止相应处分措施的，人民法院可以准许；申请执行人提供充分、有效的担保请求继续执行的，应当继续执行。

六、执行复议案件的结案方式

撤回：执行复议案件审查期间，复议申请人撤回复议申请的，由法院裁定是否准许。

异议人对不予受理异议或者驳回申请裁定不服的，上一级人民法院审查后认为符合受理条件的，应当裁定撤销原裁定，指令执行法院立案或者对执行异议进行审查。

异议裁定认定事实清楚，适用法律正确，结果应予维持的，裁定驳回复议申请，维持异议裁定。

异议裁定认定事实错误，或者适用法律错误，结果应予纠正的，裁定撤销或者变更异议裁定。

异议裁定认定基本事实不清、证据不足的，裁定撤销异议裁定，发回作出裁定的人民法院重新审查，或者查清事实后作出相应裁定。

异议裁定遗漏异议请求或者存在其他严重违反法定程序的情形，裁定撤销异议裁定，发回作出裁定的人民法院重新审查。

异议裁定对应当适用民事诉讼法第二百三十四条规定审查处理的异议，错误适用民事诉讼法第二百三十二条规定审查处理的，裁定撤销异议裁定，发回作出裁定的人民法院重新作出裁定。

除依照《最高人民法院关于人民法院办理执行异议复议案件若干问题的规定》第二十三条第一款第三、四、五项发回重新审查或者重新作出裁定的情形外，裁定撤销或者变更异议裁定且执行行为可撤销、变更的，应当同时撤销或者变更该裁定维持的执行行为。

人民法院对发回重新审查的案件作出裁定后，当事人、利害关系人申请复议的，上一级人民法院复议后不得再次发回重新审查。

终结审查。复议审查期间，执行法院自行改变执行行为或者执行程序已经终结的，复议申请人又不撤回复议申请的，裁定终结审查。

【重点提示】

可以申请复议的主体不限于提出异议的当事人、利害关系人，未提出异议的当事人和利害关系人，如果其合法权益因法院作出的裁定受到侵害的，也可以申请复议。

多方当事人对同一异议裁定申请复议的，上一级人民法院应当一并审查。

当事人不服驳回不予执行公证债权文书申请的裁定申请复议的，上一级人民法院应当自收到复议申请之日起三十日内审查，理由成立的，裁定撤销原裁定，不予执行该公证债权文书；理由不成立的，裁定驳回复议申请。复议期间，不停止执行。

人民法院裁定不予执行仲裁裁决、驳回或者不予受理不予执行仲裁裁决申请后，当事人对该裁定提出执行异议或者申请复议的，人民法院不予受理。

2018年10月1日后，公证债权文书被裁定不予执行的，当事人可以就该公证债权文书涉及的民事权利义务争议向人民法院提起诉讼；公证债权文书被裁定部分不予执行的，当事人可以就该部分争议提起诉讼。当事人对不予执行裁定提出执行异议或者申请复议的，人民法院不予受理。

财产刑执行程序没有申请人，民事执行中的执行异议之诉无法提起，人民法院依照民事诉讼法第二百三十二条对"案外人异议"的复议审查具有终局性，这就决定了人民法院的审查不能再局限于形式审查的范围，必须介入实质审查。

申请执行人申请执行的有抵押财产的案件中，在生效裁判文书中没有论及抵押合同的效力及优先受偿的范围；或者公证债权文书执行案件中有抵押财产，公证债权文书未论及抵押权优先受偿的范围。《最高人民法院关于适用〈中华人民共和国担保法〉若干问题的解释》第六十一条规定"抵押物登记记载的内容与抵押合同约定的内容不一致的，以登记记载的内容为准。"该条文是对抵押登记内容的规定，而非是对抵押担保范围的规定，他项权证记载的权利数额与抵押担保范围系不同事项,当抵押合同对于抵押担保范围进行明确约定的情况下应依照合同约定执行。

第三节 不服强制措施决定的复议

【工作内容】

一、拘留、罚款复议

对罚款、拘留决定不服的,可以向上一级人民法院申请复议一次。

(一)提出复议的时限

被罚款、拘留的人不服罚款、拘留决定申请复议的,应当自收到决定书之日起三日内提出。

(二)复议案件处理

上级人民法院应当在收到复议申请后五日内作出决定,并将复议结果通知下级人民法院和当事人。情况紧急的,可以在口头通知后三日内发出决定书。

(三)复议案件的审查期间执行

复议期间不影响执行。

二、限制出境复议

限制出境,指有权机关依法对入境的外国人、无国籍人或本国公民采取的阻止其离境的行为。限制出境可以采取口头或书面决定等方式作出。

(一)复议时限

被限制出境的人认为对其限制出境错误的,可以自收到限制出境决定之日起十日内向上一级人民法院申请复议。

(二) 审查期限

上一级人民法院应当自收到复议申请之日起十五日内作出决定。

(三) 复议案件期间的执行

复议期间，不停止原决定的执行。

三、对被纳入失信名单纠正申请予以驳回、限制消费的决定申请复议

被执行人未履行生效法律文书确定的义务，并具有下列情形之一的，人民法院应当将其纳入失信被执行人名单，依法对其进行信用惩戒。人民法院可以采取限制消费措施，限制其高消费及非生活或者经营必需的有关消费。纳入失信被执行人名单的被执行人，人民法院应当对其采取限制消费措施。

公民、法人或其他组织不服被纳入失信被执行人名单申请纠正被予以驳回的决定、不服限制消费决定，向上一级人民法院申请复议。

(一) 提出复议时间

公民、法人或其他组织对驳回决定不服的，可以自决定书送达之日起十日内向上一级人民法院申请复议。

(二) 复议审查期限

上一级人民法院应当自收到复议申请之日起十五日内作出决定。

(三) 复议期间执行

复议期间，不停止原决定的执行。

【常用法律、司法解释及相关规定】

《中华人民共和国民事诉讼法》（2021年修正）

第一百一十二条 人民法院对必须到庭的被告，经两次传票传唤，无正

当理由拒不到庭的，可以拘传。

第一百一十三条 诉讼参与人和其他人应当遵守法庭规则。

人民法院对违反法庭规则的人，可以予以训诫，责令退出法庭或者予以罚款、拘留。

人民法院对哄闹、冲击法庭，侮辱、诽谤、威胁、殴打审判人员，严重扰乱法庭秩序的人，依法追究刑事责任；情节较轻的，予以罚款、拘留。

第一百一十四条 诉讼参与人或者其他人有下列行为之一的，人民法院可以根据情节轻重予以罚款、拘留；构成犯罪的，依法追究刑事责任：

（一）伪造、毁灭重要证据，妨碍人民法院审理案件的；

（二）以暴力、威胁、贿买方法阻止证人作证或者指使、贿买、胁迫他人作伪证的；

（三）隐藏、转移、变卖、毁损已被查封、扣押的财产，或者已被清点并责令其保管的财产，转移已被冻结的财产的；

（四）对司法工作人员、诉讼参加人、证人、翻译人员、鉴定人、勘验人、协助执行的人，进行侮辱、诽谤、诬陷、殴打或者打击报复的；

（五）以暴力、威胁或者其他方法阻碍司法工作人员执行职务的；

（六）拒不履行人民法院已经发生法律效力的判决、裁定的。

人民法院对有前款规定的行为之一的单位，可以对其主要负责人或者直接责任人员予以罚款、拘留；构成犯罪的，依法追究刑事责任。

第一百一十五条 当事人之间恶意串通，企图通过诉讼、调解等方式侵害他人合法权益的，人民法院应当驳回其请求，并根据情节轻重予以罚款、拘留；构成犯罪的，依法追究刑事责任。

第一百一十六条 被执行人与他人恶意串通，通过诉讼、仲裁、调解等方式逃避履行法律文书确定的义务的，人民法院应当根据情节轻重予以罚款、拘留；构成犯罪的，依法追究刑事责任。

第一百一十七条 有义务协助调查、执行的单位有下列行为之一的，人民法院除责令其履行协助义务外，并可以予以罚款：

（一）有关单位拒绝或者妨碍人民法院调查取证的；

（二）有关单位接到人民法院协助执行通知书后，拒不协助查询、扣押、冻结、划拨、变价财产的；

(三) 有关单位接到人民法院协助执行通知书后，拒不协助扣留被执行人的收入、办理有关财产权证照转移手续、转交有关票证、证照或者其他财产的；

(四) 其他拒绝协助执行的。

人民法院对有前款规定的行为之一的单位，可以对其主要负责人或者直接责任人员予以罚款；对仍不履行协助义务的，可以予以拘留；并可以向监察机关或者有关机关提出予以纪律处分的司法建议。

第一百一十八条 对个人的罚款金额，为人民币十万元以下。对单位的罚款金额，为人民币五万元以上一百万元以下。

拘留的期限，为十五日以下。

被拘留的人，由人民法院交公安机关看管。在拘留期间，被拘留人承认并改正错误的，人民法院可以决定提前解除拘留。

第一百一十九条 拘传、罚款、拘留必须经院长批准。

拘传应当发拘传票。

罚款、拘留应当用决定书。对决定不服的，可以向上一级人民法院申请复议一次。复议期间不停止执行。

第一百二十条 采取对妨害民事诉讼的强制措施必须由人民法院决定。任何单位和个人采取非法拘禁他人或者非法私自扣押他人财产追索债务的，应当依法追究刑事责任，或者予以拘留、罚款。

第二百六十二条 被执行人不履行法律文书确定的义务的，人民法院可以对其采取或者通知有关单位协助采取限制出境，在征集系统记录、通过媒体公布不履行义务信息以及法律规定的其他措施。

《最高人民法院关于适用〈中华人民共和国民事诉讼法〉的解释》（2022年修正)

第一百八十三条 民事诉讼法第一百一十条至第一百一十三条规定的罚款、拘留可以单独适用，也可以合并适用。

第一百八十四条 对同一妨害民事诉讼行为的罚款、拘留不得连续适用。发生新的妨害民事诉讼行为的，人民法院可以重新予以罚款、拘留。

第一百八十五条 被罚款、拘留的人不服罚款、拘留决定申请复议的，应当自收到决定书之日起三日内提出。上级人民法院应当在收到复议申请后五日内作出决定，并将复议结果通知下级人民法院和当事人。

第一百八十六条 上级人民法院复议时认为强制措施不当的，应当制作决定书，撤销或者变更下级人民法院作出的拘留、罚款决定。情况紧急的，可以在口头通知后三日内发出决定书。

第一百八十七条 民事诉讼法第一百一十一条第一款第五项规定的以暴力、威胁或者其他方法阻碍司法工作人员执行职务的行为，包括：

（一）在人民法院哄闹、滞留，不听从司法工作人员劝阻的；

（二）故意毁损、抢夺人民法院法律文书、查封标志的；

（三）哄闹、冲击执行公务现场，围困、扣押执行或者协助执行公务人员的；

（四）毁损、抢夺、扣留案件材料、执行公务车辆、其他执行公务器械、执行公务人员服装和执行公务证件的；

（五）以暴力、威胁或者其他方法阻碍司法工作人员查询、查封、扣押、冻结、划拨、拍卖、变卖财产的；

（六）以暴力、威胁或者其他方法阻碍司法工作人员执行职务的其他行为。

第一百八十八条 民事诉讼法第一百一十一条第一款第六项规定的拒不履行人民法院已经发生法律效力的判决、裁定的行为，包括：

（一）在法律文书发生法律效力后隐藏、转移、变卖、毁损财产或者无偿转让财产、以明显不合理的价格交易财产、放弃到期债权、无偿为他人提供担保等，致使人民法院无法执行的；

（二）隐藏、转移、毁损或者未经人民法院允许处分已向人民法院提供担保的财产的；

（三）违反人民法院限制高消费令进行消费的；

（四）有履行能力而拒不按照人民法院执行通知履行生效法律文书确定的义务的；

（五）有义务协助执行的个人接到人民法院协助执行通知书后，拒不协助执行的。

第一百八十九条 诉讼参与人或者其他人有下列行为之一的，人民法院可以适用民事诉讼法第一百一十一条的规定处理：

（一）冒充他人提起诉讼或者参加诉讼的；

（二）证人签署保证书后作虚假证言，妨碍人民法院审理案件的；

（三）伪造、隐藏、毁灭或者拒绝交出有关被执行人履行能力的重要证据，妨碍人民法院查明被执行人财产状况的；

（四）擅自解冻已被人民法院冻结的财产的；

（五）接到人民法院协助执行通知书后，给当事人通风报信，协助其转移、隐匿财产的。

第一百九十一条 单位有民事诉讼法第一百一十二条或者第一百一十三条规定行为的，人民法院应当对该单位进行罚款，并可以对其主要负责人或者直接责任人员予以罚款、拘留；构成犯罪的，依法追究刑事责任。

第一百九十二条 有关单位接到人民法院协助执行通知书后，有下列行为之一的，人民法院可以适用民事诉讼法第一百一十四条规定处理：

（一）允许被执行人高消费的；

（二）允许被执行人出境的；

（三）拒不停止办理有关财产权证照转移手续、权属变更登记、规划审批等手续的；

（四）以需要内部请示、内部审批，有内部规定等为由拖延办理的。

第一百九十三条 人民法院对个人或者单位采取罚款措施时，应当根据其实施妨害民事诉讼行为的性质、情节、后果，当地的经济发展水平，以及诉讼标的额等因素，在民事诉讼法第一百一十五条第一款规定的限额内确定相应的罚款金额。

《最高人民法院关于人民法院办理执行异议复议案件若干问题的规定》（2020年修正）

第九条 被限制出境的人认为对其限制出境错误的，可以自收到限制出境决定之日起十日内向上一级人民法院申请复议。上一级人民法院应当自收到复议申请之日起十五日内作出决定。复议期间，不停止原决定的执行。

《中华人民共和国出境入境管理法》（2012年6月30日发布）

第八条 对外国人和中国公民在大陆境内有未了结的民商事案件，人民法院可以决定其限制出境措施。

《最高人民法院院关于公布失信被执行人名单信息的若干规定》（2017年1月16日修正）

为促使被执行人自觉履行生效法律文书确定的义务，推进社会信用体系建设，根据《中华人民共和国民事诉讼法》的规定，结合人民法院工作实际，制定本规定。

第一条 被执行人未履行生效法律文书确定的义务，并具有下列情形之一的，人民法院应当将其纳入失信被执行人名单，依法对其进行信用惩戒：

（一）有履行能力而拒不履行生效法律文书确定义务的；

（二）以伪造证据、暴力、威胁等方法妨碍、抗拒执行的；

（三）以虚假诉讼、虚假仲裁或者以隐匿、转移财产等方法规避执行的；

（四）违反财产报告制度的；

（五）违反限制消费令的；

（六）无正当理由拒不履行执行和解协议的。

第二条 被执行人具有本规定第一条第二项至第六项规定情形的，纳入失信被执行人名单的期限为二年。被执行人以暴力、威胁方法妨碍、抗拒执行情节严重或具有多项失信行为的，可以延长一至三年。

失信被执行人积极履行生效法律文书确定义务或主动纠正失信行为的，人民法院可以决定提前删除失信信息。

第三条 具有下列情形之一的，人民法院不得依据本规定第一条第一项的规定将被执行人纳入失信被执行人名单：

（一）提供了充分有效担保的；

（二）已被采取查封、扣押、冻结等措施的财产足以清偿生效法律文书确定债务的；

（三）被执行人履行顺序在后，对其依法不应强制执行的；

（四）其他不属于有履行能力而拒不履行生效法律文书确定义务的情形。

第四条 被执行人为未成年人的，人民法院不得将其纳入失信被执行人名单。

第五条 人民法院向被执行人发出的执行通知中，应当载明有关纳入失信被执行人名单的风险提示等内容。

申请执行人认为被执行人具有本规定第一条规定情形之一的，可以向人民法院申请将其纳入失信被执行人名单。人民法院应当自收到申请之日起十五日内审查并作出决定。人民法院认为被执行人具有本规定第一条规定情形之一的，也可以依职权决定将其纳入失信被执行人名单。

人民法院决定将被执行人纳入失信被执行人名单的，应当制作决定书，决定书应当写明纳入失信被执行人名单的理由，有纳入期限的，应当写明纳入期限。决定书由院长签发，自作出之日起生效。决定书应当按照民事诉讼法规定的法律文书送达方式送达当事人。

第十二条 公民、法人或其他组织对被纳入失信被执行人名单申请纠正的，执行法院应当自收到书面纠正申请之日起十五日内审查，理由成立的，应当在三个工作日内纠正；理由不成立的，决定驳回。公民、法人或其他组织对驳回决定不服的，可以自决定书送达之日起十日内向上一级人民法院申请复议。上一级人民法院应当自收到复议申请之日起十五日内作出决定。复议期间，不停止原决定的执行。

《最高人民法院关于限制被执行人高消费及有关消费的若干规定》（2015年7月22日施行　法释〔2015〕17号）

第一条 被执行人未按执行通知书指定的期间履行生效法律文书确定的给付义务的，人民法院可以采取限制消费措施，限制其高消费及非生活或者经营必需的有关消费。

纳入失信被执行人名单的被执行人，人民法院应当对其采取限制消费措施。

第二条 人民法院决定采取限制消费措施时，应当考虑被执行人是否有消极履行、规避执行或者抗拒执行的行为以及被执行人的履行能力等因素。

第三条 被执行人为自然人的，被采取限制消费措施后，不得有以下高消费及非生活和工作必需的消费行为：

（一）乘坐交通工具时，选择飞机、列车软卧、轮船二等以上舱位；

（二）在星级以上宾馆、酒店、夜总会、高尔夫球场等场所进行高消费；

（三）购买不动产或者新建、扩建、高档装修房屋；

（四）租赁高档写字楼、宾馆、公寓等场所办公；

（五）购买非经营必需车辆；

（六）旅游、度假；

（七）子女就读高收费私立学校；

（八）支付高额保费购买保险理财产品；

（九）乘坐G字头动车组列车全部座位、其他动车组列车一等以上座位等其他非生活和工作必需的消费行为。

被执行人为单位的，被采取限制消费措施后，被执行人及其法定代表人、主要负责人、影响债务履行的直接责任人员、实际控制人不得实施前款规定的行为。因私消费以个人财产实施前款规定行为的，可以向执行法院提出申请。执行法院审查属实的，应予准许。

第四条 限制消费措施一般由申请执行人提出书面申请，经人民法院审查决定；必要时人民法院可以依职权决定。

第五条 人民法院决定采取限制消费措施的，应当向被执行人发出限制消费令。限制消费令由人民法院院长签发。限制消费令应当载明限制消费的期间、项目、法律后果等内容。

第六条 人民法院决定采取限制消费措施的，可以根据案件需要和被执行人的情况向有义务协助调查、执行的单位送达协助执行通知书，也可以在相关媒体上进行公告。

第七条 限制消费令的公告费用由被执行人负担；申请执行人申请在媒体公告的，应当垫付公告费用。

第八条 被限制消费的被执行人因生活或者经营必需而进行本规定禁止的消费活动的，应当向人民法院提出申请，获批准后方可进行。

第九条 在限制消费期间，被执行人提供确实有效的担保或者经申请执行人同意的，人民法院可以解除限制消费令；被执行人履行完毕生效法律文书确定的义务的，人民法院应当在本规定第六条通知或者公告的范围内及时以通知或者公告解除限制消费令。

第十条 人民法院应当设置举报电话或者邮箱，接受申请执行人和社会公众对被限制消费的被执行人违反本规定第三条的举报，并进行审查认定。

第十一条 被执行人违反限制消费令进行消费的行为属于拒不履行人民法院已经发生法律效力的判决、裁定的行为，经查证属实的，依照《中华人民共和国民事诉讼法》第一百一十一条的规定，予以拘留、罚款。情节严重，构成犯罪的，追究其刑事责任。

有关单位在收到人民法院协助执行通知书后，仍允许被执行人进行高消费及非生活或者经营必需的有关消费的，人民法院可以依照《中华人民共和国民事诉讼法》第一百一十四条的规定，追究其法律责任。

《关于落实在一定期限内适当限制特定严重失信人乘坐火车、民用航空器有关工作的通知》（2018 年 7 月 9 日施行　发改办财金〔2018〕794 号）

（1）信息采集

最高人民法院分别与民航局、铁路总公司建立了数据传输通道，并实现了名单信息互联共享，因此仍然保持原数据传输通道和信息共享方式不变，全国信用信息共享平台不再重复推送名单信息。

（2）发布执行和权利救济

根据《最高人民法院关于公布失信被执行人名单信息的若干规定》（法释〔2017〕7 号）和《最高人民法院关于限制被执行人高消费及有关消费的若干规定》（法释〔2015〕17 号）规定，人民法院制作的纳入失信被执行人名单决定书和限制消费令，由人民法院院长签发，自作出之日起生效。生效后，最高人民法院将失信被执行人名单和限制消费措施名单推送给民航局和铁路总公司，民航局和铁路总公司收到失信被执行人名单和限制消费措施名单后，即按名单执行惩戒措施。

法人、公民或其他组织对被纳入失信被执行人名单有异议的，应当向执行法院提出书面纠正申请，执行法院应当自收到书面纠正申请之日起十五日内审查，理由成立的，应当在三个工作日内纠正；理由不成立的，决定驳回。公民、法人或其他组织对驳回决定不服的，可以自决定书送达之日起十日内向上一级人民法院申请复议。上一级人民法院应当自收到复议申请之日起十五日内作出决定。复议期间，不停止原决定的执行。法人、公民或其他组织对被采取限制消费措施有异议的，参照失信被执行人名单的异议处理方式执行。

（3）移除机制

执行法院根据《最高人民法院关于公布失信被执行人名单信息的若干规定》（法释〔2017〕7 号）《最高人民法院关于限制被执行人高消费及有关消费的若干规定》（法释〔2015〕17 号），确定何时删除失信信息和限制消费信息。最高人民法院将删除失信信息和限制消费信息的名单推送给民航局和铁路总公司，民航局和铁路总公司收到删除失信信息和限制消费信息的名单后，即按名单解除惩戒措施。

【重点提示】

发生新的妨害民事诉讼行为的,人民法院可以重新予以罚款、拘留。

对拘留罚款的复议决定书,使用"司惩复"案号。

被执行单位不履行法律文书确定的义务,并将法定代表人变更的,人民法院可以对被执行单位主要负责人或者影响债务履行的直接责任人员及原法定代表人采取限制出境措施。

不得将存在下列情形的被执行人纳入失信被执行人名单:(1)提供了充分有效担保的;(2)已被采取查封、扣押、冻结等措施的财产足以清偿生效法律文书确定债务的;(3)被执行人履行顺序在后,对其依法不应强制执行的;(4)其他不属于有履行能力而拒不履行生效法律文书确定义务的情形。

被执行人为未成年人的,人民法院不得将其纳入失信被执行人名单。

将被执行人纳入失信被执行人名单可以依当事人申请也可以依职权作出决定。

【常用文书样式】

执行裁定书(执行复议用)

复议决定书(司惩复)

第十七章 执行监督

广义的执行监督包括内部监督和外部监督。外部监督是指检察机关对民事执行活动实行的法律监督。内部监督是指上级人民法院依法监督下级人民法院的执行工作，最高人民法院依法监督地方各级人民法院和专门法院的工作。

第一节 执行监督的一般规定

【工作内容】

人民法院应当按执行监督案件立案审查的情形：（1）人民法院自收到申请执行书之日起超过六个月未执行，申请执行人可以向上一级人民法院申请执行，上一级法院决定督促执行的；（2）执行案件的当事人、利害关系人、案外人向上级法院申诉，上级法院认为确有必要并决定执行监督的；（3）上级法院发现下级法院执行行为不当或有错误，决定进行执行监督的；（4）检察机关提出民事执行监督检察建议的；（5）执行法院发现本院执行行为确有错误需要纠正，决定进行执行监督的；（6）当事人、利害关系人不服民事诉讼法第二百三十一条所规定执行复议裁定，向上一级人民法院申诉信访，上一级人民法院应当作为执行监督案件立案审查；（7）当事人、利害关系人在异议期限之内已经提出异议，但是执行法院未予立案审查，如果当事人、利害关系人在异议期限之后继续申诉信访，执行法院应当作为执行监督案件立案审查；当事人、利害关系人不服前款所规定执行监督裁定，向上一级人民法院继续申诉信访，上一级人民法院应当作为执行监督案件立案审查；

(8) 人民法院认为应当执行监督的其他情形。

上级法院发现下级法院在执行中作出的裁定、决定、通知或具体执行行为不当或有错误的，应当及时指令下级法院纠正，并可以通知有关法院暂缓执行。下级法院收到上级法院的指令后必须立即纠正。如果认为上级法院的指令有错误，可以在收到该指令后五日内请求上级法院复议。上级法院认为请求复议的理由不成立，而下级法院仍不纠正的，上级法院可直接作出裁定或决定予以纠正，送达有关法院及当事人，并可直接向有关单位发出协助执行通知书。

上级法院发现下级法院的执行案件（包括受委托执行的案件）在规定的期限内未能执行结案的，应当作出裁定、决定、通知而不制作的，或应当依法实施具体执行行为而不实施的，应当督促下级法院限期执行，及时作出有关裁定等法律文书，或采取相应措施。

上级法院在监督下级法院执行案件中，发现下级法院据以执行的生效法律文书确有错误的，应当书面通知下级法院暂缓执行，并按照审判监督程序处理。

上级法院通知暂缓执行的，应同时指定暂缓执行的期限。暂缓执行的期限一般不得超过三个月。有特殊情况需要延长的，应报经院长批准，并及时通知下级法院。暂缓执行的原因消除后，应当及时通知执行法院恢复执行。期满后上级法院未通知继续暂缓执行的，执行法院可以恢复执行。

下级法院不按照上级法院的裁定、决定或通知执行，造成严重后果的，按照有关规定追究有关主管人员和直接责任人员的责任。

【常用法律、司法解释及相关规定】

《中华人民共和国民事诉讼法》（2021年修正）

第二百三十三条　人民法院自收到申请执行书之日起超过六个月未执行的，申请执行人可以向上一级人民法院申请执行。上一级人民法院经审查，可以责令原人民法院在一定期限内执行，也可以决定由本院执行或者指令其他人民法院执行。

第二百四十二条　人民检察院有权对民事执行活动实行法律监督。

《最高人民法院关于人民法院执行工作若干问题的规定（试行）》（2020年修正）

71. 上级人民法院依法监督下级人民法院的执行工作。最高人民法院依法监督地方各级人民法院和专门法院的执行工作。

72. 上级法院发现下级法院在执行中作出的裁定、决定、通知或具体执行行为不当或有错误的，应当及时指令下级法院纠正，并可以通知有关法院暂缓执行。

下级法院收到上级法院的指令后必须立即纠正。如果认为上级法院的指令有错误，可以在收到该指令后五日内请求上级法院复议。

上级法院认为请求复议的理由不成立，而下级法院仍不纠正的，上级法院可直接作出裁定或决定予以纠正，送达有关法院及当事人，并可直接向有关单位发出协助执行通知书。

73. 上级法院发现下级法院执行的非诉讼生效法律文书有不予执行事由，应当依法作出不予执行裁定而不制作的，可以责令下级法院在指定时限内作出裁定，必要时可直接裁定不予执行。

74 上级法院发现下级法院的执行案件（包括受委托执行的案件）在规定的期限内未能执行结案的，应当作出裁定、决定、通知而不制作的，或应当依法实施具体执行行为而不实施的，应当督促下级法院限期执行，及时作出有关裁定等法律文书，或采取相应措施。

对下级法院长期未能执结的案件，确有必要的，上级法院可以决定由本院执行或与下级法院共同执行，也可以指定本辖区其他法院执行。

75. 上级法院在监督、指导、协调下级法院执行案件中，发现据以执行的生效法律文书确有错误的，应当书面通知下级法院暂缓执行，并按照审判监督程序处理。

76. 上级法院在申诉案件复查期间，决定对生效法律文书暂缓执行的，有关审判庭应当将暂缓执行的通知抄送执行机构。

77. 上级法院通知暂缓执行的，应同时指定暂缓执行的期限。暂缓执行的期限一般不得超过三个月。有特殊情况需要延长的，应报经院长批准，并及时通知下级法院。

暂缓执行的原因消除后，应当及时通知执行法院恢复执行。期满后上级法院未通知继续暂缓执行的,执行法院可以恢复执行。

78. 下级法院不按照上级法院的裁定、决定或通知执行,造成严重后果的,按照有关规定追究有关主管人员和直接责任人员的责任。

《最高人民法院、最高人民检察院关于民事执行活动法律监督若干问题的规定》(2017年1月1日施行 法发〔2016〕30号)

第十二条 人民检察院提出的民事执行监督检察建议,统一由同级人民法院立案受理。

第十三条 人民法院收到人民检察院的检察建议书后,应当在三个月内将审查处理情况以回复意见函的形式回复人民检察院,并附裁定、决定等相关法律文书。有特殊情况需要延长的,经本院院长批准,可以延长一个月。

回复意见函应当载明人民法院查明的事实、回复意见和理由并加盖院章。不采纳检察建议的,应当说明理由。

《最高人民法院关于人民法院办理执行信访案件若干问题的意见》(2016年7月14日施行 法发〔2016〕15号)

15. 当事人、利害关系人不服《民事诉讼法》第二百二十五条所规定执行复议裁定,向上一级人民法院申诉信访,上一级人民法院应当作为执行监督案件立案审查,以裁定方式作出结论。

16. 当事人、利害关系人在异议期限之内已经提出异议,但是执行法院未予立案审查,如果当事人、利害关系人在异议期限之后继续申诉信访,执行法院应当作为执行监督案件立案审查,以裁定方式作出结论。

当事人、利害关系人不服前款所规定执行监督裁定,向上一级人民法院继续申诉信访,上一级人民法院应当作为执行监督案件立案审查,以裁定方式作出结论。

【重点提示】

实践中,人民法院的内部执行监督方式主要有以下几种:指令纠正、裁定纠正、裁定不予执行、限期执行、提级或者指定执行、依审判监督程序处理、暂缓执行和追究责任。

人民法院院长对本院已经发生法律效力的诉前保全裁定和在执行程序中作出的裁定,发现确有错误,可根据《最高人民法院关于人民法院发现本院作出的诉前保全裁定和在执行程序中作出的裁定确有错误的批复》精神处理。该批复指出:"人民法院院长对本院已经发生法律效力的诉前保全裁定和在执行程序中作出的裁定,发现确有错误,认为需要撤销的,应当提交审判委员会讨论决定后,裁定撤销原裁定。"

【常用文书样式】

暂缓执行通知书(上级法院通知下级法院用)

恢复执行通知书(暂缓情形消除后上级法院通知下级法院用)

第二节 督促执行案件

【工作内容】

督促执行是指申请执行人依据民事诉讼法第二百三十三条的规定,对执行法院收到申请执行书之日起超过六个月未执行的案件,向上一级人民法院申请提级执行、指令其他法院执行或者责令执行法院限期执行。

上一级人民法院执行机构可以对申请人提交的督促执行申请书、执行依据、执行法律文书、个人身份证明、营业执照、组织机构代码证、法定代表人或者负责人身份证明、授权委托书、有关证据材料等申请材料进行初步审查,符合受理条件的,由立案庭登记立案,编"执督字"案号,并通知申请人。督促执行案件审查期间,执行实施案件依法执行完毕的,终结督促执行案件的审查程序,可以以"其他"方式报结案。

有下列情形之一的,上一级人民法院可以根据申请执行人的申请,责令执行法院限期执行或者裁定变更执行法院:(1)债权人申请执行时被执行人有可供执行的财产,执行法院自收到申请执行书之日起超过六个月对该财产未执行完结的;(2)执行过程中发现被执行人可供执行的财产,执行法院自发现财产之日起超过六个月对该财产未执行完结的;(3)对法律文书确定的行为义务的执行,执行法院自收到申请执行书之日起超过六个月未依法采取相应执行措施的;(4)其他有条件执行超过六个月未执行的。

上一级人民法院责令执行法院限期执行的，应当向其发出督促执行令，并将有关情况书面通知申请执行人。上一级人民法院决定由本院执行或者指令本辖区其他人民法院执行的，应当作出裁定，送达当事人并通知有关人民法院。

上一级人民法院责令执行法院限期执行，执行法院在指定期间内无正当理由仍未执行完结的，上一级人民法院应当裁定由本院执行或者指令本辖区其他人民法院执行。

【常用法律、司法解释及相关规定】

《中华人民共和国民事诉讼法》（2021年修正）

第二百三十三条　人民法院自收到申请执行书之日起超过六个月未执行的，申请执行人可以向上一级人民法院申请执行。上一级人民法院经审查，可以责令原人民法院在一定期限内执行，也可以决定由本院执行或者指令其他人民法院执行。

《最高人民法院关于适用〈中华人民共和国民事诉讼法〉执行程序若干问题的解释》（2020年修正）

第十条　依照民事诉讼法第二百二十六条的规定，有下列情形之一的，上一级人民法院可以根据申请执行人的申请，责令执行法院限期执行或者变更执行法院：

（一）债权人申请执行时被执行人有可供执行的财产，执行法院自收到申请执行书之日起超过六个月对该财产未执行完结的；

（二）执行过程中发现被执行人可供执行的财产，执行法院自发现财产之日起超过六个月对该财产未执行完结的；

（三）对法律文书确定的行为义务的执行，执行法院自收到申请执行书之日起超过六个月未依法采取相应执行措施的；

（四）其他有条件执行超过六个月未执行的。

第十一条　上一级人民法院依照民事诉讼法第二百二百二十六条规定责令执行法院限期执行的，应当向其发出督促执行令，并将有关情况书面通知申请执行人。

上一级人民法院决定由本院执行或者指令本辖区其他人民法院执行的，

应当作出裁定，送达当事人并通知有关人民法院。

第十二条 上一级人民法院责令执行法院限期执行，执行法院在指定期间内无正当理由仍未执行完结的，上一级人民法院应当裁定由本院执行或者指令本辖区其他人民法院执行。

第十三条 民事诉讼法第二百二十六条规定的六个月期间，不应当计算执行中的公告期间、鉴定评估期间、管辖争议处理期间、执行争议协调期间、暂缓执行期间以及中止执行期间。

【重点提示】

申请执行人直接向高级人民法院申请督促基层人民法院执行的，应当告知其向中级人民法院提出申请。中级人民法院对申请执行人的申请不予处理的，高级人民法院应当责令中级人民法院依法处理。

上一级人民法院对申请人的申请和有关材料进行审查后，应当向执行法院发出《报告执行情况通知书》，要求执行法院报告案件执行情况，包括是否有财产可供执行、是否采取执行措施、是否超期及超期未结原因、近期是否有执行计划等。执行法院报告案件无财产可供执行的，应当同时提交有关财产查询情况的证据材料。

执行法院应在收到《报告执行情况通知书》之日起十五日内执行情况报送上一级人民法院。上一级人民法院收到执行法院的案件执行情况报告后，应当对报告内容及有关证据材料进行书面审查，并可以根据案情需要，进行调查。

督促执行案件经审查认为，申请人的申请不符合督促执行条件的，应当通知驳回申请人的申请。经审查核实被执行人有财产可供执行，或者执行法院已经对有关财产采取保全措施，但无正当理由不予执行的，应当向执行法院发出督促执行令，责令执行法院在收到督促执行令后一定期限内执行。同时，将督促执行情况通知申请人。督促执行令可以责令执行法院限期执结案件，也可以责令执行法院限期对被执行人的具体财产采取执行措施。

执行法院应当在督促执行令限期内完成督促事项，并于期限届满后十日内向上一级法院报告督促事项的办理情况。

执行法院在限期内未能执结或者未完成对具体财产执行的，上一级人民法院可以派员到执行法院督办，责令执行法院继续执行，也可以裁定提级执行或者指令其他法院执行。对当事人、利害关系人提出执行异议、案外人异议或申请复议，尚未审查终结的；当事人、利害关系人提出案外人异议之诉、参与分配之诉，尚未审理终结的；案件属于同一法院执行的系列案件、关联案件中的某个或者部分案件，但将全部系列案件、关联案件指定执行的除外；因执行争议正在协调的，但上级人民法院在协调争议案件时认为可以指定执行的除外等情形的案件，一般不得变更执行法院。

【常用文书样式】

督促执行令（上级法院督促下级法院执行用）

提级执行裁定

指定执行裁定

报告执行情况通知书

督促执行案件情况报告

第三节 执行申诉案件

【工作内容】

执行申诉案件是指执行案件的当事人、利害关系人、案外人认为执行法院的执行行为不当或确有错误，侵害其合法权益的，可以向上级法院申诉，上级法院审查后决定是否启动执行监督程序的案件。

申诉人提出申诉的应当向人民法院提交申诉书。申诉书应当载明具体的申诉请求、事实、理由等内容，并附下列材料：申诉人的身份证明、相关证据材料、送达地址和联系方式。

当事人、利害关系人、案外人直接向上级法院申诉，请求执行监督，其请求事项符合民事诉讼法第二百三十二条、第二百三十四条规定情形的，由执行法院按照相关规定处理，上级法院不予受理。不符合上述规定情形的，由上级法院决定是否启动执行监督程序。当事人、利害关系人、案外人直接向上级法院申诉，上级法院指令相关法院对其下级法院立案监督的，相关法院应当立案审查。

当事人、利害关系人不服民事诉讼法第二百三十二条所规定的执行复议裁定，向上一级人民法院申诉，上一级人民法院应当作为执行监督案件立案审查，以裁定方式做出结论。

当事人、利害关系人在异议期限之内已经提出异议，但是执行法院未予立案审查，如果当事人、利害关系人在异议期限之后继续申诉，执行法院应当作为执行监督案件立案审查，以裁定方式作出结论。

当事人、利害关系人不服前款所规定执行监督裁定，向上一级人民法院继续申诉，上一级人民法院应当作为执行监督案件立案审查，以裁定方式作出结论。

上级人民法院审查申诉案件，应当按照下列情形，分别作出处理：(1) 准许撤回申请，即当事人撤回申诉的；(2) 驳回申请，即申诉不成立的；(3) 限期改正，即申诉成立，指定执行法院、复议法院在一定期限内改正；(4) 撤销并改正，即申诉成立，撤销执行法院、复议法院的裁定直接改正的；(5) 其他，即其他可以报结的情形。

【常用法律、司法解释及相关规定】

《最高人民法院关于人民法院办理执行信访案件若干问题的意见》（2016年7月14日施行　法发〔2016〕15号）

15. 当事人、利害关系人不服《民事诉讼法》第二百二十五条所规定执行复议裁定，向上一级人民法院申诉信访，上一级人民法院应当作为执行监督案件立案审查，以裁定方式作出结论。

16. 当事人、利害关系人在异议期限之内已经提出异议，但是执行法院未予立案审查，如果当事人、利害关系人在异议期限之后继续申诉信访，执行法院应当作为执行监督案件立案审查，以裁定方式作出结论。

当事人、利害关系人不服前款所规定执行监督裁定，向上一级人民法院继续申诉信访，上一级人民法院应当作为执行监督案件立案审查，以裁定方式作出结论。

《最高人民法院关于执行案件立案、结案若干问题的意见》（2015年1月1日施行　法发〔2014〕26号）

第二十六条　执行监督案件的结案方式包括：

（一）准许撤回申请，即当事人撤回监督申请的；

（二）驳回申请，即监督申请不成立的；

（三）限期改正，即监督申请成立，指定执行法院在一定期限内改正的；

（四）撤销并改正，即监督申请成立，撤销执行法院的裁定直接改正的；

（五）提级执行，即监督申请成立，上级人民法院决定提级自行执行的；

（六）指定执行，即监督申请成立，上级人民法院决定指定其他法院执行的；

（七）其他，即其他可以报结的情形。

《最高人民法院关于执行工作中正确适用修改后民事诉讼法第202条、204条规定的通知》（2008年11月28日施行　法明传〔2008〕223号）

一、当事人、利害关系人根据民事诉讼法管理费202条规定，提出异议或申请复议，只适用于发生在2008年4月1日后作出的执行行为，对于2088年前发生的执行行为，当事人、利害关系人可以依法提起申诉，按监督案件处理。

【重点提示】

在执行监督程序中，申诉人的诉求超出执行异议、复议的请求范围，超出的请求不属执行监督审查范围。

申诉人的申诉经执行监督立案审查被驳回后，再次向同一法院申诉的，属于重复申诉，不符合执行监督受理条件。已经受理的，应驳回其申诉申请。

通知驳回执行申诉请求不是执行中的执行行为，对此提出执行异议的，应依据《最高人民法院关于办理执行异议和复议案件若干问题的规定》第二条第一款的规定裁定不予受理，已经受理的，裁定驳回申请。

【常用文书样式】

执行裁定书（执行监督案件驳回当事人申诉请求）

执行裁定书（执行监督案件撤销复议异议、执行行为裁定）

执行裁定书（执行监督案件指令下级法院重新审查处理）

执行裁定书（上级法院直接裁定不予执行非诉法律文书用）

第四节　检察监督案件

【工作内容】

人民检察院提出的民事执行监督检察建议，统一由同级人民法院立案受理。

人民法院收到人民检察院的检察建议书后，应当在三个月内将审查处理情况以回复意见函的形式回复人民检察院，并附裁定、决定等相关法律文书。有特殊情况需要延长的，经本院院长批准，可以延长一个月。

回复意见函应当载明人民法院查明的事实、回复意见和理由并加盖院章。不采纳检察建议的，应当说明理由。

人民法院收到检察建议后逾期未回复或者处理结果不当的，提出检察建议的人民检察院可以依职权提请上一级人民检察院向其同级人民法院提出检察建议。上一级人民检察院认为应当跟进监督的，应当向其同级人民法院提出检察建议。人民法院应当在三个月内提出审查处理意见并以回复意见函的形式回复人民检察院，认为人民检察院的意见正确的，应当监督下级人民法院及时纠正。

人民法院认为检察监督行为违反法律规定的，可以向人民检察院提出书面建议。人民检察院应当在收到书面建议后三个月内作出处理并将处理情况书面回复人民法院；人民法院对于人民检察院的回复有异议的，可以通过上一级人民法院向上一级人民检察院提出。上一级人民检察院认为人民法院建议正确的，应当要求下级人民检察院及时纠正。

检察机关提出民事执行监督检察建议的案件，可以参照执行申诉案件审查。

【常用法律、司法解释及相关规定】

《最高人民法院、最高人民检察院关于民事执行活动法律监督若干问题的规定》（2017年1月1日施行　法发〔2016〕30号）

第一条　人民检察院依法对民事执行活动实施法律监督。人民法院依法接受人民检察院的法律监督。

第二条　人民检察院办理民事执行监督案件，应当以事实为依据，以法律为准绳，坚持公开、公平、公正和诚实信用原则，尊重和保障当事人的诉讼权利，监督和支持人民法院依法行使执行权。

第三条　人民检察院对人民法院执行生效民事判决、裁定、调解书、支付令、仲裁裁决以及公证债权文书等法律文书的活动实施法律监督。

第四条　对民事执行活动的监督案件，由执行法院所在地同级人民检察院管辖。

上级人民检察院认为确有必要的，可以办理下级人民检察院管辖的民事执行监督案件。下级人民检察院对有管辖权的民事执行监督案件，认为需要上级人民检察院办理的，可以报请上级人民检察院办理。

第五条　当事人、利害关系人、案外人认为人民法院的民事执行活动存在违法情形向人民检察院申请监督，应当提交监督申请书、身份证明、相关法律文书及证据材料。提交证据材料的，应当附证据清单。

申请监督材料不齐备的，人民检察院应当要求申请人限期补齐，并明确告知应补齐的全部材料。申请人逾期未补齐的，视为撤回监督申请。

第六条　当事人、利害关系人、案外人认为民事执行活动存在违法情形，向人民检察院申请监督，法律规定可以提出异议、复议或者提起诉讼，当事人、利害关系人、案外人没有提出异议、申请复议或者提起诉讼的，人民检察院不予受理，但有正当理由的除外。

当事人、利害关系人、案外人已经向人民法院提出执行异议或者申请复议，人民法院审查异议、复议期间，当事人、利害关系人、案外人又向人民检察院申请监督的，人民检察院不予受理，但申请对人民法院的异议、复议程序进行监督的除外。

第七条　具有下列情形之一的民事执行案件，人民检察院应当依职权进行监督：

（一）损害国家利益或者社会公共利益的；

（二）执行人员在执行该案时有贪污受贿、徇私舞弊、枉法执行等违法行为、司法机关已经立案的；

（三）造成重大社会影响的；

（四）需要跟进监督的。

第八条 人民检察院因办理监督案件的需要，依照有关规定可以调阅人民法院的执行卷宗，人民法院应当予以配合。

通过拷贝电子卷、查阅、复制、摘录等方式能够满足办案需要的，不调阅卷宗。

人民检察院调阅人民法院卷宗，由人民法院办公室（厅）负责办理，并在五日内提供，因特殊情况不能按时提供的，应当向人民检察院说明理由，并在情况消除后及时提供。

人民法院正在办理或者已结案尚未归档的案件，人民检察院办理民事执行监督案件时可以直接到办理部门查阅、复制、拷贝、摘录案件材料，不调阅卷宗。

第九条 人民检察院因履行法律监督职责的需要，可以向当事人或者案外人调查核实有关情况。

第十条 人民检察院认为人民法院在民事执行活动中可能存在怠于履行职责情形的，可以向人民法院书面了解相关情况，人民法院应当说明案件的执行情况及理由，并在十五日内书面回复人民检察院。

第十一条 人民检察院向人民法院提出民事执行监督检察建议，应当经检察长批准或者检察委员会决定，制作检察建议书，在决定之日起十五日内将检察建议书连同案件卷宗移送同级人民法院。

检察建议书应当载明检察机关查明的事实、监督理由、依据以及建议内容等。

第十二条 人民检察院提出的民事执行监督检察建议，统一由同级人民法院立案受理。

第十三条 人民法院收到人民检察院的检察建议书后，应当在三个月内将审查处理情况以回复意见函的形式回复人民检察院，并附裁定、决定等相关法律文书。有特殊情况需要延长的，经本院院长批准，可以延长一个月。

回复意见函应当载明人民法院查明的事实、回复意见和理由并加盖院章。不采纳检察建议的，应当说明理由。

第十四条　人民法院收到检察建议后逾期未回复或者处理结果不当的，提出检察建议的人民检察院可以依职权提请上一级人民检察院向其同级人民法院提出检察建议。上一级人民检察院认为应当跟进监督的，应当向其同级人民法院提出检察建议。人民法院应当在三个月内提出审查处理意见并以回复意见函的形式回复人民检察院，认为人民检察院的意见正确的，应当监督下级人民法院及时纠正。

第十五条　当事人在人民检察院审查案件过程中达成和解协议且不违反法律规定的，人民检察院应当告知其将和解协议送交人民法院，由人民法院依照民事诉讼法第二百三十条的规定进行处理。

第十六条　当事人、利害关系人、案外人申请监督的案件，人民检察院认为人民法院民事执行活动不存在违法情形的，应当作出不支持监督申请的决定，在决定之日起十五日内制作不支持监督申请决定书，发送申请人，并做好释法说理工作。

人民检察院办理依职权监督的案件，认为人民法院民事执行活动不存在违法情形的，应当作出终结审查决定。

第十七条　人民法院认为检察监督行为违反法律规定的，可以向人民检察院提出书面建议。人民检察院应当在收到书面建议后三个月内作出处理并将处理情况书面回复人民法院；人民法院对于人民检察院的回复有异议的，可以通过上一级人民法院向上一级人民检察院提出。上一级人民检察院认为人民法院建议正确的，应当要求下级人民检察院及时纠正。

第十八条　有关国家机关不依法履行生效法律文书确定的执行义务或者协助执行义务的，人民检察院可以向相关国家机关提出检察建议。

第十九条　人民检察院民事检察部门在办案中发现被执行人涉嫌构成拒不执行判决、裁定罪且公安机关不予立案侦查的，应当移送侦查监督部门处理。

第二十条　人民法院、人民检察院应当建立完善沟通联系机制，密切配合，互相支持，促进民事执行法律监督工作依法有序稳妥开展。

第二十一条 人民检察院对人民法院行政执行活动实施法律监督,行政诉讼法及有关司法解释没有规定的,参照本规定执行。

【重点提示】

人民检察院在执行过程中对生效民事判决提出的暂缓执行建议的,人民法院可根据《最高人民法院关于如何处理人民检察院提出的暂缓执行建议问题的批复》精神处理,该批复指出:"人民检察院对人民法院生效民事判决提出暂缓执行的建议没有法律依据。"但在执行中,人民法院依据检察院的暂缓执行建议发现确有错误的,应该依职权决定暂缓执行。

人民检察院对执行程序中裁定的抗诉,人民法院可根据《最高人民法院关于对执行程序中的裁定的抗诉不予受理的批复》精神处理,该批复指出:"根据《中华人民共和国民事诉讼法》的有关规定,人民法院为保证已发生法律效力的判决、裁定或者其他法律文书的执行而在执行程序中作出的裁定,不属于抗诉的范围。因此,人民检察院针对人民法院在执行中作出的查封财产裁定提出抗诉,于法无据。对于坚持抗诉的,人民法院应通知不予受理。"

【常用文书样式】

关于执行检察建议的复函

第十八章　执行协调机制

【工作内容】

一、下列案件，人民法院应当按照执行协调案件予以立案

（1）不同法院因执行程序、执行与破产、强制清算、审判等程序之间对执行标的产生争议，经自行协调无法达成一致意见，向共同上级人民法院报请协调处理的；（2）对跨高级人民法院辖区的法院与公安、检察等机关之间的执行争议案件，执行法院报请所属高级人民法院与有关公安、检察等机关所在地的高级人民法院商有关机关协调解决或者报请最高人民法院协调处理的；（3）当事人对内地仲裁机构作出的涉港澳仲裁裁决分别向不同人民法院申请撤销及执行，受理执行申请的人民法院对受理撤销申请的人民法院作出的决定撤销或者不予撤销的裁定存在异议，亦不能直接作出与该裁定相矛盾的执行或者不予执行的裁定，报请共同上级人民法院解决的；（4）当事人对内地仲裁机构作出的涉港澳仲裁裁决向人民法院申请执行且人民法院已经作出应予执行的裁定后，一方当事人向人民法院申请撤销该裁决，受理撤销申请的人民法院认为裁决应予撤销且该人民法院与受理执行申请的人民法院非同一人民法院时，报请共同上级人民法院解决的；（5）跨省、自治区、直辖市的执行争议案件报请最高人民法院协调处理的；（6）其他依法报请协调的。

二、接受报请协调案件的法院均应在接到报请材料，审核符合立案条件后后三日内，立"执协字"案号立案

三、报请协调执行争议案件应当提供以下材料

（1）请求协调报告，包括案件基本事实、执行过程、争议焦点、处理争议所认定的事实和适用的法律依据，以及双方协调情况、提请上级法院协调的意见和理由等；（2）执行依据以及与协调相关的其他法律文书；（3）案件卷宗；（4）上级法院要求报送的其他材料。

四、自治区高院、各中级法院协调事项

（一）自治区高级人民法院重点负责统筹协调以下事项

（1）全区法院与其他机关、企事业单位之间的协助执行事项；（2）全区法院与其他机关之间的执行案件争议；（3）全区中、基层法院之间的执行案件争议；（4）全区法院与外地法院之间的执行案件争议；（5）自治区高级人民法院认为需要协调的其他执行案件或者事项。

（二）各中级法院重点负责统筹协调以下事项

（1）辖区内基层法院与其他机关之间的执行案件争议；（2）辖区内基层法院之间的执行案件争议；（3）自治区高级人民法院交办的其他需要协调的执行案件或者事项。

五、协调程序

全区跨各中级人民法院辖区基层法院之间的执行案件争议经先行协商达不成一致意见的，一般由各中级人民法院再行协调，协调不成的，可以报请自治区高级人民法院协调。

全区各级法院与外省（市、自治区）法院之间的执行案件争议，一般由同级法院之间进行协调。执行法院之间级别不同的，执行法院可以报请上一级法院与外地同级法院之间进行协调。

各中级人民法院之间协调不成的，可以报请自治区高级人民法院与外地高级人民法院进行协调，自治区高级人民法院与外地高级人民法院之间协调不成的，报请最高人民法院进行协调。

全区法院与有关机关、企事业单位之间的争议经先行协商达不成一致意见的，可以报请上一级法院，由上一级与有关机关、企事业单位之间进行协调。

六、执行协调案件的结案方式

（1）撤回协调请求，即执行争议法院自行协商一致，撤回协调请求的；
（2）协调解决，即经过协调，执行争议法院达成一致协调意见，将协调意见记入笔录或者向执行争议法院发出协调意见函的。

【常用法律、司法解释及相关规定】

《最高人民法院关于人民法院执行工作若干问题的规定（试行）》（2020年修正）

67. 两个或两个以上人民法院在执行相关案件中发生争议的，应当协商解决。协商不成的，逐级报请上级法院，直至报请共同的上级法院协调处理。

执行争议经高级人民法院协商不成的，由有关的高级人民法院书面报请最高人民法院协调处理。

68. 执行中发现两地法院或人民法院与仲裁机构就同一法律关系作出不同裁判内容的法律文书的，各有关法院应当立即停止执行，报请共同的上级法院处理。

69. 上级法院协调处理有关执行争议案件，认为必要时，可以决定将有关款项划到本院指定的帐户。

70. 上级法院协调下级法院之间的执行争议所作出的处理决定，有关法院必须执行。

《最高人民法院关于人民法院立案、审判与执行工作协调运行的意见》
（2018年5月28日施行　法发〔2018〕9号）

8. 审判部门在审理确权诉讼时，应当查询所要确权的财产权属状况。需要确权的财产已经被人民法院查封、扣押、冻结的，应当裁定驳回起诉，并告知当事人可以依照民事诉讼法第二百二十七条的规定主张权利。

9. 审判部门在审理涉及交付特定物、恢复原状、排除妨碍等案件时，应当查明标的物的状态。特定标的物已经灭失或者不宜恢复原状、排除妨碍的，应告知当事人可申请变更诉讼请求。

10. 审判部门在审理再审裁定撤销原判决、裁定发回重审的案件时，应当注意审查诉讼标的物是否存在灭失或者发生变化致使原诉讼请求无法实现的情形。存在该情形的，应告知当事人可申请变更诉讼请求。

《最高人民法院关于高级人民法院统一管理执行工作若干问题的规定》（2000年1月14日施行　法发〔2000〕3号）

五、高级人民法院有权对下级人民法院的违法、错误的执行裁定、执行行为函告下级法院自行纠正或直接下达裁定、决定予以纠正。

六、高级人民法院负责协调处理本辖区内跨中级人民法院辖区的法院与法院之间的执行争议案件。对跨高级人民法院辖区的法院与法院这间的执行争议案件，由争议双方所在地的两地高级人民法院协商处理；协商不成的，按有关规定报请最高人民法院协调处理。

七、对跨高级人民法院辖区的法院与公安、检察等机关之间的执行争议案件，由执行法院所在地的高级人民法院与有关公安、检察等机关所在地的高级人民法院商有关机关协调解决，必要时可报请最高人民法院协调处理。

十三、下级人民法院不执行上级人民法院对执行工作和案件处理作出的决定，上级人民法院应通报批评；情节严重的，可以建议有关部门对有关责任人员予以纪律处分。

《最高人民法院关于进一步规范跨省、自治区、直辖市执行案件协调工作的通知》（2006年9月30日施行　法发〔2006〕285号）

一、跨省执行争议案件需要报请最高人民法院协调处理的，应当在上报前，经过争议各方高级人民法院执行局（庭）负责人之间面对面协商；对重大疑难案件，必要时，应当经过院领导出面协商。

协商应当形成书面记录或者纪要，并经双方签字。

二、相关高级人民法院应当对本辖区法院执行争议案件的事实负责。对于下级法院上报协调的案件，高级人民法院应当对案件事实进行核查，必要时应当采取听证方式进行。

三、高级人民法院报请最高人民法院协调的执行争议案件，必须经过执行局（庭）组织研究，形成处理意见，对下级法院报送的意见不得简单地照抄照转。

四、相关高级人民法院在相互协商跨省执行争议案件过程中，发现本辖区法院的执行行为存在错误的，应当依法纠正。

五、相关高级人民法院之间对处理执行争议的法律适用问题不能达成一致意见的，应当各自经审委会讨论后形成倾向性意见。

六、请求最高人民法院协调跨省执行争议案件的报告，应当经高级人民法院主管院领导审核签发，一式五份。报告应当附相关法律文书和高级人民法院之间的协调记录或纪要，必要时应附案卷。

七、跨省执行争议案件，一方法院提出协商处理请求后，除采取必要的控制财产措施外，未经争议各方法院或者最高人民法院同意，任何一方法院不得处分争议财产。

八、跨省执行争议案件经最高人民法院协调达成一致处理意见的，形成协调纪要。相关高级人民法院应当负责协调意见的落实；协调不成的，由最高人民法院作出处理意见。必要时，最高人民法院可以作出决定或者裁定，并直接向有关部门发出协助执行通知书。

《最高人民法院关于执行案件立案、结案若干问题的意见》（2015年1月1日施行　法发〔2014〕26号）

第十三条　下列案件，人民法院应当按照执行协调案件予以立案：

（一）不同法院因执行程序、执行与破产、强制清算、审判等程序之间对执行标的产生争议，经自行协调无法达成一致意见，向共同上级人民法院报请协调处理的；

（二）对跨高级人民法院辖区的法院与公安、检察等机关之间的执行争议案件，执行法院报请所属高级人民法院与有关公安、检察等机关所在地的高级人民法院商有关机关协调解决或者报请最高人民法院协调处理的；

（三）当事人对内地仲裁机构作出的涉港澳仲裁裁决分别向不同人民法院申请撤销及执行，受理执行申请的人民法院对受理撤销申请的人民法院作出的决定撤销或者不予撤销的裁定存在异议，亦不能直接作出与该裁定相矛盾的执行或者不予执行的裁定，报请共同上级人民法院解决的；

（四）当事人对内地仲裁机构作出的涉港澳仲裁裁决向人民法院申请执行且人民法院已经作出应予执行的裁定后，一方当事人向人民法院申请撤销该裁决，受理撤销申请的人民法院认为裁决应予撤销且该人民法院与受理执行申请的人民法院非同一人民法院时，报请共同上级人民法院解决的；

（五）跨省、自治区、直辖市的执行争议案件报请最高人民法院协调处理的；

（六）其他依法报请协调的。

第二十八条 执行协调案件的结案方式包括：

（一）撤回协调请求，即执行争议法院自行协商一致，撤回协调请求的；

（二）协调解决，即经过协调，执行争议法院达成一致协调意见，将协调意见记入笔录或者向执行争议法院发出协调意见函的。

《最高人民法院关于首先查封法院与优先债权执行法院处分查封财产有关问题的批复》（2016年4月14日施行　法释〔2016〕6号）

（一）执行过程中，应当由首先查封、扣押、冻结（以下简称查封）法院负责处分查封财产。但已进入其他法院执行程序的债权对查封财产有顺位在先的担保物权、优先权（该债权以下简称优先债权），自首先查封之日起已超过60日，且首先查封法院就该查封财产尚未发布拍卖公告或者进入变卖程序的，优先债权执行法院可以要求将该查封财产移送执行。

（二）优先债权执行法院要求首先查封法院将查封财产移送执行的，应当出具商请移送执行函，并附确认优先债权的生效法律文书及案件情况说明。

首先查封法院应当在收到优先债权执行法院商请移送执行函之日起15日内出具移送执行函，将查封财产移送优先债权执行法院执行，并告知当事人。

移送执行函应当载明将查封财产移送执行及首先查封债权的相关情况等内容。

（三）财产移送执行后，优先债权执行法院在处分或继续查封该财产时，可以持首先查封法院移送执行函办理相关手续。

优先债权执行法院对移送的财产变价后，应当按照法律规定的清偿顺序分配，并将相关情况告知首先查封法院。

首先查封债权尚未经生效法律文书确认的，应当按照首先查封债权的清偿顺位，预留相应份额。

（四）首先查封法院与优先债权执行法院就移送查封财产发生争议的，可以逐级报请双方共同的上级法院指定该财产的执行法院。

共同的上级法院根据首先查封债权所处的诉讼阶段、查封财产的种类及所在地、各债权数额与查封财产价值之间的关系等案件具体情况，认为由首先查封法院执行更为妥当的，也可以决定由首先查封法院继续执行，但应当督促其在指定期限内处分查封财产。

《内蒙古自治区高级人民法院关于加强全区法院执行工作统一管理、统一指挥和统一协调的意见》（内高法发〔2017〕16号）

为了加强全区法院执行工作的统一管理、统一指挥和统一协调，提高执行工作的质量和效率，根据《最高人民法院关于人民法院执行工作若干问题的规定（试行）》《最高人民法院关于高级人民法院统一管理执行工作若干问题的规定》精神，结合全区法院执行工作实际，制定本规定。

第一条 自治区高级法院和全区各中级法院，分别在最高人民法院和自治区高级法院的监督和指导下，对本辖区执行工作的整体部署、执行机构的设置、人员的配备、执行信息化的建设、执行装备的使用、执行案件的监督与协调以及执行力量的调度等实行统一管理、统一指挥和统一协调。

第二条 统一管理、指挥、协调执行工作时应当遵循以下基本原则：

（一）统分结合原则。自治区高级法院、各中级法院统一管理、指挥、协调与各级法院自主办理、各自负责相结合。

（二）分层管理原则。根据全区三级法院职能定位，自治区高级法院负责全区法院执行工作的统一管理、指挥和协调，各中级法院负责辖区内执行工作的统一管理、指挥和协调。

（三）质效优先原则。自治区高级法院、各中级法院以强化执行工作统一管理、指挥和协调机制为推动力，全力推进执行工作信息化、规范化、高效化，全面提升执行工作质效。

（四）拘束服从原则。自治区高级法院、各中级法院依照法律、司法解释等规定就执行工作所进行的统一管理、指挥和协调，对下级法院具有拘束力，下级法院必须服从。

第二十条 自治区高级法院重点负责统筹协调以下事项：

（一）全区法院与其他机关、企事业单位之间的协助执行事项；

(二) 全区法院与其他机关之间的执行案件争议；
(三) 全区中、基层法院之间的执行案件争议；
(四) 全区法院与外地法院之间的执行案件争议；
(五) 自治区高级法院认为需要协调的其他执行案件或者事项。

第二十一条 各中级法院重点负责统筹协调以下事项：
(一) 辖区内基层法院与其他机关之间的执行案件争议；
(二) 辖区内基层法院之间的执行案件争议；
(三) 自治区高级法院交办的其他需要协调的执行案件或者事项。

第二十二条 全区跨各中级法院辖区基层法院之间的执行案件争议经先行协商达不成一致意见的，一般由各中级法院再行协调；协调不成的，可以报请自治区高级法院协调。

第二十三条 全区各级法院与外省（市、自治区）法院之间的执行案件争议，一般由同级法院之间进行协调。执行法院之间级别不同的，执行法院可以报请上一级法院与外地同级法院之间进行协调。

各中级法院之间协调不成的，可以报请自治区高级法院与外地高级法院进行协调，自治区高级法院与外地高级法院之间协调不成的，报请最高法院进行协调。

第二十四条 全区法院与有关机关、企事业单位之间的争议经先行协商达不成一致意见的，可以报请上一级法院，由上一级与有关机关、企事业单位之间进行协调。

第二十五条 全区法院因执行案件争议或者有关事项需要报请上级法院协调的，应当制作书面请示，载明请示事由、倾向性意见等主要内容。

第二十六条 因执行案件争议或者有关事项进行协调的，无论是否达成一致的协调意见，都应当记明协调的过程和协调的结果。需要出具相应法律文书的，按照有关规定办理。

经上级法院协调并形成协调意见的，对下级法院具有拘束力，下级法院应当予以贯彻落实。

第二十七条 下级法院认为上级法院在统一管理、统一指挥和统一协调过程中有关指令存在错误的，可以在收到有关指令后五日内请求上级法院复议。

上级法院经复议认为请求复议的理由不成立，而下级法院仍不执行有关指令的，上级法院可以直接作出裁定或者决定等予以纠正；上级法院经复议认为请求复议的理由成立的，应当撤销或者变更有关指令。

第二十八条　自治区高级法院将全区法院执行工作统一管理、统一指挥、统一协调的情况纳入目标绩效考核，并作为年终评优的重要依据。对落实"三统一"工作不力，无正当理由不服从上级法院指挥，督办案件超期未办结，上级法院协调案件过程中擅自采取执行措施造成不良后果且情况严重的，取消该法院年度评先资格。

【重点提示】

执行争议案件需要报请共同上级法院协调处理的，应当在上报前，经过争议各方执行局或执行局与审判庭负责人之间面对面协商；对重大疑难案件，必要时，应当经过院领导出面协商。协商应当形成书面记录或者纪要，并经双方签字。

相关争议法院应当对本辖区法院执行争议案件的事实负责。对于下级人民法院上报协调的案件，上级人民法院应当对案件事实进行核查，必要时应当采取听证方式进行。

相关中级人民法院在相互协商跨盟市执行争议案件过程中，发现本辖区法院的执行行为存在错误的，应当依法纠正。

执行争议案件经共同上级人民法院协调达成一致处理意见的，形成协调纪要。参加协调的中级人民法院应当负责协调意见的落实；协调不成的，由高级人民法院作出处理意见。必要时，高级人民法院可以作出决定或者裁定，并直接向有关部门发出协助执行通知书。

执行协调要严格贯彻拘束服从原则。自治区高级人民法院、各中级人民法院依照法律、司法解释等规定就执行工作所进行的协调，对下级法院具有拘束力，下级法院必须服从。

第十九章　执行指挥中心实体化运行

执行工作包括执行办案和执行管理两项内容。传统的执行管理理念过度依赖专项行动，在连续不断的专项行动后，其作用已经发挥到极致，但"清了又积，积了又清"的执行难状态仍旧持续。此种理念支配下的执行工作，执行干警的付出与群众对执行工作的感受也远不成比例。传统的执行管理理念和做法必须尽快得到转变。要从根本上改变传统执行有办案无管理、弱管理、管理混乱的状态。

执行信息化为加强执行管理提供了平台。2006年以来尤其是党的十九大以来，法院执行信息化工作取得极大的进步，执行工作发生了翻天覆地的变化。执行办案模式借助2014年的查控系统和2017年的失信惩戒系统改变了传统"登门临柜"状态实现了现代化，与之相对应，通过加强执行指挥中心建设尤其是2017年执行指挥平台建立，法院的执行管理模式也实现较大的转变，但从实际情况看，当前全区多数法院的执行指挥中心尚处于低端运行状态。

执行指挥中心是加强执行管理的抓手，是提高执行信息化建设的综合载体。执行指挥中心实体化运行，让执行指挥中心发挥对执行团队的管理和服务作用，是当前加强法院执行长效机制建设，实现切实解决执行难目标的关键。

依职能划分，执行指挥中心应实现服务和监督两项基本职能。

【工作内容】

一、服务执行团队

服务执行团队，也称执行集约，是将案件执行实施过程中的可集约事项，结合各院人员素质、工作分工等具体情况，集中到执行指挥中心进行的执行管理方法。执行指挥中心通过深度参与具体执行实施案件，及时高效完成节点事项，为执行团队集约处理大量事务性工作，使执行团队集中力量处理财产变现等重大事项，为标准化、专业化的现代执行模式打下坚实基础。

执行指挥中心一般通过执行流程管理系统和执行管理平台完成对执行团队的服务职能。

（一）人民法院执行案件流程信息管理系统

执行指挥中心工作人员负责完成对以下事项的集约办理：

第一，执行主体身份校验。

第二，生成被执行人缴纳执行案款的虚拟账号。

第三，完成执行通知书节点。执行指挥中心在接收案件后，在系统点击执行通知节点，并同步制作、EMS 邮寄或通过单兵推送等方式发出制式执行通知书、报告财产令、传票、限制消费令、廉政监督卡等法律文书。

第四，网络查询。（1）总对总查询。执行指挥中心收到案件后，对于具有金钱给付内容的案件，统一由执行指挥中心通过网络执行查控系统集中对被执行人的财产情况进行网上查询，发现财产并能够通过网络采取冻结、查封等控制措施的，立即采取相应措施。（2）点对点查询。通过流程系统或协助单位连接系统对被执行人车辆、户籍、房产、不动产、公积金、工商集中查询、打印附卷。（3）密钥查询。通过下发的密钥查询被执行人组织机构代码信息、身份信息，打印附卷。

第五，总对总网络查控结果分析。初步分析，点击流转。

第六，集中线下查控。设置外勤团队，确定合理的时间单元，定期抓取被执行人的身份信息，统一集中进行不动产、车辆、住房公积金、收益类保险、理财产品、股息红利等财产查控。统一对被执行人法人进行现场调查和自然人周边群众调查，将查询结果、调查笔录附卷。

第七，财产处置辅助。按照《最高人民法院关于人民法院确定财产处置参考价若干问题的规定》和网络司法拍卖操作规程，集中办理处置财产的网络询价、网络委托评估机构、现场勘验、接收竞买人询问、标的物看样、发布拍卖公告及其他网络司法拍卖辅助工作等事务性工作，上述辅助工作委托社会机构或组织承担的，由执行指挥中心负责对社会机构或组织进行管理、监督和指导。

第八，政府失信信息管理。最高人民法院与国家发改委协调，建立政府机构纳入失信名单备案制度。具体功能如下：在失信惩戒系统中增加政府机构发布失信、报备、取消报备等功能，对政府机构进行管理。在执行指挥管理平台中增加政府失信信息管理系统，与失信惩戒系统自动对接，定时接收政府机构报备、发布、取消报备等信息，由管理平台对政府失信报备信息进行上报、通报，督促政府机构履行相关义务，从而达到政府失信信息的有效管理和统计，便于实时把控政府失信的整体情况。

第九，案款收发与管理（执行案款管理系统）。执行指挥中心负责对"一案一账户"制度的落实，对每个执行案件的虚拟子账号的运行情况进行实时监控，发现收发案款异常情况应及时告知领导及相关执行团队负责人。

第十，结案管理。在结案前对案件是否扣除、延长期限，是否符合终本、终结条件，案件标的录入是否准确等进行审查。各院可综合人员配备、案件具体情况等因素做增减调整。

（二）执行指挥管理平台

当前执行指挥管理平台提供的模块中部分可以为执行团队提供直接或间接服务，需要执行指挥中心应执行团队要求做相应处理。

该系统与32家高院（包括兵团）的执行案件流程进行对接，承办人在办理执行案件过程中，需要查询关联案件的，直接调取关联案件系统进行操作。该系统与指挥管理平台进行对接，满足管理平台用户查询辖区关联案件，以及对辖区法院使用关联案件的情况进行监管。系统为执行法官提供了一人多案查询，能够了解被执行人历史和当前负债信息，部分还能提供财产信息，提供执行方法。

二、监督执行团队

执行指挥人员通过执行指挥平台提供的数据，对执行团队节点完成情况进行提示和通报，督促执行团队及时规范采取执行行为。

(一) 常规工作

1. 值班巡检

执行指挥中心值守人员要在每日上班第一时间完成平台签到,上级法院执行指挥中心督查辖区法院指挥中心的签到情况。

2. 执行督办

高院、中院及时自主完成节点督办,基层法院督促执行团队及时整改并及时回复督办完成情况。

3. 申诉信访

及时录入辖区信访案件,及时完成信访办理情况,按要求规范完成办结化解报告上传。

4. 督导案件

及时将有关情况报告领导并在办结后反馈处理情况。

5. 舆情监管

初步分析并报领导,及时反馈负面舆情处理情况。

6. 上传下达

及时接收上级法院通知,及时上报有关事项。对执行工作中发现的问题及时提醒通报。

7. 一把手工作机制

基于配合"一把手抓、抓一把手"的工作机制的落实,执行指挥管理平台新增"一把手"工作机制模块,以最高人民法院为核心,各级法院"一把手"通过统一渠道、一线直达各级法院领导,利用信息化手段,高效指挥执行工作、汇报工作成果、准确传达上级要求,形成各级法院领导直通车模式。

主要功能包括:

(1) 系统仅为各级法院院长职务的人员授权使用,管理员维护好院长职务后,系统自动为"院长"授权"一把手"工作机制的使用权限;

(2) 各级法院"一把手"可向下级法院"一把手"下发通知通报,并监控"一把手"的接收情况,可对下级法院的报送进行退回和回复下级;

(3) 各级法院"一把手"可向上级法院"一把手"直接报送材料,也可关联上级下发的通知通告进行报送材料;

(4) 下级法院向最高上报材料时，可选择具体的业务对接人，作为接收人员，上报后的材料仅接收人可处理；

(5) 各级法院可对下发、上报的内容按类别、按接收状态进行统计；

(6) 各级法院可通过通讯录，查询各级人民法院的六类人联系方式。

(二) 领导决策

执行指挥中心要结合"3+1"核心指标、质效考核、综合分析、询价评估、网络拍卖等系统模块，定期形成问题分析报告、通报等供领导决策使用。按照单独考核要求定期进行执行质效通报。

执行指挥中心对主要质效指标、重要流程节点监控发现共性问题，帮助执行团队养成规范办案意识。

三、执行指挥中心的配备标准

(一) 设立专门办公场所

各级人民法院应当为执行指挥中心设立专门办公场所。按照信息化要求，参照《最高人民法院关于印发〈人民法院执行指挥中心建设技术标准〉的通知》(法〔2017〕59号) 要求，配备适应执行指挥管理平台运行的装备，做好软硬件设施运维保障。

(二) 健全组织结构

各级人民法院应当结合执行工作实际配备执行指挥中心机构、专职工作人员和技术人员，核定人员编制应满足日常工作管理、执行业务指导、组织实施集约化执行工作的需要。

四、完善工作机制

局长负责制。执行局长负责执行指挥中心职能定位、工作分工、统筹协调、问题处理等各种重大事项。

繁简分流。积极探索执行实施案件繁简分流办案工作机制，通过科学筛选，将财产保全案件、可快速执行完毕的行为执行案件、已冻结账户款项可足额清偿债务的金钱给付案件确定为简易案件，实行快执快结；其他类型案件确定为普通案件,实行精执细办。

提高信息化水平。对具备点对点查控条件的财产,协调联动单位通过专线等方式实现网络查询,通过大数据等形式实现信用惩戒自动推送。

【系统操作——人民法院执行指挥工作管理平台操作说明:关联案件系统(2018年7月版)】

一、进入系统

在浏览器地址栏输入系统地址 http://192.1.32.8/ld 打开登录页面,输入用户名和密码后进入执行指挥管理平台,系统登录页面如图 19-1 所示。

图 19-1 执行指挥管理平台登录页

登录成功后,在执行指挥管理平台首页中选择"关联案件"进入关联案件系统,管理平台首页如图 19-2 所示。

图 19-2 执行指挥管理平台首页

二、功能介绍

可以通过精确输入查询条件，组合条件，查询具体案件当事人关联、原执行案号关联、执行依据关联信息，具体关联规则如下。

（1）当事人关联。以全国法院案件中当事人证件号码进行关联，以当事人为主维度，展示当事人在所有关联的案件中的财产控制处置情况、强制执行措施情况、司法制裁措施情况。

（2）原执行案号关联。以全国法院案件中案号和原执行案号关联，以案件为主维度横向查阅所有关联案件各案件类型（首次执行、恢复执行、财产保全、执行异议、执行复议、执行监督、执行协调、其他执行）的办理情况。

（3）执行依据文号关联。以全国法院案件中执行依据文号关联，以案件为主维度纵向查阅所有关联案件各情形下的办理情况。

（4）关联案件范围。关联的案件包括以下几种：一是在执的首次执行和恢复执行案件；二是以终本方式报结的首次执行和恢复执行案件；三是在执和已报结的保全案件；四是在审的执行审查类案件。

三、查询

通过管理平台首页首先进入关联案件查询页，通过选择省份、选择当事人诉讼地位、选择承办法院、输入完整案号、输入当事人完整姓名，查询辖区法院内所有关联案件，选择列表中具体案件，点击操作列的"关联案件"按钮，即可查阅关联案件查阅页，如图19-3所示。

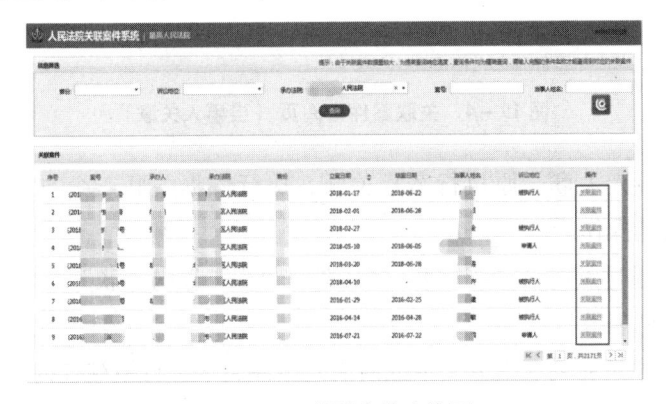

图19-3 关联案件查询页

规则说明：

（1）由于关联案件数据量较大，为提高查询响应速度，查询条件均需要输入完整的条件名称才能查询到对应的关联案件信息。

（2）由于单独查询省份或单独查询诉讼地位数据量过大，会造成查询超时，请选择与其他查询条件组合查询。

四、查阅

关联案件查询页面显示具体案件具体当事人的关联案件信息，页面左半部分显示本案件信息，右半部显示关联的信息，包括当事人关联、原执行案号关联、执行依据关联，可通过点击页签切换页面，如图19-4、图19-5、图19-6所示。

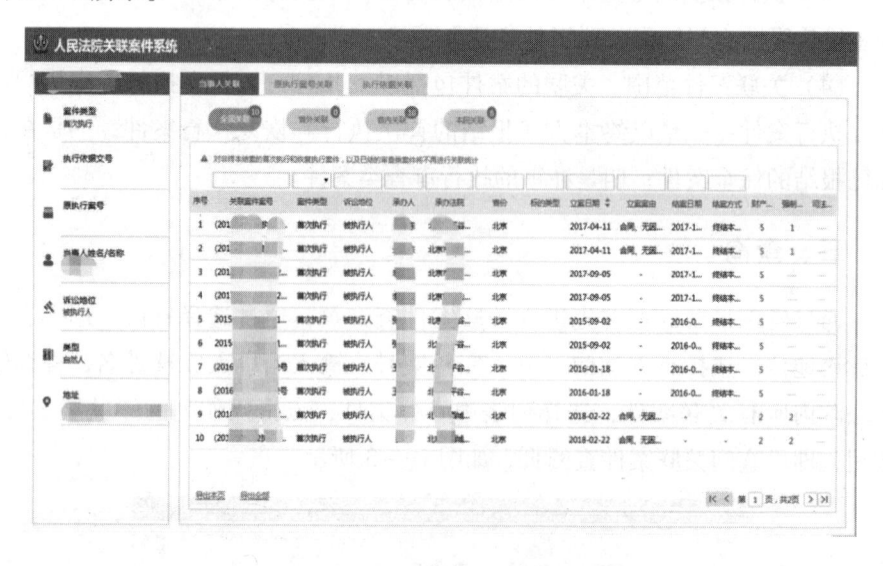

图19-4 关联案件查阅页（当事人关联）

对于当事人关联、原执行案号关联、执行依据关联三个页签下的页面，支持以下功能操作。

（1）可通过点击"全国关联""省外关联""省内关联""本院关联"按钮切换下方列表数据；

（2）可通过在列表上方文本框内输入条件文字进行模糊查询；

（3）能够支持导出全部和导出本页列表操作；

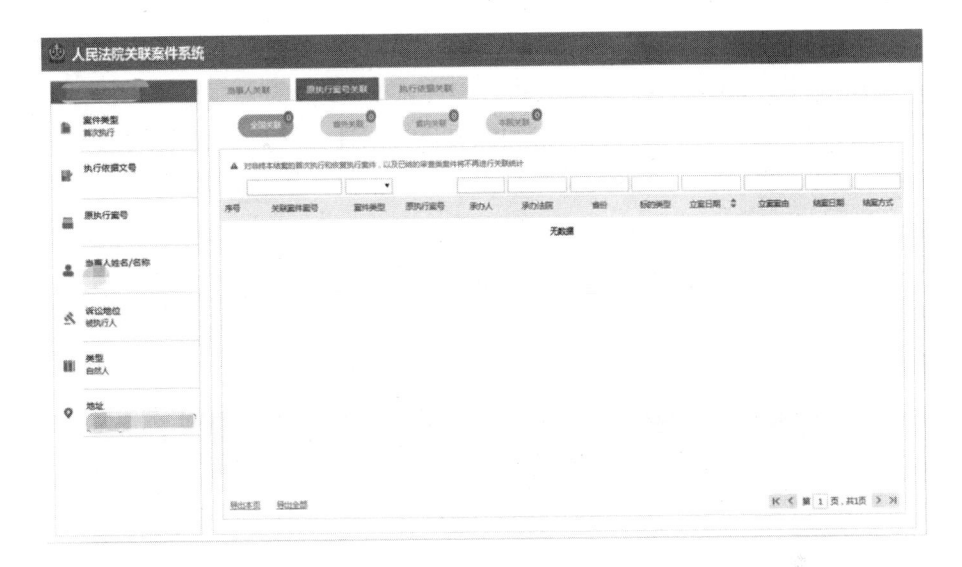

图 19-5　关联案件查阅页（原执行案号关联）

图 19-6　关联案件查阅页（执行依据关联）

（4）当事人关联中，当某个关联案件的财产控制处置、强制执行措施、司法制裁措施有更新之后，增加"新"图标显示，便于知道有更新；

（5）对非终本结案的首次执行和恢复执行案件，以及已结的审查类案件将不再进行关联展示。当事人关联页面中，点击财产控制处置、强制执行措施、司法制裁措施统计值可以打开对应的详情页面。

（6）财产控制处置页面。支持查询具体案件下具体当事人名下所有财产的控制处置措施，相同财产的控制处置措施按照时间顺序展示，如图19-7所示。

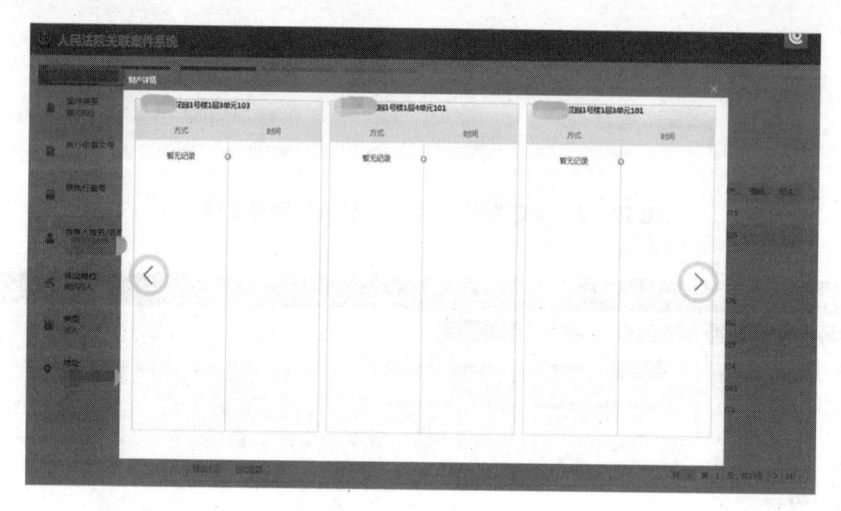

图19-7 财产控制处置页

财产类型分为：

A类：银行存款、互联网金融、股票、债券；

B类：车辆、房屋、土地、渔船、船舶。

对应的控制处置方式：

A类：冻结、续冻、解冻、扣划；

B类：查封、续封、解封、扣押、评估、拍卖、以物抵债。

（7）强制执行措施页面。支持查询具体案件下具体当事人纳入失信被执行人名单和限制高消费两种措施的记录，相同措施按照具体处理方式的开始时间顺序进行显示，支持显示具体措施当前状态，如图19-8所示。

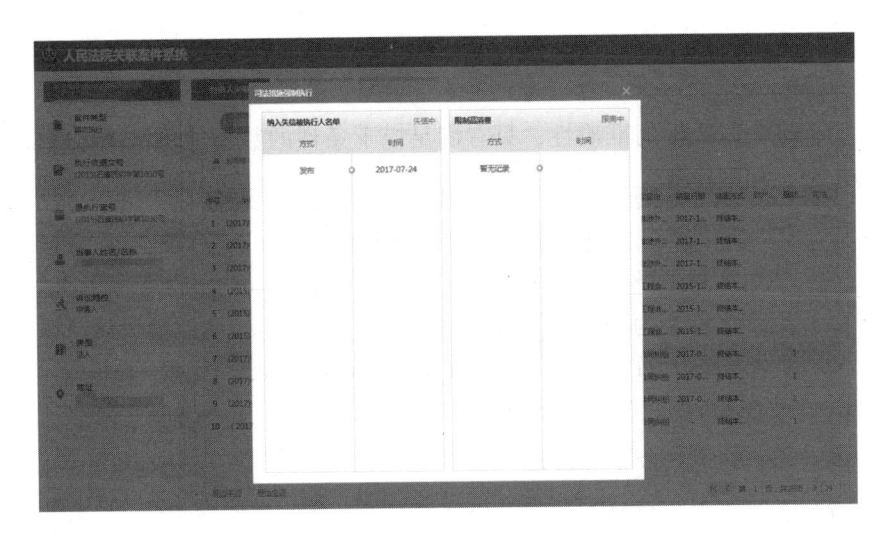

图 19 – 8　强制执行措施页

（8）司法制裁措施页面。支持查询具体案件下具体当事人的罚款和拘留措施记录，相同措施按照具体处理方式的开始时间顺序进行显示，其中罚款支持显示罚款金额和履行金额，拘留支持显示拘留天数，如图 19 – 9 所示。

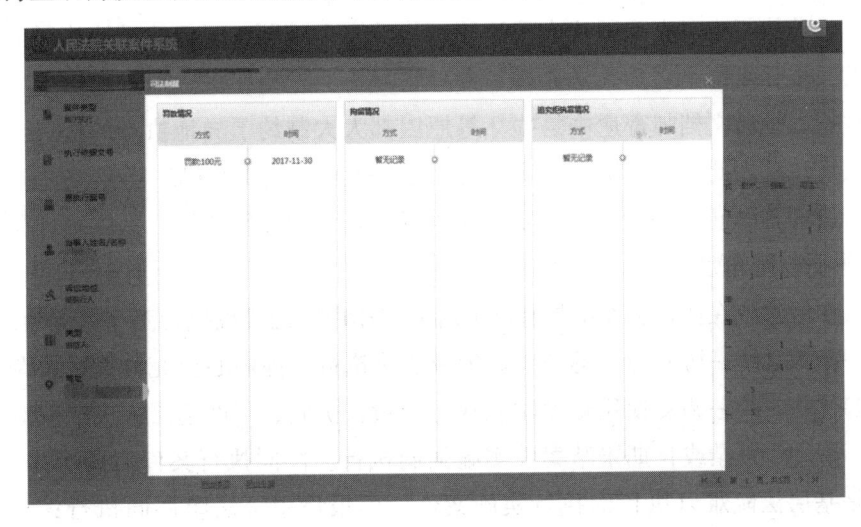

图 19 – 9　司法制裁措施页

五、其他重要说明

为保证关联数据的准确性,只有满足以下条件的数据才可被关联上,具体数据要求如下:

(1) 同一案件同一当事人有且只有一条;

(2) 执行依据文号长度大于5;

(3) 财产名称不为"暂无"或者一堆数字;

(4) 一个案件有且仅只有一个原执行案号或原审案号;

(5) 案号不为空;

(6) 案件承办法院不为空;

(7) 若当事人为自然人,则身份证编号为15位或者18位,若当事人为非自然人,则统一社会信用代码(原组织机构代码)为10或者18位,证件编号为真实有效。

以上条件目前仅能对关联数据的准确性进行初步校验,后续将逐步完善校验条件,提高关联数据的质量。

异地执行难一直是困扰人民法院工作的一个难题,现行的异地执行解决方案,委托发出去之后无法跟踪、办理进度无法把握跟进、地方保护主义阻碍执行、纸质文档邮寄途中易损坏等原因都大大制约了异地执行的进展。最高人民法院因此研发了执行事项委托系统,覆盖全国四级法院,全力解决委托执行管理难的问题。通过事项委托为执行团队节省办案资源。具体办理受托事项可交予外勤团队。

中级法院在执行工作中具有承上启下的作用,是实现执行工作统一管理、统一指挥、统一协调的关键环节。中级法院执行指挥中心应充分发挥协调和统筹优势,统一调度使用辖区法院执行力量,协同、帮助基层人民法院对重大、疑难、复杂或长期未结案件实施强制执行。协同执行案件有两个来源:一是基层法院难以执行的执行实施案件,可报请中级法院协同执行;二是上级法院在督办、信访、巡查等工作中发现下级法院立案执行的执行实施案件存在上述情形的,可以指定或决定实施协同执行。此外,高级法院也可根据实际需要,就辖区中基层法院需要协同执行的执行实施案件开展协同执行。

系统建立主要目的是以信息化手段实现协同执行案件申请、审核及执行确认，从而达到对协同执行案件有效管理、统计，便于领导实时把控协同执行案件整体情况。

【系统操作——人民法院协同执行案件管理系统用户手册(2018年6月版)】

审核情况以及执行情况，并在页面的右侧显示该案件流转的跟踪信息，如图19-10所示。

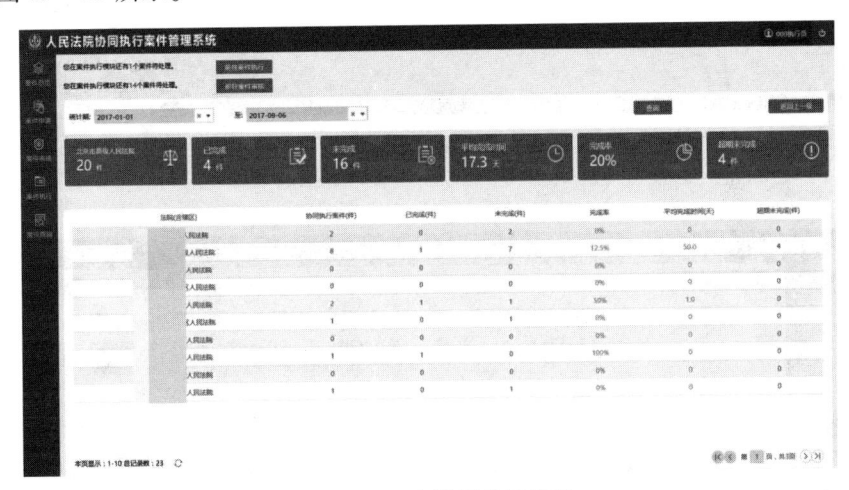

图19-10　审核及执行情况

一、案件申请

案件申请中"基层申请"供基层院的业务办理人员使用，用户通过点击导航栏的"案件申请"，即可进入该模块。

案件申请中"中院协助"供中院的业务办理人员使用，用户通过点击导航栏的"案件申请"，即可进入该模块，如图19-11所示。

二、案件申请列表

基层院具有该角色的人员点击"案件申请"页签后，显示案件申请列表，页面显示如图19-12所示。

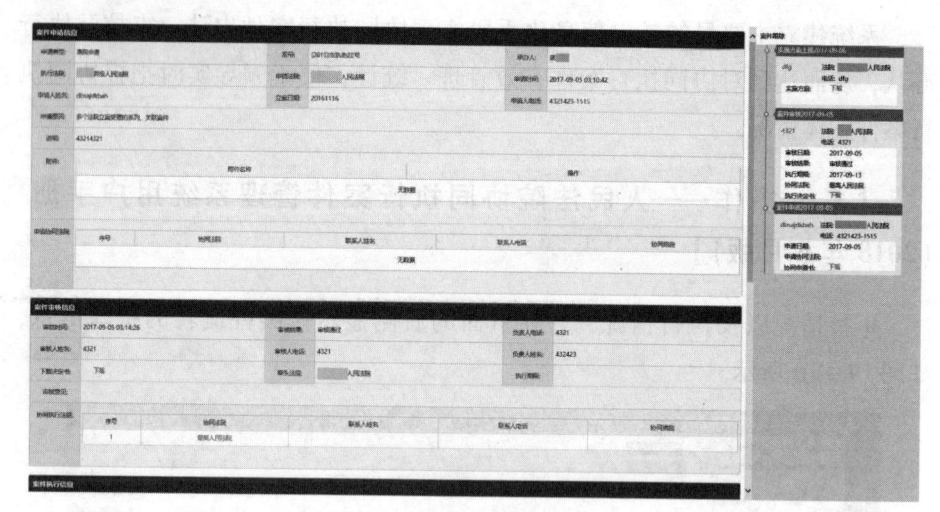

图 19-11　案件申请

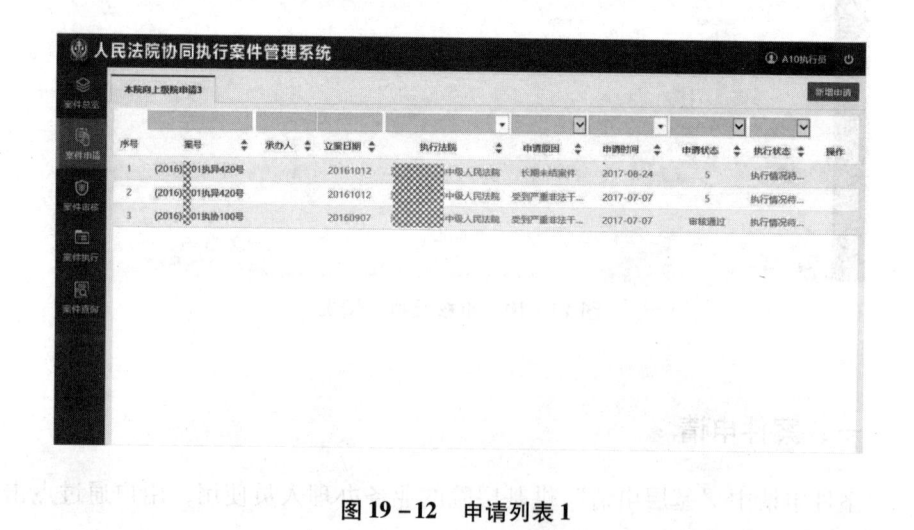

图 19-12　申请列表 1

此页面显示本院已经申请的协同执行案件列表，按申请时间（最新申请在前）+申请状态（已申请、审核通过、审核不通过、已撤回）+案号进行排序。其中，点击列表中的案号，弹出协同案件详细信息页面。

中院具有该角色的人员点击"案件申请"页签后，显示案件申请列表，页面显示如图 19-13 所示。

图 19-13　申请列表 2

此页面显示本院协助下级院申请的协同执行案件列表，按申请时间（最新申请在前）+申请状态（已申请、审核通过、审核不通过、已撤回）+案号进行排序。其中，点击列表中的案号，弹出协同案件详细信息页面。

三、新增申请

点击"新增申请"按钮，弹出案件协同执行申请页面，如图 19-14、图 19-15 所示，具体操作步骤如下。

（1）填写申请信息。当申请原因为"多个法院立案受理的系列、关联案件"时，应添加关联案件，点击申请原因后的查询案件按钮，弹出案件列表选择框，如下图；选择法院后，点击查询按钮，下方案件列表中显示选择法院为执行法院的案件；点击选择按钮，将对应案件添加到"系列、关联案件"文本框内。并可以添加附件，详细说明情况。

（2）添加申请案件信息。点击"案号"后的查询按钮，弹出案件选择界面，页面显示如下图，选择案件添加到申请案件信息列表中，点击某条案件信息操作列的"删除"按钮，可删除该条案件信息。

（3）添加协同执行法院。点击"协同法院"选择框，选择申请的协同法院，并填写相关联系人信息；点击添加协同法院按钮，将该协同执行法院添加到申请的协同法院列表中；点击删除按钮，可删除该协同法院信息；点击修改按钮，可以在上方填写处修改该协同法院信息，并再次点击添加协同法院按钮，将修改后的信息重新添加。

(4) 点击案件信息操作列的"生成协同执行申请书"按钮,预览显示生成的申请书 Word 文档如下图,可在页面中修改申请书的内容,确保内容无误后,点击预览页面上的"保存并盖章"按钮,将 Word 文档转换成 PDF 文档,并在 PDF 文档上加盖本法院的签章。

(5) 所有案件的申请书均生成并盖章后,下方的提交申请按钮可用,点击提交申请按钮,将协同案件申请提交审核。

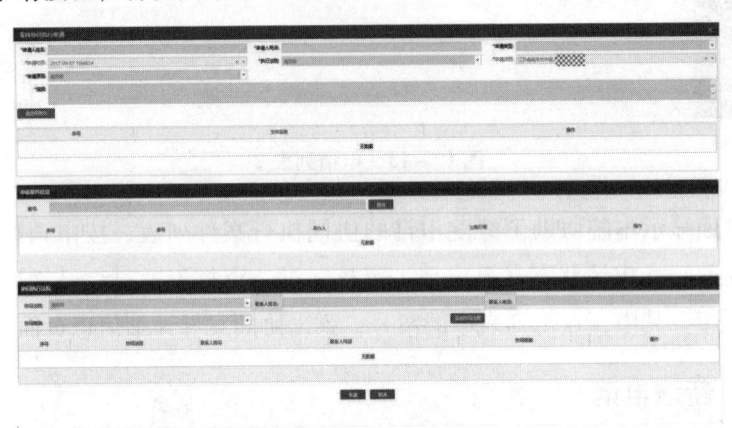

图 19-14 添加申请 1

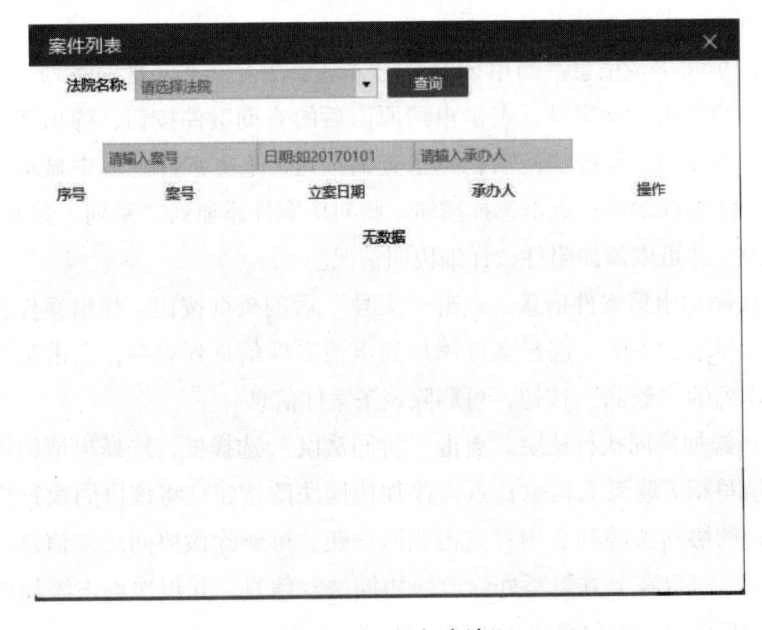

图 19-15 添加申请 2

注意：请在填写所有信息后，再生成执行申请书；生成需要时间，请耐心等候；生成执行申请书后不得修改文本框中内容；若生成后发现申请书内容有误，可点击案件信息操作列中的删除按钮，删除该案件及该案件的协同申请书，重新添加案件，并重新生成执行申请书；当上级院协助下级院时，不需生成执行申请书，如图 19-16、图 19-17 所示。

图 19-16　注意事项 1

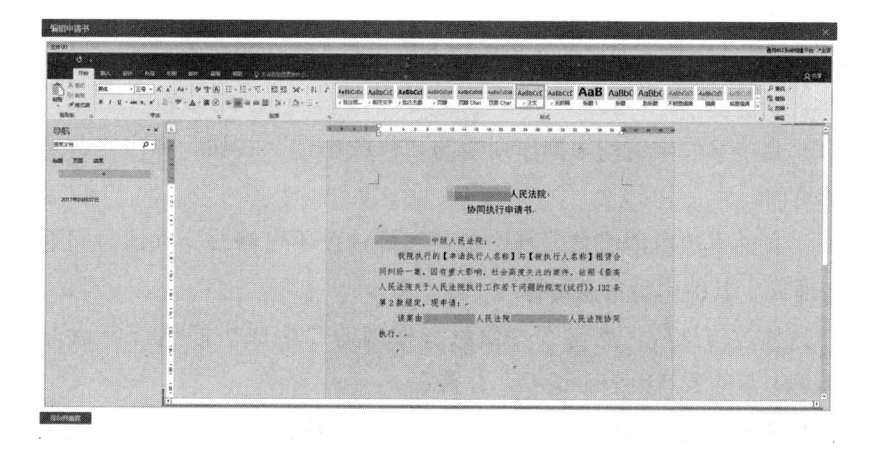

图 19-17　注意事项 2

四、撤回

案件申请成功后，会在案件申请列表里看到此申请记录，如图 19 – 18 所示。

（1）点击案件申请列表操作列中的"撤回"按钮。

（2）弹出撤回申请页面如下图，填写相关信息，确认无误后点击确定按钮，成功撤回申请。

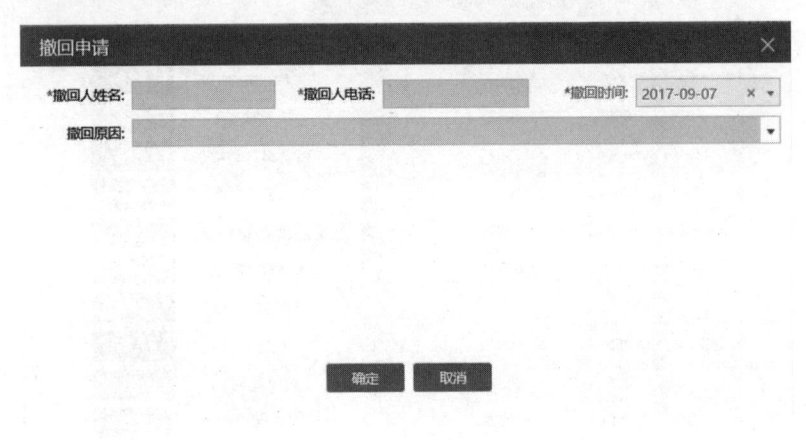

图 19 – 18　撤回

五、修改申请

对已撤回或审核不通过的案件申请，可以对申请内容进行修改，如图 19 – 19 所示。

（1）点击案件申请列表操作列中的"修改申请"按钮，弹出修改协同执行申请页面。

（2）页面返填申请信息，其中申请案件信息不可修改，申请时间返填当前系统时间，其他申请信息可修改。

（3）修改信息后，点击案件信息操作列的"生成协同执行申请书"按钮，为每个案件重新生成申请书，并盖章。

（4）所有案件的申请书均盖章后，修改申请按钮可用，点击修改申请按钮，提交修改后的申请。

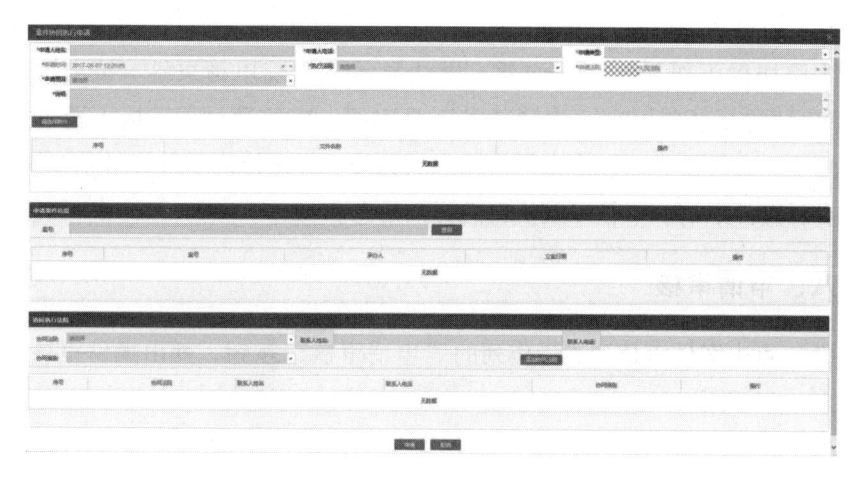

图 19-19　修改申请

六、案件审核

案件审核供中级法院的业务办理人员使用，用户通过点击导航栏的案件审核，或者点击总览页面中的前往案件审核按钮，进入案件审核页。

七、案件审核列表

中院具有该角色的人员点击"案件审核"页签后，显示案件审核列表，页面显示如图 19-20 所示。

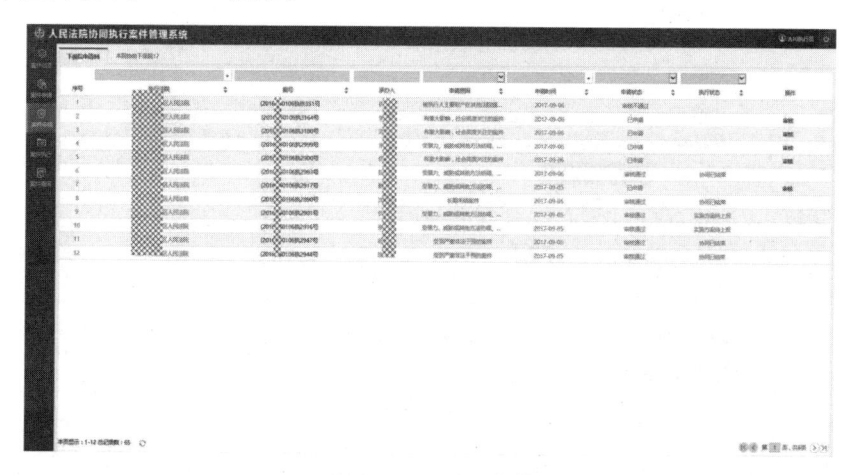

图 19-20　案件审核列表

此页面显示待审核及审核后的协同执行案件列表,分为"下级院申请"和"本院协助下级院"两个页签,默认显示下级院申请页签。按申请时间(最新申请的在最前面)+申请状态(已申请、审核通过、审核不通过)+执行法院+案号排序。点击案件信息中的案号,弹出协同案件详细信息页面,可以查看案件申请、审核以及执行的详细信息。

八、申请审核

(1) 点击案件审核列表操作列的"申请审核"按钮,弹出案件审核界面如图 19-21 所示。

(2) 填写审核人相关信息,选择审核结果。当审核结果为"审核不通过"时,填写审核人姓名和电话后,可直接点击确认按钮,提交本次审核;当审核结果为"审核通过"时,需填写剩余信息。

(3) 可修改、新增或删除协同法院。可点击协同法院列表操作列的"编辑"或"删除"按钮,对案件申请时填写的协同法院进行修改和删除。需指定一个牵头法院,若所有协同法院均不是牵头法院,则默认该案件的执行法院为牵头法院。

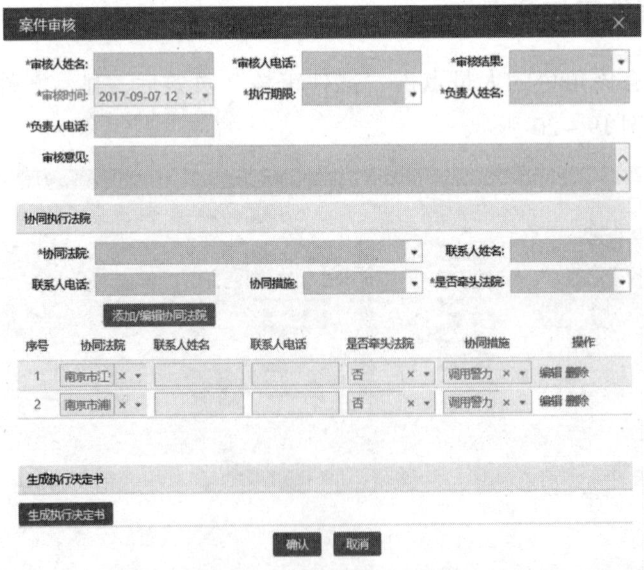

图 19-21 申请审核

（4）填写信息，并确认无误后，点击生成执行决定书按钮，根据填写信息自动生成执行决定书 Word 文档的预览如下图，用户可以修改该 Word 文档的内容，修改后点击保存并盖章按钮，将 Word 文档转换为 PDF 文档，并加盖该法院的电子签章。

（5）执行决定书盖章后，下方确定按钮可用，点击确定按钮，结束对案件申请的审核。

九、实施方案审核

对牵头法院上报的实施方案进行审核，如图 19 - 22 所示。

（1）点击案件审核列表操作列的"实施方案审核"，弹出实施方案审核页面。

（2）填写审核人姓名、审核人电话，勾选审核结果，选填审核意见，点击确定后完成对实施方案的审核。

图 19 - 22　实施方案审核

十、执行情况审核

对执行法院和协同法院上报的执行情况进行审核，如图 19 - 23 所示。

（1）点击案件审核列表操作列的"执行情况审核"按钮，弹出执行情况审核界面。

（2）页面中显示执行法院和所有协同法院的提交执行情况的记录，其中执行情况字段表明该法院执行情况报告的提交及审核情况。

（3）对于未完成的执行情况报告，可以点击下载按钮，下载到电脑中。

序号	执行/协同法院	执行情况	执行人姓名	执行人电话	上报时间	执行报告	操作
1	区人…	未完成	sdf	gj	2017-08-16	附件下载	退回
2	市中…	未完成	fghfh	fgh	2017-08-06	附件下载	退回

图 19-23　执行情况审核

十一、查看详情

（1）当执行法院和所有协同法院均已上报执行情况，可对各法院的执行情况进行审核，下方确认通过按钮可用，可点击确认通过按钮，通过所有法院上报的执行情况报告。

（2）若某法院上报的执行情况报告不符合规定，可点击操作列中的退回按钮，弹出执行情况退回页面如图 19-24 所示，填写相关信息后，点击确定按钮，将该法院的执行情况报告退回。

图 19-24　查看详情

十二、案件执行

基层院具有该角色的人员点击"案件执行"页签或总览页中的前往案件执行按钮后，显示案件执行页，页面显示如图 19-25 所示。

图 19-25　案件执行列表

此页面显示待执行及已执行的协同执行案件列表,分为本院案件和需本院协同案件两个页签,默认显示本院案件页签。

点击案件列表中的案号,弹出协同案件详细信息页面,可以查看案件申请、审核以及执行的详细信息。

十三、接收决定书

(1) 点击案件执行列表操作列的"接收决定书"按钮,弹出决定书下载框。

(2) 填写文件名称,选择本地保存路径,将决定书保存到本地,查看详情。

十四、实施方案上报

(1) 点击案件执行列表操作列的"实施方案上报"按钮,弹出上报实施方案页面。

(2) 填写发送人姓名、发送人电话,上传大小在 30M 内的实施方案文档。

(3) 填完必填信息后,点击上报按钮,将实施方案上报给审核的上级法院,如图 19-26 所示。

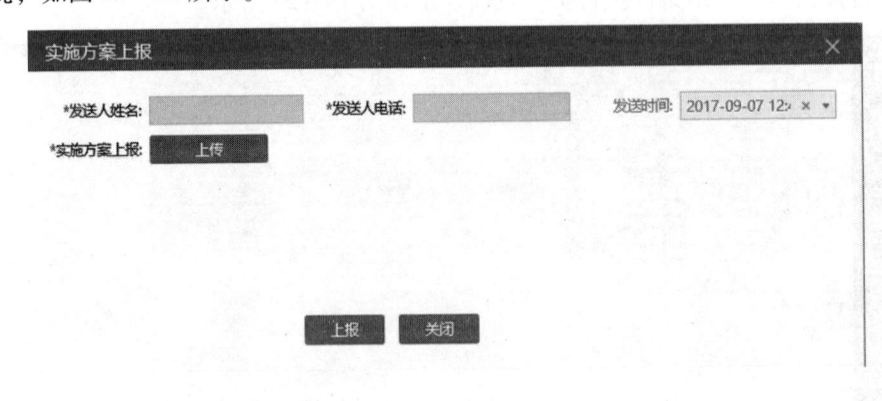

图 19-26 实施方案上报

十五、下载实施方案

下载实施方案功能供非牵头法院使用。
（1）点击案件执行列表操作列的"下载实施方案"按钮。
（2）弹出实施方案下载框，填写文件名称，选择本地保存路径，将实施方案保存到本地，查看详情。

十六、执行情况上报

（1）点击案件执行列表操作列的"执行结果上报"按钮，弹出执行结果页面如图 19-27 所示。
（2）填写上报人姓名、上报人人电话，上传大小在 30M 内的执行情况报告文档。
（3）填完必填信息后，可点击上报按钮，将执行情况上报给审核的上级法院。

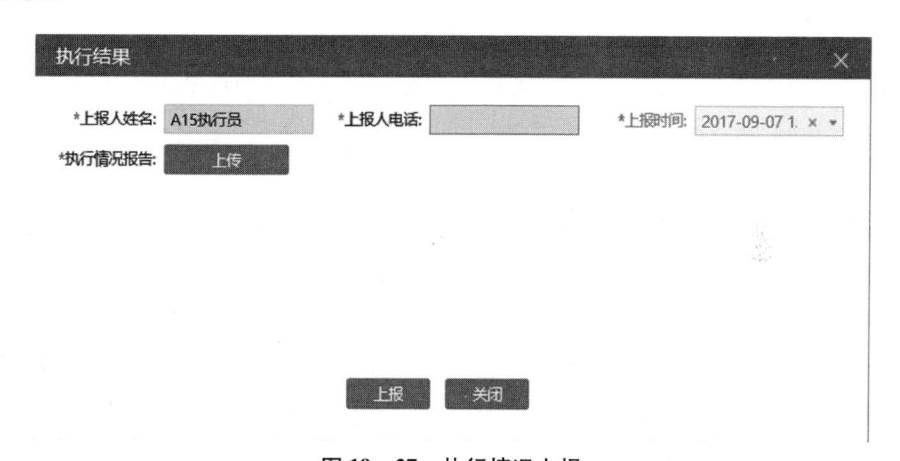

图 19-27　执行情况上报

十七、案件查询

最高人民法院、高院、中院、基法层院具有该角色的人员点击"案件查询"页签后，显示案件查询页面，页面显示如下图。

用户可根据案件的相关属性查询某个或多个案件。只能查询执行法院为本院或本院下辖院，或者协同法院为本院或本院下辖院的案件。点击案号，弹出案件详细信息页面。

队伍管理。通过模块设置的搜索功能可以查询相关法院联系人信息，为协助执行、执行协调、事项委托等工作做好技术支持。该模块还可以为分析辖区法院执行工作队伍建设情况作参考，可通过点击"综合分析"，进入"综合分析－人员分析"功能页面，可以查看辖区内执行人员的学历、年龄、职务等构成情况。

远程会商。及时高效处理执行争议，召开视频会议，办理信访督办案件过程中听取意见等。

业务培训。收集整理上级法院执行规范、通知明传、系统使用等资料，定期对执行人员进行传达培训，提高执行团队人员执行能力。

事项请求。收集整理执行团队在使用系统过程中遇到的问题和建议向最高法院进行提出反馈。另外，也可以通过通达海系统微信群、QQ群、联系电话等方式提问。

执行指挥中心的服务功能一般处于传统查控或资产处置之前，执行团队或案件承办人在接到案件时需要处理的事项仅有资产处置或终本前调查，个别节点或事项需要执行团队将需求再返给执行指挥中心做技术或辅助处理。

【常用法律、司法解释及相关规定】

《最高人民法院关于深化人民法院司法体制综合配套改革的意见——人民法院第五个五年改革纲要（2019—2023）》（2019年2月27日施行　法发〔2019〕8号）

37. 推动部分事务集约化、社会化管理。配合内设机构改革，在人民法院内部推行文书送达、财产保全、执行查控、网络公告等事务集约化管理。充分利用市场化、社会化资源，探索实施网拍辅助、文书上网、案款发放等审判辅助事务和部分行政综合事务外包。

47. 深化执行体制机制改革。深入推进审执分离体制改革，优化执行权配置。推行以法官为核心的执行团队办案模式，完善执行警务保障机制，细化执行程序中各类人员职责权限。强化统一管理、统一指挥、统一协调的执行工作机制。完善执行指挥中心运行机制。推进执行案件和执行事务的繁简分流、分权实施，打破"一人包案到底"的办案模式，切实提升执行工作的集约化、精细化、规范化水平。完善立案、审判与执行工作的协调运行机制。加大诉讼保全适用力度，完善保全和执行协调配合机制，鼓励财产保全保险担保，完善保全申请与执行网络查控有序衔接工作机制，以保全促调解、促和解、促执行。

48. 加强执行信息化建设。积极应用各种新型技术手段，坚持边开发、边运用、边完善，优化升级各类执行信息化系统平台，进一步完善执行指挥系统、流程节点管理系统、网络查控系统、信用惩戒系统、款物管理系统、终结本次执行案件单独动态管理系统、执行信访办理系统。深化以网络司法拍卖为中心的资产定价和处置模式改革，完善网络评估拍卖系统，建立在线询价评估系统。完善四级法院一体化的执行案件办案平台，强化节点管控，实现案件管理的信息化、智能化。建设符合执行实施工作特点的移动办案平台，切实提升工作效率和管理水平。推进智能辅助和大数据分析技术的应用，减轻执行人员工作负担。

49. 加强执行规范化、标准化建设。建立完善以操作规程为核心的执行行为规范体系，完善各类程序节点、执行行为的规范化、标准化流程。完善协同执行、委托执行机制，规范指定执行、提级执行、异地交叉执行的提起和审批程序。严格规范无财产可供执行案件的结案、恢复和退出程序，全面推行终结本次执行案件集中、动态管理。

《最高人民法院印发〈关于进一步加强和规范执行工作的若干意见〉的通知》（2009年7月27日　法发〔2009〕43号）

建立执行快速反应机制。要努力提高执行工作的快速反应能力，加强与公安、检察等部门的联系，及时处理执行线索和突发事件。高、中级人民法院应当成立执行指挥中心，组建快速反应力量。有条件的基层人民法院根据工作需要也可以成立执行指挥中心。指挥中心负责人由院长或其授权的副院长担任，执行局长具体负责组织实施。为了便于与纪检、公安、检察等有关部门的协调，统一调用各类司法资源，符合条件的执行局长可任命为党组成员。指挥中心办事机构设在执行局，并开通24小时值班电话。快速反应力量由辖区法院的执行人员、司法警察等人员组成，下设快速反应执行小组，根据指挥中心的指令迅速采取执行行动。

《内蒙古自治区高级人民法院关于加强全区法院执行工作统一管理、统一指挥和统一协调的意见》(内高法发〔2017〕16号)

第十条 全区各级法院逐步成立执行指挥中心,负责执行工作的日常指挥、应急指挥、专项行动、力量调度等统一指挥工作。自治区高级法院执行指挥中心统筹负责全区法院执行指挥系统的运行,各中级法院执行指挥中心统筹负责辖区法院执行指挥系统的运行,下级法院执行指挥中心必须服从上级法院执行指挥中心的指挥与调度。

第十一条 自治区高级法院执行指挥中心依托信息化平台,实现对被执行人及其财产进行统一"点对点"查控,实现与最高人民法院"总对总"之间的对接查控。

第十二条 自治区高级法院执行指挥中心通过不断扩大对失信被执行人进行联合惩戒的协作部门,优化协作方式、加大协作深度,强化对失信被执行人的惩戒力度。全区各中级法院执行指挥中心在自治区高级法院联合惩戒的框架下,积极拓展联合惩戒的广度和深度。

第十四条 自治区高级法院、各中级法院可以根据实际情况统筹调度、使用下级法院的执行人员、执行司法警察和执行装备等。中、基层法院遇有紧急情况或重大执行事项也可以通过执行指挥中心提请上级法院调度跨行政区划法院执行力量参与、配合执行。

第十五条 全区各级法院之间因查封、扣押、冻结财产,查找被执行人或者其法定代表人、主要负责人、直接责任人员,辖区外执行遭遇抗拒执行等,原则上由执行法院向协助法院的执行指挥中心要求协助,特殊情况也可以通过请求上级法院执行指挥中心进行调度指挥。

第十六条 全区各级法院在执行过程中遇有抗拒执行、执行人员和装备安全受到威胁、强制执行可能引发不稳定以及其他可能引起关注的重大、紧急情况的,应当直接报告自治区高级法院执行指挥中心,基层法院应当在向自治区高级法院执行指挥中心报告的同时向中级法院执行指挥中心报告。

【重点提示】

一、为执行指挥中心建设提供必要制度保障

认真贯彻《中央全面依法治国委员会关于综合治理从源头切实解决执行

难问题的意见》《最高人民法院关于深化执行改革健全解决执行难长效机制的意见—人民法院执行工作纲要（2019—2023）》，进一步健全完善综合治理执行难工作大格局。

坚持党对人民法院工作的绝对领导，主动向当地党委汇报法院执行工作情况，推动把解决执行难纳入依法治市（盟、旗、县、区，以下同）指标体系。争取以依法治市委员会名义出台贯彻落实《中央全面依法治国委员会关于综合治理从源头切实解决执行难问题的意见》的通知，打造法院执行联动机制2.0版，提高法院联动机制整体格局。

二、加大投入持续推进执行信息化建设

始终将执行信息化作为当前和今后一段时期执行工作改革的核心内容，促进法院执行工作与信息化的深度融合。

1. 深入推进执行联动"一根线"建设。将纸上的执行联动落实为法院与联动单位的一根网线。强化联动技术、人员保密和规范使用举措。具体包括公安户籍、车辆、不动产登记、市场监管股权、税务定向询价、税务登记、卫计委系统、公积金等。

2. 购买执行办案通达海系统增值服务，提高执行办案系统应用水平，实现程序性文书一键生成，邮寄集中办理。实现执行标的物精细化管理，提高执行移动办案、执行案款、执行公开、案卷归档等工作信息化水平（可借鉴鄂尔多斯法院、巴林左旗法院经验）。

3. 加强执行案款管理，协调农行建立二维码、POS机收取执行款机制。购买远程打印机、执法记录仪、执行现场手机信号屏蔽器等必备执行办案工具。

三、持续推进执行模式改革

没有一成不变的执行指挥中心运行模式。各院要结合自身工作实际，充分借鉴北京西城区法院、北京门头沟区法院、呼伦贝尔中院、包头中院、赤峰中院等地工作经验，按照循序渐进原则，先搭建框架，满足最基本的执行指挥中心工作要求，以最大程度方便执行办案、方便执行管理、方便群众办事为目标，不断试错整改，最终建立符合自身工作实际的执行指挥中心工作模式。

第二十章 执行办案文书样式

（一）申请执行及委托执行

1. 受理案件通知书（执行实施用）

××××人民法院

受理案件通知书

（××××）……执……号

×××：

×××与×××……（写明案由）一案，本院（或其他生效法律文书的作出机关）作出的（××××）……号民事判决（或其他生效法律文书）已发生法律效力。你/你单位向本院申请执行。

经审查，该申请符合法定受理条件，本院决定立案执行。（如为移送执行案件，写明：）××××移送执行，本院决定立案执行。现将有关事宜通知如下：

一、请补充提交被执行人名下财产情况。

二、本案由法官/执行员×××负责执行。

特此通知。

××××年××月××日
（院印）

联系人：×××　　联系电话：……
本院地址：……　　邮　　编：……

【说明】

本样式参照《中华人民共和国民事诉讼法》① 第一百二十六条规定制定，供人民法院在执行立案后向申请执行人送达立案受理通知，告知相关权利义务时用。

---

① 编者按：本章文书样式所参照《中华人民共和国民事诉讼法》指2017年修后的《中华人民共和国民事诉讼法》。

2. 受理案件通知书（执行审查用）

××××人民法院

受理案件通知书

（××××）……执……号

×××：

　　×××与×××……（写明案由）一案，你/你单位向本院提出异议/申请复议，本院立案审查。现将有关事项通知如下：

　　一、本案合议庭由审判长×××审判员×××审判员×××组成。书记员由×××担任。

　　二、自然人应当提交身份证或者通行证护照复印件；法人或者其他组织应当提交营业执照或者事业单位法人代码证复印件法定代表人或者主要负责人身份证明书。

　　三、当事人法定代理人可以委托一至二人作为诉讼代理人。委托他人行使权利，必须向人民法院提交由委托人签名或者盖章的授权委托书。授权委托书必须记明委托事项和权限。

　　侨居在国外的中华人民共和国公民从国外寄交或者托交的授权委托书，必须经中华人民共和国驻该国的使领馆证明；没有使领馆的，由与中华人民共和国有外交关系的第三国驻该国的使领馆证明，再转由中华人民共和国驻该第三国使领馆证明，或者由当地的爱国华侨团体证明。

　　四、根据《最高人民法院关于人民法院在互联网公布裁判文书的规定》，本院作出的生效裁判文书将在中国裁判文书网上公布。如果你认为案件涉及个人隐私或商业秘密，申请对裁判文书中的有关内容进行技术处理或者申请不予公布的，至迟应在裁判文书送达之日起三日内以书面形式提出并说明具体理由。经本院审查认为理由正当的，可以在公布裁判文书时隐去相关内容或不予公布。

　　五、如需向本院提交或补充材料，应附材料清单和电子版。

特此通知。

××××年××月××日
（院印）

联系人：×××　　　联系电话：……
本院地址：……　　　邮　　编：……

【说明】

本样式参照《中华人民共和国民事诉讼法》第一百二十六条规定制定，供人民法院在当事人、利害关系人、案外人向法院提出异议或者申请复议时，告知相关权利时用。

3. 执行通知书（通知被执行人用）

××××人民法院

执行通知书

（××××）……执……号

×××：

　　你/你单位与×××……（写明案由）一案，本院（或其他生效法律文书的作出机关）（××××）……号民事判决（或写明其他生效法律文书）已发生法律效力。申请执行人（或委托、移送、报请执行的单位）×××于××××年××月××日向本院申请/委托/移送/报请强制执行，本院于××××年××月××日立案。依照《中华人民共和国民事诉讼法》第二百四十条、《最高人民法院关于人民法院执行工作若干问题的规定（试行）》第22条规定，责令你/你单位履行下列义务：

　　……

　　开户银行：××××

　　账户名称：××××

　　账　　号：……（包括执行款总账号和子账号）

　　特此通知。

××××年××月××日
（院印）

联系人：×××　　　　联系电话：……
本院地址：……　　　　邮　　编：……

风险提示：

　　根据《最高人民法院关于公布失信被执行人名单信息的若干规定》第一条的规定，被执行人有履行能力而不履行生效法律文书确定的义务并具有下列情形之一的，人民法院将其纳入失信被执行人名单，依法对其进行信用惩戒：

（一）以伪造证据、暴力、威胁等方法妨碍、抗拒执行的；

（二）以虚假诉讼、虚假仲裁或者以隐匿、转移财产等方法规避执行的；

（三）违反财产报告制度的；

（四）违反限制高消费令的；

（五）被执行人无正当理由拒不履行执行和解协议的；

（六）其他有履行能力而拒不履行生效法律文书确定义务的。

【说明】

1. 本样式根据《中华人民共和国民事诉讼法》第二百四十条、《最高人民法院关于人民法院执行工作若干问题的规定（试行）》第24条、《最高人民法院关于公布失信被执行人名单信息的若干规定》第二条规定制定，供人民法院在执行立案后向被执行人送达执行通知书，告知义务及不履行的风险时用。

2. 被执行人履行的义务中应当写明案件受理费、其他诉讼费用、申请执行费的数额。

4. 执行决定书（依申请将被执行人纳入失信被执行人名单用）

×××人民法院

执行决定书

（××××）……执……号

本院在执行××××人民法院（或其他生效法律文书的作出机关）（××××）……号民事判决（或其他生效法律文书）中，申请执行人×××申请将被执行人×××纳入失信被执行人名单。

本院经审查认为，……（写明将被执行人纳入失信被执行人名单的事实和理由）。依照《中华人民共和国民事诉讼法》第二百五十五条、《最高人民法院关于公布失信被执行人名单信息的若干规定》第×条第×款规定，决定如下：

将×××纳入失信被执行人名单。（如有失信期限的，注明失信期限）

本决定一经作出即生效。

××××年××月××日

（院印）

【说明】

本样式根据《中华人民共和国民事诉讼法》第二百五十五条、《最高人民法院关于公布失信被执行人名单信息的若干规定》第二条第二款规定制定，供人民法院根据申请执行人的申请将被执行人纳入失信被执行人名单时用。

5. 执行决定书（依职权将被执行人纳入失信被执行人名单用）

×××人民法院

执行决定书

（××××）……执……号

本院在执行×××与×××……（写明案由）一案中，经查，……（写明将被执行人纳入失信被执行人名单的事实和理由）。依照《中华人民共和国民事诉讼法》第二百五十五条、《最高人民法院关于公布失信被执行人名单信息的若干规定》第×条第×款规定，决定如下：

将×××纳入失信被执行人名单。（如有失信期限的，注明失信期限）

本决定一经作出即生效。

××××年××月××日

（院印）

【说明】

本样式根据《中华人民共和国民事诉讼法》第二百五十五条、《最高人民法院关于公布失信被执行人名单信息的若干规定》第二条第二款规定制定，供人民法院依职权将被执行人纳入失信被执行人名单时用。

6. 执行决定书（纠正或者驳回将被执行人纳入失信被执行人名单用）

×××人民法院

执行决定书

（××××）……执……号

本院在执行×××与×××……（写明案由）一案中，被执行人×××认为将其纳入失信被执行人名单错误，向我院申请纠正。

本院经审查认为，……（写明准许或者驳回申请的事实和理由）。依照《中华人民共和国民事诉讼法》第二百五十五条、《最高人民法院关于公布失信被执行人名单信息的若干规定》第十一条、第十二条规定，决定如下：

（应当删除的，写明：）将×××从失信被执行人名单中删除。

（应当修改的，写明：）……（修改的内容）。

（应当驳回的，写明：）驳回×××的申请。公民、法人或其他组织对驳回决定不服的，可以自决定书送达之日起十日内向上一级人民法院申请复议。

本决定一经作出即生效。

××××年××月××日
（院印）

【说明】

本样式根据《中华人民共和国民事诉讼法》第二百五十五条、《最高人民法院关于公布失信被执行人名单信息的若干规定》第十一条、第十二条规定制定，供人民法院对将被执行人纳入失信被执行人名单作出纠正或者驳回申请时用。

7. 函（委托执行用）

×××人民法院

委托执行函

（××××）……执……号

××××人民法院：

　　本院在执行×××与×××……（写明案由）一案中，……（写明当事人未能履行义务的情况及委托执行的理由）。依照《中华人民共和国民事诉讼法》第二百二十九条第一款规定，特委托你院代为执行……（写明案件或有关事项），并将执行结果及时函复我院。

　　附：1. 申请执行书和委托执行案件审批表

　　2. 据以执行的生效法律文书（副本）

　　3. 有关案件情况的材料或者说明

　　4. 申请执行人地址、联系电话

　　5. 被执行人身份证件或者营业执照复印件、地址、联系电话

　　6. 其他必要的案件材料

××××年××月××日
（院印）

联系人：×××　　　联系电话：……
本院地址：……　　　邮　　编：……

【说明】

　　本样式根据《中华人民共和国民事诉讼法》第二百二十九条第一款、《最高人民法院关于委托执行若干问题的规定》制定，供人民法院委托其他人民法院执行案件或者事项时用。

8. 函（接受委托执行案件用）

×××人民法院
接受委托执行案件复函

（××××）……执……号

××××人民法院：

你院×××年××月××日（××××）……号来函及附件收悉。现将你院委托执行的×××与×××……（写明案由）一案立案通知书（副本）、受托事项办理情况函复你院。请你院代为送达我院立案通知书（副本），并通知申请执行人可以直接与我院联系。

附：执行立案通知书（副本）

××××年××月××日
（院印）

联系人：×××　　　联系电话：……
本院地址：……　　　邮　　编：……

【说明】

1. 本样式根据《最高人民法院关于委托执行若干问题的规定》第七条规定制定，供受托法院在收到委托后将立案通知书送至委托法院，并将指定的承办人、联系电话、地址等告知委托法院时用。

2. 根据《最高人民法院关于委托执行若干问题的规定》第八条规定，如发现委托执行的手续、资料不全，应及时要求委托法院补办，但不得据此拒绝接受委托。

9. 函（退回委托执行案件用）

×××人民法院

退回委托执行案件函

（××××）……执……号

××××人民法院：

你院××××年××月××日委托执行的×××与××……（写明案由）一案，委托执行的手续/材料不全，我院曾请你院补充有关手续/材料，但你院既未补办又不说明原因。经报请×××高级人民法院批准，现将本案退回你院。

请予查收。

××××年××月××日

（院印）

联系人：×××　　　　联系电话：……

本院地址：……　　　　邮　　编：……

【说明】

本样式根据《最高人民法院关于委托执行若干问题的规定》第八条、第九条规定制定，供人民法院退回委托执行案件时用。

10. 移送函（执行转破产程序用）

×××人民法院

移送函

（××××）……执……号

×××人民法院：

　　我院在执行×××与×××……（写明案由）一案中，被执行人×××不能清偿到期债务，并且资产不足以清偿全部债务/明显缺乏清偿能力。被执行人×××的住所地……，在你院管辖范围内。经申请执行人×××/被执行人×××同意，我院已裁定中止对×××的执行。依照《中华人民共和国企业破产法》第二条第一款、《最高人民法院关于适用〈中华人民共和国民事诉讼法〉的解释》第五百一十三条规定，将执行案件相关材料移送你院，请按《中华人民共和国企业破产法》的有关规定办理。

　　附：执行案件相关材料

××××年××月××日
（院印）

联系人：×××　　　　　联系电话：……
本院地址：……　　　　　邮　　编：……

【说明】

　　本样式根据《中华人民共和国企业破产法》第二条第一款、《最高人民法院关于适用〈中华人民共和国民事诉讼法〉的解释》第五百一十三条规定制定，供人民法院在企业法人不能清偿到期债务，并且资产不足以清偿全部债务或者明显缺乏清偿能力，向被执行人住所地法院移送执行案件材料时用。

11. 执行财产分配方案（参与分配用）

×××人民法院

执行财产分配方案

（××××）……执……号

债权人：×××，男/女，××××年×月×日出生，×族，……（写明工作单位和职务或者职业），住……。

法定代理人/指定代理人：×××，……。

委托诉讼代理人：×××，……。

债权人：×××，住所地……。

法定代表人/主要负责人：×××，……。

委托诉讼代理人：×××，……。

被执行人：×××，……。

法定代理人/指定代理人/法定代表人/主要负责人：×××，……。

委托诉讼代理人：×××，……。

（以上写明债权人、被执行人和其他诉讼参加人的姓名或者名称等基本信息）

本院在执行×××与×××……（写明案由）案件中，因被执行人×××可供执行的财产不足以清偿全部债务，债权人×××、债权人×××申请参与分配。本院依法组成合议庭，对债权人的申请审查完毕，并作出参与分配方案。

本院现已查控被执行人×××的财产为……（或已变价的款项数额为……元），并于××××年××月××日，召开债权人听证会，听取了债权人对财产分配的意见。债权人意见如下：

债权人×××认为，……（写明意见）。

债权人×××认为，……（写明意见）。

上述债权人已经/未能达成一致意见。

本院查明，……（写明被执行人所有债务的类型及数额）。

本院认为，……（写明各个债权的受偿顺序、受偿比例、数额及理由）。

综上所述，依照《最高人民法院关于适用〈中华人民共和国民事诉讼法〉执行程序若干问题的解释》第二十五条、《最高人民法院关于适用〈中华人民共和

国民事诉讼法〉的解释》第五百零八条、第五百一十一条规定,债权人受偿如下:

……(分项写明各个债权的受偿顺序及数额)。

债权人、被执行人对分配方案有异议的,应当自收到本分配方案之日起十五日内向本院提出书面异议。

审　判　长　×××
审　判　员　×××
审　判　员　×××
××××年××月××日
(院印)
书　记　员　×××

【说明】

本样式根据《最高人民法院关于适用〈中华人民共和国民事诉讼法〉执行程序若干问题的解释》第十七条、《最高人民法院关于适用〈中华人民共和国民事诉讼法〉的解释》第五百零八条、第五百一十一条规定制定,供人民法院在被执行人的财产不能清偿全部债务情况下,进行财产分配时用。

（二）限制出境措施

12. 执行决定书（限制被执行人出境用）

×××人民法院

执行决定书

（××××）……执……号

申请执行人：×××，……。

被执行人：×××，……。

（以上写明申请执行人、被执行人的姓名或者名称等基本信息）

本院依据已经发生法律效力的……写明生效法律文书的案号和名称），于××××年××月××日向被执行人×××发出执行通知书，责令被执行人……（写明指定履行的义务），但被执行人×××未履行该义务。申请执行人×××向本院提出申请，请求限制被执行人×××（或被执行人的法定代表人/主要负责人/影响债务履行的直接责任人×××）出境。

本院经审查认为，申请执行人×××的申请符合法律规定。依照《中华人民共和国出境入境管理法》第十二条第三项（被执行人为外国人的，引用《中华人民共和国出境入境管理法》第二十八条第二项）、《中华人民共和国民事诉讼法》第二百五十五条（被执行人为单位的，增加引用《最高人民法院关于适用〈中华人民共和国民事诉讼法〉执行程序若干问题的解释》第二十四条）规定，决定如下：

限制被执行人（或被执行人的法定代表人/主要负责人/影响债务履行的直接责任人）×××（写明护照或通行证号码）出境。

附：边控对象通知书（样本）

××××年××月××日

（院印）

【说明】

1. 本样式根据《中华人民共和国出境入境管理法》第十二条第三项、第二十八条第二项和《中华人民共和国民事诉讼法》第二百五十五条、《最高人民法院关于适用〈中华人民共和国民事诉讼法〉执行程序若干问题的解释》第二十四条规定制定，供人民法院对被执行人限制出境时用。

2. 被执行人为单位的，可以对其法定代表人、主要负责人或者影响债务履行的直接责任人员限制出境。被执行人为无民事行为能力人或者限制民事行为能力人的，可以对其法定代理人限制出境。

3. 人民法院依职权决定限制被执行人出境时，参照本样式制作文书。

边控对象通知书（样本）

*姓名	张三		
曾用名	无		*照片
*国籍（地区）	中国	*性别	男/女
*出入境证件种类、号码	普通护照：＊＊＊＊＊＊＊＊＊ 往来港澳通行证：＊＊＊＊＊＊＊＊＊	*出生日期	2000年10月10日
*身份证号码	123456789123456789		
职业身份	＊＊＊＊		
控制范围	全国范围		
*控制期限至	＊年＊月＊日		
*主要问题	在国内有未了结的民事案件		
*边控要求	不准出境，通知交控单位。		
*法律依据	《中华人民共和国出境入境管理法》第十二条第（三）项		

*说辞	你有未了结的民事案件，依照《中华人民共和国出境入境管理法》第十二条第（三）项的规定，＊＊＊＊＊＊＊＊＊＊＊人民法院决定不准你出境，有关具体情况请与＊＊＊＊＊＊＊＊＊＊＊人民法院＊＊＊联系。（手机1＊＊＊＊＊＊＊＊＊＊，座机0＊＊＊＊＊＊＊＊＊＊。）			
文书或文件文号				*交控机关印章
*是否县级以上人民代表大会代表	是/否			
*交控机关领导签名				

决定机关：＊＊＊＊＊＊＊＊＊＊＊人民法院，联系人＊＊＊，
联系电话：1＊＊＊＊＊＊＊＊＊

交控机关：内蒙古自治区高级人民法院，联系人常＊＊，联系电话：137＊＊＊＊＊＊＊＊

13. 执行决定书（解除限制出境用）

×××人民法院

执行决定书

（××××）……执……号

申请执行人：×××，……。
被执行人：×××，……。
（以上写明申请执行人、被执行人的姓名或者名称等基本信息）

本院于××××年××月××日作出（××××）……执……号执行决定，限制被执行人（或被执行人的法定代表人/主要负责人/影响债务履行的直接责任人）×××出境。……（写明解除限制出境的理由）。依照《中华人民共和国出境入境管理法》第六十五条、《最高人民法院关于适用〈中华人民共和国民事诉讼法〉执行程序若干问题的解释》第三十八条规定，决定如下：

解除对被执行人（或被执行人的法定代表人/主要负责人/影响债务履行的直接责任人）×××（写明护照或通行证号码）的出境限制。

××××年××月××日
（院印）

【说明】

1. 本样式根据《中华人民共和国出境入境管理法》第六十五条、《最高人民法院关于适用〈中华人民共和国民事诉讼法〉执行程序若干问题的解释》第二十五条规定制定，供人民法院解除对被
执行人出境限制时用。

2. 被执行人为单位的，可以对其法定代表人、主要负责人或者影响债务履行的直接责任人员解除限制出境。被执行人为无民事行为能力人或者限制民事行为能力人的，可以对其法定代理人解除限制出境。

（三）执行中止与终结

14. 执行裁定书（中止执行用）

×××人民法院

执行裁定书

（××××）……执……号

申请执行人：×××，……。

法定代理人/指定代理人/法定代表人/主要负责人：×××，……。

委托诉讼代理人：×××，……。

被执行人：×××，……。

法定代理人/指定代理人/法定代表人/主要负责人：×××，……。

委托诉讼代理人：×××，……。

（以上写明申请执行人、被执行人和其他诉讼参加人的姓名或者名称等基本信息）

本院在执行×××与×××……（写明案由）一案中，……（写明中止执行的事实和理由）。依照《中华人民共和国民事诉讼法》第二百五十六条第一款第×项、第二百五十八条，《最高人民法院关于人民法院执行工作若干问题的规定（试行）》第一百零二条第×项（在执行中双方当事人达成和解协议后撤回执行申请的，增加引用《最高人民法院关于适用〈中华人民共和国民事诉讼法〉的解释》第四百六十六条）规定，裁定如下：

中止（××××）……号……（生效法律文书）的执行。

（如中止执行法律文书主文部分内容的，写明：）中止（××××）……号……（生效法律文书）第×项的执行。

本裁定送达后立即生效。

审　判　长　×××
审　判　员　×××
审　判　员　×××
××××年××月××日
（院印）
书　记　员　×××

【说明】

1. 本样式根据《中华人民共和国民事诉讼法》第二百五十六条第一款、《最高人民法院关于人民法院执行工作若干问题的规定（试行）》第一百零二条、《最高人民法院关于适用〈中华人民共和国民事诉讼法〉的解释》第四百六十六条规定制定，供人民法院裁定中止执行时用。

2. 有下列情形之一的，人民法院应当裁定中止执行：（一）申请人表示可以延期执行的；（二）案外人对执行标的提出确有理由的异议的；（三）作为一方当事人的公民死亡，需要等待继承人继承权利或者承担义务的；（四）作为一方当事人的法人或者其他组织终止，尚未确定权利义务承受人的；（五）人民法院认为应当中止执行的其他情形。

15. 执行裁定书（终结本次执行程序用）

×××人民法院
执行裁定书

（××××）……执……号

申请执行人：×××，……。
法定代理人/指定代理人/法定代表人/主要负责人：×××，……。
委托诉讼代理人：×××，……。
被执行人：×××，……。
……

（以上写明申请执行人、被执行人和其他诉讼参加人的姓名或者名称等基本信息）

本院在执行×××与×××（写明案由）一案中，申请执行人×××依照（执行依据文号）申请法院执行（写明申请执行的债权状况，金钱给付义务写明金额），法院受理执行案件后，依法（写明执行经过即采取的执行措施，包括1、×××时间向被执行人发出财产报告令和执行通知书；2、×××时间发出限高令；3、对下落不明人员查找情况（可选项）；4、×××时间对妨害执行行为的制裁措施（可选项）；经启动总对总查控和传统财产查控，查控被执行人财产×××，已经给付申请人，或经对被执行人财产拍卖变卖，实现×××债权。）尚有×××债权无财产可供执行。依照《最高人民法院关于适用中华人民共和国民事诉讼法》的解释第五百一十九条规定，裁定如下：

终结本次执行程序。申请执行人发现被执行人有可供执行财产的，可以再次申请执行。

本裁定书送达后立即生效。

审　判　长　×××
审　判　员　×××
审　判　员　×××
××××年××月××日
（院印）
书　记　员　×××

【说明】

本样式根据《最高人民法院关于适用〈中华人民共和国民事诉讼法〉的解释》第五百一十九条规定制定，供人民法院裁定终结本次执行程序时用。

16. 通知书（终结本次执行程序后恢复执行用）

×××人民法院

恢复执行通知书

（××××）……执恢……号

×××：

本院于××××年××月××日以（××××）……执……号执行裁定对×××与×××……（写明案由）一案终结本次执行程序。现因申请执行人×××发现被行人×××有可供执行的财产，依照《最高人民法院关于适用〈中华人民共和国民事诉讼法〉的解释》第五百一十九条第二款规定，本院决定恢复×××与×××……（写明案由）一案的执行。

特此通知。

××××年××月××日

（院印）

联系人：×××　　　联系电话：……
本院地址：……　　　邮　　编：……

【说明】

本样式根据《最高人民法院关于适用〈中华人民共和国民事诉讼法〉的解释》第五百一十九条第二款规定制定，供人民法院在终结本次执行程序后恢复执行，通知当事人时用。

17. 执行裁定书（终结执行用）

×××人民法院

执 行 裁 定 书

（××××）……执……号

申请执行人：×××，……。
法定代理人/指定代理人/法定代表人/主要负责人：×××，……。
委托诉讼代理人：×××，……。
被执行人：×××，……。
……

（以上写明申请执行人、被执行人和其他诉讼参加人的姓名或者名称等基本信息）

本院在执行申请执行人×××与被执行人×××……（写明案由）一案中，……（写明终结执行的事实和理由）。依照《中华人民共和国民事诉讼法》第二百五十七条第×项、《最高人民法院关于人民法院终结执行行为提出执行异议期限问题的批复》（在执行中被执行人被人民法院裁定宣告破产的，增加引用《最高人民法院关于人民法院执行工作若干问题的规定（试行）》第61条，在执行中双方当事人达成和解协议后撤回执行申请的，增加引用《最高人民法院关于适用〈中华人民共和国民事诉讼法〉的解释》第四百六十六条）的规定，裁定如下：

（本案仅有一个被执行人的，写明：）终结（××××）……号案件的执行。

（本案有两个以上被执行人，仅有部分被执行人符合终结执行条件的，写明：）终结（××××）……号案件中对被执行人×××的执行。

本裁定送达后立即生效。

审 判 长　×××
审 判 员　×××
审 判 员　×××
××××年××月××日
（院印）
书 记 员　×××

【说明】

1. 本样式根据《中华人民共和国民事诉讼法》第二百五十七条、《最高人民法院关于人民法院执行工作若干问题的规定（试行）》第61条、《最高人民法院关于适用〈中华人民共和国民事诉讼法〉的解释》第四百六十六条、《最高人民法院关于人民法院终结执行行为提出执行异议期限问题的批复》规定制定，供人民法院终结执行时用。

2. 有下列情形之一的，人民法院裁定终结执行：（一）申请人撤销申请的；（二）据以执行的法律文书被撤销的；（三）作为被执行人的公民死亡，无遗产可供执行，又无义务承担人的；（四）追索赡养费、扶养费、抚育费案件的权利人死亡的；（五）作为被执行人的公民因生活困难无力偿还借款，无收入来源，又丧失劳动能力的；（六）人民法院认为应当终结执行的其他情形。

3. 案件终结执行后必须及时解除对被执行人财产的强制执行措施。

4. 《最高人民法院关于人民法院终结执行行为提出执行异议期限问题的批复》"当事人、利害关系人依照民事诉讼法第二百二十五条规定对终结执行行为提出异议的，应当自收到终结执行法律文书之日起六十日内提出；未收到法律文书的，应当自知道或者应当知道人民法院终结执行之日起六十日内提出。批复发布前终结执行的，自批复发布之日起六十日内提出。超出该期限提出执行异议的，人民法院不予受理"。

18. 执行通知书（中止执行后恢复执行用）

×××人民法院

恢复执行通知书

（××××）……执……号

×××：

　　本院于×××年××月××日作出（××××）……执……号执行裁定，中止执行×××与×××……（写明案由）一案。现因……（写明恢复执行的事实和理由）。依照《中华人民共和国民事诉讼法》第二百五十六条第二款、《最高人民法院关于人民法院执行工作若干问题的规定（试行）》第60条（当事人未履行执行和解协议，要求恢复执行原生效法律文书的，增加引用《最高人民法院关于适用〈中华人民共和国民事诉讼法〉的解释》第四百六十七条）规定，本院决定恢复（××××）……号案件的执行。

　　特此通知。

××××年××月××日

（院印）

联系人：×××　　　联系电话：……
本院地址：……　　　邮　　编：……

【说明】

　　1. 本样式根据《中华人民共和国民事诉讼法》第二百五十六条第二款、《最高人民法院关于人民法院执行工作若干问题的规定（试行）》第60条、《最高人民法院关于适用〈中华人民共和国民事诉讼法〉的解释》第四百六十七条规定制定，供人民法院在中止执行情形消失后恢复执行，书面通知当事人时用。

　　2. 一方当事人不履行或者不完全履行在执行中双方自愿达成的和解协议，对方当事人申请执行原生效法律文书的，人民法院应当恢复执行，但和解协议已履行的部分应当扣除。和解协议已经履行完毕的，人民法院不予恢复执行。

　　3. 不予恢复执行的通知书，可参照本样式制作。

（四）执行金钱给付

19. 通知书（通知申请执行人提供被执行人财产状况用）

×××人民法院

提供被执行人财产状况通知书

（××××）……执……号

×××：

你/你单位申请本院执行与×××……（写明案由）一案，依照《最高人民法院关于民事执行中财产调查若干问题的规定》第一条规定，通知你/你单位向本院提供被执行人×××的财产状况。

如不能提供有关被执行人×××财产状况的证据或线索，本院又未能查到可供执行的财产，将依照《最高人民法院关于适用〈中华人民共和国民事诉讼法〉的解释》第五百一十九条第一款规定终结本次执行程序。

特此通知。

××××年××月××日

（院印）

联系人：×××　　　联系电话：……
本院地址：……　　　邮　　编：……

【说明】

本样式根据《最高人民法院关于民事执行中财产调查若干问题的规定》第一条规定制定，供人民法院通知申请执行人提供被执行人财产状况时用。

20. 报告财产令（命令被执行人报告财产用）

×××人民法院

报告财产令

（××××）……执……号

×××：

　　本院于××××年××月××日立案执行×××与××……（写明案由）一案，已向你/你单位送达执行通知书。你/你单位未履行义务，应当限期如实报告财产。依照《中华人民共和国民事诉讼法》第二百四十一条、《最高人民法院关于民事执行中财产调查若干问题的规定》第一条规定，责令你/你单位在收到此令后××日内，如实向本院报告当前以及收到执行通知之日前一年的财产情况。执行中，如果财产状况发生变动，应当自财产变动之日起十日内向本院补充报告。

　　拒绝报告或者虚假报告，本院将根据情节轻重采取罚款、拘留等措施。

　　此令

　　附：被执行人财产申报表

××××年××月××日
（院印）

联系人：×××　　　　联系电话：……
本院地址：……　　　　邮　　编：……

被执行人财产申报表

××××人民法院：

根据你院（××××）……执……号报告财产令，被执行人×××现向你院申报财产如下：

被执行人基本情况	证件号（身份证号或组织机构代码）	
	住址（或住所）	
	联系电话	
当前财产情况	现金、银行存款、收入等	
	不动产 （土地使用权、房屋等）	
	动产（交通运输工具、机器设备、产品、原材料等）	
	财产性权益（债权、股权、股票、债券、投资权益、基金份额、知识产权）	
	其他财产情况	
一年内财产变动情况		

【说明】

本样式根据《最高人民法院关于民事执行中财产调查若干问题的规定》第一条规定制定，供人民法院通知申请执行人提供被执行人财产状况时用。

21. 通知书（通知第三人履行到期债务用）

×××人民法院

通知书

（××××）……执……号

×××：

　　在本院执行×××与×××……（写明案由）一案中，被执行人×××对你/你单位享有到期债权，申请执行人/被执行人×××于××××年××月××日向本院申请执行对你/你单位的到期债权。本院经审查认为，申请执行人/被执行人×××的申请符合法律规定。依照《最高人民法院关于适用〈中华人民共和国民事诉讼法〉的解释》第五百零一条、《最高人民法院关于人民法院执行工作若干问题的规定（试行）》第45条、第49条规定，通知如下：

　　你/你单位自收到本通知后的十五日内向申请执行人×××履行对被执行人×××到期债务……元，不得向被执行人清偿。

　　如有异议，应当自收到本通知后的十五日内向本院提出；若擅自向被执行人×××履行，造成财产不能追回的，除在已履行的财产范围内与被执行人承担连带清偿责任外，本院将依法追究你妨害执行的法律责任。

　　逾期不履行又不提出异议的，本院将强制执行。

　　特此通知。

××××年××月××日
（院印）

联系人：×××　　　联系电话：……

本院地址：……　　　邮　　编：……

联系人：×××　　　联系电话：……

本院地址：……　　　邮　　编：……

【说明】

1. 本样式根据《最高人民法院关于适用〈中华人民共和国民事诉讼法〉的解释》第五百零一条、《最高人民法院关于人民法院执行工作若干问题的规定(试行)》第45条、第49条规定制定,供人民法院向第三人发出履行到期债务通知时用。

2. 履行通知必须直接送达第三人,不能采取公告送达等方式。

22. 证明书（证明第三人已履行债务用）

×××人民法院

履行债务证明书

（××××）……执……号

在本院执行×××与×××……（写明案由）一案中，第三人×××于××××年××月××日已向申请执行人×××履行对被执行人×××到期债务……元。

特此证明。

××××年××月××日
（院印）

【说明】

本样式根据《最高人民法院关于人民法院执行工作若干问题的规定（试行）》第53条规定制定，供人民法院在第三人向申请执行人履行债务后，为第三人出具证明时用。

23. 协助执行通知书

×××人民法院

协助执行通知书

（××××）……执……号

×××：

　　×××与×××……（写明案由）一案，本院（或其他生效法律文书的作出机关）作出的（××××）……号民事判决（或其他生效法律文书）已经发生法律效力。因……（写明协助执行的原因）。依照《中华人民共和国民事诉讼法》第二百四十二条/二百四十三条/二百四十四条/二百五十一条、《最高人民法院关于人民法院执行工作若干问题的规定》第29条/第35条规定，请协助执行以下事项：

　　……。

　　附：（××××）……号裁定书

××××年××月××日
（院印）

联系人：×××　　　联系电话：……

本院地址：……　　　邮　　编：……

【说明】

本样式根据《中华人民共和国民事诉讼法》第二百四十二条、第二百四十三条、第二百四十四条、第二百五十一条，《最高人民法院关于人民法院执行工作若干问题的规定（试行）》第29条、第35条规定制定，供人民法院通知有关单位协助执行时用。

24－1. 协助查询存款通知书

×××人民法院

协助查询存款通知书

（××××）……执……号

××××（写明金融机构名称）：

　　兹因×××须向你单位查询×××（证件种类、号码：……）的存款，特派我院×××、×××前往你处，请予协助查询为盼。

××××年××月××日
（院印）

联系人：×××　　　联系电话：……
本院地址：……　　　邮　　编：……

24－2. 协助查询存款通知书（回执）

×××人民法院
协助查询存款通知书
（回执）

××××法院：

　　你院（××××）……号查询通知书收悉。现将×××（证件种类、号码：……）的存款情况提供如下：

　　……

××××年××月××日

联系人：×××　　　联系电话：……
本院地址：……　　　邮　　编：……

【说明】

1. 本样式根据《中华人民共和国民事诉讼法》第二百四十二条、《最高人民法院关于网络查询、冻结被执行人存款的规定》制定，供人民法院查询存款时用。

2. 人民法院与金融机构已建立网络执行查控机制的，可以通过网络实施查询、冻结被执行人存款等措施。人民法院实施网络执行查控措施，应当事前统一向相应金融机构报备有权通过网络采取执行查控措施的特定执行人员的相关公务证件。办理具体业务时，不再另行向相应金融机构提供执行人员的相关公务证件。人民法院办理网络执行查控业务的特定执行人员发生变更的，应当及时向相应金融机构报备人员变更信息及相关公务证件。

3. 人民法院通过网络查询被执行人存款时，应当向金融机构传输电子协助查询存款通知书。多案集中查询的，可以附汇总的案件查询清单。人民法院向金融机构传输的法律文书，应当加盖电子印章。人民法院出具的电子法律文书、金融机构出具的电子查询、冻结等结果，与纸质法律文书及反馈结果具有同等效力。

4. 人民法院通过网络查询、冻结、续冻、解冻被执行人存款，与执行人员赴金融机构营业场所查询、冻结、续冻、解冻被执行人存款具有同等效力。

25-1. 协助冻结存款通知书

×××人民法院

协助冻结存款通知书

（××××）……执……号

××××（写明金融机构名称）：

×××与×××……（写明案由）一案，×××（证件种类、号码：……）在你处××账户的存款……元，请暂停支付×年（自××××年××月××日起至××××年××月××日止）。逾期或解除冻结后，方可支付。

附：（××××）……号裁定书

××××年××月××日

（院印）

联系人：×××　　　联系电话：……
本院地址：……　　　邮　　编：……

25-2. 协助冻结存款通知书（回执）

×××人民法院

协助冻结存款通知书

（回执）

××××法院：

你院（××××）……号协助冻结通知书收悉。×××（证件种类、号码：……）在我处的××账户存款应冻结……元，已冻结……元，未冻结……元，原因为……。

××××年××月××日

（公章）

联系人：×××　　　联系电话：……
本院地址：……　　　邮　　编：……

【说明】

1. 本样式根据《中华人民共和国民事诉讼法》第二百四十二条规定制定，供人民法院冻结存款时用。

2. 人民法院冻结存款，应当作出裁定，并发出协助执行通知书，金融机构必须办理。

3. 人民法院通过网络冻结被执行人存款时，向金融机构传输的法律文书，应当加盖电子印章。人民法院出具的电子法律文书、金融机构出具的电子查询、冻结等结果，与纸质法律文书及反馈结果具有同等效力。

4. 人民法院通过网络查询、冻结、续冻、解冻被执行人存款，与执行人员赴金融机构营业场所查询、冻结、续冻、解冻被执行人存款具有同等效力。

26-1. 协助划拨存款通知书

×××人民法院

协助划拨存款通知书

（××××）……执……号

××××（写明金融机构名称）：

　　本院在执行×××与×××……（写明案由）一案中，因被执行人×××在期限内未予执行，请将该被执行人×××（证件种类、号码：……）在你处××账户的存款……元，划拨至××××银行账户/国库。

　　开户银行：××××
　　账户名称：××××
　　账　　号：……

　　附：（××××）……号裁定书

××××年××月××日
（院印）

　　联系人：×××　　　联系电话：……
　　本院地址：……　　　邮　　编：……

26-2. 协助划拨存款通知书（回执）

×××人民法院

协助划拨存款通知书

（回执）

××××法院：

你院（××××）……号协助划拨通知书收悉。×××（证件种类、号码：……）在我处的××账户存款……元已划拨至××××银行账户/国库，未划拨……元，原因为……。

××××年××月××日

（公章）

联系人：×××　　　联系电话：……
本院地址：……　　　邮　　编：……

【说明】

本样式根据《中华人民共和国民事诉讼法》第二百四十二条规定制定，供人民法院划拨存款时用。

27-1. 解除冻结存款通知书

×××人民法院

解除冻结存款通知书

（××××）……执……号

××××（写明金融机构名称）：

本院××××年××月××日（××××）……号协助冻结存款通知书冻结×××（证件种类、号码：……）在你处××账户的存款……元，现请解除冻结。

附：（××××）……号裁定书

×××× 年 ×× 月 ×× 日

（院印）

联系人：×××　　　联系电话：……
本院地址：……　　　邮　　编：……

27-2. 解除冻结存款通知书（回执）

×××人民法院

解除冻结存款通知书

（回执）

××××法院：

　　你院（××××）……号解除冻结存款通知书收悉。×××（证件种类、号码：……）在我处××账户存款……元，已解除冻结。

　　此复

××××年××月××日

（公章）

联系人：×××　　　　联系电话：……

本院地址：……　　　　邮　　编：……

【说明】

1. 本样式供人民法院解除冻结时用。

2. 人民法院通过网络冻结被执行人存款，需要解除冻结的，人民法院应当及时向金融机构传输电子解除冻结裁定书和协助解除冻结存款通知书。人民法院向金融机构传输的法律文书，应当加盖电子印章。人民法院出具的电子法律文书、金融机构出具的电子查询、冻结等结果，与纸质法律文书及反馈结果具有同等效力。

3. 人民法院通过网络查询、冻结、续冻、解冻被执行人存款，与执行人员赴金融机构营业场所查询、冻结、续冻、解冻被执行人存款具有同等效力。

28-1. 协助查询股权、其他投资权益通知书

×××人民法院

协助查询通知书

（××××）……执……号

××××工商行政管理局/分局：

　　根据执行案件需要，现向你局查询被执行人×××（证件种类、号码：……）持有公司等市场主体股权、其他投资权益或者……信息。依照《中华人民共和国民事诉讼法》第二百四十二条规定，请予协助查询为盼。

××××年××月××日
（院印）
经办人：×××

联系电话：……

28-2. 协助查询股权、其他投资权益通知书（回执）

×××人民法院

协助查询通知书

（回执）

××××人民法院：

你院（××××）……号协助查询通知书收悉。经查询，被执行人×××（证件种类、号码：……）持有公司等市场主体股权、其他投资权益等情况如下：

……

××××年××月××日

（公章）

经办人：×××

联系电话：……

【说明】

本样式根据《最高人民法院、国家工商总局关于加强信息合作规范执行与协助执行的通知》制定，供人民法院查询被执行人的股权、其他投资权益及信息时用。

28-3. 协助执行通知书（冻结上市公司股权）

×××××人民法院

协助执行通知书

（　）内执　号

×××证券股份有限公司：

　　本院对申请执行人×××申请执行被执行人×××的执行裁定书已经发生法律效力，根据《中华人民共和国民事诉讼法》第二百四十二条的规定，请协助执行下列项目：

　　一、因强制变现需要，请协助将被执行人×××。证券账户××××，所持证券简称×××（证券代码：×××），股份性质：无限制流通股，共×××股，申请原在最高人民法院查控网办理的不可售冻结变为可售冻结，并冻结被执行人的资金账户（账户号：×××）。

　　二、请协助将被执行人：×××（公民身份证号：×××）在贵司账户名下所持有的无限售流通股全部卖出，具体账户信息以本通知书第一条协助事项为准，卖出价格以实际卖出时间段的价格为准。

　　卖出后所得款项以及账户内全部资金一并划入本院账户：

　　账户名称：××××

　　开户银行：××××

　　银行账户：××××

　　以上协助内容请贵司接到本通知书起，立即执行

　　附：×××执行裁定书一份

××××人民法院
×××年×××月×××日

　　联系人：×××　　　　　电话：……

29－1. 协助公示冻结、续行冻结通知书

×××人民法院

协助公示股权通知书

（××××）……执……号

××××工商行政管理局/分局：

　　根据本院（××××）……号执行裁定，依照《中华人民共和国民事诉讼法》第二百四十二条规定，请协助公示下列事项：

　　冻结/继续冻结被执行人×××（证件种类、号码：……）持有×××……（股权、其他投资权益的数额），冻结期限为×年（自××××年××月××日起至××××年××月××日止）。

　　附：（××××）……号裁定书

××××年××月××日

（院印）

经办人：×××

联系电话：……

29-2. 公示冻结、续行冻结（公示内容）

×××人民法院

协助公示执行信息需求书

执行法院：×××人民法院

执行文书文号：（××××）……号执行裁定书

（××××）……号协助执行通知书

执行事项：公示冻结/续行冻结股权、其他投资权益

被执行人：×××

被执行人证件种类：×××

被执行人证件号码：……

被执行人持有股权、其他投资权益的数额：……

冻结/续行冻结期限：×年（自××××年××月××日起至××××年××月××日止）

公示日期：××××年××月××日

29－3. 协助公示冻结、续行冻结（回执）

×××人民法院

协助公示股权通知书

（回执）

××××人民法院：

你院（××××）……号执行裁定书、（××××）……号协助公示通知书收悉，我局处理结果如下：

已于××××年××月××日在企业信用信息公示系统公示。

××××年××月××日

（公章）

经办人：×××

联系电话：……

【说明】

本样式根据《最高人民法院、国家工商总局关于加强信息合作规范执行与协助执行的通知》制定，供人民法院通知工商部门对被执行人的股权、其他投资权益公示冻结或者续行冻结时用。

30-1. 协助公示解除冻结通知书

×××人民法院

协助公示解除冻结股权通知书

（××××）……执……号

××××工商行政管理局/分局：

根据本院（××××）……号执行裁定，依照《中华人民共和国民事诉讼法》第二百四十二条规定，请协助公示下列事项：

解除对被执行人×××（证件种类、号码：……）持有×××……（股权、其他投资权益的数额）的冻结。

附：（××××）……号裁定书

××××年××月××日
（院印）
经办人：×××

联系电话：……

30－2. 解除冻结信息需求书（公示内容）

×××人民法院

协助公示执行信息需求书

执行法院：×××人民法院

执行文书文号：（××××）……号执行裁定书

（××××）……号协助执行通知书

执行事项：解除冻结股权、其他投资权益

被执行人：×××

被执行人证件种类：×××

被执行人证件号码：……

被执行人持有股权、其他投资权益的数额：……

解除冻结日期：××××年××月××日

公示日期：××××年××月××日

30-3. 解除冻结通知书（回执）

×××人民法院

协助公示解除冻结股权通知书

（回执）

××××人民法院：

你院（××××）……号执行裁定书、（××××）……号协助公示通知书收悉，我局处理结果如下：

已于××××年××月××日在企业信用信息公示系统公示。

××××年××月××日

（公章）

经办人：×××

联系电话：……

【说明】

本样式根据《最高人民法院、国家工商总局关于加强信息合作规范执行与协助执行的通知》制定，供人民法院通知工商部门对被执行人的股权、其他投资权益公示解除冻结时用。

31-1. 协助变更股东登记通知书

×××人民法院

协助执行通知书

（××××）……执……号

××××工商行政管理局/分局：

根据本院（××××）……号执行裁定，依照《中华人民共和国民事诉讼法》第二百四十二条规定，请协助办理下列事项：

将被执行人×××（证件种类、号码：……）持有×××……（股权数额），股东变更登记为×××（证件种类、号码：……）。

附：（××××）……号裁定书

××××年××月××日
（院印）
经办人：×××

联系电话：……

31-2. 公示股东变更登记信息需求书（公示内容）

×××人民法院

协助公示执行信息需求书

执行法院：×××人民法院

执行文书文号：（××××）……号执行裁定书

（××××）……号协助执行通知书

执行事项：强制转让被执行人股权，办理股东变更登记。

被执行人：×××

被执行人证件种类：×××

被执行人证件号码：……

被执行人持有股权数额：……

受让人：×××

受让人证件类型：×××

受让人证件号码：……

协助执行日期：××××年××月××日

31-3. 协助变更股东登记通知书（回执）

×××人民法院

协助执行通知书

（回执）

××××人民法院：

你院（××××）……号执行裁定书、（××××）……号协助执行通知书收悉，我局处理结果如下：

已于××××年××月××日在工商行政管理业务系统办理股东变更登记，并于××××年××月××日在企业信用信息公示系统公示。

××××年××月××日

（公章）

经办人：×××

联系电话：……

【说明】

本样式根据《最高人民法院、国家工商总局关于加强信息合作规范执行与协助执行的通知》制定，供人民法院通知工商部门协助变更股东登记时用。

32-1. 协助执行通知书（冻结证券样本北京分公司用）

_____人民法院

协助执行通知书

（冻结证券样本）

____字（____）第____号

中国证券登记结算有限责任公司北京分公司：

关于_____一案，我院作出的_____已经发生法律效力，因_____，根据_____法的规定，请协助执行以下事项：

请协助冻结被执行人（姓名或名称）_____，股东代码_____，所持证券简称_____，证券代码_____，股份性质_____，共_____股。冻结期间产生的孳息一并冻结（或不冻结）。（若冻结流通股，请注明"冻结股数以当天交易清算交收后的实际股数为准"；若冻结的股份已办理质押登记，请注明"所冻结股份已办理质押登记"及其质押冻结序号。）

冻结期限从___年_月_日至___年_月_日。

附：

盖 章
___年_月_日

联系人：_____
联系电话（办公）：_____（手机）：_____

32-2. 协助执行通知书（轮候冻结证券样本北京分公司用）

_____人民法院

协助执行通知书

（轮候冻结证券样本）

____字（____）第____号

中国证券登记结算有限责任公司北京分公司：

关于_____一案，我院作出的_____已经发生法律效力，因_____，根据_____法的规定，请协助执行以下事项：

请协助轮候冻结被执行人（姓名或名称）_____，股东代码_____，所持证券简称_____，证券代码_____，股份性质_____，共_____股；冻结生效后，冻结期间产生的孳息一并冻结（或不冻结）。（若轮候冻结的股份已办理质押登记，请注明"所轮候冻结股份已办理质押登记"及其质押冻结序号。）

冻结期限自实施冻结之日起二年，如果原冻结的股份分期解冻，轮候冻结的股份按解冻时间分期冻结，后冻结的股份冻结到期日与首次冻结的股份冻结或续冻到期日相同。

附：

盖 章
____年__月__日

联系人：_____

联系电话：办公：_____   手机：_____

联系地址：_____   邮政编码：_____

32-3. 协助执行通知书（证券解冻样本北京分公司用）

_____人民法院

协助执行通知书

（证券解冻样本）

____字（____）第____

中国证券登记结算有限责任公司北京分公司：

　　关于_____一案，我院作出的_____已经发生法律效力，因_____，根据_____法的规定，请协助执行以下事项：

　　请协助解除冻结被执行人（姓名或名称）_____，股东代码_____，所持股份的证券简称_____，证券代码_____，股份性质_____，共_____股。（初始冻结时一并冻结孳息的，解除时应当注明"冻结期间所产生的孳息一并解冻"）。

　　原协助执行通知书案号为：_____

　　附：

盖　章
____年__月__日

　　联系人：_____
　　联系电话（办公）：_____（手机）：_____

32-4. 协助执行通知书（证券司法过户样本北京分公司用）

××××× 人民法院

协助执行通知书

（证券司法过户样本）

____字（____）第____号

中国证券登记结算有限责任公司北京分公司：

　　关于_____一案，我院作出的_____已经发生法律效力，因_____，根据_____法的规定，请协助执行以下事项：

　　请将被执行人（姓名或名称）_____，股东代码为_____，持有证券简称_____，证券代码_____，股份性质_____，共_____股，以每股人民币_____元，过户到_____名下，股东代码_____，转入方托管单元（席位号）为_____（流通股适用）。（拟过户证券已被司法冻结或被质押的，过户时应当一并办理解除司法冻结、质押登记的手续。）

　　附：

盖　章
____年__月__日

联系人：_____
联系电话（办公）：_____（手机）：_____

32-5. 协助执行通知书（证券续冻样本北京分公司用）

×××××人民法院

协助执行通知书

（证券续冻样本）

____字（____）第____号

中国证券登记结算有限责任公司北京分公司：

　　关于_____一案，我院作出的_____
_____已经发生法律效力，因_____，
根据_____法的规定，请协助执行以下事项：

　　请协助继续冻结被执行人（姓名或名称）_____，股东代码_____
__，所持股份的证券简称_____，证券代码_____，股份性质____
_____，共_____股。（初始冻结时一并冻结孳息的，续冻时应当注明"冻结期间所产生的孳息一并续冻"。）

　　继续冻结期限从____年__月__日至____年__月__日。

　　原协助执行通知书案号为：_____

　　附：

盖　章
____年__月__日

联系人：_____

联系电话（办公）：_____（手机）：_____

32-6. 证券非交易过户登记申请表（北京分公司用）

证券非交易过户登记申请表

（主办券商代理适用）

<table>
<tr><td rowspan="13">申请人填写栏</td><td>过出方全称</td><td colspan="2"></td><td>证券账号</td><td colspan="3"></td></tr>
<tr><td>过入方全称</td><td colspan="2"></td><td>证券账号</td><td colspan="3"></td></tr>
<tr><td>转让类型</td><td colspan="6">□继承（含遗赠）　□离婚财产分割　□司法过户</td></tr>
<tr><td>是否邮寄</td><td colspan="6">□是　　□否</td></tr>
<tr><td>收件人姓名</td><td colspan="2"></td><td>联系电话</td><td colspan="3"></td></tr>
<tr><td>地址及邮编</td><td colspan="6"></td></tr>
<tr><td>证券简称及代码</td><td>证券数量</td><td>过户价格</td><td>流通类型</td><td>过出方托管单元名称及号码</td><td>过入方托管单元名称及号码</td><td>备注</td></tr>
<tr><td></td><td></td><td></td><td></td><td></td><td></td><td></td></tr>
<tr><td></td><td></td><td></td><td></td><td></td><td></td><td></td></tr>
<tr><td></td><td></td><td></td><td></td><td></td><td></td><td></td></tr>
<tr><td colspan="7">申请人声明
　　我们已知晓证券非交易过户的相关业务规定，同意通过_____（主办券商名称）向中国证券登记结算有限责任公司北京分公司申请办理该过户登记业务；并承诺所提供的申请材料真实、准确、完整、合法，因提供的申请材料不符合上述承诺所引起的一切法律责任由我们自行承担。
　　过出方或代办人（签字）　　　　　过入方或代办人（签字）
　　联系地址：　　　　　　　　　　　联系地址：
　　联系电话：　　　　　　　　　　　联系电话：
　　日期：　年　月　日　　　　　　　日期：　年　月　日</td></tr>
</table>

代理机构审核栏	审核意见： 　　已采取必要及可行的措施确认申请人的身份信息、证券权属证明文件以及要求提供的其他材料等真实、准确、完整。 经办人（签章）： 联系电话：　　　　　传真： 　　　　　　　　　　　　　复核人（签章）： 　　　　　　　　　　　　　　　　日期：　年 月 日
	我公司已审核确认过户所依据的文书及内容真实、有效。 　　　　　　　　　　　　　证券机构盖章： 　　　　　　　　　　　　（公司公章或授权印章） 　　　　　　　　　　　　　日期：　年 月 日

33－1. 冻结方式变更申请（深圳用）

_____人民法院

协助执行通知书

（变更可售冻结样本）

____字（__）第____号

_____证券公司_____营业部：

关于_____一案，我院作出的_____已经发生法律效力。因_____，根据_____法的规定，请协助执行以下事项：

因强制变现的需要，请协助将被执行人（姓名或名称）_____、股东代码_____，所持证券简称_____，证券代号_____，股份性质_____，共_____股，原在中国证券登记结算有限责任公司深圳分公司办理的冻结变为可售冻结，并冻结该执行人的资金账户，资金账号_____。

附：

盖　章
____年__月__日

33-2. 冻结方式变更申请表（深圳用）

冻结方式变更申请表

中国证券登记结算有限责任公司深圳分公司：

　　我司（营业部）于＿＿年＿月＿日收到＿＿＿＿＿＿（司法机关全称）＿＿＿＿＿＿＿号协助执行通知书通知，要求将其原在贵司柜台办理的不可售冻结，变更为可售冻结，相关法律文书我司（营业部）已审核无误，现将相关材料提交至贵司，请贵司协助办理冻结方式变更手续。我司（营业部）承诺将密切关注该可售冻结的卖出、续冻、解冻等后续处理，并按贵司要求及时申报相应数据。

　　原冻结具体情况如下：

　　股东全称：＿＿＿＿＿＿，股东代码：＿＿＿＿＿＿

　　证券简称：＿＿＿＿＿＿，证券代码：＿＿＿＿＿＿，

　　冻结序号：＿＿＿＿＿＿，冻结股数：＿＿＿＿＿＿

　　原冻结起止时间：＿＿＿＿＿＿＿＿＿＿＿＿＿＿，

　　证券托管单元（席位）号：＿＿＿＿＿＿

　　附：材料清单

　　申报单位：＿＿＿＿＿＿证券公司＿＿＿＿＿＿营业部

　　　　　　　　　　　　负责人签名并加盖公或营业部公章：
　　　　　　　　　　　　　　申报日期：＿＿年＿月＿日
　　　　　　　　　　　　　　＿＿＿＿＿＿人民法院

33－3. 协助执行通知书（冻结证券深圳用）

协助执行通知书

（冻结证券样本）

___字（__）第___号

中国证券登记结算有限责任公司深圳分公司/_____证券公司_____营业部：

　　关于_____一案，我院作出的_____已经发生法律效力。因_____，根据_____法的规定，请协助执行以下事项：

　　请协助冻结被执行人（姓名或名称）_____，股东代码_____，所持证券简称_____，证券代号_____，股份性质_____，共_____股。冻结期间产生的孳息一并冻结。（若冻结流通股，请注明"冻结股数以当天交易清算交收后的实际股数为准"；若冻结的股份已办理质押登记，请注明"所冻结股份已办理质押登记"及其质押登记序号；）

　　冻结期限共___个月。从___年_月_日至___年_月_日。

　　附：

盖 章
___年_月_日

联系人：_____
联系电话（办公）：_____：（手机）：_____

33-4. 协助执行通知书（轮候冻结证券深圳用）

＿＿＿＿＿人民法院

协助执行通知书

（轮候冻结证券样本）

＿＿字（＿）第＿号

中国证券登记结算有限责任公司深圳分公司/＿＿＿＿＿＿＿＿证券公司＿＿＿＿＿＿＿＿＿营业部：

关于＿＿＿＿＿＿＿＿＿＿一案，我院作出的＿＿＿＿＿＿＿＿＿已经发生法律效力。因＿＿＿＿＿＿＿＿＿，根据＿＿＿＿＿＿＿＿＿法的规定，请协助执行以下事项：

请协助轮候冻结被执行人（姓名或名称）＿＿＿＿＿＿＿＿＿，股东代码＿＿＿＿＿＿＿＿＿，所持证券简称＿＿＿＿＿＿＿＿＿，证券代号＿＿＿＿＿＿＿，股份性质＿＿＿＿＿＿＿＿＿，共＿＿＿＿＿股；冻结生效后，冻结期间产生的孳息一并冻结。（若轮候冻结的股份已办理质押登记，请注明"所轮候冻结股份已办理质押登记"及其质押登记序号；）

冻结期限自实施冻结之日起共＿＿＿个月。如果原冻结的股份分期解冻，轮候冻结的股份按解冻时间分期冻结，分期计算到期日。

附：

盖　章
＿＿年＿月＿日

联系人：＿＿＿＿＿＿＿＿
联系电话（办公）：＿＿＿＿＿＿＿：（手机）：＿＿＿＿＿＿＿
联系地址：＿＿＿＿＿＿＿＿邮政编码：＿＿＿＿＿＿

33-5. 协助执行通知书（证券续冻深圳用）

_____人民法院

协助执行通知书

（证券续冻样本）

____字（__）第__号

中国证券登记结算有限责任公司深圳分公司/_____证券公司____
_____营业部：

关于_____一案，我院作出的_____已经发生法律效力。因_____，根据_____法的规定，请协助执行以下事项：

请协助继续冻结被执行人_____，股东代码_____，所持股份的证券简称_____，证券代号_____，股份性质_____，共_____股及孳息。

继续冻结期限共__个月，从____年__月__至____年__月__。

原冻结通知书案号为：_____

附：

盖章

____年__月__日

联系人：_____
联系电话（办公）：_____；（手机）：_____

33-6. 协助执行通知书（证券解冻深圳用）

_____人民法院

协助执行通知书

（证券解冻样本）

____字（__）第__号

中国证券登记结算有限责任公司深圳分公司/_____证券公司_____营业部：

　　关于_____一案，我院作出的_____已经发生法律效力。因_____，根据_____法的规定，请协助执行以下事项：

　　请协助解除冻结被执行人_____，股东代码_____，所持股份的证券简称_____，证券代号_____，股份性质_____，共____股及红利的冻结。

　　原冻结通知书案号为：_____

　　附：

盖　章
___年__月__日

联系人：_____

联系电话（办公）：_____：（手机）_____

33－7. 协助查询通知书（查询证券深圳用）

附件2、法律文书填写格式范本

＿＿＿＿＿＿人民法院

协助查询通知书

（查询证券样本）

＿＿字（＿）第＿号

中国证券登记结算有限责任公司深圳分公司/＿＿＿＿＿证券公司＿＿＿＿＿营业部：

我院在办理＿＿＿＿＿一案中，因办案需要，根据＿＿＿＿＿＿法的规定，请你单位协助查询以下事项：

请协助查询被执行人（姓名或名称）＿＿＿＿＿＿＿＿＿＿，股东代码＿＿＿＿＿＿＿＿＿＿＿＿，身份证号码或注册号码＿＿＿＿＿＿＿＿＿＿，证券持有情况（查询事项）。

附：

盖　章

＿＿＿年＿月＿日

联系人：＿＿＿＿＿＿＿＿＿＿＿＿

联系电话（办公）＿＿＿＿＿＿＿＿＿：（手机）：＿＿＿＿＿＿＿＿＿

33-8. 协助执行通知书（证券司法过户深圳用）

<u>　　　　　</u>**人民法院**

协助执行通知书

（证券司法过户样本）

<u>　　</u>字（<u>　</u>）第<u>　</u>号

中国证券登记结算有限责任公司深圳分公司/<u>　　　　</u>证券公司<u>　　　</u>营业部：

关于<u>　　　　　　　</u>一案，我院作出的<u>　　　　　　　</u>已经发生法律效力。因<u>　　　　　　</u>，根据<u>　　　　　　　</u>法的规定，请协助执行以下事项：

请将被执行人<u>　　　　　　</u>，股东代码为<u>　　　　　　</u>，持有证券简称<u>　　　　　　</u>，证券代码<u>　　　　　　</u>，股份性质<u>　　　　　</u>，共<u>　　</u>股，以每股人民币<u>　　</u>元，过户到<u>　　　　　</u><u>　　</u>名下，股东代码<u>　　　　　　</u>，转入方托管交易单元（席位号）为<u>　</u><u>　　　　　　</u>。（拟过户证券已被司法冻结或被质押的，过户时应当一并办理解除司法冻结、质押登记的手续。）

附：

盖　章
<u>　　</u>年<u>　</u>月<u>　</u>日

联系人：<u>　　　　　　　</u>
联系电话（办公）：<u>　　　　　　　</u>（手机）<u>　　　　　</u>

34－1. 有权机关填写协助冻结文书参考样例（上海用）

中国证券登记结算有限责任公司上海分公司：

请协助查询_____（证券账户号：_____/身份证号码或注册号码：_____）的证券持有情况及/或自____年__月__起至____年__月__的持有变动情况。

34－2. 有权机关填写协助冻结文书参考样例

中国证券登记结算有限责任公司上海分公司：

请协助冻结_____（证券账户号：_____）持有的（证券名称）_____股（证券代码_____，证券类别_____）及孳息（指通过你公司派发的送股、转增股、现金红利），冻结期限从____年__月__起至____年__月__止。

备注：

1. 如所冻结股份已办理质押登记，需注明"所冻结股份已办理质押登记，质押登记编号为_____"。

2. 如冻结债券，孳息表述为"指通过你公司派发的债券利息"。

3. 如果不需要冻结孳息（孳息是指通过中国证券登记结算有限责任公司上海分公司派发的送股、转增股、现金红利或债券的利息），请在文书上注明。

4. 证券类别（适用于股票）指无限售流通股、限售流通股。

34－3. 有权机关填写协助解冻文书参考样例

中国证券登记结算有限责任公司上海分公司：

请协助解除对_____（证券账户号：_____）所持有的（证券名称）____股（证券代码_____，证券类别_____）以及冻结期间通过你公司派发的送股、转增股、现金红利（包括送股_____股、现金红利_____份或债券利息_____份）的冻结。

备注：

1. 如所解冻证券已办理质押登记，需注明"所解冻证券已办理质押登记，质押登记编号为_____"。

　　2. 证券类别（适用于股票）指无限售流通股、限售流通股。

34-4. 有权机关填写协助轮候冻结文书参考样例

中国证券登记结算有限责任公司上海分公司：

　　请协助轮候冻结_____（证券账户号：_____）持有的（证券名称）_____股（证券代码_____，证券类别_____），冻结期限为_____年/月，自转为正式冻结之日起计算。

　　本次轮候冻结包括孳息（指通过你公司派发的送股、转增股、现金红利），其效力从登记在先的冻结证券解除冻结且本次轮候冻结部分或全部生效之日起产生。

　　备注：1. 如轮候冻结债券，孳息表述为"指通过你公司派发的债券利息"；2. 如果不需要冻结孳息（孳息是指通过中国证券登记结算有限责任公司上海分公司派发的送股、转增股、现金红利或债券的利息），请在文书上注明；3. 证券类别（适用于股票）指无限售流通股、限售流通股。

34-5. 有权机关填写协助轮候解冻文书参考样例

中国证券登记结算有限责任公司上海分公司：

　　请协助解除对_____（证券账户号：_____）所持有的（证券名称）_____股（证券代码_____，证券类别_____）以及冻结期间通过你公司派发的送股、转增股、现金红利（包括送股_____股、现金红利_____份或债券利息_____份）的轮候冻结。

　　备注：

　　证券类别（适用于股票）指无限售流通股、限售流通股。

34-6. 有权机关填写协助续冻文书参考样例

中国证券登记结算有限责任公司上海分公司：

请协助继续冻结_____（证券账户号：_____）持有的（证券名称）_____股（证券代码_____，证券类别_____）及孳息（指通过你公司派发的送股、转增股、现金红利），冻结期限从___年_月_起至___年_月_止。

备注：

1. 如所冻结股份已办理质押登记，需注明"所冻结股份已办理质押登记，质押登记编号为_____"。

2. 如冻结债券，孳息表述为"指通过你公司派发的债券利息"。

3. 如果不需要冻结孳息（孳息是指通过中国证券登记结算有限责任公司上海分公司派发的送股、转增股、现金红利或债券的利息），请在文书上注明。

4. 证券类别（适用于股票）指无限售流通股、限售流通股。

35. 通知书（责令金融机构追回被转移的冻结款项用）

×××人民法院

责令追回被转移款项通知书

（××××）……执……号

××××（写明金融机构名称）：

　　本院在执行×××与×××……（写明案由）一案中，已于××××年××月××日向你单位发出（××××）……号执行裁定书和（××××）……号协助冻结存款通知书。经查，你单位于××××年××月××日擅自解冻被本院冻结的款项，致冻结款项被转移。依照《最高人民法院关于人民法院执行工作若干问题的规定（试行）》第26条规定，责令你单位自本通知书送达之日起××日内追回已被转移的款项……元。

　　逾期未能追回，本院将裁定你单位在转移的款项范围内以自己的财产向申请执行人承担责任。

　　特此通知。

××××年××月××日

（院印）

联系人：×××　　　　联系电话：……
本院地址：……　　　　邮　　编：……

【说明】

　　本样式根据《最高人民法院关于人民法院执行工作若干问题的规定（试行）》第26条规定制定，供人民法院责令金融机构限期追回已被转移款项时用。

36. 通知书（责令协助执行单位追回擅自支付款项用）

×××人民法院

责令协助单位追款通知书

（××××）……执……号

××××：

本院在执行×××与×××……（写明案由）一案中，于××××年××月××日向你单位发出（××××）……号协助执行通知书，要求你单位协助将被执行人×××收入……元交存本院，你单位却擅自向被执行人/他人支付……元。依照《最高人民法院关于人民法院执行工作若干问题的规定（试行）》第30条规定，责令你单位自本通知书送达之日起××日内追回擅自支付的款项……元，并按（××××）……号协助执行通知书的要求将该款交存本院。

逾期拒不追回，本院将裁定你单位在擅自支付的数额内向申请执行人承担责任，并视情节轻重追究你单位及相关负责人妨害执行的法律责任。

特此通知。

××××年××月××日

（院印）

联系人：×××　　　　联系电话：……

【说明】

本样式根据《最高人民法院关于人民法院执行工作若干问题的规定（试行）》第30条规定制定，供人民法院责令有关单位限期追回擅自支付的款项时用。

37. 通知书（责令责任人追回财产用）

×××人民法院

责令责任人追回财产通知书

（××××）……执……号

××××：

　　本院在执行×××与×××……（写明案由）一案中，于××××年××月××日查封/扣押/冻结了被执行人××的……（写明财产名称、数量或数额、所在地等）。经查，××××年××月××日，你/你单位未经本院同意，擅自处分上述财产。依照《中华人民共和国民事诉讼法》第一百一十一条第一款第三项、《最高人民法院关于人民法院执行工作若干问题的规定（试行）》第32条规定，责令你/你单位自本通知书送达之日起××日内追回上述财产。

　　逾期不能追回的，本院将裁定你/你单位承担相应的赔偿责任，并视情节轻重，对有关负责人或者直接责任人员予以罚款、拘留；构成犯罪的，追究刑事责任。

　　特此通知。

××××年××月××日
（院印）

联系人：×××　　联系电话：……
本院地址：……　　邮　　编：……

【说明】

　　本样式根据《中华人民共和国民事诉讼法》第一百一十一条第一款第三项、《最高人民法院关于人民法院执行工作若干问题的规定（试行）》第32条规定制定，供人民法院责令责任人限期追回财产或承担相应的赔偿责任时用。

38. 通知书（由法院强制保管产权证照用）

×××人民法院

强制保管产权证照通知书

（××××）……执……号

×××：

　　本院在执行×××与×××……（写明案由）一案中，经查，……（写明被执行人持有产权证照的事实及责令强制保管的理由）。依照《最高人民法院关于人民法院民事执行中查封扣押冻结财产的规定》第七条规定，责令你/你单位自本通知书送达时将……的产权证照交由本院保管。

　　拒不履行，本院将采取强制执行措施。

　　特此通知。

××××年××月××日

（院印）

联系人：×××　　联系电话：……
本院地址：……　　邮　　编：……

【说明】

本样式根据《最高人民法院关于人民法院民事执行中查封扣押冻结财产的规定》第七条规定制定，供人民法院责令被执行人将有关产权证照交人民法院保管时用。

39. 证照（财物）保管清单

×××人民法院

证照（财物）保管清单

（（××××）……执……号

持有人姓名			案由	
编号	证照/财物	名称	数量或数额	备注
1				
2				
3				
4				
5				
6				
7				
8				
持有人（签名或捺印） 在场人（签名或捺印） ××××年×××月×××日				
执行人员（签名） ××××年×××月×××日				

注：本清单一式两份，一份交被执行人，一份随强制保管证照通知书存卷。

【说明】

本样式根据《最高人民法院关于人民法院民事执行中查封扣押冻结财产的规定》第七条规定制定，供人民法院制作保管证照、财物清单时用。

40. 证照（财物）发还清单

×××人民法院

证照（财物）保管清单

（（××××）……执……号

持有人姓名			案由	
编号	证照/财物	名称	数量或数额	备注
1				
2				
3				
4				
5				
6				
7				
8				

领取单位（盖章）

×××年×××月×××日　　　　　领取人（签名）

执行人员（签名）

×××年×××月×××日

注：本清单一式两份，一份存入卷宗，一份交被执行人。

【说明】

本样式根据《最高人民法院关于人民法院民事执行中查封、扣押、冻结财产的规定》第七条规定制定，供人民法院将证照、财物发还当事人时用。

41. 保管财产委托书

×××人民法院

保管财产委托书

（××××）……执……号

×××：

　　本院在执行×××与×××……（写明案由）一案中，于××××年××月××日查封/扣押被执行人×××……（写明财产名称、数量或数额、所在地等），因……（写明委托保管的理由）。依照《最高人民法院关于人民法院民事执行中查封、扣押、冻结财产的规定》第十条、《最高人民法院关于人民法院民事执行中查封、扣押、冻结财产的规定》第十条（指定担保物权人为保管人的，引用第十一条）规定，特委托你/你单位代为保管。

　　上述财产不得擅自使用和处分。该财产如被隐藏、转移、变卖、毁损，本院将依法追究相关人员的责任；构成犯罪的，追究刑事责任。

　　附：（××××）……号裁定书

××××年××月××日
（院印）

【说明】

　　本样式根据《最高人民法院关于人民法院民事执行中查封、扣押、冻结财产的规定》第十条，《最高人民法院关于人民法院民事执行中查封、扣押、冻结财产的规定》第十条、第十一条规定制定，供人民法院委托其他单位或个人保管扣押财产时用。

42. 执行裁定书（查封、扣押、冻结财产用）

×××人民法院

执行裁定书

（××××）……执……号

申请执行人：×××，……。
法定代理人/指定代理人/法定代表人/主要负责人：×××，……。
委托诉讼代理人：×××，……。
被执行人：×××，……。
……
（以上写明申请执行人、被执行人和其他诉讼参加人的姓名或者名称等基本信息）

本院在执行×××与×××……（写明案由）一案中，经查，……。依照《中华人民共和国民事诉讼法》第二百四十二条、《最高人民法院关于适用〈中华人民共和国民事诉讼法〉的解释》第四百八十七条规定，裁定如下：

查封/冻结/扣押被执行人×××的……（写明财产名称、数量或数额、所在地等），期限为×年。

申请执行人申请续行查封、扣押、冻结财产的，应当在查封、扣押、冻结期限届满七日前向人民法院提出；逾期申请或者不申请的，自行承担不能续行查封、扣押、冻结的法律后果。

本裁定立即执行。

审　判　员　×××

××××年××月××日

（院印）

书　记　员　×××

【说明】

本样式根据《中华人民共和国民事诉讼法》第二百四十二条、《最高人民法院关于适用〈中华人民共和国民事诉讼法〉的解释》第四百八十七条规定制定，供人民法院查封、扣押、冻结财产时用。

43. 执行裁定书（划拨存款用）

×××人民法院

执行裁定书

（××××）……执……号

申请执行人：×××，……。
法定代理人/指定代理人/法定代表人/主要负责人：×××，……。
委托诉讼代理人：×××，……。
被执行人：×××，……。
（以上写明申请执行人、被执行人和其他诉讼参加人的姓名或者名称等基本信息）

本院在执行×××与×××……（写明案由）一案中，于××××年××月××日向×××发出执行通知书，责令……（写明应当履行的义务），但被执行人×××未履行/未全部履行生效法律文书确定的义务。依照《中华人民共和国民事诉讼法》第二百四十二条规定，裁定如下：

划拨被执行人×××存款……元。

本裁定立即执行。

审　判　员　×××
××××年××月××日
（院印）
书　记　员　×××

【说明】

本样式根据《中华人民共和国民事诉讼法》第二百四十二条规定制定，供人民法院划拨存款时用。

44. 执行裁定书（扣留、提取被执行人收入用）

×××人民法院

执行裁定书

（××××）……执……号

申请执行人：×××，……。
法定代理人/指定代理人/法定代表人/主要负责人：×××，……。
委托诉讼代理人：×××，……。
被执行人：×××，……。
……

（以上写明申请执行人、被执行人和其他诉讼参加人的姓名或者名称等基本信息）

本院在执行×××与×××……（写明案由）一案中，于××××年××月××日向被执行人×××发出执行通知书，责令……（写明应当履行的义务），但被执行人×××未履行/未全部履行生效法律文书确定的义务。

本院查明，被执行人×××在××××处有收入……元。依照《中华人民共和国民事诉讼法》第二百四十三条、《最高人民法院关于人民法院执行工作若干问题的规定（试行）》第29条规定，裁定如下：

扣留/提取被执行人×××在×××处收入……元。

本裁定立即执行。

审　判　员　×××

××××年××月××日

（院印）

书　记　员　×××

【说明】

本样式根据《中华人民共和国民事诉讼法》第二百四十三条、《最高人民法院关于人民法院执行工作若干问题的规定（试行）》第29条规定制定，供人民法院扣留或提取被执行人收入时用。

45. 执行裁定书（责令有关单位向申请执行人支付已到期收益用）

×××人民法院

执行裁定书

（××××）……执……号

申请执行人：×××，……。
法定代理人/指定代理人/法定代表人/主要负责人：×××，……。
委托诉讼代理人：×××，……。
被执行人：×××，……。
……
（以上写明申请执行人、被执行人和其他诉讼参加人的姓名或者名称等基本信息）

本院在执行×××与×××……（写明案由）一案中，于××××年××月××日向被执行人×××发出执行通知书，责令……（写明应当履行的义务），但被执行人×××未履行/未全部履行生效法律文书确定的义务。

本院查明，被执行人×××在××××处有已到期的股息/红利等收益……元。依照《中华人民共和国民事诉讼法》第二百四十二条、《最高人民法院关于人民法院执行工作若干问题的规定（试行）》第36条第1款规定，裁定如下：

××××（写明有关单位名称）应于收到本裁定书后××日内直接向申请执行人×××支付……元。

审 判 员 ×××

××××年××月××日

（院印）

书 记 员 ×××

【说明】

本样式根据《中华人民共和国民事诉讼法》第二百四十二条，《最高人民法院关于人民法院执行工作若干问题的规定（试行）》第36条第1款规定制定，供人民法院对已到期股息、红利等收益采取强制执行措施时用。

46. 执行裁定书（禁止被执行人转让知识产权用）

×××人民法院

执行裁定书

（××××）……执……号

申请执行人：×××，……。
法定代理人/指定代理人/法定代表人/主要负责人：×××，……。
委托诉讼代理人：×××，……。
被执行人：×××，……。
……
（以上写明申请执行人、被执行人和其他诉讼参加人的姓名或者名称等基本信息）

本院在执行×××与×××……（写明案由）一案中，于××××年××月××日向被执行人发出执行通知书，责令……（写明应当履行的义务），但被执行人×××未履行/未全部履行生效法律文书确定的义务。

本院查明，……（写明被执行人享有专利权、注册商标专用权、著作权等知识产权的事实）。

依照《最高人民法院关于人民法院执行工作若干问题的规定（试行）》第35条规定，裁定如下：

禁止被执行人×××转让其享有的……（写明知识产权名称、证号）。

本裁定立即执行。

审　判　员　×××
××××年××月××日
（院印）
书　记　员　×××

【说明】

本样式根据《最高人民法院关于人民法院执行工作若干问题的规定（试行）》第35条规定制定，供人民法院对被执行人知识产权采取执行措施时用。

47. 执行裁定书（轮候查封、扣押、冻结用）

×××人民法院

执行裁定书

（××××）……执……号

申请执行人：×××，……。

法定代理人/指定代理人/法定代表人/主要负责人：×××，……。

委托诉讼代理人：×××，……。

被执行人：×××，……。

……

（以上写明申请执行人、被执行人和其他诉讼参加人的姓名或者名称等基本信息）本院在执行×××与×××……（写明案由）一案中，经查，……。依照《中华人民共和国民事诉讼法》第二百四十二条/第二百四十三条/第二百四十四条，《最高人民法院关于人民法院执行工作若干问题的规定（试行）》第38条、第42条（扣押财产的，引用第43条），《最高人民法院关于人民法院民事执行中查封、扣押、冻结财产的规定》第二十六条第一款、《最高人民法院关于适用〈中华人民共和国民事诉讼法〉的解释》第四百八十七条规定，裁定如下：

一、查封/扣押/冻结被执行人×××所有的……（写明财产名称、数量或数额、所在地等），查封/扣押/冻结期限为×年。

二、（被执行人可以使用被查封财产的，写明：）被执行人×××负责保管被查封的财产。在查封期间内，被执行人×××可以使用被查封财产；但因被执行人×××的过错造成被查封财产损失的，应由自己承担责任。

（被执行人/保管人不得使用被查封/扣押财产的，写明：）被执行人/保管人×××负责保管被查封/扣押的财产。在查封/扣押期间不得使用被查封/扣押的财产。

（冻结财产不需要保管的，不列本项。）

需要续行查封/扣押/冻结的，应当在查封/扣押/冻结期限届满前××日内提出续行查封/扣押/冻结的书面申请。

本裁定立即执行。

审　判　员　×××
××××年××月××日
（院印）
书　记　员　×××

【说明】

本样式根据《中华人民共和国民事诉讼法》第二百四十二条、第二百四十三条、第二百四十四条，《最高人民法院关于人民法院执行工作若干问题的规定（试行）》第38条、第42条、第43条，《最高人民法院关于人民法院民事执行中查封、扣押、冻结财产的规定》第二十六条第一款规定制定，供人民法院采取轮候查封、扣押、冻结措施时用。

48. 执行裁定书（预查封用）

×××人民法院

执行裁定书

（××××）……执……号

申请执行人：×××，……。

法定代理人/指定代理人/法定代表人/主要负责人：×××，……。

委托诉讼代理人：×××，……。

被执行人：×××，……。

……

（以上写明申请执行人、被执行人和其他诉讼参加人的姓名或者名称等基本信息）

本院在执行×××与×××……（写明案由）一案中，于××××年××月××日向被执行人×××发出执行通知书，责令……（写明应当履行的义务），但被执行人×××未履行/未全部履行生效法律文书确定的义务。

本院查明，……（写明需查封不动产的名称、数量或数额、所在地，履行产权登记手续的进展情况以及在先强制措施的登记顺序情况等）。依照《中华人民共和国民事诉讼法》第二百四十四条、《最高人民法院关于人民法院执行工作若干问题的规定（试行）》第38条、《最高人民法院关于适用〈中华人民共和国民事诉讼法〉的解释》第四百八十七条规定，裁定如下：

预查封被执行人×××所有的……（写明财产名称、数量或数额、所在地等），查封期限自本裁定生效之日起×年。

预查封的效力等同于正式查封。

查封期限届满时需要续行查封的，应当在查封期限届满前××日内提出书面申请。

本裁定立即执行。

审　判　员　×××
××××年××月××日
（院印）
书　记　员　×××

【说明】

本样式根据《中华人民共和国民事诉讼法》第二百四十四条、《最高人民法院关于人民法院执行工作若干问题的规定（试行）》第38条、《最高人民法院关于适用〈中华人民共和国民事诉讼法〉的解释》第四百八十七条规定制定，供人民法院对土地使用权、房屋进行预查封时用。

49. 执行裁定书（冻结被执行人投资权益或股权用）

×××人民法院

执行裁定书

（××××）……执……号

申请执行人：×××，……。

法定代理人/指定代理人/法定代表人/主要负责人：×××，……。

委托诉讼代理人：×××，……。

被执行人：×××，……。

……

（以上写明申请执行人、被执行人和其他诉讼参加人的姓名或者名称等基本信息）

本院在执行×××与×××……（写明案由）一案中，于××××年××月××日向被执行人×××发出执行通知书，责令……（写明应当履行的义务）。

本院查明，被执行人×××在××××（写明有限责任公司或其他法人企业名称）处有……（写明投资权益或股权名称及数额）。依照《中华人民共和国民事诉讼法》第二百四十条、《最高人民法院关于人民法院执行工作若干问题的规定（试行）》第38条、《最高人民法院关于适用〈中华人民共和国民事诉讼法〉的解释》第四百八十七条规定，裁定如下：

冻结被执行人×××在××××（写明有限责任公司或其他法人企业的名称）处享有的……

（写明投资权益或股权的名称及数额），冻结期限为×年。

申请延长冻结期限的，应当在冻结期限届满前××日内提出续行冻结的申请。

本裁定立即执行。

审　判　员　×××
××××年××月××日
（院印）
书　记　员　×××

【说明】

本样式根据《最高人民法院关于人民法院执行工作若干问题的规定（试行）》第 38 条规定制定，供人民法院对被执行人在有限责任公司或其他法人企业中的投资权益或股权采取冻结措施时用。

50. 执行裁定书（冻结被执行人预期收益用）

×××人民法院

执行裁定书

（××××）……执……号

申请执行人：×××，……。
法定代理人/指定代理人/法定代表人/主要负责人：×××，……。
委托诉讼代理人：×××，……。
被执行人：×××，……。
……
（以上写明申请执行人、被执行人和其他诉讼参加人的姓名或者名称等基本信息）

本院在执行×××与×××……（写明案由）一案中，于××××年××月××日向被执行人×××发出执行通知书，责令……（写明应当履行的义务），但被执行人×××未履行/未全部履行生效法律文书确定的义务。

本院查明，被执行人×××在××××处有预期应得的股息/红利等收益，依照《中华人民共和国民事诉讼法》第二百四十四条，《最高人民法院关于人民法院执行工作若干问题的规定（试行）》第36条第2款、《最高人民法院关于适用〈中华人民共和国民事诉讼法〉的解释》第四百八十七条规定，裁定如下：

冻结被执行人×××在××××处的股息/红利等预期收益，冻结期限为×年。

申请延长冻结期限的，应当在冻结期限届满前××日内提出续行冻结的申请。

本裁定立即执行。

审　判　员　×××
××××年××月××日
（院印）
书　记　员　×××

【说明】

本样式根据《中华人民共和国民事诉讼法》第二百四十四条、《最高人民法院关于人民法院执行工作若干问题的规定（试行）》第36条第2款、《最高人民法院关于适用〈中华人民共和国民事诉讼法〉的解释》第四百八十七条规定制定，供人民法院对被执行人的预期收益采取强制执行措施时用。

51. 执行裁定书（解除查封、扣押、冻结等强制执行措施用）

×××人民法院

执行裁定书

（××××）……执……号

申请执行人：×××，……。
法定代理人/指定代理人/法定代表人/主要负责人：×××，……。
委托诉讼代理人：×××，……。
被执行人：×××，……。
……
（以上写明申请执行人、被执行人和其他诉讼参加人的姓名或者名称等基本信息）
本院在执行×××与×××……（写明案由）一案中，查封/扣押/冻结了……（写明财产名称、数量或数额、所在地等），现因……（写明解除强制执行措施的事实和理由）。依照《最高人民法院关于人民法院执行工作若干问题的规定（试行）》第45条（执行异议成立需解除强制执行措施的，引用第73条）、《最高人民法院关于人民法院民事执行中查封、扣押、冻结财产的规定》第二十八条规定，裁定如下：

解除对……（写明财产名称、数量或数额、所在地等）的查封/扣押/冻结。
本裁定立即执行。

审　判　长　×××
审　判　员　×××
审　判　员　×××
××××年××月××日
（院印）
书　记　员　×××

【说明】

本样式根据《最高人民法院关于人民法院民事执行中查封扣押冻结财产的规定》第二十八条规定制定，供人民法院解除查封、扣押、冻结等强制执行措施时用。

52. 执行裁定书（拍卖用）

×××人民法院

执行裁定书

（××××）……执……号

申请执行人：×××，……。
法定代理人/指定代理人/法定代表人/主要负责人：×××，……。
委托诉讼代理人：×××，……。
被执行人：×××，……。
……

（以上写明申请执行人、被执行人和其他诉讼参加人的姓名或者名称等基本信息）

本院在执行×××与×××……（写明案由）一案中，责令……（写明应当履行的义务），但被执行人×××未履行/未全部履行生效法律文书确定的义务。本院于××××年××月××日以（××××）……执……号执行裁定查封/扣押/冻结了被执行人的……（写明财产名称、数量或数额、所在地等）。依照《中华人民共和国民事诉讼法》第二百四十四条、第二百四十七条、《最高人民法院关于人民法院网络司法拍卖若干问题的规定》第二条、第三十六条规定，裁定如下：

拍卖被执行人×××的……（写明财产名称、数量或数额、所在地等）。

本裁定送达后即发生法律效力。

审　判　长　×××
审　判　员　×××
审　判　员　×××
××××年××月××日
（院印）
书　记　员　×××

【说明】

本样式根据《中华人民共和国民事诉讼法》第二百四十四条、第二百四十七条、《最高人民法院关于人民法院网络司法拍卖若干问题的规定》第二条、第三十六条规定制定，供人民法院拍卖被执行人财产时用。

53. 执行裁定书（拍卖成交确认用）

×××人民法院
执行裁定书

（××××）……执……号

申请执行人：×××，……。
法定代理人/指定代理人/法定代表人/主要负责人：×××，……。
委托诉讼代理人：×××，……。
被执行人：×××，……。
……

（以上写明申请执行人、被执行人和其他诉讼参加人的姓名或者名称等基本信息）

本院在执行×××与×××……（写明案由）一案中，于××××年××月××日委托××××（写明拍卖机构名称）拍卖被执行人的……（写明财产名称、数量或数额、所在地等）。××××年××月××日，买受人×××以……元的最高价竞得。依照《中华人民共和国民事诉讼法》第二百四十七条、《最高人民法院关于人民法院民事执行中拍卖、变卖财产的规定》第二十条、第二十六条规定，裁定如下：

一、……（写明被拍卖财产名称、数量或数额、所在地等）的所有权（或其他权利）归买受人×××所有。（拍卖动产的，写明：）……所有权自交付时起转移给买受人×××。（拍卖不动产、有登记的特定动产或者其他财产权的，写明：）……所有权（或其他权利）自本裁定送达买受人×××时起转移。

二、买受人×××可持本裁定书到登记机构办理相关产权过户登记手续。（本项仅适用于需办理过户手续的财产）

本裁定送达后即发生法律效力。

审　判　长　×××
审　判　员　×××
审　判　员　×××
××××年××月××日
（院印）
书　记　员　×××

【说明】

本样式根据《最高人民法院关于人民法院民事执行中拍卖、变卖财产的规定》第二十条、第二十六条规定制定,供人民法院确认拍卖成交时用。

54. 执行裁定书（变卖用）

×××人民法院

执行裁定书

（××××）……执……号

申请执行人：×××，……。
法定代理人/指定代理人/法定代表人/主要负责人：×××，……。
委托诉讼代理人：×××，……。
被执行人：×××，……。
……

（以上写明申请执行人、被执行人和其他诉讼参加人的姓名或者名称等基本信息）

本院在执行×××与×××……（写明案由）一案中，责令……（写明应当履行的义务），但被执行人×××未履行/未全部履行生效法律文书确定的义务。本院于××××年××月××日以（××××）……执……号执行裁定书查封/扣押/冻结了被执行人的……（写明财产名称、数量或数额、所在地等）。因……（写明变卖的理由）。依照《中华人民共和国民事诉讼法》第二百四十四条、第二百四十七条、《最高人民法院关于适用〈中华人民共和国民事诉讼法〉的解释》第四百九十条第一款规定，裁定如下：

变卖被执行人×××的……（写明财产名称、数量或数额、所在地等）。

本裁定送达后即发生法律效力。

审　判　长　×××
审　判　员　×××
审　判　员　×××
××××年××月××日
（院印）
书　记　员　×××

【说明】

1. 本样式根据《中华人民共和国民事诉讼法》第二百四十四条、第二百四十七条、《最高人民法院关于适用〈中华人民共和国民事诉讼法〉的解释》第四百九十条第一款规定制定，供人民法院变卖被执行人财产时用。

2. 变卖被执行人知识产权的，增加引用《最高人民法院关于人民法院执行工作若干问题的规定（试行）》第35条。

3. 对被执行人在其他股份有限公司中的股份凭证（股票）变卖的，增加引用《最高人民法院关于人民法院执行工作若干问题的规定（试行）》第37条。

4. 变卖被执行人在有限责任公司中被冻结的投资权益或股权，增加引用《最高人民法院关于人民法院执行工作若干问题的规定（试行）》第38条第2款。

55. 执行裁定书（以物抵债用）

×××人民法院

执行裁定书

（××××）……执……号

申请执行人：×××，……。
法定代理人/指定代理人/法定代表人/主要负责人：×××，……。
委托诉讼代理人：×××，……。
被执行人：×××，……。
……

（以上写明申请执行人、被执行人和其他诉讼参加人的姓名或者名称等基本信息）

本院在执行×××与×××……（写明案由）一案中，责令……（写明应当履行的义务）。……（写明以物抵债理由）。依照《最高人民法院关于人民法院民事执行中拍卖、变卖财产的规定》第十六条（或第二十四条第二十五条）第二十条、第二十六条第一款/第二款（非经拍卖程序以物抵债的，适用《最高人民法院关于适用〈中华人民共和国民事诉讼法〉的解释》第四百九十一条或第四百九十二条）规定，裁定如下：

一、将被执行人×××的……（写明财产名称、数量或数额、所在地等）作价……元，交付申请执行人×××抵偿……（写明债务内容）。（执行标的为动产的，写明：）……所有权自交付时起转移给买受人×××。（执行标的为不动产、有登记的特定动产或者其他财产权的，写明：）……所有权（或其他权利）自本裁定送达申请执行人×××时起转移。

二、申请执行人×××可持本裁定书到登记机构办理相关产权过户登记手续。（本项仅适用于需办理过户手续的财产）

审　判　长　×××
审　判　员　×××
审　判　员　×××
××××年××月××日
（院印）
书　记　员　×××

【说明】

1. 本样式根据《最高人民法院关于适用〈中华人民共和国民事诉讼法〉的解释》第四百九十一条、第四百九十二条,《最高人民法院关于人民法院民事执行中拍卖、变卖财产的规定》第十六条（或第二十四条、第二十五条）、第二十条、第二十六条规定制定,供人民法院对逾期不履行义务的被执行人采取以物抵债时用。

2. 经双方当事人和其他执行债权人同意,可以不经拍卖、变卖,直接将被执行人的财产作价交申请执行人抵偿债务,应当适用《最高人民法院关于适用〈中华人民共和国民事诉讼法〉的解释》第四百九十一条规定；无法拍卖或者变卖,经申请执行人同意的,应当适用《最高人民法院关于适用〈中华人民共和国民事诉讼法〉的解释》第四百九十二条规定；在拍卖变卖程序中以物抵债的,适用《最高人民法院关于人民法院民事执行中拍卖、变卖财产的规定》第十六条、（或第二十四条、第二十五条）第二十条、第二十六条规定。

56. 价格评估委托书

×××人民法院

价格评估委托书

（××××）……执……号

××××：

我院在执行×××与×××……（写明案由）一案中，需对附件清单所列财产进行价格评估。依照《最高人民法院关于人民法院执行工作中若干问题的规定（试行）》第47条、《最高人民法院关于人民法院民事执行中拍卖、变卖财产的规定》第四条规定，请你单位对附件清单所列财产进行价格评估，并将书面评估报告一式×份及时报送我院。

附：委托评估财产清单

××××年××月××日

（院印）

联系人：×××　　　　联系电话：……
本院地址：……　　　　邮　　编：……

【说明】

本样式根据《最高人民法院关于人民法院执行工作若干问题的规定（试行）》第47条、《最高人民法院关于人民法院民事执行中拍卖、变卖财产的规定》第四条规定制定，供人民法院委托评估机构进行价格评估时用。

57. 拍卖（变卖）委托书

×××人民法院

拍卖（变卖）委托书

（××××）……执……号

××××：

本院在执行×××与×××……（写明案由）一案中，于××××年××月××日裁定拍卖/变卖被执行人×××的……（写明财产名称、数量或数额、所在地等）。依照《中华人民共和国民事诉讼法》第二百四十七条规定，委托你单位对拍卖/变卖清单所列财产进行拍卖/变卖。

附：1. 委托拍卖/变卖财产清单
　　2. 拍卖/变卖财产评估报告

××××年××月××日
（院印）

联系人：×××　　　联系电话：……
本院地址：……　　　邮　　编：……

【说明】

本样式根据《中华人民共和国民事诉讼法》第二百四十七条规定制定，供人民法院委托拍卖、变卖被执行人财产时

58. 拍卖通知书

×××人民法院

拍卖通知书

（××××）……执……号

××××（写明当事人和已知的担保物物权人、优先购买权人或其他优先权人姓名或名称）：

  本院在执行×××与×××……（写明案由）一案中，依照《中华人民共和国民事诉讼法》第二百四十七条、《最高人民法院关于适用〈中华人民共和国民事诉讼法〉的解释》第四百八十八条、《最高人民法院关于人民法院民事执行中拍卖、变卖财产的规定》第十一条规定，委托有关中介机构对被执行人×××的……（写明财产名称、数量或数额、所在地等）进行评估、拍卖。（摇珠抽签的，写明：）经……，已选定拍卖机构。现将有关事宜通知如下：

  拍卖标的：……
  拍卖标的权属所有人：×××
  拍卖机构/人民法院：××××
  联系人：×××
  联系电话：……

  需要了解上述拍卖物的拍卖底价、拍卖时间、地点、拍卖公告刊登的报刊以及拍卖过程中拍卖物降价情况等有关事宜的，请直接××××联系。

  优先购买权人经通知未到场的，视为放弃优先购买权。

  特此通知。

××××年××月××日
（院印）

【说明】

  本样式根据《中华人民共和国民事诉讼法》第二百四十七条、《最高人民法院关于适用〈中华人民共和国民事诉讼法〉的解释》第四百八十八条、《最高人民法院关于人民法院民事执行中拍卖、变卖财产的规定》第十一条规定制定，供人民法院委托拍卖机构拍卖被执行人财产时用。

59. 查封公告

××××人民法院

查封公告

本院依据（××××）……执……号执行裁定书，于××××年×××月×××日查封了被执行人如下财产：

编号	财产名称	地址、证号及其他	备注
1			
2			
3			
4			
5			
6			
7			
8			

上述财产已由有关部门协助本院登记查封，查封期限自××××年×××月×××日起至××××年×××月×××日止。在上述期限内，任何人不得对被查封的财产转移、设定权利负担或者其他有碍执行的行为。否则，本院将依法追究其法律责任。

特此公告

××××年×××月×××日
（院印）

【说明】

1. 本样式根据《最高人民法院关于人民法院民事执行中查封、扣押、冻结财产的规定》第七条、第八条、第二十四条第三款规定制定，供人民法院对查封财产进行公告时用。

2. 预查封的公告可参照本样式制作。

60. 查封（扣押、冻结）财产清单

查封（扣押、冻结）财产清单

（（××××）……执……号

编号	财物名称	规格型号	数量或数额	单位	备注
1					
2					
3					
4					
5					
6					
7					
8					

被执行人（或其他成年家属）（签名）
在场人员（签名）
×××年×××月×××日

执行人员（签名）
书记员（签名）
×××年×××月×××日

注：本清单一式两份，一份交被执行人，一份随查封裁定书存卷。

【说明】

1. 本清单根据《中华人民共和国民事诉讼法》第二百四十五条第二款规定制定，供人民法院查封、扣押、冻结财产时用。

2. 人民法院查封、扣押财产时，被执行人是公民的，应当通知被执行人或者他的成年家属到场；被执行人是法人或者其他组织的，应当通知其法定代表人或者主要负责人到场。拒不到场的，不影响执行。被执行人是公民的，其工作单位或者财产所在地的基层组织应当派人参加。对被查封、扣押的财产，执行员必须造具清单，由在场人签名或者盖章后，交被执行人一份。被执行人是公民的，也可以交他的成年家属一份。

61. 拍卖公告

×××人民法院

拍卖公告

本院在执行×××与×××……（写明案由）一案中，对被执行人×××的……（写明财产的名称、数量或数额、所在地等）进行评估、拍卖。（委托拍卖的，写明：）经……（写明选定拍卖机构的方式），委托××××拍卖。现将有关事宜公告如下：

拍卖标的：……

拍卖标的权属所有人：×××

拍卖机构（或人民法院）：××××

联系人：×××

联系电话：……

与本案拍卖财产有关的担保物权人、优先权人或者其他优先权人于拍卖日到场；优先购买权人届时未到场的，视为放弃优先购买权。

其他参加竞买的单位和个人需要了解上述拍卖物的拍卖底价、拍卖时间、地点、拍卖公告刊登的报刊以及拍卖过程中拍卖物的降价情况等有关事宜的，请直接与××××联系。

特此公告。

××××年××月××日
（院印）

【说明】

1. 本样式根据《中华人民共和国民事诉讼法》第二百四十七条、《最高人民法院关于适用〈中华人民共和国民事诉讼法〉的解释》第四百八十八条、《最高人民法院关于人民法院民事执行中拍卖、变卖财产的规定》第十一条规定制定，供人民法院拍卖被执行人财产，公告有关当事人和相关权利人时用。

2. 拍卖动产的，应当在拍卖七日前公告；拍卖不动产或者其他财产权的，应当在拍卖十五日前公告。

3. 网络司法拍卖公告以网络系统自动生成拍卖公告为准。

62. 公告（强制迁出房屋或退出土地用）

×××人民法院

公　告

（××××）……执……号

　　本院在执行×××与×××……（写明案由）一案中，于××××年××月××日向被执行人×××发出（××××）……执……号执行通知书，责令……（写明应当履行的义务），但被执行人×××未履行。依照《中华人民和国民事诉讼法》第二百五十条第一款规定，责令被执行人×××在××××年××月××日前迁出房屋/退出土地。到期仍不履行的，本院将依法强制执行。

　　特此公告。

院　长　×××
××××年××月××日
（院印）

【说明】

　　本样式根据《中华人民共和国民事诉讼法》第二百五十条第一款规定制定，供人民法院发出公告强制被执行人迁出房屋或退出土地时用。

63. 搜查令

××××人民法院

搜查令

（××××）……执……号

依照《中华人民共和国民事诉讼法》第二百四十八条规定，发出如下搜查令：

特派搜查人员×××、×××等×人，对……（写明被执行人及其住所或财产隐匿地）进行搜查。

此令

院　长　×××
××××年×××月×××日

注：搜查令应由执行人员当场宣布。搜查情况另行制作笔录。

【说明】

本样式根据《中华人民共和国民事诉讼法》第二百四十八条规定制定，供人民法院对被执行人及其住所或者财产隐匿地进行搜查时用。

（五）执行财产交付及完成行为

64. 通知书（责令交出财物、票证用）

×××人民法院

责令交出财物（票证）通知书

（××××）……执……号

××××：

　　本院在执行×××与×××……（写明案由）一案中，查明××××人民法院（或其他生效法律文书的作出机关）（××××）……号民事判决（或其他生效法律文书）确定交付的……被你/你单位持有/隐匿/非法转移。依照《最高人民法院关于人民法院执行工作若干问题的规定（试行）》第41条（被执行人的财产经拍卖、变卖或者裁定以物抵债后交付的，引用第43条；有关公民持有该项财产或票证的，引用《中华人民共和国民事诉讼法》第二百四十九条第三款）规定，通知如下：

　　责令你/你单位自本通知书送达之日起××日内将……交付本院。

　　逾期不交的，本院将采取强制执行措施。

　　特此通知。

××××年××月××日
（院印）

联系人：×××　　　联系电话：……

本院地址：……　　　邮　　编：……

【说明】

1. 本样式根据《中华人民共和国民事诉讼法》第二百四十九条第三款、《最高人民法院关于人民法院执行工作若干问题的规定（试行）》第41条、第43条规定制定，供人民法院在责令被执行人或占有人交出特定标的物时用。

2. 法律依据的引用，交出被执行人财产或票证的，均引用《最高人民法院关于人民法院执行工作若干问题的规定（试行）》第41条规定；有关公民持有该项财产或票证的，增加引用《中华人民共和国民事诉讼法》第二百四十九条第三款；被执行人的财产经拍卖、变卖或者裁定以物抵债后的交付，增加引用《最高人民法院关于人民法院执行工作若干问题的规定（试行）》第43条。

65. 委托书（代为完成指定行为用）

×××人民法院

代为完成指定行为委托书

（××××）……执……号

×××：

本院在执行×××与×××……（写明案由）一案中，被执行人未在××××人民法院（或其他生效法律文书的作出机关）（××××）……号民事判决（或其他生效法律文书）确定的期限内完成指定行为。依照《中华人民共和国民事诉讼法》第二百五十二条、《最高人民法院关于适用〈中华人民共和国民事诉讼法〉的解释》第五百零三条、第五百零四条，《最高人民法院关于人民法院执行工作若干问题的规定（试行）》第44条第2款规定，现委托你/你单位完成……（写明指定行为），并将履行指定行为的情况及时报告本院。

附：生效法律文书×份

××××年××月××日

（院印）

【说明】

本样式根据《中华人民共和国民事诉讼法》第二百五十二条、《最高人民法院关于适用〈中华人民共和国民事诉讼法〉的解释》第五百零三条、第五百零四条，《最高人民法院关于人民法院执行工作若干问题的规定（试行）》第44条第2款规定制定，供人民法院对被执行人拒不履行生效法律文书中指定的可以替代履行的行为，依法委托有关单位或个人完成指定行为时用。

66. 通知书（责令追回财物或票证用）

×××人民法院

责令追回财物（票证）通知书

（××××）……执……号

××××：

　　本院在执行×××与×××……（写明案由）一案中，因你/你单位持有×××人民法院（或其他生效法律文书的作出机关）（××××）……号民事判决（或其他生效法律文书）指定交付的……（写明财物或票证名称、数量或数额、所在地等），于××××年××月××日向你/你单位送达协助执行通知书。你/你单位却协同被执行人×××将财物/票证转移。依照《最高人民法院关于人民法院执行工作若干问题的规定（试行）》第42条规定，责令你/你单位在本通知书送达后××日内向本院交出……（写明财物或票证名称、数量或数额、所在地等）。

　　逾期不向本院交出财物/票证，你/你单位将承担相应赔偿责任。

　　特此通知。

××××年××月××日

（院印）

【说明】

　　本样式根据《最高人民法院关于人民法院执行工作若干问题的规定（试行）》第42条规定制定，供人民法院在责令有关单位或个人限期追回财物或票证时用。

（六）审查不予执行申请

67-1. 执行裁定书（审查当事人不予执行国内仲裁裁决申请用）

×××人民法院

执行裁定书

（××××）……执异……号

申请人：×××，……。

法定代理人/指定代理人/法定代表人/主要负责人：×××，……。

委托诉讼代理人：×××，……。

被申请人：×××，……。

……

（以上写明申请人、被申请人和其他诉讼参加人的姓名或者名称等基本信息）

本院在执行×××与×××……（写明案由）一案中，×××申请不予执行××××仲裁委员会作出（××××）……号裁决。本院依法组成合议庭进行审查，现已审查终结。

×××称，……（写明申请不予执行仲裁裁决的事实和理由）。

×××辩称，……（写明答辩意见）。

本院查明，……（写明查明的事实）。

本院认为，……（写明理由）。

综上所述，依照《中华人民共和国民事诉讼法》第一百五十四条第一款第十一项/第二百三十七条第二款第×项/第三款、《最高人民法院关于人民法院办理仲裁裁决执行案件若干问题的规定》第十三条/第十四条/第十五条/第十六条/第十七条/第十八条/第十九条（部分不予执行的，增加引用《最高人民法院关于适用〈中华人民共和国民事诉讼法〉的解释》第四百七十七条）、《最高人民法院关于仲裁司法审查案件报核问题的有关规定》第二条第二款、第三条、《最高人民法院关于人民法院办理仲裁裁决执行案件若干问题的规定》第十一条、第二十二条（第十一条/第十三条/第十四条/第十五条/第十六条）规定，裁定如下：

（不予执行全部仲裁裁决内容的，写明：）不予执行×××仲裁委员会（××××）……号裁决。

（不予执行部分仲裁裁决内容的，写明：）不予执行×××仲裁委员会（××××）……号裁决的××事项。

（驳回申请的，写明：）驳回申请人×××不予执行×××仲裁委员会（××××）……号裁决的申请（该裁判结果不需要引用报核条款，也不需要报核）。

本裁定送达后即发生法律效力。

审 判 长 ×××

审 判 员 ×××

审 判 员 ×××

××××年××月××日

（院印）

书 记 员 ×××

【说明】

1. 本样式根据《中华人民共和国民事诉讼法》第二百三十七条第二款、第三款、《最高人民法院关于适用〈中华人民共和国民事诉讼法〉的解释》第四百七十七条、《最高人民法院关于人民法院办理仲裁裁决执行案件若干问题的规定》第十三条/第十四条/第十五条/第十六条/第十七条/第十八条/第十九条、《最高人民法院关于仲裁司法审查案件报核问题的有关规定》第二条第二款、第三条、《最高人民法院关于人民法院办理仲裁裁决执行案件若干问题的规定》第十一条、第二十二条（第十一条/第十三条/第十四条/第十五条/第十六条）规定制定，供人民法院不予执行仲裁裁决或者驳回申请时用。

2. 本样式中的"申请人"与"被申请人"与仲裁裁决中的"申请人"和"被申请人"不同，不应混同。

67－2. 执行裁定书（审查申请执行人申请执行国内仲裁裁决申请用）

×××人民法院

执行裁定书

（××××）……执异……号

申请执行人：×××，……。
法定代理人/指定代理人/法定代表人/主要负责人：×××，……。
委托诉讼代理人：×××，……。
被执行人：×××，……。
……
（以上写明申请执行人、被执行人和其他诉讼参加人的姓名或者名称等基本信息）

本院在执行×××与×××……（写明案由）一案中，×××申请不予执行××××仲裁委员会作出（××××）……号裁决。本院依法组成合议庭进行审查，现已审查终结。

×××称，……（写明申请执行仲裁裁决的事实和理由）。

×××辩称，……（写明答辩意见）。

本院查明，……（写明查明的事实）。

本院认为，……（写明理由）。

综上所述，依照《中华人民共和国民事诉讼法》第一百五十四条第一款第十一项/第二百三十七条第二款第×项/第三款、《最高人民法院关于人民法院办理仲裁裁决执行案件若干问题的规定》第三条、第四条、第五条规定，裁定如下：

（驳回申请的，写明：）驳回申请执行人×××申请执行××××仲裁委员会（××××）……号裁决的申请。

如不服本裁定，可在本裁定送达之日起十日内向上一级人民法院申请复议。

审　判　长　×××
审　判　员　×××
审　判　员　×××
××××年××月××日
（院印）
书　记　员　×××

67-3. 执行裁定书（审查案外人不予执行国内仲裁裁决申请用）

×××人民法院

执行裁定书

（××××）……执异……号

案外人：×××，……。

法定代理人/指定代理人/法定代表人/主要负责人：×××，……。

委托诉讼代理人：×××，……。

申请执行人：×××，……。

法定代理人/指定代理人/法定代表人/主要负责人：×××，……。

委托诉讼代理人：×××，……。

被执行人：×××，……。

……

（以上写明案外人、申请执行人、被执行人和其他诉讼参加人的姓名或者名称等基本信息）

本院在执行×××与×××……（写明案由）一案中，×××申请不予执行××××仲裁委员会作出（××××）……号裁决。本院依法组成合议庭进行审查，现已审查终结。

×××称，……（写明申请不予执行仲裁裁决的事实和理由）。

×××辩称，……（写明答辩意见）。

本院查明，……（写明查明的事实）。

本院认为，……（写明理由）。

综上所述，依照《中华人民共和国民事诉讼法》第一百五十四条第一款第十一项/第二百三十七条第二款第×项/第三款（部分不予执行的，增加引用《最高人民法院关于适用〈中华人民共和国民事诉讼法〉的解释》第四百七十七条）、《最高人民法院关于人民法院办理仲裁裁决执行案件若干问题的规定》第十三条/第十四条/第十五条/第十六条/第十七条/第十八条/第十九条规定，裁定如下：

（驳回申请的，写明:）驳回案外人×××不予执行××××仲裁委员会（××××）……号裁决的申请。

（不予受理案外人申请的，写明：）不予受理案外人×××不予执行××××仲裁委员会（××××）……号裁决的申请。

如不服本裁定，可在本裁定送达之日起十日内向上一级人民法院申请复议。

审　判　长　×××
审　判　员　×××
审　判　员　×××
××××年××月××日
（院印）
书　记　员　×××

68. 执行裁定书（审查不予执行涉外仲裁裁决申请用）

×××人民法院

执行裁定书

（××××）……执……号

申请人：×××，……。
法定代理人/指定代理人/法定代表人/主要负责人：×××，……。
委托诉讼代理人：×××，……。
被申请人：×××，……。
……

（以上写明申请人、被申请人和其他诉讼参加人的姓名或者名称等基本信息）

×××与×××……（写明案由）一案，××××仲裁委员会作出（×××）……号裁决。×××向本院申请强制执行，本院于×××年××月××日立案执行。在本院执行过程中，×××提出不予执行申请。本院依法组成合议庭进行审查，现已审查终结。

×××称，……（写明申请不予执行仲裁裁决的事实和理由）。

×××辩称，……（写明答辩意见）。

本院查明，……（写明查明的事实）。

本院认为，……（写明理由）。

综上所述，依照《中华人民共和国民事诉讼法》第二百七十四条第一款第×项、《最高人民法院关于适用〈中华人民共和国民事诉讼法〉的解释》第五百四十一条、《最高人民法院关于仲裁司法审查案件报核问题的有关规定》第二条第一款规定，裁定如下：

（不予执行的，写明:)不予执行×××仲裁委员会（××××）……号裁决。

（驳回申请的，写明:)驳回申请人提出不予执行的申请。

本裁定送达后即发生法律效力。

审 判 长 ×××
审 判 员 ×××
审 判 员 ×××
××××年××月××日
（院印）
书 记 员 ×××

【说明】

1. 本样式根据《中华人民共和国民事诉讼法》第二百七十四条、《最高人民法院关于适用〈中华人民共和国民事诉讼法〉的解释》第五百四十一条、《最高人民法院关于仲裁司法审查案件报核问题的有关规定》第二条第一款规定制定，供人民法院审查不予执行涉外仲裁裁决申请时用。

2. 根据《最高人民法院关于人民法院处理与涉外仲裁及外国仲裁事项有关问题的通知》，凡一方当事人向人民法院申请执行我国涉外仲裁机构的仲裁裁决，如果人民法院认为该仲裁裁决具有《中华人民共和国民事诉讼法》第二百七十四条情形之一的，在裁定不予执行之前，必须报请本辖区所属高级人民法院进行审查；如果高级人民法院同意不予执行，应将其审查意见报最高人民法院。待最高人民法院答复后，方可裁定不予执行。

69. 执行裁定书（审查不予执行公证债权文书申请用）

×××人民法院

执行裁定书

（××××）……执……号

申请人：×××，……。
法定代理人/指定代理人/法定代表人/主要负责人：×××，……。
委托诉讼代理人：×××，……。
被申请人：×××，……。
……

（以上写明申请人、被申请人和其他诉讼参加人的姓名或者名称等基本信息）

（当事人申请不予执行的，写明：）×××于××××年××月××日向本院提出书面申请，请求不予执行××××公证处制发的赋予强制执行效力的（××××）……号债权文书。本院依法组成合议庭进行审查，现已审查终结。

×××称，……（写明请求不予执行的事实和理由）。

×××辩称，……（写明答辩意见）。

（人民法院发现公证债权文书确有错误，依职权作出裁定的，可略去以上三部分，写明：）×××申请执行××××公证处制发的赋予强制执行效力的（××××）……号债权文书一案，本院依法组成合议庭进行审查，现已审查终结。

本院查明，……（写明查明的事实）。

本院认为，……（写明理由）。

依照《中华人民共和国民事诉讼法》第二百三十八条第二款、《最高人民法院关于适用〈中华人民共和国民事诉讼法〉的解释》第四百八十条第一款第×项（或第二款）、第四百八十一条，《最高人民法院关于人民法院办理执行异议和复议案件若干问题的规定》第十条，《最高人民法院关于公证债权文书执行若干问题的规定》第十二条/第十五条/第二十一条规定，裁定如下：

（驳回申请的，写明：）驳回申请人×××不予执行××××公证处（××××）……号公证债权文书的申请。当事人不服驳回不予执行申请裁定的，可以自裁定送达之日起十日内向上一级人民法院申请复议。

（不予执行的，写明:）不予执行××××公证处（××××）……号公证债权文书。

本裁定送达后即发生法律效力。

审 判 长 ×××

审 判 员 ×××

审 判 员 ×××

××××年××月××日

（院印）

书 记 员 ×××

【说明】

本样式根据《中华人民共和国民事诉讼法》第二百三十八条第二款，《最高人民法院关于适用〈中华人民共和国民事诉讼法〉的解释》第四百八十条第一款、第二款、第四百八十一条，《最高人民法院关于人民法院办理执行异议和复议案件若干问题的规定》第十条，《最高人民法院关于公证债权文书执行若干问题的规定》第十二条/第十五条/第二十一条规定制定，供人民法院在当事人申请不予执行公证债权文书进行审查时用。

（七）执行管辖

70. 函（报请上级人民法院执行用）

×××人民法院
报请上级人民法院执行函

（××××）……执……号

××××人民法院：

　　×××与×××……（写明案由）一案，本院于××××年××月××日立案执行，案号为（××××）……号。因……（写明报请执行的事实和理由），需钧院执行。依照《最高人民法院关于人民法院执行工作若干问题的规定（试行）》第15条规定，现将该案有关案情报告呈报钧院，请予审查批准。

　　附：案情报告×份

××××年××月××日
（院印）

【说明】

　　本样式根据《最高人民法院关于人民法院执行工作若干问题的规定（试行）》第15条规定制定，供人民法院报请上一级人民法院执行时用。

71. 执行决定书（指定执行管辖用）

×××人民法院
执行决定书

（××××）……执……号

××××人民法院、××××人民法院：

×××人民法院以……（写明函文字号、标题）协调函，报请本院协调与××××人民法院在执行中因×××与×××……（写明案由）一案产生的执行管辖权争议，报请本院指定管辖。本院依法组成合议庭进行审查，现已审查终结。

本院查明，……（写明查明的事实）。

本院认为，……（写明理由）。

依照《最高人民法院关于人民法院执行工作若干问题的规定（试行）》第14条、第67条规定，决定如下：

×××与×××……（写明案由）一案由××××人民法院执行。

本决定立即执行。

审　判　长　×××
审　判　员　×××
审　判　员　×××
××××年××月××日
（院印）
书　记　员　×××

【说明】

本样式根据《最高人民法院关于人民法院执行工作若干问题的规定（试行）第14条、第67条规定制定，供上级人民法院指定执行管辖时用。

72. 执行裁定书（提级执行用）

×××人民法院

执行裁定书

（××××）……执……号

申请执行人：×××，……。
法定代理人/指定代理人/法定代表人/主要负责人：×××，……。
委托诉讼代理人：×××，……。
被执行人：×××，……。
……
（以上写明申请执行人、被执行人和其他诉讼参加人的姓名或者名称等基本信息）
××××人民法院执行的……（写明原执行案号、当事人及案由）一案，……（写明提级执行的理由）。根据《最高人民法院关于人民法院执行工作若干问题的规定（试行）》第74条第2款规定，裁定如下：
××××人民法院（或其他生效法律文书的作出机关）（××××）……号民事判决（或其他生效法律文书）由本院执行。
××××人民法院应在收到本裁定书后将有关案卷材料移送本院，并通知相关当事人。
本裁定立即执行。

审　判　长×××
审　判　员×××
审　判　员×××
××××年××月××日
（院印）
书　记　员×××

【说明】

本样式根据《最高人民法院关于人民法院执行工作若干问题的规定（试行）》第74条第2款、《最高人民法院关于高级人民法院统一管理执行工作若干问题的规定》第九条规定制定，供上级人民法院提级执行下级人民法院正在执行的案件时用。

73. 执行裁定书（指定执行用）

×××人民法院

执行裁定书

（××××）……执……号

申请执行人：×××，……。

法定代理人/指定代理人/法定代表人/主要负责人：×××，……。

委托诉讼代理人：×××，……。

被执行人：×××，……。

……

（以上写明申请执行人、被执行人和其他诉讼参加人的姓名或者名称等基本信息）×××与×××……（写明案由）一案，××××人民法院于××××年××月××日立案执行。现因……（写明指定执行的理由）。根据《中华人民共和国民事诉讼法》第二百二十六条、《最高人民法院关于适用〈中华人民共和国民事诉讼法〉执行程序若干问题的解释》第十条、第十一条第二款（上一级人民法院责令执行法院限期执行，执行法院在指定期间内无正当理由仍未执行完结的，引用《最高人民法院关于适用〈中华人民共和国民事诉讼法〉执行程序若干问题的解释》第十二条）规定，裁定如下：

××××人民法院（或其他生效法律文书的作出机关）（××××）……号民事判决（或其他生效法律文书）由××××人民法院执行。

××××人民法院应在收到本裁定书后将有关案卷材料移送××××人民法院，并通知相关当事人。

本裁定立即执行。

审　判　长　×××
审　判　员　×××
审　判　员　×××
××××年××月××日
（院印）
书　记　员　×××

【说明】

1. 本样式根据《中华人民共和国民事诉讼法》第二百二十六条、《最高人民法院关于适用〈中华人民共和国民事诉讼法〉执行程序若干问题的解释》第十条、第十一条第二款、第十二条规定制定，供上级人民法院指定本辖区内其他人民法院执行时用。

2. 上级人民法院责令执行法院限期执行，执行法院在指定期间内无正当理由仍未执行完结的，引用《最高人民法院关于适用〈中华人民共和国民事诉讼法〉执行程序若干问题的解释》第十二条。

74. 执行决定书（决定与下级法院共同执行案件用）

×××人民法院
执行决定书

（××××）……执……号

××××人民法院：

你院执行的×××与×××……（写明案由）一案，因……（写明共同执行的事实和理由），依照《最高人民法院关于人民法院执行工作若干问题的规定（试行）》第74条第2款规定，决定如下：

本案由本院与你院共同执行。

××××年××月××日

（院印）

【说明】

本样式根据《最高人民法院关于人民法院执行工作若干问题的规定（试行）》第74条第2款规定制定，供上级人民法院与下级人民法院共同执行下级人民法院正在执行的案件时用。

75. 执行令（执行外国法院判决用）

中华人民共和国

×××人民法院

执 行 令

（××××）……执……号

申请人×××于××××年××月××日向本院申请承认和执行××国×××× 法院（或××国×××法院请求本院承认和执行）对……（写明案件名称）一案于××××年××月××日作出的……判决。本院于××××年××月××日作出（××××）……号裁定，承认该判决的法律效力。依照《中华人民共和国民事诉讼法》第二百八十二条规定，命令按照该判决确定的未执行事项予以执行。

此令

院　长　×××
××××年××月××日
（院印）

【说明】

1. 本样式根据《中华人民共和国民事诉讼法》第二百八十二条规定制定，供人民法院根据申请人的申请或者外国法院的请求，作出承认外国法院判决的法律效力的裁定后，对于该判决内容的执行事项发出执行令时用。

2. 此执行令样式仅适用于执行外国法院发生法律效力的判决、裁定。

（八）变更或追加执行当事人用

76-1. 执行裁定书（变更、追加申请执行人用）

×××人民法院

执行裁定书

（××××）……执异……号

申请人：×××，……。
法定代理人/指定代理人/法定代表人/主要负责人：×××，……。
委托诉讼代理人：×××，……。
申请执行人：×××，……。
被执行人：×××，……。
……
（以上写明申请人、申请执行人、被执行人和其他诉讼参加人的姓名或者名称等基本信息）

本院在执行×××与×××……（写明案由）一案中，申请人×××于××××年××月××日向本院申请变更/追加为本案的申请执行人，并提供了……（写明证据）。

本院查明，……（写明查明的事实）。

本院认为，……（写明理由）。依照《中华人民共和国民事诉讼法》第一百五十四条第一款第十一项，《最高人民法院关于民事执行中变更、追加当事人若干问题的规定》第二条/第三条/第四条/第五条/第六条/第七条/第八条/第九条、第二十八条、第三十条规定，裁定如下：

（变更/追加的，写明：）变更/追加×××为本案申请执行人。

（驳回的，写明：）驳回×××变更/追加为本案申请执行人的请求。

如对本裁定不服的，可以自裁定书送达之日起十日内向上一级人民法院申请复议。

审　判　长×××
审　判　员×××
审　判　员×××
××××年××月××日
（院印）
书　记　员×××

76-2. 执行裁定书（变更、追加被执行人用，复议救济）

×××人民法院

执行裁定书

（××××）……执异……号

申请人：×××，……。
法定代理人/指定代理人/法定代表人/主要负责人：×××，……。
委托诉讼代理人：×××，……。
申请执行人：×××，……。
被执行人：×××，……。
……

（以上写明申请人、申请执行人、被执行人和其他诉讼参加人的姓名或者名称等基本信息）

本院在执行×××与×××……（写明案由）一案中，申请人×××于××××年××月××日向本院申请变更/追加为本案的被执行人，并提供了……（写明证据）。

本院查明，……（写明查明的事实）。

本院认为，……（写明理由）。依照《中华人民共和国民事诉讼法》第一百五十四条第一款第十一项，《最高人民法院关于民事执行中变更、追加当事人若干问题的规定》第十条/第十一条/第十二条/第十三条/第十四条第一款/第十五条/第十六条/第二十二条/第二十三条/第二十四条/第二十五条、第二十八条、第三十条规定，裁定如下：

（变更/追加的，写明：）变更/追加×××为本案被执行人（引用《最高人民法院关于民事执行中变更、追加当事人若干问题的规定》第十条，变更/追加被执行人的，增加"应在其继承的遗产范围内承担责任"）。

（驳回的，写明：）驳回×××变更/追加为本案被执行人的请求。

如对本裁定不服的，可以自裁定书送达之日起十日内向上一级人民法院申请复议。

审　判　长　×××
审　判　员　×××
审　判　员　×××
××××年××月××日
（院印）
书　记　员　×××

76-3. 执行裁定书（变更、追加被执行人用，诉讼救济）

×××人民法院

执行裁定书

（××××）……执异……号

申请人：×××，……。
法定代理人/指定代理人/法定代表人/主要负责人：×××，……。
委托诉讼代理人：×××，……。
申请执行人：×××，……。
被执行人：×××，……。
……
（以上写明申请人、申请执行人、被执行人和其他诉讼参加人的姓名或者名称等基本信息）

本院在执行×××与×××……（写明案由）一案中，申请人×××于××××年××月××日向本院申请变更/追加为本案的被执行人，并提供了……（写明证据）。

本院查明，……（写明查明的事实）。

本院认为，……（写明理由）。依照《中华人民共和国民事诉讼法》第一百五十四条第一款第十一项，《最高人民法院关于民事执行中变更、追加当事人若干问题的规定》第十四条第二款/第十七条/第十八条/第十九条/第二十条/第二十一条、第二十八条、第三十二条规定，裁定如下：

（变更/追加的，写明：）变更/追加×××为本案被执行人。
（驳回的，写明：）驳回×××变更/追加为本案被执行人的请求。

如对本裁定不服的，可以自裁定书送达之日起十五日内向执行法院提起执行异议之诉。

审　判　长　×××
审　判　员　×××
审　判　员　×××
××××年××月××日
（院印）
书　记　员　×××

77. 执行裁定书（执行到期债权用）

×××人民法院

执行裁定书

（××××）……执……号

申请执行人：×××，……。
法定代理人/指定代理人/法定代表人/主要负责人：×××，……。
委托诉讼代理人：×××，……。
被执行人：×××，……。
第三人：×××，……。
……
（以上写明申请执行人、被执行人、第三人和其他诉讼参加人的姓名或者名称等基本信息）

本院在执行×××与×××……（写明案由）一案中，于××××年××月××日向第三人×××送达了履行到期债务通知。第三人×××在指定期限内未对到期债务提出异议，亦未主动履行。（或被执行人×××对第三人×××的到期债权为（××××）……号判决/裁定/调解书/仲裁裁决/公证债权文书所确认，第三人×××予以否认，本院不予支持。）依照《最高人民法院关于人民法院执行工作若干问题规定（试行）》第48条、第49条（或《最高人民法院关于适用〈中华人民共和国民事诉讼法〉的解释》第五百零一条第三款）规定，裁定如下：

强制执行被执行人×××对第三人×××的到期债权……元。
本裁定立即执行。

审　判　长　×××
审　判　员　×××
审　判　员　×××
××××年××月××日
（院印）
书　记　员　×××

【说明】

1. 本样式根据《最高人民法院关于人民法院执行工作若干问题的规定（试行）》第48条、第49条，《最高人民法院关于适用〈中华人民共和国民事诉讼法〉的解释》第五百零一条第三款规定制定，供人民法院执行被执行人对第三人的到期债权时用。

2. 第三人提出自己无履行能力或其与申请执行人无直接法律关系，不属于《最高人民法院关于人民法院执行工作若干问题的规定（试行）》第45条至49条所指的异议。对生效法律文书确定的到期债权，该他人予以否认的，人民法院不予支持。

3. 第三人对债务部分承认、部分有异议，可以对其承认的部分强制执行。制作裁定书时，应在说明理由部分将没有异议部分的内容阐述清楚。

78. 执行裁定书（以担保财产赔偿损失用）

×××人民法院

执行裁定书

（××××）……执……号

申请执行人：×××，……。
法定代理人/指定代理人/法定代表人/主要负责人：×××，……。
委托诉讼代理人：×××，……。
被执行人：×××，……。
案外人：×××，……。
……

（以上写明申请执行人、被执行人、案外人和其他诉讼参加人的姓名或者名称等基本信息）

本院在执行×××与×××……（写明案由）一案中，案外人×××提出异议，并于××××年××月××日提供了担保，本院依法解除了对案外人主张权利财产的查封/扣押/冻结。（或申请执行人×××于××××年××月××日提供了财产担保，本院依法继续执行。）现因解除强制执行措施/继续执行有错误，给申请执行人/案外人×××造成损失……元。依照《最高人民法院关于适用〈中华人民共和国民事诉讼法〉执行程序若干问题的解释》第15条规定，裁定如下：

一、案外人/申请执行人×××应以担保的……（写明财产名称、数量或数额、所在地等）赔偿申请执行人/案外人×××的损失……元。

二、强制执行案外人/申请执行人×××担保的……（写明财产名称、数量或数额、所在地等）。

本裁定立即执行。

审 判 长　×××
审 判 员　×××
审 判 员　×××
××××年××月××日
（院印）
书 记 员　×××

【说明】

本样式根据《最高人民法院关于适用〈中华人民共和国民事诉讼法〉执行程序若干问题的解释》第 15 条规定制定，供人民法院在因案外人或申请执行人提供担保而解除查封、扣押或继续执行有错误，给对方造成损失，裁定以担保财产赔偿时用。

79. 执行裁定书（暂缓执行期届满后执行担保人财产用）

×××人民法院

执行裁定书

（××××）……执……号

申请执行人：×××，……。
法定代理人/指定代理人/法定代表人/主要负责人：×××，……。
委托诉讼代理人：×××，……。
被执行人：×××，……。
担保人：×××，……。
……

（以上写明申请执行人、被执行人、担保人和其他诉讼参加人的姓名或者名称等基本信息）

本院在执行×××与×××……（写明案由）一案中，因×××提供了……（写明财产名称、数量或数额、所在地等），本院于××××年××月××日作出（××××）……执……号暂缓执行决定。现暂缓执行期届满，被执行人×××仍不履行生效法律文书确定的义务。依照《中华人民共和国民事诉讼法》第二百三十一条、《最高人民法院关于适用〈中华人民共和国民事诉讼法〉的解释》第四百七十一条（或第四百六十九条）规定，裁定如下：

执行×××的……（写明财产名称、数量或数额、所在地等）

本裁定立即执行。

审　判　长　×××
审　判　员　×××
审　判　员　×××
××××年××月××日
（院印）
书　记　员　×××

【说明】

本样式根据《中华人民共和国民事诉讼法》第二百三十一条、《最高人民法院关于适用〈中华人民共和国民事诉讼法〉的解释》第四百六十九条、第四百七十一条规定制定,供人民法院执行担保人的财产时用。

80. 执行裁定书（执行保证人财产用）

×××人民法院

执行裁定书

（××××）……执……号

申请执行人：×××，……。
法定代理人/指定代理人/法定代表人/主要负责人：×××，……。
委托诉讼代理人：×××，……。
被执行人：×××，……。
保证人：×××，……。
……

（以上写明申请执行人、被执行人、保证人和其他诉讼参加人的姓名或者名称等基本信息）本院在执行×××与×××……（写明案由）一案中，被执行人×××不能履行×××人民

法院（或其他生效法律文书的作出机关）（××××）……号民事判决（或其他生效法律文书）确定的义务。因保证人×××在案件审理期间，于××××年××月××日自愿为×××提供保证，本院/××××人民法院据此未对×××的财产采取保全措施（或解除了对×××财产采取的保全措施）。现因×××无财产履行/财产不足清偿债务，致使×××的债权无法实现。依照《最高人民法院关于人民法院执行工作若干问题的规定（试行）》第54条规定，裁定如下：

×××在保证责任范围内向×××清偿……（写明履行义务的内容）。

本裁定立即执行。

审　判　长　×××
审　判　员　×××
审　判　员　×××
××××年××月××日
（院印）
书　记　员　×××

【说明】

本样式根据《最高人民法院关于人民法院执行工作若干问题的规定（试行）》第54条规定制定，供案件审理期间保证人为被执行人提供保证，人民法院据此未对被执行人的财产采取保全措施或解除了保全措施，生效法律文书中未确定保证人承担责任，案件审结后被执行人无财产可供执行或其财产不足清偿债务的，人民法院裁定执行保证人在保证责任范围内的财产时用。

81. 执行裁定书（追究擅自处分被查封、扣押、冻结财产责任人赔偿责任用）

×××人民法院

执行裁定书

（××××）……执……号

申请执行人：×××，……。

法定代理人/指定代理人/法定代表人/主要负责人：×××，……。

委托诉讼代理人：×××，……。

被执行人：×××，……。

第三人：×××，……。

……

（以上写明申请执行人、被执行人、第三人和其他诉讼参加人的姓名或者名称等基本信息）

本院在执行×××与×××……（写明案由）一案中，于××××年××月××日查封/扣押/冻结了被执行人×××所有的……（写明财产名称、数量或数额、所在地等），×××擅自处分已被查封/扣押/冻结的财产。依照《最高人民法院关于人民法院执行工作若干问题的规定（试行）》第32条规定，裁定如下：

×××应于裁定生效之日起××日内赔偿×××……元。

本裁定立即执行。

审　判　长　×××
审　判　员　×××
审　判　员　×××
××××年××月××日

（院印）
书　记　员　×××

【说明】

本样式根据《最高人民法院关于人民法院执行工作若干问题的规定（试行）》第 32 条规定制定，供人民法院发现被执行人或其他人擅自处分已被查封、扣押、冻结的财产，裁定责任人承担赔偿责任时用。

82. 执行裁定书（追究擅自解除冻结款项造成后果的金融机构赔偿责任用）

×××人民法院

执行裁定书

（××××）……执……号

申请执行人：×××，……。

法定代理人/指定代理人/法定代表人/主要负责人：×××，……。

委托诉讼代理人：×××，……。

被执行人：×××，……。

协助执行人：×××，……。

……

（以上写明申请执行人、被执行人、协助执行人和其他诉讼参加人的姓名或者名称等基本信息）

本院在执行×××与×××……（写明案由）一案中，于××××年××月××日以（××××）……号执行裁定冻结被执行人×××……元，并向协助执行人×××送达了（××××）……号协助冻结存款通知书。因×××擅自解冻，致使冻结的款项……元被转移。本院于××××年××月××日向×××发出（××××）……号责令追回被转移款项通知书，……（写明追款结果）。依照《最高人民法院关于人民法院执行工作若干问题的规定（试行）》第26条规定，裁定如下：

×××应在未追回的……元范围内，以自己的财产向×××承担……元的责任。

本裁定立即执行。

审　判　长　×××
审　判　员　×××
审　判　员　×××
××××年××月××日
（院印）
书　记　员　×××

【说明】

1. 本样式根据《最高人民法院关于人民法院执行工作若干问题的规定（试行）》第26条规定制定，供人民法院对金融机构擅自解冻致使冻结款项被转移，在指定期限内未能追回的，裁定该金融机构承担责任时用。

2. 制作上述裁定前，必须先向该金融机构发出"限期追回被转移款项通知书"，逾期未能追回的，才作出该裁定。

3. 裁定该金融机构在转移的款项范围内以自己的财产承担责任，指的是在限期内未能追回部分而不是转移的全部款项。

83. 执行裁定书（追究擅自支付收入的有关单位赔偿责任用）

×××人民法院

执行裁定书

（××××）……执……号

申请执行人：×××，……。

法定代理人/指定代理人/法定代表人/主要负责人：×××，……。

委托诉讼代理人：×××，……。

被执行人：×××，……。

协助执行人：×××，……。

……

（以上写明申请执行人、被执行人、协助执行人和其他诉讼参加人的姓名或者名称等基本信息）

本院在执行×××与×××……（写明案由）一案中，于××××年××月××日向协助执行人×××送达了（××××）……号协助执行通知书，要求×××协助执行×××收入……元。××××年××月××日，×××擅自向×××支付……元。本院于××××年××月××日向×××发出（××××）……号责令追回擅自支付款项通知书，责令其于××××年××月××日前追回擅自支付的款项，……（写明追款结果）。依照《最高人民法院关于人民法院执行工作若干问题的规定（试行）》第30条规定，裁定如下：

×××在擅自支付而未能追回的……元范围内，向×××承担……元的责任。

本裁定立即执行。

审　判　长　×××
审　判　员　×××
审　判　员　×××
××××年××月××日
（院印）
书　记　员　×××

【说明】

1. 本样式根据《最高人民法院关于人民法院执行工作若干问题的规定（试行）》第 30 条规定制定，供人民法院确定擅自支付被执行人收入的协助执行义务人，向申请执行人承担责任时用。

2. 制作上述裁定前，必须先向该单位发出"限期追回被转移款项通知书"，逾期未能追回的，才作出该裁定。

84. 执行裁定书（追究擅自支付股息或办理股权转移手续的有关企业赔偿责任用）

×××人民法院

执行裁定书

（××××）……执……号

申请执行人：×××，……。

法定代理人/指定代理人/法定代表人/主要负责人：×××，……。

委托诉讼代理人：×××，……。

被执行人：×××，……。

协助执行人：×××，……。

……

（以上写明申请执行人、被执行人、协助执行人和其他诉讼参加人的姓名或者名称等基本信息）

本院在执行×××与×××……（写明案由）一案中，于××××年××月××日向协助执行人×××发出（××××）……号协助执行通知书，要求……（写明协助执行的事项）。×××……（写明拒不履行协助义务的事实），造成被执行财产无法追回的后果。依照《最高人民法院关于人民法院执行工作若干问题的规定（试行）》第40条规定，裁定如下：

×××在未追回股息/红利/股权……价值范围内向×××承担责任。

本裁定立即执行。

审　判　长　×××
审　判　员　×××
审　判　员　×××
××××年××月××日
（院印）
书　记　员　×××

【说明】

本样式根据《最高人民法院关于人民法院执行工作若干问题的规定（试行）》第40条规定制定，供人民法院确定有关企业在未追回的股息或红利或转移的股权价值范围内向申请执行人承担责任时用。

（九）执行协调与执行监督

85. 报告（报请协调处理执行争议用）

×××人民法院

关于报请协调处理××执行争议案的报告

（××××）……执协……号

××××人民法院：

我院执行的×××与×××……（写明案由）一案，与××××人民法院执行的×××与×××……（写明案由）一案，因……发生执行争议，双方经协商未达成一致意见。现将该案全部案卷材料报送你院，请予协调处理。

一、争议各方执行案件的基本情况

……

二、执行争议的焦点问题

……

三、报请协调的意见

附：案卷×宗

××××年××月××日
（院印）

联系人：×××　　　　　　　联系电话：……
本院地址：……　　　　　　邮　编：……

【说明】

本样式根据《最高人民法院关于人民法院执行工作若干问题的规定（试行）》第67条规定制定，供人民法院之间因执行争议，逐级报请共同的上级人民法院协调处理时用。

86. 执行决定书/协调函（协调执行争议用）

×××人民法院

执行协调决定书（或协调函）

（××××）……执协……号

××××人民法院：

　　本院协调处理的……（写明执行争议法院名称）执行争议一案，……（写明事实和理由）。依照《最高人民法院关于人民法院执行工作若干问题的规定（试行）》第70条规定，决定如下：

　　……（写明协调处理结果）。

××××年××月××日

（院印）

【说明】

　　本样式根据《最高人民法院关于人民法院执行工作若干问题的规定（试行）》第70条规定制定，供上级人民法院在协调下级人民法院之间的执行争议，作出处理决定时用。

87. 协调划款决定书（上级法院处理执行争议案件用）

×××人民法院

协调划款决定书

（××××）……执协……号

××××人民法院：

　　本院正在协调处理的……（写明争议法院名称）执行争议一案，……（写明划款的事实和理由）。依照《最高人民法院关于人民法院执行工作若干问题的规定（试行）》第 69 条规定，决定将你院执行该案的款项……元划到本院指定账户。

　　开户银行：××××

　　账户名称：××××

　　帐　　号：……

××××年××月××日
（院印）

【说明】

　　本样式根据《最高人民法院关于人民法院执行工作若干问题的规定（试行）》第 69 条规定制定，供上级人民法院在协调下级人民法院之间的执行争议时，将案款划至上级人民法院账户时用。

88. 执行裁定书（当事人、利害关系人异议用）

×××人民法院

执行裁定书

（××××）……执异……号

异议人（申请执行人/被执行人/利害关系人）：×××，……。
法定代理人/指定代理人/法定代表人/主要负责人：×××，……。
委托诉讼代理人：×××，……。
申请执行人/被执行人：×××，……。
（以上写明异议人、申请执行人、被执行人和其他诉讼参加人的姓名或者名称等基本信息）

在本院执行×××与×××……（写明案由）一案中，异议人××××对……（写明人民法院执行行为）不服，向本院提出书面异议。本院受理后，依法组成合议庭进行审查，[（举行听证的，写明：）并于×××年××月××日举行了听证。×××（当事人、利害关系人或委托诉讼代理人）参加了听证，并提交了书面意见。] 现已审查终结。

×××称，……（写明提出异议的请求、事实和理由）。
×××称，……（写明其他当事人的意见）。
本院查明，……（写明查明的事实）。
本院认为，……（写明争议焦点，根据认定的案件事实和相关法律，对异议请求进行分析评判，说明理由）。依照《中华人民共和国民事诉讼法》第二百二十五条、《最高人民法院关于人民法院办理执行异议和复议案件若干问题的规定》第十七条第×项规定，裁定如下：

（驳回异议请求的，写明：）驳回×××的异议请求。
（撤销或者变更执行行为的，写明：）撤销/变更××××人民法院作出的（××××）……号……（写明生效法律文书），……（写明撤销或变更内容）。

如不服本裁定，可以自本裁定书送达之日起十日内，向×××人民法院申请复议。

审　判　长　×××
审　判　员　×××
审　判　员　×××
××××年××月××日
（院印）
书　记　员　×××

【说明】

1. 本样式根据《中华人民共和国民事诉讼法》第二百二十五条、《最高人民法院关于人民法院办理执行异议和复议案件若干问题的规定》第十七条规定制定，供人民法院在执行过程中，对当事人、利害关系人提出的异议予以审查，并作出裁定时用。

2. 本样式中的"当事人"是指，申请执行人和被执行人，以及在执行过程中，被人民法院依法变更、追加为当事人的自然人、法人或非法人组织。"利害关系人"，是指当事人以外，与强制执行行为有法律上的利害关系的自然人、法人或非法人组织。"异议人"可以是当事人，也可以是利害关系人。

本样式中，列明"异议人"，其他当事人和利害关系人不列为"被异议人"，仍列为申请执行人、被执行人或利害关系人。在"异议人"后的括号内注明其原当事人或利害关系人的身份，如"异议人（利害关系人）"，并不再重复列明括号内的利害关系人。

3. 对异议人提出的异议，应当依法组成合议庭审查。案情复杂、争议较大的案件，应当根据《最高人民法院关于人民法院办理执行异议和复议案件若干问题的规定》第十二条规定进行听证。

89. 执行裁定书（案外人异议用）

×××人民法院

执行裁定书

（××××）……执异……号

案外人：×××，……。
法定代理人/指定代理人/法定代表人/主要负责人：×××，……。
委托诉讼代理人：×××，……。
申请执行人：×××，……。
被执行人：×××，……。
……

（以上写明案外人、申请执行人、被执行人和其他诉讼参加人的姓名或者名称等基本信息）

在本院执行×××与×××……（写明案由）一案中，案外人×××于××××年××月××日对执行……（写明执行标的）提出书面异议。本院受理后，依法组成合议庭进行了审查，现已审查终结。

案外人×××称，……（写明提出异议的请求、事实和理由）。

×××称，……（写明申请执行人的意见）。

×××称，……（写明被执行人的意见）。

本院查明，……（写明查明的事实）。

本院认为，……（写明争议焦点，根据认定的案件事实和相关法律，对异议请求进行分析评判，说明理由）。依照《中华人民共和国民事诉讼法》第二百二十七条、《最高人民法院关于适用〈中华人民共和国民事诉讼法〉执行程序若干问题的解释》第十四条、《最高人民法院关于人民法院办理执行异议和复议案件若干问题的规定》第×条规定，裁定如下：

（支持异议请求的，写明：）中止对……（写明执行标的）的执行。

（驳回异议请求的，写明：）驳回×××的异议请求。

案外人、当事人对裁定不服，认为原判决、裁定错误的，应当依照审判监督程序办理；与原判决、裁定无关的，可以自本裁定送达之日起十五日内向人民法院提起诉讼。

审　判　长　×××
审　判　员　×××
审　判　员　×××
××××年××月××日
（院印）
书　记　员　×××

【说明】

本样式根据《中华人民共和国民事诉讼法》第二百二十七条、《最高人民法院关于适用〈中华人民共和国民事诉讼法〉执行程序若干问题的解释》第十四条规定制定，供人民法院对案外人提出的异议审查时用。

90. 执行裁定书（驳回当事人、利害关系人异议申请用）

×××人民法院

执行裁定书

（××××）……执异……号

异议人（申请执行人/被执行人/利害关系人）：×××，……。

法定代理人/指定代理人/法定代表人/主要负责人：×××，……。

委托诉讼代理人：×××，……。

申请执行人/被执行人：×××，……。

（以上写明异议人、申请执行人、被执行人和其他诉讼参加人的姓名或者名称等基本信息）

异议人×××与×××……（写明案由）一案，本院于×××年××月××日立案后，依法进行了审查。

异议人×××向本院提出异议请求（明确异议人的异议请求……）。事实与理由（概述异议人主张的事实与理由……）。

本院经审查认为，……（写明驳回申请的理由）。依照《中华人民共和国民事诉讼法》第二百二十五条、《最高人民法院关于人民法院办理执行异议和复议案件若干问题的规定》第二条之规定，裁定如下：

驳回异议人×××的异议申请。

如不服本裁定，可以自本裁定书送达之日起十日内，向×××人民法院申请复议。

审　判　长　×××
审　判　员　×××
审　判　员　×××
××××年××月××日
（院印）
书　记　员　×××

【说明】

1. 本样式根据《中华人民共和国民事诉讼法》第二百二十五条、《最高人民法院关于人民法院办理执行异议和复议案件若干问题的规定》第二条规定制定,供人民法院在执行过程中,对当事人、利害关系人提出的异议予以审查,并作出裁定时用。

2. 本样式中的"当事人"是指,申请执行人和被执行人,以及在执行过程中,被人民法院依法变更、追加为当事人的自然人、法人或非法人组织。"利害关系人",是指当事人以外,与强制执行行为有法律上的利害关系的自然人、法人或非法人组织。"异议人"可以是当事人,也可以是利害关系人。

本样式中,列明"异议人",其他当事人和利害关系人不列为"被异议人",仍列为申请执行人、被执行人或利害关系人。在"异议人"后的括号内注明其原当事人或利害关系人的身份,如"异议人(利害关系人)",并不再重复列明括号内的利害关系人。

91. 执行裁定书（当事人、利害关系人撤回异议申请用）

×××人民法院

执行裁定书

（××××）……执异……号

异议人（申请执行人/被执行人/利害关系人）：×××，……。
法定代理人/指定代理人/法定代表人/主要负责人：×××，……。
委托诉讼代理人：×××，……。
申请执行人/被执行人：×××，……。
（以上写明异议人、申请执行人、被执行人和其他诉讼参加人的姓名或者名称等基本信息）

异议人×××与×××……（写明案由）一案，本院于×××年××月××日立案受理。异议人×××于×××年××月××日向本院提出撤回异议申请。

本院认为，……（写明准予/不准予撤回异议申请的理由）。依照《中华人民共和国民事诉讼法》第二百二十五条、《最高人民法院关于人民法院办理执行异议和复议案件若干问题的规定》第十三条之规定，裁定如下：

准许×××撤回异议申请。
不准许×××撤回异议申请。

审　判　长　×××
审　判　员　×××
审　判　员　×××
×××年××月××日
（院印）
书　记　员　×××

【说明】

1. 本样式根据《中华人民共和国民事诉讼法》第二百二十五条、《最高人民法院关于人民法院办理执行异议和复议案件若干问题的规定》第十三条规定制定，供人民法院在执行过程中，对当事人、利害关系人提出的撤回异议申请予以审查，并作出裁定时用。

2. 本样式中的"当事人"是指，申请执行人和被执行人，以及在执行过程中，被人民法院依法变更、追加为当事人的自然人、法人或非法人组织。"利害关系人"，是指当事人以外，与强制执行行为有法律上的利害关系的自然人、法人或非法人组织。"异议人"可以是当事人，也可以是利害关系人。

本样式中，列明"异议人"，其他当事人和利害关系人不列为"被异议人"，仍列为申请执行人、被执行人或利害关系人。在"异议人"后的括号内注明其原当事人或利害关系人的身份，如"异议人（利害关系人）"，并不再重复列明括号内的利害关系人。

92. 执行裁定书（裁定不予受理当事人、利害关系人异议申请用）

×××人民法院

执行裁定书

（××××）……执异……号

异议人（申请执行人/被执行人/利害关系人）：×××，……。

法定代理人/指定代理人/法定代表人/主要负责人：×××，……。

委托诉讼代理人：×××，……。

（以上写明异议人其他诉讼参加人的姓名或者名称等基本信息）

××××年××月××日，本院收到×××的异议申请书。异议人×××向本院提出异议请求（明确异议人的异议请求……）。事实与理由（概述异议人主张的事实与理由……）。

本院经审查认为，（写明对异议不予受理的理由），依照《中华人民共和国民事诉讼法》第二百二十五条、《最高人民法院关于人民法院办理执行异议和复议案件若干问题的规定》第二条规定，裁定如下：

对×××的异议，本院不予受理。

如不服本裁定，可以自本裁定书送达之日起十日内，向××××人民法院申请复议。

审　判　长　×××
审　判　员　×××
审　判　员　×××
××××年××月××日
（院印）
书　记　员　×××

93. 执行裁定书（执行复议用）

×××人民法院

执行裁定书

（××××）……执复……号

复议申请人（申请执行人/被执行人/利害关系人）：×××，……。
法定代理人/指定代理人/法定代表人/主要负责人：×××，……。
委托诉讼代理人：×××，……。
申请执行人/被执行人/利害关系人：×××，……。
……

（以上写明复议申请人、申请执行人、被执行人、利害关系人和其他诉讼参加人的姓名或者名称等基本信息）

复议申请人×××不服××××人民法院（××××）……执异……号裁定，向本院申请复议，本院受理后，依法组成合议庭进行审查，[（举行听证的，写明：）并于××××年××月××日举行了听证，×××（当事人、利害关系人或委托代理人）参加了听证，并提交了书面意见。] 现已审查终结。

……（简要写明执行过程）。

××××人民法院查明，……（写明审查异议法院查明的事实）。

××××人民法院认为，……（写明审查异议法院的理由）。

×××向本院申请复议称，……（写明申请复议的请求、事实和理由）。

×××称，……（写明其他当事人或利害关系人的意见）。

本院查明，……（写明查明的事实）。

本院认为，……（写明争议焦点，根据认定的案件事实和相关法律，对复议请求进行分析评判，说明理由）。依照《中华人民共和国民事诉讼法》第二百二十五条、最高人民法院《关于人民法院办理执行异议和复议案件若干问题的规定》第二十三条第×项规定，裁定如下：

（异议裁定认定事实清楚，适用法律正确，结果应予维持的，写明：）驳回×××复议申请，维持××××人民法院（××××）……执异……号异议裁定。

（异议裁定认定事实错误，或者适用法律错误，结果应予纠正的，写明：）撤销/变更××××人民法院（××××）……执异……号异议裁定。（如执行行为可变更、撤销的，还应另起一行写明：）撤销/变更……（异议裁定所维持的执行行为）。

（异议裁定认定基本事实不清、证据不足的，写明：）一、撤销×××人民法院（××××）……执异……号异议裁定；二、发回×××人民法院重新审查/查清事实后作出相应裁定。

（异议裁定遗漏异议请求或者存在其他严重违反法定程序的情形，写明：）一、撤销××××人民法院（××××）……执异……号异议裁定；二、发回×××人民法院重新审查。

（异议裁定对应当适用民事诉讼法第二百二十七条规定审查处理的异议，错误适用民事诉讼法第二百二十五条规定审查处理的，写明：）一、撤销××××人民法院（××××）……执异……号异议裁定；二、发回×××人民法院重新作出裁定。

本裁定为终审裁定。

审　判　长　×××
审　判　员　×××
审　判　员　×××
×××年××月××日
（院印）
书　记　员　×××

【说明】

1. 本样式根据《中华人民共和国民事诉讼法》第二百二十五条、最高人民法院《关于人民法院办理执行异议和复议案件若干问题的规定》第二十三条规定制定，供人民法院审查当事人复议申请时用。

2. 本样式中，列明"复议申请人"，其他当事人和利害关系人不列为"被复议人"，仍列为申请执行人、被执行人或利害关系人。在"复议申请人"后的括号内注明其原当事人或利害关系人的身份，如"复议申请人（利害关系人）"。

3. 依据最高人民法院《关于人民法院办理执行异议和复议案件若干问题的规定》第二十三条规定，除根据本条第一款第三项、第四项、第五项发回重新审查或者重新作出裁定的情形外，裁定撤销或者变更异议裁定且执行行为可撤销、变更的，应当同时撤销或者变更该裁定维持的执行行为。

4. 对发回重新审查的案件作出裁定后，当事人、利害关系人再次申请复议的，上一级人民法院复议后不得再次发回重新审查。

94. 督促执行令（上级法院督促下级法院执行用）

×××人民法院

督促执行令

（××××）……执……号

××××人民法院：

你院立案执行的×××与×××……（写明案由）一案，……（写明案件逾期未执行完结的事实）。依照《中华人民共和国民事诉讼法》第二百二十六条、《最高人民法院关于适用〈中华人民共和国民事诉讼法〉执行程序若干问题的解释》第十条、第十一条第一款规定，责令你院在收到本督促执行令之日起立即执行该案，于××××年××月××日前执结，并将执行结果书面报告我院。

此令

××××年××月××日
（院印）

【说明】

本样式根据《中华人民共和国民事诉讼法》第二百二十六条、《最高人民法院关于适用〈中华人民共和国民事诉讼法〉执行程序若干问题的解释》第十条、第十一条第一款规定制定，供上级人民法院向下级人民法院作出督促执行命令时用。

95. 暂缓执行通知书（上级法院通知下级法院用）

×××人民法院

暂缓执行通知书

（××××）……执……号

××××人民法院：

你院正在执行的×××与×××……（写明案由）一案，在执行中作出的（××××）……执……号执行裁定/决定/通知错误，……（写明事实和理由）。依照《最高人民法院关于人民法院执行工作若干问题的规定（试行)》第72条第1款、第77条规定，通知如下：

暂缓执行你院正在执行的……（写明具体执行行为），期限自××××年××月××日起至××××年××月××日止。

期满后本院未通知继续暂缓执行的，你院可恢复执行。

××××年××月××日
（院印）

【说明】

本样式根据《最高人民法院关于人民法院执行工作若干问题的规定（试行）》第72条第1款、第77条规定制定，供上级人民法院认为具体执行行为不当或有错误的，指令下级人民法院暂缓执行时用。

96. 执行决定书（本院决定暂缓执行用）

×××人民法院

暂缓执行决定书

（××××）……执……号

申请执行人：×××，……。

法定代理人/指定代理人/法定代表人/主要负责人：×××，……。

委托诉讼代理人：×××，……。

被执行人：×××，……。

担保人：×××，……。

……

（以上写明申请执行人、被执行人、担保人和其他诉讼参加人的姓名或者名称等基本信息）

本院在执行×××与×××……（写明案由）一案中，担保人×××为被执行人×××以……（写明财产名称、数量或数额、所在地、期限等）提供担保，该担保已经申请执行人×××同意。依照《中华人民共和国民事诉讼法》第二百三十一条、《最高人民法院关于适用〈中华人民共和国民事诉讼法〉的解释》第四百六十九条规定，决定如下：

暂缓执行×××与×××……（写明案由）一案（或具体执行行为），暂缓执行至××××年××月××日。

被执行人在暂缓期满后仍不履行的，或者被执行人、担保人对担保的财产在暂缓执行期间有转移、隐藏、变卖、毁损等行为的，本院将依法执行担保财产。

××××年××月××日
（院印）

【说明】

1. 本样式根据《中华人民共和国民事诉讼法》第二百三十一条、《最高人民法院关于适用〈中华人民共和国民事诉讼法〉的解释》第四百六十九条规定制定，供人民法院在当事人提供执行担保后，决定暂缓执行时用。

2. 决定暂缓执行的，如果担保是有期限的，暂缓执行的期限应当与担保期限一致，但最长不得超过一年。

97. 暂缓执行通知书（上级法院通知下级法院延长期限用）

×××人民法院

继续暂缓执行通知书

（××××）……执……号

×××人民法院：

本院于××××年××月××日对×××与×××……（写明案由）一案作出的（××××）……执……号暂缓执行通知，于××××年××月××日期满。由于……（写明需要延长暂缓执行期限特殊情况的事实和理由）。依照《最高人民法院关于人民法院执行工作若干问题的规定（试行）》第77条第1款规定，通知如下：

你院对×××与×××……（写明案由）一案（或者具体执行行为），继续暂缓执行至××××年××月××日。

特此通知。

××××年××月××日
（院印）

【说明】

本样式根据《最高人民法院关于人民法院执行工作若干问题的规定（试行）》第77条第1款规定制定，供上级人民法院通知下级人民法院继续暂缓执行时用。

98. 恢复执行通知书（上级法院通知下级法院用）

×××人民法院

恢复执行通知书

（××××）……执……号

××××人民法院：

你院执行的×××与×××……（写明案由）一案，本院已于××××年××月××日作出（××××）……执……号暂缓执行通知书。现因……（写明恢复执行的事实和理由），本院认为暂缓执行的原因已经消除，应当恢复执行。依照《最高人民法院关于人民法院执行工作若干问题的规定（试行）》第77条第2款规定，特通知你院对本案恢复执行。

特此通知。

××××年××月××日
（院印）

【说明】

本样式根据《最高人民法院关于人民法院执行工作若干问题的规定（试行）》第77条第2款规定制定，供人民法院在暂缓执行的原因消除后，通知下级执行法院恢复执行时用。

99. 执行裁定书（上级法院直接裁定不予执行非诉法律文书用）

×××人民法院

执行裁定书

（××××）……执监……号

申诉人（被执行人）：×××，……。
法定代理人/指定代理人/法定代表人/主要负责人：×××，……。
委托诉讼代理人：×××，……。
申请执行人：×××，……。
……
（以上写明申诉人、申请执行人和其他诉讼参加人的姓名或者名称等基本信息）

××××人民法院执行×××与×××……（写明案由）一案，×××提出书面申请，请求不予执行××××仲裁委员会/公证处作出的（××××）……号仲裁裁决/公证债权文书，××××人民法院不予受理审查/逾期不予受理。×××于××××年××月××日向本院提出申诉。本院依法组成合议庭进行审查，现已审查终结。

×××称，……（写明不予执行仲裁裁决或公证债权文书的事实和理由）。

×××辩称，……（写明答辩意见）。

本院查明，……（写明查明的事实）。

本院认为，……（写明争议焦点，根据认定的案件事实和相关法律，对申诉请求进行分析评判，说明理由）。依照《中华人民共和国民事诉讼法》第二百三十七条第二款第×项/第三款、《最高人民法院关于人民法院执行工作若干问题的规定（试行）》第72条规定，裁定如下：

不予执行××××仲裁委员会（××××）……号裁决。

（或：不予执行××××仲裁委员会（××××）……号裁决的××事项。）

（或：不予执行××××公证机构（××××）……号公证债权文书。）

审　判　长　×××
审　判　员　×××
审　判　员　×××
××××年××月××日
（院印）
书　记　员　×××

【说明】

1. 本样式根据《中华人民共和国民事诉讼法》第二百三十七条、《最高人民法院关于人民法院执行工作若干问题的规定（试行)》第72条规定制定，供上级人民法院监督下级人民法院，裁定不予执行仲裁裁决或公证债权文书时用。

2. 上级人民法院在作出裁定前，应当先函示下级人民法院仲裁裁决或公证债权文有不予执行事由，应当裁定不予执行；只有当下级人民法院不作出裁定时，方可启动监督程序，依法裁定。

100. 执行裁定书（执行监督案件驳回当事人申诉请求用）

×××人民法院

执行裁定书

（××××）……执监……号

申诉人（申请执行人/被执行人/利害关系人）：×××，……。
法定代理人/指定代理人/法定代表人/主要负责人：×××，……。
委托诉讼代理人：×××，……。
申请执行人/被执行人/利害关系人：×××，……。
……

（以上写明申诉人、申请执行人、被执行人、利害关系人和其他诉讼参加人的姓名或者名称等基本信息）

申诉人×××不服××××人民法院（××××）……号裁定（或其他法律文书），向本院申诉。本院受理后，依法组成合议庭进行审查，[（举行听证的，写明:）并于××××年××月××日举行了听证，申诉人×××、申请执行人/被执行人/利害关系人×××（写明当事人、利害关系人或委托诉讼代理人）参加了听证]。本案现已审查终结。

……（写明本案申诉之前的执行情况）

×××称，……（写明申诉请求和理由）。

×××称，……（写明意见）。

本院查明，……（写明查明的事实）。

本院认为，……（写明争议焦点，根据认定的案件事实和相关法律，对申诉请求进行分析评判，说明理由）。

综上所述，×××人民法院（××××）……号裁定（或其他法律文书）认定事实清楚，适用法律正确，本院予以维持。×××的申诉请求不能成立，本院不予支持。参照《中华人民共和国民事诉讼法》第二百零四条，依照《最高人民法院关于人民法院执行工作若干问题的规定（试行）》71条规定，裁定如下：

驳回×××的申诉请求。

$$\text{审 判 长 } \times\times\times$$
$$\text{审 判 员 } \times\times\times$$
$$\text{审 判 员 } \times\times\times$$
$$\times\times\times\times年\times\times月\times\times日$$
$$（院印）$$
$$\text{书 记 员 } \times\times\times$$

【说明】

本样式参照《中华人民共和国民事诉讼法》第二百零四条、根据《最高人民法院关于人民法院
执行工作若干问题的规定（试行）》第71条规定制定，供人民法院在执行监督程序中驳回当事人申诉请求时用。

101. 执行裁定书（执行监督案件指令下级法院重新审查处理用）

×××人民法院

执行裁定书

（××××）……执监……号

申诉人（申请执行人/被执行人/利害关系人）：×××，……。

法定代理人/指定代理人/法定代表人/主要负责人：×××，……。

委托诉讼代理人：×××，……。

申请执行人/被执行人/利害关系人：×××，……。

……

（以上写明申诉人、申请执行人、被执行人、利害关系人和其他诉讼参加人的姓名或者名称等基本信息）

申诉人×××不服××××人民法院（××××）……号裁定（或其他法律文书），向本院申诉。本院受理后，依法组成合议庭进行审查，〔（举行听证的，写明：）并于××××年××月××日举行了听证，申诉人×××、申请执行人/被执行人/利害关系人×××（写明当事人、利害关系人或委托诉讼代理人）参加了听证。〕本案现已审查终结。

……（写明本案申诉之前的执行情况）

×××称，……（写明申诉请求和理由）。

×××称，……（写明意见）。

本院查明，……（写明查明的事实）。

本院认为，……（写明争议焦点，根据认定的案件事实和相关法律，对申诉请求进行分析评判，说明理由）。

综上所述，……（对申诉人的请求是否成立进行总结评述）。××××人民法院（××××）……号裁定（或其他法律文书）认定事实不清，应予撤销。参照《中华人民共和国民事诉讼法》第二百零四条，依照《最高人民法院关于人民法院执行工作若干问题的规定（试行）》129条规定，裁定如下：

一、撤销××××人民法院（××××）……号裁定（或其他法律文书）；

二、本案由××××人民法院重新审查处理。

审　判　长　×××
审　判　员　×××
审　判　员　×××
××××年××月××日
（院印）
书　记　员　×××

【说明】

本样式参照《中华人民共和国民事诉讼法》第二百零四条、根据《最高人民法院关于人民法院执行工作若干问题的规定（试行）》第129条规定制定，供人民法院对执行案件进行监督，指令下级人民法院重新审查时用。

102. 执行裁定书（执行回转用）

×××人民法院

执行裁定书

（××××）……执……号

申请执行人：×××，……。

法定代理人/指定代理人/法定代表人/主要负责人：×××，……。

委托诉讼代理人：×××，……。

被执行人：×××，……。

……

（以上写明申请执行人、被执行人和其他诉讼参加人的姓名或者名称等基本信息）

本院执行的×××与×××……（写明案由）一案，因据以执行的……（写明法律文书）被××××（写明法院或有关机关、组织）以……（写明法律文书字号、名称）撤销/变更。……〔（当事人申请执行回转的，写明:）申请执行人×××于××××年××月××日向本院申请执行回转，请求……；（人民法院依职权执行回转的，写明:）执行回转的事实〕。

本院经审查认为，……〔（当事人申请执行回转的，写明:）×××的申请符合法律规定；（法院依职权采取的，写明:）执行回转的理由〕。依照《中华人民共和国民事诉讼法》第二百三十三条、《最高人民法院关于适用〈中华人民共和国民事诉讼法〉的解释》第四百七十六条、《最高人民法院关于人民法院执行工作若干问题的规定（试行）》第65条（不能退还原物的，增加引用第66条）规定，裁定如下：

（能够退换原物的，写明:）×××应在本裁定生效之日起××日内向×××返还……（写明原执行程序中已取得的财产及孳息）。

（不能退换原物的，写明:）对被执行人×××在原执行程序中已取得的……（写明财产名称、数量或数额、所在地等）予以折价抵偿。

本裁定立即执行。

审　判　长×××
审　判　员×××
审　判　员×××
××××年××月××日
（院印）
书　记　员×××

【说明】

1. 本样式根据《中华人民共和国民事诉讼法》第二百三十三条、《最高人民法院关于适用〈中华人民共和国民事诉讼法〉的解释》第四百七十六条、《最高人民法院关于人民法院执行工作若干问题的规定（试行）》第65条、第66条规定制定，供人民法院在执行中或执行完毕后，据以执行的法律文书被人民法院或有关机关、组织撤销或变更的，执行回转时用。

2. 执行回转时，已执行的标的是特定物且尚为原申请执行人占有的，应当退还原物。不能返还原物的，可以折价抵偿。需要折价抵偿的，应按评估、拍卖、变卖等程序的要求另行制作相应的法律文书。

3. 执行回转应重新立案，适用执行程序的有关规定。

103. 执行裁定书（指令下级法院受理异议案件用）

×××人民法院

执行裁定书

（××××）……执复……号

复议人（申请执行人/被执行人/利害关系人）：×××，……。
法定代理人/指定代理人/法定代表人/主要负责人：×××，……。
委托诉讼代理人：×××，……。
申请执行人/被执行人：×××，……。
（以上写明复议人、申请执行人、被执行人和其他诉讼参加人的姓名或者名称等基本信息）

复议人×××与×××……（写明案由）一案，本院于××××年××月××日立案后，依法进行了审查。

复议人×××向本院提出复议请求称，执行法院收到执行异议后三日内既不立案又不作出不予受理裁定（或者执行法院受理后无正当理由超过法定期限不作出异议裁定的）。事实与理由（概述复议人主张的事实与理由……）。

本院经审查认为，……（写明驳回申请的理由）。依照《中华人民共和国民事诉讼法》第二百二十五条、《最高人民法院关于人民法院办理执行异议和复议案件若干问题的规定》第三条之规定，裁定如下：

指令××××执行法院在三日内立案或者在十五日内作出异议裁定。

本裁定为终审裁定。

审 判 长 ×××
审 判 员 ×××
审 判 员 ×××
××××年××月××日
（院印）
书 记 员 ×××

104. 督促执行案件情况报告

督促执行案件情况报告

××××人民法院：

你院报告执行情况通知书已收悉，现将×××……（写明案由）一案，的执行情况报告如下：

一、当事人的基本情况

申请执行人：×××，……。

法定代理人/指定代理人/法定代表人/主要负责人：×××，……。

委托诉讼代理人：×××，……。

被执行人：×××，……。

第三人：×××，……。

（以上写明申请执行人、被执行人、第三人和其他诉讼参加人的姓名或者名称等基本信息）

二、执行情况

（该部分内容包括是否有财产可供执行、是否采取执行措施、是否超期及超期未结原因、近期是否有执行计划等）

附件：执行情况相关证明材料

××××年××月××日

（院印）

【说明】

本样式根据内蒙古自治区高级人民法院执行办案指引督促执行案件上级人民法院要求下级法院上报督促案件执行情况的要求制定。供下级法院收到上级法院报告执行情况通知书后上报执行情况用。

105. 执行检察建议复函

×××人民法院

执行检察建议复函

（××××）……执监……号

××××人民检察院：

你院×××与×××……（写明案由）一案的检察建议已收悉，现将相关情况回复如下：

回函内容应当包括人民法院查明的事实、回复意见和理由不采纳检察建议的，应当说明理由。

附：裁定、决定等相关法律文书。

××××年××月××日
（院印）

106. 商请移送执行函

×××人民法院

商请移送执行函

（××××）……号

××××人民法院：

　　……（写明当事人姓名或名称和案由）一案的……（写明生效法律文书名称）已经发生法律效力。由于……［写明本案债权人依法享有顺位在先的担保物权（优先权）和首先查封法院没有及时对查封财产进行处理的情况，以及商请移送执行的理由］。根据《最高人民法院关于首先查封法院与优先债权执行法院处分查封财产有关问题的批复》之规定，请你院在收到本函之日起 15 日内向我院出具移送执行函，将……（写明具体查封财产）移送我院执行。

　　附件：
　　1. 据以执行的生效法律文书
　　2. 有关案件情况说明［内容包括本案债权依法享有顺位在先的担保物权（优先权）的具体情况、案件执行情况、执行员姓名及联系电话、申请执行人地址及联系电话等］
　　3. 其他必要的案件材料

××××年××月××日
（院印）

本院地址：　　　　　邮编：
联系人：　　　　　　联系电话：

107. 移送执行函

×××人民法院

移送执行函

（××××）……号

××××人民法院：

　　你院（××××）……号商请移送执行函收悉。我院于××××年××月××日对……（写明具体查封财产，以下简称查封财产）予以查封（或者扣押、冻结），鉴于你院（××××）……号执行案件债权人对该查封财产享有顺位在先的担保物权（优先权），现根据《最高人民法院关于首先查封法院与优先债权执行法院处分查封财产有关问题的批复》之规定及你院的来函要求，将上述查封财产移送你院执行，对该财产的续封、解封和变价、分配等后续工作，交由你院办理，我院不再负责。请你院在后续执行程序中，对我院执行案件债权人××作为首先查封债权人所享有的各项权利依法予以保护，并将执行结果及时告知我院。

　　附件：
　　1. 据以执行的生效法律文书
　　2. 有关案件情况的材料和说明（内容包括查封财产的查封、调查、异议、评估、处置和剩余债权数额等案件执行情况，执行员姓名及联系电话、申请执行人地址及联系电话等）
　　3. 其他必要的案件材料

××××年××月××日
（院印）

本院地址：　　　　　邮编：
联系人：　　　　　　联系电话：

（十）对妨害民事诉讼的强制措施

108. 决定书（司法拘留用）

×××人民法院

决定书

（××××）……司惩……号

被拘留人：×××，……（写明姓名等基本信息）。

本院在审理/执行（××××）……号……（写明当事人及案由一案中，查明……（写明被拘留人妨害民事诉讼的事实和予以拘留的理由）。

依照《中华人民共和国民事诉讼法》第×条、第一百一十五条第二款、第一百一十六条第一款、第三款规定，决定如下：

对×××拘留×日。

如不服本决定，可以在收到决定书之日起三日内，口头或者书面向××××人民法院（写明上一级人民法院名称）申请复议一次。复议期间，不停止本决定的执行。

××××年××月××日
（院印）

【说明】

1. 本样式根据《中华人民共和国民事诉讼法》第一百一十条至第一百一十六条以及《最高人民法院关于适用〈中华人民共和国民事诉讼法〉的解释》"八、对妨害民事诉讼的强制措施"制定，供人民法院对实施妨害民事诉讼行为的个人，决定采取拘留措施用。

2. 案号类型代字为"司惩"。

3. 本决定书应当先引用《中华人民共和国民事诉讼法》第一百一十条至第一百一十四条的相应条款项，后引用第一百一十五条第二款、第一百一十六条。

4. 拘留必须经院长批准。

5. 拘留的期限，为十五日以下。被拘留的人，由人民法院司法警察将被拘留人送交当地公安机关看管。

6. 人民法院对被拘留人采取拘留措施后，应当在二十四小时内通知其家属；确实无法按时通知或者通知不到的，应当记录在案。

7. 因哄闹、冲击法庭，用暴力、威胁等方法抗拒执行公务等紧急情况，必须立即采取拘留措施的，可在拘留后，立即报告院长补办批准手续。院长认为拘留不当的，应当解除拘留。

109. 决定书（司法罚款用）

×××人民法院

决定书

（××××）……司惩……号

被罚款人：×××，……（写明姓名或者名称等基本信息）。

本院在审理/执行（××××）……号……（写明当事人及案由）一案中，查明……（写明被罚款人妨害民事诉讼行为的事实和予以罚款的理由）。

依照《中华人民共和国民事诉讼法》第×条、第一百一十五条第一款、第一百一十六条第一款、第三款规定，决定如下：

对×××罚款……元，限于××××年××月××日前交纳。

如不服本决定，可以在收到决定书之日起三日内，口头或者书面向××××人民法院（写明上一级人民法院名称）申请复议一次。复议期间，不停止本决定的执行。

××××年××月××日
（院印）

【说明】

1. 本样式根据《中华人民共和国民事诉讼法》第一百一十条至第一百一十六条以及《最高人民法院关于适用〈中华人民共和国民事诉讼法〉的解释》"八、对妨害民事诉讼的强制措施"制定，供人民法院对实施妨害民事诉讼的个人或者单位，决定采取罚款措施用。

2. 案号类型代字为"司惩"。

3. 本决定书应当先引用《中华人民共和国民事诉讼法》第一百一十条至第一百一十四条的相应条款项，后引用第一百一十五条第一款、第一百一十六条。

4. 罚款必须经院长批准。

5. 对个人的罚款金额，为人民币十万元以下。对单位的罚款金额，为人民币五万元以上一百万元以下。

110. 决定书（司法拘留并罚款用）

×××人民法院

决定书

（××××）……司惩……号

被拘留、罚款人：×××，……（写明姓名等基本信息）。

本院在审理/执行（××××）……号……（写明当事人及案由）一案中，查明……（写明被拘留、罚款人实施妨害民事诉讼行为的事实和予以拘留、罚款的理由）。

依照《中华人民共和国民事诉讼法》第×条、第一百一十五条、第一百一十六条第一款、第三款、《最高人民法院关于适用〈中华人民共和国民事诉讼法〉的解释》第一百八十三条规定，决定如下：

对×××拘留×日；对×××罚款……元，限于××××年××月××日前交纳。

如不服本决定，可以在收到决定书之日起三日内，向××××人民法院（写明上一级人民法院名称）申请复议一次。复议期间，不停止本决定的执行。

××××年××月××日

（院印）

【说明】

1. 本样式根据《中华人民共和国民事诉讼法》第一百一十条至第一百一十六条以及《最高人民法院关于适用〈中华人民共和国民事诉讼法〉的解释》"八、对妨害民事诉讼的强制措施"制定，供人民法院对实施妨害民事诉讼的个人或者单位，决定采取拘留并罚款措施时用。

2. 案号类型代字为"司惩"。

3. 本决定书应当先引用《中华人民共和国民事诉讼法》第一百一十条至第一百一十四条的相应条款项，后引用第一百一十五条、第一百一十六条。

4. 拘留并罚款必须经院长批准。

5. 拘留的期限，为十五日以下。对个人的罚款金额，为人民币十万元以下。对单位的罚款金额，为人民币五万元以上一百万元以下。

111. 决定书（提前解除司法拘留用）

×××人民法院

决定书

（××××）……司惩……号

被拘留人：×××，……（写明姓名等基本信息）。

因×××妨害民事诉讼，本院于××××年××月××日作出（××××）……司惩……号拘留决定书，决定对×××拘留×日，已交由公安机关执行。在拘留期间，被拘留人×××……（写明承认并改正错误的事实以及提前解除拘留的理由）。

依照《中华人民共和国民事诉讼法》第一百一十五条第三款规定，决定如下：

提前解除对×××的拘留。

本决定一经作出即生效。

××××年××月××

（院印）

【说明】

1. 本样式根据《中华人民共和国民事诉讼法》第一百一十五条第三款以及《最高人民法院关于适用〈中华人民共和国民事诉讼法〉的解释》第一百八十二条制定，供人民法院对妨害民事诉讼的被拘留人，决定提前解除拘留用。

2. 案号类型代字为"司惩"。

3. 提前解除拘留，应报经院长批准，并作出提前解除拘留决定书，交负责看管的公安机关执行。

112. 复议决定书（司法制裁复议案件用）

×××人民法院

复议决定书

（××××）……司惩复……号

复议申请人：×××，……（写明姓名或者名称等基本信息）。

复议申请人×××不服×××人民法院于××××年××月××日作出的（××××）……司惩……号拘留/罚款/拘留并罚款决定，向本院申请复议。

×××提出，……（写明申请复议的请求和理由）。

经审查查明：……（写明复议审查查明的妨害民事诉讼事实，与原决定一致的不写）。

本院经审查认为，……（写明作出复议决定的理由）。

依照《中华人民共和国民事诉讼法》第一百一十六条规定，决定如下：

（维持原决定的，写明:）驳回×××的复议申请，维持原决定。

（撤销原决定的，写明:）撤销×××人民法院（××××）……司惩……号决定。

（变更原决定的，写明:）

一、撤销×××人民法院（××××）……司惩……号决定；

二、对×××拘留×日/罚款……元，限于××××年××月××日前交纳。

本决定一经作出即生效。

××××年××月××日

（院印）

【说明】

1. 本样式根据《中华人民共和国民事诉讼法》第一百一十六条以及《最高人民法院关于适用〈中华人民共和国民事诉讼法〉的解释》第一百八十五条、第一百八十六条制定，供上级人民法院对当事人不服下级人民法院作出的拘留、罚款决定所提出的复议申请，作出复议决定用。

2. 案号类型代字为"司惩复"。

3. 上级人民法院应当在收到复议申请后五日内作出决定，并将复议结果通知下级人民法院并送达当事人。

4. 上级人民法院复议时认为强制措施不当的，应当制作决定书，撤销或者变更下级人民法院作出的拘留、罚款决定。情况紧急的，可以在口头通知后三日内发出决定书。

113-1. 执行拘留通知书（通知公安机关用）

×××人民法院

执行拘留通知书

（××××）……司惩……号

××××公安局：

本院审理/执行（××××）……号……（写明当事人及案由）一案中，×××因……（写明采取拘留措施的理由），本院决定对其拘留×日。请你局收押看管，期满解除。

拘留期间自××××年××月××日起至××××年××月××日止。

附：××××人民法院（××××）……司惩……号决定书×份

××××年××月××日
（院印）

此联交由公安机关收执

113－2. 执行拘留通知书（通知公安机关用）

×××人民法院

执行拘留通知书（回执）

（××××）……司惩……号

××××人民法院：

你院（××××）……司惩……号执行拘留通知书及附件收悉。我局已于×××× 年××月××日××时将×××收押看管在……（写明看守所名称）。

××××年××月××日

（院印）

此联由公安机关填写并加盖公章后退回法院入卷

【说明】

1. 本样式根据《中华人民共和国民事诉讼法》第一百一十五条以及《最高人民法院关于适用〈中华人民共和国民事诉讼法〉的解释》第一百七十八条制定，供人民法院在审理或者执行案件中，依法对妨害民事诉讼的行为人经院长批准作出拘留决定后，通知公安机关收押看管用。

2. 案号类型代字为"司惩"。

114-1. 提前解除拘留通知书（通知公安机关用）

×××人民法院

提前解除拘留通知书

（××××）……司惩……号

××××公安局：

因×××在拘留期间，承认并改正错误，我院决定提前对其解除拘留。请你局在接到本通知书后，立即对×××解除看管。

附：××××人民法院（××××）……司惩……号决定书×份

××××年××月××日

（院印）

此联交由公安机关收执

114-2. 提前解除拘留通知书（回执）

×××人民法院

提前解除拘留通知书（回执）

（××××）……司惩……号

××××人民法院：

你院（××××）……司惩……号提前解除拘留通知书及附件收悉。我局已于××××年××月××日对×××解除拘留。

××××年××月××日

（院印）

此联由公安机关填写并加盖公章后退回法院入卷

【说明】

1. 本样式根据《中华人民共和国民事诉讼法》第一百一十五条第三款以及《最高人民法院关于适用〈中华人民共和国民事诉讼法〉的解释》第一百八十二条制定，供人民法院在审理或者执行案件中，对已被拘留的妨害民事诉讼行为人经院长批准作出提前解除拘留决定后，通知公安机关立即解除看管用。

2. 案号类型代字为"司惩"。